누적 판매 23만 부 돌파
142개월 베스트셀러 1위

차별화된 고퀄의 콘텐츠만 제공하는
에듀윌 경제/금융 시리즈

매경TEST 시리즈
(2주끝장 / 문제집)

TESAT 시리즈
(영역별 600제 / 회차별 기출 / 한권끝장)

투자자산운용사
(과목별 빈출동형 900제)

외환전문역 총정리문제집
(Ⅰ종 / Ⅱ종)

* 에듀윌 매경TEST/TESAT 시리즈 교재 누적 판매량 합산 기준 (2016년~2025년 11월)
* [에듀윌 매경TEST 시리즈] YES24 월별/주별 베스트셀러, 알라딘 월간/주간 베스트셀러 합산 기준 (2016년~2025년 11월)
* [에듀윌 TESAT 시리즈] YES24 월별/주별 베스트셀러, 알라딘 월간/주간 베스트셀러 합산 기준 (2016년~2025년 11월)

eduwill

에듀윌 매경TEST 합격스토리

김O영 우수등급 합격자

공부가 어려운 노베이스 초보도 우수등급 합격

학점은행제 때문에 매경TEST를 시작했습니다. 경제는 고등학교 때 잠깐 배웠던 내용이 다였고 경영에 대해서는 무지했습니다. 어떻게 공부할지 알아보다가 에듀윌에 작성된 여러 후기들을 보고 에듀윌 매경TEST 강의와 교재를 선택하였습니다. 교수님들이 알기 쉽고 꼼꼼하게 설명하셔서 무지했던 저에게 큰 도움이 되었고, 정확히 한 달만에 우수등급을 달성하였습니다. '에듀윌 매경TEST 2주끝장'을 세 번 정도 정독한 것과 '에듀윌 매경TEST 실전문제집'을 한 번 풀어본 것이 합격에 많은 도움을 주었습니다.

우O조 최우수등급 합격자

기출문제가 있어 합격이 쉬웠어요!

퇴근 후 공부하느라 고생했지만 합격하고 최우수등급의 점수를 보니 뿌듯합니다. '에듀윌 매경TEST 2주끝장' 교재를 중심으로 한 번 보고 부족한 부분은 특강을 활용하여 틈틈이 학습했습니다. 경제학 전공자였고 회사 업무를 하며 알고 있던 상식 수준일 것이라 생각했는데 시험 수준은 어려운 편이었습니다. 하지만 에듀윌 강의와 교수님, 2주끝장 교재 덕분에 최우수등급을 받았습니다. 이해하기 쉽게 강의해 주셔서 자격증을 딸 수 있는 기간을 줄일 수 있었습니다.

권O현 최우수등급 합격자

에듀윌만 믿고 공부해 최우수등급 합격

자격증은 에듀윌이니까 에듀윌 매경TEST 교재와 강의로 공부했습니다. 도저히 이해가 가지 않았던 개념을 신경수 교수님의 설명을 듣고 이해할 수 있었습니다. 전표훈 교수님은 꼼꼼하고 이해하기 쉽게 설명해 주셔서 좋았습니다. 교재에 있는 문제들이 단순 개념 체크가 아니라 대표 문제로 구성되어 있어 유용했습니다. 이론 부분도 깔끔하게 정리되어 있어서 교재를 반복적으로 읽으며 이론을 이해하고 암기했습니다. 경영과 경제의 범위가 광범위한데 시험에 나오는 개념 위주로 공부할 수 있어 효율적이었습니다.

다음 합격의 주인공은 당신입니다!

더 많은 합격스토리

2026 최신판

© eduwill · edugong

에듀윌 매경TEST
2주끝장 + 모의고사 6회분
기출동형문제 반복 생성 <AI 듀봇> + 무료특강

파이널 실전 모의고사(2회분)
최신 기출 트렌드 완벽 반영

온라인 모의고사
4회분

2026 최신판

수시로 업데이트 되는 경영/경제/금융/IT 분야

시사·핵심 용어북

최신 시사용어
(스피드 체크 문제)

에듀윌 매경TEST
2주끝장 + 모의고사 6회분
기출동형문제 반복 생성 <AI 듀봇> + 무료특강

수시로 업데이트 되는
경영/경제/금융/IT 분야

시사·핵심 용어북

경제편

001 BIS 자기자본비율
BIS Capital Adequacy Ratio

국제결제은행(BIS)이 정한 은행의 위험 자산 대비 자기자본비율을 의미한다. 국제적인 은행시스템의 건전성과 안정성을 확보하고 은행 간 경쟁조건상의 형평성을 기하기 위해 국제결제은행의 은행감독규제위원회에서 정한 기준이다. BIS 자기자본비율을 유지해야 한다는 것은 은행이 자기자본의 몇 배 이상을 빌려주지 못하도록 하는 것을 말한다. BIS 권고를 달성하기 위해서는 자기자본을 늘리거나 위험가중자산을 줄여야 한다.

002 CBDC
Central Bank Digital Currency

중앙은행이 발행하는 디지털 화폐로, 가상화폐의 영향력이 커지면서 전 세계적으로 CBDC의 도입이 논의되고 있다. 현재 한국에서는 한국은행의 CBDC 시스템에서 이뤄지는 토큰 기반 지급·이체 서비스를 혁신금융 서비스로 신규 지정했다.

003 CDS 프리미엄

CDS는 신용부도스와프(Credit Default Swap)의 약자이다. 채권을 발행한 기업이나 국가에 부도가 발생할 때 채권 보유자에게 원금을 보전해 주도록 설계된 파생금융상품을 의미한다. 채권의 채무 불이행 위험을 교환(Swap)한다는 의미에서 붙은 명칭으로 마치 보험과 유사한 성격을 갖는다. CDS 구매에 대한 수수료를 CDS 프리미엄이라고 하며, 이는 부도 위험이 높은 채권일수록 상승한다. 국채에 대한 CDS 프리미엄은 국가의 신용도를 평가하는 주요 지표로 사용되고 있다.

004 DLS
Derivative Linked Securities

기초자산인 금리, 통화(환율), 실물자산(금, 은, 원유 등), 신용위험 등의 가격과 연동돼 투자수익이 결정되는 유가증권이다. 주가연계증권(ELS)은 투자대상이 되는 기초자산을 주가나 주가지수 등으로 제한하고 있으나, 파생결합증권(DLS)은 주가나 주가지수 외에 다양한 형태의 기초자산을 투자대상으로 하고 있다는 차이점이 있다.

005 DTI / DSR / LTV

DTI(Debt to Income, 총부채 상환 비율)와 DSR(Debt Service Ratio, 총부채 원리금 상환비율)은 채무자의 연소득 대비 부채비율을 나타내며, 이 수치가 낮을수록 채무자의 상환 능력이 좋은 것으로 간주한다. DTI는 주택 대출 연간 원리금 상환액에 기타 대출 연간 이자 상환액을 더한 것으로 빚을 계산하며, DSR은 차주가 보유한 모든 대출의 연간 원리금 상환액으로 빚을 계산한다. 즉, DSR이 DTI에 비해 채무자의 부채 상환 비율을 더 엄격하게 평가한다고 볼 수 있다. 한편, LTV(Loan to Value ratio, 주택 담보 대출 비율)는 주택 담보 대출 시 인정되는 자산 가치의 비율이다. LTV 30%일 때 6억 원의 주택을 담보로 돈을 빌린다면 1억 8,000만 원(=6억 원×0.3)까지 빌릴 수 있다.

006 ELF Equity Linked Fund

주가 지수나 개별 종목의 주가에 연동되는 투자 신탁 상품이다. 국공채 등 유가증권에 투자한 ELS(주가연계증권)에 투자하는 펀드 상품이 ELF이다.

007 ETF Exchange Traded Fund

ETF(상장지수펀드)는 주식시장에서 거래가 가능한 거래목적의 투자신탁(펀드) 상품이다. 일반적인 펀드와 같이 여러 자산을 묶어 놓았지만 주식시장에서 일반 주식과 같이 거래할 수 있다는 차이가 있다. 주식, 원자재, 채권 등 자산으로 구성되며, 거래되면서 순자산가치로 수렴한다.

008 ETN Exchange Traded Note

원자재, 환율, 주가지수 등 기초자산의 가격 변동에 따라 수익을 얻도록 설계한 채권 형태의 상품(파생결합증권)이다. ETN(상장지수증권)은 ETF(상장지수펀드)보다 기초자산과 수익률 간의 차이가 작지만, 운용성과와 상관없이 발행 증권사가 파산하면 투자 금액을 잃을 수 있다. 확정수익률을 지급하는 채권(Bond)이나 특정 조건에 따라 수익률을 지급하는 ELS와는 다르다.

009 FDI Foreign Direct Investment

외국인이 단순히 자산을 국내에서 운용하는 것이 아니라 국내에 설립된 기존 사업체를 인수하거나 신규 사업체를 설립하여 장기적으로 경영 참가와 기술 제휴 등의 실질적인 영향력을 행사할 목적으로 행하는 투자이다. 외국인직접투자라고도 한다.

010 FDPR Foreign Direct Product Rules

미국 외 국가에서 생산한 제품이 미국의 기술이나 소프트웨어를 사용하면 미국산 제품으로 간주하여 미국 정부가 특정 국가로의 수출을 금지할 수 있는 제재 조항이다. 현재 FDPR은 반도체, 컴퓨터, 통신 정보 보안 등 일부 품목에 적용되며, 소비재는 예외이다.

011 IRP Individual Retirement Pension

IRP(개인형 퇴직연금)는 근로자가 이직하거나 조기 퇴직했을 경우 은퇴할 때까지 퇴직금을 보관·운용할 수 있는 제도이다. 최근 자영업자와 공무원 등도 개인형 퇴직연금 가입이 가능해졌다.

012 ISA Individual Savings Account

개인종합자산관리계좌를 뜻하는 것으로, 예금, 적금, 펀드, 상장지수펀드, 주식 등 다양한 금융상품을 한 계좌에서 운용할 수 있는 만능통장이다. 3년 의무 보유 기간이 있으며, 장기투자 장려를 위해 투자 시 매매차익 200만 원(서민, 농어민형은 400만 원 한도)까지 비과세 혜택을 제공한다. 비과세한도 초과분에 대해서도 9.9% 저율 분리과세가 적용된다.

013 ISD
Investor State Dispute Settlement

투자자-국가 간 소송 제도를 말하며, 국제 무역 조약에서 외국인 투자자의 권리로서 조항에 포함된다. 외국인 투자자가 해당 국가의 정책에 의해 비합리적이고 차별적으로 손해를 보았을 때, 국제 중재 기관에 중재를 신청할 수 있다. 우리나라는 한미 FTA를 체결하면서 ISD 조항이 도입되었으며, 2019년 다야니 가문과의 소송에서 첫 패소 판결을 받았다.

014 K-OTC Korea Over-The-Counter

비상장주식의 원활한 매매를 위해 한국금융투자협회가 개설·운영하는 제도화·조직화된 장외시장을 말한다. 이전에는 장외 거래에 대해 대주주나 소액 주주 모두 양도 소득에 과세를 했으나, 관련 법이 개정되어 소액 주주에 한해 K-OTC에서 거래하는 중소·중견기업의 주식에 대해서는 양도 소득세를 면제하기로 했다.

015 KRX300

유가증권시장과 코스닥시장의 통합지수이다. 거래소는 코스피와 코스닥을 통틀어 시가총액 상위 700개 기업 가운데 거래 규모가 상위 85%인 종목들 대상으로 심사하여 코스피 231종목과 코스닥 69종목을 선정하고 총 300종목으로 구성된 지수를 개발했다. 2017년 12월 정기 변경 기준으로 300종목을 선정했으나 지수 내 5종목이 분할·재상장함에 따라 당초 발표보다 늘어난 총 305종목으로 구성했으며, 2018년 6월 정기 변경 때 300종목으로 조정했다.

016 MSCI선진국 지수

미국의 모건스탠리 캐피털 인터내셔널사가 작성하여 발표하며 글로벌 펀드의 투자 기준 역할을 하는 주가지수이다. 우리나라의 삼성전자, SK하이닉스, 네이버 등의 대형 우량주가 MSCI에 포함되어 있다. 미국이나 유럽 등의 선진국 지수와 아시아·중남미 지역의 신흥국 지수, 프런티어 시장으로 구분된다. 우리나라는 기존 신흥국 지수에서 벗어나 선진국 지수에 편입되기 위해 노력 중이며, 성공한다면 18~61조 원 가량의 외국인 자금이 추가 유입되어 코스피 지수 상승에 도움이 될 것이라고 보고 있다.

017 NFT Non-Fungible Token

대체 불가능 토큰으로, 디지털 자산의 소유주를 증명할 목적으로 만들어진 블록체인 기반의 고유한 암호 화폐이다. 개별 토큰이 서로 구별 없이 동등하게 취급받는 기존 암호 화폐와 달리 NFT는 개별 토큰 하나하나가 고유한 것으로 서로 대체가 불가능하다. 예를 들어, 비트코인과 같은 암호 화폐는 동일한 가치로 교환이 가능한 반면, NFT는 특정 예술 작품, 부동산, 게임 아이템 등 고유한 디지털 콘텐츠의 소유권을 나타내기 때문에 동일한 가치로 교환할 수 없다. NFT는 블록체인 기술을 기반으로 하고 있어 소유권의 투명성과 안전성을 보장하며, 디지털 파일 자체는 복제될 수 있지만 NFT는 소유권이 유일하다는 점에서 차별화된다. 이를 통해 예술가, 창작자, 콘텐츠 제작자는 자신들의 작품을 NFT로 발행해 수익을 창출하고, 구매자는 해당 디지털 자산의 소유권을 입증할 수 있다.

018 NPL Non Performing Loan

NPL은 금융회사가 통상 3개월 이상 원금이나 이자를 회수하지 못한 부실채권을 의미하며, NPL비율은 총대출금 중에서 부실채권이 차지하는 비중으로 금융회사의 자산건전성을 나타내는 지표이다. NPL비율이 높아졌다는 것은 금융회사의 자산건전성이 악화된 것을 의미한다.

019 OEM 펀드

자산운용사가 증권사 등 펀드 판매사로부터 요청을 받고 만든 펀드로, 주문자상표부착생산(OEM) 방식과 유사하여 OEM 펀드라고 한다. 자체 위험관리기준 마련 없이 판매사의 관여에 따라 펀드를 설정·운용하여 불공정거래가 발생할 수 있으므로 금융당국은 부작용을 우려하여 '자본시장법'을 통해 금지하고 있다.

020 P2P 대출 Peer to Peer Lending

온라인에서 불특정 다수로부터 투자금을 모아 대출을 원하는 사람들에게 빌려주는 서비스로, 일종의 크라우드 펀딩이다. 핀테크 붐을 타고 이 시장이 급속히 커지고 있어 은행에서 대출을 받기 어려운 소상공인들이 자금을 마련하는 수단으로 활용하고 있다. 금리가 높고 위험도가 높다는 단점이 있다.

021 PIIGS

유로존에 속한 5개국(포르투갈, 아일랜드, 이탈리아, 그리스, 스페인)을 가리킨다. 2007~2010년 재정 적자 등으로 경제 위기를 겪은 공통점이 있으며, 이들 국가의 경제 상황 악화가 장기적으로 글로벌 금융 시장에 악영향을 미치기도 했다.

022 PIR Price to Income Ratio

주택 가격을 가구당 연간소득으로 나눈 배수로 나타내며, 각국 주택 가격을 비교할 수 있는 지수이다. 예를 들어, PIR이 10배라면 10년치 가구소득을 모두 모아야 집 한 채를 살 수 있음을 의미한다.

023 RED Renewable Energy Directive

'재생 에너지 지침'으로 EU 차원에서 화석 에너지 의존도를 낮추기 위해 2009년에 설정한 목표이다. 2020년까지 재생 에너지 비중을 20% 이상으로 늘리는 것을 주요 내용으로 하였으나, 2030년까지 42.5%로 상향 조정하도록 개정되었다. 냉난방 부분의 재생 에너지 이용 확대 및 수송 부문의 바이오 연료 사용에 대한 조항도 추가되었다.

024 TRS Total Return Swap

기초 자산의 위험을 모두 이전하는 대가로 수수료를 받는 거래 방식이다. 자산운용사가 증권사에 증거금을 내고 자산을 매입하여 손익을 이전받는다. 일종의 대출 형태로 계약이 이루어지면 TRS 계약을 맺은 증권사는 자금 회수에 있어 우선권을 갖게 된다.

025 VIX Volatility Index

주식시장의 변동성에 대한 기대를 지수화한 것으로, 시카고옵션거래소에 상장된 S&P 500 주가지수 옵션을 기반으로 향후 30일간의 변동성에 대한 시장의 기대를 나타낸다. 증시 지수와 반대로 움직이는 경향이 있다.

026 가산금리

기준금리에 신용도 등의 조건에 따라 덧붙이는 금리를 말한다. 신용도가 높으면 가산금리가 낮아지고, 신용도가 낮으면 가산금리는 높아진다.

027 개츠비 곡선

부의 불균등이 심각했던 1920년대 미국 사회를 배경으로 한 소설 『위대한 개츠비』에서 주인공 이름을 인용하여 만든 크루거 교수의 이론이다. 부의 불평등 정도가 심화될수록 사회·경제적으로 계층 간 이동이 어려워짐을 보여주는 곡선이다.

028 건화물지수 Baltic Dry Index

세계 해운업계의 경기 현황을 나타내는 지수로, 영국의 발틱해운 거래소가 1985년 1월 4일의 운임 수준을 기준(BDI=1,000)으로 발표하는 종합운임지수이다. 주로 석탄, 광석, 건축 자재 등 포장 없이 벌크선으로 운송되는 원자재의 운임을 비교 평가한다. 건화물지수가 상승한다는 것은 해운업의 경기가 개선됨을 의미하며, 원자재 이동이 많아져 세계 경제가 활성화되고 있다는 의미로 해석되기도 한다.

029 고용탄성치

한 산업의 성장이 창출하는 고용의 양을 측정하는 지표로, '취업자 증가율 ÷ 국내총생산 증가율'로 구한다. 고용탄성치가 높을수록 산업 성장에 비해 취업자 수가 많다는 것을 의미한다. 최근 우리나라는 고용탄성치가 지속적으로 하락하고 있다.

030 공매도

가까운 미래에 주가가 하락할 것으로 보이는 종목의 주식을 빌려 매도한 후 주가가 하락하면 싼값에 다시 사들여(숏커버링) 빌린 주식을 갚음으로써 차익을 얻는 매매 기법이다. 공매도는 주식시장에 유동성을 공급하지만, 불공정 거래의 수단으로 악용되기도 한다.

031 관리재정수지

정부의 총수입과 총지출의 차이인 통합재정수지에서 4대 사회보장성기금(국민연금기금, 사학연금기금, 산재보험기금, 고용보험기금)을 제외한 것으로 정부의 순재정상황을 보여 주는 지표이다. 정부의 재정 건전성을 판단할 수 있다.

032 글로벌 본드 Global Bond

세계 주요 금융시장에서 동시에 발행되어 유통되는 국제 채권이다. 미국 금융시장에서만 발행되는 양키 본드(Yankee Bond)와 반대 개념으로 쓰이기도 한다. 발행에 수반되는 부대 비용이 많이 들지만, 분산 발행에 따른 지역시장 간 경쟁으로 발행 금리를 낮출 수 있다는 장점이 있으며, 대규모 국채 모집이 가능하다. 우리나라는 KDB 산업은행이 전세계 투자자들을 대상으로 총 15억 달러 규모의 글로벌 본드를 발행하기도 했다.

033 금융소비자보호법

금융상품 판매 시 소비자에게 상품의 기본 내용, 투자의 위험 등을 제대로 설명하지 않고 판매함으로써 일어나는 금융 사고를 방지하고 소비자를 보호하기 위해 2021년 3월에 시행되었다. 금융회사는 영업 행위 시 6대 판매 원칙, 즉 적합성 원칙, 적정성 원칙, 설명의무, 불공정영업 금지, 부당 권유 금지, 광고 규제를 지켜야 한다.

034 금융안정지수 Financial Stress Index, FSI

한국은행이 개발해 매달 산출하는 지표로, 은행·주식·채권·외환시장 등의 부문에서 금융불안 및 금융시스템 리스크 발생 가능성을 측정하고 평가한다. 0에서 100 사이 값으로 산출하며, 8 이상은 '주의', 22 이상을 '위기'로 평가한다.

035 금융정보분석원(FIU)

금융기관을 이용한 범죄 자금의 자금세탁행위와 외화의 불법 유출을 막기 위해 2001년 11월 설립된 금융위원회 산하 기관이다. 금융기관으로부터 의심스러운 금융거래 내용을 보고받고 금융정보를 수집·분석하여 법집행기관에 제공하는 금융위원회 소속의 국가기관으로, 단일의 중앙행정조직이다.

036 금융취약성지수 Financial Vulnerability Index, FVI

금융시스템의 중장기적인 잠재적 취약성을 측정하는 지수이다. 한국은행이 개발하여 2021년 6월에 처음 그 결과를 발표했다. 대출 증감률, 자산 가격 상승률, 신용 축적, 금융회사의 건전성 등을 종합하여 중장기적인 상황을 평가하며, 외환위기 당시를 100으로 하여 산출한다. 지수 범위는 0에서 100까지이며 값이 클수록 대내외적 충격에 취약하다는 의미이다.

037 금융통화위원회 Monetary Policy Board

통화신용정책 수립 및 한국은행 운영에 관한 최고 의사결정기구로서, 7명의 위원으로 구성된다. 한국은행 총재와 부총재는 금융통화위원회의 당연직 위원이 되고, 총재는 의장을 겸임한다.

038 금융투자소득세

소득세의 일종으로, 주식·채권·펀드·파생상품 등 금융투자와 관련해 발생한 소득에 대해 과세하는 세제이다. 2020년 12월 말 정부안이 발의되어 소득세법 개정안이 통과된 후 2023년부터 도입될 예정이었으나 실효성과 부작용에 대한 문제가 지속적으로 대두되며 도입이 유예되었고, 시행 여부에 대한 논의가 지속 중이다.

039 기업경기실사지수
Business Survey Index, BSI

한 나라의 전체 경기는 기업과 소비자들이 느끼는 경기를 종합한 것이다. 따라서 전반적인 경기 상황을 판단하는 데 도움을 얻고자 기업 및 소비자들을 대상으로 경제에 대한 인식을 조사한다. 이를 경제심리지수(ESI)라 하며, 여기에는 기업가를 대상으로 하는 기업경기실사지수(BSI)와 소비자를 대상으로 하는 소비자동향지수(CSI)가 있다.

040 기저 효과 Base Effect

경제지표 증가율을 해석할 때 기준시점과 비교시점의 상대적 위치에 따라 실제보다 경제상황에 대한 평가가 과소·과대 해석되는 현상을 말한다. 지표를 절대적으로 해석하지 않고 기준시점을 바탕으로 비교시점의 수치를 판단하는 상대적인 해석이므로, 전기의 실적이 좋았다면 이번 기의 실적이 안 좋게 해석되는 반면 전기의 실적이 저조했다면 이번 기에는 조금만 실적이 개선돼도 훨씬 양호하게 해석되는 심리적인 측면이 가미됐다.

041 기축통화 Key Currency

여러 국가의 암묵적인 동의하에 국제거래에서 중심적인 역할을 하는 통화를 지칭한다. 국제무역 결제 및 환율 평가의 기준이 되며, 대외준비자산으로 사용되는 통화이다. 제2차 세계 대전 이후에는 영국의 파운드화, 그 이후에는 미국의 달러화가 기축통화로 인정받고 있다.

042 깡통전세 / 역전세

깡통전세는 세입자 전세금과 집주인의 주택담보대출금액의 합계가 집값에 육박하거나 더 높은 경우를 말한다. 집값이 떨어지면 세입자 전세금 반환이 어려워질 위험이 있다. 세입자 전세금과 집주인의 주택담보대출금액의 합계가 집값의 70~80% 수준이면 깡통전세 위험이 있다고 본다. 역전세는 계약 이후 전세 시세가 하락해 임차인에게 보증금을 돌려주는 것이 어려워지는 경우를 말한다. 전세 시세가 계약 당시보다 떨어져 있다면 계약이 만료되어 새 세입자를 구할 때 집주인은 급락한 전세 시세로 기존 세입자의 보증금을 충당할 수 없는 것이다.

043 낙수 효과 / 분수 효과
Trickle-down Effect / Trickle-up Effect

낙수 효과는 대기업 및 부유층의 소득과 부를 증가시킨다면 결과적으로 전체 경제활동이 활발해지며 중소기업과 저소득층도 혜택을 볼 수 있다는 주장이다. 반면, 분수 효과는 정부가 경제정책으로 저소득층과 중산층의 소득을 먼저 늘려주면 이들의 소비 확대가 생산과 투자로 이어지면서 전체 경제활동이 되살아나고 이로 인해 고소득층의 소득도 늘어날 수 있다는 주장이다.

044 닥터 코퍼 Dr. Copper

구리 가격이 마치 의사처럼 경제의 전반적인 상태를 진단하고 예측한다는 점에서 구리(Copper)를 의인화하여 표현한 말이다. 구리는 송전·공장 설비·건축자재·기계장비 등 제조업 전반에 재료로 사용된다는 특성 덕분에 경기 상황에 민감하게 반응하는 한편, 원유나 금에 비해 지정학적·정치적 영향을 덜 받기 때문에 실물경제의 경기를 예측하는 선행지표로 활용된다.

045 달러라이제이션 Dollarization

미국이 아닌 다른 국가에서 미 달러화를 공식적으로 유일한 자국 통화 혹은 다른 화폐와 함께 공식 화폐로 이용하는 현상이다. 미국의 통화정책에 의해 자국 경제가 큰 영향을 받는 중남미 국가에서 도입하고 있다. 화폐가치가 안정된 달러화를 공식 화폐로 사용하면 통화가치가 급락할 염려가 없고 환율 변동으로 인한 환위험을 줄일 수 있어 외국 기업의 투자 유도와 국채 발행 시 유리하다는 장점이 있다. 반면, 미국에 정치·경제적으로 예속되어 경제주권과 국가정체성을 상실할 수 있다는 우려가 있다.

046 대체거래 시스템
Alternative Trading System, ATS

증권거래소나 코스닥증권시장과 같은 정규 증권거래소의 기능을 대체하는 다양한 형태의 증권 거래 시스템을 의미한다. 장외 시장과 같이 기존 거래소와 별도로 주식을 사고 팔 수 있으며, 우리나라 '자본시장법'상 다자간 매매 체결 회사로 정의된다.

047 더블 딥 Double Dip

경제가 2분기 연속 마이너스 성장을 기록할 경우를 경기침체로 규정하는데, 이러한 경기침체가 두 번 계속되는 경우를 말한다. 즉, 경기침체 후 일시적으로 회복 기미를 보이다가 다시 침체로 빠져드는 현상이다. 두 차례의 경기침체 후 회복 국면에 들어선다는 점에서 'W자형' 경제구조라고도 한다.

048 데드캣 바운스 Dead Cat Bounce

주가가 떨어지다가 잠깐 반등하는 상황을 비유하는 말로, '죽은 고양이도 높은 곳에서 떨어뜨리면 잠깐이나마 튀어 오른다.'는 월 스트리트 문장에서 유래했다. 주식 급락 시 특정 시점에서 저점에 주식을 매수해 단기 이익을 보려는 심리가 형성되기 때문에 발생한다.

049 디레버리징 Deleveraging

보유한 자산을 상회하는 부채를 끌어들여 이를 지렛대로 삼아 투자 수익률을 높이는 '레버리지'의 반대말로, 부채를 줄여나가는 것을 의미한다. 코로나19 이후 미(美) 연준(Fed)이 테이퍼링 가속화 의지를 보이며 금리를 인상하였고 한국 또한 금리인상과 더불어 대출 규제 한도를 높여 담보 대출과 신용 대출을 통해 부동산과 주식에 투자한 가계의 이자 상환 부담이 가중되며 디레버리징이 주요 화두로 떠올랐다. 한편, 급격한 디레버리징은 경제의 총수요를 줄여 경기 회복을 더디게 하는데 이를 '디레버리징의 역설'이라고 한다.

050 디지털세 Digital Tax

구글, 애플 등 글로벌 빅테크 기업의 조세회피 행위를 해결하기 위한 목적으로 도입된 세금이다. 이들 기업은 세율이 낮은 국가에 법인을 설치함으로써 미국, 유럽 등 대규모 시장에서 발행한 이익에 대한 세금을 피할 수 있었다. 이에 경제협력개발기구(OECD) 및 주요 20개국(G20) 주도로 일정 규모 이상인 다국적 기업이 매출이 발생한 국가에 세금을 내도록 하는 디지털세 합의를 도출했고, 각국의 입법과정을 거쳐 2023년부터 적용됐다.

051 디지털 시장법 Digital Markets Act

유럽연합(EU)이 빅테크 기업(아마존, 애플, 마이크로소프트, 메타 등)의 시장 지배력 남용을 방지하고자 제정한 법으로, 일정 규모 이상의 빅테크 기업을 게이트키퍼로 지정해 인앱 결제 강제 금지, 사이드로딩 허용, 자사 우대 금지 등의 의무를 이행하도록 규정했다.

052 디파이 Decentralized Finance, DeFi

블록체인 기술을 기반으로 이루어지며 가상화폐를 담보로 하는 예금과 대출 등의 금융 서비스이다. 기존 금융 거래처럼 은행, 카드사 등이 필요하지 않으며, 신용 관련 서류를 제출하고 대출 심사를 받는 번거로운 절차 없이 인터넷 연결만 가능하면 서비스를 받을 수 있다.

053 라스트 마일 Last Mile

마라톤과 같은 스포츠 경기에서 목표에 다다르기 직전의 가장 힘든 마지막 구간을 의미하는 용어로, 금융시장에서는 정부가 물가안정 정책을 수행하는 과정에서 물가 목표치 달성을 위한 마지막 구간을 의미한다.

054 루이스 전환점

경제 발전 초기 농촌에서 도시로의 급격한 인구 이동이 일어나면서 저렴한 도시 노동자의 임금을 바탕으로 빠르게 경제가 성장하지만, 도시로 유입되는 신규 노동자 수가 급감하면 임금이 상승하고 고비용-저임금 구조로 인해 성장이 둔화되는 현상이다.

055 리니언시 제도 Leniency Program

담합을 자진신고한 최초 사업자에 대해 과징금을 감면하고, 제재 대상에서 제외해 주는 담합 자진신고자 감면제도이다. 소수의 판매자가 시장지배력을 행사하는 과점 시장에서 판매자들 간 담합을 방지하기 위한 것으로, 담합 결성 유인을 구조적으로 약하게 하는 순기능이 있다. 즉, 판매자들을 죄수의 딜레마와 같은 상황에 처하게 하여 담합을 사전 예방한다.

056 리디노미네이션 Redenomination

화폐 단위를 현재 화폐와 일정한 교환 비율로 교환하여 일률적으로 조정하는 것을 의미한다. 예를 들면, 현재의 1,000원이 리디노미네이션 후에는 1원의 가치를 갖는 셈이다. 지속적 인플레이션으로 화폐의 표시 단위가 커지면서 나타나는 불편함을 해결하고 자국 통화의 대외적 위상 제고를 위해 실시한다.

057 리버스 펀드 Reverse Fund

주가 지수가 하락할 때 수익이 나는 파생상품에 투자하는 펀드이다. 리버스 펀드는 단기에 주가가 하락하면 높은 수익을 얻을 수도 있지만 개인이 매수·매도 타이밍을 포착하기 어려워 주로 기관 투자가나 투자 전문가가 리스크 헤지 상품으로 활용한다.

058 리츠 REITs

'Real Estate Investment Trusts'의 약자로, 부동산투자신탁을 의미한다. 다수의 투자자들로부터 자금을 조달하여 부동산에 투자하고 수익을 배당하는 회사나 투자신탁을 말한다. 리츠는 증시에 상장하여 주식 매매가 가능하므로 일반인도 소액으로 부동산에 투자할 수 있는 기회를 제공하며, 언제든 사고 팔 수 있다. 또한 실물자산에 투자하기 때문에 안정적이다.

059 리픽싱 Refixing

주가가 낮아지면 전환사채의 전환가격을 낮추어 가격을 재조정할 수 있도록 하는 계약을 말한다. 전환가격은 전환사채를 주식으로 교환할 때의 가격이며, 발행사는 전환사채의 전환가격을 낮추어 투자자의 이익을 보장함으로써 투자를 유도한다.

060 머니 마켓 펀드 Money Market Fund, MMF

고객의 일시적인 여유자금을 금리 위험과 신용 위험이 적은 국공채, 어음 등에 운용하고 발생하는 수익을 배당하는 펀드의 일종으로, 대표적인 단기금융상품이다. 위험성이 낮아 단기 여유자금을 MMF로 돌리는 경우가 많다.

061 메자닌 펀드 Mezzanine Fund

'메자닌'은 건물 1층과 2층 사이에 있는 라운지 공간을 의미하는 이탈리아어로, 채권과 주식을 혼합하여 만든 중간 위험 단계의 상품에 투자하는 펀드를 말한다. 메자닌 펀드는 안전자산인 선순위대출과 위험자산인 보통주 사이의 중간단계에 있는 전환사채(CB), 신주인수권부사채(BW), 교환사채(EB) 등 주식 관련 채권에 투자한다.

062 모기지론 Mortgage Loan

부동산을 담보로 제공하고 금융기관으로부터 자금을 대출받는 제도이다. 대출자는 부동산을 담보로 설정하고 금융기관으로부터 장기적으로 자금을 빌려 부동산을 구입하거나 자금을 조달할 수 있다. 모기지론은 대출 상환 기간이 길고 이자율이 상대적으로 낮아 부동산 구입에 부담을 덜어줄 수 있다는 장점이 있다. 대출자는 정해진 기간 동안 일정한 원리금을 금융기관에 상환하게 되며, 상환 완료 시까지 금융기관은 해당 부동산에 대한 저당권을 보유한다. 만약 대출자가 대출금을 상환하지 못할 경우, 금융기관은 저당권을 행사해 해당 부동산을 압류하고 매각하여 대출금을 회수할 수 있다.

063 민스키 모멘트 Minsky Moment

미국의 경제학자인 하이먼 민스키(Hyman Minsky)가 주장한 이론으로, 누적된 부채가 임계점을 넘어 자산 가치의 붕괴와 경제 위기를 초래하는 순간을 말한다. 부채의 확대가 금융시장의 호황으로 이어지지만, 호황이 끝나면 빚을 낸 채무자들의 부채 상환 능력이 나빠지고 결국 채무자들은 빚을 갚기 위해 건전한 자산을 매각하며 금융 시스템이 붕괴되고 금융 위기를 초래할 수 있다.

064 바그너의 법칙 Wagner's Law

19세기 독일 경제학자 아돌프 바그너가 제시한 이론으로, 경제가 성장할수록 공공부문 지출이 더 빠르게 증가한다는 의미이다. 프랑스는 복지 확대와 사회서비스 지출 급증으로 이 법칙이 과도하게 작동한 대표 사례로, 2025년 2분기 기준 GDP 대비 부채 비율이 115%를 넘는 심각한 재정위기에 직면하였다. 정부 지출의 정치적 고착과 구조조정 지연은 성장과 복지의 균형 필요성을 다시 부각시키고 있다.

065 바나듐 Vanadium

차세대 에너지 저장 장치(ESS)로 각광받고 있는 배터리 소재이다. 기존 소재와 비교하여 수명이 길고 화재 위험이 적으며, 산업통상자원부의 안전 진단을 통해 바나듐을 이용한 배터리의 안정성을 확인한 바 있다.

066 반대매매

고객은 투자 자금이 부족할 경우 구매할 주식을 담보로 제공하는 조건으로 증권사에게 돈을 빌리거나 신용융자금으로 주식을 매수할 수 있다. 이때 만기 내에 변제하지 못할 경우 또는 주가가 크게 하락하여 담보가치가 일정 비율 이하로 하락할 경우에 증권사는 고객의 동의 없이 담보 주식을 임의로 매도(반대매매)해 큰 손실을 초래할 수 있다.

067 배당락

배당 기준일이 경과하여 배당금을 받을 권리가 없어지는 것을 말한다. 일반적으로 한국에서 배당을 받을 권리는 사업 연도가 끝나는 날을 기준으로 주식을 보유한 주주에게 한정된다. 주식을 매수하면 매수일을 포함하여 3거래일 후 주주명부에 등재된다. 12월 결산 법인의 경우 12월 31일은 결산일이며, 바로 전날 거래일인 12월 30일이 배당락일에 해당하므로, 12월 29일에 주식을 구매해도 배당을 받을 수 있다.

068 배당성향 Payout Ratio

기업의 배당금 지급능력을 나타내는 지표로, 배당지급률 또는 사외분배율이라고도 한다. 당기순이익 대비 현금배당액 비율로 나타내며, 이 비율이 높을수록 배당금 지급 비율이 높다.

069 배드뱅크 Bad Bank

금융사고 등으로 금융회사의 자산 중 일부가 부실화되었을 때, 부실 자산을 인수시켜 처리하는 임시 기구이다. 손실을 입은 기관은 부실 자산을 배드뱅크에 넘겨주어 굿뱅크(Good Bank)가 됨으로써 신용도를 제고하고 정상적 영업 활동을 유지할 수 있다.

070 뱅크런 Bank Run

은행의 대규모 예금 인출 사태를 가리키는 말이다. 금융시장 상황이 불안하거나 은행의 경영 및 건전성 등에 문제가 발생하면 예금자들은 은행에 맡긴 돈을 보장받을 수 없을 것이라는 불안감에 저축한 돈을 인출 하게 되고 은행은 지급할 수 있는 자금이 부족하게 되어 패닉 상태에 빠질 수 있다. 우리나라는 예금보험공사를 통해 「예금자보호법」에 의해 1억 원까지는 예금을 보장함으로써 금융소비자의 불안감을 감소시켜 뱅크런을 방지하고 있다.

071 번들플레이션 Bundleflation

묶음(Bundle)과 인플레이션(Inflation)의 합성어로, 묶음 상품이 낱개 상품보다 더 비싼 값으로 책정되는 현상을 말한다. 대량으로 구매하면 가격을 할인해 주는 시장 원리처럼 묶음 상품이 더 저렴할 것이라는 소비자들의 일반적인 인식을 뒤집는 현상으로, 일각에서는 번들플레이션에 대해 기업들이 마진을 많이 남기기 위해 묶음 제품이 더 쌀 것이라는 소비자들의 기대 심리를 교묘하게 이용한 것이라고 비판하기도 한다.

072 베어마켓 랠리 Bear-market Rally

약세장을 의미하는 '베어마켓'과 상승장을 의미하는 '랠리'의 합성어로, 전반적인 약세장 속에서 일시적으로 주가가 반등하는 현상을 가리킨다. 베어마켓 랠리는 하락세가 완전히 끝나지 않았다는 시장의 잠재적 심리가 공존하고 있는 상태이므로 제한된 상승력을 바탕으로 주가 반등 흐름이 전개되는 특징이 있으며, 베어마켓 랠리가 진행되는 동안에는 일정한 수준에서 매수세가 살아나는 듯한 착각을 일으킨다.

073 베이지북 Beige Book

미국 연방준비제도이사회(FRB)가 연간 8차례 발표하는 미국 경제동향보고서이다. 연준 산하 12개 지역 연방준비은행이 기업인, 경제학자 등 전문가들의 의견과 각 지역 경제를 조사·분석한 결과를 모은 것이다. 연방공개시장위원회(FOMC) 회의에 앞서 발간되며 금리정책 논의 시 가장 많이 참고되는 자료로, 책 표지가 베이지색인 것에 유래하여 베이지북이라고 불린다.

074 블록딜 Block Deal

증권시장에서 기관이나 대주주와 같은 큰손이 한번에 대량의 주식을 매매하는 것을 말한다. 일반적으로 시장에 대량의 주식이 동시에 나오면 해당 주식의 가격은 급락하고, 추가적인 효과를 불러오기도 한다. 따라서 주식을 대량으로 보유한 주주와 매수자는 시장에 충격을 주지 않고 주식을 제값에 거래하기 위해 정규거래시간 이후에 매매를 한다.

075 블록체인 Block Chain

기존 금융 회사들이 중앙 집중형 서버에만 거래를 기록했던 것과는 달리 여러 노드에 동일한 기록을 동기화시키는 구조이다. 노드 간의 기록에 차이가 발생한 경우 일정한 규칙에 따라 다수결에 의해 정통 기록을 결정한다. 이러한 특징으로 인해 온라인 금융 거래에서 해킹을 막을 수 있다. 온라인 가상 화폐인 비트코인 거래를 위한 보안 기술로 활용됐다.

076 블루본드 Blue Bond

채권 발행으로 확보한 자금 용도를 해양생태계와 관련된 사업에 한정시키는 특수목적 채권이다. 국제해사기구에서 해운업계의 노후 선박 교체와 친환경 선박 확보를 위한 자금 조달 목적으로 발행되었다.

077 비체계적 위험

개별 주식 투자에 수반되는 총위험은 '체계적 위험'과 '비체계적 위험'의 합으로 볼 수 있다. 비체계적 위험은 경영진의 변동, 파업, 법적 소송, 해외 판로 개척 등과 같이 어떤 기업의 개별적 특성에서 기인하는 위험을 말한다.

078 사모 펀드

소수 투자자에게 비공개 사모방식으로 자금을 모아 주식이나 채권에 투자하는 펀드로, 고수익·고위험 투자를 추구하는 경향이 있다. 사모 펀드는 소수 투자자로부터 단순 투자 목적의 자금을 모아 펀드로 운용하는 주식형 사모 펀드(일반 사모 펀드)와 특정 기업 주식을 대량으로 인수하여 기업 경영에 참여하는 방식으로 기업 가치를 높인 후 주식을 되팔아 수익을 남기는 사모 투자 전문 회사로 구분할 수 있다. 공모 펀드와 달리 운용에 제한이 없어 자유롭게 투자할 수 있다는 장점이 있으나, '옵티머스 사태'처럼 비대칭 정보로 인한 도덕적 해이가 발생할 수 있다.

079 사이드카 Side Car

선물시장의 급등락에 따라 현물시장의 가격이 급변하는 것을 막기 위한 가격 안정화 장치로, 선물가격이 전일 종가 대비 5%(코스닥은 6%) 이상 변동한 시세가 1분간 지속될 경우 주식시장의 프로그램 매매 호가는 5분간 효력이 정지된다.

080 산타랠리 Santa Rally

크리스마스 전후 연말 보너스가 집중되고 소비가 증가하면서 내수가 늘어나고 매출이 증대된다. 이에 따라 기업의 실적이 개선되면서 연말과 신년 초 주가가 강세를 보이는 현상이다.

081 삼의 법칙 Sahm's rule

최근 3개월의 실업률 평균이 지난 12개월의 최저치보다 0.5%p 이상 높으면 경제 침체로 판단하는 이론이다. 삼의 법칙은 미국 국립경제연구소(NBER)에서 경기 침체 증후를 사전에 파악하는 지표로 활용하며, 1950년 이후 일어난 11번의 경기 침체 중 1번을 제외하고는 모두 적중했다는 평가를 받았다.

082 서머랠리 Summer Rally

초여름 6월 말부터 7월까지 휴가기간 동안 주가가 상승하는 경향을 말한다. 여름휴가가 긴 국가에서 펀드 매니저들이 휴가를 앞두고 미리 주식을 사놓는 관행 때문에 발생하는 현상이다.

083 서킷 브레이커 Circuit Breakers

주가가 갑자기 급락할 때 증시 전반에 미치는 충격을 완화하기 위해 주식 거래를 일정 시간 동안 정지하는 제도이다. 미국은 S&P 500지수가 7% 하락하면 서킷 브레이커가 발동해 15분 동안 거래가 중단되고, 한국은 코스피 지수나 코스닥 지수가 전일 종가지수 대비 8% 이상 폭락한 상태가 1분 이상 지속하면 서킷 브레이커가 발동해 20분 동안 거래가 중단된다. 최근 2025년 4월에 일본에서 닛케이225 선물지수가 약 8%이상 급락하면서 선물시장 거래가 중단되었다.

084 세계경제포럼
World Economic Forum, WEF

세계적인 기업가, 경제학자, 저널리스트, 정치인들이 참석하여 세계경제에 대해 토론하고 연구하는 모임으로, 매년 1~2월 스위스 다보스에서 개최되어 다보스포럼이라고도 한다.

085 세이프가드 Safeguard

특정 품목의 수입 급증으로 자국 업체에 중대한 손실이 발생하거나 발생할 우려가 있을 경우 GATT 가맹국이 발동하는 긴급 수입 제한조치로, 수입국이 관세인상이나 수입량 제한 등을 통해 수입품에 대한 규제를 할 수 있는 무역장벽이다. 미국 국제무역위원회는 미국 가전업체 '월풀'의 세이프가드 발동 청원으로 삼성과 LG 세탁기의 수입을 제한하여 이슈가 된 적이 있었다.

086 소니 보노법 Sonny Bono Law

저자 사후의 저작권 보호 기간을 50년에서 70년으로 연장하는 저작권법이다. 연예인 출신인 소니 보노 하원 의원의 이름을 따 '소니 보노 저작권 연장법'이라고도 한다. 디즈니의 '미키 마우스' 저작권이 2003년에 소멸될 예정이었으나, 이 법으로 인해 2023년까지 권리를 보호받았다.

087 소비기한

「식품 등의 표시 광고에 관한 법률」 개정으로 2023년 1월 1일부터 식품의 '유통기한' 표시가 '소비기한'으로 변경되었다. 유통기한은 제품 제조일로부터 소비자에게 유통·판매가 허용되는 기간이며, 소비기한은 소비자가 식품을 소비할 수 있는 기한으로 표시된 보관기간을 준수했을 경우 소비자가 식품을 먹어도 안전에 이상이 없다고 판단되는 최종 소비기한이다. 전문가들은 소비기한 도입 시 음식물 섭취 가능 기간이 유통기한과 비교해 20~30% 정도 늘어날 것으로 예상하고 있다.

088 소비자심리지수
Consumer Composite Sentiment Index, CCSI

우리나라 가계부문의 생활형편, 가계수입, 소비지출 등 6개의 주요 개별지수를 표준화하여 합성한 종합지수로, 한국은행이 매월 집계하여 작성한다. 기준값 100보다 크면 장기 평균보다 낙관적, 100보다 작으면 비관적임을 의미한다.

089 숏 스퀴즈 Short Squeeze

투자자가 주가 하락을 예상해 공매도했으나 오히려 주가가 상승할 때 손실을 줄이기 위해 주식을 매수하는 것을 의미한다. 이로 인해 주식 가격이 또 한 번 치솟는다.

090 숏 커버링 Short Covering

공매도(Short Stock Selling) 후 매수하는 전략이다. 주가 하락이 예상될 때 주식시장에서 주식을 빌려 먼저 파는 공매도 후 주가가 예상대로 하락하면 다시 환매수하는 숏 커버링을 해 주식 수량만큼 갚는다.

091 슈퍼사이클 Super-cycle

공급이 제한된 상품의 장기적인 가격 상승 추세를 의미한다. 주로 원자재의 전방산업에서 수요가 폭발적으로 증가하는데 공급이 이를 따라가지 못해 가격이 오르는 경우가 대표적이다.

092 스크루플레이션 Screwflation

물가 상승과 실질임금 감소로 중산층의 가처분소득이 줄고 체감 물가가 올라가는 현상이다. 일상생활에서 중산층의 생활 여건 악화로 쥐어짜내야 할 만큼 힘들어지는 상황을 비유적으로 표현한 것이다.

093 스태그플레이션 Stagflation

경기 침체와 물가 상승이 동시에 나타나는 현상이다. 원자재 가격 상승, 공급망 붕괴 등 총공급 요인에서 충격이 생겼을 때 생산량은 줄고 물가는 올라가는 스태그플레이션이 나타날 가능성이 높아진다.

094 스테이블 코인 Stable Coin

가격 변동성을 최소화하도록 설계된 암호화폐로, 보통 법정화폐와 1대 1로 교환되도록 가치가 고정되어 있다. 통상 1코인이 1달러와 교환되며, 테더(Tether), 테라(Terra), 트루(True USD) 등 다양한 스테이블 코인이 있다.

095 스트레스 DSR

총부채 원리금 상환 비율(DSR, Debt Service Ratio) 산정 시 일정 수준의 가산금리(스트레스 금리)를 부과하는 것을 말한다. 변동 금리 대출을 이용하는 차주가 대출 이용 기간 중 금리 상승으로 인해 원리금 상환 부담이 상승할 가능성을 감안하여 차주의 대출 한도를 줄이는 데 목적을 두고 있다.

096 스트레스 테스트

'금융 시스템 스트레스 테스트'의 준말로, 예외적이지만 발생 가능성이 있는 거시 경제 충격을 가정해 금융 시스템의 잠재적 취약성을 측정하는 것이다. 생산, 환율 등 특정 변수의 급격한 변동에 대해 금융 시스템이 얼마나 안정적인지를 알 수 있다.

097 스티키 인플레이션

Sticky Inflation

끈적하다(Sticky)와 인플레이션(Inflation)의 합성어로, 한번 높아진 물가상승률이 일시적인 현상에 그치지 않고 지속적으로 상승하는 것을 의미한다. 미국 애틀랜타 연방준비은행(Fed)이 상대적으로 낮은 변동성을 가진 재화와 서비스에 가중치를 두고 집계하는 '스티키 소비자물가지수(Sticky Consumer Price Index)'에서 유래했다.

098 스푸핑 Spoofing

초단타 매매로 시세를 조작하여 차익을 남기는 거래이다. 2018년 미국 시카고상품거래소(CME)가 하나금융투자의 시세 조작 행위에 대해 과태료를 부과하기도 하였다. IT에서는 웹사이트를 통해 이용자 정보를 빼 가는 해킹 수법을 말하기도 한다.

099 셰일가스

탄화수소가 풍부한 퇴적암(셰일)층에 매장되어 있는 천연가스이다. 기존 천연가스보다 훨씬 깊은 곳에 존재하고, 암석의 미세한 틈새에 넓게 퍼져 있어 수평시추를 통해서만 채굴할 수 있다는 기술적 제약 때문에 1800년대에 발견되었음에도 오랫동안 채굴이 이뤄지지 못하다가, 2000년대 들어 수평시추가 상용화되며 신에너지원으로 급부상하게 됐다.

100 씬 파일러 Thin Filer

금융 거래 정보가 거의 없어 관련 서류가 '얇은' 사람을 말한다. 주로 사회초년생이나 주부, 노약자 등 금융 거래 이력이 부족한 사람들이 이에 해당한다.

101 알고리즘 트레이딩 Algorithmic Trading

일정한 논리 구조에 따라 이루어지는 컴퓨터 시스템 거래를 말한다. 거래 대상은 주식, 주가 지수 선물, 옵션 등 다양하며, 가격, 거래량, 경제 지표 등을 조합하여 논리 구조를 만들어 이를 기반으로 시장을 분석하여 자동 매매를 결정한다.

102 압축도시 Compact city

도시 외곽으로의 무분별한 확산을 억제하고, 도시 내부를 고밀도로 개발하여 공간의 효율성과 환경 보전을 동시에 추구하는 도시 모델을 의미한다. 주요 특징으로 대중교통의 활성화, 보행과 자전거 중심의 이동, 혼합 용도 개발(주거, 상업, 업무 시설을 가까운 거리 내에 배치), 도시 외곽 및 녹지지역의 개발 억제 등이 있다.

103 양적 긴축

중앙은행이 보유자산을 축소해 시중 유동성을 흡수하는 정책을 말한다. 중앙은행이 보유 채권을 시장에 매각하는 방식이 대표적이며, 시중 금융기관이 채권을 사면 매수대금을 중앙은행에 지불하여 시중의 돈이 중앙은행으로 다시 회수된다.

104 업틱룰 Up-tick Rule

주식시장에서 공매도 시 주가 하락을 막기 위한 제도로, 공매도할 때 직전 체결 가격보다 높은 가격으로 주문을 내도록 규정한다. 공매도 행위로 인한 주가 급락을 예방하기 위해 1996년부터 도입되었으나, 차익 거래나 헤지 거래를 목적으로 할 때에는 예외로 처리하고 있다.

105 에스크로 Escrow

원래 '조건부 양도증서'를 의미하는 법률 용어로, 구매자와 판매자 사이에 신용 관계가 불확실할 경우 상거래가 원활히 이루어질 수 있도록 제3자가 중계하는 매매 보호 서비스를 말한다. 전자상거래에서는 '결제 대금 예치'를 뜻하는 용어로 사용한다.

106 에코플레이션 Ecoflation

태풍, 가뭄, 산불 등 예측 불가능한 환경 요인으로 물가가 상승하는 현상이다. 특히 지구온난화로 이상 기후 현상이 심화되면서 기업의 생산 활동에 지장이 생기고 물가가 상승할 것이란 전망이 나오고 있다.

107 역환율전쟁

환율전쟁이 수출 경쟁력을 높이기 위해서 자국 통화 가치를 의도적으로 낮추는 것을 의미한다면, 역환율전쟁은 자국 통화 가치 하락으로 인한 수입물가 상승과 달러 유출을 막기 위해 통화가치를 의도적으로 높이는 것이다.

108 오버행 Overhang

기둥 너머로 지붕이나 발코니 등의 돌출된 부분을 말하며, 주식시장에서는 언제든지 매물로 쏟아질 수 있는 잠재적 과잉 물량을 의미한다. 일반적으로 주가에 악재로 작용하며 의무 보호 예수 해제, 채권단이나 기관이 차익 실현을 위해 대량의 주식을 매도하는 경우 발생한다.

109 윈도 드레싱 Window Dressing

기관투자자가 성과평가를 앞둔 분기말이나 연말에 운용 펀드의 수익률을 상승시키기 위해 보유종목 주식을 인위적으로 사고 파는 행위를 일컫는 말이다. 자신의 보수가 평가시점의 운용실적에 영향을 받기 때문에 실적이 좋은 종목은 매입하여 주가를 올리거나, 실적이 저조한 종목은 처분하는 것이다. 상점에서 호객을 위해 쇼윈도를 멋지게 꾸미는 일과 비슷하여 붙여진 이름이다.

110 유효구인배율

노동시장에서 구인자 수를 구직자 수로 나눈 지표이다. 1을 기준으로 작을수록 구직자가 일자리보다 많아 취업 경쟁이 치열한 상태이다.

111 은행 대리업 제도

제3자가 은행 업무를 대신할 수 있도록 하는 제도로, 우체국, 보험대리점 등 비은행 금융기관 등에서 은행 업무를 볼 수 있도록 하는 제도이다. 대리 가능한 은행 업무 범위는 단순한 계좌 업무, 예금, 적금, 대출로 은행 영업점 밖에서 업무 처리가 가능하다. 은행권의 디지털 전환이 가속화됨에 따라 고령 소비자의 금융 접근성 제고 취지에서 시작되었으나, 대리점과 은행의 이중마진 발생으로 소비자 부담이 가중되고, 금융사고 발생 시 은행과 대리점 간 책임 문제가 있어 금융당국이 도입을 망설이고 있다.

112 의무공개매수제도

기업의 인수합병(M&A)이나 지배권을 확보할 수 있는 정도의 주식을 매입할 때, 전부 또는 일정 비율 이상의 주식을 의무적으로 공개 매수하도록 하는 제도이다. 소수 주주에게도 지배 주주와 동일한 조건으로 주식을 매각할 수 있는 기회가 주어진다.

113 이상금융거래탐지시스템(FDS)

금융거래 패턴을 분석해 부정 결제나 사기 등 이상 징후가 있을 때 사전에 탐지하여 사고를 예방하는 시스템이다. 현재 은행권을 중심으로 이상금융거래탐지시스템(FDS)을 자체 구축해 운영하고 있지만, 금융거래에 대한 외부 위협이 계속해서 확대·지능화되면서 공동 대응 필요성이 커지고 있다.

114 인구 오너스 Demographic Onus

생산가능인구 비중이 감소하면서 경제활동 참가율이 떨어지고 경제성장이 둔화되는 현상으로 고령화가 진행되고 있는 국가에서 주로 나타난다.

115 임금-물가 소용돌이

물가상승 기대가 임금인상 요구로 이어지고, 임금인상이 다시 비용·물가 상승을 부르는 악순환을 말한다. 이러한 비용 인상 인플레이션이 지속되면 물가상승률이 높아지고 실제경제성장률이 저하되는 슬로플레이션을 거쳐 스태그플레이션이 발생할 수 있다.

116 임베디드 금융
Embedded Finance

비금융회사가 본업을 수행하면서 금융상품과 서비스를 제공하고 자사 플랫폼에 핀테크 기능을 내장하는 것을 의미한다. 네이버파이낸셜은 네이버 스마트스토어 입점 사업자를 대상으로 신용대출상품을 출시하기도 했다.

117 잠재 GDP

경제의 생산능력을 나타내는 지표로, 한 나라의 경제가 물가 상승을 유발하지 않고 경제 내의 노동력, 자본, 기술 등의 생산요소가 최대한 활용될 때 달성할 수 있는 생산량을 의미한다. 잠재 GDP는 실제 GDP와 비교하여 경제성장률을 측정하는 데 사용되며, 경제성장률이 잠재 GDP를 초과할 시 인플레이션 위험을 고려하여 경제정책을 적절하게 조정해야 한다.

118 제로 레이팅 Zero Rating

특정 애플리케이션이나 인터넷 서비스를 이용할 때 발생하는 데이터 비용을 사업자가 부담하는 방식이다. 예를 들어 통신사가 제공하는 동영상 스트리밍 서비스를 이용할 경우 데이터 요금이 면제되거나 할인이 적용되는 경우가 있다.

119 제론테크/에이지테크
Age-Tech/Gerontech

고령화 사회에서 고령층의 삶의 질 향상과 돌봄·의료수요 대응을 위해 인공지능(AI), 로봇, 웨어러블, 재생의료, 스마트홈 등 첨단기술을 적용한 산업·서비스를 말한다. 최근 정부는 돌봄로봇·웨어러블 의료기기 등을 5대 중점 분야로 선정하고 민관 합동 R&D 예산 약 3,900억 원을 투입했다.

120 젠트리피케이션 Gentrification

낙후된 도심이 재개발되거나 활성화되면서 중산층 이상의 사람들이 해당 지역으로 유입되고, 기존의 원주민들이 높아진 임대료나 생활비를 감당하지 못해 밀려나는 현상을 말한다. 대표적인 사례로 홍익대학교 인근, 성수동, 경리단길 등 임대료가 저렴한 지역에 독특한 분위기의 카페, 소품 숍, 게스트하우스, 공방 등이 들어서면서 입소문을 타고 유동인구와 자본이 유입되었고, 치솟은 임대료를 감당할 수 없게 된 기존의 소규모 상인들은 결국 밀려나게 됐다.

121 주택구입부담지수 K-HAI

중간 소득을 가진 도시 근로 가구가 표준 대출을 받아 중간 가격 주택을 살 때의 상환 부담을 뜻하는 지표이다. 가계의 주택 매입 부담 정도와 추이를 파악하기 위해 만들어졌다. 지수가 높을수록 주택구입에 대한 부담이 크다는 것을 의미한다.

122 증권거래세

주식·채권 등 유가증권을 거래할 때 부과되는 세금으로, 국가가 자본시장에서 발생하는 거래에 대해 일정한 세수를 확보하기 위해 도입되었다. 국내에서는 세수 증대와 자본시장에서의 단기성 투기행위를 억제하기 위해 시행하고 있는데, 소득이 있는 곳에 과세한다는 조세의 기본 원칙에 맞지 않는다는 지적에 따라 폐지에 대한 주장이 커지고 있다.

123 지급여력비율 Risk Based Capital, RBC

보험사의 필요자본에서 가용자본이 차지하는 비율로, 보험회사의 자본 건전성을 측정하는 대표적인 지표이다. 보험계약자가 보험금을 요청했을 때 보험금을 제때 지급할 수 있는지를 나타내며, 보험사의 경영 상태를 가늠할 수 있는 지표이다. 감독 규정에는 지급여력비율이 100%일 때를 정상 상태로 본다.

124 차액결제거래 Contract For Difference, CFD

기초자산을 실제로 보유하지 않고 진입가격과 청산가격의 차액만 현금으로 결제하는 장외파생상품 거래 방식이다. CFD를 매수하는 시점의 가격(진입가격)보다 계약종료 시점의 가격(청산가격)이 높을 경우 그 차액을 CFD 발행자가 매수자에게 현금으로 지급한다. 매수자는 기초자산을 직접 구매하는 비용 없이도 직접 투자한 것과 같은 수익을 얻을 수 있으므로 레버리지 효과를 갖지만, 손실 가능성 또한 높다.

125 커촹반

중국의 첨단 기술 기업을 키우고 외국 자본에 대한 의존을 낮추려는 목적으로 상하이증권거래소에 개설된 주식시장이다. 적자기업의 상장을 처음으로 허용했으며 상장 신청 절차를 간소화했다.

126 코너스톤 제도

Cornerstone은 주춧돌이라는 의미로, 기업공개(IPO)시장에서 가격이 확정되기 전에 공모 물량 일부를 기관 투자가에게 배정하는 제도이다. 한국거래소가 상장 공모 이전에 핵심 투자자를 유치해 주식을 배정하면 공모 시장 안정성을 높일 수 있다.

127 코픽스 Cost of Fund Index, COFIX

국내 8개 은행의 정기 예·적금, 상호부금, 주택부금, 양도성예금증서(CD) 금리 등을 가중평균하여 산출하는 자금조달비용 지수이다. 대출금리는 시장금리에 은행이 정한 가산금리를 더하여 결정되는데, 변동금리형 주택담보대출에 적용되는 시장금리가 코픽스이다. 한국은행이 기준금리를 높이면, 은행들은 예·적금 금리를 올리고, 이에 따라 코픽스 상승과 주택담보대출 변동금리 상승으로 이어진다.

128 콜드월렛 Cold Wallet

암호화폐 소유권을 증명하기 위한 공개키와 개인키를 보관하는 방식이다. 온라인에 연결하지 않고 USB와 같은 별도 저장 장치에 보관하므로 보안성이 높다. 2017년 암호화폐 거래소가 해킹을 당해 암호화폐가 탈취된 사건이 발생한 이후 과학기술정보통신부는 콜드월렛의 사용을 권고하고 있다.

129 콜러블채권 Callable Bond

콜옵션부 채권, 수의상환사채라고도 하며, 발행자가 채권 만기일 이전에 원리금을 조기상환할 수 있는 권리를 갖는 채권이다. 평소에는 이자를 지급하지 않으며 발행사가 콜옵션을 행사할 경우 누적된 이자와 원금을 일시에 지급한다. 채권 발행 후 시장이자율이 하락하면 발행자는 콜옵션을 행사하여 기발행한 액면이자율이 높은 채권을 매입하고, 낮은 이자율로 채권을 다시 발행하여 조달비용을 절약할 수 있다. 시중은행들이 콜러블채권을 발행하는 것은 미래 금리 하락에 대한 전망이 반영되어 있다고 볼 수 있다.

130 콜옵션 Call Option

특정 기초 자산을 만기일 혹은 만기일 이전에 미리 계약한 행사 가격으로 살 수 있는 권리이다. 만기일 기초 자산 가격이 행사 가격보다 높으면 가격 차이만큼 수익을 얻을 수 있는 구조이다. 특정 기초 자산을 장래 특정 시기에 미리 정한 가격으로 팔 수 있는 권리를 뜻하는 풋옵션(Put Option)과 대비된다.

131 크리에이터 이코노미 Creator Economy

개인 창작자(크리에이터)들이 온라인·모바일 플랫폼을 통해 콘텐츠를 제작하여 부가가치를 창출하는 경제 생태계를 말한다. 자신의 콘텐츠를 통해 직접적인 수익을 얻거나 광고, 후원, 구독료, 상품 판매 등의 방식으로 수익을 창출할 수 있다.

132 클라우드 액트 Cloud Act

미국 정부가 범죄 수사 목적으로 자국 IT기업의 해외 서버에 저장된 데이터까지 접근할 수 있도록 규정한 법률이다. 이로 인해 각국의 데이터가 미국 당국에 전달될 가능성이 생기면서, 데이터 주권 침해와 통제력 약화에 대한 논의가 확산되었다. 한국은 안보상의 이유로 고정밀 지도 정보의 해외 반출을 제한하고 있어 구글맵 등의 서비스가 일부 제약을 받고 있다.

133 탄소중립

이산화탄소 배출량을 흡수량으로 상쇄하여 실질적인 배출량을 0으로 만드는 것으로, 대기 중으로 배출된 이산화탄소를 다시 흡수해 이산화탄소 총량을 중립 상태로 만드는 것을 목표로 한다. 이를 위해 이산화탄소 배출량만큼 숲을 조성해 산소를 공급하거나, 태양열·태양광·풍력 등 무공해 재생에너지에 투자하는 방법이 있다.

134 텀론 Term Loan

LBO(Leveraged Buy Out) 자금 조달 방법 중 하나이다. 만기(1~10년)를 정해 놓고 일정에 따라 원금 상환을 요구하는 중장기 기업 대출로, 특정 시설 구입, 기업 인수 자금 등 중장기적 자금을 목적으로 시행된다.

135 테이퍼 탠트럼 Taper Tantrum

선진국의 양적 완화 축소 정책이 신흥국의 통화 가치, 증시 등의 급락으로 이어지는 현상을 가리킨다. 2013년 당시 벤 버냉키 미국 연방준비제도(Fed) 의장이 테이퍼링(양적 완화 축소) 가능성을 시사하면서 신흥국의 통화, 채권, 주식이 급락하는 트리플 약세가 일어나기도 하였다.

136 테일러 준칙

1992년 스탠퍼드대 존 테일러(John Taylor) 교수가 제안한 것으로 중앙은행이 기준 금리를 결정하는 일정한 원칙을 말한다. 테일러 준칙에 따르면 중앙은행은 GDP갭과 인플레이션갭에 가중치를 부여하여 금리를 조정해야 한다. 중앙은행의 재량으로 통화정책을 시행할 때 경기 변동을 심화시킬 수 있는 부작용을 방지하기 위한 정책으로 각국 중앙은행이 통화정책을 평가하는 지표로 테일러 준칙을 활용하고 있다.

137 톈진 선언 Tianjin Declaration

2025년 상하이협력기구(SCO) 정상회의에서 채택된 선언문으로, 비서방 국가들의 연대를 강화하고 안보·경제·기술 분야의 협력 확대를 강조하였다. 톈진 선언에는 테러 대응, 핵감축, 다자무역체제 지지 등 협력 강화를 위한 공동 의지가 담겼다. 상하이협력기구(SCO)는 중국과 러시아가 중심이 되어 출범한 안보·경제 협력체로, 현재 10개국이 참여하는 비서방권 다자기구이다.

138 트래블 룰 Travel Rule

코인 금융 실명제라고도 불리는 트래블 룰은 가상 자산을 전송하는 과정에서 거래소가 송신인에 대한 정보를 제공하도록 하는 의무이다. 이에 따르면 거래소 간 비트코인 등의 암호 화폐를 보낼 때 송신인의 이름, 가상 자산 주소 등의 정보를 제공하고 기록해야 한다. 현재 암호 화폐 거래는 누가 보냈고 누가 받았는지 알기 어렵기 때문에 범죄 행위나 자금 세탁에 악용되기도 하는데, 트래블 룰은 이러한 가상 자산의 악용 사례를 방지하기 위해 도입되었다. 정부는 2021년 9월 가상 자산 거래소에 은행 실명 계좌 확보를 의무화하는 한편, 2022년 3월부터 트래블 룰을 시행해 가상자산사업자가 다른 가상자산사업자에게 가상자산을 100만 원 이상 전송하는 경우 송수신인의 신원정보를 의무적으로 제공·보관하도록 했다.

139 트럼프 라운드

미국이 자국 산업 보호를 위해 보호무역주의 기조를 강화하며 기존 WTO 중심의 무역 질서를 새롭게 재편하려 한 움직임이다. 관세를 협상 수단으로 활용해 '미국 우선주의(America First)'를 내세우고, WTO의 역할을 축소하며 양자 협상 중심의 통상 질서를 구축하려는 시도로 평가된다.

140 트리핀 딜레마 Triffin's Dilemma

달러를 기축통화로 하는 현행 국제금융 시스템의 근본적인 모순을 뜻하는 말로, 로버트 트리핀 교수가 1944년 출범한 브레턴우즈 체제의 모순을 설명하며 널리 인용되었다. 달러화가 기축통화의 역할을 하기 위해서는 미국이 국제수지 적자를 통해 국외에 끊임없이 유동성을 공급해야 하지만, 미국의 적자 상태가 장기간 지속되면 유동성 과잉으로 인해 달러화의 가치가 흔들린다. 반대로 미국의 국제수지 흑자를 통해 국제 유동성이 축소되면 달러화의 가치는 안정시킬 수 있으나 국제 교역과 자본 흐름에 부정적인 영향을 주어 기축통화에 대한 신뢰도가 떨어진다. 적자와 흑자의 상황에도 연출될 수밖에 없는 기축통화국의 어쩔 수 없는 모순을 가리켜 트리핀 딜레마라고 한다.

141 판호

중국 내 게임 서비스 허가권으로, 중국의 미디어 정책을 총괄하는 국가신문출판광전총국이 발급한다. 중국 게임사의 경우 내자판호, 해외 게임사의 경우 외자판호가 발급되며 선정성, 폭력성 등 심의를 거쳐 매달 1회 이상 신규 판호 발급 현황이 발표된다. 우리나라의 경우 사드 배치 이후 한한령 기조가 이어지며 판호 발급을 제한받고 있어 발급이 쉽지 않았다. 그러나 최근 중국 정부의 판호 발급이 점진적으로 재개되며, 한국 게임의 중국 진출이 다시 활발해지고 있다.

142 팔라듐 Palladium

백금족 원소로, 전성과 연성이 우수하여 거의 모든 금속과 합금을 이루며 자동차의 배기가스용 촉매로도 쓰인다. 전 세계적으로 자동차 배기가스 규제가 강화되면서 자동차 매연 저감 장치의 수요가 급증하여 팔라듐의 가격이 백금보다 비싸졌다.

143 패스트 트랙 Fast Track

신속하게 처리해야 하는 중요 사항에 관해 절차 등을 간소화하여 빠른 결정을 하도록 하는 방식이다. 정치에서는 교섭단체 간 이견으로 법안 통과가 어려운 경우, 전체 또는 상임위원회 재적 의원 5분의 3 이상 의원의 동의를 바탕으로 법안을 신속하게 처리하는 제도이다.

144 팩토링 Factoring

기업이 외상으로 제품을 판매한 후 받은 매출 채권이나 어음을 할인된 금액으로 미리 현금화하는 방법이다. 주로 금융회사(또는 채권관리회사)에 채권을 만기 이전에 양도하여 자금의 수급을 원활하게 해주는 장점이 있다.

145 팻 테일 리스크 Fat Tail Risk

통계 분포에서 흔히 나타나지 않는 극단적인 사건이 발생할 가능성을 뜻하는 용어이다. 일반적인 정규분포는 평균값을 중심으로 종 모양으로 배치가 되어 가운데가 두껍고 꼬리 부분이 얇은데, 이는 평균값이 나타날 가능성이 가장 높다는 것을 의미한다. 하지만 끝부분, 즉 테일(Tail) 부분이 두껍게(Fat) 나타난다면 평균에서 크게 벗어난 보통의 분포에서는 보기 드문 비정상적 사건 발생 가능성이 높아 큰 손실이나 이익이 발생할 확률이 높아지고, 일반적인 리스크 관리 방법으로는 대응하기 어렵다.

146 팻 핑거 Fat Finger

인간이 저지르는 기기 조작 실수로 인한 문제들을 말한다. 손가락에 살이 쪄서 키가 두 개씩 눌리는 바람에 잘못 입력되었다는 농담에서 시작된 용어이다. 특히 증권 매매 시 주문 정보를 실수로 잘못 입력하게 되는 경우 개인 투자자는 물론이고 거대 금융회사도 엄청난 손실을 볼 수 있다.

147 퍼펙트 스톰 Perfect Storm

개별적으로는 위력이 크지 않은 자연재해가 다른 자연재해와 동시에 발생하면서 그 영향력이 매우 커지는 현상이다. 경제 분야에서는 두 가지 이상의 악재가 겹쳐 심각한 경제 위기가 나타나는 현상을 의미한다. 국제 유가 등 원자재 가격 상승과 각국의 양적 완화 정책 등이 복합적으로 작용하여 세계적인 인플레이션 현상이 장기간 지속될 것으로 예측되면서 언급되기도 하였다.

148 펜트업 효과 Pent-up Effect

외부 영향으로 수요가 억눌렸다가 급속도로 살아나는 현상이다. 2020년 코로나19 확산으로 사회적 거리두기가 시행되며 경제활동이 급격히 위축됐으나, 이후 각국이 점차 봉쇄조치를 해제하고 확진자 수가 줄어들면서 펜트업 효과가 나타날 것이라는 전망이 제기되기도 했다.

149 포워드 가이던스
Forward Guidance

중앙은행이 경제 상황을 토대로 향후의 통화정책 기조에 대한 정보를 시장에 제공하는 통화정책 커뮤니케이션 수단으로, 2008년 글로벌 금융 위기 이후 미국 등 선진국의 중앙은행이 도입했다. 포워드 가이던스는 중앙은행이 정책 방침을 미리 약속하는 '오디세우스 방식'과 중앙은행이 미리 경제 전망을 공표하여 정책을 예측할 수 있도록 하는 '델포이 방식', 통화정책 변경 시점을 제시하거나 제시하지 않는 '기간조건부'와 '상황조건부', 구체적 수치나 표현으로 정책금리 전망을 전달하는 '정량적 방식'과 특정 용어 등을 활용해 통화정책의 의도와 방향을 제시하는 '정성적 방식' 등이 있다.

150 폰지 사기 Ponzi Scheme

투자 사기 수법의 하나로, 실제 아무런 이윤 창출 없이 투자자들이 투자한 돈을 다른 투자자들에게 수익으로 지급하는 방식이다. 새로운 투자자의 돈으로 기존 투자자에게 배당금을 지급하므로 결국 원금은 줄어들게 되고, 기존보다 더 많은 투자금이 계속 유입되지 않으면 지속이 불가능한 투자 형태이다.

151 프레카리아트 Precariat

이탈리아어 '불안정하다(Precario)'와 독일어 '하층 노동자 계급(Proletariat)'의 합성어로, 안정된 직업 없이 저임금·저숙련 노동에 시달리는 노동자 계층을 의미한다. 주로 단기 계약직, 임시직, 시간제 근로자 등 지속적 고용 안정성이 낮고 사회적 안전망의 보호를 충분히 받지 못하는 노동자들이 이에 해당한다.

152 프로토콜 경제

블록체인 기술을 핵심으로 프로토콜(약속)을 정해 특정 플랫폼 운영자 없이도 거래가 이루어지도록 하는 탈중앙화·탈독점화를 특징으로 한다. 플랫폼 경제의 승자독식이라는 구조적 문제점이 지속적으로 거론되면서 이를 극복할 새로운 경제 체계로 거론되었다.

153 플랫폼 노동

디지털 플랫폼에서 나타나는 노동을 의미한다. 주업이 아니더라도 남는 시간을 쪼개어 일할 수 있는 쿠팡이츠, 배민라이더스 등의 배달 서비스가 대표적이다. 플랫폼 노동자는 대부분 자영업자로 분류되며 자유롭게 일하고 틈새 부가가치를 창출하는 장점이 있지만, 노동자들의 처우가 낮고 사고 위험을 감당해야 한다는 점에서 비판도 크다.

154 피마레포
Foreign and International Monetary Authority Repo Facility

미국 연준이 외국 중앙은행이 보유한 미국 국채를 환매조건부로 매입해 달러화 자금을 공급하는 제도이다. 우리나라 입장에서는 미국 국채를 팔지 않고도 연준으로부터 달러화를 빌릴 수 있다는 장점이 있다. 한국은행은 외화보유액 중 절반 이상을 미국 국채로 보유하고 있기 때문에, 피마레포를 활용한다면 상당한 규모의 달러화 자금을 확보할 수 있고, 해당 자금을 기업이나 금융회사에 대한 단기 외화 대출자금 등으로 활용할 수도 있다.

155 피셔 효과 Fisher Effect

물가상승률(또는 물가상승률 기대감)과 명목이자율의 1대 1 대응 관계를 나타내는 식으로, '명목이자율＝실질이자율＋물가상승률'로 표현한다. 장기에 물가상승률 변화가 명목이자율 변화에 반영됨을 알 수 있다.

156 핀테크 FinTech

금융(Finance)과 기술(Technology)의 합성어로, 금융과 IT의 결합을 통해 새롭게 등장한 산업 및 서비스 분야를 말한다. 모바일, SNS, 빅데이터 등 새로운 IT 기술을 활용하여 기존 금융기법과 차별화된 기술 기반 금융서비스 혁신이 대표적이다.

157 할당관세

할당관세는 일정 기간 일정 수량의 수입품에 대해 일시적으로 기본 관세율에 추가 적용되는 관세이다. 관세율을 기존보다 높이거나 낮춰서 수입물량을 조절하는 것이 그 목적이다. 수급이 어렵거나 가격이 폭등하는 수입품은 관세 인하를 통해 시장 공급량을 증가시켜 유동적인 시장 상황에 대처할 수 있다.

158 허니문 랠리

새 정부나 중앙은행의 지도부가 출범한 직후, 정책 기대감으로 인해 주식시장이나 금융시장이 일시적으로 상승하는 현상을 말한다.

159 확장실업률(고용보조지표 3)

체감실업률을 제대로 반영하기 위해 고용의 질적인 면을 실업률 통계에 반영한 지표이다. 시간 관련 추가 취업가능자(근로 시간이 주당 36시간 이하이면서 추가로 취업을 원하는 사람)와 잠재경제활동인구(구직활동 여부에 관계없이 취업을 희망하고 취업이 즉시 가능한 사람)를 포함하여 산출한다.

160 환매조건부채권
Repurchase Agreements

금융기관이 보유한 채권을 일시적으로 매도하고 일정 기간 후 약정된 금리(환매금리)를 보태 다시 매입하기로 약정하는 거래이다. 주로 금융기관이 보유한 국공채, 특수채, 신용우량채권 등을 담보로 활용해 단기 자금을 조달하거나 운용할 때 이용된다. 채권을 실물로 발행하는 것이 아니라, 매도와 환매 약정을 동시에 체결하는 단기 대차성 거래이다. 현재 한국은행은 환매조건부채권(RP) 금리를 기준금리 운용의 핵심 지표로 사용하고 있다.

경영편

001 AI 워싱
Artificial Intelligence Washing

기업들이 자사 제품이나 서비스가 인공지능(AI)을 사용한다고 주장하지만, 실제로는 인공지능(AI)이 거의 사용되지 않거나 그 역할을 과장해서 말하는 기업의 부정직한 행위를 일컫는다. 최근 많은 기업들이 소비자의 관심을 끌거나 대규모 투자 유치 등을 목적으로 AI를 내세우고 있지만, 마케팅 효과를 노리는 무늬만 AI인 사례가 상당수 존재한다. 실제로 AI 기반이라고 주장하는 유럽 스타트업 2,830곳 중 약 44%는 AI 활용에 대한 어떠한 증거도 제출하지 못하였다.

002 AX
Artificial Intelligence Transformation

기업의 운영 과정과 의사결정 체계 전반에 인공지능 기술을 통합해 효율성과 경쟁력을 높이는 경영 혁신 전략이다. 기존의 디지털 전환(DX)이 자동화 중심이었다면, AX는 데이터 기반 학습과 자율적 의사결정을 통해 업무의 지능화·고도화를 지향한다.

003 C2M
Customer To Manufacturer

플랫폼 사업자가 고객의 니즈를 반영하여 제품 생산을 요청하면 공장이 맞춤형 제품을 만들어내는 방식으로, 중간상인, 브랜드 없이 생산자가 만든 제품이 곧바로 고객에게 전달되는 유통 방식이다.

004 D2C
Direct To Consumer

기업이 중간 유통 단계를 지우고 자사 온라인 플랫폼에서 직접 고객에게 상품을 판매하는 방식으로, 유통 비용을 절감할 수 있고 고객 데이터를 직접 확보하여 이를 바탕으로 고객만족도를 향상시킬 수 있다. 나이키는 2019년 아마존에서의 제품 판매 중단을 발표하고 자사 온라인 플랫폼에서 소비자와 직접 유대 관계를 형성하여 소비자 경험을 향상시키는 데 중점을 두고 있다.

005 DID Decentralized Identifier

정부기관이 통제하는 기존 신원증명 방식과 달리 개인이 자신의 정보를 단말기(스마트폰 등)에 저장해 놓고 직접 관리하는 탈중앙화 신원증명을 의미한다. 블록체인 기술을 기반으로 신뢰성을 보장받으며 기존의 공인 인증서 발급 방식보다 절차가 간단하다. 또한 개인정보를 저장하고 있는 사업자로부터 발생할 수 있는 개인정보 유출 사고를 원천적으로 방지할 수 있다.

006 ESG

기업의 비재무적 요소인 환경(Environment), 사회(Social), 지배구조(Governance)를 뜻하는 단어이다. 기업의 재무적 성과만을 판단하던 전통적 방식과 달리 지속 가능한 성장을 위해 기업의 환경 보호, 사회적 책임 수행, 경영 투명성이 중요하다는 공감대를 기반으로, 투자에도 기업의 ESG를 반영하는 책임투자가 강조되고 있다. 기업의 ESG 반영을 통한 투자 방식은 투자자들의 장기적 수익과 사회 이익이 되는 기업 행동에 영향을 줄 수 있다.

007 FOMO Fear of Missing Out

포모증후군은 세상의 흐름에서 소외되거나 다른 사람이 누리는 것을 놓치게 될까봐 두려워하는 불안 심리를 뜻한다. 공급을 줄여 소비자를 조급하게 만드는 마케팅기법으로 쓰인다. 매진 임박, 한정 수량 등이 이의 사례에 해당한다. 최근 주식, 비트코인 등 자산시장의 가격 상승세로 인해 투자에 뛰어드는 것도 FOMO 현상이라고 볼 수 있다.

008 IFA Internationale Funkausstellung

세계 3대 가전박람회의 하나로, 2년에 한 번씩 유럽 업체들 중심으로 개최되어 왔으나 관심도가 커지면서 매년 9월 독일 베를린에서 개최하고 있다. 단순히 제품과 기술을 소개하기보다 비즈니스 미팅이 함께 시행되는 특징을 갖는다. 사물인터넷(IoT)과 인공지능(AI)의 가전 도입으로 인해 전 세계 IT 기술업체들의 신제품과 기술경쟁의 장이 되고 있어 큰 주목을 받고 있다.

009 MaaS Mobility as a Service

개별 이동 수단을 소유하지 않고 서비스로 소비하는 개념으로, 개인 교통수단과 열차, 택시, 버스, 차량 공유, 자전거에 이르기까지의 모든 교통수단을 하나의 통합된 서비스로 제공한다.

010 MOT 마케팅 MOT Marketing

소비자의 일상생활로 파고드는 마케팅 기법을 가리킨다. 소비자와 접촉하는 짧은 시간이 제품과 기업에 대한 인상을 좌우하는 중요한 순간이라는 점을 강조하기 위해 MOT 마케팅이라는 명칭이 붙었다. 이 용어는 스웨덴 마케팅 전문가인 리처드 노만이 처음 사용했고, 이후 1987년 얀 칼슨 스칸디나비아항공(SAS) 사장이 『진실의 순간』이라는 책을 내면서 널리 알려졌다.

011 MWC Mobile World Congress

통신장비업체의 연합기구인 GSM협회가 주관하며, 매년 2월 스페인 바르셀로나에서 열리는 모바일 산업 및 콘퍼런스를 위한 세계 최대 박람회이다. 무선통신과 관련된 모든 분야와 모바일 콘텐츠 등 이동통신 분야의 다양한 기술이 소개되며 '모바일 올림픽'이라고 불린다. 삼성, 애플, 구글 등의 기업이 신제품 발매 시 독자적인 제품설명회 대신 MWC에서 자신들의 제품을 공개하고 있다.

012 O4O Online for Offline

온라인을 통해 축적한 기술과 데이터, 상품을 배송과 큐레이션을 접목하여 오프라인으로 사업을 확장하는 비즈니스 모델을 의미한다. 아마존이 전자상거래시장에서 쌓은 노하우로 오프라인 매장인 '아마존 고'를 운영하는 것이 이에 해당한다. O4O는 오프라인 매장 운영에 더 중점을 둔 개념으로, 단순히 온라인과 오프라인을 연결하는 서비스인 O2O와 구분된다.

013 P플랜 Pre-packaged Plan

사전회생계획안(Pre-packaged Plan)의 약자로, 법원 주도 법정관리와 채권단 중심 워크아웃의 장점을 합친 기업 구조조정 방식이다. 법원이 강제 채무조정을 한 뒤 채권단이 신규 자금을 투입하는 방식으로 대우조선해양이 P플랜 절차를 적용받은 바 있다.

014 RE100 Renewable Energy 100%

기업이 필요한 전력량의 100%를 태양광, 풍력 등 친환경 재생 에너지원을 통해 발전된 전력으로 충당하겠다는 캠페인이다. 2014년 국제 비영리단체인 The Climate Group과 탄소 정보 공개 프로젝트(Carbon Disclosure Project, CDP)가 연합하여 발족하였고, 2025년 정부는 'RE100 국가 산업단지' 조성을 핵심 국정 과제로 제시했다.

015 게이미피케이션 Gamification

게임 외의 분야에 게임적 사고나 기법을 적용하는 것으로, 사용자의 관심을 유도하거나 몰입시키는 과정이다. 스마트폰 대중화 등으로 인해 정책, 교육, 마케팅 등 여러 형태로 활용되고 있다. 국내 대표적인 사례로는 내공을 통해 등급과 활동 지수를 부여하는 네이버 지식in, 매너온도 기능이 있는 당근마켓, 운전점수로 성취감과 경쟁을 붙이는 티맵, 달리기 미션으로 운동 습관을 만들어주는 런데이 등이 있다.

016 고대역 메모리 High Bandwidth Memory, HBM

고성능 컴퓨터, 그래픽 카드, 인공지능(AI) 처리 장치 등에서 사용되는 차세대 메모리 기술이다. HBM은 기존의 DDR(Dynamic Random Access Memory)보다 더 높은 대역 폭을 제공하면서도 전력 소비가 적고, 물리적 공간을 절약할 수 있다는 장점이 있다.

017 공유경제 Sharing Economy

집이나 자동차 등 자산은 물론 지식이나 경험을 공유하며 합리적 소비, 새로운 가치 창출을 구현하는 경제 트렌드이다. 공유경제를 통해 물건의 소유자들은 자주 이용하지 않는 물건으로부터 수익을 창출할 수 있으며, 대여하는 사람은 물건을 직접 구매하거나 전통적인 서비스 업체를 이용할 때보다 적은 비용으로 서비스를 이용할 수 있다.

018 구독경제 Subscription Economy

소비자가 기업의 회원으로 가입하고 매달 일정 금액을 지불하면 정기적으로 물건을 배송받거나 서비스를 이용할 수 있는 경제 모델이다. 과거 신문이나 잡지에 한정되어 있던 서비스가 최근 자동차나 명품 의류, 식료품의 영역까지 확장되고 있다. 소비자는 상품을 고르는 시간을 절약할 수 있고, 공급자는 상품 홍보 효과를 누릴 수 있다.

019 규제샌드박스 規制 Sandbox

어린이들이 안전하게 놀 수 있는 놀이터의 모래 구역인 'Sandbox'에서 유래한 용어로, 신산업·신기술 분야에서 새로운 제품이나 서비스를 출시할 때 일정 기간 동안 기존의 규제를 면제 또는 유예시켜주는 제도이다.

020 그린 본드 Green Bond

친환경 관련 사업 투자로 사용 목적이 제한되는 특수목적채권으로, 채권으로 조달한 자금은 녹색산업(재생에너지, 전기차, 고효율 에너지 등) 관련 용도로만 사용이 제한된다. 최근 ESG 투자에 대한 관심이 높아지며 전세계적으로 그린 본드 발행 규모가 성장하고 있다.

021 그린 수소 Green Hydrogen

태양광 및 풍력 등의 재생 에너지를 통해 얻은 전력으로 물을 전기 분해해 생산한 수소를 일컫는다. 수소는 생산 방식에 따라 그린 수소, 그레이 수소, 브라운 수소, 블루 수소로 구분되며, 그린 수소는 생산 과정에서 탄소 배출이 없어 탄소 중립 시대에 적합한 에너지 기술로 평가받고 있다. 하지만 그린 수소 생산 시 필요한 전기를 만드는 비용이 많이 들어 생산 단가가 높다.

022 그린플레이션 Greenflation

최근 국제 사회에서는 기후 변화에 대응하기 위한 전 세계적 차원의 친환경 정책을 추진하고 있다. 탄소 배출량 제한을 위한 탄소세나 탄소 국경세 등이 그것이다. 하지만 탄소 배출량이 많은 산업에 대한 규제는 필수 원자재 생산 감소와 이에 따른 가격 상승으로 이어져 인플레이션을 유발한다. 예를 들어 전기차 생산에는 내연 기관 자동차에 비해 더 많은 알루미늄이 필요한데, 탄소 배출량을 줄이기 위해 알루미늄 생산에 제한을 두면 알루미늄 가격이 급등한다. 또한, 태양광과 풍력 발전은 화석 연료보다 구리가 많이 필요한데 친환경 정책에 따라 공급량이 제한되면서 가격이 상승하게 된다.

023 글로벌 가치사슬 Global Value Chain

가치사슬은 기획, 연구개발, 디자인, 부품 및 소재 조달, 제조, 판매, A/S 등에 이르는 가치 창출 활동의 모든 과정을 아우르는 개념이다. 가치사슬 개념을 국가 단위의 생산 활동(국제 분업 체계)으로 확장한 개념이 글로벌 가치사슬이다. 한때 중국이 세계의 공장 역할을 하며 선진국의 앞선 기술을 빠르게 습득할 수 있었으나, 기술 유출에 대한 경계가 커지면서 중국이 글로벌 가치사슬 내 지위가 약화되고 있다.

024 기업 분할

기업의 특정 사업 부문을 분리하여 새로운 회사를 만드는 것이다. 기업 분할은 분할 후 신설되는 회사의 주식을 누가 가지느냐에 따라 인적 분할과 물적 분할로 나뉜다. 인적 분할은 기업이 수평적으로 분할되는 것으로 분할 후 신설되는 자회사의 주식을 분할 전 회사의 주주 지분율대로 배정하는 것이다. 반면 물적 분할은 분할 전 회사가 분할 신설 회사의 주식을 100% 보유하는 것이다. 신설 법인의 발행 신주를 모두 분할 존속 회사가 법인 형태로 100% 보유하므로 분할 비율이 없고 자본금을 나누지 않는다.

025 넛지마케팅 Nudge Marketing

넛지(Nudge)는 타인의 행동을 유도하는 부드러운 개입을 뜻하는 말이다. 넛지마케팅은 강제와 지시에 의한 억압보다 부드러운 개입으로 특정 행동을 유도하는 것이 더 효과적임을 이용한다. 마트의 계산대 앞에 가격 부담이 적은 상품을 진열함으로써 계산을 하러 가는 과정에서 자연스럽게 구매를 유도하는 것을 예로 들 수 있다.

026 노이즈마케팅 Noise Marketing

의도적으로 논란이나 화제를 일으켜 대중의 관심을 끌고 브랜드 인지도를 높이는 마케팅 전략을 말한다. 부정적 이슈를 활용할 수도 있지만, 과도한 자극은 기업 이미지 훼손으로 이어질 수 있다.

027 녹색피로

환경 보호와 지속가능성에 대한 과도한 정보와 캠페인 노출로 인해 소비자들이 친환경 이슈에 무감각해지고 피로감을 느끼는 현상을 말한다. 이는 정부의 환경정책 추진과 기업의 ESG 활동에 대한 신뢰 저하로 이어질 수 있어, 실질적 변화와 투명한 소통이 중요하다는 점이 강조된다.

028 뉴럴링크

인간의 뇌와 컴퓨터를 연결하는 기술(BCI)을 연구·개발하는 신경기술 기업으로, 뇌 질환 치료와 인지 능력 향상을 목표로 한다. 미국 식품의약국(FDA)으로부터 임상시험 승인을 받았으며, AI 기반 생체기술과 결합한 실험도 추진 중이다. 하지만 일각에서는 개인정보 보호와 윤리 문제가 함께 제기되고 있다.

029 니치 마켓 Niche Market

니치는 틈새란 뜻으로, 니치 마켓은 틈새시장을 말한다. 수요가 비어 있는 시장을 의미하며, 치밀한 시장 조사 후에 이 시장에 경영 자원을 집중적으로 투입하는 전략을 니치 전략이라고 한다. 다양성을 중시하는 현대 사회에서 소비자는 다양한 욕구를 가지고, 이 독특한 기호를 공략하기 위한 전략을 사용한다.

030 다이내믹 프라이싱 Dynamic Pricing

빅데이터를 활용해 구매자 반응을 실시간으로 반영하여 지불의사의 심리적 상한선에 가깝게 가격을 책정한다. 구매자들의 구매 의사를 시시각각 확인해 더 비싼 가격을 지불할 의사가 있는 구매자에게 판매하는 것이다. 동일한 상품 가격을 구매자 별로 다르게 받는 가격차별의 일환으로, 호텔, 항공권 예매 시 광범위하게 활용된다.

031 다중대표소송제

모회사 주주가 자회사 임원의 위법행위에 대해 경영상 책임을 묻는 소송을 제기할 수 있게 한 제도이다. 기존 대표소송이 동일 회사 내에서만 가능했던 한계를 보완하여, 소액주주의 권익 보호와 경영 감시 기능을 강화하는 효과가 있다. 특히 금융회사의 경우 주주 지분 요건을 0.05%까지 낮추는 법안이 논의되며 실질적 활용 범위가 확대되고 있다. 제도 시행으로 기업지배구조의 투명성 제고와 책임경영 강화가 기대된다.

032 다크 패턴 Dark Pattern

사용자를 은밀히 유도해 물건을 구매하거나 서비스에 가입하게 하는 등 원치 않는 행동을 하게 하는 온라인 인터페이스를 말한다. 영국의 독립 디자이너 해리 브링널이 개념화한 용어로, 대표 유형으로는 위장 광고, 거짓 할인, 유인 판매, 순차 공개 가격책정, 특정 옵션 사전선택, 숨은 갱신 등이 있다. 소비자는 다크패턴으로 인해 상품구매와 무관한 멤버십에 가입하거나 서비스를 이용하는 등 예상치 못한 지출을 하게 된다. 공정거래위원회는 '다크패턴 자율관리 가이드라인'을 발표하여 각 유형에 대해 사업자가 자율적으로 준수하도록 했지만, 법적 구속력은 없다.

033 다크 팩토리

인공지능(AI), 로봇, 사물인터넷(IoT) 등 첨단 기술을 활용해 사람의 개입 없이 제조 공정 전 과정을 자동화한 무인 생산시설을 말한다. 생산성과 에너지 효율성이 높지만, 고용 감소와 기술 의존에 따른 사회적 논의도 함께 제기되고 있다.

034 듀프 Dupe

고가의 인기 제품이나 명품 브랜드와 유사한 기능과 디자인을 갖춘 저가 대체품을 뜻한다. 고물가와 경기 둔화 속에서 가격 대비 효용을 중시하는 합리적 소비 경향이 확산되며, 특히 MZ세대를 중심으로 명품을 대신하는 실속형 제품 소비가 늘고 있다. 이는 가성비와 가치소비를 중시하는 최근 소비 트렌드를 보여주는 대표 사례이다.

035 디깅소비 Digging Consumption

개인이 선호하는 영역에 깊은 관심을 가지고 소비를 이어가는 것을 뜻한다. 최근 러닝, 클라이밍 등 운동을 취미로 삼는 사람들이 늘면서 운동용 신발 수요가 늘어난 것이 그 사례이다.

036 디지털 트윈 Digital Twin

현실 세계의 물리적 사물의 복제물(Twin)을 가상 세계(Digital)에 만들고 가상 세계의 복제물과 실제 물리적 사물의 데이터를 연동하여 현실 세계 상황을 가상 세계에 재현하는 기술이다. 현실 세계의 제품, 생산 시설, 시스템 등을 가상 세계에서 시뮬레이션함으로써 현실 세계의 문제점을 예측하기나 발견하여 실제 의사 결정에 활용하는 것이다. 기업은 디지털 트윈 기술을 통해 제품과 생산 공정을 빠르게 조정할 수 있어 생산성 향상과 비용 절감 효과를 기대할 수 있으며 현재 제조, 에너지, 건설, 물류 등 다양한 분야에서 활용되고 있다.

037 딥러닝 Deep Learning

인공지능 기술의 구현을 위한 대표적 학습 방식이다. 기존에는 의사결정을 위한 구체적 지침을 소프트웨어에 직접 코딩해서 넣었다면, 현재는 대량의 데이터와 알고리즘을 컴퓨터가 직접 학습하도록 하는데, 이러한 학습 과정을 머신 러닝이라고 한다. 딥러닝은 머신 러닝의 한 종류로, 인공신경망 방식을 통해 이미지의 형태로 알고리즘을 학습한다.

038 딥보이스 Deepvoice

딥러닝(Deep Learning)과 목소리(Voice)의 합성어로, 인공지능(AI) 기술을 활용한 음성합성기술을 통해 특정 인물의 목소리를 복제하여 해당 인물이 실제로 말한 것처럼 만들어내는 기술이다.

039 딥테크 Deep Tech

인공지능(AI), 로봇, 양자컴퓨팅, 바이오테크 등과 같이 기초 과학기술을 기반으로 한 첨단 산업 기술을 말한다. 단순한 IT 응용 수준을 넘어, 산업 구조와 사회 시스템 자체를 바꾸는 혁신 기술로 평가된다.

040 딥페이크 Deepfakes

인공지능 기술을 사용하여 특정 인물의 얼굴이나 신체를 원하는 영상에 정교하게 합성한 편집물이다. 유명인부터 일반인까지 편집 대상에 제약을 받지 않으며, 온라인에서 공유되는 소스 코드 및 머신러닝 알고리즘으로 쉽게 제작되고 확산될 수 있어 사회 문제로 대두되고 있다.

041 라이브커머스 Live Commerce

실시간 동영상 스트리밍 서비스를 통해 소비자와 소통하면서 제품 홍보와 판매를 진행하는 것이다. 네이버의 쇼핑라이브, CJ올리브영의 올라이브 등이 대표적인 라이브커머스 플랫폼이다. 방송이 진행되는 동안 실시간 댓글을 통해 질문과 호스트의 피드백이 가능하므로 비대면 온라인 쇼핑의 단점을 보완할 수 있다.

042 라이파이(Li-Fi)

라이트 피델리티(Light-Fidelity)의 줄임말로, 빛의 파장을 이용하는 가시광 통신 기술을 가리킨다. 속도가 빠르고 전자파가 발생하지 않아 인체에 무해하다. 글로벌 시장조사 업체는 라이파이 시장이 2028년 약 150억 달러 규모로 성장할 것이라고 예측하기도 했다.

043 래플마케팅 Raffle Marketing

Raffle은 추첨 복권을 의미하는데, 제품에 대해 응모·추첨을 통해 소비자에게 구매 자격을 부여하는 것을 말한다. 주로 패션 업계에서 래플마케팅을 이용하고 있으며, 희소성 있는 제품을 통해 자신을 표현하는 것을 선호하는 MZ세대에게 관심이 높다.

044 러스트벨트 Rust Belt

미국의 대표적 공업지대였으나 철강, 석탄 등 주요 산업들이 쇠퇴하면서 추락한 미국 중서부와 북동부 지역을 일컫는다.

045 레그테크 Regtech

규제(Regulation)와 기술(Technology)의 합성어로, 비대면·자동화 등을 통해 금융회사의 내부 통제와 법규 준수가 쉽도록 하는 정보기술(IT)을 말한다.

046 로보어드바이저 Robo-Advisor

로봇(Robot)과 투자전문가(Advisor)의 합성어로, 빅데이터를 바탕으로 고도화된 알고리즘으로 투자 전략을 짜고, 모바일 기기나 PC를 통해 제공하는 온라인 프라이빗 뱅킹 서비스이다. 고객이 직접 입력한 정보를 바탕으로 포트폴리오를 자동으로 만들어 주고 인간의 판단과 개입을 최소화하는 특징을 가지고 있다.

047 로보택시 Robo-Taxi

인공지능과 자율주행 기술을 이용해 운전자가 없는 상태로 운행되는 택시 서비스를 말한다. 아마존, 테슬라 등 글로벌 기업들이 상용화를 추진 중이며, 시장 확대를 위해서는 자율주행 기술의 고도화, 사고 발생 시 책임 주체 규정 등이 핵심 과제로 꼽힌다.

048 로코노미 Loconomy

지역특색을 상품에 녹이는 마케팅 트렌드로, 지역(local)과 경제(economy)의 합성어이다. 한국맥도날드에서 한국의 맛 프로젝트를 추진하며, 창녕갈릭버거, 보성녹돈버거, 진도대파버거를 출시한 것이 대표적인 예로, 개성과 재미로 MZ세대에서 인기를 끌고 있다. 로코노미 마케팅은 지역 상생이라는 사회적 책임을 이행할 수 있게 하여 가치 소비 욕구를 충족시킬뿐만 아니라, 다량 수매로 지역 경제를 활성화시키고 나아가 관광객 유치에 도움을 주고 있다.

049 리쇼어링 Reshoring

해외에 진출한 자국의 제조 기업을 다시 국내로 돌아오도록 하는 정책으로, 저렴한 인건비를 이유로 해외로 공장을 옮기는 오프쇼어링과 반대되는 말이다. 리쇼어링의 주요 요인은 오프쇼어링한 국가의 임금 상승이나 운송비용의 증가 등으로 인한 비용 절감 효과의 감소이다. 그 외에도 환율 변동, 제품의 품질 저하, 거리로 인한 배송 지연, 수요에 대한 유연성 저하, 세금 문제 등의 이유로 리쇼어링을 결정한다.

050 리텐션 마케팅 Retention Marketing

기업이 신규 고객 유치보다 기존 고객의 재구매·충성도 유지에 초점을 맞추는 마케팅 전략이다. 정기구독, 멤버십, 리워드 프로그램 등 고객 경험 관리 중심으로 확산되고 있다.

051 립스틱 효과 Lipstick Effect

경기 침체기에는 소비자들이 큰 지출은 줄이지만, 상대적으로 저렴한 사치품(립스틱·커피·향수 등)을 구매하며 만족감을 얻는 현상을 말한다. 이는 소비자가 경제 불안 속에서도 '작은 행복'을 추구하는 심리적 소비 행동으로, 불황기에도 일부 소비재 산업의 매출이 유지되거나 오히려 늘어나는 이유를 설명한다.

052 마이크로 시프트 Micro Shift

하루 중 일정 시간(6시간 이하)에만 근무하는 유연 근무 형태를 말한다. 근로자는 일과 삶의 균형(워라밸)을, 기업은 인력 운용의 효율성을 얻을 수 있어 상호 이익이 있다. 경기 침체와 돌봄 부담 확대, 세대 가치관 변화로 수요가 늘고 있다.

053 마진콜 Margin Call

증권사가 선물 투자자에게 추가 증거금(Margin)을 내라는 요청(Call)을 의미한다. 선물(Futures)거래는 거래 상대방의 계약 불이행으로부터 매입자와 매도자를 보호하기 위한 방법으로 증거금 제도를 운영한다. 일일 정산 결과 손실이 발생하여 개시 증거금이 유지 증거금 미만으로 떨어지면, 증권회사는 투자자에게 개시 증거 수준까지 증거금을 추가로 납부하도록 요구한다.

054 망 중립성

2003년 미국 컬럼비아 로스쿨의 팀 우(Tim Wu) 교수가 제시한 개념으로, 통신망은 중립적이어야 한다는 의미를 갖고 있다. 즉, 인터넷에서 전송되는 데이터 트래픽은 그 양, 내용, 유형과 관계없이 동등하게 처리되어야 한다는 원칙으로, 인터넷망을 도로, 철도와 같은 인프라로서 누구나 이용할 수 있는 공공 서비스로 본 것이다. 2025년 한미 협상 과정에서도 글로벌 CP(넷플릭스, 구글 등)의 국내 망 사용료 회피 문제가 재부각되며 '망 이용계약 공정화법'을 둘러싼 논쟁이 이어지고 있다.

055 매크로하드 Macrohard

일론 머스크가 발표한 새 프로젝트로, 인간의 개입 없이 AI가 기획·개발·운영 전 과정을 수행하는 완전 자동화 소프트웨어 기업 설립 계획이다. 코딩과 영상 제작 등 AI 기반 소프트웨어 개발에 초점을 두며, 엔비디아 GPU 수십만 개로 구성된 콜로서스 슈퍼컴퓨터가 핵심 인프라로 활용된다. 이 프로젝트가 현실화될 경우 AI 중심 경영체제의 상용화와 산업 구조 변화를 촉발할 것으로 전망된다.

056 멀티 호밍 Multi-homing

소비자들이 여러 플랫폼을 이용 목적에 따라 동시에 사용하는 현상이다. 소비자들은 각자의 니즈에 따라 여러 플랫폼을 이용할 수 있어 합리적 선택이 용이해진다. 시장의 경쟁을 유발하기 때문에 플랫폼 기업들이 독점적 지위에 안주하지 않고 지속적으로 서비스를 개선하도록 촉구할 수 있다.

057 메기 효과 Catfish Effect

막강한 경쟁자의 등장으로 기존 경쟁자의 활동 수준이 높아져 시장 전체의 분위기가 활성화되는 현상이다. 정어리가 천적인 메기를 보면 활발히 움직이는 현상에서 유래했다. 쿠팡이 주말 상관없이 당일·익일 배송을 시작한 뒤 각종 국내 이커머스 업계에서 배송속도에 따른 고민을 비롯해 여러 경쟁력 강화를 위한 조치를 취하고 있는 것을 메기 효과의 한 예로 볼 수 있다.

058 메디치 효과 Medici Effect

이질적인 분야의 요소들이 결합할 때 요소들이 갖는 에너지의 합보다 더 큰 에너지를 분출하게 되어 뛰어난 생산성과 시너지를 창출할 수 있다는 경영이론이다. 건축가 믹 피어스가 설계한 짐바브웨의 이스트게이트 쇼핑센터는 생물학과 건축학이라는 이질적인 분야의 협업을 통해 이룩한 메디치 효과의 대표적인 사례이다. 피어스는 흰개미집의 공기 순환 구조에서 영감을 받아 이 건물을 설계했는데, 흰개미집은 지면 위와 아래에 통풍구를 가진 모래 탑을 세운 뒤 맨 위쪽의 통풍창을 조절하여 내부 온도를 조절하는 특징이 있다. 피어스는 이러한 자연의 원리를 도입해 전력이 부족한 지역에서도 에어컨 없이 실내를 시원하게 유지할 수 있는 건축물을 만들어냈고, 40도 이상으로 치솟는 더위 속에서도 쇼핑센터 내부를 서늘하게 유지할 수 있게 됐다.

059 메타버스 Metaverse

3차원 가상 세계로 가공 또는 추상을 의미하는 '메타'와 우주 또는 세계를 의미하는 '유니버스'의 합성어이다. 메타버스에서는 이용자가 만드는 가상 세계 상품인 UGC가 가상 통화를 통해 유통되고, 이용자는 아바타를 통해 소통하며 다양한 체험을 한다. 2025년에는 메타·애플의 혼합현실(MR) 기기 경쟁이 본격화되며, 메타버스가 실생활·교육·엔터테인먼트로 다시 확장되고 있다.

060 미닝아웃 Meaning Out

신념을 뜻하는 미닝(Meaning)과 벽장 속에서 나온다는 뜻의 커밍아웃(Coming Out)이 결합된 용어로, 과거에는 타인에게 함부로 보이지 않았던 정치적·사회적 신념을 소비 행위를 통해 적극적으로 표출하는 것을 의미한다. 소셜네트워크서비스(SNS) 활성화 등의 영향으로 전통적인 소비자 운동보다 적극적이고 다양한 양상으로 나타난다.

061 밴드왜건 효과 Bandwagon Effect

소비자가 대중적으로 유행하는 정보를 쫓아 상품을 구매하는 소비 현상을 뜻하는 경제 용어로, 유행에 동조함으로써 타인과의 관계에서 소외되지 않으려는 심리에서 비롯된다. 곡예나 퍼레이드의 맨 앞에서 행렬을 선도하는 악대차가 사람들의 관심을 끄는 효과를 내는 데에서 유래했으며, 밴드왜건 효과를 기업에서는 충동구매를 유도하는 마케팅 활동으로, 정치계에서는 특정 유력 후보를 위한 선전용으로 활용하기도 한다.

062 버추얼 프로덕션 Virtual Production

실사 이미지와 가상 이미지를 실시간으로 결합하는 것을 의미한다. 촬영 기술, 디스플레이 및 IT 기술의 발전으로 생동감 있는 가상화면을 낮은 비용으로 만들 수 있게 되었고, 버추얼 프로덕션을 통해 콘텐츠 제작 과정에서 혁신이 일어나 소비자가 양질의 콘텐츠를 소비할 수 있다.

063 베블런 효과 Veblen Effect

가격이 상승하면 수요량이 감소하는 수요법칙에 반하는 재화를 베블런재라고 한다. 사치재, 명품 등이 이에 해당하는데, 이러한 재화는 가격이 비쌀수록 소비가 증가하는 경향이 있다. 이러한 과시성 소비가 나타나는 이유를 베블런(Veblen)이 발견하여 명명하였다.

064 벤치마킹 Benchmarking

다른 조직이나 기업의 우수한 경영 사례나 성과 요인을 분석해 자사 경영에 적용하는 혁신 기법을 말한다. 단순한 모방이 아니라, 비교·분석을 통해 개선 아이디어를 도출하고 경쟁우위를 확보하는 것이 핵심이다.

065 빅 배스 Big Bath

누적된 회계 손실뿐만 아니라 잠재적 손실까지 한 회계연도에 처리하는 회계 기법이다. 이를 통해 다음 회계연도의 이익 상승 효과를 기대할 수 있다.

066 빅블러 Big Blur

빠른 변화로 인해 비즈니스 영역에서 경계가 모호하고 희미해짐을 의미하는 용어이다. 과거에는 기업체의 활동이 산업 내에서 이루어져 업종 간 경계가 명확하였으나, 사회가 급변하고 IT기술이 발전하면서 기업들이 기존의 영역을 넘어서고 있다. 대표적 기업인 카카오는 ICT(정보통신기술)를 매개로 전자상거래, 은행, 게임 등 산업 간 경계가 무너지는 현상을 보여 주고 있다.

067 사물인터넷 Internet of Things, IoT

IoT는 사물(물리적 장치, 차량, 건물 및 기타 사물)에 센서와 통신 기능을 내장하여 인터넷에 연결하고 상호네트워킹하여 관련 데이터를 수집하고 교환할 수 있는 기술을 의미한다. 1999년 MIT대학의 캐빈 애시턴이 전자태그와 기타 센서를 일상생활에서 사용하는 사물을 탑재한 사물인터넷이 구축될 것이라고 전망하면서 대중화되었다.

068 사이버불링 Cyber Bullying

가상 공간을 뜻하는 사이버(Cyber)와 집단 따돌림을 뜻하는 불링(Bullying)에서 생겨난 신조어로, 사이버상에서 특정인을 집단으로 따돌리거나 집요하게 괴롭히는 행위를 말한다.

069 선매품 Shopping Goods

소비자가 구매 전 여러 제품을 비교·검토한 뒤 선택하는 재화를 말하며, 가전제품, 가구 등이 있다. 가격, 품질, 디자인 등 다양한 속성을 평가하며, 구매 과정에서 탐색 시간이 상대적으로 길다.

070 소버린 AI Sovereign AI

각 국가나 조직이 자체 데이터와 인프라를 활용해 자국의 언어, 문화, 가치관 등을 정확하게 이해하는 맞춤형 인공지능(AI)을 개발하고 운영하는 전략이다. 특정 국가나 대형 기업들의 영향력에서 벗어나 자유롭게 기술을 발전시키고, 인공지능(AI) 기술 주권을 확보할 수 있는 핵심인 접근 방식으로 주목받고 있다.

071 숏핑

짧은 영상인 숏폼(Short-form)과 쇼핑(Shopping)을 결합한 신조어로, 숏폼을 시청하면서 즉시 상품을 구매할 수 있도록 결합한 디지털 쇼핑 방식이다. 사용자는 직관적이고 즉각적인 구매 경험을 얻을 수 있으며, 기업은 영상 기반의 마케팅 효율을 높일 수 있다.

072 순자산부채비율

부채 총액을 순자산(자기자본)으로 나눈 비율로, 기업이 채무를 상환할 수 있는 능력을 의미한다. 부채가 순자산보다 많아 순자산부채비율이 100%를 넘는다면 이 기업은 자기자본을 모두 처분하더라도 모든 부채를 일시에 상환할 수 없는 상태이다.

073 슈퍼주총데이

주주총회가 특정일에 몰리는 날을 말한다. 주로 매년 3월 주주총회가 특정일에 몰리는 현상을 말한다. 같은 날 주주총회가 열릴 경우 소액 주주들은 동시에 여러 주주총회에 참석하기 어려워 주주권을 제대로 행사할 수 없다는 논란이 있었으나, 2024년부터 전면 도입된 온라인 주주총회 제도가 2025년에도 확대 적용되고 있다. 모든 주주가 온라인 주주총회에 출석해 투표에 참석하는 '완전 전자주총'과 온·오프라인을 동시에 열어 각자 희망하는 방식으로 출석 및 투표를 진행하는 '병행 전자주총'이 법적으로 허용되어 소액 주주(개인투자자)들의 의결권 파워가 세질 것이라는 전망이다.

074 스놉 효과 Snob Effect

개성을 추구하는 이들은 밴드왜건 효과와는 반대로 남이 자신과 같은 행동을 하면 더이상 그 행동을 하지 않으려 한다. 명품브랜드 소비에서 흔히 일어나는 일로, 자신의 재산과 지위로 남들과 자신을 차별화하려고 함으로써 나타나는 현상이다.

075 스마트 팩토리 Smart Factory

생산 공장의 혁신적인 변화로, 설계·개발, 제조 및 유통·물류 등 생산 과정에 디지털 자동화 솔루션이 결합된 정보통신기술(ICT)을 적용하여 생산성, 품질, 고객만족도를 향상시키는 지능형 생산 공장을 의미한다.

076 스위프트노믹스 Swiftnomics

미국 팝가수 테일러 스위프트(Swift)와 경제학(Economics)의 합성어로, 테일러 스위프트의 활동이 경제에 미치는 영향을 의미한다. 2023년 테일러 스위프트의 세계 순회공연인 '에라스 투어' 당시, 공연이 이뤄지는 도시마다 팬들이 몰려들면서 교통·식당·호텔 등의 매출이 급증하며 지역 경제가 활성화되는 효과가 나타났다. 또한, 2025년 8월 테일러 스위프트의 약혼 발표 직후 보석업체의 주가가 3% 이상 급등하기도 했다.

077 스테이케이션 Staycation

머물다(Stay)와 휴가(Vacation)의 합성어로, 휴가 중에 먼 곳으로 이동하지 않고 집 또는 집 근처에서 휴가를 보내는 현상을 의미한다.

078 스토킹 호스 Stalking Horse

사냥꾼이 몸을 숨기고 사냥감에 접근하기 위해 가짜 말 또는 자신이 타던 말의 뒤에 숨는다는 것에서 유래된 말로, 회생 기업이 공개 입찰 전에 인수 의향자를 수의 계약으로 미리 선정하는 방식을 가리킨다. 이후 실시한 공개 입찰에서 경쟁자가 나타나지 않으면 인수 의향자가 매수권을 갖는다.

079 스튜어드십 코드 Stewardship Code

집안일을 담당하는 집사(Steward)처럼 기관투자자도 고객 재산을 선량하게 관리해야 할 의무가 있다는 뜻으로, 기관투자자의 의결권 행사를 적극적으로 유도하기 위한 자율 지침이다. 기업들의 배당 확대와 지배구조 개선을 통해 주주 이익을 극대화하자는 차원에서 도입했다.

080 스트림플레이션 Streamflation

스트리밍(streaming)과 인플레이션(inflation)의 합성어로, 온라인 동영상 서비스(OTT) 업체들이 구독료를 올리는 현상을 말한다. OTT 업체들은 서비스 초기에 저렴한 구독료를 통해 많은 사람들의 가입을 유도했지만, 이용자 수의 정체, 시장 내 경쟁의 심화, 콘텐츠 제작비 상승 등의 이유로 인해 점차 구독료를 인상하고 있다.

081 스파게티볼 효과

여러 나라가 FTA를 중복 체결하면서 관세와 원산지 규정이 복잡하게 얽혀 기업의 거래비용이 증가하는 현상을 말한다. FTA 확대가 무역을 촉진하기보다 공급망 혼선과 행정비용 증가로 이어질 수 있다는 점에서 경영 리스크로 지적된다.

082 스피어 피싱 Spear Phishing

특정 개인이나 회사를 대상으로 한 피싱(Phishing) 공격을 의미한다. 사전에 공격 대상에 관한 정보를 수집·분석하여 공격 성공률을 높인다는 점에서 일반적인 피싱과 다르다.

083 신경망 처리장치

반도체가 인간의 뇌 신경망과 비슷한 기능을 할 수 있게 하는 기술을 말한다. 인공지능(AI)의 핵심 기술인 딥러닝 알고리즘 구현에 최적화되어 있다. 스마트폰 AI서비스, 사물인터넷(IoT) 등 적용 범위가 넓다.

084 아트슈머 Artsumer

문화(art)와 소비자(consumer)의 합성어로, 제품의 가격 대비 성능이나 브랜드 가치보다는 전시회나 예술 작품과 같이 자신이 추구하는 문화적 가치와 경험을 만족시키는 제품을 소비하는 소비자층을 가리킨다. 다양한 기업들이 아트슈머를 겨냥해 유명 예술가들과 협업한 상품을 출시하거나 예술 인프라를 활용한 아트 마케팅을 펼치며 브랜드에 대한 관심을 높이고 있다.

085 알고리즘 사피엔스
Algorism Sapiens

인공지능(AI)과 빅데이터가 발전하면서 알고리즘이 인간의 행동과 결정을 지배하는 현상으로, 인간과 기술의 융합에 의해 만들어진 새로운 형태의 인간을 가리키는 말이다. 인간의 사고·학습·의사결정 등의 과정이 고도로 발전된 알고리즘에 의해 모방되고, 그 알고리즘이 인간의 역할을 대체하거나 심지어 인간을 뛰어넘을 수 있다는 개념이다.

086 애자일 Agile

'민첩한'이란 뜻으로, IT 산업에서 정해진 계획보다 고객이나 시장의 피드백을 빨리 반영하여 신속하고 유연하게 소프트웨어 제품을 개발하는 방식을 말한다. 애자일은 시장 변화에 유동적으로 반응할 수 있는 최적의 조직 운영 방식으로 평가받고 있어 최근 기업이 조직 체계를 개편·운영하는 데 반영하고 있다.

087 앰부시 마케팅
Ambush Marketing

대형 스포츠 이벤트에서 공식 후원업체가 아니면서도 광고 문구 등을 통해 매복(Ambush)하듯이 후원업체라는 인상을 교묘히 심어 고객의 시선을 모으는 판촉 전략으로, 매복 마케팅이라고도 한다. 올림픽 공식 후원업체가 아님에도 불구하고 응원 영상 등을 광고로 사용하는 경우가 이에 해당한다.

088 앰비슈머 Ambisumer

양면성(Ambivalent)과 소비자(Consumer)의 합성어로, 이중 잣대를 가진 소비자를 말한다. 가치관의 우선순위에 있는 것에는 돈을 아끼지 않지만 뒷순위에 있는 것에는 최대한 돈을 아낀다. 앰비슈머는 가성비를 추구하는 동시에 중요하다고 생각하는 가치에는 아낌없이 투자하는 경향을 보인다.

089 양자암호통신

빛 알갱이 입자인 광자(光子)를 이용한 통신으로 현재까지 해킹이 불가능하다고 알려져 있다. 인텔, 구글, 마이크로소프트, 알리바바, 바이두 등 세계적인 IT업체들이 이 기술을 바탕으로 양자 컴퓨터 개발을 위해 경쟁을 이어가고 있다.

090 업사이클링 Up-Cycling

버려지거나 사용하지 않는 물건에 새로운 가치를 부여해 다른 제품으로 재탄생시키는 방식이다. 일반적인 재활용(recycling)이 한번 사용한 물건을 다시 만들거나 그대로 다시 사용하는 것이라면, 업사이클링은 기존의 형태를 유지하면서 더 창의적이고 가치 있는 제품으로 변형하는 것이다. 자전거 타이어를 활용해 장바구니를 만들거나 나무 팔레트를 활용해 테이블이나 의자를 만드는 것 등이 해당되며, 버려진 천막이나 방수포 등을 통해 가방을 만들어 판매하는 업사이클링 브랜드도 존재한다.

091 엣지 AI Edge AI

인공지능(AI) 기술을 데이터 생성과 가까운 장치(엣지 디바이스)에서 처리하는 기술로, 온 디바이스 AI(On-Device AI)라고도 부른다. 외부 서버나 클라우드에 연결되어 데이터와 연산을 지원받았던 기존의 클라우드 기반에서 벗어나, 데이터를 생성하는 기기 자체에 인공지능(AI)이 탑재되어 직접 연산이 이루어지기에 통신 상태의 제약을 받지 않으며 보안성이 높고 정보 처리 속도가 빠르다. 자율주행 자동차, 인공지능 로봇, IoT(사물인터넷) 기기, 드론, 스마트 가전 등에 필요한 차세대 핵심 기술로 주목받고 있다.

092 온디맨드 경제 On-demand Economy

모바일 및 온라인 네트워크를 통해 소비자의 수요를 즉각적으로 반영하여 재화 및 서비스를 제공하는 경제활동을 말한다. 정보통신기술이 발전함에 따라 거래 비용이 감소하고 수요자가 가격 결정의 주도권을 갖는 것이 특징이다.

093 온보딩 On-boarding

'배에 탄다.'는 뜻으로 신규 직원이 조직에 잘 적응할 수 있도록 업무에 필요한 지식이나 기술 등을 안내·교육하는 과정이다. 기업이 우수 직원을 선발하더라도 조직에서 실제 역량을 발휘하지 못하면 효과적인 선발이 아니기 때문에 신규 직원의 역량이 최대한 발휘되도록 프로그램을 운영한다.

094 온실가스 배출권거래제 Emission Trading Scheme

정부가 기업에게 특정 기간 동안 온실가스를 일정 수준까지 배출할 수 있는 권리를 배정하고, 이를 초과하는 부분은 기업 자체적으로 온실가스를 감축하거나 온실가스를 적게 배출하는 기업으로부터 온실가스 배출 권리를 구매할 수 있도록 하는 제도이다. 온실가스를 줄이는 데 비용이 많이 드는 기업은 자체적인 감축 대신 시장에서 배출권을 구입하고, 감축 비용이 적게 드는 기업은 남은 배출권을 시장에 팔아 수익을 얻을 수 있으며, 자율적으로 온실가스 배출 할당량을 준수할 수 있다.

095 옴니채널 Omni Channel

'모든 것, 모든 방식'을 뜻하는 옴니(Omni)와 유통경로를 뜻하는 채널(Channel)의 합성어로, 소비자가 온라인, 오프라인, 모바일 등 성격이 다른 다양한 유통채널을 손쉽게 넘나들며 상품을 검색하고 구매할 수 있도록 제공하는 서비스를 말한다. 어떤 채널에서든지 같은 매장을 이용한다는 느낌을 주도록 조성한다.

096 유니콘 기업

설립한 지 10년 이하의 비상장 스타트업 중 기업 가치가 10억 달러, 즉 1조 원 이상에 달하는 기업을 의미한다. 상장 전부터 기업 가치 1조 원 이상을 실현하기 쉽지 않기 때문에 유니콘이라는 용어를 사용한다.

097 인공 일반 지능
Artificial General Intelligence, AGI

인간과 유사한 수준의 지능과 학습능력을 갖춘 인공지능이다. 특정 작업만 수행하는 좁은 인공지능(ANI, Artificial Narrow Intelligence)과는 달리 다양한 문제를 해결할 수 있고, 스스로 새로운 상황에 적응하며, 학습한 내용을 여러 분야에 걸쳐 적용할 수 있는 범용적인 능력을 갖춘 인공지능이다.

098 인슈어테크 Insurtech

보험(Insurance)과 기술(Technology)을 합친 신조어로, 데이터 분석, 인공 지능 등의 IT 기술을 활용한 보험 혁신 서비스를 말한다. 보험사들은 인슈어테크의 일환으로 계약자의 건강 상태를 반영하여 보험료를 할인·할증하거나 건강 상담을 해주는 서비스를 시행하고 있다.

099 인앱결제

스마트폰 앱 안에서 결제하는 방식으로 구글이나 애플이 자체 개발한 시스템이다. 앱 안에서 신용카드, 간편결제, 핸드폰 소액결제 등으로 결제하는 방식으로, 게임 아이템이나 음악 스트리밍을 결제하는 경우가 대표적이다.

100 인오가닉 Inorganic

농약과 비료를 동원하는 농법의 농산물을 의미하는 기업의 성장 방식으로, 새로운 시장 진출 시 지분투자, 인수합병 등 외부 기업의 역량을 이용해 성장동력을 확보하는 전략이다. 기술력·인력을 빠르게 확보해 단시간에 수익과 시장점유율을 높일 수 있다는 장점이 있으나, 많은 자금을 필요로 하므로 재무건전성 악화 위험이 존재한다는 단점이 있다.

101 인포데믹 Infordemic

잘못된 정보가 온라인을 통해 전염병처럼 급속히 퍼져 오히려 혼란을 초래하는 현상으로, 정보(Information)와 유행병(Epidemic)의 합성어이다. 가짜뉴스나 허위정보 등이 무차별적으로 전파되는 양상을 일컫는다.

102 자물쇠 효과 Lock-in effect

소비자가 특정 제품이나 서비스에 익숙해지면 다른 유사한 제품이나 서비스로 쉽게 전환하지 못하게 되는 현상으로, 고객을 가둔다는 의미에서 자물쇠 효과라고 한다. 예를 들어 A 스마트폰에서 S 스마트폰으로 전환을 하게 되면 새로운 IOS 환경에 적응해야 하고, 메시지·사진·연락처 등 데이터를 옮기는 번거로운 과정을 거쳐야 한다. 또한 A 스마트폰에서 사용하던 유료 애플리케이션, 페이 시스템, 클라우드 동기화 등 다양한 서비스가 해제되는 불편한 과정 때문에, 결국 고객들은 쉽사리 스마트폰을 바꾸지 못하게 된다.

103 잘파(ZALPHA)세대

1990년대 중반~2000년대 초반에 출생한 Z세대와 2010년 이후 출생한 알파세대를 합친 용어이다. '디지털 네이티브'인 Z세대가 '디지털 온리' 알파세대와 더 가깝다고 보는 시각이 있어 마케팅 시장에서 유아동 시기부터 콘텐츠 소비자가 되는 잘파세대를 소비자 집단으로 보면서 등장하였다. 금융업계가 브이로그 등 디지털 콘텐츠를 제작해 잘파세대를 미래 고객으로 만들기 위해 나서고 있다.

104 적대적 M&A

인수 기업이 피인수 기업의 반대에도 인수·합병을 추진하는 것이다. 적대적 M&A에 대응하는 전략에는 경영진에게 우호적인 주주인 백기사가 지분을 늘리는 방법이 있다. 또한 적대적 M&A가 발생했을 때 경영진이 임기 전에 물러날 경우 일반적인 퇴직금 외에 거액의 특별상여금을 주는 황금낙하산 제도와 기존 주주에게 회사 신주를 시가보다 싼 가격에 매입할 수 있는 권리를 부여하는 포이즌 필이 있다.

105 제로 노동 Zero Labor

인공지능(AI)과 로봇 기술이 발전하면서 인간의 직접적인 노동 투입이 거의 필요하지 않은 생산·운영 체계를 의미한다. 단순 자동화를 넘어 AI가 업무를 스스로 판단·수행하는 단계로, 기술 발전이 생산 효율성을 높이는 한편, 노동시장 양극화와 사회적 불평등 심화를 초래할 수 있다는 우려도 있다. 이에 따라 포용적 기술 전환을 통해 일자리 재교육과 사회적 안전망을 강화하려는 논의가 함께 이어지고 있다.

106 제로 트러스트 Zero Trust

'절대 신뢰하지 말고 항상 검증한다'는 원칙에 기반한 보안 패러다임이다. 클라우드 이용 증가와 원격근무 확대로 경계 기반 보안의 한계가 드러나면서, 내부·외부를 구분하지 않고 모든 접근을 검증하는 방식이다. 정부와 기관 가이드라인에서도 제로 트러스트 도입을 요구하면서, 기업과 조직에 선택이 아닌 필수 과제로 부상했다.

107 종속제품 가격전략
Captive Product Pricing Strategy

주된 제품과 연계하여 사용해야 하는 제품이 있을 때, 주제품은 저렴하게 판매하고 부수적인 제품은 고가에 판매하여 수익성을 올리는 전략이다. 프린터는 저렴하게 판매하면서 계속 사용해야 하는 잉크 가격을 비싸게 설정하여 이익을 추구하는 것이 이 사례에 해당한다.

108 증강 현실 Augmented Reality

가상 현실의 한 분야로, 실제 환경에 가상의 정보나 그래픽을 합성하여 원래 환경에 존재하는 것처럼 보이게 하는 컴퓨터 그래픽 기법이다. 방송, 제조공정관리, 건축설계 등에서 활용되고 있고, 스마트폰의 보급으로 여행가이드나 '포켓몬 고'와 같은 게임에서도 사용되고 있다.

109 차등의결권제도

경영권 방어를 목적으로 일부 주식에 대해 보유하고 있는 지분율 이상으로 의결권을 행사할 수 있도록 하는 제도이다. 스타트업 기업은 성장 과정에서 외부 자본 유치가 중요한 역할을 하지만 이 과정에서 창업자의 경영권이 희석되는 문제가 발생하는데, 이를 보완하는 역할을 한다. 경영진이 일부 지분만으로 전횡을 일삼을 수 있고 무능한 경영진을 교체하는 데 장애가 되기도 한다. 최근 쿠팡의 뉴욕증시 상장 시 국내에서 허용되지 않는 차등의결권을 부여받아 주목받은 바 있다.

110 채널 홀 에칭 Channel Hole Etching

낸드플래시메모리 제조에 사용되는 기술로, 삼성전자가 다른 업체들에 앞서 이 기술로 136단의 V낸드를 상용화하기도 했다. 반도체 제조 시 칩의 크기를 줄여 생산성을 향상할 수 있는데, 반도체의 선로 폭을 줄이는 데 한계에 도달하면서 반도체를 수직으로 쌓는 방식이 사용되고 있다.

111 채찍 효과

소비자 수요의 작은 변동이 공급망인 제조업체에 전달되면서 변동이 확대되는 현상을 의미한다. 수요 감소를 예상한 회사가 현재 재고를 감안하여 생산 계획을 대폭 축소하고 상부 공급단계로 전달이 되면서 단계마다 정보가 왜곡되어 재고가 쌓이게 되는 것이다. 소를 모는 긴 채찍을 휘두를 때 손잡이에 힘을 적게 주어도 채찍 끝에는 큰 힘이 생기는 데에서 유래하였다.

112 챗봇 Chatbot

사용자를 대화 상대로 텍스트나 음성 기반의 대화를 수행하는 소프트웨어로, 고객서비스나 정보수집 용도로 활용되고 있다. 채터봇(Chatterbot)으로도 불리며, 인공지능 비서(Artificial Assistance)와 혼용되어 사용되고 있다.

113 초광대역 Ultra-Wideband, UWB

매우 넓은 대역폭(3.1~10.6GHz)을 사용하는 무선 통신 기술로, 근거리 통신을 주 목적으로 한다. 소비 전력이 적으며 통신 속도가 빠르다. 초광대역 기술을 활용한 파일 공유 기능이 탑재된 스마트폰이 출시되기도 했다.

114 초세분화 Micro Segmentation

세분화는 시장을 고객의 특성, 욕구, 구매 행동 등에 따라서 구분하는 것이고, 초세분화는 세분화보다 더욱 세밀하게 고객 개인의 상황과 행동을 예측하여 시장을 나누는 것이다. 기술 발달로 고객 데이터가 실시간으로 수집·분석되면서 개인의 특성에 맞춰 시장을 초세분화하고, 고객 구매 여정에서 고객 감동 실현의 중요성이 강조되고 있다.

115 카니발라이제이션 Cannibalization

기능이나 디자인이 탁월한 후속 제품이 해당 기업이 먼저 내놓은 비슷한 제품의 시장을 깎아 먹는 경우로, 자기 시장 잠식이라는 의미이다. 해외의 값싼 노동력으로 제작한 저가 상품이 국내의 고가 제품을 밀어내는 상황을 말한다.

116 캐즘 Chasm

새로운 기술과 혁신이 초기 시장에서 주류 시장으로 넘어가는 과정에서 발생하는 격차나 장애물을 의미한다. 이 용어는 주로 혁신 제품이 초기 수용자들(Early Adopters)에게는 잘 받아들여지지만, 일반 대중(주류 시장)에게 확산되는 과정에서 겪는 어려움을 설명할 때 사용된다. 캐즘을 넘어서는 제품은 대중화되지만 그렇지 못한 제품은 초기 수용자들의 전유물로 남는다.

117 코즈마케팅 Cause Marketing

기업이 환경이나 보건, 빈곤 등의 사회적 이슈를 활용하는 마케팅 기법이다. 사회적 문제를 해결하려는 노력이 기업의 긍정적 이미지 구축에 기여하여, 소비자의 구매 행동으로 이어지는 관계를 통해 사익과 공익을 동시에 달성하는 것을 목표로 한다.

118 큐싱 Qshing

QR코드와 낚시다(Phishing)의 합성어로, QR코드를 통해 악성 링크로 접속을 유도하거나 직접 악성코드를 심는 방법이 이에 해당한다. 스미싱(Smishing)에서 진화된 금융 사기 기법으로 QR코드를 통해 악성 애플리케이션을 내려받도록 유도한 뒤 보안카드, 전화번호 등 정보를 탈취하여 소액결제, 자금이체 등으로 돈을 빼간다.

119 크런치 모드 Crunch Mode

프로젝트 마감을 앞두고 집중적으로 근무하는 관행을 의미하며, 주로 IT 혹은 게임업계에서 사용된 용어이다. 제품 출시 초반의 완성도가 프로젝트 성공을 좌우하는 게임업계의 특성상 출시 직전에 각종 테스트나 버그 수정을 위한 야근과 철야가 당연하게 받아들여졌다. 그러나 이와 같은 근로 관행이 직원을 혹사시킨다는 비판을 받고 있다.

120 클래시 페이크 Classy Fake

고급(Classy)과 가짜(Fake)가 결합된 용어로, 진짜를 압도할 만큼 매우 멋진 가짜 상품 혹은 그러한 상품을 소비하는 추세를 의미한다. 가짜를 부정적으로 인식하던 과거와 달리 최근 소비자는 사회·문화·기술뿐만 아니라 의식주 전반에 걸쳐 가짜의 가치를 높게 평가해 클래시 페이크 시장이 성장하고 있다. 채식주의자를 위한 콩으로 만든 스테이크나 동물 보호를 위한 고품질의 인조 모피·가죽 등이 대표적인 예이다.

121 키 테넌트 Key Tenant

대형 쇼핑몰이나 상가에서 고객을 끌어들이는 핵심 점포를 의미한다. 키 테넌트의 존재로 쇼핑몰 전체의 유동인구를 늘릴 수 있으므로 전체 상권 활성화에 중요한 요인이 된다. 예를 들어 낙후된 골목길에 유명한 카페가 들어서며 골목길이 활성화되고, 상권이 만들어지는 경우이다.

122 태그 얼롱 & 드래그 얼롱
Tag-along & Drag-along

태그 얼롱은 개인 투자자(소액 주주)가 벤처 기업에 투자할 때 요구할 수 있는 권리로 대주주가 주식을 매각할 때 개인 투자자가 본인 주식까지 함께 판매하도록 요구할 수 있는 권리이다. 드래그 얼롱은 대주주가 지분을 매각할 때 소수주주에게도 같은 조건으로 지분 매각을 강제할 수 있는 권리이다. 태그 얼롱과 드래그 얼롱은 모두 투자자의 자금 회수를 유리하게 하여 신규 사업의 재원 마련을 돕는 역할을 한다.

123 파운드리 Foundry

반도체 제조를 위탁받아 생산하는 전문 기업으로, 대만의 TSMC와 한국의 삼성전자가 대표적이다. 파운드리 업체는 생산 능력의 한계로 납품을 충분히 할 수 없을 경우 반도체 수급 차질 문제가 생기기도 한다.

124 패닉 바잉 Panic Buying

경제 불안, 물가 상승, 공급 부족 등으로 인해 소비자들이 공포심리 속에서 필요 이상으로 물품을 사들이는 현상을 말한다. 이러한 과도한 구매가 실제 공급 부족을 악화시키고 가격 상승을 가속화하는 악순환을 초래할 수 있다. 정부와 기업은 시장 불안을 완화하기 위해 정확한 정보 제공과 공급망 안정 정책을 병행해야 한다.

125 페이턴트 트롤 Patent Troll

특허 괴물이라고도 하며, 기술을 직접 개발하지는 않고 개인·소규모 연구소 등에서 헐값으로 기술을 사들여 시장에서 비슷한 기술이 나타나면 손해배상을 받거나 라이선스 계약 체결을 통해 이윤을 창출하는 특허 전문기업을 말한다.

126 포괄적 주식 교환

회사 간의 주식 교환계약을 통해 자회사가 되는 회사의 발행 주식 총수를 지주회사로 이전하고, 자회사가 되는 회사의 주주들은 지주회사가 발행하는 신주를 배정받아 지주회사로 전환할 수 있는 제도이다.

127 포이즌필 Poison Pill

기업이 적대적 인수합병(M&A) 시도에 대응하기 위해 도입하는 경영권 방어전략이다. 일정 조건에서 기존 주주에게 신주를 싸게 매입할 권리를 부여해, 인수자의 지분율 상승을 어렵게 만든다. 경영 안정에 도움이 되지만, 주주권 침해 논란이 제기되기도 한다.

128 풀필먼트 Fulfillment

물건을 판매하는 업체들의 위탁을 받아 물품의 포장, 배송, 반품, 재고 관리를 총괄하는 물류일괄대행 서비스이다. 판매자 대신 주문에 맞춰 제품을 선택하고 포장한 뒤 배송하는 것으로, 풀필먼트를 통해 안정적 배송서비스를 달성할 수 있다. 우리나라에서는 쿠팡이 2014년 로켓배송 서비스를 본격화하면서 도입했다.

129 프로슈머 Prosumer

생산자(Producer)와 소비자(Consumer)의 합성어로, 생산에 참여하는 소비자를 의미한다. 프로슈머들은 단순히 만들어진 제품이나 서비스를 구매하는 수동적인 소비자가 아니라 자신의 취향에 맞게 직접 제품이나 서비스를 창조해나가는 능동적 소비자라고 볼 수 있다. 전자회사에서 주부들을 모집하여 제품에 대한 품평과 아이디어를 제공받고, 공식 홍보대사로 임명하여 다양한 신제품 및 마케팅 소식을 SNS에 홍보하는 것이 대표적인 프로슈머의 일환이다.

130 프로슈머 마케팅
Prosumer Marketing

소비자가 단순한 구매자가 아니라 상품 개발과 홍보 과정에 직접 참여하는 마케팅 방식을 말한다. 생산자(Producer)와 소비자(Consumer)의 합성어인 프로슈머(Prosumer) 개념에서 발전했으며, 기업은 이를 통해 고객 참여와 브랜드 충성도를 높일 수 있다.

131 프롭테크 Proptech

모바일 채널, 빅데이터, VR(가상 현실) 등 IT 기술이 부동산 거래에 접목되어 제공되는 서비스로, 부동산(Property)과 기술(Technology)의 합성어이다. 지도 위에 부동산 시세를 표현해 주면서 거래를 중개해 주는 서비스로 시작되었으며, 위치 기반 스마트기기의 접근성 확대, 블록체인, VR 기술이 접목되어 빠르게 성장 중이다. 우리나라에서는 네이버 부동산, 직방, 다방 등과 같은 부동산 중개 관련 애플리케이션 업체들이 대표적이다.

132 플라이휠 전략 Flywheel Strategy

기업의 성장을 일련의 순환 과정으로 인식하는 것으로 아마존의 성장 전략이자 선순환 효과의 대표적인 모델이다. 아마존의 창업자 제프 베이조스는 "가격을 낮춰 고객을 모은다. 고객이 늘면 매출이 커진다. 매출이 커지면 고정 비용이 낮아지고 효율성이 높아진다. 그러면 가격을 더 낮출 수 있다."라고 주장하였다.

133 플래그십 마케팅
Flagship Marketing

기업이 브랜드의 상징성을 보여주기 위해 대표 브랜드나 제품을 중심으로 브랜드 경험을 극대화하는 마케팅 전략을 말한다. 소비자는 공간·서비스·콘셉트를 통해 브랜드 이미지를 직접 체험하며, 기업은 이를 통해 정체성 강화와 충성도 제고 효과를 얻는다.

134 피보팅 Pivoting

기업이 자사의 핵심 역량은 유지한 채로 아이템이나 모델의 방향을 바꾸는 것을 말한다. 물체의 중심축을 한쪽 발에서 다른 쪽 발로 이동시킨다는 체육 용어 피봇(Pivot)에서 파생되었다. 완전히 새로운 사업을 시작하는 것이 아니라 전략만 수정하여 사업의 방향을 전환하는 것이다. 신제품을 출시 후 전망이 밝지 않을 경우, 시장 상황이 예상과 다르거나 성과가 저조할 경우, 일정이 지연될 경우 등에서 비상수단이 될 수 있다.

135 피지컬 AI

현실 세계의 물체와 환경을 인식하고 사람과 직접 상호작용할 수 있는 물리적 인공지능 기술을 말한다. 이는 가상공간에 머물던 AI가 로봇, 자율기기 등 실물 영역으로 확장된 형태로, 기술 발전과 함께 안전·윤리 기준 마련의 필요성이 함께 논의되고 있다.

136 피지털 Phygital

오프라인 공간을 의미하는 피지컬(Physical)과 온라인을 의미하는 디지털(Digital)의 합성어로, 디지털의 편리함을 활용하여 오프라인 공간에서 소비 경험을 더욱 편리하게 한다는 것을 의미한다. 온라인 서비스 중 소비자가 편리함을 체감하는 것을 오프라인 매장에 도입하는 것이다. 오프라인 매장에서 마음에 드는 물건을 찾은 후 부착된 QR 코드를 통해 상품 정보, 리뷰 등을 찾을 수 있게 하는 것이 이 사례에 해당한다.

137 필터 버블 Filter Bubble

인터넷 정보기술 업체가 개인의 성향에 맞춘 정보를 개별 사용자에게 제공하여 유사한 성향의 이용자를 편향된 정보에 가두는 현상을 의미한다. 미국의 온라인 시민단체인 무브온의 이사장 일리 프레이저가 제시한 개념이다.

138 하둡 Hadoop

여러 개의 저렴한 컴퓨터를 마치 하나인 것처럼 묶어 대용량 데이터를 처리하는 기술로, 빅데이터를 저장하고 분산 처리할 수 있는 오픈 소스 자바 프레임워크이다. 오픈 소스이므로 라이선스 비용이 들지 않고 서버 비용만 들어 다른 시스템보다 저렴하다. 뉴욕 증권거래소, 메타(페이스북), SK 등 다양한 기업들이 하둡을 이용해 데이터를 처리하고 있다.

139 핵심성과지표

Key Performance Indicator, KPI

목표를 성공적으로 달성하기 위해 핵심적으로 관리해야 하는 요소들에 대한 성과지표로, 목표를 얼마나 잘 달성하고 있는지 판단하기 위해 사용하는 정량적인 척도이다. 예를 들어 마케팅 팀에서 웹 사이트 및 SNS 트래픽을 통한 고객 유입·구독자·조회·월별 콘텐츠 발행 수 등을 핵심성과지표로 설정하여 마케팅이 목표한 것처럼 잘 이루어지고 있는지를 판단할 수 있다.

140 헬시 플레저 Healthy Pleasure

건강을 의미하는 헬시(Healthy)와 즐거움을 뜻하는 플레저(Pleasure)의 합성어로, 건강을 추구하는 동시에 즐거움을 잃지 않는다는 의미이다. 과거처럼 쾌락을 절제하거나 포기하는 방식의 건강관리 방식이 아닌 건강관리에도 즐거움을 부여해 지속 가능한 건강관리를 추구하는 것으로, 러닝 크루에 참여하여 지인들과 함께 즐겁게 운동하거나 곤약 떡볶이·두부면 파스타 등 칼로리는 낮으면서도 맛있는 음식을 즐기는 것이 대표적인 예이다.

2026 최신판

수시로 업데이트 되는 경영/경제/금융/IT 분야

시사·핵심 용어북

에듀윌 매경TEST
2주끝장 + 모의고사 6회분
기출동형문제 반복 생성 <AI 듀봇> + 무료특강

제1회 파이널 실전 모의고사

국가공인
매경TEST

경·영·경·제·이·해·력·인·증·시·험

수 험 번 호 : _____

성   명 : _____

STEP 1　　　STEP 2　　　　　　STEP 3　　　　　　STEP 4
QR코드 스캔 ▶ 회원가입 & 로그인 ▶ 모바일 OMR 정답 입력 ▶ 채점 및 결과 확인

01

수요에 대한 설명으로 옳은 것은?

① 수요는 사전적 수량 또는 계획된 수량을 의미한다.
② 수요는 일정 시점에 측정되는 저량(stock) 개념이다.
③ 수요법칙이란 가격과 수요량이 정(+)의 비례관계에 있음을 의미한다.
④ 다른 조건이 일정할 때, 해당 재화의 가격이 하락하면 수요곡선은 우측으로 이동한다.
⑤ 수요곡선에서 특정 재화의 수량에 대응된 가격을 수요자 가격이라고 하는데, 이는 수요자가 지불할 용의가 있는 최소금액을 의미한다.

02

다음 A, B재 시장에서 나타나는 변화에 대한 설명으로 옳지 않은 것은?

- 최근 A재에 대한 소비자의 선호가 낮아졌다. 단, A재 수요의 가격탄력성은 1보다 작다.
- 최근 B재를 생산하는 기업의 수가 늘어났다. 단, B재 수요의 가격탄력성은 1보다 크다.
- A, B재의 수요곡선은 모두 우하향하고, 공급곡선은 우상향한다.

① A재의 균형가격은 하락한다.
② A재의 판매수입은 감소한다.
③ B재의 균형가격은 하락한다.
④ B재의 판매수입은 감소한다.
⑤ B재의 경우 가격하락률보다 수요량증가율이 크다.

03

최고가격제와 최저가격제에 대한 설명으로 옳지 않은 것은?

① 최저임금제는 미숙련 노동자의 취업을 더 어렵게 만든다.
② 최저가격을 균형가격보다 낮게 책정하면 시장 수급에는 아무 영향이 없다.
③ 최고가격을 균형가격 이하로 책정하면 상품의 배분이 비효율적으로 이루어진다.
④ 최저가격을 균형가격보다 높게 책정하면 초과공급이 나타나므로 암시장은 발생하지 않는다.
⑤ 최고가격을 균형가격 이하로 책정하면 만성적인 초과수요가 발생하고 암시장이 나타날 수 있다.

04

다음 A씨가 얻는 경제적 이윤은 한 달에 얼마인가?

직장에서 월급 200만 원을 받는 A씨는 300만 원으로 임금 인상을 약속받았음에도 불구하고 커피점을 개업했다. 커피점을 차리는 데 2억 원의 비용이 들었는데, 1억 원은 자신이 모아둔 돈을 사용하였고 1억 원은 은행에서 월 1%의 이자율로 대출을 받았다. 커피점의 한 달 수입은 2,000만 원이고, 커피 등 각종 원자재 구입에 500만 원이 들며, 가게의 임대료는 월 300만 원이다. 그리고 종업원의 인건비로 200만 원이 지출되고 있다. 단, 은행의 예금 이자는 월 1%이다.

① 400만 원 ② 500만 원
③ 1,100만 원 ④ 1,700만 원
⑤ 2,000만 원

05

가격차별에 대해 옳은 말을 한 사람만을 [보기]에서 고르면?

> ── 보기 ──
> 교　수 : 가격차별의 예를 들어볼까요?
> 학생 A : 비행기의 비즈니스석과 이코노미석의 경우, 같은 좌석임에도 차별적으로 가격을 받기 때문에 가격차별입니다.
> 학생 B : 놀이공원에서 공원의 입장료와 놀이기구의 이용료를 따로 받는 것도 가격차별입니다.
> 교　수 : 구체적으로 어느 경우에 가격차별이 일어날까요?
> 학생 C : 완전경쟁적 시장구조에서 발생합니다.
> 학생 D : 규모의 경제가 발생할 경우 일어날 수 있습니다.

① 학생 A, 학생 B
② 학생 A, 학생 C
③ 학생 B, 학생 C
④ 학생 B, 학생 D
⑤ 학생 C, 학생 D

06

테일러(Taylor)의 과학적 관리법에 대한 설명으로 옳지 않은 것은?

① 고임금 저노무비의 원칙을 주장하였다.
② 종업원 개인이 달성한 성과에 따라 임금을 차별화하였다.
③ 동작연구와 시간연구를 통해 표준과업량을 설정하였다.
④ 주기적인 동작연구와 시간연구를 위해 기획부를 도입하였다.
⑤ 관리과정을 '계획화, 조직화, 지휘, 조정, 통제'의 단계로 구분하였다.

07

베버(M. Weber)가 주장한 관료제에 대한 설명으로 옳지 않은 것은?

① 전문화를 통해 효율성을 높일 수 있다.
② 미리 정해진 규칙과 제도에 따라 조직을 운영한다.
③ 개인적인 성장을 막고 쌍방향의 의사소통을 어렵게 만든다.
④ 명령, 복종, 합법적 권위(규범), 문서에 기반을 둔 조직이다.
⑤ 카리스마적 권력자에 의해 지배되는 경우에 가장 효율적이다.

08

호손연구(Hawthorne studies)에 대한 설명으로 옳지 않은 것은?

① 인간관계운동의 등장에 기여하였다.
② 동기부여, 리더십이론 등에 영향을 주었다.
③ 메이요(E. Mayo)와 뢰슬리버거(F. Roethlisberger)를 중심으로 행한 연구이다.
④ 생산성 향상에 대한 고전적 접근법의 관점에서 벗어나고자 하는 목적으로 연구가 실시되었다.
⑤ '조명실험 → 계전기 조립작업장 실험 → 면접연구 → 배전기 전선 작업장 실험'의 순으로 연구가 진행되었다.

09

다음에서 설명하는 용어는?

> 직무수행과 교육훈련이 동시에 이루어지는 형태의 교육훈련이다. 일반적으로 1명의 교육 실시자별로 소수의 교육 대상자가 할당된다.

① 실습장 훈련
② 직장 내 훈련(OJT)
③ 산업 내 훈련(TWI)
④ 직장 외 훈련(Off-JT)
⑤ 작업지시 교육훈련(JIT)

10

조직에 대한 설명으로 옳지 않은 것은?

① 행렬 조직에서는 명령일원화의 원칙이 적용된다.
② 유기적 조직은 기계적 조직에 비해 공식화 정도가 낮다.
③ 프로젝트 조직은 동태적이고 일시적인 특성을 가진다.
④ 네트워크 조직은 아웃소싱(outsourcing) 방식을 이용한 조직형태이다.
⑤ 사업부제(부문별) 조직은 각 사업영역이나 제품에 대한 책임이 명확하다.

11

다음에서 설명하는 용어는?

> A 마트는 자사의 모바일 앱을 통한 상품 검색 서비스를 모든 점포에 전면 도입하기로 하였다. 소비자가 앱에서 단골 점포를 설정한 후 검색하면 점포의 운영 상품 및 수량, 행사 여부, 가격 등을 확인할 수 있다.

① O2O
② O4O
③ B2B
④ B2C
⑤ D2C

12

과점시장의 사례로 가장 거리가 먼 것은?

① 미용산업
② 정유산업
③ 자동차산업
④ 가전제품산업
⑤ 이동통신산업

13

다음 그림은 외부효과를 설명하기 위한 것이다. 이에 대한 사례로 가장 적절한 것은?

> 그림에서 D_0는 사적 편익만 고려한 수요곡선이고, D_1은 사회적 편익을 고려한 수요곡선이다.

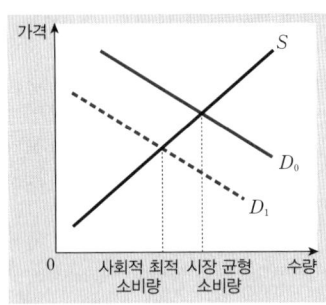

① 소비자에게 보조금을 지급하면 문제를 해결할 수 있다.
② 수입 소고기 가격의 상승으로 국내 한우에 대한 수요가 증가하였다.
③ 일부 사람들의 독감 예방 접종은 주변 사람들이 독감에 걸릴 확률을 낮춰준다.
④ 강 상류의 공장에서 폐수가 흘러나와 강 하류에 있는 마을의 식수를 오염시켰다.
⑤ 자가운전자들의 휘발유 소비가 대기오염을 심화시켜 도시주민들에게 피해를 주고 있다.

14

다음 사례와 관련 있는 설명으로 옳은 것을 [보기]에서 고르면?

> 어느 도시에 세탁소와 매연을 배출하는 공장이 서로 붙어 있다. 세탁소의 생산성은 공장의 매연 배출량이 늘수록 줄어들고, 공장의 생산성은 매연 배출량에 따라 늘어난다. 정부는 매연 배출권을 세탁소 혹은 공장에 주는 것이 사회적으로 바람직한지를 고려하고 있다. 단, 두 기업은 매연 배출량에 따른 생산성 비용에 대해 아무런 추가비용 없이 매연 배출량에 대한 거래를 할 수 있다.

─ 보기 ─

ㄱ. 매연 배출로부터의 공장의 한계생산성 증가가 그로부터 발생하는 세탁소의 한계생산성 감소보다 크다면 공장이 매연 배출권을 갖는 것이 사회적으로 더 바람직하다.
ㄴ. 매연 배출로부터의 공장의 한계생산성 증가가 그로부터 발생하는 세탁소의 한계생산성 감소보다 크다면 세탁소가 매연 배출권을 갖는 것이 사회적으로 더 바람직하다.
ㄷ. 정부가 매연 배출권을 누구에게 주는지는 궁극적으로 매연 발생에 영향을 주지 않는다.
ㄹ. 두 기업의 매연 배출량에 대한 흥정에 많은 추가적 비용이 든다면 정부가 매연 배출권을 누구에게 주는지에 따라 사회적 후생이 달라진다.
ㅁ. 두 기업이 매연 배출량에 대한 흥정을 추가적 비용 없이 할 수 있다면 정부가 매연 배출권을 만들지 않아도 두 기업이 알아서 잘할 수 있다.

① ㄱ, ㄹ
② ㄴ, ㄹ
③ ㄷ, ㄹ
④ ㄷ, ㅁ
⑤ ㄹ, ㅁ

15

다음은 소비의 배제성과 경합성의 유무에 따라 재화를 분류한 것이다. C에 해당하는 재화는?

구분		경합성	
		있음	없음
배제성	있음	A	B
	없음	C	D

① 유료 도로
② 국방서비스
③ 사적(私的) 재화
④ 유료 케이블 TV
⑤ 공해(公海)상의 물고기

16

경영전략에 대한 설명으로 옳지 않은 것은?

① 차별화는 소비자에게 자사의 제품을 경쟁제품보다 독특하게 하는 것이다.
② 블루오션전략을 통해 기업은 기회를 최대화하고 위험을 최소화하는 것이 가능하다.
③ 마일즈와 스노우(Miles & Snow)의 전략유형에서 방어형은 생산효율성을 강조한다.
④ 경영전략은 의사결정 수준과 범위에 따라 기업 수준의 전략, 사업 수준의 전략, 기능 수준의 전략으로 구분할 수 있다.
⑤ 전방통합은 공급업자의 사업을 인수하거나 공급업자가 공급하던 제품을 직접 생산 또는 공급하는 방식의 전략이다.

17

마이클 포터(M. Porter)의 산업구조분석에서 해당 산업에서의 수익률이 가장 낮은 경우를 바르게 짝지은 것은?

	산업 내 경쟁	진입장벽	공급자의 교섭력
①	높음	높음	높음
②	높음	낮음	높음
③	낮음	높음	낮음
④	낮음	높음	높음
⑤	낮음	낮음	낮음

18

사업포트폴리오 분석(business portfolio analysis)에 대한 설명으로 옳은 것은?

① GE 매트릭스에서 원의 크기는 해당 사업단위의 매출액을 의미한다.
② GE 매트릭스는 산업(시장)의 매력도와 사업의 강점이라는 두 가지 차원으로 구성된다.
③ BCG 매트릭스에서 자금흐름은 스타에서 가장 긍정적이다.
④ BCG 매트릭스는 자금흐름보다 투자수익률을 더 중시한다.
⑤ 상대적 시장점유율이 1보다 크다는 것은 해당 사업의 성장성이 가장 크다는 것을 의미한다.

19

다음에서 설명하는 용어는?

> 기업이 환경이나 빈곤 등의 사회적 이슈를 활용하는 마케팅 기법이다. 사회적 문제를 해결하려는 노력이 기업의 긍정적 이미지 구축에 기여하고, 이러한 이미지가 소비자의 구매 행동으로 이어지는 관계를 통해 기업이 추구하는 사익과 사회가 추구하는 공익을 동시에 달성하는 것을 목표로 한다.

① 옴니채널   ② 디마케팅
③ 공생마케팅   ④ 코즈마케팅
⑤ 틈새마케팅

20

다음 빈칸에 들어갈 용어로 옳은 것은?

> 정부가 저출산 문제에 대응하기 위해서 당초 계획했던 대로 (   )을/를 도입하여 만 0세 아동에 대해 2023년 70만 원, 2024년부터는 100만 원, 만 1세 아동에 대해서는 2023년 35만 원, 2024년부터 50만 원을 지급할 계획이다.

① 교육급여
② 생계급여
③ 부모급여
④ 육아휴직급여
⑤ 재난적 의료비

21

공공재에 대한 설명으로 옳지 않은 것은?

① 소비의 비배제성으로 인한 무임승차의 문제가 발생한다.
② 순수공공재는 소비의 비배제성과 비경합성을 동시에 가지고 있다.
③ 공공재의 최적생산을 위해서는 경제주체들의 공공재 편익을 사실대로 파악해야 한다.
④ 공공재의 경우에는 개인의 한계편익곡선을 수평으로 합하여 사회적 한계편익곡선을 도출한다.
⑤ 긍정적 외부성이 존재하는 공공재의 생산을 민간에 맡길 때, 사회적 최적 수준에 비해 과소 생산된다.

22
역선택을 방지하기 위한 대책으로 옳지 <u>않은</u> 것은?

① 금융시장에서 신용할당제도를 도입한다.
② 생명보험회사가 보험가입 전에 신체검사를 의무화한다.
③ 대학생들이 취업에서 유리한 위치를 차지하기 위해 자격증을 취득한다.
④ 사고금액의 일부를 보험계약자가 부담하도록 하는 보험상품을 판매한다.
⑤ 정부가 수입 소고기, 농산물 등에 대하여 원산지를 표시하도록 의무화하였다.

23
효율성 임금이론이 주장하는 내용으로 옳지 <u>않은</u> 것은?

① 높은 임금을 지급할수록 노동자의 근무태만이 줄어든다.
② 높은 임금을 지급할수록 노동자의 이직동기가 낮아진다.
③ 높은 임금을 지급할수록 노동자의 근로의욕이 높아져 생산성이 향상된다.
④ 노동공급과 노동수요가 일치하는 시장균형임금 수준은 효율성 임금 수준과 같다.
⑤ 저소득 국가의 경우 보다 높은 임금을 받는 노동자는 건강상태가 좋아져 생산성이 향상된다.

24
다음에서 설명하는 용어는?

> 2021년 12월 25일에 발사된 현존하는 가장 강력한 성능의 신임 우주 망원경이 첫 관측한 사진을 2022년 7월 12일에 나사(NASA)가 공개하였다. 신임 우주 망원경의 임무는 초기 우주 연구를 위해 최초의 별과 은하를 관측하는 것, 외계 생명체의 흔적을 발견하는 것이며, 앞으로 약 10~20년 동안 관측 임무를 수행할 예정이다.

① 허블 우주 망원경
② 콤튼 감마선 망원경
③ 찬드라 엑스선 망원경
④ 스피처 우주 망원경
⑤ 제임스 웹 우주 망원경

25
다음은 자동차와 반도체만을 생산하는 A국의 생산량과 가격을 나타낸 것이다. 2025년 대비 2026년 A국의 실질 GDP 증가율은 약 얼마인가? (단, 기준연도는 2025년이다.)

연도	자동차		반도체	
	가격	수량	가격	수량
2025년	220	10	40	120
2026년	240	14	35	110

① 5.5%
② 5.8%
③ 6.5%
④ 6.8%
⑤ 7.5%

26
토마스(Thomas)는 갈등관리전략에서 자신에 대한 관심의 정도와 상대방에 대한 관심의 정도에 따라 갈등관리의 유형을 다섯 가지로 구분하였다. 자신에 대한 관심이 높고 상대방에 대한 관심이 낮은 갈등관리의 유형은?

① 회피전략
② 경쟁전략
③ 수용전략
④ 협력전략
⑤ 타협전략

27
동기부여이론에 대한 설명으로 옳지 <u>않은</u> 것은?

① 브룸(Vroom)의 기대이론은 동기부여의 과정이론에 해당한다.
② 브룸의 기대이론에서 기대는 노력했을 때 성과가 나타날 수 있는 주관적 확률이다.
③ 맥클리랜드(McClelland)는 인간의 후천적 욕구에 대해 관심을 가지고 있다.
④ 허즈버그(Herzberg)의 2요인이론에 의하면, 직장 내 안전이나 작업환경을 개선하는 것으로는 종업원의 만족도를 높일 수 없다.
⑤ 로크(Locke)의 목표설정이론에 따르면 구체적인 목표보다 일반적인 목표를 제시하는 것이 구성원들의 동기부여에 더 효과적이다.

28

집단에 대한 설명으로 옳지 않은 것은?

① 집단은 소속집단과 준거집단으로 구분할 수 있다.
② 집단의 응집성이 높아도 조직의 성과는 높아지지 않을 수 있다.
③ 이질적인 집단이 동질적인 집단에 비해 창의성이 높은 경향이 있다.
④ 집단의 크기가 작을수록 의사결정의 속도는 느려지는 경향이 있다.
⑤ 집단은 '형성기 → 격동기 → 규범기 → 성과수행기 → 해체기'의 순으로 발달한다.

29

다음 빈칸에 들어갈 용어로 옳은 것은?

> 에너지 가격 폭등의 영향으로 전기 요금이 인상된다. 정부가 발전 원료인 에너지의 가격 변동을 전기 요금에 반영하는 연료비 연동제를 시행하기 때문이다. 전기료를 국제 유가와 연동시켜 유가가 낮으면 전기료가 내려가고 유가가 높으면 전기료가 올라가는 이 제도는 넓은 의미에서 (   )를 적용한다고 할 수 있다.

① 바스켓 유가
② OPEC 기준유가
③ 유가할증료
④ 실질실효유가
⑤ 유가 연동제

30

변혁적 리더십에 대한 설명으로 옳지 않은 것은?

① 변화에 능동적으로 적응한다.
② 예외에 의한 관리를 포함한다.
③ 부하들에 대한 지적 자극을 포함한다.
④ 장기적 성과를 강조하고 선행적 관리를 통해 문제를 해결한다.
⑤ 추종자들이 개인적인 성장을 할 수 있도록 그들의 욕구를 파악하는 등 부하 개개인들에 대한 배려를 포함한다.

31

다음 빈칸에 들어갈 용어로 옳은 것은?

> 애플의 앱 스토어와 구글의 플레이 스토어는 게임이나 콘텐츠 앱을 구매하는 공간을 제공하는 플랫폼으로 일정 금액의 수수료를 가져간다. 이러한 스마트폰 앱 마켓은 편리한 결제 솔루션을 제공하는 대신 자사의 결제 시스템을 앱 내부에 탑재하여 사용할 것을 요구하였는데, 이를 (   ) 결제라고 한다.

① 인 앱
② 슈퍼 앱
③ 왓츠 앱
④ 킬러 앱
⑤ 하이브리드 앱

32

甲기업이 새로운 투자프로젝트 비용으로 현재 250억 원을 지출하여 1년 후 120억 원, 2년 후 144억 원의 수익을 얻을 수 있다. 연간 시장이자율(할인율)이 20%일 때, 이 투자프로젝트의 순현재가치는?

① −50억 원
② −30억 원
③ −3억 원
④ 14억 원
⑤ 50억 원

33

중앙은행은 지급준비율, 공개시장운영, 재할인율 정책을 이용하여 시중 통화량을 조절한다. 통화량을 감소시키는 전략으로 옳은 것은?

	지급준비율	공개시장운영	재할인율
①	인상	매각	인상
②	인상	매각	인하
③	인상	매입	인하
④	인하	매입	인상
⑤	인하	매각	인하

34

요구불예금만 존재하며, 은행조직 밖으로의 현금누출은 없다고 가정하자. 본원적 예금이 1,000원이고, 법정지급준비율이 10%이면 은행조직 전체의 대출가능총액은?

① 1,000원
② 2,000원
③ 9,000원
④ 10,000원
⑤ 20,000원

35

정부의 재정건전성이 악화될 수 있는 정책은?

① 국공채 매각
② 소득세율 증가
③ 무역규제 강화
④ 지방도로 확장
⑤ 실업급여대상 축소

36

집단을 대상으로 하는 직무확대화를 위한 수평적·수직적 측면을 동시에 가지고 있는 직무설계의 형태는?

① 직무순환(job rotation)
② 직무충실(job enrichment)
③ 직무확대(job enlargement)
④ 직무교차(overlapped workplace)
⑤ 준자율적 작업집단(semi-autonomous workgroup)

37

모집과 선발에 대한 설명으로 옳지 않은 것은?

① 선발오류 중 1종 오류는 종합적 평가법을 통해 감소시킬 수 있다.
② 내부모집의 경우 이미 지원자들에 대해 많은 정보를 가지고 있어 정확한 평가와 결정을 내릴 수 있다.
③ 선발도구의 기준관련타당도는 선발도구들이 실제로 직무성과를 얼마나 잘 예측하는지를 말해주는 것이다.
④ 선발도구의 신뢰성이란 해당 선발도구가 어떠한 상황에서도 동일한 결과를 나타내는 일관성을 가지는지를 말한다.
⑤ 기업은 인력을 충원하기 위해 크게 내부모집과 외부모집을 고려할 수 있는데, 내부모집은 조직내부에 새로운 충격을 주기 위해 선택되기도 한다.

38

다음에서 설명하는 용어는?

> 온라인 커뮤니티 등에서 입소문이 나 주가가 급등하는 주식으로 2021년 '게임 스탑 사태'에서 나온 용어이다. 게임 스탑은 게임 팩과 CD, 게임기 등을 판매하는 업체로 최근 몇 년간 실적이 악화됐다. 기업 전망이 불투명해지자 2021년 초 공매도 세력이 게임 스탑 주식을 타깃으로 삼았지만, 추억이 담긴 게임 스탑이 공매도 목표가 됐다는 것을 알게 된 개인 투자자들이 게임 스탑 주식을 사들여 오히려 주가가 폭등하기도 했다.

① 밈 주식
② 황금 주식
③ 휴면 주식
④ 글래머 주식
⑤ 껍데기 주식

39

인사평가방법에 대한 설명으로 옳지 않은 것은?

① 서열법은 피평가자의 강약점이나 절대적인 성과 수준을 파악할 수 없다는 단점이 있다.
② 강제할당법을 활용하면 가혹화 경향, 중심화 경향, 관대화 경향을 어느 정도 극복할 수 있다.
③ 행동기준평가법은 체크리스트법과 중요사건법을 결합한 것으로 피평가자의 구체적 행동에 근거하여 평가하는 방법이다.
④ 평정척도법은 다수의 성과차원을 평가하는 방법으로 평정요소의 선정과 각 평정요소별 가중치의 결정, 평정척도의 결정 등이 필요하다.
⑤ 대조표법은 직무상의 행동을 구체적으로 표현하여 피평가자를 평가하는 방법으로 해당 항목에 피평가자가 해당하는 경우에 체크하는 방법이다.

40

보상관리에 대한 설명으로 옳지 않은 것은?

① 일반적으로 조직의 성숙도가 높아지면 보상 수준은 낮아진다.
② 직능급은 우수 인재를 계속 보유하고 능력개발을 유도하는 장점이 있다.
③ 복리후생은 근로자의 노동에 대한 간접적 보상으로서, 임금은 이에 포함되지 않는다.
④ 해당 기업의 종업원이 받는 임금 수준을 타 기업 종업원의 임금 수준과 비교하는 것은 임금의 내부공정성과 관련이 있다.
⑤ 카페테리아식 복리후생제도는 여러 복리후생 프로그램 중 종업원 자신이 선호하는 것을 선택할 수 있도록 하는 제도를 말한다.

41

유동성함정에 대한 설명으로 옳지 않은 것은?

① 극심한 경기불황하에서 나타날 수 있다.
② 조세감면을 통한 재정정책이 효과적일 수 있다.
③ 화폐수요의 이자율탄력성이 매우 낮은 상태이다.
④ 대부분의 사람들이 이자율이 상승할 것으로 예상하는 상태이다.
⑤ 화폐공급이 증가하더라도 투자가 증가할 것으로 기대하기 어렵다.

42

자동안정화장치란 정부가 재량적인 정책을 실시하지 않더라도 자동으로 경기진폭을 줄여주는 기능을 말한다. 이 자동안정화장치와 관련된 내용으로 옳지 않은 것은?

① 누진세와 실업보험제도 등이 대표적인 사례이다.
② 경기회복기에는 오히려 회복을 더디게 할 수 있다.
③ 한계소비성향이 클수록 자동안정화 효과가 크게 나타난다.
④ 누진세제도는 경기가 불황일 때, 실업보험은 경기가 호황일 때 더 효과적이다.
⑤ 정책당국이 경기진단과 경제안정화를 위한 정책을 집행하는 데 시차를 줄일 수 있다.

43

다음 설명 중 옳지 않은 것은?

① 기술진보는 장기총공급곡선을 우측으로 이동시키므로 경제성장에 도움이 되는 방안이라 할 수 있다.
② 투자세액공제를 확대하게 되면 총수요를 증가시키게 되므로 경기침체의 해결 방안으로 고려할 수 있다.
③ 향후 물가가 상승할 것이라고 예상하게 되면 총수요 증가가 나타나므로 경기침체의 해결 방안으로 고려할 수 있다.
④ 물가가 하락하게 되면 자국화폐로 표시된 실질환율이 상승하여 총수요곡선이 우측으로 이동하므로 경기침체의 해결 방안으로 고려할 수 있다.
⑤ 확대금융정책을 쓰게 되면 이자율이 하락하고 투자가 증가하여 총수요곡선은 우측으로 이동하므로 경기침체의 해결 방안으로 고려할 수 있다.

44

다음 (가), (나)는 최근 갑국에 나타난 경제 현상들이다. 이에 대한 분석으로 옳은 것은?

> (가) 과거 을국에 생산기지를 건설했던 갑국 기업들이 을국의 임금 상승으로 경쟁력을 상실하자 갑국으로 복귀하여 공장을 건설하고 생산시설을 설치하는 기업이 증가하고 있다.
> (나) 갑국 중앙은행은 3개월 내에 공개시장에서 1,000억 달러 규모의 국공채를 매입하기로 결정하고 현재 40%를 집행하였다.

① (가)는 총공급곡선을 왼쪽으로 이동시킨다.
② (나)는 갑국의 총수요곡선을 왼쪽으로 이동시킨다.
③ (가), (나)는 모두 갑국의 경기를 활성화시키는 요인이 된다.
④ (가)보다 (나)의 효과가 클 경우 갑국의 물가는 하락한다.
⑤ (가), (나)는 모두 총수요곡선을 좌측으로 이동시키는 요인이다.

45

고용 지표에 대한 설명으로 옳지 않은 것은?

① 실망 실업자가 증가하면 실업률이 높아진다.
② 1주일에 1시간 이상만 일하면 취업자로 분류된다.
③ 실업률이란 경제활동인구에서 실업자가 차지하는 비중이다.
④ 주당 18시간 이상 일하는 무급 가족 종사자는 경제활동인구에 포함된다.
⑤ 변호사 시험 준비만 하던 사람이 시험 응시를 위해 원서를 접수하면 실업률이 높아진다.

46

노동자가 채용된 후 일정한 수습기간이 지나 정식사원이 되면 노동조합의 가입의무가 있는 숍 제도는?

① 오픈 숍(open shop)
② 우선 숍(preferential shop)
③ 유니온 숍(union shop)
④ 클로즈드 숍(closed shop)
⑤ 에이전시 숍(agency shop)

47

다음에서 설명하는 용어는?

> 기업이 주식을 추가로 발행하여 기존 주주나 새로운 주주에게 팔아 자본금을 확보하는 것을 말한다. 이때 신주의 발행이 기존 주주의 지분율을 낮추어 그들에게 피해를 입힐 수 있는데, 이를 방지하기 위해 기존 주주에게 신주를 인수할 권리를 준다. 이를 실시하는 기업이 늘어나면 급작스러운 주가 변동이 발생할 수 있으므로 투자자의 대비가 필요하다.

① 우선주
② 보통주
③ 포괄증자
④ 무상증자
⑤ 유상증자

48

산업재의 특성으로 옳지 않은 것은?

① 소비재에 대한 수요로부터 파생된다.
② 산업재의 경우 직접구매보다 간접구매를 하는 것이 일반적이다.
③ 산업재 시장에서의 수요는 소비재 시장에서의 수요에 비해 더 비탄력적이다.
④ 산업재는 보통 소비재보다 수는 작지만 규모는 더 큰 구매자에 의해 거래된다.
⑤ 산업재 구매자와 판매자는 서로 각자가 생산한 제품을 판매하고 구매해 주는 상호구매가 많다.

49

공식 스폰서가 아니면서 교묘하게 제품을 광고에 이용하여 효과를 얻는 마케팅 기법은?

① 뉴로마케팅
② 버즈마케팅
③ 캐즘마케팅
④ 바이럴마케팅
⑤ 앰부시마케팅

50

다양한 제품 속성과 각 속성 수준의 상대적 매력도를 평가하여 최적의 속성조합을 도출해 내기 위한 방법으로 옳은 것은?

① 디커플링(decoupling)
② 요인분석(factor analysis)
③ 포지셔닝 맵(positioning map)
④ 컨조인트 분석(conjoint analysis)
⑤ 다차원척도법(Multi-Dimensional Scaling, MDS)

51

다음에서 설명하는 용어는?

> 투자자가 기초 자산을 실제로 보유하지 않고, 진입 가격과 청산 가격의 차액만큼을 증권사에 현금으로 결제하는 장외 파생 상품을 의미한다. 투자자는 기초 자산을 직접 매수하지 않고도 기초 자산에 투자한 것과 동일한 손익 효과를 낼 수 있다. 이때 기초 자산은 국내 주식 외에도 해외 주식, 주가 지수, 외환, ETF 등이 될 수 있다.

① 교환 차액
② 어음 교환
③ 차액 결제 거래
④ 차액 결제 시스템
⑤ 총액 결제 시스템

52

다음에서 설명하는 용어는?

> A 은행은 음식 배달 앱 '땡겨요'를 출시했다. 전통적인 관점에서 은행업과 배달업은 관련성이 적은 업종이었지만, 4차 산업혁명 시대에는 데이터 활용 가능성이 높아지며 규제 시각에 변화의 필요성이 생겼다. 배달 중개가 가능한 플랫폼을 통해 고객의 거래 정보가 쌓이고, 결제 서비스가 연동되며 은행업이 함께 발전할 수 있게 되었다.

① 디파이
② 빅블러
③ 오버행
④ 블록딜
⑤ 온보딩

53

다음에서 설명하는 용어는?

> 상호성이 있는 외부효과의 문제가 생기면 소유권을 명확하게 획정하는 것만으로도 이해 당사자 간의 사적 협상을 유도하여 외부효과의 문제를 해결할 수 있다.

① 카르텔
② 내쉬균형
③ 코즈정리
④ 우월전략
⑤ 파레토 최적

54

다음 (가), (나)에 해당하는 용어를 바르게 연결한 것은?

> (가) 경기 침체와 물가 상승이 동시에 나타나는 현상이다. 원자재 가격 상승, 공급망 붕괴 등 총공급 요인에서 충격이 생겼을 때 생산량은 줄고 물가는 올라가는 이 현상이 발생할 가능성이 높다.
> (나) 물가 상승과 실질 임금 감소로 중산층의 가처분 소득이 줄고 체감 물가가 올라가는 현상이다. 일상생활에서 중산층의 생활 여건이 악화되어 쥐어짜야 할 만큼 힘들어지는 상황을 비유적으로 표현한 것이다.

	(가)	(나)
①	인플레이션	스태그플레이션
②	스태그플레이션	슈링크플레이션
③	스태그플레이션	스크루플레이션
④	슈링크플레이션	스태그플레이션
⑤	슈링크플레이션	스크루플레이션

55

일반적으로 정부가 물가를 안정화시키는 정책 방향이 아닌 것은?

① 이자율의 인상
② 통화공급의 감소
③ 원화가치의 하락
④ 재정지출의 감소
⑤ 공개시장운영을 통한 중앙은행의 채권매각

56

브랜드에 대한 설명으로 옳지 않은 것은?

① 브랜드 인지도는 브랜드자산의 필요조건이자 충분조건이다.
② 기존의 제품범주에 속하는 신제품에 그 브랜드명을 그대로 사용하는 것을 라인확장이라고 한다.
③ 브랜드자산이 형성되려면 독특하거나 강력한 브랜드 이미지가 있어야 한다.
④ 브랜드자산의 구성요소에는 브랜드 충성도, 브랜드 인지도, 브랜드 이미지, 지각된 품질, 기타 독점적 브랜드자산 등이 있다.
⑤ 상표 충성도는 소비자가 특정 상표를 애용하고 선호하는 심리를 의미한다.

57

가격과 관련된 용어 중 1,000원의 가격 인상이 10,000원짜리 제품에서는 크게 여겨지지만, 100,000원짜리 제품에서는 작게 여겨지는 것을 의미하는 용어는?

① 권위가격(prestige price)
② 유보가격(reservation price)
③ 베버의 법칙(Weber's law)
④ 가격-품질 연상(price-quality association)
⑤ 최소인식가능차이(just noticeable difference)

58

ESG는 사회적 가치를 반영하는 기업에 투자하는 방식으로, 환경(Environment), 사회(Social), 지배구조(Governance)로 기업의 비재무적 성과를 판단하는 기준이다. ESG의 구성 요소와 사례가 바르게 연결되지 않은 것은?

① E(Environment) - 노후 장비를 교체하여 전력 사용량을 25% 감축한 A사
② E(Environment) - 사옥에 태양광 자가 발전 설비를 설치하여 재생 에너지를 사용하는 B사
③ S(Social) - 협력 업체를 대상으로 의료 복지를 지원하는 C사
④ G(Governance) - AI 기반 및 ICT 모델을 적용하여 어르신 돌봄 서비스를 제공하는 D사
⑤ G(Governance) - 여성 사외 이사를 선임하여 이사회의 다양성을 확보한 E사

59

광고매체를 선정하는 과정에서 고려해야 하는 요인 중 특정 기간 동안 궁극적으로 광고에 노출되는 소비자의 숫자를 의미하는 용어는?

① 예산(budget) ② 빈도(frequency)
③ 영향력(impact) ④ 도달범위(reach)
⑤ CPM(cost per mille)

60

수직적 결합 방식의 전방결합과 후방결합에 해당하는 사례를 [보기]에서 골라 바르게 연결한 것은?

보기
㉠ 와인 회사가 맥주 회사를 인수하였다.
㉡ 대형 마트가 제조업체를 인수해서 PB 브랜드 제품을 생산하였다.
㉢ 닭고기 가공 업체가 치킨 프랜차이즈를 인수하였다.

	전방결합	후방결합
①	㉠	㉡
②	㉡	㉠
③	㉡	㉢
④	㉢	㉠
⑤	㉢	㉡

61

밑줄 친 ㉠과 ㉡은 서로 다른 인플레이션이다. 이에 대한 설명으로 옳지 않은 것은?

> 세계 철강 업체들이 고철 가격의 상승으로 힘들어 하고 있다. 고철 가격의 상승은 알루미늄, 원유가격 상승과 더불어 전 세계를 ㉠ 인플레이션의 공포에 몰아넣고 있다. 또한 최근 내수 침체가 발생하자 정부가 강력한 경기 부양책을 실시한 결과 통화량이 지나치게 증가하여 또 다른 원인의 ㉡ 인플레이션이 예상되고 있다.

① ㉠은 비용인상 인플레이션이다.
② ㉠은 스태그플레이션을 야기할 수 있다.
③ ㉠과 달리 ㉡이 발생하면 실업률은 감소한다.
④ 수출 증가는 ㉡보다 ㉠의 원인으로 볼 수 있다.
⑤ ㉠은 경기 침체를 유발하지만, ㉡은 경기 확장을 가져온다.

62

다음 밑줄 친 부분에 해당하는 용어는?

> 값싼 노동력을 찾아 해외로 떠났던 미국 기업이 본국으로 돌아오고 있는 것은 미국 정부가 강력하게 이 정책을 펼친 결과이다. 미국은 오바마 정부 때부터 세제 혜택과 규제 완화 등으로 이 정책을 독려했고, 코로나19와 우크라이나 전쟁으로 인한 공급망 위기 이후 더 과감한 지원책을 내놓았다. 최근 미국 내에 반도체·전기차 등의 생산 시설을 지으면 세금을 깎아 주고 인센티브를 제공하는 '반도체 지원법'과 '인플레이션 감축법'을 공포하기도 했다.

① 쇼어링
② 리쇼어링
③ 오프쇼어링
④ 니어쇼어링
⑤ 프렌드쇼어링

63

다음은 갑과 을이 시간당 생산할 수 있는 X재의 수량과 Y재의 수량을 나타낸 것이다. 이에 대한 설명으로 옳지 않은 것은?

구분	X재	Y재
갑	1개	2개
을	2개	2개

① 갑은 X재 생산에 절대열위에 있다.
② 갑의 X재 생산의 기회비용은 Y재 2개이다.
③ 을은 X재 생산에 특화한다.
④ 을의 X재 생산의 기회비용은 Y재 1개이다.
⑤ 을이 X재와 Y재를 2 : 3으로 교환할 것을 제시하면, 갑은 이를 수락하지 않을 것이다.

64

다음 밑줄 친 부분에 해당하는 용어는?

> 2년만에 2억 원 이상 슈퍼카·럭셔리카가 포함된 1억 5,000만 원 이상 수입차의 점유율이 3배 증가했다. 수입차업계는 코로나19로 돈 쓸 일이 줄어든 고소득층이 억대 고급차를 적극 구매하는 보복 소비가 확산됐기 때문이라고 분석했다. 여기에 사회적 지위나 부를 과시하거나 과소비를 따라하는 이 효과도 한몫했다고 설명했다.

① 스놉효과
② 나비효과
③ 베블런효과
④ 디드로효과
⑤ 립스틱효과

65

다음 상황에 대한 해석으로 옳지 않은 것은?

> 미국 연준(Fed)이 기준금리를 한 번에 0.75%p 인상하는 자이언트 스텝을 밟으면서 국내 금융 시장도 타격을 받았다. 증권 시장에서는 외국인과 기관의 매도로 주가가 하락했고, 달러 강세로 인해 원/달러 환율은 연일 고점을 경신했다. 또한 국제 물류 대란과 러시아-우크라이나 전쟁으로 식료품, 에너지 가격이 가파르게 치솟고 있다.

① 현재 국내에 비용인상 인플레이션이 발생하고 있다.
② 현재 환율 동향은 국내 물가를 상승시키는 요인으로 작용한다.
③ 향후 가계의 이자 상환 부담 증가로 인한 소비 위축이 총수요 증가로 이어질 위험이 있다.
④ 최근 연준(Fed)의 통화정책은 국내 경기 회복을 둔화시키는 외적 요인으로 작용할 가능성이 크다.
⑤ 최근의 환율 동향과 러시아-우크라이나 전쟁은 우리나라의 대외 교역 조건을 악화시키는 요인이다.

66

자본자산가격결정모형의 가정으로 옳지 않은 것은?

① 투자기간은 단일기간이다.
② 세금과 거래비용이 존재한다.
③ 투자자들은 모두 위험회피형이다.
④ 무위험이자율로 무제한 차입 또는 대출이 가능하다.
⑤ 모든 투자자는 투자대상의 미래 수익률의 확률분포에 대해 동질적인 예측을 한다.

67

파생상품에 대한 설명으로 옳지 않은 것은?

① 풋옵션은 행사가격이 높을수록 유리하다.
② 콜옵션은 기초자산 가격이 높을수록 유리하다.
③ 유럽형 옵션은 만기일에만 권리행사가 가능하다.
④ 풋옵션은 기초자산을 살 수 있는 권리가 부여된 옵션이다.
⑤ 선물은 상품이나 금융자산을 미리 결정된 가격으로 미래 일정 시점에 인수도할 것을 약속하는 거래를 말한다.

68

A기업은 현금 60억 원을 지급하고 B기업을 흡수합병하려고 한다. A기업은 합병 후 영구적으로 매년 말 3억 원의 세후 영업현금흐름이 추가로 발생할 것으로 예상되며 이에 적용되는 적정 할인율은 10%이다. 두 기업은 부채가 없고, B기업의 순자산의 공정가치가 40억 원일 때, A기업의 합병이득은?

① 10억 원　② 20억 원
③ 30억 원　④ 40억 원
⑤ 50억 원

69

TV 1대를 만드는 데 비용이 160만 원이고 매출총이익률이 20%일 때, TV 1대의 가격은?

① 180만 원　② 190만 원
③ 200만 원　④ 210만 원
⑤ 220만 원

70

다음 자료를 바탕으로 계산한 당기순손익은?

상품매출이익	70,000원
이자수익	50,000원
이자비용	60,000원
임대수익	40,000원
급여	30,000원
보험료	20,000원

① 이익 50,000원
② 손실 50,000원
③ 이익 40,000원
④ 손실 40,000원
⑤ 이익 30,000원

71

우리나라는 변동환율제를 채택하고 있다. 다른 조건이 일정하다고 할 때, 원/달러 환율을 상승(원화 가치 하락)시키는 상황은?

① 해외의 경기가 호황일 때
② 미국의 이자율이 하락할 때
③ 국내 기업의 해외 투자가 감소할 때
④ 국내 기업의 해외공장 설립이 증가할 때
⑤ 외국인 관광객의 국내 방문이 증가할 때

72

다음 빈칸에 들어갈 용어로 옳은 것은?

> 한 국가가 어떤 상품 한 단위를 생산하는 데 있어 다른 국가에 비해 절대적으로 적은 양의 생산요소를 사용할 때 그 국가는 다른 국가에 비해 그 상품 생산에 (　　　)를 가진다고 한다.

① 경쟁우위
② 비교우위
③ 절대우위
④ 원가우위
⑤ 상대우위

73

구매력평가설에 대한 설명으로 옳지 않은 것은?

① 자본시장 통합의 정도를 나타낸다.
② 일물일가의 법칙이 이론적 근거이다.
③ 무역제한조치로 인해 실제로 구매력평가설은 제대로 성립하지 않는다.
④ 경제통합이 크게 일어날수록 구매력평가설에 보다 접근할 것으로 기대한다.
⑤ 일물일가의 법칙이 성립하더라도 교역상대국 소비 바스켓의 상대적 비중이 다르면 구매력평가설은 성립하지 않는다.

74

원/달러 환율 변동과 영향에 대한 설명으로 옳은 것은?

① 환율이 상승하면 교역조건이 개선되어 경상수지가 개선된다.
② 환율이 상승하면 경상수지는 개선되고 국내 물가가 하락할 수 있다.
③ 환율이 상승하면 달러화 표시 외채가 많은 기업의 상환부담은 하락한다.
④ 환율이 상승하면 내국인의 해외여행은 감소하고 외국인의 국내 관광은 증가한다.
⑤ 환율이 상승하면 수출품의 달러화 표시 가격이 하락하여 미국시장에서 상품의 가격경쟁력은 낮아진다.

75

자국통화의 가치가 평가절하될 경우 나타날 수 있는 J-곡선 효과에 대한 옳은 설명을 [보기]에서 고른 것은?

> 보기
> ㄱ. 가격 변동과 수량 변동 사이에는 시차가 있음을 보여준다.
> ㄴ. 초기에는 경상수지가 개선되지만 일정 시간이 지나면 경상수지가 악화되는 것을 말한다.
> ㄷ. 초기에는 경상수지가 악화되지만 일정 시간이 지나면 경상수지가 개선되는 것을 말한다.
> ㄹ. 초기에는 경상수지의 변동이 없지만 일정 시간이 지나면 경상수지가 개선되는 것을 말한다.

① ㄱ, ㄴ
② ㄱ, ㄷ
③ ㄱ, ㄹ
④ ㄴ, ㄹ
⑤ ㄷ, ㄹ

76

A기업은 외상으로 판매했던 상품에 대한 대금 300,000원을 현금으로 받아 즉시 당좌예입하였다. 분개로 옳은 것은?

① (차) 외상매출금 ₩300,000
　(대) 당좌예금 ₩300,000
② (차) 당좌예금 ₩300,000
　(대) 외상매출금 ₩300,000
③ (차) 당좌예금 ₩300,000
　(대) 받을어음 ₩300,000
④ (차) 받을어음 ₩300,000
　(대) 당좌예금 ₩300,000
⑤ (차) 외상매출금 ₩300,000
　(대) 받을어음 ₩300,000

77

A기업은 공장용 건물 신축을 위해 토지를 5,000,000원에 구입하고 대금은 수표를 발행하여 지급하였다. 이에 따른 취득세 60,000원, 등기비용 40,000원, 중개수수료 200,000원은 현금으로 지급하였다. 이에 따른 토지 취득원가는?

① 5,000,000원　② 5,100,000원
③ 5,200,000원　④ 5,300,000원
⑤ 5,400,000원

78

A기업은 t년 초 현금 5,000,000원을 은행차입하고 본인 소유건물 10,000,000원을 출자하여 영업을 개시하였다. t년 영업활동을 수행한 결과 8,000,000원의 수익과 5,000,000원의 비용이 발생하였다. 이 기업의 t년 12월말 재무상태표에 표시될 자본총액은?

① 10,000,000원　② 13,000,000원
③ 15,000,000원　④ 18,000,000원
⑤ 20,000,000원

79

다음 빈칸에 공통으로 들어갈 용어로 옳은 것은?

> 경제학에 파레토 법칙이라는 개념이 있는데, 이는 20%의 우량 고객이 80%의 매출과 이익을 발생시킨다는 것이다. 정보사회에서는 이를 (　　　)(이)란 용어로 표현하기도 한다. 웹 2.0시대에는 (　　　)을(를) 통해 상위 20%에게는 어텐션을 추구하고, 하위 80%에게는 개인화를 추구하여 모든 웹 사용자를 만족시켜야 한다.

① 롱테일(long tail)
② 빅 데이터(big data)
③ 데이터 마트(data mart)
④ 사이버 불링(cyber bullying)
⑤ 크라우드소싱(crowd sourcing)

80

다음에서 설명하는 용어는?

> 고용 계약을 체결할 때 회사가 연봉 외에 일시에 또는 분할하여 지급하는 현금 보너스나 그에 상응하는 보상을 의미하는 용어로, 사인 온 보너스(sign-on bonus)라고도 한다. 주로 우수 인력을 원활하게 유치하려 할 때 지급한다.

① 스톡 옵션
② 스톡 그랜트
③ 리텐션 보너스
④ 사이닝 보너스
⑤ 인센티브 주식 옵션

제2회 파이널 실전 모의고사

국가공인
매경TEST

경·영·경·제·이·해·력·인·증·시·험

수험번호: _____

성　　명: _____

STEP 1　　　STEP 2　　　　　STEP 3　　　　　STEP 4
QR코드 스캔 ▶ 회원가입 & 로그인 ▶ 모바일 OMR 정답 입력 ▶ 채점 및 결과 확인

01
주식회사의 특징으로 옳은 것은?

① 자본의 증권화
② 주주의 무한책임
③ 공익 목적의 운영
④ 소유와 경영의 일치
⑤ 주주 한 사람당 하나의 의결권 행사

02
마이클 포터(M. Porter)의 산업구조 분석에서 나타나는 산업구조의 요소가 아닌 것은?

① 보완재의 존재
② 공급자의 교섭력
③ 수요자의 교섭력
④ 기존 산업 내 경쟁
⑤ 잠재적 경쟁자의 위협

03
구매를 고려하는 소비자의 마음 속에 자사의 제품을 특정하게 유리한 위치에 인식되도록 하는 마케팅 과정은?

① 로열티(loyalty)
② 타겟팅(targeting)
③ 세그멘팅(segmenting)
④ 포지셔닝(positioning)
⑤ 디마케팅(de-marketing)

04
회사가 청산하게 될 경우 회사 잔여재산에 대해 가장 후순위의 청구권을 가지고 있는 주체는?

① 주주
② 채권자
③ 세무당국
④ 회사직원
⑤ 부품공급업체

05
자본의 구성 항목에는 변동이 없고, 주당 액면금액만 감소하는 자본거래는?

① 무상증자
② 유상증자
③ 주식병합
④ 주식분할
⑤ 주식배당

06
소비자가 상품을 구입할 때 심리적으로 적정하다고 생각하는 기준이 되는 가격은?

① 단수가격
② 명성가격
③ 묶음가격
④ 유인가격
⑤ 준거가격

07
재무비율 중 '매출액순이익률×총자본회전율'에 해당하는 재무비율은?

① 매출액증가율
② 매출액순이익률
③ 자기자본이익률
④ 총자본순이익률
⑤ 매출액영업이익률

08
재무상태표의 유동부채 항목이 아닌 것은?

① 선수금
② 매입채무
③ 단기차입금
④ 미지급법인세
⑤ 퇴직급여부채

09
거시적 환경 중 경제적 환경에 해당하지 않은 것은?

① 경기변동
② 물가 상승
③ 소득 수준
④ 경상수지
⑤ 인구 변화

10
테일러(F. W. Taylor)의 과학적 관리법에 대한 설명으로 옳지 않은 것은?

① 차별적 성과급제도 도입
② 저임금과 저생산비를 추구
③ 태업 방지와 생산성의 향상
④ 생산작업에 표준시간을 설정
⑤ 동작연구로 최선의 방법 강구

11
생산설비를 건설한 뒤 생산이 개시될 수 있는 상태에서 설비 소유권을 넘겨 주는 해외진출방식은?

① 계약생산
② 합작투자
③ 라이센싱(licensing)
④ 프랜차이징(franchising)
⑤ 턴키 프로젝트(turn-key project)

12
새로운 시장을 개척할 때 선점자의 지위를 차지한 기업이 가지는 이점으로 거리가 먼 것은?

① 연구개발비용을 절약할 수 있다.
② 산업의 기술표준을 세울 수 있다.
③ 시장에서 개척자의 명성을 얻을 수 있다.
④ 유통망을 비롯한 희소자원을 선점할 수 있다.
⑤ 경험효과를 통한 원가우위를 빠르게 달성할 수 있다.

13
기업의 현금이 유입되는 재무활동은?

① 부채의 상환
② 이자비용 지급
③ 자기주식 취득
④ 매입채무의 지급
⑤ 매출채권의 회수

14
기업이 아웃소싱을 시행하여 얻을 수 있는 장점으로 거리가 먼 것은?

① 비용 절감
② 전략적 유연성 확보
③ 기업 핵심 기능 위탁
④ 자사 강점에 자원 집중
⑤ 조직 간소화를 통한 비능률 방지

15
소비자의 제품 사용기간을 기준으로 분류한 제품의 유형은?

① 경험재　　② 내구재
③ 소비재　　④ 유형재
⑤ 탐색재

16
어떤 경제활동에서 거래 당사자가 아닌 제3자에게 의도하지 않은 혜택이나 손해를 미치는 현상은?

① 구축효과　　② 외부효과
③ 속물효과　　④ 톱니효과
⑤ 디드로효과

17
개인이 하나의 상품을 추가로 더 소비할 때 느끼는 효용으로 실제 의사결정 시 고려 요소가 되는 개념은?

① 총효용　　② 실효효용
③ 평균효용　　④ 한계효용
⑤ 희소효용

18
물가가 상승하는 동시에 실업률도 상승하여 끊임없는 경기침체의 악순환에 빠지는 최악의 경제공황 상황을 일컫는 말은?

① 디플레이션
② 인플레이션
③ 디스인플레이션
④ 스태그플레이션
⑤ 아이언플레이션

19
실망노동자에 대한 설명으로 옳은 것은?

① 경제활동인구에 포함된다.
② 생산가능인구에 포함되지 않는다.
③ 일할 의사가 없는 사람을 의미한다.
④ 무급가족종사자는 실망노동자에 해당한다.
⑤ 실망노동자가 증가하면 실업률이 상승한다.

20
진입장벽은 시장구조를 완전경쟁시장과 독과점시장으로 구분하는 요인 중 하나이다. 이러한 진입장벽의 발생 원인으로 거리가 먼 것은?

① 대규모 광고비의 지출
② 재화 소비의 비배제성
③ 기계장치 등의 설비투자
④ 특허권 등의 법적 권리 취득
⑤ 원재료, 인력 등 생산요소의 독점

21
완전경쟁시장이 성립하기 위한 조건이 아닌 것은?

① 완전한 정보
② 무수히 많은 거래자
③ 자유로운 진입과 퇴출
④ 특색있는 다양한 상품
⑤ 존재하지 않는 거래비용

22
기술의 발달과 국가 간 교역 확대로 증가하는 실업은?

① 자연실업
② 계절적 실업
③ 구조적 실업
④ 마찰적 실업
⑤ 경기적 실업

23
정보수집, 협상, 이동 비용 등과 정보의 비대칭으로 인한 감시 및 인증 비용을 통틀어 각종 거래행위에 수반되는 비용을 무엇이라고 하는가?

① 거래비용
② 기회비용
③ 매몰비용
④ 정보비용
⑤ 경제적 비용

24
닭고기 시장에서 균형가격을 하락시키는 원인으로 적절한 것은? (단, 닭고기는 정상재이고, 돼지고기와 대체재 관계이다.)

① 돼지고기 가격이 상승할 때
② 외국산 닭고기 수입이 제한될 때
③ 닭 사료의 발전으로 번식이 증가할 때
④ 돼지고기 생산자에게 추가 세금을 매길 때
⑤ 소비자가 돼지고기보다 닭고기를 더 선호할 때

25

외환시장에서 우리나라의 원화가치를 상승시키는 요인은?

① 국내 시중금리 하락
② 국내 경상수지 적자액 증가
③ 국내 외국인 관광객의 감소
④ 우리나라의 국가신용도 하락
⑤ 외국인의 국내 주식 매입 증가

26

정부가 소비자를 보호하기 위해 최고가격제를 시행할 때 나타날 수 있는 현상으로 거리가 먼 것은?

① 재고 증가
② 선착순 배급
③ 암시장 형성
④ 생산기술 발전의 저하
⑤ 비효율적인 자원배분

27

급격한 인플레이션을 방지하기 위한 정책으로 적절하지 않은 것은?

① 기준금리 인상
② 재할인율 인상
③ 지급준비율 인상
④ 통화안정증권 매입
⑤ 본원통화 공급 축소

28

다음 설명에 해당하는 경제지표는?

> 이 경제지표는 오랜 기간 경제 성과를 측정하는 데 사용되는 GNP(국민총생산)를 대신하여 사용되고 있다. 비록 경제 성과를 측정하는 데에는 다른 지표가 더 유용하지만, 교역조건을 반영한 국민들의 실질소득 수준을 측정하는 데에는 국민의 총소득을 의미하는 이 지표가 더 적합하기 때문이다.

① GDP　　② GPI
③ GNI　　④ PDI
⑤ PPI

29

경기 위축으로 장기간 물가가 하락할 때 기업에 나타날 수 있는 재무 변화를 바르게 연결한 것은?

	자산가치	실질채무부담
①	하락	하락
②	하락	불변
③	하락	상승
④	상승	불변
⑤	상승	하락

30

갑국 GDP 산정 시 포함되지 않는 항목은?

① 갑국 내 편의점의 매출액
② 갑국 정부의 국방비 지출액
③ 갑국 내 기업의 해외 자회사 매출액
④ 갑국 내 외국인 근로자가 받은 임금
⑤ 갑국 내 대형 조선업체의 선박 수출액

31

우리 기업은 현재 전체 시장에서 40%의 시장점유율을 차지하고 있는 시장점유율 1위 기업이다. 아울러 해당 시장은 올해 15%의 성장률을 보이고 있다. BCG 매트릭스에서 우리 기업이 차지하고 있는 위치는?

① 개(Dogs)
② 별(Stars)
③ 물음표(Question Mark)
④ 현금젖소(Cash Cows)
⑤ 야생고양이(Wild Cat)

32

BCG 매트릭스에서 별(Star)에 해당하는 사업영역의 전략으로 옳은 것은?

① 영업양도전략을 추구한다.
② 자원의 유출을 제거하기 위해 사업을 매각·분사·청산한다.
③ 시장예측에 기반을 두어 사업을 더 확장하고 자원을 추가투입한다.
④ 자원투자를 최소화로 유지하여 보다 많은 현금흐름의 편익을 유지한다.
⑤ 전망이 좋으면 자원을 확대투입하고, 그렇지 않으면 자원투입을 축소한다.

33

다음 그림은 외환시장의 균형점(E) 변화를 나타낸 것이다. 이에 대한 설명으로 옳은 것은? (단, 외환시장에서 수요와 공급의 법칙이 적용된다.)

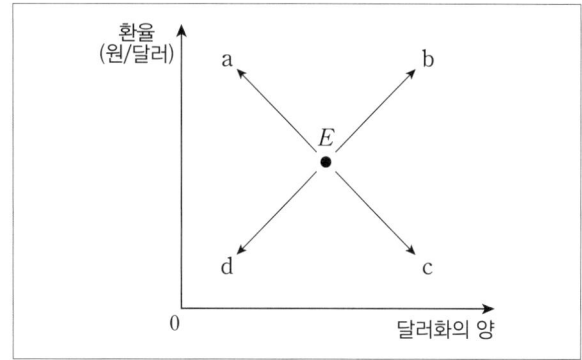

① 외국인 직접투자의 유입은 b로 이동하는 요인이 된다.
② 지속적인 경상수지 흑자의 확대는 a로 이동하는 요인이 된다.
③ 국내 저금리로 인해 해외자본의 유출이 발생하면 b로 이동하는 요인이 된다.
④ 외국인이 국내주식을 매도하고 그 자금을 본국으로 인출하면 d로 이동하게 된다.
⑤ 국제유가가 크게 하락하여 원유 수입대금이 줄어들면 c로 이동하는 요인이 된다.

34

다음은 A국의 2026년에 일어난 경제활동을 기술한 것이다. 2026년 GDP 디플레이터는 2025년에 비해 20% 상승하였다. 이를 근거로 산출한 2026년의 실질 GDP는? (단, 기준연도는 2025년이다.)

> 농부는 밀을 생산하여 일부를 200만 원에 소비시장에 판매하였다. 나머지 밀은 밀가루 제조회사에 150만 원에 판매하였다. 밀가루 제조회사는 구입한 밀로 밀가루를 제조하여 소비시장에 250만 원에 판매하였다.

① 360만 원 ② 375만 원
③ 450만 원 ④ 480만 원
⑤ 600만 원

35

다음 현상에서 나타나는 정보 비대칭 문제와 이를 해결하기 위해 보험사가 시행한 해결방안을 바르게 연결한 것은?

> A씨는 새로 신형 휴대폰을 구입하면서 보험에 가입했다. 최대 40만 원까지 수리비용을 지원해주는 보험이었다. A씨는 이를 믿고 휴대폰을 험하게 다루다가 액정을 파손하고 말았다. 수리점에 간 A씨는 20만 원에 달하는 액정 수리비 중 20%는 본인이 부담해야 한다는 사실을 알게 되었다. 수리비 전액을 보험금으로 받을 수 없었던 것이다.

	정보 비대칭 문제	해결방안
①	역선택	선별제도
②	역선택	인센티브 설계
③	도덕적 해이	선별제도
④	도덕적 해이	감시제도
⑤	도덕적 해이	인센티브 설계

36

다음은 A국의 고용지표 변화를 나타낸 것이다. 이에 대한 분석으로 옳은 것은?

15세 이상 인구	경제활동인구	실업자 수
감소	증가	감소

① 실업률 상승
② 고용률 하락
③ 취업자 수 증가
④ 비경제활동인구 증가
⑤ 경제활동참가율 하락

37

다음은 환율 변동을 나타낸 것이다. 이 환율 변동의 영향에 대한 옳은 설명을 [보기]에서 고르면?

구분	원/달러	원/100엔
과거	1,200	1,000
현재	1,100	1,100

> ┤ 보기 ├
> ㄱ. 일본으로 해외여행을 가는 한국인 관광객은 증가할 것이다.
> ㄴ. 일본산 부품을 사용하는 한국 기업의 생산비용은 증가할 것이다.
> ㄷ. 미국 기업이 한국에 수출하는 제품의 가격경쟁력은 약화될 것이다.
> ㄹ. 달러화 표시 채무를 가지고 있는 한국 기업의 상환 부담은 감소할 것이다.

① ㄱ, ㄴ ② ㄱ, ㄷ
③ ㄱ, ㄹ ④ ㄴ, ㄹ
⑤ ㄷ, ㄹ

[38~39] 다음은 동일 산업 내에 있는 A기업과 B기업의 재무제표를 나타낸 것이다. 물음에 답하시오.

(단위 : 억 원)

구분	A기업 2025년	A기업 2026년	B기업 2025년	B기업 2026년
재무상태표				
유동자산	1,600	1,900	2,000	1,600
유동부채	260	400	400	600
자산총계	4,600	5,200	5,500	6,200
부채총계	2,600	3,700	2,500	3,000
자본총계	2,000	(가)	3,000	(나)
손익계산서				
영업이익	480	630	320	380
이자비용	320	530	140	120
당기순이익	130	100	200	140
주당순이익(원)	2,500	200	6,000	4,000
평균종가(원)	20,000	10,000	10,000	16,000

38

2026년 A기업과 B기업의 주가수익비율(PER)을 각각 구하면?

	A기업	B기업
①	8	1
②	10	2
③	15	2
④	25	4
⑤	50	4

39

재무제표에 대한 분석으로 옳은 것은?

① (가)보다 (나)가 더 작다.
② A기업의 유동자산은 전년 대비 2026년에 감소하였다.
③ A기업의 이자보상배율은 전년 대비 2026년에 하락하였다.
④ B기업의 순자산부채비율은 전년 대비 2026년에 하락하였다.
⑤ B기업의 자기자본영업이익률(ROE)이 전년 대비 2026년에 하락하여 수익성이 개선되고 있지 않다.

40

다음은 다국적 기업인 M기업이 독점 판매하는 스마트폰에 대해 A국과 B국에 가격차별을 실시한 이후 변화를 나타낸 것이다. 각국 스마트폰의 수요의 가격탄력성을 바르게 연결한 것은? (단, A국과 B국 간 스마트폰을 거래하는 것은 불가능하고, 소비자의 선호 등 다른 조건은 일정하다.)

(단위 : %)

구분	A국	B국
가격 변화율	−10	10
판매수입 변화율	10	0

	A국	B국
①	탄력적	비탄력적
②	탄력적	단위탄력적
③	비탄력적	탄력적
④	단위탄력적	탄력적
⑤	단위탄력적	단위탄력적

41

다음은 20가구가 살고 있는 연립주택단지 내 가로등을 설치하는 데 소요되는 총비용과 가로등 수에 따른 가구당 한계효용을 나타낸 것이다. 이 단지에는 가로등을 몇 개 설치하는 것이 가장 효율적인가? (단, 가구당 한계효용은 해당 가로등이 건설될 때의 값이다.)

가로등 수	설치 총비용	가구당 한계효용
1개	200만 원	100만 원
2개	400만 원	50만 원
3개	600만 원	25만 원
4개	800만 원	15만 원
5개	1,000만 원	5만 원

① 1개 ② 2개
③ 3개 ④ 4개
⑤ 5개

42

다음 그림은 명목이자율과 실질이자율 추이를 나타낸 것이다. 이에 대한 분석으로 옳은 것은?

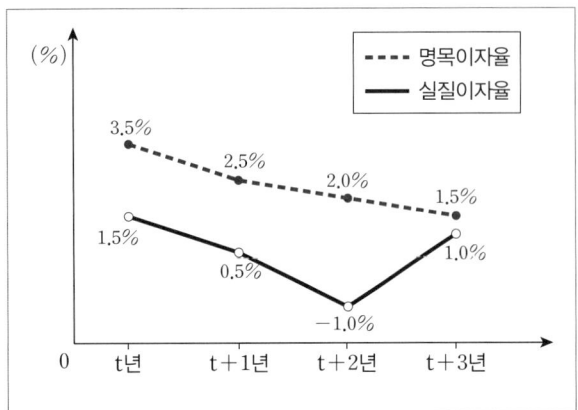

① t년에는 예금하는 것이 현금 보유보다 불리하다.
② 물가수준은 t년이 t+1년보다 높다.
③ 대출의 상환부담은 t년이 가장 크다.
④ 위 기간 중 물가상승률은 t+2년이 가장 낮다.
⑤ 위 기간 중 화폐가치는 지속적으로 상승하였다.

43

다음 그림은 경쟁 형태에 따라 시장 유형을 분류한 것이다. A~C에 대한 설명으로 옳지 않은 것은? (단, A~C는 각각 독점시장, 과점시장, 독점적 경쟁시장 중 하나이다.)

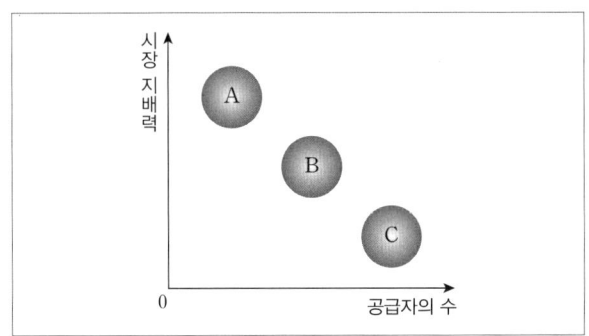

① A에서 공급자는 가격결정권을 갖는다.
② B에서 공급자 간 가격담합이 나타난다.
③ B는 이동통신시장, C는 음식점을 사례로 들 수 있다.
④ C에서는 비가격 경쟁이 나타난다.
⑤ C에서는 한 기업의 판매액이 전체 시장의 판매액과 동일하다.

44

현재 A기업의 주식은 10,000원에, B기업의 주식은 1,000원에 거래되고 있다. 미래 경제 예측이 다음과 같을 때, A기업과 B기업의 기대수익률은?

구분	발생 확률	A기업 주가	B기업 주가
호황	25%	20,000원	4,000원
불황	75%	10,000원	1,000원

	A기업	B기업
①	12.5%	50%
②	15%	75%
③	25%	75%
④	25%	100%
⑤	50%	100%

45

○○전자는 최근 회사의 주가가 지나치게 높아지자 액면분할을 선언했다. 액면분할을 할 때 회사에 미치는 재무 영향으로 옳지 <u>않은</u> 것은?

① 주당순이익은 감소한다.
② 발행주식 수는 증가한다.
③ 주식의 거래량이 증가한다.
④ 자본금은 동일하게 유지된다.
⑤ 기업의 부채비율이 감소한다.

46

블레이크(Blake)와 머튼(Mouton)의 관리격자이론에 대한 설명으로 옳지 <u>않은</u> 것은?

① (1, 9)형은 구성원과의 친밀한 분위기를 조성하는 데 중점을 두는 리더이다.
② (1, 1)형은 자신의 직분을 유지하는 데 필요한 최소한의 노력만을 투입하는 리더이다.
③ 생산에 대한 관심과 인간에 대한 관심을 기준으로 계량화하여 리더의 유형을 구분하였다.
④ (5, 5)형은 과업의 능률과 인간적 요소를 절충하여 적당한 수준의 성과를 지향하는 리더이다.
⑤ 생산에 대한 관심을 보이는 리더는 부하중심적 리더이고, 인간에 대한 관심을 보이는 리더는 직무중심적 리더이다.

[47~48] 다음은 올해 개봉한 영화 손익에 대한 내용이다. 물음에 답하시오.

〈손익 보고서〉
- 관객 수: 500만 명
- 영화티켓 가격: 1만 원
- 총비용 내역: 인건비 200억 원
  영화판권 100억 원
  변동비 100억 원

47

위 영화의 공헌이익(contribution margin)은?

① 100억 원   ② 200억 원
③ 400억 원   ④ 500억 원
⑤ 700억 원

48

위 영화의 손익분기점 관객 수는?

① 300만 명   ② 350만 명
③ 375만 명   ④ 450만 명
⑤ 455만 명

49

다음 사례에 대한 설명으로 옳은 것은?

> 대학생 A씨는 지난해와 달리 에어컨을 오래 틀어 놓고 있다. 이사한 다세대 주택에서 전력계량기를 공동으로 사용하기 때문이다. 각 세대의 개별전력 사용량을 알 수 없어 전체 전기요금을 세대별로 동일하게 나누어 내기 때문에 요금을 아껴봐야 절감효과를 누리기 힘들다. 분할전력계량기로 교체하려는 시도도 해봤지만 가격이 60만 원이라는 한전 관계자의 말에 포기하고 말았다.

① 전기가 공공재이기 때문에 나타나는 문제이다.
② 정보 비대칭 문제 중 역선택에 해당하는 상황이다.
③ 분할전력계량기 보급 시 한전의 전기요금 수입은 증가한다.
④ 분할전력계량기가 설치된다면 전체 전기사용량은 증가할 것이다.
⑤ 분할전력계량기를 사용하면 다세대 주택 거주자들의 후생수준은 증가한다.

50

다음 신문기사에서 우려하는 바와 같이 우리 경제의 잠재성장률을 하락시키는 원인으로 볼 수 없는 것은?

> **NEWS**
>
> '저성장 터널' 진입한 한국경제
> 잠재성장률도 1%대로 추락
>
> 우리나라의 잠재성장률이 불과 3년 뒤 1%대로 곤두박질 칠 것이라는 섬뜩한 경고가 나왔다. ○○경제연구원은 보고서를 통해 잠재성장률이 2010년대 초반 3.6%에서 2020~2024년 1.9%로 빠르게 추락할 것이라고 경고했다.

① 생산성의 저하
② 구조개혁의 실패
③ 유휴생산설비 증가
④ 생산가능인구의 감소
⑤ 설비투자의 만성적 부진

51

다음은 갑의 취미 활동에 대한 비용과 편익을 나타낸 것이다. 이에 대한 분석으로 옳은 것은?

구분	비용	편익
연극 관람	7,000원	9,000원
떡볶이 먹기	5,000원	5,000원
커피 마시기	4,000원	2,000원

① 커피를 마실 때 순편익은 2,000원이다.
② 연극 관람을 할 때의 순편익이 가장 크다.
③ 떡볶이를 먹을 때의 순편익이 가장 크다.
④ 떡볶이를 먹는 것이 가장 합리적 선택이다.
⑤ 연극 관람을 하는 것과 커피를 마시는 것의 기회비용은 같다.

52

다음 (가), (나)에 대한 설명으로 옳은 것은?

> 조세는 납세자와 담세자의 일치 여부에 따라 (가)와 (나)로 분류할 수 있다. (가)는 납세자와 담세자가 일치하며, (나)는 납세자와 담세자가 일치하지 않는다. 납세자는 세금을 국가나 지방자치단체에 납부하는 사람을 의미하며, 담세자는 부과된 세금을 자신의 소득 또는 재산에서 실질적으로 부담하는 사람을 의미한다.

① (가)는 조세전가가 나타난다.
② (가)는 간접세, (나)는 직접세이다.
③ (나)는 주로 소득이나 재산에 부과된다.
④ (가)에 비해 (나)는 소득재분배효과가 작다.
⑤ 부가가치세는 (가)에, 법인세는 (나)에 해당한다.

53

빈칸 (가)에 들어갈 내용으로 적절하지 <u>않은</u> 것은?

> A: 인구 감소가 경제에 나쁜 영향을 미친다는 건 옛말이야. 일본을 봐. 경제활동인구가 줄어들고 있지만 오히려 실업률이 낮아지고 경제가 활성화되고 있어. 자동화가 증진되고 산업구조 혁신이 나타난다면 인구 증가가 없더라도 경제성장이 일어날 수 있다고 생각해.
> B: 하지만 생산이 줄어들고 연금 문제도 커지면 결국 수요가 침체되지 않을까? 생산가능인구가 줄어들면 결국은 경기가 나빠질 것 같은데?
> A: 그러니까 노동 구조를 바꿔야 해. ____(가)____

① 경력단절된 고학력 여성을 활용해야지.
② 은퇴하는 지식근로자들을 이용할 수 있어.
③ 일자리 미스매치를 줄여 잉여노동을 잘 활용해야지.
④ 외국인 근로자를 줄여야 국내 근로자의 일자리가 늘어나지.
⑤ 시간제근무나 재택근무 등의 탄력적 유연근무제를 확대해야지.

54

다음은 브룸(Vroom)의 기대이론 구성요소를 나타낸 것이다. A~C에 들어갈 용어를 바르게 연결한 것은?

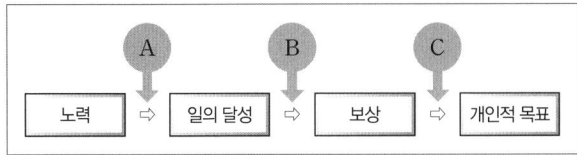

	A	B	C
①	기대	효과성	수단성
②	기대	수단성	유의성
③	수단성	기대	유의성
④	유의성	기대	수단성
⑤	유의성	수단성	기대

55

다음 B의 주장을 뒷받침하는 근거로 적절하지 <u>않은</u> 것은?

> A: 뉴스 봤지? 우리나라와 ○○국과의 FTA가 체결됐대. 우리나라 경제에는 FTA체결보다 수입 규제 정책이 더 도움이 될텐데 걱정이야.
> B: 내 생각은 달라. 이번 FTA체결은 우리나라 경제에 더 큰 이익이 될거야.

① 관세수입이 증가한다.
② 소비가능영역이 확대된다.
③ 우수한 산업 기술을 확보할 수 있다.
④ 국내 기업의 생산성이 향상될 수 있다.
⑤ 규모의 경제를 실현하여 생산비를 절감할 수 있다.

56

다음 기사를 바탕으로, 부동산시장에 대한 추론으로 적절한 것은?

> **NEWS**
>
> **집값 급등은 풍부한 유동성과 주택 공급부족 때문**
>
> 부동산 전문가들에게 설문조사한 결과에 따르면 올 상반기 집값 급등의 원인은 투기세력보다는 풍부한 유동성과 부족한 주택공급량 탓으로 나타났다. 정부가 집값 급등의 원인으로 다주택자들의 투기성 거래를 지목한 것과 상반되는 결과이다. 실제로 정부가 서울지역 분양권 전매를 금지했음에도 분양시장의 열기는 식지 않고 있다. 그만큼 실수요자가 많다는 얘기이다.

① 현재 부동산시장은 심한 버블 상황이다.
② 실제 거주를 목적으로 하는 수요가 적다.
③ 기준금리 인상 시 집값이 하락할 수 있다.
④ 아파트를 더 많이 건설하면 서울의 집값은 올라간다.
⑤ 주택가격 안정을 위해서는 주택 건설을 늘리기보다 투기과열 억제정책이 효과적이다.

57

다음 기사에 대한 설명으로 옳지 않은 것은?

> **NEWS**
>
> **미국 연방준비제도 또 금리 인상 한국은행 선택은?**
>
> 6월 15일 미국 연방준비제도(Fed)는 또다시 기준금리 인상을 단행했다. 이제 미국의 기준금리는 1~1.25%로 상단 수치는 한국의 기준금리인 1.25%와 동일한 수준이 됐다. 이에 따라 하반기에는 한·미 금리가 역전되는 것이 아니냐는 우려가 나타나고 있다. 한국은행 총재는 경기 상황이 호전되는 기미가 뚜렷하다면 금리를 올릴 수 있다며 미국의 금리 인상에 맞춰 기준금리를 인상하려는 신호를 보내고 있다. 금리에 따른 자본이동을 우려한 대처이다.

① 금리가 역전되면 국내 증시는 하락할 것이다.
② 미국의 금리가 더 높아지면 국내 경기는 침체될 것이다.
③ 자본유출을 막기 위해 금리를 인상하면 원화가치가 하락한다.
④ 국내 금리가 미국보다 대체로 높게 유지되는 이유는 국가신용도 차이 때문이다.
⑤ 경기회복과 자본유출은 동시에 해결하기 어렵기 때문에 금리정책을 신중하게 고민해야 한다.

[58~59] 다음 기사를 읽고 물음에 답하시오.

> **NEWS**
>
> 애플, 구글 등 실리콘밸리 IT기업들이 직원들의 이직을 제한하기 위해 담합을 한 사실이 밝혀졌다. 지난 2005~2010년 사이에 애플, 구글, 인텔, 어도비 등 실리콘밸리 대표 IT기업에서 근무하다 퇴직한 6만 4,000여 명의 소프트웨어 및 하드웨어 엔지니어, 프로그래머, 웹개발자 등은 지난 2011년 회사를 상대로 소송을 제기했다. 이들 (가) 실리콘밸리 기업들이 상호 채용금지 협약을 통해 실질적으로 이직을 불가능하게 만든 뒤 직원들의 보수수준을 인위적으로 낮춰 직원들에게 피해를 줬다는게 소송의 골자이다. 이는 특정 근로자가 이직 의사를 밝히지 않은 상태에서 상대편 회사가 먼저 이 근로자를 접촉해 스카우트를 제안하는 것을 의미하는 이른바 __(나)__ 을(를) 하지 않기로 담합함으로써 반독점법을 위반한 사례가 되었다.

58

기업들이 밑줄 친 (가)와 같은 행동을 한 이유로 적절하지 않은 것은?

① 형성된 팀 조직문화를 와해시키지 않기 위해
② 자사 직원이 보유한 암묵지를 보호하기 위해
③ 조직원들의 고용안정성 보장을 강조하기 위해
④ 이직하는 직원에 의한 기술 유출을 방지하기 위해
⑤ 기업의 신규인원 선발에 따른 비용을 절약하기 위해

59

빈칸 (나)에 들어갈 용어는?

① 콜드콜(cold call)
② 스팸콜(spam call)
③ 잡셰어링(job sharing)
④ 헤드헌팅(head hunting)
⑤ 아웃플레이스먼트(outplacement)

60

다음은 금일 A~D종목의 주식시세를 나타낸 것이다. 이에 대한 분석으로 옳은 것은?

종목명	종가	등락	거래량(주)	고가	저가
A	43000	▽1000	50000	46000	41000
B	54000	▲3000	49000	55000	49000
C	25500	▽1500	25000	25900	24500
D	4000	▲200	95000	4400	3800

KOSPI 2548.32 (▲ 10.58)

① 시가총액이 가장 높은 종목은 A이다.
② 전일 주가가 가장 높은 종목은 A이다.
③ 당일 거래액이 가장 큰 종목은 D이다.
④ 전일 대비 주가 상승률이 가장 높은 종목은 B이다.
⑤ C는 거래 전일에 비해 상승 출발했으나 최종적으로 하락했다.

61

다음 사례와 같은 전략을 기업들이 활용함으로써 얻을 수 있는 이점으로 적절하지 않은 것은?

> 세계적인 IT 기업인 마이크로소프트, 구글 등은 새로운 기술을 개발하는 스타트업을 다수 사들이고 있다. 이들은 스타트업의 인수를 통해 자사 핵심역량과의 시너지를 내며 자사 제품군만으로 서버부터 개인용 인터페이스까지 사용자가 모든 컴퓨팅을 할 수 있게 하고 있다. 이런 인수합병 활동을 통해 이들 IT 공룡들의 지위는 더욱 굳건해지고 있다.

① 범위의 경제를 통한 효율성 상승
② 아웃소싱에 비해 관리 비용 절감
③ 동일한 소비자군에 대한 정보 공유
④ 동일한 브랜드하의 마케팅 루트 활용
⑤ 전후방 통합을 통한 경쟁자의 진입 방지

[62~64] 다음 기사를 읽고 물음에 답하시오.

> **NEWS**
> 스타필드 하남은 개장 후 100일간 약 700만 명 정도가 방문하였다. 스타필드 하남은 아이파크몰, 코엑스, 타임스퀘어와 같은 대형 복합쇼핑몰이다.
> (가) 워터파크인 아쿠아필드, 실내 스포츠를 즐기는 스포츠몬스터, 장난감을 만질 수 있는 토이킹덤, IT제품을 체험할 수 있는 일렉트로마트, 트레이더스, 신세계 백화점 등이 고객들을 스타필드 하남으로 끌어들이는 핵심 점포들이다. 스타필드 하남은 쇼핑뿐만 아니라 식사, 게임, 오락, 산책 등을 할 수 있도록 공간을 제공하여 소비자들에게 인기가 높다.

62

위 기사와 관련된 소비 형태와 가장 가까운 소비자 유형은?

① 몰링족
② 욜로족
③ 젯셋족
④ 포미족
⑤ 쇼루밍족

63

위 기사에 나타난 스타필드 하남이 성공할 수 있었던 브랜드 연상의 요소에 가장 가까운 것은?

① 가격에 관한 연상
② 품질에 관한 연상
③ 혜택에 관한 연상
④ 제품군에 관한 연상
⑤ 기업 가치에 관한 연상

64

밑줄 친 (가)를 의미하는 것으로 가장 적절한 개념은?

① 키 테넌트(key tenant)
② 드러그 스토어(drug store)
③ 팩토리 아웃렛(factory outlet)
④ 카테고리 킬러(category killer)
⑤ 플래그십 스토어(flagship store)

65

다음에서 설명하는 용어는?

> 납치된 인질의 몸값과 소프트웨어의 합성어로, PC 사용자의 파일을 암호화하여 인질로 삼고 금전적인 요구를 하는 악성 프로그램을 의미한다. 최근에는 피해대상이 PC에서 스마트폰까지 확산되는 추세이다.

① 셰어웨어(shareware)
② 프리웨어(freeware)
③ 랜섬웨어(ransomware)
④ 스파이웨어(spyware)
⑤ 트로이웨어(troyware)

66

다음에서 설명하는 용어는?

> 테슬라와 스페이스X의 창업자로 유명한 일론 머스크가 주도하고 있는 일종의 철도 프로젝트이다. 완전히 밀폐된 튜브를 만들고 그 안을 진공에 가깝게 만들어 자기부상열차를 시속 1,200km에 이르는 속도로 이동시킬 수 있다. 이 프로젝트의 기술은 오픈소스로 제공되어, 고속철에 대한 노하우가 있는 한국도 앞서나갈 수 있는 분야로 평가받고 있다.

① 에어호텔(airhotel)
② 튜브슬링(tubesling)
③ 슈퍼그리드(supergrid)
④ 하이퍼루프(hyperloop)
⑤ 익스프레스터널(express tunnel)

67

다음에서 설명하는 용어는?

> 정부가 핀테크 활성화의 일환으로 관련 규제를 완화해 개설이 가능해진 계좌이다. 금융회사 또는 투자회사에 방문하지 않고도 유·무선 통신수단을 통해 바로 계좌를 개설할 수 있다. 특히, 인터넷은행 케이뱅크와 카카오뱅크의 등장 이후 이것이 널리 알려지면서 지점의 수가 적은 중소 증권사들이 고객을 유치하기 위해 경쟁적으로 활용했다.

① 블록계좌　　② 스마트계좌
③ 비대면계좌　④ 자산관리계좌
⑤ 유비쿼터스계좌

68

다음에서 설명하는 용어는?

> 이 지수는 '환율은 각국 통화의 상대적 구매력을 반영한 수준으로 결정된다.'는 구매력평가설과 '동일 제품의 가치는 세계 어디에서나 같다.'는 일물일가의 법칙에 기반한다. 전세계 어디에서나 표준화되어 있는 제품의 가격을 미국의 달러화로 환산하여 각국의 상대적 물가수준과 통화가치 등을 비교한다.

① 경기지수　② 빅맥지수
③ 다우지수　④ 물가지수
⑤ 피셔지수

69

다음에서 설명하는 용어는?

그동안 양적완화를 펼쳐온 국가들이 경기부양이라는 목표를 이룬 뒤 이를 점진적으로 축소해나가는 과정을 의미한다. 사전적으로 '끝이 점점 가늘어진다.'는 의미로, 출구전략의 일종이다.

① 테이퍼링
② 더블딥
③ 시뇨리지
④ 코너스톤
⑤ 골디락스

70

다음에서 설명하는 용어는?

주로 기업의 최고 경영자(CEO) 교체 시기에 그동안 쌓여 있던 손실과 그로 인해 앞으로 발생할 것으로 예상되는 부실을 일회성 비용으로 회계장부에 반영하는 회계기법을 말한다. 이를 통한 기저효과로 신임 CEO는 과거의 과오를 책임지지 않고 실적 턴어라운드를 연출하기 용이해진다.

① 빅 배스
② 그린메일
③ 포이즌 필
④ 윈도 드레싱
⑤ 황금주 발행

71

다음에서 설명하는 용어는?

고객이 스마트폰 앱 등의 디지털 플랫폼에서 서비스를 요청하면 오프라인에서 해당 서비스를 제공해주는 노동 형태이다. 배달대행, 대리운전을 비롯하여 가사노동 및 각종 심부름에 이르기까지 다양한 영역에서 사용되고 있다. 기존의 보험설계사, 학습지 교사 등 형식상 개인사업자이지만 임금 근로자의 성격을 띠는 특수고용형태 근로자와 유사한 성격을 가진 데다 신속을 요하는 일이 많아 사고 위험성 등에 대한 대책 마련이 요구되고 있다.

① 긱 노동
② 디지털 노동
③ 스마트 노동
④ 플랫폼 노동
⑤ 어플리케이션 노동

72

다음에서 설명하는 용어는?

공장이 없다는 의미로, 반도체를 설계만 하고 제작하지 않는 기업을 말한다. 이 기업들은 주로 중앙처리장치(CPU), 모바일 프로세서(AP), 통신모뎀 및 이미지 센서 등의 비메모리시스템 반도체 칩의 설계를 맡는다. 이런 기업이 등장한 이유는 반도체 업계가 막대한 투자를 필요로 하는 특징을 가지기 때문이며 우리나라는 이 사업 분야에서는 낮은 시장 점유율을 보이고 있다.

① 팹리스
② 크런치
③ 에어드랍
④ 파운드리
⑤ 베이퍼웨어

73

다음에서 설명하는 용어는?

> 미국의 모건스탠리가 발표하는 세계적인 주가지수로 국제금융펀드의 투자기준이 되는 지표이다. 미국, 유럽 등 선진국 증시로 구성된 선진시장지수와 한국 증시가 포함된 신흥시장지수로 구분된다. 중국 A주가 이것의 신흥시장지수에 편입되면서 중요성이 부각되기도 했다.

① GSI
② ICGI
③ MSCI
④ FTSE
⑤ WGBI

74

다음에서 설명하는 용어는?

> 자신의 방식으로 제품을 재해석하여 사용하는 소비자들을 말한다. 편의점에서 라면에 치즈나 닭가슴살, 토마토, 소시지 등을 추가하여 자신만의 스타일로 조리하는 소비자들이 대표적이다. 이들은 재창조한 제품을 SNS에 게시해 다른 소비자들에게도 인기를 끌고 있다. 일부 기업은 이들의 콘셉트를 제품으로 재현하여 출시하기도 했다.

① 프로슈머(prosumer)
② 모디슈머(modisumer)
③ 컨버슈머(conversumer)
④ 다이브슈머(divesumer)
⑤ 트랜스슈머(transsumer)

75

다음에서 설명하는 용어는?

> 이것은 예금, 적금, 펀드, 주가연계증권(ELS) 등 여러 종류의 금융상품을 한 계좌에서 운용할 수 있는 만능 통장을 의미한다. 이 통장에서 발생하는 금융소득은 200만 원에서 조건에 따라 최대 400만 원까지 비과세 혜택을 받을 수 있다. 2021년 제도 개편으로 국내 상장 주식 등에 투자가 가능한 투자중개형으로 출시되기도 했다.

① CD
② ISA
③ ETF
④ ETN
⑤ MMF

76

다음에서 설명하는 용어는?

> 인공지능(AI)이 사람처럼 대화를 할 수 있게 해주는 기술을 말한다. 내장된 응답 규칙에 따라 사용자의 질문에 답변해준다. 이 서비스를 이용하면 기업들은 상담원을 고용하지 않더라도 고객을 응대할 수 있어 비용절감과 판매효율성 향상을 기대할 수 있다.

① 챗봇
② 튜링머신
③ 블록체인
④ 키오스크
⑤ 시멘틱 웹

77

다음에서 설명하는 용어는?

특정 제품의 수입이 급증하여 국내 산업에 피해가 발생할 경우, 피해 발생국이 일시적으로 상품 수입을 제한할 수 있는 조치이다. 자국 산업을 보호하기 위해 정당한 이유 없이 이 제도를 발동시키는 것을 막기 위해 세계무역기구는 자국 산업의 심각한 피해를 증명할 수 있는 경우에 한해 이를 허용하고 있다.

① 상계관세
② 리쇼어링
③ 반덤핑관세
④ 세이프가드
⑤ 수출자율규제

78

다음에서 설명하는 용어는?

이것은 고급이라는 단어와 가짜라는 단어를 합성한 것으로, 진짜보다 더 멋진 가짜 제품을 의미한다. 과거에는 가짜 제품에 대한 인식이 부정적이었으나, 동물 복지를 위한 인조모피 구매나 육식을 대체하기 위한 콩고기, 인조 달걀 등의 시장이 성장함에 따라 이 소비트렌드에 대한 관심이 커지고 있다.

① 하이컨버스
② 플래시크래시
③ 클래시 페이크
④ 탑이미테이션
⑤ 카운터마스터피스

79

다음에서 설명하는 용어는?

1인·중소 창작자의 콘텐츠 유통·판매, 저작권 관리, 광고 유치, 자금 지원 등에 도움을 주고 콘텐츠로부터 나온 수익을 창작자와 나눠 갖는 미디어 사업을 의미한다. 국내에서는 DIA TV, 샌드박스 네트워크 등이 유명하며, 해외에서는 메이커 스튜디오, 콜랩, UUUM 등이 입지를 다지고 있다.

① PPL
② MCN
③ Lean
④ start-up
⑤ joint venture

80

다음에서 설명하는 용어는?

기업들이 정규직보다 필요에 따라 계약직 혹은 임시직으로 사람을 고용하는 경향이 커지는 경제 상황을 일컫는 용어이다. 1920년대 미국 재즈클럽에서 단기적으로 섭외한 연주자의 명칭에서 유래했다. 특히 디지털 시장이 확장됨에 따라 이것이 증가해, 맥킨지에서는 이를 디지털 장터에서 거래되는 기간제 근로로 넓게 정의하고 있다.

① 시코노믹스(xiconomics)
② 긱 이코노미(gig economy)
③ 롤 이코노미(role economy)
④ 앱 이코노미(app economy)
⑤ 슬리포노믹스(sleeponomics)

제1회 정답 및 해설

매경TEST 제 1 회 파이널 실전 모의고사

01	02	03	04	05	06	07	08	09	10	11	12	13	14	15	16	17	18	19	20
①	④	④	②	④	⑤	⑤	④	②	①	②	①	⑤	③	⑤	⑤	②	②	④	③
21	22	23	24	25	26	27	28	29	30	31	32	33	34	35	36	37	38	39	40
④	④	④	⑤	④	②	⑤	④	⑤	②	①	①	①	③	④	①	⑤	①	③	④
41	42	43	44	45	46	47	48	49	50	51	52	53	54	55	56	57	58	59	60
③	③	④	③	①	③	②	⑤	②	④	③	①	③	②	③	③	①	④	④	⑤
61	62	63	64	65	66	67	68	69	70	71	72	73	74	75	76	77	78	79	80
④	②	⑤	③	③	②	①	③	①	③	③	①	③	③	②	②	④	②	①	④

01 ①

| 대표개념 키워드 | 경제 > 수요 |

| 해설 |

수요는 사후적으로 실현된 개념이 아닌 사전적으로 계획된 개념이다.

| 오답 피하기 |

② 수요는 일정 기간에 측정되는 유량(flow) 개념이다.
③ 수요법칙이란 가격과 수요량이 반비례 관계에 있음을 의미한다.
④ 가격이 하락하면 수요곡선상에서 우하향점으로 이동하여 수요량이 증가한다.
⑤ 수요곡선에서 도출되는 수요자 제시가격은 수요자가 지불할 용의가 있는 최대금액을 의미한다.

02 ④

| 대표개념 키워드 | 경제 > 수요 |

| 해설 |

B재 수요의 가격탄력성이 탄력적이므로 B재 가격이 하락할 때 가격하락률보다 수요량증가율이 크다. 따라서 B재의 판매수입은 증가한다.

| 오답 피하기 |

① A재에 대한 소비자의 선호가 낮아지면 수요가 감소하므로 균형가격은 하락한다.
② A재의 수요가 감소하면 균형가격은 하락하고 균형거래량이 감소하므로 판매수입은 감소한다.
③ B재를 생산하는 기업이 늘어나면 공급이 증가하므로 균형가격은 하락한다.
⑤ B재 수요의 가격탄력성이 탄력적이므로 B재 가격이 하락할 때 가격하락률보다 수요량증가율이 크다.

03 ④

| 대표개념 키워드 | 경제 > 가격규제 |

| 해설 |

최저가격을 균형가격보다 높게 책정하면 규정된 최저가격 이하로 판매하려는 공급자가 출현하며, 이로 인해 암시장이 나타날 수 있다.

| 오답 피하기 |

① 미숙련 노동자의 노동수요에 대한 임금탄력성은 매우 크게 나타나므로 최저임금제 실시 후 임금이 상승하면 상대적으로 노동수요량 감소율이 크게 나타난다. 따라서 최저임금제는 미숙련 노동자의 취업을 더 어렵게 만든다.
② 최저가격제(가격하한제)는 시장의 균형가격이 너무 낮다고 판단하여 정부가 최저가격(하한가격)을 책정하는 것이므로 최저가격(하한가격)은 시장의 균형가격보다 높게 설정된다. 최저가격(하한가격)이 균형가격 미만에서 설정되면 정책효과는 없다.
③⑤ 최고가격제(가격상한제)는 시장의 균형가격이 너무 높다고 판단하여 정부가 최고가격(상한가격)을 책정하는 것이므로 최고가격(상한가격)은 시장의 균형가격보다 낮게 설정된다. 가격상한제가 실시되면 시장에서 초과수요와 암시장이 발생하여 사회적 후생손실이 발생한다.

04 ②

대표개념 키워드 | 경제 > 경제적 이윤

| 해설 |

- 회계적 비용: 1억 원에 대한 은행이자 100만 원 + 원자재 구입 500만 원 + 가게 임대료 300만 원 + 인건비 200만 원 = 1,100만 원
- 암묵적 비용: 귀속임금 300만 원 + 귀속이자 100만 원 = 400만 원
- 경제적 비용 = 회계적 비용 + 암묵적 비용
  = 1,100만 원 + 400만 원 = 1,500만 원
- 경제적 이윤 = 편익 − 경제적 비용
  = 2,000만 원 − 1,500만 원 = 500만 원

05 ④

대표개념 키워드 | 경제 > 가격차별

| 해설 |

가격차별이란 동일한 재화와 서비스에 대해 서로 다른 가격을 책정하는 것을 말한다.

학생 B. 공원에서 입장료와 시설 이용료를 따로 받는 것은 이부가격설정으로, 광의의 개념인 가격차별에 해당한다.

학생 D. 규모의 경제가 발생하면 자연독점이 발생하므로 가격차별이 발생할 가능성이 있다.

| 오답 피하기 |

학생 A. 비행기의 이코노미석과 비즈니스석은 제품의 질이 같지 않으므로 가격차별이라고 볼 수 없다.

학생 C. 독점적 경쟁시장과 과점시장에서도 가격차별이 발생할 수 있지만, 가격차별은 독점의 형태에서 주로 발생한다. 완전경쟁시장에서는 일물일가의 법칙이 성립하므로 가격차별이 발생할 수 없다.

06 ⑤

대표개념 키워드 | 경영 > 과학적 관리법

| 해설 |

관리과정을 계획화, 조직화, 지휘, 조정, 통제의 단계로 구분한 사람은 페이욜(H. Fayol)이다.

| 오답 피하기 |

테일러는 각 과업을 수행하는 최선의 방법을 찾아 작업자의 생산성을 향상시키기 위해 과학적 관리법을 주장하였다. 일반적으로 과학적 관리법은 동작연구와 시간연구, 차별적 성과급제, 기획부제도, 직능별 직장제도, 작업지도표제도 등을 내용으로 한다.

07 ⑤

대표개념 키워드 | 경영 > 관료제

| 해설 |

베버는 사회조직이 전통적·세습적 또는 카리스마적 권력자에 의해 지배되어 왔기 때문에 비효율적으로 운영될 수밖에 없다고 보았다.

| 오답 피하기 |

베버가 주장한 관료제는 명령, 복종, 합법적 권위(규범), 문서에 기반을 둔 이상적인 조직의 형태를 말한다. 베버는 미리 정해진 규칙과 제도에 따라 조직을 운영하는 것이 가장 합법적이라고 주장하였다.

08 ④

대표개념 키워드 | 경영 > 호손연구

| 해설 |

호손연구는 작업환경의 물리적 변화나 작업시간, 임률의 변화 등이 종업원의 작업능률에 어떠한 변화를 미치는지를 연구하기 위해 실시되었다. 호손연구는 고전적 접근법을 비판할 목적으로 설계된 연구가 아니라 고전적 접근법을 옹호할 목적으로 설계된 연구이다. 그러나 연구결과가 처음 의도와 다른 방향으로 도출되어 고전적 접근법의 관점을 벗어나는 계기가 되었다.

09 ②

대표개념 키워드 | 시사용어

| 해설 |

직장 내 훈련(OJT)은 현재 수행하고 있는 업무수행과정과 관련하여 상사의 지도가 이루어지는 교육훈련으로, 과거의 도제식 훈련이 이에 해당한다.

10 ①

대표개념 키워드 | 경영 > 조직구조

| 해설 |

행렬 조직의 구성원은 두 개 이상의 공식적인 집단에 동시에 속하기 때문에 보고해야 하는 상급자도 둘 이상이 된다. 따라서 명령일원화의 원칙을 적용하는 것이 용이하지 않다.

11 ②

대표개념 키워드 | 시사용어

| 해설 |

O4O는 온라인을 통해 축적한 기술과 데이터, 상품을 배송과 큐레이션을 접목하여, 오프라인으로 사업을 확장하는 비즈니스 모델을 의미한다. O4O는 오프라인 매장 운영에 더 중점을 둔 개념으로, 온라인과 오프라인을 연결하는 서비스인 O2O와 구분된다.

12 ①

대표개념 키워드 | 경제 > 과점시장

| 해설 |

독점적 경쟁시장이란 다수의 기업이 차별화된 상품을 생산하는 시장으로, 완전경쟁시장과 독점시장의 성격을 모두 보유하고 있는 시장조직형태를 말한다. 독점적 경쟁시장의 기업들은 기업마다 조금씩 다른 상품을 만들어 팔기 때문에 자신의 상품에 대해 미약하지만 어느 정도의 독점력을 보유하고 있다. 학교 앞 분식점, 시내 주유소, 미용실, 목욕탕, 세탁소, 약국, 음식점, 노래방, 책방, 우유시장, 비누시장, 커피전문점 등이 독점적 경쟁시장에 해당한다.

| 오답 피하기 |

과점시장이란 상당한 진입장벽하에서 소수의 대기업에 의해 지배되는 시장조직형태를 말한다. 정유산업, 자동차산업, 가전제품산업, 이동통신산업 등이 과점시장에 해당한다.

13 ⑤

대표개념 키워드 | 경제 > 외부비경제

| 해설 |

제시된 그림은 사적 편익이 사회적 편익보다 큰 경우이므로 소비의 외부비경제에 해당한다. 자가운전자들의 휘발유 소비로 인해 배기가스가 대기오염을 심화시켜 도시주민들에게 피해를 주는 것은 소비의 외부비경제에 해당한다.

| 오답 피하기 |

① 소비 측면의 외부비경제는 소비자에게 조세를 부과하면 문제를 해결할 수 있다.
② 대체관계를 설명한 것으로, 외부효과와 관련 없다.
③ 소비 측면의 외부경제 사례이다.
④ 공급 측면의 외부비경제 사례이다.

14 ③

대표개념 키워드 | 경제 > 생산의 외부비경제

| 해설 |

ㄷ. 코즈정리(Coase theorem)에 따르면 자원에 대한 소유권이 주어지고 거래비용이 없다면 자발적인 협상을 통해 외부효과로 초래되는 비효율성을 시장에서 스스로 해결할 수 있다. 이때 재산권은 가해자(공장)나 피해자(세탁소) 누구에게 부여하더라도 상관없다.
ㄹ. 매연 배출권이 정부에 의해 만들어져 배분된 후, 자원 이용 단계에서 흥정에 비용이 든다면 누가 매연 배출권을 갖느냐는 매연 배출량을 결정하는 데 중요한 영향을 미친다. 코즈정리가 성립하기 위해서는 협상하는 데 드는 비용이 없어야 하므로 거래비용이 많아지면 코즈정리는 성립하지 않는다.

| 오답 피하기 |

ㄱ, ㄴ. 코즈정리에 의하면 공장과 세탁소의 한계생산성과 무관하게 재산권을 누구에게 부여하더라도 자발적 협상에 의해 외부성이 해결된다.
ㅁ. 정부가 처음에 매연 배출권(재산권)을 만들어 내지 않는다면 누가 원래 주인인지가 확실하지 않아 협상 자체도 불가능하므로 효율적인 자원배분을 이룰 수 없다.

15 ⑤

대표개념 키워드 | 경제 > 준공공재

| 해설 |

경합성이란 동일한 재화를 여러 소비자가 동시에 소비하는 것이 불가능하여 소비에 참여하는 사람이 많아지면 어떤 개인의 소비 수준이 줄어드는 특징을 말한다. 즉, 공동소비가 불가능한 성격을 지닌 재화를 경합적이라고 한다. 비배제성이란 어느 사람의 소비를 인위적으로 배제할 수 없음을 의미한다. 경합적이지만 비배제성을 지닌 준공공재에는 공유자원(공용지)이 있다. 바다의 어족자원은 대표적인 공유자원이다.

16 ⑤

대표개념 키워드 | 경영 > 경영전략

| 해설 |

경영학에서 '전방'은 소비자 방향을 의미하고, '후방'은 공급업체 방향을 의미한다. 후방통합은 공급업체의 사업을 인수하거나 공급업체가 공급하던 제품을 직접 생산 또는 공급하는 방식의 전략이다.

17 ②

대표개념 키워드 | 경영 > 산업구조분석

| 해설 |

마이클 포터(M. Porter)의 산업구조분석에 따르면, 산업 내 경쟁이 높을수록, 진입장벽이 낮을수록, 공급자의 교섭력이 높을수록, 구매자의 교섭력이 높을수록, 대체재의 위협이 높을수록 해당 산업의 수익률이 낮아지게 된다.

18 ②

대표개념 키워드 | 경영 > 사업포트폴리오 분석

| 해설 |

GE 매트릭스는 산업의 매력도와 사업의 강점이라는 두 개의 기준 차원으로 구성되며, 이와 같은 차원을 측정하기 위해 많은 변수들을 이용한다.

| 오답 피하기 |

① GE 매트릭스에서 원의 크기는 해당 사업부가 속한 산업의 크기를 의미한다.
③ BCG 매트릭스에서 자금흐름은 캐시카우에서 가장 긍정적이다.
④ GE 매트릭스는 자금흐름보다 투자수익률을 더 중시한다.
⑤ 상대적 시장점유율이 1보다 크다는 것은 해당 사업이 시장에서 가장 높은 시장점유율을 차지하고 있음을 의미한다.

19 ④

대표개념 키워드 | 시사용어

| 해설 |

코즈마케팅은 이유, 명분을 뜻하는 'cause'와 'marketing'을 결합시킨 합성어로, 기업이 사회적 이슈나 비영리 기업과 연계하여 기업 이익과 사회적 공익을 동시에 추구하는 것을 의미한다.

20 ③

대표개념 키워드 | 시사용어

| 해설 |

2021년 합계출산율이 0.81명을 기록하면서 출생통계 작성 이래 최저치를 기록했다. 이에 정부는 저출산 대응 강화를 위해 6조 원에서 7조 4천억 원으로 예산을 확대하였는데, 여기에는 부모급여 신설이 포함되었다. 부모급여는 출산과 양육에 따른 부모의 경제적 부담을 완화시키고 영아기 돌봄을 지원하는 데 목적이 있다.

21 ④

대표개념 키워드 | 경제 > 공공재

| 해설 |

공공재의 경우 모든 사람이 동일한 수요량에 직면해 있고, 각 수요자의 지불가격이 다르므로 시장수요곡선은 개별수요곡선의 수직적 합으로 구한다. 따라서 공공재의 경우에는 개인의 한계편익곡선을 수직으로 합하여 사회적 한계편익곡선을 도출한다.

| 오답 피하기 |

① 공공재의 경우 소비의 비경합성으로 공동소비가 가능하여 한계비용이 0이 되고, 소비의 비배제성으로 인한 무임승차의 문제가 발생한다.
② 소비의 비배제성과 비경합성을 동시에 가지고 있다면 순수공공재이고, 그중 하나만을 만족하면 준공공재이다.
③ 공공재의 최적생산을 위해서는 경제주체들의 공공재 편익을 사실대로 파악해야 하는데, 무임승차가 가능하므로 자신의 편익을 진실되게 표출하지 않는 문제가 나타난다.
⑤ 긍정적 외부성이 존재하면 과소 생산되고, 부정적 외부성이 존재하면 과다 생산된다.

22 ④

대표개념 키워드 | 경제 > 역선택

| 해설 |

공동보험제도(co-insurance)는 사고 발생 시 손실의 일부만을 보상해 주는 제도로, 보험시장에서의 도덕적 해이를 방지하기 위한 정책이다.

| 오답 피하기 |

① 금융시장의 신용할당제도는 역선택과 도덕적 해이 모두를 방지하는 정책이다.
② 선별(screening)이란 정보를 갖지 못한 측에서 상대방의 특성을 알아내려고 노력하는 것으로, 역선택을 해결하기 위한 대책방안이다. 보험회사가 암보험을 판매하면서 사전에 신체검사를 요구하는 것은 보험시장에서의 역선택을 방지하기 위한 선별에 해당한다.
③ 대학생들이 취업에서 유리한 위치를 차지하기 위해 자격증을 취득하는 것은 노동시장에서의 역선택을 해결하기 위한 신호발송에 해당한다.
⑤ 정부가 수입 소고기, 농산물 등에 대하여 원산지를 표시하도록 의무화하는 것은 정보정책으로, 역선택을 방지하기 위한 정책이다.

23 ④

대표개념 키워드 경제 > 효율성 임금이론

| 해설 |

효율성 임금이론이란 기업들이 시장실질임금보다 더 높은 실질임금인 효율성 임금을 지급하면 노동자의 생산성이 향상된다는 것이다. 효율성 임금은 실질임금 1단위당 노동자의 생산성이 최대가 되도록 하는 실질임금 수준으로서 노동시장의 균형임금보다 높은 수준이고, 단기에서는 그 수준이 변하지 않는다. 각 기업이 시장실질임금보다 높은 효율성 임금을 지급하게 되면 노동의 초과공급과 비자발적 실업이 유발된다.

| 오답 피하기 |

① 노동자들에게 효율성 임금을 지급하면 노동자들은 해고당하지 않고 계속 그 직장에 다니기 위해 열심히 일할 것이므로 노동자의 근무태만이 줄어든다.
② 효율성 임금제도하에서 열심히 일하지 않아 해고당하게 되면 다시 높은 임금을 주는 직장을 찾기가 어렵기 때문에 노동자의 이직동기가 낮아진다.
③ 효율성 임금을 지급하면 회사에 대한 애사심과 근무태만이 줄어들어 생산성이 향상된다.
⑤ 저소득 국가의 경우 효율성 임금을 지급받는 노동자는 영양상태가 향상되어 생산성이 향상된다.

24 ⑤

대표개념 키워드 시사용어

| 해설 |

제임스 웹 우주 망원경은 노후된 허블 우주 망원경을 대체하기 위해 미국항공우주국(NASA), 유럽우주국(ESA), 캐나다우주국(CSA)이 1996년부터 개발을 시작하여 2021년 12월 25일 발사되었다. 향후 5~10년 동안 외계 행성의 생명체 존재 가능성을 탐색하고, 우주 탄생과 빅뱅 이후의 진화 과정을 밝히는 임무를 수행하게 된다.

25 ④

대표개념 키워드 경제 > 국내총생산

| 해설 |

기준연도는 2025년이므로 2025년 실질 GDP는 $(220\times10)+(40\times120)=7,000$이고, 2026년 실질 GDP는 $(220\times14)+(40\times110)=7,480$이다. 따라서 2025년 대비 2026년 실질 GDP 증가율은, $(7,480-7,000)/7,000\times100≒6.8\%$이다.

26 ②

대표개념 키워드 경영 > 갈등관리전략

| 해설 |

토마스(Thomas)는 갈등관리전략에서 자신에 대한 관심의 정도와 상대방에 대한 관심의 정도에 따라 다음과 같이 갈등관리의 유형을 다섯 가지로 구분하였다.

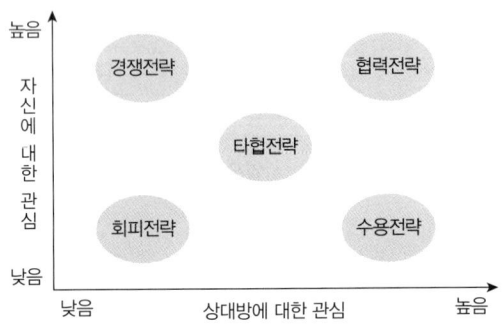

자신에 대한 관심이 높고 상대방에 대한 관심이 낮은 유형은 경쟁전략이다.

27 ⑤

대표개념 키워드 경영 > 동기부여이론

| 해설 |

로크(Locke)의 목표설정이론은 개인의 목표가 개인의 동기유발에 직접적인 요인으로 작용한다는 전제하에 조직구성원의 의식적인 목표와 과업성과 간의 관계를 설명하였다. 목표설정이론에 따르면 일반적인 목표보다 구체적인 목표를 제시하는 것이 구성원들의 동기부여에 더 효과적이다.

28 ④

대표개념 키워드 경영 > 집단

| 해설 |

일반적으로 집단의 크기가 작을수록 의사결정의 속도는 빨라지는 경향이 있다.

29 ⑤

대표개념 키워드 | 시사용어

| 해설 |

1990년대 초반 석유 최고가격제로 기름값을 직접 통제하던 정부는 유가를 시장 자율에 맡기는 유가 자유화로 전환하기로 하였다. 이 과정에서 발생하는 혼란을 방지하기 위해 유가 연동제가 도입되었다. 이후 유가 연동제는 1997년부터 유가 자유화가 도입되면서 폐지되었으나, 유가를 반영해 가격을 변동하는 상품이나 서비스를 두고 넓은 의미에서 유가 연동제를 적용한다고 한다.

30 ②

대표개념 키워드 | 경영 > 거래적 리더십과 변혁적 리더십

| 해설 |

거래적 리더십은 전통적 리더십 이론의 통칭으로 사용되는 용어로, 리더가 상황에 따른 보상에 기초하여 부하들에게 영향력을 행사하는 과정으로 정의할 수 있다. 예외에 의한 관리는 거래적 리더십의 요소에 해당한다.

| 오답 피하기 |

변혁적 리더십이란 리더가 업무에 대한 새로운 시각을 제시하여 부하들의 행동에 변화를 일으키는 리더십이다.

31 ①

대표개념 키워드 | 시사용어

| 해설 |

인 앱 결제란 구글과 애플이 자체 개발한 내부결제시스템으로, 유료 앱과 콘텐츠를 결제하도록 하는 방식을 일컫는다. 구글과 애플이 인 앱 결제를 통해 결제 금액의 최대 30%를 수수료로 내는 것을 추진하기로 하면서 논란이 발생하였고, 우리나라는 2022년 3월부터 앱 마켓의 특정 결제 방식 강제를 금지하는 '인 앱 결제 강제 금지법'을 시행하였다.

32 ①

대표개념 키워드 | 경제 > 순현재가치

| 해설 |

- 순현재가치 : $NPV = -C_0 + \dfrac{R_1}{(1+r)} + \dfrac{R_2}{(1+r)^2}$

- $NPV = -250 + \dfrac{120}{(1+0.2)} + \dfrac{144}{(1+0.2)^2}$
$= -250 + 100 + 100 = -50$ (억 원)

33 ①

대표개념 키워드 | 경제 > 중앙은행의 금융정책

| 해설 |

- 지급준비율정책 : 법정지급준비율↑ → 통화승수↓ → 통화량↓
- 공개시장운영 : 국공채 매각 → 본원통화↓ → 통화량↓
- 재할인율정책 : 재할인율↑ → 시중(예금)은행의 對 중앙은행 차입↓ → 본원통화↓ → 통화량↓

34 ③

대표개념 키워드 | 경제 > 순신용승수

| 해설 |

은행조직 전체의 대출가능총액은 순예금창조액과 일치한다. 본원적 예금에 의해 추가로 창출된 요구불예금을 파생적 예금(derivative deposits) 또는 순예금창조액이라고 한다. 순예금창조액은 총예금창조액에서 본원적 예금을 차감한 값으로 정의된다. 총예금창조액 $= \dfrac{1,000}{0.1} = 10,000$원이므로 순예금창조액은 $10,000 - 1,000 = 9,000$원이 된다.

35 ④

대표개념 키워드 | 경제 > 정부의 재정건전성

| 해설 |

지방도로를 확장하는 확대재정정책을 시행하면 정부지출이 증가하여 재정적자가 심화될 수 있으므로 정부의 재정건전성이 악화될 수 있다.

| 오답 피하기 |

① 국공채의 매각은 중앙은행이 하는 본원통화의 감소정책으로, 정부의 재정건전성과 관련 없다.
② 소득세율이 증가하면 정부의 조세수입이 증가하므로 정부의 재정건전성이 개선된다.
③ 관세 부과와 같은 무역규제를 강화하면 정부의 관세수입이 증가하므로 재정건전성이 개선된다.
⑤ 실업급여대상이 축소되면 실업급여의 지급액이 감소하므로 정부의 재정건전성이 개선된다.

36 ①

대표개념 키워드 경영 > 직무확대화

| 해설 |

집단을 대상으로 하는 직무확대화를 위한 수평적·수직적 측면을 동시에 가지고 있는 직무설계의 형태는 직무순환이다.

| 오답 피하기 |

② 직무충실은 작업자가 수행하고 있는 직무에 의사결정의 권한과 책임이 추가로 부여되는 과업을 더 할당하는 수직적 직무확대이다.
③ 직무확대는 한 작업자가 수행하는 기존 과업의 숫자를 늘리되 의사결정과 관련된 권한이나 책임의 정도는 별로 증가되지 않는 수평적 직무확대이다.
④ 직무교차는 집단을 대상으로 도입할 수 있는 수평적 직무확대로 작업자들 간의 상호협력을 통한 능률 향상과 직무수행에 따른 싫증 감소가 목적이다.
⑤ 준자율적 작업집단은 몇 개의 직무들이 하나의 작업집단을 형성하게 하여 이를 수행하는 작업자들에게 어느 정도의 자율성을 허용해 주는 것이다.

37 ⑤

대표개념 키워드 경영 > 모집과 선발

| 해설 |

기업은 인력을 충원하기 위한 방법으로 내부모집과 외부모집을 고려할 수 있는데, 조직내부에 새로운 충격을 주기 위해 선택되는 방법은 외부모집이다. 외부모집을 통해 타성에 젖어 있는 회사 내부의 분위기를 바꿀 수 있다.

| 오답 피하기 |

내부모집이란 조직 내의 현직 종업원을 대상으로 수행되는 모집활동이고, 외부모집이란 조직 외에 있는 인적자원을 대상으로 수행되는 모집활동이다.

38 ①

대표개념 키워드 시사용어

| 해설 |

밈 주식은 각종 SNS나 온라인 커뮤니티 등에서 개인 투자자의 눈길을 끌어 유행을 타게 된 종목을 의미한다. 기업 실적과 상관없이 개인 투자자 사이에 입소문을 타고 매수 주문이 몰리면서 주가가 급등하거나 급락한다.

39 ③

대표개념 키워드 경영 > 인사평가

| 해설 |

행동기준평가법은 평정척도법과 중요사건기록법을 혼용하여 보다 정교하게 계량적으로 수정한 방법이다.

40 ④

대표개념 키워드 경영 > 보상관리

| 해설 |

해당 기업의 종업원이 받는 임금 수준을 타 기업 종업원의 임금 수준과 비교하는 것은 임금의 외부공정성과 관련 있다.

| 오답 피하기 |

비교대상의 위치에 따라 조직의 밖에 있는 비교대상과는 외부공정성을 인식하고, 조직의 안에 있는 비교대상과는 내부공정성을 인식한다.

41 ③

대표개념 키워드 경제 > 유동성함정

| 해설 |

이자율이 최저 수준으로 떨어지면 채권가격이 최고로 높아 모든 채권을 매각하여 투기적 화폐수요가 최대가 된다. 최저 이자율 수준에서는 유휴자금의 모든 증가분이 투기적 화폐수요로 흡수되는데, 케인스(J. M. Keynes)는 이 구간을 유동성함정(liquidity trap)이라고 하였다. 최저 이자율 수준에서 투기적 화폐수요곡선은 수평선이 되고, 투기적 화폐수요가 이자율에 대해 무한탄력적이 된다.

| 오답 피하기 |

① 경기침체가 발생하면 자금의 공급은 증가하지만 자금의 수요는 감소하여 이자율이 하락한다. 중앙은행은 경기부양을 위해 인위적으로 정책금리를 인하하게 되는데 낮아진 금리에도 불구하고 미래의 불확실성 등으로 경기가 살아나지 않으면 이자율은 최저 수준에서 그대로 머무르게 된다. 따라서 유동성함정은 극심한 경기불황하에서 나타날 수 있다.
② 유동성함정 상태에서 금융정책은 효과가 없으므로 조세감면을 통한 재정정책이 효과적일 수 있다.
④ 유동성함정의 최저 이자율 수준에서는 더 이상 하락할 이자율 수준이 존재하지 않으므로 대부분의 사람들이 미래에 이자율이 상승할 것으로 예상하는 상태이다.
⑤ 유동성함정 상태에서 화폐공급이 증가하더라도 이자율이 하락하지 않으므로 투자가 증가할 것으로 기대하기 어렵다. 따라서 금융정책은 효과가 없게 된다.

42 ④

대표개념 키워드 | 경제 > 자동안정화장치

| 해설 |

재정의 자동안정화장치란 경기변동 시 정부가 의도적으로 재량적인 재정정책을 실시하지 않더라도 자동으로 정부지출이나 조세수입이 변하여 경기변동의 진폭을 완화해 주는 재정제도를 말한다. 누진세제도는 경기가 호황일 때 누진적으로 세금을 징수하여 경기를 진정시키고, 실업보험은 경기가 불황일 때 실업급여 지급을 통해 총수요를 증가시키는 효과를 나타낸다.

| 오답 피하기 |

① 재정의 자동안정화장치의 예로는 누진소득세제 또는 비례소득세제, 실업보험제도, 사회보장제도, 최저임금제 등이 있다.
② 경기회복기의 누진세제하에서는 처분가능소득의 증가를 억제하므로 회복을 더디게 할 수 있는데, 이를 재정적 견인이라고 한다.
③ 한계소비성향이 클수록 처분가능소득의 변화에 대한 소비의 변동도 크게 나타나므로 자동안정화 효과가 크게 나타난다.
⑤ 재정의 자동안정화장치는 정책당국이 경기진단과 경제안정화를 위한 정책을 집행하는 내부시차를 줄일 수 있다.

43 ④

대표개념 키워드 | 경제 > 총수요와 총공급

| 해설 |

물가가 변동하면 총수요곡선상의 변화를 가져오고, 물가 이외의 요인에 의해 총수요가 변하면 총수요곡선 자체가 변동한다.

| 오답 피하기 |

① 기술진보 → 총생산 증가 → 장기총공급곡선의 우측 이동
② 투자세액공제 확대 → 투자의 증가 → 총수요의 증가
③ 향후 물가 상승의 예상 → 물가 상승 이전에 가수요의 증가 → 총수요의 증가
⑤ 확대금융정책 → 화폐공급의 증가 → 이자율의 하락 → 소비와 투자의 증가 → 총수요의 증가

44 ③

대표개념 키워드 | 경제 > 총수요와 총공급의 변동

| 해설 |

- (가)의 상황 : 자본축적은 공급능력을 향상시켜 총공급이 증가하므로 총공급곡선이 우측으로 이동한다.
- (나)의 상황 : 중앙은행의 국공채 매입으로 통화량이 증가하므로 총수요가 증가하여 총수요곡선이 우측으로 이동한다.

총수요의 증가와 총공급의 증가는 갑국의 생산을 증가시키므로 경기를 활성화시키는 요인이 된다.

| 오답 피하기 |

① (가)의 상황은 총공급곡선을 우측으로 이동시킨다.
② (나)의 상황은 총수요곡선을 우측으로 이동시킨다.
④ 총수요의 증가는 물가를 상승시키고, 총공급의 증가는 물가를 하락시킨다. 따라서 총수요의 증가효과가 총공급의 증가효과보다 크다면 물가는 상승한다.
⑤ (가)의 상황은 총공급곡선의 우측 이동이고, (나)의 상황은 총수요곡선의 우측 이동이다.

45 ①

대표개념 키워드 | 경제 > 고용지표

| 해설 |

일자리를 찾으려고 노력하다가 지쳐 포기한 구직 단념자를 실망실업자라고 한다. 실망실업자는 비경제활동인구로 분류되므로 실질적으로 실업상태이지만 통계에서는 제외되므로 실업률이 과소평가되는 문제가 발생한다.

46 ③

대표개념 키워드 | 경영 > 숍(shop) 제도

| 해설 |

유니온 숍은 사용자가 노동자를 고용할 때 자유로운 고용이 허락되지만, 일단 고용된 후에는 노동조합의 가입을 의무화하는 제도이다. 고용 후에 노동조합을 탈퇴하거나 제명되면 고용을 유지할 수 없다.

| 오답 피하기 |

① 오픈 숍은 조합원과 비조합원 모두를 고용할 수 있으며 조합의 가입이 고용조건이 아닌 제도이다.
② 우선 숍은 고용에 있어 노동조합원에게 우선권을 부여하는 제도이다.
④ 클로즈드 숍은 사용자가 노동자를 고용함에 있어 반드시 노동조합원 중에서 선발해야 하는 제도이다.
⑤ 에이전시 숍은 노동조합원뿐만 아니라 노동조합원이 아닌 노동자에게도 노동조합의 조합회비를 징수하는 제도이다.

47 ⑤

| 대표개념 키워드 | 시사용어 |

| 해설 |
유상증자는 기업이 주식을 추가 발행한 다음 이를 주주로부터 돈을 받고 나눠 주는 방식으로 자본금을 늘리는 것이다. 기업이 유상증자를 하면 발행 주식 수와 함께 회사 자산도 늘어난다.

48 ②

| 대표개념 키워드 | 경영 > 산업재 |

| 해설 |
산업재의 경우 직접구매를 하는 것이 일반적이다.

| 오답 피하기 |
산업재 시장의 특징은 다음과 같다.

구분	특징
시장구조와 수요	• 산업재 시장은 더 적은 수 그러나 더 큰 규모의 구매자를 가지고 있다. • 산업재 고객은 지역적으로 더 집중되어 있다. • 산업재 구매자 수요는 최종소비자 수요로부터 나온다. • 산업재 시장에서의 수요는 더 비탄력적이다. 즉, 수요가 단기적 가격 변화에 덜 영향을 받는다. 원자재의 가격 하락이 소비자의 제품수요를 증가시킬 만큼의 가격 하락으로 연결되지 않는다면 제조업체가 원자재를 더 많이 구입하도록 하지는 않을 것이다. • 산업재 시장에서의 수요는 변동이 심하고, 더 빨리 변동한다. 소비자 수요의 작은 증가가 산업재 수요의 큰 증가를 유발할 수 있다.
구매단위의 성격	• 산업재 구매는 더 많은 의사결정참여자를 포함한다. • 산업재 구매는 더 전문적인 구매노력이 수반된다.
의사결정유형과 의사결정과정	• 산업재 구매자는 보통 더 복잡한 구매의사결정에 직면한다. • 산업재 구매절차는 더 공식화되어 있다. • 산업재 구매에서는 구매자와 판매자가 긴밀하게 협력하며, 장기적 관계를 형성한다.

49 ⑤

| 대표개념 키워드 | 경영 > 앰부시마케팅 |

| 해설 |
앰부시(ambush)는 원래 매복을 뜻하는 말로, 공식 스폰서가 아닌 기업들이 교묘하게 규제를 피해 자신의 브랜드나 제품을 광고에 이용하여 마케팅 효과를 얻는 불법적 행위를 말한다. 앰부시마케팅으로 인해 지식재산권 문제와 관련한 분쟁이 발생하기도 한다.

50 ④

| 대표개념 키워드 | 경영 > 포지셔닝기법 |

| 해설 |
다양한 제품 속성과 각 속성 수준의 상대적 매력도를 평가하여 최적의 속성조합을 도출해 내기 위한 방법은 컨조인트 분석이다.

| 오답 피하기 |
③ 포지셔닝 맵은 시장에 출시된 여러 상표들에 대한 소비자의 생각(경쟁상표들에 대한 지각 및 경쟁관계)을 도표상에 표시한 것이다.
⑤ 다차원척도법은 소비자의 인지상태를 기하학적 공간에 표시하는 기법을 말한다.

51 ③

| 대표개념 키워드 | 시사용어 |

| 해설 |
차액 결제 거래(CFD : Contract For Difference)는 실제로는 투자 상품을 보유하지 않으면서 차후 가격 변동에 따른 차익만 정산하는 장외 파생 상품이다. 투자자와 증권사가 맺는 일종의 계약으로 과거 FX마진 거래에서 주로 활용되었다가 주식으로 영역이 넓어졌다.

52 ②

| 대표개념 키워드 | 시사용어 |

| 해설 |
'블러(blur)'는 '희미한 것'을 뜻하는 단어로, 앞에 '크다(big)'를 붙여 'big blur'로 종종 쓰이는데, 이는 디지털 경제로의 전환이 가속화되면서 산업 간 경계가 모호해지는 현상을 의미한다. 기존 은행은 금융과 비금융 간의 엄격한 분리를 강조하는 금산 분리 원칙에 따라 금융 서비스와 관련되지 않은 사업을 할 수 없었다. 하지만 최근 은행이 비금융 산업에 진출하는 사례가 증가하고 있다. 즉, 산업 간 융합화와 복합화의 진전과 함께 전통적인 산업 간 경계가 사라지는 빅블러 현상이 나타나고 있다.

53 ③

대표개념 키워드 | 시사용어

| 해설 |

코즈정리란 외부성으로 인해 영향을 받는 모든 이해당사자들이 자유로운 협상에 의해 상호 간의 이해를 조정할 수 있다면 정부가 적극적으로 개입하지 않아도 시장에서 스스로 외부성 문제를 해결할 수 있다는 것이다.

54 ③

대표개념 키워드 | 시사용어

| 해설 |

(가) 스태그플레이션은 경기 침체를 의미하는 '스태그네이션(stagnation)'과 '인플레이션(inflation)'을 합성한 용어로, 경제 불황 속에서도 물가 상승이 동시에 나타나는 상태를 의미한다.
(나) 스크루플레이션은 돌려 조인다는 뜻의 '스크루(screw)'와 '인플레이션(inflation)'을 합성한 용어로, 물가 상승과 실질 임금 감소 등으로 중산층의 가처분 소득이 줄어드는 현상을 말한다.

55 ③

대표개념 키워드 | 경제 > 물가안정화 정책

| 해설 |

원화가치의 하락은 원화 표시 수입원자재 가격을 인상시키므로 물가 상승을 유발하는 요인이다. 원화가치의 하락이 순수출을 증가시켜 총수요가 증가한다면 물가 상승은 더욱 커진다.

| 오답 피하기 |

① 이자율이 인상되면 소비와 투자가 감소하여 총수요가 감소하므로 물가가 하락한다.
② 통화공급이 감소하면 이자율이 상승하여 총수요가 감소하므로 물가가 하락한다.
④ 재정지출이 감소하면 총수요가 감소하므로 물가가 하락한다.
⑤ 공개시장운영을 통해 중앙은행이 채권을 매각하면 본원통화가 감소하여 통화량이 감소한다. 통화량이 감소하면 총수요가 감소하므로 총수요곡선이 좌측으로 이동하여 물가 하락을 가져온다.

56 ①

대표개념 키워드 | 경영 > 브랜드

| 해설 |

브랜드 인지도는 (+)의 인지도와 (−)의 인지도로 구분할 수 있다. (+)의 인지도는 브랜드자산의 형성에 긍정적이지만, (−)의 인지도는 브랜드자산의 형성에 부정적이다. 따라서 브랜드 인지도가 항상 브랜드자산의 형성에 기여하는 것은 아니다.

57 ③

대표개념 키워드 | 경영 > 가격

| 해설 |

베버의 법칙이란 소비자가 가격 변화에 대해 느끼는 정도가 가격 수준에 따라 모두 동일한 것이 아니고 차이가 있다는 이론을 말한다. 즉, 차이의 인식이 절대적이라기보다 상대적이라는 것이다.

| 오답 피하기 |

① 권위(명성)가격은 가격이 품질과 제품의 지위를 반영한다고 믿는 구매자의 심리(가격−품질 연상)를 활용한 가격전략이다.
② 유보가격은 소비자가 어떤 제품에 대해 지불할 의사가 있는 최고가격을 말한다. 이에 따라 구매 전에 소비자가 생각하고 있었던 유보가격보다 제시된 제품가격이 높으면 소비자는 구매를 유보하게 된다. 유보가격도 준거가격과 마찬가지로 소비자의 과거 구매경험과 지각된 제품품질에 따라 브랜드 또는 소비자 간에 차이가 있다. 반면, 제품가격이 너무 싸면 소비자는 제품에 하자가 있는 것으로 판단하고 구매를 거부하게 되는데, 이러한 가격을 최저수용가격이라고 한다. 일반적으로 소비자는 준거가격을 중심으로 유보가격과 최저수용가격 내에서 제품을 구매한다.
④ 가격−품질 연상은 고가격이 고품질이라는 인식이다.
⑤ 최소인식가능차이(JND)는 소비자들이 가격차이를 느낄 수 있는 최소한의 가격 변화를 말한다. 즉, 소비자가 10,000원짜리 제품에서 1,000원 미만의 가격 인상은 인식하지 못하지만, 1,000원 이상의 가격 인상은 인식하는 상황을 말한다. 손실회피로 인해 일반적으로 가격을 인하하는 경우의 JND가 가격을 인상하는 경우의 JND보다 크다. 또한 가격 인하는 JND보다 크게 해야 판매가 늘고, 가격 인상은 JND보다 작게 해야 소비자의 저항을 줄일 수 있다.

58 ④

대표개념 키워드 경영 > ESG 경영

| 해설 |
AI 기반 및 ICT 모델을 적용한 어르신 돌봄 서비스는 사회 안전망 구축 및 사회적 가치를 창출하는 S(Social)에 해당한다.

| 오답 피하기 |
ESG는 'Environment', 'Social', 'Governance'의 앞글자를 딴 단어로, 기업 활동에 친환경, 사회적 책임 경영, 지배 구조 개선 등 투명 경영을 고려해야 지속 가능한 발전을 할 수 있다는 철학을 담고 있다.

59 ④

대표개념 키워드 경영 > 광고매체의 선정기준

| 해설 |
특정 기간 동안 궁극적으로 광고에 노출되는 소비자의 숫자를 의미하는 것은 도달범위이다.

| 오답 피하기 |
① 예산은 사용할 수 있는 광고비용으로서의 금전적 범위를 의미한다.
② 빈도는 특정 기간 동안 개인이 광고에 노출된 횟수를 의미한다.
③ 영향력은 특정 매체를 통해 노출된 질적 가치로서 소비자의 변화 정도를 의미한다.
⑤ CPM(Cost Per Mille)은 1,000명의 사람에게 도달하는 데 드는 비용을 의미한다.

60 ⑤

대표개념 키워드 경영 > 경영전략

| 해설 |
전방결합은 자사의 단계 이후에 제조 혹은 물류를 담당하는 회사 등을 통합하는 것이다. 후방결합은 원재료를 제공하거나 제품 제조 과정에서 부품을 납품하는 이전 단계 기업을 통합하는 것이다.

61 ④

대표개념 키워드 경제 > 인플레이션의 종류

| 해설 |
㉠은 비용인상 인플레이션, ㉡은 수요견인 인플레이션이다. 수출은 총수요의 구성요소이므로 수출의 증가로 물가가 상승했다면, 이는 수요견인 인플레이션에 해당한다.

| 오답 피하기 |
① ㉠은 원유가격 상승으로 인한 인플레이션이므로 비용인상 인플레이션이다.
② 비용인상 인플레이션이 발생하면 경기가 침체하면서 물가가 상승하는 스태그플레이션이 발생한다.
③ 수요견인 인플레이션이 발생하면 물가는 상승하지만 경기 확장으로 실업률은 감소한다.
⑤ ㉠은 총공급이 감소하므로 경기 침체를 유발하지만, ㉡은 총수요가 증가하므로 경기 확장을 가져온다.

62 ②

대표개념 키워드 시사용어

| 해설 |
리쇼어링은 해외에 진출한 자국의 제조 기업을 다시 국내로 돌아오도록 하는 정책으로, 저렴한 인건비를 이유로 해외로 공장을 옮기는 오프쇼어링과 반대되는 말이다.

63 ⑤

대표개념 키워드 경제 > 비교우위론

| 해설 |
을은 X재를 Y재 1개의 비용으로 생산하고, 갑은 X재를 Y재 2개의 비용으로 생산하고 있다. 을이 X재 1개를 Y재 1~2개 사이에서 교환하자고 제안할 때 거래는 성립될 것이다. 을이 X재 1개를 Y재 2개 이상과 교환하자고 제안하면, 갑은 자신이 직접 X재를 생산할 것이기 때문이다. X재의 교환조건은 갑과 을의 X재 생산의 기회비용 사이에서 결정된다.

| 오답 피하기 |
① 시간당 X재의 생산량이 갑은 1개이고, 을은 2개이므로 갑은 X재 생산에 절대열위에 있다.
② 갑은 X재 1개를 생산하면 Y재 2개의 생산을 포기해야 한다. 따라서 갑의 X재 생산의 기회비용은 Y재 2개이다.
③ X재 생산의 기회비용은 갑보다 을이 작다. 따라서 을은 X재 생산에 특화한다.
④ 을은 X재 2개를 생산하면 Y재 2개의 생산을 포기해야 한다. 따라서 을의 X재 생산의 기회비용은 Y재 1개이다.

64 ③

대표개념 키워드 | 시사용어

| 해설 |

베블런효과는 명품 산업에서처럼 가격이 비싸질수록 수요가 증가하는 현상을 말한다.

65 ③

대표개념 키워드 | 경제 > 국제금융

| 해설 |

금리 상승으로 가계의 이자 상환 부담이 증가하면 소비가 위축되고 이는 총수요 감소로 이어질 수 있다.

| 오답 피하기 |

① 러시아-우크라이나 전쟁으로 원자재 가격이 상승하여 비용 인상 인플레이션이 발생하고 있다.
② 원/달러 환율이 상승하면서 원화가치가 하락하고 물가가 상승하고 있다.
④ 미국 연준의 금리 인상은 국내 금리 인상으로 이어지기 때문에 수요가 위축되고 경기가 둔화될 가능성이 높다.
⑤ 원화 가치가 하락하면 교역 조건은 악화되기 때문에 환율 상승은 우리나라의 대외 교역 조건을 악화시키는 요인으로 작용한다.

66 ②

대표개념 키워드 | 경영 > 자본자산가격결정모형

| 해설 |

자본자산가격결정모형은 세금과 거래비용이 존재하지 않는다고 가정한다. 자본자산가격결정모형의 가정에서는 투자자들은 모두 위험회피형이며, 기대효용 극대화를 추구한다.

| 오답 피하기 |

자본자산가격결정모형의 가정에서는 기대수익-위험, 즉 평균-분산 기준을 고려하여 포트폴리오를 선택한다. 또한 자본과 정보의 흐름에 마찰이 없고, 제도적 장애요인도 없으므로 완전자본시장을 가정한다. 투자기간은 단일기간으로 보고, 무위험자산이 존재하고 동일한 무위험이자율이 적용되기 때문에 무위험이자율로 무제한 차입 또는 대출이 가능하다. 모든 투자자는 투자대상의 미래 수익률의 확률분포에 대해 동질적인 예측을 한다.

67 ④

대표개념 키워드 | 경영 > 파생상품

| 해설 |

풋옵션(put option)은 기초자산을 팔 수 있는 권리가 부여된 옵션이다. 기초자산을 살 수 있는 권리가 부여된 옵션은 콜옵션(call option)이다.

68 ①

대표개념 키워드 | 경영 > 합병이득

| 해설 |

합병이득은 매수기업의 순자산 공정가치에서 합병대가를 차감한 값이다. 매수기업의 순자산 공정가치가 70억 원(=3억 원÷10%+40억 원)이고, 합병대가가 60억 원이므로 합병이득은 10억 원이 된다.

69 ③

대표개념 키워드 | 경영 > 매출총이익률

| 해설 |

매출총이익률은 '{(매출액-매출원가)/매출액}×100'으로 계산한다. 따라서 TV 1대의 가격은 200만 원(=160만 원/0.8)이다.

70 ①

대표개념 키워드 | 경영 > 당기순이익

| 해설 |

당기순손익은 '수익-비용'으로 계산할 수 있다. 수익에 해당하는 항목은 상품매출이익, 이자수익, 임대수익이고, 비용에 해당하는 항목은 이자비용, 급여, 보험료이다. 따라서 당기순손익은 수익(70,000원+50,000원+40,000원=160,000원)-비용(60,000원+30,000원+20,000원=110,000원)을 계산한 이익 50,000원이다.

71 ④

대표개념 키워드 | 경제 > 환율 변동의 원인

| 해설 |
국내 기업의 해외공장 설립이 증가하면 자본유출(외환의 수요)의 증가로 인해 환율이 상승한다.

| 오답 피하기 |
① 해외의 경기가 호황이면 자국의 수출(외환의 공급)이 증가하여 환율이 하락한다.
② 미국의 이자율이 하락하면 국내시장에서 자본유출(외환의 수요)이 감소하여 환율이 하락한다.
③ 국내 기업의 해외 투자가 감소하면 자본유출(외환의 수요)이 감소하여 환율이 하락한다.
⑤ 외국인 관광객의 국내 방문이 증가하면 자본유입(외환의 공급)이 증가하여 환율이 하락한다.

72 ③

대표개념 키워드 | 시사용어

| 해설 |
어떤 경제주체가 특정 활동을 다른 경제주체에 비해 적은 비용으로 할 수 있으면 절대우위에 있다고 한다.

| 오답 피하기 |
② 어떤 경제 주체가 수행하는 특정 활동의 기회비용이 다른 경제주체에 비해 낮으면 비교우위에 있다고 한다.

73 ①

대표개념 키워드 | 경제 > 구매력평가설

| 해설 |
구매력평가설은 자유무역하에서 성립하는 것이므로 경상수지의 변동에 초점이 있으며, 국가 간 무역자유화와 관련 있고, 자본의 이동자유화와는 관련이 없다. 국가 간 자본의 이동 자유화는 자본수지의 변동에 초점이 있는 이자율평가설과 관련이 있다.

| 오답 피하기 |
② 구매력평가설은 국제생산물시장에서 일물일가의 법칙에 이론적 바탕을 두고 있다.
③ 구매력평가설은 국제적인 일물일가의 법칙을 전제로 하고 있지만, 수송비용과 정부의 무역제한조치들은 국가 간의 재화 이동에 비용을 발생시키고 이에 따라 이 이론의 기초가 되는 일물일가의 법칙의 성립을 약화시킨다.
④ 구매력평가설은 자유무역하에서 성립하므로 경제통합이 크게 일어날수록 구매력평가설에 보다 접근할 것으로 기대한다.
⑤ 정부의 물가 수준 측정방법과 재화의 국제무역 비중이 국가마다 다르기 때문에 구매력평가설에 의한 환율 변화의 설명력은 저하된다.

74 ④

대표개념 키워드 | 경제 > 환율

| 해설 |
환율이 상승하면 원화 가치가 하락하므로 내국인의 해외여행은 감소한다. 환율이 상승하면 달러화 가치가 상승하므로 외국인의 국내여행은 증가한다.

| 오답 피하기 |
① 환율이 상승하면 수출품의 국제가격이 하락하여 교역조건이 악화된다.
② 환율이 상승하면 수출 증가와 수입 감소로 경상수지가 개선된다. 그러나 환율 상승은 원화 가치 하락으로 국내 물가를 상승시킨다.
③ 환율이 상승하면 달러화 표시 외채를 갚아야 하는 기업의 부담은 증가한다.
⑤ 환율이 상승하면 수출품의 달러화 표시 가격이 하락한다. 이는 미국시장에 수출되는 상품의 가격경쟁력을 높인다.

75 ②

대표개념 키워드 | 경제 > J-곡선효과

| 해설 |
J-곡선효과란 경상수지 적자 시 경상수지의 개선을 위해 환율 인상(평가절하)을 단행했을 때 일정 기간 경상수지가 개선되지 못하고 악화되다가 상당한 기간이 경과해야 경상수지가 개선되는 효과를 말한다. J-곡선효과가 발생하는 이유는 환율 인상에 따른 수출입상품의 가격 변동과 수출입물량의 변동 간에 시차가 존재하기 때문이다. 환율이 인상되면 수출상품가격(달러화 표시)의 하락과 수입상품가격(원화 표시)의 상승은 즉시 나타나지만, 수출물량의 증가와 수입물량의 감소는 시간을 두고 서서히 나타나기 때문에 환율 인상이 단기에는 경상수지 적자를 확대시키는 것이다.

76 ②

| 대표개념 키워드 | 경영 > 분개 |

| 해설 |

외상으로 판매했던 상품에 대한 대금 300,000원을 현금으로 받은 거래를 분개하면 '(차) 현금 ₩300,000 (대) 외상매출금 ₩300,000'이 되고, 받은 현금을 당좌예입한 거래를 분개하면 '(차) 당좌예금 ₩300,000 (대) 현금 ₩300,000'이 된다. 따라서 이 두 분개를 결합하면 '(차) 당좌예금 ₩300,000 (대) 외상매출금 ₩300,000'이 된다.

77 ④

| 대표개념 키워드 | 경영 > 취득원가 |

| 해설 |

토지 취득원가 = 5,000,000원 + 60,000원 + 40,000원
              + 200,000원
            = 5,300,000원

78 ②

| 대표개념 키워드 | 경영 > 재무상태표 |

| 해설 |

기말자본 = 10,000,000원 + 8,000,000원 − 5,000,000원
         = 13,000,000원

79 ①

| 대표개념 키워드 | 경영 > 롱테일 |

| 해설 |

롱테일(long tail)은 '긴 꼬리(큰 시장)의 끝부분에 해당하는 작은 시장과 개별적 요구로 이루어진 다수'를 의미하는 용어이다. 따라서 롱테일 법칙은 인터넷의 발달로 그동안 수익성이 없어 소외되었던 80%를 기업의 고객으로 만들 수 있다는 의미이다. 시간과 비용의 제약하에 수많은 콘텐츠 중 꼭 봐야 할 콘텐츠를 필터링하는 기능이 웹 사용자들에게 필요하게 되어 대부분의 검색엔진은 콘텐츠의 분야별 순위를 알려주고 각 콘텐츠의 평점을 제시하는데, 이러한 형태의 정보를 어텐션(attention)이라고 한다. 따라서 어텐션은 흩어진 관심사를 모아 모든 사용자에게 필요한 정보를 주는 역할을 한다.

| 오답 피하기 |

② 빅 데이터는 급증하는 디지털 환경에서 기존의 데이터베이스 시스템으로 처리하기 어려운 대규모의 데이터를 말한다.
③ 데이터 마트는 데이터웨어하우스와 사용자 사이에 있는 중간층을 말한다. 데이터웨어하우스는 기업 등의 조직에서 여러 해 동안 축적하여 생긴 조직의 데이터와 외부 데이터를 주제별로 통합하여 별도의 조작 없이 즉시 여러 각도에서 분석을 가능하게 하는 통합 데이터베이스 시스템이다.
④ 사이버 불링은 온라인상에서 특정 대상에게 의도적·반복적으로 적대적 발언 등의 악의적 행위를 하는 것을 말한다.
⑤ 크라우드소싱이란 대중을 의미하는 'crowd'와 외부를 의미하는 'outsourcing'의 합성어로, 소셜네트워킹 기법을 이용하여 제품이나 지식의 생성과 서비스 과정에 대중을 참여시킴으로써 생산단가를 낮추고 부가가치를 증대하며, 발생된 수익의 일부를 다시 대중에게 보상하는 새로운 경영혁신방법이다. 크라우드소싱을 통해 기업은 콘텐츠를 직접 제작하지 않고도 웹 사용자가 업로드하는 자료교류의 커뮤니티를 제공하여 이익을 창출하고, 웹 사용자는 다른 사람의 콘텐츠를 공유하여 만족을 느낀다.

80 ④

| 대표개념 키워드 | 시사용어 |

| 해설 |

사이닝 보너스는 회사의 새 직원에게 근로 계약 시 연봉 외에 별도로 주는 일회성 인센티브로, 계약금으로도 불린다. 일반적으로 일정 기간 이직 금지 등을 약속하며 지급하고, 의무 재직 기간을 지키지 않을 경우 반환하는 방식을 적용하기도 한다.

제2회 정답 및 해설

매경TEST 제 2 회 파이널 실전 모의고사

01	02	03	04	05	06	07	08	09	10	11	12	13	14	15	16	17	18	19	20
①	①	④	①	④	⑤	④	⑤	⑤	②	⑤	①	⑤	③	②	②	④	④	③	②
21	22	23	24	25	26	27	28	29	30	31	32	33	34	35	36	37	38	39	40
④	③	①	③	⑤	①	④	③	③	③	②	③	③	②	⑤	③	④	⑤	③	②
41	42	43	44	45	46	47	48	49	50	51	52	53	54	55	56	57	58	59	60
④	③	⑤	③	⑤	③	③	③	⑤	③	②	③	④	②	③	③	③	③	①	④
61	62	63	64	65	66	67	68	69	70	71	72	73	74	75	76	77	78	79	80
②	①	③	①	③	④	③	②	①	①	④	③	①	④	③	①	②	③	②	②

01 ①

대표개념 키워드 경영 > 주식회사

| 해설 |
주식회사는 회사 채권에 대해서는 책임을 지지 않고, 자기가 인수한 주식의 금액을 한도로 책임을 진다. 회사의 목적은 이윤을 내기 위한 것이고, 자본의 증권화를 통해 소유와 경영을 분리할 수 있다. 또 주주들은 한 주당 하나의 의결권을 행사할 수 있다.

| 오답 피하기 |
② 주주들은 자신이 인수한 주식의 금액을 한도로 유한책임을 진다.
③ 주식회사는 공익이 아닌 출자자들의 이윤추구를 목적으로 한다.
④ 주식회사는 자본을 증권화함으로써 소유와 경영을 분리할 수 있다.
⑤ 주주들은 한 주당 하나의 의결권을 행사한다. 한 사람당 하나의 의결권을 행사하는 조직은 협동조합이다.

02 ①

대표개념 키워드 경영 > 산업구조분석

| 해설 |
마이클 포터의 산업구조분석에서는 기존 산업 내의 경쟁, 대체재의 존재, 공급자의 교섭력, 수요자의 교섭력, 잠재적 경쟁자를 산업에 영향을 주는 주된 5가지 힘으로 상정했다. 산업에 존재하는 보완재는 고려대상이 아니다.

03 ④

대표개념 키워드 경영 > 마케팅

| 해설 |
기업이 소비자의 마음 속에 자사의 제품을 차별적인 가치로서 떠오르도록 하는 과정을 포지셔닝이라고 한다.

| 오답 피하기 |
① 로열티란 경쟁 기업의 마케팅활동이나 새로운 정보의 등장에도 불구하고 고객들이 특정 제품이나 서비스에 지속적으로 충성하는 것을 말한다.
②③ 마케팅전략 중 STP전략은 각각 세그멘팅, 타겟팅, 포지셔닝으로 먼저 시장을 세분화한 뒤 목표 시장을 선정하고, 그 시장에서 제품 및 브랜드를 소비자의 마음 속에 위치시키는 것을 의미한다.
⑤ 디마케팅은 기업이 고객의 수요를 의도적으로 줄이는 마케팅기법으로, 정기적으로 고객과 건실한 관계를 유지하고 발전시켜 나가기 위해 마케팅활동을 억제하는 것을 의미한다.

04 ①

대표개념 키워드 경영 > 주식회사

| 해설 |
「상법」상 회사가 청산하게 될 때 채권자 및 회사 근로자, 조세 당국 등이 잔여재산에 대한 청구권을 갖는다. 주주는 회사 채무에 대한 책임을 지지 않는 대신 가장 후순위의 청구권을 갖게 된다.

| 오답 피하기 |
②③④⑤ 상황에 따라 회사의 잔여재산에 대한 청구권을 가지고, 주주보다 앞서 청산한 재산을 받을 수 있는 권리를 가진다.

05 ④

대표개념 키워드 경영 > 재무활동

| 해설 |

주식분할은 자본의 증가 없이 발행주식의 총수를 늘리고, 이를 주주들에게 나누어주는 것으로, 자본의 구성 항목에는 변동이 없고, 주당 액면금액이 감소하는 재무활동이다. 이 재무활동은 발행주식 수와 액면금액에만 영향을 미치므로 자본 항목의 변동을 나타내지 않는다.

| 오답 피하기 |

① 무상증자는 주식 수를 늘리며 자본금을 늘리게 된다. 따라서 자본금이 증가하여 구성 항목이 변하게 된다. 무상증자는 실제 납입되는 자본은 없지만 재무상태표의 자본 항목을 변동시킴으로써 자본금을 증가시키게 된다. 이런 특징 때문에 무상증자를 형식적 증자라고도 한다.
② 유상증자는 주식 수를 늘리며 자본금을 늘리게 된다. 유상증자는 실제로 외부에서 자금을 조달해오고 이를 자본금으로 삼는다.
③ 주식병합은 자본의 구성 항목을 변동시키지 않지만 주당 액면금액이 커지고, 주식 수가 감소하는 결과를 낳는다.
⑤ 주식배당은 기업의 배당을 주식으로 하는 형태로, 이익잉여금 등이 감소하고 자본금이 증가하게 된다.

06 ⑤

대표개념 키워드 경영 > 마케팅

| 해설 |

소비자가 상품을 구입할 때 심리적으로 기준을 세우는 가격을 준거가격이라고 한다.

| 오답 피하기 |

① 단수가격은 소비자에게 할인된 가격으로 느껴지게 하는 가격으로 3만 원이 아닌 29,900원 등의 가격책정을 의미한다.
② 명성가격이란 가격이 높을수록 품질이 높을 것이라고 예상하는 소비자의 특징을 이용하여 높은 가격을 책정하는 전략을 의미한다.
③ 묶음가격이란 항공권과 호텔과 같이 서로 밀접한 관계가 있는 상품을 한데 묶어 파는 가격전략을 의미한다.
④ 유인가격이란 다양한 품목을 판매하는 할인점 등이 특정 제품의 가격을 대폭 인하, 소비자가 상점에 들르도록 하는 가격전략을 의미한다. 이른바 미끼상품을 이용하는 전략으로, 결과적으로 상점에 들른 소비자가 다른 상품을 함께 구입하게 함으로써 이윤을 얻게 된다. 이를 통해 소비자를 유인한다는 점에서 유인가격이라는 명칭을 사용한다.

07 ④

대표개념 키워드 경영 > 재무비율

| 해설 |

(순이익/매출액)×(매출액/총자본)×100%=(순이익/총자본)×100%=매출액순이익률×총자본회전율은 총자본순이익률이다.

| 오답 피하기 |

① 매출액증가율=(당기매출액/전기매출액)×100%−1
② 매출액순이익률=(당기순이익/매출액)×100%
③ 자기자본이익률=(순이익/평균자기자본)×100%
⑤ 매출액영업이익률=(영업이익/매출액)×100%

08 ⑤

대표개념 키워드 경영 > 회계이론

| 해설 |

퇴직급여부채는 비유동부채에 해당한다. 1년 이내에 상환하지 않는 부채를 비유동부채라고 한다.

| 오답 피하기 |

①②③④ 선수금, 매입채무, 단기차입금, 미지급법인세 등은 모두 1년 이내에 상환하는 부채이므로 유동부채로 분류한다.

09 ⑤

대표개념 키워드 경영 > 경제적 환경

| 해설 |

인구 변화는 인구통계학적 환경에 해당한다. 거시적 환경 중 경제적 환경에는 경기변동, 물가 상승, 소득 수준, 경상수지 등이 있다.

| 오답 피하기 |

거시적 환경에는 인구통계학적 환경(인구 변화, 가구수 및 가구당 가족수 등), 경제적 환경(경기변동, 물가 상승, 소득 수준, 경상수지 등), 기술적 환경 및 법률적 환경 등이 포함된다.

10 ②

대표개념 키워드 | 경영 > 경영관리이론

| 해설 |

테일러는 초기 경영관리이론을 확립하여 전문화의 원리에 따른 직무설계, 시간 및 동작연구를 통한 과업 관리, 차별적 성과급 제도 등을 통해 동기부여 및 경영관리를 시도하였다. 이는 높은 생산성 향상을 가져오는 등 큰 성공을 거두었지만 동시에 생산성 측면에만 집중한 나머지 인간의 심리적·생리적·사회적 측면을 고려하지 않았다는 비판을 받았다. 테일러는 성과급제를 도입하며 고임금을 통한 동기부여를 강조하였다.

| 오답 피하기 |

①③④⑤ 테일러는 동작연구를 통해 최적의 생산성 향상을 강조하는 동시에 성과급 도입을 통해 노동자들에 대한 동기부여 또한 중요하다고 주장하였다.

11 ⑤

대표개념 키워드 | 경영 > 글로벌경영이론

| 해설 |

기업이 해외진출을 하는 경우 진출방식은 크게 수출, 계약에 의한 방식, 해외직접투자의 3가지로 나눌 수 있다. 턴키 프로젝트는 계약에 의한 방식에 속하며, 생산설비를 건설한 뒤 설비가 가동되어 생산이 개시될 수 있는 시점에서 소유권을 넘겨 주는 계약 형태이다.

| 오답 피하기 |

① 계약생산이란 국제 하청방식을 의미하는 것으로, 생산비 절감 및 운송 효율 등을 목적으로 현지 법인에서 상품을 생산하는 것을 말한다. 이는 계약에 의한 해외진출방식에 속한다.
② 합작투자란 2개 이상의 기업이 공동의 소유권을 가지는 해외사업을 추진하는 것으로 해외직접투자에 속한다.
③④ 라이센싱과 프랜차이징은 모두 계약에 의한 해외진출방식에 속한다. 라이센싱은 권리를 양도하고 로열티를 받는 선의 계약진출방식이지만, 프랜차이징은 직접적인 경영과 영업 노하우 등 상표권을 넘어선 실제 운영에 대한 지원까지 한다는 점에서 차이가 있다.

12 ①

대표개념 키워드 | 경영 > 전략

| 해설 |

선점자의 지위는 소비자들에게 먼저 이미지를 각인시킴으로써 후발주자의 진입을 어렵게 하고, 유통망과 자원을 선점하고 경험을 쌓아 비용을 절감할 수 있다는 장점이 있다. 또한 산업의 기술표준을 결정함으로써 파생되는 다른 시장에 영향력을 미칠 수 있다. 하지만 초기의 연구개발비용이 많이 들어 시장에 안착하지 못하면 막대한 손해를 볼 위험이 있다.

| 오답 피하기 |

②③④⑤ 선점자의 지위에 따르는 이점에 대한 설명이다.

13 ⑤

대표개념 키워드 | 경영 > 재무활동

| 해설 |

기업의 현금유입이란 어떤 재무활동을 통해 기업이 외부로부터 현금을 받는 활동을 의미한다. 매출채권의 회수란 상품을 판매하고 받지 못한 대금(매출채권)을 돌려받았다는 의미로, 이는 회사에 현금이 유입되는 결과를 낳는다.

| 오답 피하기 |

① 부채를 상환하면 기업에서 현금이 빠져나가게 된다.
② 이자비용을 지급하면 현금이 빠져나간다.
③ 자기주식을 취득한다는 것은 시중에서 거래되는 자기회사의 주식을 구입한다는 의미이다. 이는 기업이 가지고 있는 현금이 사용된다.
④ 매입채무란 기업이 상품을 구매하고 아직 지불하지 않은 금액을 말한다. 이를 지급한다는 것은 외상값을 갚는 것과 같으므로 현금의 유출이 나타난다.

14 ③

대표개념 키워드 | 경영 > 전략

| 해설 |

아웃소싱이란 기업이 업무를 외부에 위탁하는 것으로, 기업이 핵심역량 외의 업무를 외부에 맡겨 대행하게 함으로써 불필요한 업무를 줄이고, 핵심역량에 집중하여 변화하는 상황에 더 유연하게 대처하기 위해 시행한다. 기업 핵심 기능 위탁은 아웃소싱의 장점에 해당하지 않는다.

| 오답 피하기 |

①②④⑤ 아웃소싱의 장점에 해당한다.

15 ②

대표개념 키워드 | 경영 > 마케팅

| 해설 |

제품은 사용기간에 따라 내구재와 비내구재로 분류할 수 있다. 오랜 기간 반복해서 사용할 수 있는 장비, 설비 등은 내구재이고, 단기간 사용으로 쉽게 소모되는 상품은 비내구재로 분류한다.

| 오답 피하기 |

①⑤ 경험재와 탐색재는 소비자가 품질평가를 하는 시기에 따른 분류이다. 경험재는 소비자가 경험하거나 사용하기 전에는 품질을 알기 어려운 음식과 같은 상품을 의미한다. 탐색재는 구매 이전에 충분히 제품의 품질을 알 수 있는 상품으로, 사양을 통해 출력을 예상할 수 있는 기계장치가 대표적이다.

③ 소비재는 소비자의 구매 목적에 따른 분류이다. 최종 소비자가 사용하기 위한 목적으로 구매한다면 소비재, 이후의 추가적 생산을 위한 목적으로 생산자가 구매한다면 산업재로 분류한다.

④ 물질적 형태에 따라 유형재와 무형재로 분류한다. 서비스는 무형재가 된다.

16 ②

대표개념 키워드 | 경제 > 외부효과

| 해설 |

어떤 경제활동에서 거래 당사자가 아닌 제3자에게 의도하지 않은 혜택이나 손해를 미치는 현상을 외부효과라고 한다. 외부효과가 발생한다면 시장에서 가격에 의해 나타난 자원배분이 사회적 최적배분과 일치하지 않아 시장실패가 나타난다.

| 오답 피하기 |

① 구축효과는 정부지출의 증가가 민간의 투자를 축소시켜 확대재정정책이 효과를 보지 못하는 상황을 의미한다.

③ 속물효과는 다른 사람들이 어떤 상품을 소비하면 그 상품에 대한 수요량이 오히려 감소하는 효과로, 백로효과라고도 한다.

④ 톱니효과는 한 번 상승한 구매 수준은 소득이 감소하더라도 다시 줄어들기 어렵다는 것을 의미한다.

⑤ 디드로효과는 프랑스의 철학자인 디드로의 이름을 딴 효과로, 하나의 상품을 구매한 뒤 주변의 상품을 그와 어울리는 제품으로 모두 바꾸게 되는 현상을 의미한다.

17 ④

대표개념 키워드 | 경제 > 한계효용

| 해설 |

현재의 소비 수준에서 추가적인 한 단위 소비에 따라 얻을 수 있는 효용을 한계효용이라고 한다.

| 오답 피하기 |

① 총효용은 전체 소비에 대한 효용을 의미한다.

③ 평균효용은 총효용을 소비량으로 나눈 것으로, 한 단위 소비당 얻는 효용을 의미한다.

18 ④

대표개념 키워드 | 경제 > 물가

| 해설 |

물가가 상승하는 것을 인플레이션, 물가가 하락하는 것을 디플레이션이라고 한다. 일반적으로 필립스곡선에 따라 물가와 실업은 서로 상충(Trade-Off)관계에 있다. 그러나 경기침체와 물가 상승이 동시에 나타나는 경우가 있는데, 이를 스태그플레이션이라고 한다.

| 오답 피하기 |

① 디플레이션은 물가의 하락을 의미한다.

② 인플레이션은 물가의 상승을 의미한다.

③ 디스인플레이션은 물가상승률의 하락을 의미한다. 물가가 상승하고 있지만 그 상승 속도가 느려지는 현상이다.

19 ③

대표개념 키워드 | 경제 > 실업

| 해설 |

실망노동자란 현재의 노동시장에 실망하여 더 이상 일할 의사를 가지지 않은 이들을 말한다. 일할 의사가 있는 사람만이 실업자가 되므로 실망실업자는 실업자가 아니며, 경제활동인구에도 포함되지 않지만 생산가능인구에는 포함된다.

| 오답 피하기 |

① 실망노동자는 경제활동인구에 포함되지 않는다.

② 실망노동자는 생산가능인구에 포함된다.

④ 무급가족종사자는 가족사업 등에 종사하는 사람으로 일하고 있지만 정해진 임금을 받지 않는 이들을 말한다. 무급가족종사자는 실업자에 해당하지 않으며 경제활동을 하므로 실망노동자에도 포함되지 않는다.

⑤ 실망노동자는 비경제활동인구로 분류되므로 실질적으로는 실업상태이지만 통계에서는 제외되어 실업률이 낮게 나온다.

20 ②

대표개념 키워드 경제 > 시장의 분류

| 해설 |
진입장벽이란 기업이 어떤 시장에 진입하기 어렵게 만드는 요소를 말한다. 선점기업과의 기술격차, 규모의 경제, 특허권 등의 법적 장벽, 선점효과로 인한 생산요소와 유통망의 점유 등이 이에 해당한다. 재화 소비의 비배제성은 진입장벽과 관련이 없다.

| 오답 피하기 |
① 대규모 광고비 지출은 소비자들에게 후발주자 기업의 인식을 어렵게 함으로써 진입장벽의 기능을 한다.
③ 설비투자의 차이로 인한 규모의 경제는 진입장벽의 사례에 해당한다.
④ 특허권이나 저작권 등의 법적 권리는 신규기업의 진입 자체를 불가능하게 한다.
⑤ 원재료 및 인적 자원의 독점은 신규기업의 생산을 어렵게 함으로써 진입장벽이 된다.

21 ④

대표개념 키워드 경제 > 시장의 분류

| 해설 |
완전경쟁시장이 되기 위한 전제조건에는 완전한 정보, 무수히 많은 거래자로 인한 시장지배력 부재, 진입장벽이 없는 자유로운 진입과 퇴출, 동일한 종류의 상품과 존재하지 않는 거래비용이 있다. 다양한 상품이 존재한다면 시장지배력이 생긴다.

22 ③

대표개념 키워드 경제 > 실업

| 해설 |
기술의 발달과 국가 간 교역이 확대된다면 산업구조가 재편되므로 이로 인해 발생하는 실업은 구조적 실업이다.

| 오답 피하기 |
① 자연실업은 완전고용상태에서도 발생하는 실업이다. 마찰적 실업과 구조적 실업만 존재하는 상태를 자연실업이라고 한다.
② 계절적 실업은 산업이 계절적 특성을 가지는 경우 발생한다.
④ 마찰적 실업은 근로자가 자발적으로 다른 일자리를 구하기 위해 일시적으로 겪는 실업을 의미한다.
⑤ 경기적 실업은 경기의 변동으로 인해 나타나는 실업을 의미한다.

23 ①

대표개념 키워드 경제 > 거래비용

| 해설 |
거래행위에 수반되는 각종 비용을 통틀어 거래비용이라고 한다.

| 오답 피하기 |
② 기회비용은 어떤 활동을 선택함으로써 포기해야 하는 다른 활동의 가치 중 최고의 가치를 의미한다.
③ 매몰비용은 이미 선택하여 되돌릴 수 없는 비용으로, 합리적 선택을 위해서는 고려해서는 안 되는 비용이다.
④ 정보비용은 상품의 탐색 과정과 정보 비대칭으로 인해 발생하는 비용이다.
⑤ 경제적 비용은 회계적 비용과 기회비용을 모두 고려한 비용이다.

24 ③

대표개념 키워드 경제 > 수요와 공급

| 해설 |
대체재는 한 재화의 가격이 상승할 때 다른 재화의 수요가 증가하는 관계를 가진 두 재화를 말하며, 정상재는 소득의 증가에 따라 수요가 증가하는 재화를 말한다. 닭 사료의 발전으로 번식이 증가하면 닭의 공급이 증가하게 되어 닭고기 시장에서의 균형가격은 하락하게 된다.

| 오답 피하기 |
① 돼지고기 가격이 상승하면 대체재인 닭고기의 수요가 증가하여 닭고기의 가격이 상승하게 된다.
② 외국산 닭고기의 수입이 제한되면 닭고기 공급이 감소하여 닭고기의 가격이 상승하게 된다.
④ 돼지고기 생산자에게 세금을 부과하면 돼지고기의 공급이 감소하여 돼지고기 가격이 상승하게 된다. 돼지고기의 가격 상승으로 대체재인 닭고기의 수요가 증가하여 닭고기의 가격은 상승하게 된다.
⑤ 소비자가 돼지고기보다 닭고기를 더 선호하게 되면 닭고기의 수요가 증가하여 닭고기의 가격은 상승하게 된다.

25 ⑤

대표개념 키워드 경제 > 환율

| 해설 |
외국인의 국내 주식 매입이 증가하면 외환의 공급이 증가하여 환율이 하락하고 원화가치는 상승한다.

| 오답 피하기 |
①②③④ 원화가치를 하락시키는 요인이다.

26 ①

대표개념 키워드   경제 > 수요와 공급

| 해설 |
최고가격제는 일정 가격 이상으로 판매하지 못하게 규제하는 정책이다. 이는 시장에서 결정된 가격보다 낮은 가격의 판매를 강제하게 되므로 암시장 등의 부작용을 낳을 수 있다. 최고가격제가 실시되면 초과수요가 발생하므로 재고가 증가하지 않는다.

27 ④

대표개념 키워드   경제 > 물가

| 해설 |
인플레이션은 물가의 상승을 의미한다. 일정 수준의 인플레이션은 경제를 활성화시키는 역할을 하지만 과도한 인플레이션, 특히 예상치 못한 인플레이션은 경제에 여러가지 악영향을 준다. 급격한 인플레이션을 방지하기 위해 중앙은행은 통화안정증권을 발행하여 인플레이션을 막고 시중의 통화량을 흡수하고자 한다. 시중의 통화안정증권을 매입하게 되면 통화량이 증가하게 된다.

28 ③

대표개념 키워드   경제 > GNI

| 해설 |
경제 성과를 측정하는 대표적 지표에는 GDP가 있다. GDP는 해당 국가의 총생산을 나타내므로 소득 수준을 측정하는 데에는 오차가 존재할 수 있어 국민소득을 나타내는 지표인 GNI를 사용한다.

29 ③

대표개념 키워드   경제 > 물가

| 해설 |
물가가 하락하면 실물의 가치는 하락하고, 화폐의 가치는 상승하게 된다. 따라서 기업의 자산가치는 하락하고, 채권에 대한 이자와 원금에 대한 부담이 커져 실질적인 채무부담은 더욱 커지게 된다.

30 ③

대표개념 키워드   경제 > GDP

| 해설 |
GDP에는 국내 거주 외국인의 생산이 포함되고, GNP에는 해외 거주 내국인의 생산이 포함된다. 갑국 내 기업의 해외 자회사 매출액은 해당 국가의 GDP에 산정된다.

| 오답 피하기 |
①②④⑤ 갑국 GDP 산정에 포함된다.

31 ②

대표개념 키워드   경영 > BCG 매트릭스

| 해설 |
BCG 매트릭스의 경우 상대적 시장점유율은 1을 기준으로 고·저로 구분하고, 시장(산업)성장률은 10%를 기준으로 고·저로 분류한다. 우리 기업은 현재 시장에서 시장점유율 1위를 차지하고 있기 때문에 상대적 시장점유율은 1보다 크고, 시장성장률이 15%이므로 시장성장률도 높다. 따라서 우리 기업은 별(stars)에 해당한다.

32 ③

대표개념 키워드   경영 > BCG 매트릭스의 전략적 선택

| 해설 |
별(Star)에 해당하는 사업영역은 시장예측에 기반을 두어 사업을 더 확장하고 자원을 추가투입한다.

| 오답 피하기 |
①② 개(Dog)에 해당하는 전략이다.
④ 현금젖소(Cash Cow)에 해당하는 전략이다.
⑤ 물음표(Question Mark)에 해당하는 전략이다.

33 ③

대표개념 키워드   경제 > 환율

| 해설 |
국내 저금리로 인해 해외자본의 유출이 발생하면 외화의 수요가 증가하여 균형점은 b로 이동할 수 있다.

| 오답 피하기 |
①② 외국인 직접투자의 유입과 경상수지 흑자의 확대는 외화의 공급을 증가시켜 균형점은 c로 이동할 수 있다.

④ 외국인의 주식자금 인출은 외화의 수요를 증가시켜 균형점은 b로 이동할 수 있다.
⑤ 원유 수입대금이 줄어들면 외화의 수요가 감소하여 균형점은 d로 이동할 수 있다.

34 ②

대표개념 키워드 | 경제 > GDP

| 해설 |

농부는 생산한 밀을 200만 원에 소비시장에, 밀가루 제조회사에 150만 원에 판매하였다. 밀가루 제조회사는 100만 원의 부가가치를 추가로 더해 250만 원에 시장에 판매하였다. 이때 부가가치의 총합은 450만 원이 된다. 따라서 2026년의 명목 GDP는 450만 원이다. 기준연도가 2025년이므로 2025년 GDP 디플레이터는 100이고, 2026년은 2025년에 비해 GDP 디플레이터가 20% 상승했으므로 120이 된다. 따라서 2026년의 실질 GDP는 $\frac{450만\ 원 \times 100}{120} = 375$만 원이 된다.

35 ⑤

대표개념 키워드 | 경제 > 정보 비대칭

| 해설 |

보험에서는 도덕적 해이와 역선택의 문제가 모두 나타난다. 제시된 현상은 본인부담금제로, 보험계약 후에도 계약자의 나태함을 막기 위한 목적으로 사용하는 제도이다. 즉, 계약 후의 행동에 대한 정보 비대칭 문제는 도덕적 해이이며, 본인부담금제는 이를 해결하기 위한 인센티브 설계 방식의 일종이다.

36 ③

대표개념 키워드 | 경제 > 실업

| 해설 |

경제활동인구가 증가하였으나 15세 이상 인구가 감소하였으므로 비경제활동인구는 감소하였다. 실업자 수가 감소하였으나 경제활동인구가 증가하였으므로 취업자 수는 증가하였다.

| 오답 피하기 |

① 경제활동인구가 증가하고 실업자 수가 감소하였으므로 실업률은 하락한다.
② 경제활동인구가 증가하고 실업자 수는 감소하여 취업자 수가 증가하였으므로 고용률은 상승한다.
④⑤ 15세 이상 인구가 감소하고 경제활동인구가 증가하였으므로 경제활동참가율은 증가한다.

37 ④

대표개념 키워드 | 경제 > 환율

| 해설 |

과거와 비교하여 현재 원/달러 환율은 하락, 원/100엔 환율은 상승하였다.
ㄴ. 엔화가치 상승으로 인해 일본산 부품을 사용하는 한국 기업의 생산비용은 증가할 것이다.
ㄹ. 달러화가치가 하락하였으므로 달러화 표시 채무의 상환 부담은 감소할 것이다.

| 오답 피하기 |

ㄱ. 엔화가치가 상승하였으므로 일본으로 해외여행을 가는 한국인 관광객은 감소할 것이다.
ㄷ. 달러화가치가 하락하였으므로 한국 내에서 미국 상품의 가격경쟁력은 높아질 것이다.

38 ⑤

대표개념 키워드 | 경영 > 재무비율

| 해설 |

주가수익비율(PER)은 주당순이익과 주식의 시장가격의 비율을 말한다. 2026년 A기업은 200원의 주당순이익을 벌어들이고 있으며 시장에서 10,000원에 거래되고 있다. 따라서 주가수익비율은 $\frac{10,000}{200} = 50$이다. B기업은 4,000원의 주당순이익에 16,000원의 주가를 나타내고 있다. 따라서 주가수익비율은 $\frac{16,000}{4,000} = 4$이다.

39 ③

대표개념 키워드 | 경영 > 재무비율

| 해설 |

이자보상배율은 영업이익을 이자비용으로 나누어 구할 수 있다. A기업의 이자보상배율은 전년 대비 2026년에 하락하였다.

| 오답 피하기 |

① (가)와 (나)는 자산총계에서 부채총계를 빼면 구할 수 있다. (가)는 1,500, (나)는 3,200이다.
② A기업의 유동자산은 전년 대비 2026년에 증가하였다.
④ 순자산부채비율은 부채총액을 자기자본으로 나누어 구할 수 있다. B기업의 순자산부채비율은 전년 대비 2026년에 상승하였다.

40 ②

대표개념 키워드 경제 > 탄력성

| 해설 |

A국은 가격 변화에 비해 판매량이 더 크게 늘어나 판매수입이 증가하였으므로 수요의 가격 탄력성이 탄력적이고, B국은 가격 변화와 상관없이 판매수입에 변동이 없으므로 수요의 가격 탄력성이 단위탄력적이다.

41 ④

대표개념 키워드 경제 > 한계효용

| 해설 |

20가구가 살고 있으므로 주택단지의 한계효용은 가구당 한계효용에 20을 곱한 값이다. 가로등 수가 4개가 될 때 추가 설치비용은 200만 원이고, 한계효용은 300만 원이 된다. 따라서 가로등이 4개일 때까지는 추가로 설치하고, 5개가 건설될 때의 한계효용은 100만 원이 되므로 설치하지 않는 것이 효율적이다.

42 ③

대표개념 키워드 경제 > 물가

| 해설 |

대출의 상환부담은 실질이자율로 측정할 수 있다. 실질이자율은 t년에 가장 높으므로 t년에 대출의 상환부담이 가장 크다고 볼 수 있다.

| 오답 피하기 |

① t년의 명목이자율이 0보다 크므로 현금을 보유하는 것보다는 예금하는 것이 유리하다.
② t년과 t+1년의 물가상승률은 각각 2%로 동일하지만, 두 해 모두 양(+)의 값이므로 물가수준은 t+1년이 t년보다 높다.
④ 명목이자율과 실질이자율의 차이를 통해 물가상승률을 파악할 수 있다. 물가상승률은 t년에 2%, t+1년에 2%, t+2년에 3%, t+3년에 0.5%로, t+2년이 가장 높다.
⑤ 물가상승률이 양(+)의 값이므로 물가는 매년 상승하였고, 화폐가치는 매년 하락하였다.

43 ⑤

대표개념 키워드 경제 > 시장의 유형

| 해설 |

A는 독점시장, B는 과점시장, C는 독점적 경쟁시장에 해당한다. 한 기업의 판매액이 전체 시장의 판매액과 동일한 것은 독점시장의 특징이다.

| 오답 피하기 |

① A는 독점시장으로 공급자가 가격결정력을 가진다.
② B는 과점시장으로 공급자 간 가격담합이 나타나기도 한다.
③ 과점 시장의 사례로는 이동통신시장과 정유 시장을 들 수 있고, 독점적 경쟁시장의 사례로는 음식점과 미용실을 들 수 있다.
④ 독점적 경쟁시장에서는 상품의 질이 다른 비가격경쟁이 나타난다.

44 ③

대표개념 키워드 경영 > 기대수익률

| 해설 |

A기업의 기대가격은 (0.25×20,000원)+(0.75×10,000원)=12,500원이고, B기업의 기대가격은 (0.25×4,000원)+(0.75×1,000원)=1,750원이다. 현재 A기업의 주식은 10,000원, B기업의 주식은 1,000원에 거래되고 있으므로 A기업의 기대수익률은 25%, B기업의 기대수익률은 75%가 된다.

45 ⑤

대표개념 키워드 경영 > 재무활동

| 해설 |

액면분할은 다른 내용은 변동이 없지만 발행주식 수와 주당 액면가만 변하는 재무활동이다. 이 경우 기업의 부채비율은 동일하게 유지된다.

| 오답 피하기 |

① 기업이 벌어들인 이익은 동일하지만 주식 수가 증가하므로 주당순이익은 감소하게 된다.
② 발행주식 수는 증가한다.
③ 주식의 수가 증가하므로 동일한 거래대금만큼만 거래가 일어나더라도 주식의 거래량은 증가하게 된다. 또한 최소거래 단위의 가격이 낮아짐으로써 거래가 보다 촉진된다.
④ 액면분할 시 다른 자본 내용에는 변동이 없으므로 자본금은 동일하게 유지된다.

46 ⑤
| 대표개념 키워드 | 경영 > 관리격자이론 |

| 해설 |
생산에 대한 관심을 보이는 리더는 직무중심적 리더이고, 인간에 대한 관심을 보이는 리더는 부하중심적 리더이다.

47 ③
| 대표개념 키워드 | 경영 > 회계 |

| 해설 |
공헌이익이란 매출액에서 변동비를 뺀 것으로, 이는 고정비를 회수하는 데 공헌했다는 의미를 가지고 있다. 500만 명 관객이 1만 원을 내고 영화를 관람했으므로 매출액은 500억 원이 되고, 변동비가 100억 원이므로 공헌이익은 400억 원이 된다.

48 ③
| 대표개념 키워드 | 경영 > 회계 |

| 해설 |
공헌이익을 통해 손익분기점을 구할 수 있다. 공헌이익이 고정비용과 같아지는 지점이 손익분기점이다. 매출액과 변동비의 비율이 5:1이므로 8,000원×관객 수가 공헌이익이 되며, 이 공헌이익이 고정비용인 300억 원과 같아지는 지점을 찾으면 된다. 이때의 관객수는 375만 명이다.

49 ⑤
| 대표개념 키워드 | 경제 > 인센티브 |

| 해설 |
제시된 사례는 각자의 전기사용량을 알 수 없기 때문에 전기를 아끼지 않고 낭비하고 있는 상황을 보여 준다. 즉, 인센티브 구조가 확립되지 않아 시장의 최적자원배분이 나타나지 않고 비효율이 발생하는 상황이다. 분할전력계량기를 사용하면 거주자들의 후생수준은 증가하게 된다. 자신이 사용하고자 하는 전력량과 전기요금의 균형점을 찾을 수 있기 때문이다.

| 오답 피하기 |
① 전기는 공공재가 아니며, 제시된 사례에서 나타나는 문제는 비배제성으로 인해 나타나는 비효율이다.
② 행동이 감추어진 상황이므로 이는 도덕적 해이에 해당한다.
③④ 분할전력계량기 사용 시 전기 사용이 감소하고 그 결과 한전의 전기요금 수입은 감소한다.

50 ③
| 대표개념 키워드 | 경제 > 잠재성장률 |

| 해설 |
잠재성장률은 자본, 노동 등의 생산요소를 최대한 투입하여 추가적인 물가 상승을 유발하지 않고 달성할 수 있는 성장률을 의미한다. 우리나라의 잠재성장률의 하락 원인으로는 생산가능인구가 감소하고 투자부진과 함께 서비스부문을 중심으로 한 생산성의 저하, 지지부진한 구조개혁 등을 들 수 있다. 유휴생산설비의 증가는 실제성장률을 낮추는 요인이다.

51 ②
| 대표개념 키워드 | 경제 > 합리적인 선택 |

| 해설 |
비용과 편익을 비교하여 순편익이 가장 큰 대안을 선택하는 것이 합리적 선택이다. 갑이 떡볶이를 먹을 때의 순편익은 -2,000원이고, 커피를 마실 때의 순편익은 -4,000원이므로 순편익이 음(-)의 값이다. 연극 관람을 할 때의 순편익은 2,000원으로 가장 크다.

| 오답 피하기 |
① 커피를 마실 때 순편익은 -4,000원이다.
③④ 순편익이 큰 연극 관람이 가장 합리적 선택이다.
⑤ 연극 관람의 기회비용은 떡볶이를 먹을 때 얻는 이익인 0원이고, 커피를 마시는 것의 기회비용은 연극 관람을 할 때 얻는 이익인 2,000원이다.

52 ④
| 대표개념 키워드 | 경제 > 조세제도 |

| 해설 |
세금을 납부하는 납세자와 실제 세금을 부담하는 담세자가 일치하는 조세를 직접세라고 하고, 일치하지 않는 조세를 간접세라고 한다. 따라서 (가)는 직접세, (나)는 간접세이다. 직접세에 비해 간접세는 소득재분배효과가 작고, 조세전가가 나타난다.

| 오답 피하기 |
① 조세전가가 나타나는 조세는 (나)이다.
③ 소득, 재산에 부과되는 조세는 납세자와 담세자가 일치하는 직접세이다.
⑤ 부가가치세는 간접세에, 법인세는 직접세에 해당한다.

53 ④

대표개념 키워드 경제 > 노동시장

| 해설 |

제시된 대화는 인구의 감소에 따른 생산 감소를 해결하기 위한 노동력 확보 방안과 관련 있다. 외국인 근로자를 줄이는 것은 생산을 감소시킬 수 있다.

54 ②

대표개념 키워드 경영 > 인적관리이론

| 해설 |

브룸의 기대이론은 '기대×수단성×유의성=동기부여'의 공식을 제시한다. 세 요소가 모두 중요하고, 하나라도 충족되지 않는다면 동기부여로 이어지지 않음을 의미한다. 기대는 노력을 하면 성과를 낼 수 있다는 믿음, 수단성은 성과를 내면 그에 따른 보상을 받을 것이라는 믿음, 유의성은 보상이 스스로의 목표와 연관되는 정도를 나타낸다.

55 ①

대표개념 키워드 경제 > FTA

| 해설 |

FTA가 체결되면 국가 간 상품에 대한 관세는 부분적 또는 전면적으로 철폐되므로 관세수입이 증가한다고 보기 어렵다.

| 오답 피하기 |

② FTA가 체결되면 체결 전에 비해 더 많은 상품을 자유롭게 소비할 수 있게 되므로 소비자들의 소비가능영역은 확대된다.
③ FTA가 체결되면 국가 간 상품의 거래가 증가할 뿐만 아니라 우수한 산업기술의 확보가 가능해진다.
④ FTA가 체결되면 국내 기업은 외국 기업과의 경쟁 과정에서 효율성 및 생산성이 향상될 수 있다.
⑤ FTA가 체결되면 국내 기업은 더 넓은 시장에서 활동할 수 있으므로 규모의 경제를 실현하여 생산비를 절감할 수 있다.

56 ③

대표개념 키워드 경제 > 수요와 공급

| 해설 |

제시된 기사에 따르면 부동산 시장의 가격 상승 원인은 유동성 공급에 따른 수요 증가와 주택 공급의 감소가 맞물린 결과이다. 이는 실수요 차원의 가격 상승으로 볼 수 있다. 기준금리 인상을 통해 유동성을 축소하면 상승한 집값이 하락할 수 있다.

57 ③

대표개념 키워드 경제 > 국제금융

| 해설 |

경기부양을 위한 금융정책 유지와 자본유출 방지를 동시에 수행하기 어려운 딜레마에 대한 내용이다. 자본유출을 막기 위해 금리를 인상하면 원화가치는 유지되지만, 경기부양이 어려워진다.

| 오답 피하기 |

① 금리가 역전되면 자본이 유출되며 국내 증시가 하락한다.
② 미국의 금리가 높아진다면 확대금융정책을 사용하기 어려운 국내 경기는 더 침체될 가능성이 높다.
④ 달러화의 높은 신용도 때문에 기본적으로 같은 금리에서도 달러화의 가치가 더 높게 평가된다.

58 ③

대표개념 키워드 경영 > 조직행위이론

| 해설 |

실리콘밸리 기업이 이직을 막는 이유는 고용안정성 보장을 위해서가 아닌 자사의 기술을 보호하고 임금 수준을 유지함으로써 비용을 절감하기 위함이다.

59 ①

대표개념 키워드 경영 > 인사관리이론

| 해설 |

헤드헌팅 기법 중 정보가 없지만 해당 직무를 수행하는 사람에게 연락하여 이직 제의를 하는 것을 콜드콜이라고 한다. 이를 금지하는 협약을 맺는 것은 반독점법에 저촉되는 위법행위이다.

60 ④

대표개념 키워드 경영 > 재무이론

| 해설 |

전일 대비 주가 상승률이 가장 높은 종목은 B이다. 주가가 상승한 종목은 B와 D인데, D보다 B의 상승률이 높다.

| 오답 피하기 |

① 발행주식 수가 나타나 있지 않으므로 시가총액에 대한 정보는 알 수 없다.
② 전일 주가가 가장 높은 종목은 B이다.
③ D는 거래량이 많지만 금액이 작아 거래액이 가장 작다.
⑤ C는 전일 종가에 비해 오늘 고가가 낮으므로 상승 출발하지 않았음을 알 수 있다.

61 ②

대표개념 키워드 | 경영 > 전략

| 해설 |

다방면의 인수합병(M&A)을 통해 얻을 수 있는 이점으로는 범위의 경제, 수직적 계열화를 통한 경쟁자의 진입 방지와 다양한 정보 획득 등이 있다. 하지만 인수합병은 기업의 핵심역량에만 집중하기 어려울 수 있으며 변화에 유연하게 대처하기 힘들고, 아웃소싱에 비해 비용이 더 많이 드는 단점이 있다.

62 ①

대표개념 키워드 | 경영 > 마케팅

| 해설 |

복합 쇼핑몰에서 쇼핑뿐만 아니라 영화관 및 카페 등을 함께 이용하며 식사와 여가 등을 모두 향유하는 이들을 몰링족이라고 한다.

| 오답 피하기 |

② 욜로(YOLO)란 'You Only Live Once'의 약자로, 경험 및 소비활동을 중시하는 소비형태를 의미한다.
③ 젯셋족이란 제트기를 타고 여행을 다닌다는 의미로, 원래는 365일 해외를 돌아다니는 상류층을 의미했으나 그 의미가 확장되어 해외여행을 즐기는 이들을 의미한다.
④ 포미족이란 자신을 위한 소비를 아끼지 않는 이들을 말한다. 일상 속의 작은 사치를 강조하며 자기보상심리에 따른 소비가 두드러지는 특징이다.
⑤ 쇼루밍족이란 백화점 등지에서 물건을 직접 구입하기보다 체험만 한 뒤 실제제품 구매는 저렴한 온라인으로 하는 이들을 의미한다.

63 ③

대표개념 키워드 | 경영 > 브랜드

| 해설 |

스타필드 하남이 성공할 수 있었던 것은 다른 쇼핑몰과 달리 식사, 게임, 오락 등을 한 곳에서 모두 해결할 수 있는 장점을 소비자에게 각인시켰기 때문이다. 이는 브랜드연상의 요소 중 혜택에 관한 연상이다.

64 ①

대표개념 키워드 | 경영 > 마케팅

| 해설 |

상권 전체 혹은 특정 몰로 사람들을 끌어들이는 핵심 점포를 의미하는 개념은 키 테넌트이다. 스타벅스와 같이 인지도가 높아 여러 사람을 거쳐가게 하는 점포는 어떤 상권에서 해당 건물로 사람을 몰리게 하는 결정적 역할을 하는데, 스타필드 하남은 이런 키 테넌트 점포를 여러 개 갖춤으로써 소비자를 끌어들인다고 서술하고 있다.

| 오답 피하기 |

② 드러그 스토어는 의약품, 화장품 등을 함께 판매하는 상점이다.
③ 팩토리 아웃렛은 코스트코와 같이 제품진열과 창고식 보관이 동시에 이루어지는 형태의 점포를 말한다. 진열 등에 따르는 비용이 들지 않기 때문에 소비자에게 더 저렴한 가격으로 상품을 공급할 수 있는 장점이 있다.
④ 카테고리 킬러란 특정 분야의 상품만을 모아 판매하는 곳을 의미한다. 신발을 모아 판매하는 ABC 마트, 생활 잡화를 모아 판매하는 다이소, 가구를 판매하는 이케아 등 해당 카테고리 내에서는 다양한 종류의 상품을 갖추고 저렴하게 판매하는 회사가 이에 해당한다.
⑤ 플래그십 스토어란 해당 브랜드의 가장 고급 제품을 모아 전시함으로써 브랜드의 이미지를 제고하는 상점을 말한다.

65 ③

대표개념 키워드 | 시사용어

| 해설 |

랜섬웨어(ransomware)란 몸값(ransom)과 소프트웨어(software)의 합성어로, PC의 파일을 암호화하여 몸값을 요구하는 악성 소프트웨어를 의미한다.

66 ④

대표개념 키워드 | 시사용어

| 해설 |

일론 머스크를 비롯한 기술자들이 제시하는 차세대 이동수단인 초음속 자기부상열차 하이퍼루프에 대한 설명이다.

67 ③

대표개념 키워드: 시사용어

| 해설 |

비대면계좌란 기존에는 지점에 방문해야만 가능했던 계좌개설을 2016년 2월부터 금융위원회가 온라인으로도 가능하게 변경하여 신설된 계좌개설방식이다. 인터넷 전문은행이 등장하는 등 은행업계에서도 화두이지만 영업점의 수가 적은 증권사 등의 경쟁이 더 치열한 상황이다.

68 ②

대표개념 키워드: 시사용어

| 해설 |

환율 이론에서 자주 등장하는 빅맥지수는 각 국가 화폐의 구매력을 비교하는 지표이다. 일물일가의 법칙과 구매력평가이론을 바탕으로 영국 이코노미스트에서 맥도날드의 햄버거 빅맥이 세계 어디에서나 동질적인 품질로 판매된다는 점에 착안하여 3개국의 환율과 빅맥 가격을 이용하여 빅맥지수를 계산하였다.

69 ①

대표개념 키워드: 시사용어

| 해설 |

오랜 기간 확장적 경제정책을 펼쳐온 경우 경기가 회복되더라도 이를 갑자기 거두어들이기는 어렵다. 경제에 주는 충격을 완화하기 위해 조금씩 천천히 정책을 되돌리는 출구전략을 사용하게 되는데, 이를 테이퍼링(Tapering)이라고 한다.

70 ①

대표개념 키워드: 시사용어

| 해설 |

빅 배스(Big Bath)란 한 번에 크게 목욕을 한다는 의미로, 잠재적인 회계적 손실까지 한 회계연도에 몰아 처리하는 기법이다. 향후 수익의 상승 효과를 볼 수 있기 때문에 경영자를 교체하거나 기업의 국면 전환용으로 많이 사용한다.

71 ④

대표개념 키워드: 시사용어

| 해설 |

플랫폼 노동이란 플랫폼을 기반으로 하는 O2O 노동을 의미한다. 이것이 문제가 되는 이유는 이들이 개인사업자이고, 더 많은 수입을 위해 노동과 동시에 일을 수주해야 한다는 데 있다. 플랫폼 노동이 주로 배달 및 운송 업계에서 나타나기 때문에, 주행 중 스마트폰 조작 등 안전의 사각지대에 놓여 있다는 우려도 제기되고 있다.

72 ①

대표개념 키워드: 시사용어

| 해설 |

팹리스(Fabless)는 반도체를 제조하는 공정 중 하드웨어 소자의 설계와 판매만을 전문으로 하는 회사이다. 종합반도체기업(IDM)과 달리 반도체 생산설비는 갖추고 있지 않다.

73 ③

대표개념 키워드: 시사용어

| 해설 |

MSCI는 모건스탠리 캐피털 인터내셔널(Morgan Stanley Capital International)의 약자로, 모건스탠리 사에서 만든 주식을 비롯한 자산 분석 회사이다. 이들이 만든 신흥시장지수에 중국이 편입됨으로써 자동적으로 분산투자하는 중국 자본시장으로 국내 주식시장의 자금이 빠져나가게 되어 중요성이 새로이 부각되고 있다. 한편, 전세계적으로 액티브투자 대신 자동적으로 분산투자하는 패시브투자가 부각되며 이들 지수에 대한 관심 자체가 더욱 커지고 있다.

74 ②

대표개념 키워드: 시사용어

| 해설 |

모디슈머(Modisumer)란 수정하다(Modify)와 소비자(Consumer)의 합성어로, 제품을 제조사에서 제시하는 방식이 아니라 자신만의 창조적인 방식으로 재창조하는 소비자를 말한다.

75 ②

대표개념 키워드 | 시사용어

| 해설 |

개인종합자산관리계좌(ISA)는 연 2,000만 원의 납입한도 내에서 예적금이나 펀드, 파생결합증권과 같은 다양한 금융상품에 투자가 가능한 계좌이다.

76 ①

대표개념 키워드 | 시사용어

| 해설 |

챗봇(Chatbot)은 채팅(Chatting)과 로봇(Robot)의 합성어로, 마케팅이나 자동화고객안내 등에 많이 사용되고 있다. 카카오톡이나 라인 등에서 소규모 기업들도 간단한 규칙을 적용할 수 있게 하여 널리 이용되고 있다.

77 ④

대표개념 키워드 | 시사용어

| 해설 |

세이프가드(Safeguard)란 긴급수입제한조치로서 특정 품목의 수입이 급증하여 자국 산업계에 중대한 피해를 미칠 것으로 예상되는 경우 사용하는 권리이다. 자유무역을 권장하는 WTO 또한 세이프가드 사용 권리를 인정하고 있다. 하지만 제한적으로 취해져야 하고, 이를 사용한 수입국은 수출국에게 다른 품목 등으로 적절한 보상을 해줄 것을 권고하고 있다.

78 ③

대표개념 키워드 | 시사용어

| 해설 |

클래시 페이크(Classy Fake)는 진짜보다 멋진 가짜 상품이나 그런 상품을 소비하는 추세를 의미한다. 가짜 상품에 대한 관점이 변화하면서 인조모피나 식물성 재료로 만든 육류 제품 등을 판매하는 시장이 커지고 있다.

79 ②

대표개념 키워드 | 시사용어

| 해설 |

MCN(Multi Channel Network)이란 유튜브 등 동영상 사이트에서 활동하는 콘텐츠 크리에이터와 계약관계를 맺고, 이들의 콘텐츠 저작권 관리 및 유통 등의 제반 업무를 대행해주는 산업을 의미한다.

80 ②

대표개념 키워드 | 시사용어

| 해설 |

긱 이코노미(Gig Economy)란 필요에 따라 기업들이 단기계약직이나 임시직으로 인력을 충원하고 대가를 지불하는 형태의 경제를 의미한다. 이는 온디맨드 경제(On-Demand Economy)와도 연결되며, 향후 노동시장의 중요 요인이 될 것이라는 관측이 나타나고 있다. 문제는 이들이 늘어나는 경우 표면적인 실업률은 감소하지만 실제 노동의 질은 악화될 수 있다는 데 있다.

고객의 꿈, 직원의 꿈, 지역사회의 꿈을 실현한다

펴낸곳 (주)에듀윌　**펴낸이** 양형남　**출판총괄** 김기철　**에듀윌 대표번호** 1600-6700
주소 서울시 구로구 디지털로 34길 55 코오롱싸이언스밸리 2차 3층
© 2025 eduwill. Created with AI assistance.
협의 없는 무단 복제는 법으로 금지되어 있습니다.

에듀윌 도서몰	· 부가학습자료 및 정오표: 에듀윌 도서몰 > 도서자료실
book.eduwill.net	· 교재 문의: 에듀윌 도서몰 > 문의하기 > 교재(내용, 출간) / 주문 및 배송

매경TEST 고득점 달성

2주끝장 플래너

경제편

	핵심테마 범위	공부한 날	완료
1 DAY	경제학의 기초	_월_일	☐
	수요와 공급		
	시장의 균형		
	수요와 공급의 탄력성		
	수요·공급이론의 응용		
	소비자이론		
	생산자이론		
	기업의 이윤극대화		
	완전경쟁시장		
	독점시장		
2 DAY	독점적 경쟁시장과 과점시장	_월_일	☐
	게임이론		
	조세의 전가와 귀착		
	조세와 소득분배		
	소득분배이론		
	시장실패		
	외부성		
	생산의 외부비경제		
	공공재		
	정보경제학		
3 DAY	국내총생산	_월_일	☐
	삼면등가의 법칙		
	경기변동		
	본원통화와 통화승수		
	금융정책의 수단		
	화폐수요이론		
	재정정책과 금융정책		
	총수요-총공급모형		
4 DAY	실업	_월_일	☐
	물가지수		
	인플레이션의 원인		
	인플레이션의 사회적 비용		
	필립스곡선이론		
	반인플레이션 정책		
5 DAY	국제무역이론	_월_일	☐
	국제무역과 소득분배		
	무역정책론		
	외환의 수요와 공급에 의한 환율결정이론		
	구매력평가설		
	이자율평가설/기타 환율결정이론		
	환율제도		
	국제수지론		
6 DAY	경제편 복습	_월_일	☐

경영편

	핵심테마 범위	공부한 날	완료
7 DAY	경영과 기업	_월_일	☐
	조직관리 이론의 흐름		
	조직구조의 형태		
	인적자원관리의 이해		
	인적자원관리 제도		
	조직행동의 이해		
8 DAY	동기부여 이론	_월_일	☐
	리더십 이론과 유형		
	경영전략		
	경영환경 분석		
	기업의 결합		
	기업·사업부 수준의 전략		
	다국적 기업과 글로벌 경영		
9 DAY	마케팅의 이해	_월_일	☐
	소비자 행동		
	STP 전략		
	마케팅믹스 구성요소-제품(Product)		
	브랜드전략		
	마케팅믹스 구성요소-가격(Price)		
10 DAY	마케팅믹스 구성요소-유통(Place)	_월_일	☐
	마케팅믹스 구성요소-촉진(Promotion)		
	회계의 의의 및 국제회계기준과 재무회계 개념		
	재무제표의 이해		
	원가·관리회계		
11 DAY	재무관리의 주요원리	_월_일	☐
	재무관리와 투자의사결정		
	파생상품		
	재무비율 분석		
	시장가치비율 분석		
12 DAY	경영편 복습	_월_일	☐
13 DAY	제1회 파이널 실전 모의고사	_월_일	☐
14 DAY	제2회 파이널 실전 모의고사	_월_일	☐

에듀윌과 함께 시작하면,
당신도 합격할 수 있습니다!

오늘의 시장은 빠르게 변하고,
경제의 흐름과 경영의 판단이 맞물려 돌아갑니다.
숫자와 정보, 그리고 사람의 선택이 만드는
이 복잡한 세상을 이해하는 힘. 그것이 바로 경쟁력입니다.

여러분이 지금 익히는 한 개념,
풀어보는 한 문제, 정리하는 한 사례는
단순한 시험 공부가 아니라
경제적 사고와 경영적 통찰을 함께 키우는 과정입니다.

때로는 방대한 학습량과 어려운 개념 속에서
지치거나 흔들릴 때도 있겠지요.

하지만 잊지 마세요.
당신은 혼자가 아닙니다.
같은 목표를 향해 달리는 이들이 있고,
그 곁을 함께하는 에듀윌이 있습니다.

마지막 페이지를 덮는 순간,

**에듀윌과 함께,
매경TEST 합격의 길이 시작됩니다.**

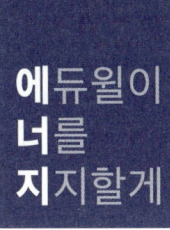

시작하라.   그 자체가 천재성이고,
힘이며, 마력이다.

– 요한 볼프강 폰 괴테(Johann Wolfgang von Goethe)

에듀윌 매경TEST

2주끝장 + 무료특강

시험의 모든 것

매경TEST란?

매일경제신문이 만드는 비즈니스 사고력 테스트인 국가공인 매경TEST(MK Test of Economic & Strategic business Thinking)는 경제·경영 분야의 기초적인 개념과 지식은 물론, 응용력과 전략적인 사고력을 입체적으로 측정하는 시험입니다. 경제와 경영 두 영역에서 각각 40문항씩 출제되는 매경TEST는 경제·경영 분야의 통합적인 이해력을 철저하게 측정할 수 있는 인증시험입니다.

1. 실시 요강

구분	내용
주최	매일경제신문사
시험 장소	서울, 부산, 대구, 대전, 광주 및 특별고사장 *시험 및 시행 지역은 매 회차마다 응시 인원 등을 고려하여 사전 공지
신청 방법	매경TEST 홈페이지에서만 온라인 접수(단체의 경우, 단체 코드 입력 후 접수)
응시료	3만 원(20명 이상 단체 접수 시 1인당 2만 5,000원), 만 19세 미만 청소년 2만 원
출제 양식	5지 선다형 / OMR 카드 기입식 / A·B형
출제 문항/시간	80문항 / 90분(AM 10:00~11:30)
점수/배점	1,000점 만점(600점 이상 국가 공인 점수) / 문항별 배점 상이
성적 발표	시험 실시일 약 1주일 후 사이트에서 공개
성적 유효 기간	성적 발표일(성적 교부일)로부터 2년
응시 대상	제한 없음
홈페이지	http://www.mktest.org

2. 시험 일정(2026년)

회차	시험일	접수 기간(예정)	성적 발표일(예정)
111회	2026.01.03(토)	2025.12.01(월) ~ 2025.12.22(월)	2026.01.09(금)
112회	2026.03.07(토)	2026.01.05(월) ~ 2026.02.23(월)	2026.03.13(금)
113회	2026.04.18(토)	2026.03.09(월) ~ 2026.04.06(월)	2026.04.24(금)
114회	2026.05.30(토)	2026.04.20(월) ~ 2026.05.18(월)	2026.06.05(금)
115회	2026.07.11(토)	2026.06.01(월) ~ 2026.06.29(월)	2026.07.17(금)
116회	2026.09.05(토)	2026.07.13(월) ~ 2026.08.24(월)	2026.09.11(금)
117회	2026.10.24(토)	2026.09.07(월) ~ 2026.10.12(월)	2026.10.30(금)
118회	2026.12.05(토)	2026.10.26(월) ~ 2026.11.23(월)	2026.12.11(금)

※ 위 일정은 주최측의 사정상 변경될 수 있습니다. 시험 접수 전 홈페이지를 반드시 확인하시기 바랍니다.

3 문제 구성

경제·경영 분야 각 40문제로, 총 80문항이 출제됩니다. 두 분야는 각각 '▲지식 ▲사고력 ▲시사' 3축으로 구성되어 응시자의 이해력을 입체적으로 평가합니다.

영역별 출제문항 수

구분	지식 문항 수(배점)	사고력 문항 수(배점)	시사 문항 수(배점)
경제(40문항/500점)	15문항(150점)	15문항(250점)	10문항(100점)
경영(40문항/500점)	15문항(150점)	15문항(250점)	10문항(100점)
계(80문항/1,000점)	30문항(300점)	30문항(500점)	20문항(200점)

4 출제 기준

- 필수 기본 경영·경제 원리를 숙지하고 있는가?
- 경제·경영 원리를 실사례에 적용할 수 있는가?
- 경제·경영 자료를 해석하고 분석할 수 있는가?
- 최신 시사 트렌드와 사회 이슈를 이해하고 있는가?

5 출제 범위

영역	분야	구분	세부내용
경제	미시경제	경제 필수 개념의 이해	• 기초 경제개념(기회비용, 희소성 등) • 합리적인 의사결정 • 시장의 종류와 개념 • 시장과 정부(공공경제, 시장실패) 등
경제	거시경제	경제 안목 증진 및 정책의 이해	• 기초 거시변수(GDP, 물가, 금리) • 고용과 실업 • 화폐와 통화정책 • 경기변동(경기안정화 정책, 경제성장 등)
경제	국제경제	글로벌 경제 감각 향상	• 국제무역과 국제수지의 이해 • 환율 변화와 효과
경영	경영일반/인사·조직	기업과 조직의 이해	• 기업에 대한 일반지식과 인사조직의 필수 개념 • 경영자료의 해석
경영	전략·마케팅	기업의 경쟁우위의 이해	• 경영전략 • 국제경영 • 마케팅의 개념과 원리에 대한 사례 응용
경영	회계·재무관리의 기초	재무제표와 재무지식의 이해	• 기본적인 재무제표 해석 • 기초 재무지식 • 금융·환율 상식

6 시험의 설계

평가 내용은 일상 경제생활에 필요한 지식뿐만 아니라 최신 시사 등 현실 감각, 여기에 기업의 직무를 수행하는 데 필수적인 '전략적 사고'까지 포괄합니다. 또한 기업 현장의 목소리를 반영해 직무 연관성이 높은 경제·경영 지식과 최신 경제·경영 트렌드를 기반으로 한 응용, 분석, 추론력 등을 종합 평가합니다. 즉, 단순 이론 암기가 아닌 종합적인 사고력을 측정하는 것을 목적으로 한 시험입니다. 이러한 유용성을 인정받아 국가 공인뿐 아니라 기업의 입사 및 승진 평가, 대학의 졸업 자격 요건, 학점은행제의 학점 대체 평가 등으로 널리 사용되고 있습니다.

매경TEST는 비즈니스 사고력을 측정하기 위한 시험입니다. 이를 위해 국내 주요 기업의 임직원과 인사 담당자의 의견을 종합하고 시험 설계 단계부터 비즈니스 사고력이라는 니즈에 맞는 구조로 만들어졌습니다. 이를 바탕으로 직무 능력의 기초가 되는 경제·경영 개념부터, 최신 트렌드에 따라가기 위한 시사적 이슈, 이를 종합하는 전략적 해석, 시장 변화 이해 등 사고력에 이르는 요인을 추려냈습니다.

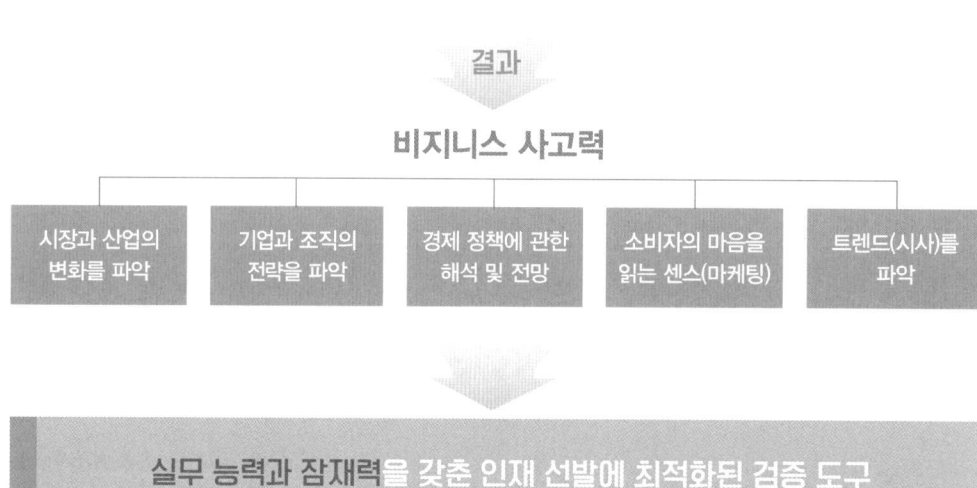

7 문제 유형과 배점_사고력 유형 정복!

매경TEST는 총 1,000점 만점의 절대평가 80문항으로 구성되어 있습니다. 경제·경영 각 영역이 500점씩 40문항이며, 각 영역을 다시 지식(15문항/150점), 시사(10문항/100점), 사고력(15문항/250점)으로 나눕니다. 사고력 문항의 배점이 지식 및 시사 문항 배점의 2배 가까이 되며, 고득점을 받기 위해서는 사고력 문항을 정복하는 것이 필수적입니다. 사고력 문항의 출제 유형은 아래와 같이 분류할 수 있습니다.

매경TEST 사고력 문제 유형

문제에서 측정하고자 하는 목표를 5가지 형태로 나누고, 그 형태를 다시 4가지 유형으로 나누어 출제합니다. 기본적인 사실 판단을 묻는 진술형, 지문을 활용하는 사례형, 기사를 통해 현실 사례를 추론하는 기사형, 경제·경영 자료를 해석하는 도표형의 문제 유형이 있습니다. 표의 문항 수는 실제 출제된 매경TEST의 사고력 문항을 분석한 결과입니다. 계산 문제가 많지 않고 다양한 형태로 주어진 자료를 통해 상황을 판단하는 능력을 측정하는 문항이 가장 많은 것을 확인할 수 있습니다. 또 높은 배점이 나타나는 종합사고력 측정 문항은 기사형 문항이 많은 것도 염두에 두어야 합니다.

유형	형태	진술형	사례형	기사형	도표형
사고형	원리응용력	2	3	2	
	수리계산력	1			1
분석형	자료해석력		1	1	3
	상황판단력	2	2	2	5
종합형	종합사고력			2	3

진술형

01

수요의 가격탄력성에 대한 설명으로 옳지 않은 것은?

① 단기보다 장기로 갈수록 수요의 가격탄력성이 커진다.
② 재화를 정의하는 범위가 좁을수록 수요의 가격탄력성이 커진다.
③ 일상생활에 반드시 필요한 필수품일수록 수요의 가격탄력성이 커진다.
④ 해당 재화를 대체할 수 있는 재화가 많을수록 수요의 가격탄력성이 커진다.
⑤ 총지출액에서 그 재화의 지출액이 차지하는 비중이 클수록 수요의 가격탄력성이 커진다.

사례형

02

다음 사례에 대한 설명으로 옳지 않은 것은? (단, 한계효용 체감의 법칙이 적용된다.)

> 철수가 좋아하는 음식 취향은 양식, 일식, 중식의 순이며, 이 모든 메뉴를 골라먹을 수 있다는 장점 때문에 철수는 식사비용이 1인당 15,000원인 뷔페식당을 자주 찾는다. 철수는 한계효용이 0인 포만점을 지났음에도 불구하고 15,000원이 아까워서 무리하게 음식을 더 먹는 습관이 있다.

① 식사비용인 15,000원은 매몰비용이다.
② 철수의 식사 습관은 합리적이라고 볼 수 없다.
③ 양식을 선택했을 때의 기회비용은 중식에서 얻을 수 있는 효용이다.

기사형

01

다음은 일본의 통화신용정책에 관한 신문 기사이다. 일본 정부가 기대하는 정책효과에 대한 설명으로 옳지 않은 것은?

> "디플레 위험" 판단, 일본은행, 마이너스 금리
>
> 일본은행이 추가 금융완화정책으로 마이너스 금리를 빼들었다. 시중은행이 중앙은행에 예치하는 당좌예금 중 일부에 마이너스 금리를 적용하면 시중에 돈이 풀리는 효과를 얻을 수 있을 것이라는 계산에서이다. 일본은행은 금융정책결정회의를 열고 위원 9명 중 찬성 5, 반대 4로 마이너스 금리 도입을 결정했다. 연 80조 엔(약 800조 원)에 달하는 직접 양적완화를 시행 중인 일본은행이 직접 양적완화를 확대하는 대신 간접 양적완화라는 새로운 카드를 뽑아든 셈이다. 일본은행이 추가 양적완화를 단행한 것은 중

도표형

05

다음 표는 A마트에서 판매하는 과일의 월별 판매가격과 판매수입을 나타낸 것이다. 이에 대한 분석으로 옳은 것은?

기간	가격	판매수입		
		사과	배	귤
9월	1,000원	10만 원	10만 원	10만 원
10월	1,500원	15만 원	12만 원	10만 원
11월	2,000원	20만 원	15만 원	10만 원

① 사과의 수요는 가격에 대해 탄력적이다.
② 배의 수요는 가격에 대해 비탄력적이다.
③ 귤의 수요는 가격에 대해 완전탄력적이다.
④ 배 가격이 하락하면 판매수입은 증가한다.

매경TEST,
2주 만에 끝장내기!

1 왜 매경TEST 시험에 도전할까?

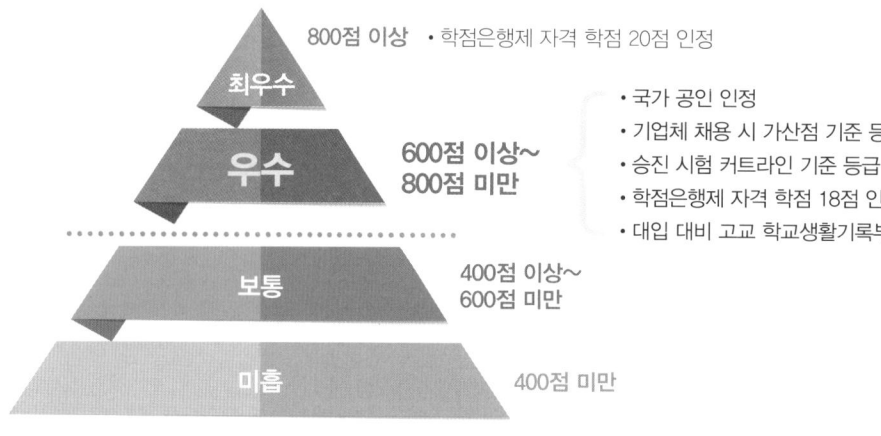

- 800점 이상 • 학점은행제 자격 학점 20점 인정
- 최우수
- 우수 600점 이상~ 800점 미만
  - 국가 공인 인정
  - 기업체 채용 시 가산점 기준 등급
  - 승진 시험 커트라인 기준 등급
  - 학점은행제 자격 학점 18점 인정
  - 대입 대비 고교 학교생활기록부 기재 가능
- 보통 400점 이상~ 600점 미만
- 미흡 400점 미만

[점수별 등급 및 우대 사항]

✓ 일단, 목표는 우수등급이다!

2 난이도는 어느 정도 될까?

[영역별 점수 체계]

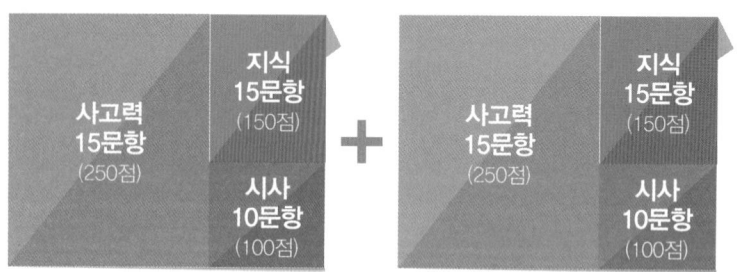

경영 40문항(500점) + 경제 40문항(500점)

사고력 15문항 (250점) / 지식 15문항 (150점) / 시사 10문항 (100점)

문항 수, 채점 비중
사고력 > 지식 > 시사
단순히 경제·경영 지식을 많이 습득하는 것보다는 경제·경영 환경을 이해하고 이를 기업에 적용할 수 있는 사고력을 측정하는 시험입니다.

✓ 생각보다, 고난도는 아니다!

3. 어떻게 준비해야 할까?

출제 확률이 가장 높은 총 71개의 핵심 이론 선정! 이를 **반복 학습**하기 적합한 가장 효율적인 구성!

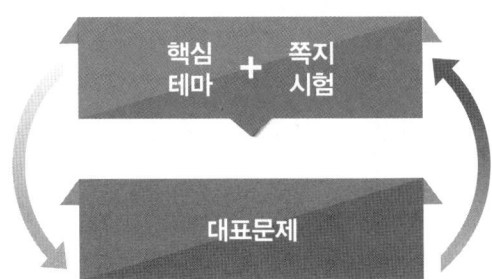

핵심테마와 쪽지시험은 함께 학습할 때 가장 효과적입니다. 핵심테마로 이론을 정리하고 OX문제와 빈칸채우기 문제로 개념반복! 약점체크!

대표문제를 풀면서 이론이 문제에 어떻게 적용되는지 파악하고 개념을 다질 수 있습니다. 최근 출제 방식까지 한눈에 파악 가능합니다.

√ 역시, 문제는 반복해서 출제된다!

4. 교재만으로 이해가 어려운 부분은 어떻게 해결할까?

저자직강
빈출테마(이론+문제) 무료특강 제공!

단기 고득점을 목표로 하는 수험생을 위해 매경TEST 빈출테마 이론+문제풀이 강의를 무료로 제공합니다. 독학으로 준비하는 수험생들을 위한 최고의 꿀팁!

수강경로
- 유튜브에서 '에듀윌 매경TEST' 검색
- 에듀윌 도서몰 ▶ 동영상강의실 ▶ '매경TEST' 검색

√ 마지막 순간까지 도와준다!

매경TEST 우수등급, 2주면 충분하다!

이 책의 강점

1 출제우선순위 핵심테마
개념정리와 용어습득을 동시에!

핵심테마 보충특강
교재만으로 학습이 어려운 이론은 특별히 제공하는 무료 보충특강을 통해 보완할 수 있습니다.

경제편·경영편 핵심테마
전문 교수진이 선정한 출제확률 100% 핵심이론을 정리했습니다.

이해를 돕는 보충 설명
용어 및 개념 보충설명을 정리하여 이론을 빠르고 정확하게 이해할 수 있도록 구성했습니다.

중요 부분 표시
중요한 내용을 한눈에 알아보기 쉽도록 다른 색으로 표시했습니다.

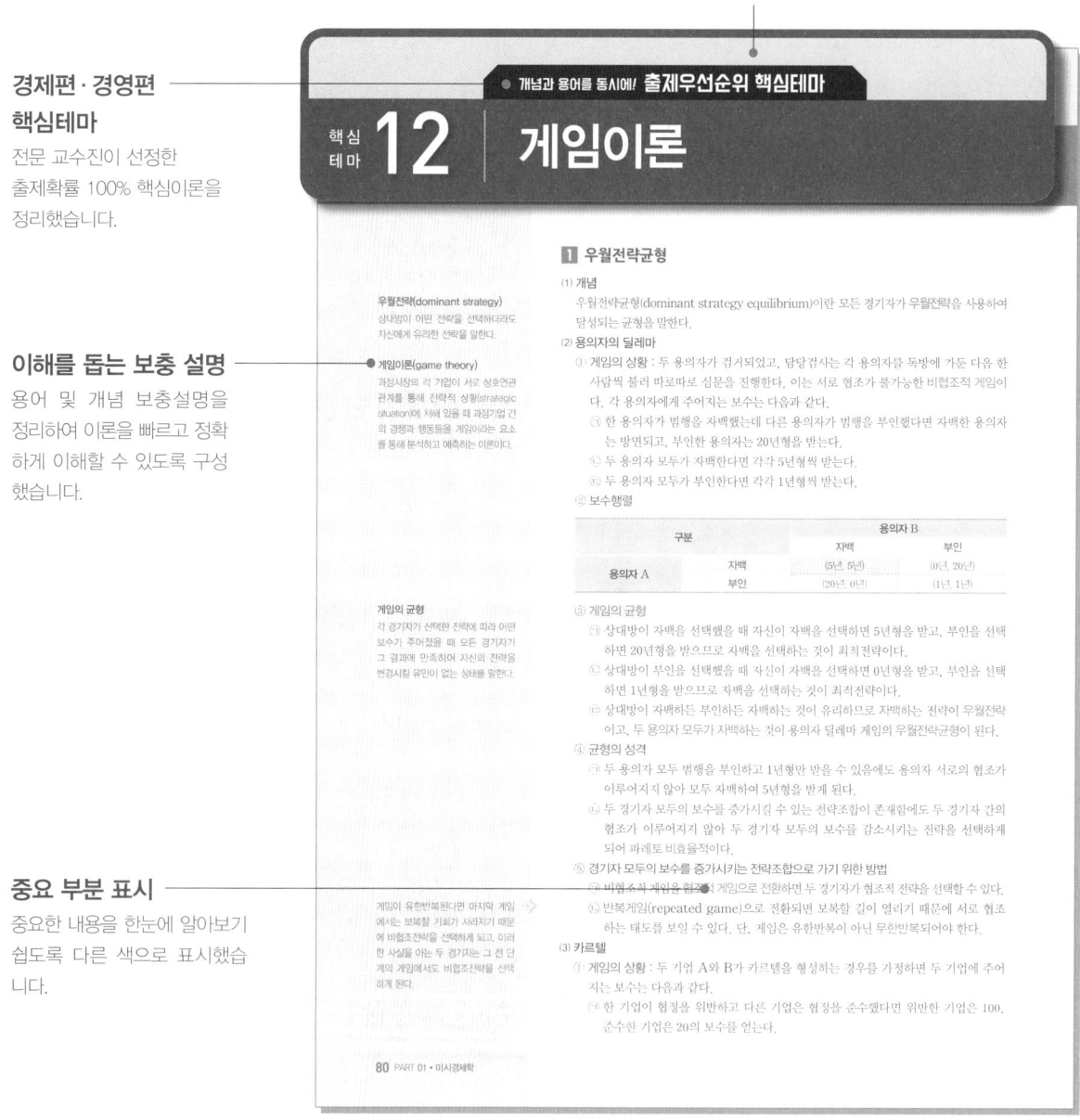

경제·경영 분야의 방대한 출제 범위 중에서 출제 확률이 가장 높은 핵심 이론을 선정하여 핵심테마를 구성했습니다. 또한 보조단에 경제·경영 용어와 개념 보충설명까지 정리하여 복잡한 개념도 한눈에 쉽게 이해할 수 있도록 구성했습니다.

2 꼭 풀어야 할 대표문제
출제 0순위 공략!

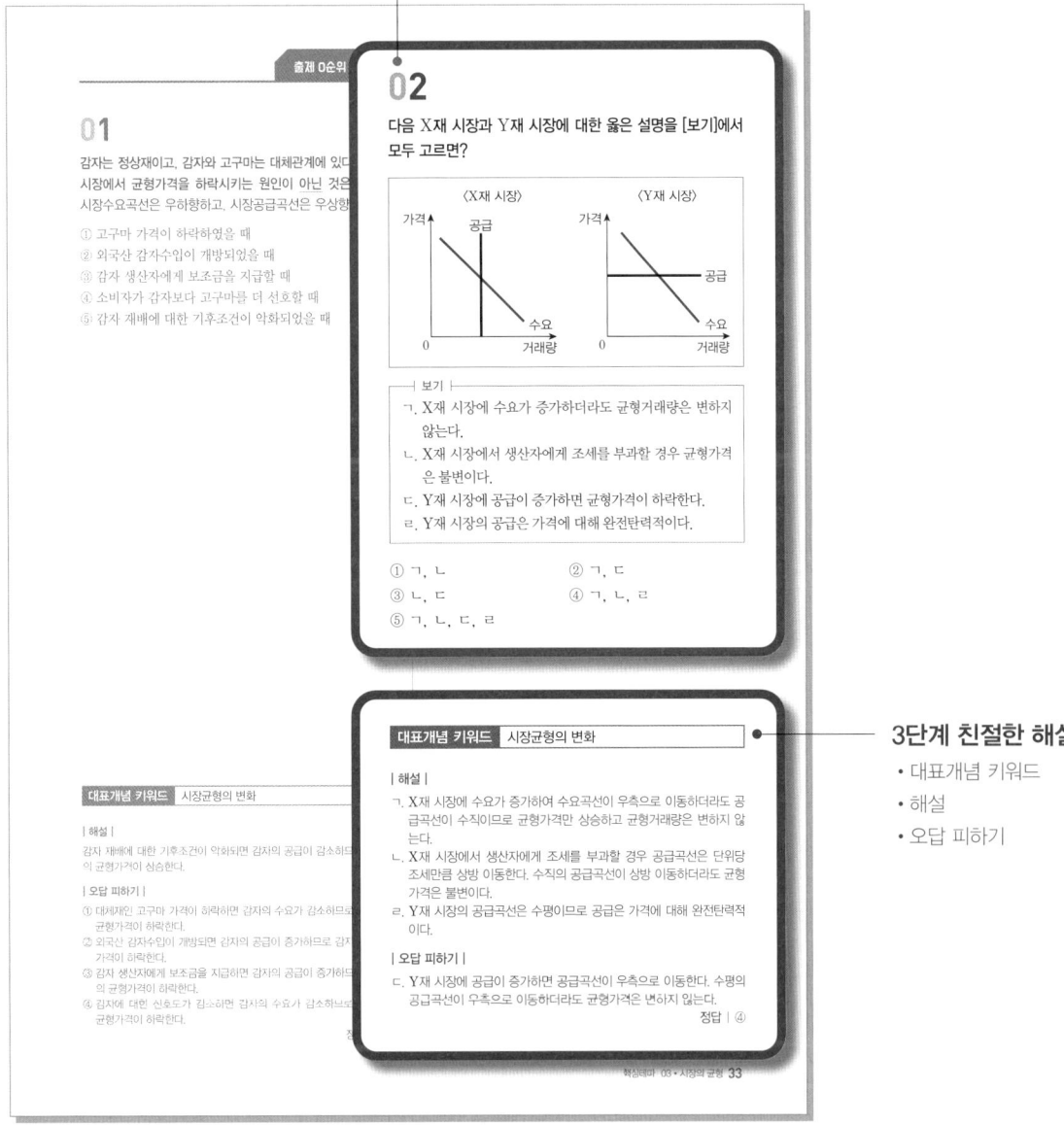

최신 기출과 가까운 문제
최신 기출문제와 유사한 대표문제를 엄선하여 실전에 대비할 수 있습니다.

3단계 친절한 해설
- 대표개념 키워드
- 해설
- 오답 피하기

핵심테마와 관련된 꼭 풀어야 할 대표문제를 수록하여 핵심테마에서 학습한 이론을 문제를 통해 응용해 볼 수 있습니다. 자주 출제되는 문제 유형 학습뿐만 아니라 최신 출제 경향까지 파악할 수 있습니다.

3 실전 모의고사 + 온라인 모의고사
실전 감각 업그레이드!

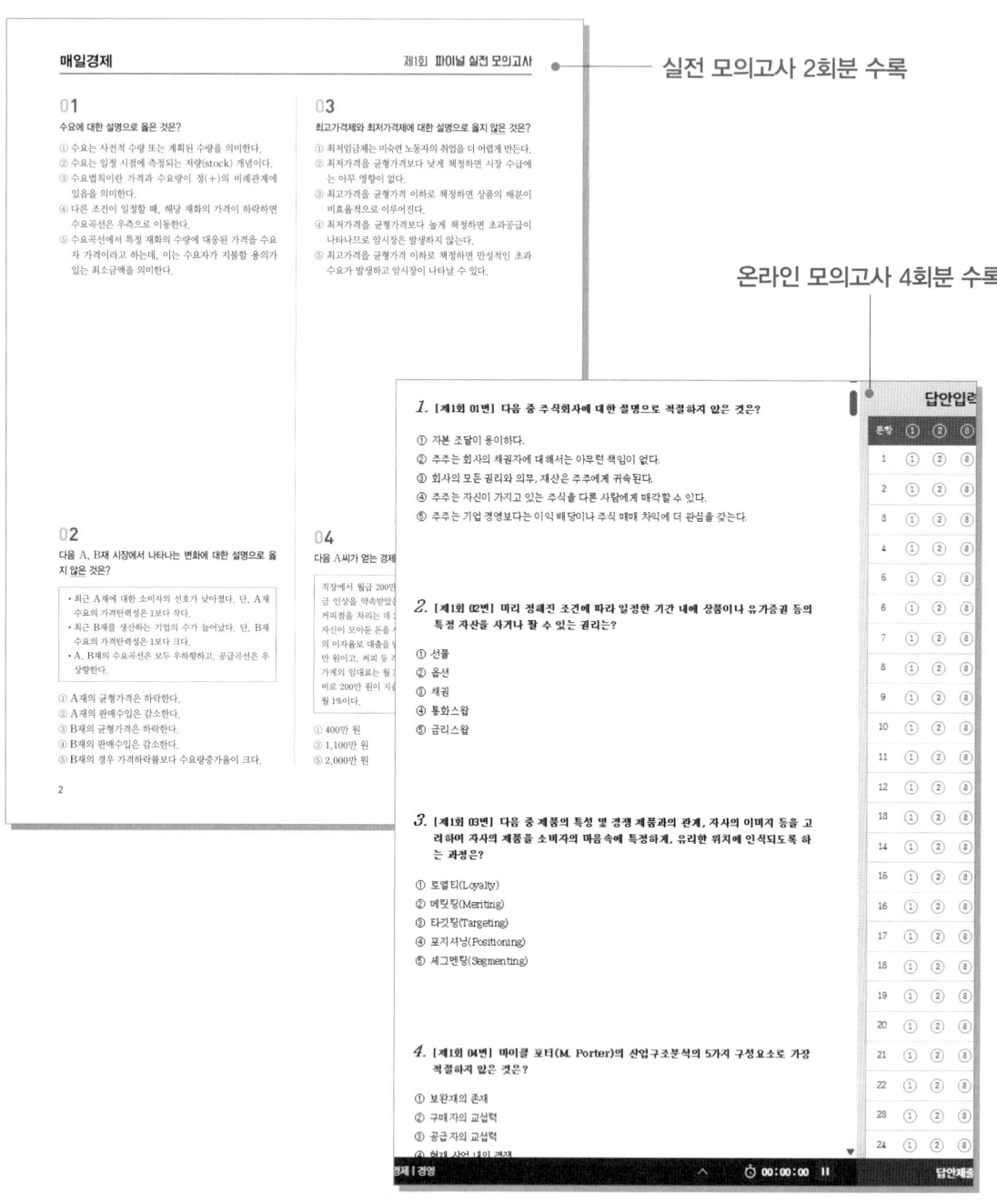

실제 시험의 유형 및 난이도를 분석하여 반영한 모의고사 6회분을 통해 실전 감각을 키울 수 있습니다. 시험 직전 완벽한 마무리를 위해 실제 시험과 동일한 환경에서 모의고사를 풀어보세요!

4 [특별부록] 시사·핵심 용어

고득점 막판 스퍼트! 경영/경제/금융/트렌드 분야 용어 Check!

경제편

001 BIS 자기자본비율
BIS Capital Adequacy Ratio

국제결제은행(BIS)이 정한 은행의 위험 자산 대비 자기자본비율을 의미한다. 국제적인 은행시스템의 건전성과 안정성을 확보하고 은행 간 경쟁조건상의 형평성을 기하기 위해 국제결제은행의 은행감독규제위원회에서 정한 기준이다. BIS 자기자본비율을 유지해야 한다는 것은 은행이 자기자본의 몇 배 이상을 빌려주지 못하도록 하는 것을 말한다. BIS 권고를 달성하기 위해서는 자기자본을 늘리거나 위험가중자산을 줄여야 한다.

002 CBDC
Central Bank Digital Currency

중앙은행이 발행하는 디지털 화폐로, 가상화폐의 영향력이 커지면서 전 세계적으로 CBDC의 도입이 논의되고 있다. 현재 한국에서는 한국은행의 CBDC 시스템에서 이뤄지는 토큰 기반 지급·이체 서비스를 혁신금융 서비스로 신규 지정했다.

003 CDS 프리미엄

CDS는 신용부도스와프(Credit Default Swap)의 약자이다. 채권을 발행한 기업이나 국가에 부도가 발생할 때 채권 보유자에게 원금을 보전해 주는 파생 상품을 의미한다. 채무불이행의 위험을 교환(Swap)한다는 의미에서 보험과 유사한 상품이다. CDS 구매에 대한 수수료를 CDS 프리미엄이라고 하며, 이는 부도 위험이 커질수록 상승한다. CDS 프리미엄은 국가의 신용도를 나타내는 지표로 사용되고 있다.

004 DLS
기초자산인 금리, 환율, 원자재(금, 은, 원유 등) 신용 등의 변동에 따라 투자수익이 결정되는 유가증권이다. 주가연계증권(ELS)은 주가지수나 개별 종목 주가를 주가나 주가지수에 연동하여 수익률이 결정되나, 파생결합증권(DLS)은 주가 외에 다양한 기초자산을 대상으로 하고 있다.

시사·핵심 용어북

최신 시사 용어
(스피드 체크 문제)
시험 직전 업데이트!

경영편

001 AI 워싱
Artificial Intelligence Washing

기업들이 자사 제품이나 서비스가 인공지능(AI)을 사용한다고 주장하지만, 실제로는 인공지능(AI)이 거의 사용되지 않거나 그 역할을 과장해서 말하는 기업의 부정직한 행위를 일컫는다. 최근 많은 기업들이 소비자의 관심을 끌거나 대규모 투자 유치 등을 목적으로 AI를 내세우고 있지만, 마케팅 효과를 노리는 무늬만 AI인 사례가 상당수 존재한다. 실제로 AI 기반이라고 주장하는 유럽 스타트업 2,830곳 중 약 44%는 AI 활용에 대한 어떠한 증거도 제출하지 못하였다.

002 AX
Artificial Intelligence Transformation

기업의 운영 과정과 의사결정 체계 전반에 인공지능 기술을 통합해 효율성과 경쟁력을 높이는 경영 혁신 전략이다. 기존의 디지털 전환(DX)이 자동화 중심이었다면, AX는 데이터 기반 학습과 자율적 의사결정을 통해 업무의 지능화·고도화를 지향한다.

003 C2M Customer To Manufacturer

플랫폼 사업자가 고객의 니즈를 반영하여 제품 생산을 요청하면 공장이 맞춤형 제품을 만들어내는 방식으로, 중간상인, 브랜드 없이 생산자가 만든 제품이 곧바로 고객에게 전달되는 유통 방식이다.

004 D2C Direct To Consumer

기업이 중간 유통 단계를 지우고 자사 온라인 플랫폼에서 직접 고객에게 상품을 판매하는 방식으로, 유통 비용을 절감할 수 있고 고객 데이터를 직접 확보하여 이를 바탕으로 고객만족도를 향상시킬 수 있다. 나이키는 2019년 아마존에서의 제품 판매 중단을 발표하고 자사 온라인 플랫폼에서 소비자와 직접 유대 관계를 형성하여 소비자 경험을 향상시키는 데 중점을 두고 있다.

최신 트렌드를 반영한 시사·핵심 용어 300제를 정리하여 수록했습니다. 추가로 시험 직전 꼭 알아야 할 최신 시사 용어와 스피드 체크 문제를 QR 코드를 통해 특별 제공합니다.

CONTENTS

2주 플랜 & 차례

[특별부록] 2주끝장 플래너
　　　　　파이널 실전 모의고사
　　　　　시사 · 핵심 용어

· INTRO
· 2주끝장 합격의 시크릿
· 이 책의 강점
· 시험의 모든 것

경제편

PART 01 미시경제학　　　　　　　　　　　　P.018

01 경제학의 기초	02 수요와 공급
03 시장의 균형	04 수요와 공급의 탄력성
05 수요 · 공급이론의 응용	06 소비자이론
07 생산자이론	08 기업의 이윤극대화
09 완전경쟁시장	10 독점시장
11 독점적 경쟁시장과 과점시장	12 게임이론
13 조세의 전가와 귀착	14 조세와 소득분배
15 소득분배이론	16 시장실패
17 외부성	18 생산의 외부비경제
19 공공재	20 정보경제학

PART 02 거시경제학　　　　　　　　　　　　P.122

21 국내총생산	22 삼면등가의 법칙
23 경기변동	24 본원통화와 통화승수
25 금융정책의 수단	26 화폐수요이론
27 재정정책과 금융정책	28 총수요 – 총공급모형
29 실업	30 물가지수
31 인플레이션의 원인	32 인플레이션의 사회적 비용
33 필립스곡선이론	34 반인플레이션 정책

PART 03 국제경제학　　　　　　　　　　　　P.200

35 국제무역이론	36 국제무역과 소득분배
37 무역정책론	38 외환의 수요와 공급에 의한 환율결정이론
39 구매력평가설	40 이자율평가설 / 기타 환율결정이론
41 환율제도	42 국제수지론

경제편 복습

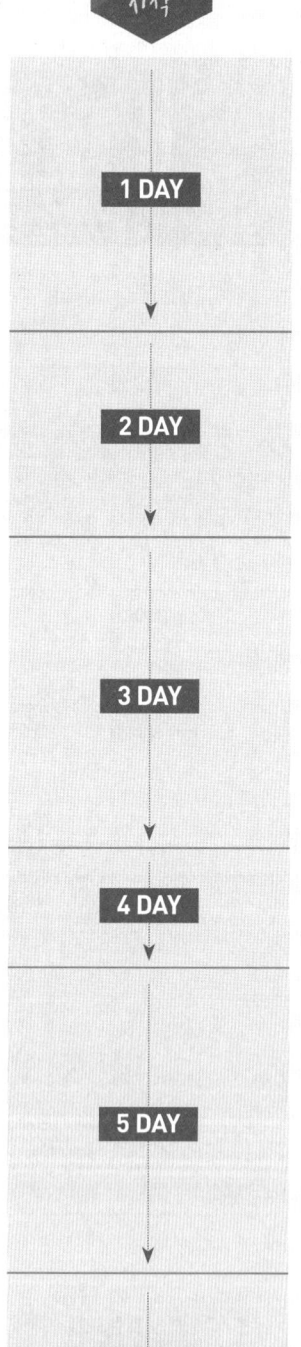

경영편

PART 01 경영학의 기본개념과 인적자원관리 P.246

- 43 경영과 기업
- 44 조직관리 이론의 흐름
- 45 조직구조의 형태
- 46 인적자원관리의 이해
- 47 인적자원관리 제도

PART 02 조직행동론 P.286

- 48 조직행동의 이해
- 49 동기부여 이론
- 50 리더십 이론과 유형

PART 03 경영전략과 국제경영 P.304

- 51 경영전략
- 52 경영환경 분석
- 53 기업의 결합
- 54 기업·사업부 수준의 전략
- 55 다국적 기업과 글로벌 경영

PART 04 마케팅의 이해 P.338

- 56 마케팅의 이해
- 57 소비자 행동
- 58 STP 전략
- 59 마케팅믹스 구성요소-제품(Product)
- 60 브랜드전략
- 61 마케팅믹스 구성요소-가격(Price)
- 62 마케팅믹스 구성요소-유통(Place)
- 63 마케팅믹스 구성요소-촉진(Promotion)

PART 05 회계와 재무관리 P.390

- 64 회계의 의의 및 국제회계기준과 재무회계 개념
- 65 재무제표의 이해
- 66 원가·관리회계
- 67 재무관리의 주요원리
- 68 재무관리와 투자의사결정
- 69 파생상품
- 70 재무비율 분석
- 71 시장가치비율 분석

경영편 복습

제1회 파이널 실전 모의고사

제2회 파이널 실전 모의고사

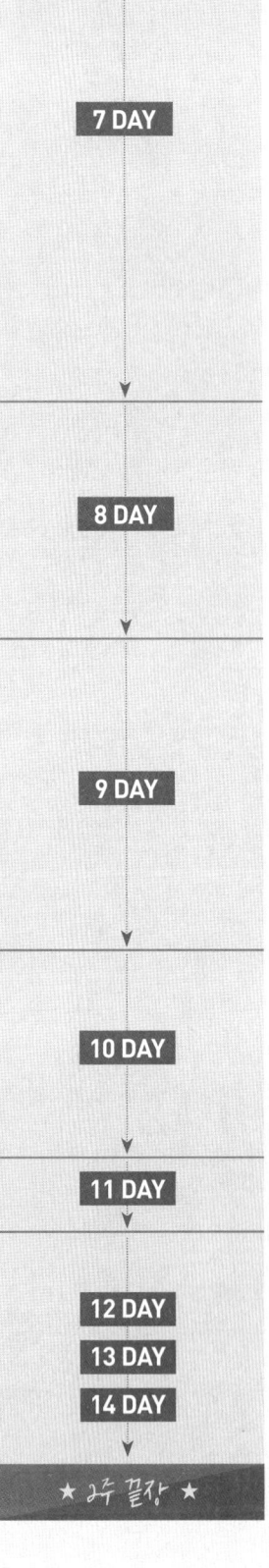

eduwill

매경TEST 경제편

PART 01 미시경제학 ······ 18p

PART 02 거시경제학 ······ 122p

PART 03 국제경제학 ······ 200p

핵심테마	01 경제학의 기초
핵심테마	02 수요와 공급
핵심테마	03 시장의 균형
핵심테마	04 수요와 공급의 탄력성
핵심테마	05 수요·공급이론의 응용
핵심테마	06 소비자이론
핵심테마	07 생산자이론
핵심테마	08 기업의 이윤극대화
핵심테마	09 완전경쟁시장
핵심테마	10 독점시장
핵심테마	11 독점적 경쟁시장과 과점시장
핵심테마	12 게임이론
핵심테마	13 조세의 전가와 귀착
핵심테마	14 조세와 소득분배
핵심테마	15 소득분배이론
핵심테마	16 시장실패
핵심테마	17 외부성
핵심테마	18 생산의 외부비경제
핵심테마	19 공공재
핵심테마	20 정보경제학

미시경제학

출제 비율

32%

출제경향 및 교수님의 고득점 전략 TIP

미시경제학에서는 수요·공급이론과 시장실패에 관한 내용들이 집중적으로 출제되고 있으므로 유의해서 학습해야 한다. 경제학의 기초에서는 합리적 선택의 바탕이 되는 기회비용에 관한 문제가 자주 출제되고 있다. 수요·공급과 관련해서는 균형가격의 결정과 변동이 자주 출제되고, 수요와 공급의 탄력성 개념과 측정, 현실경제에의 적용 등이 출제빈도가 높으므로 자세한 학습이 필요하다. 가격규제인 가격상한제, 최저임금제 등은 시사성이 높은 문제로 출제되고 있다. 시장과 관련해서는 완전경쟁시장의 조건과 특징, 독점의 발생 원인, 독점시장의 자원배분상의 특징, 가격차별, 독점의 규제가 자주 출제된다. 과점시장의 응용에 해당하는 게임이론에서는 우월전략균형과 내쉬균형 등이 자주 출제되고 있다. 시장실패의 문제는 경제학에서 매우 중요하게 다루어지고 있으므로 심도 있게 공부해 두어야 한다. 시장실패의 원인으로 외부효과와 공공재의 자원배분문제가 중요하게 다루어지고 있다. 마지막으로 정보경제학에서는 역선택 현상과 도덕적 해이 현상의 사례 구분, 각 현상에 대한 대책 방안의 문제가 자주 출제된다.

핵심테마 01 | 경제학의 기초

1 경제주체

가계	• 생산물시장에서 재화와 서비스를 소비하고, 생산요소시장에서 생산요소를 공급한다. • 가계는 효용극대화를 추구한다.
기업	• 생산물시장에서 재화와 서비스를 공급하고, 생산요소시장에서 생산요소를 수요한다. • 기업은 이윤극대화를 추구한다.
정부	• 가계와 기업으로 구성된 민간부문에서 시장실패가 발생하면 시장에 개입하여 시장실패를 조정한다. • 정부는 사회후생극대화를 추구한다.
외국(국외)	폐쇄경제하에서 재화와 서비스의 공급이 불가능하거나 비효율적일 경우 국제무역의 대상이 되는 경제주체이다.

2 경제순환

① 가계는 생산요소시장에서 노동, 자본, 토지 등의 생산요소를 공급하고, 그 대가로 얻은 소득(요소소득)으로 생산물시장에서 재화와 서비스를 수요한다.
② 기업은 생산물시장에서 재화와 서비스를 공급하고, 그 대가로 얻은 소득(판매수입)으로 생산요소시장에서 생산요소를 수요한다.
③ 생산물시장의 수요와 공급에 의해 각 상품의 가격이 결정되면 기업은 어떤 상품을 생산할지를 결정하고, 그에 따라 생산요소에 대한 수요가 결정된다.
④ 생산요소시장의 수요와 공급에 의해 생산요소의 가격이 결정되고, 희소한 경제적 자원이 어떤 상품의 생산에 투입되는지가 결정된다.

> **파생수요**
> 생산요소에 대한 수요는 생산물에 대한 수요에서 파생되어 나오므로 파생수요(派生需要, derived demand)의 성격을 가진다.

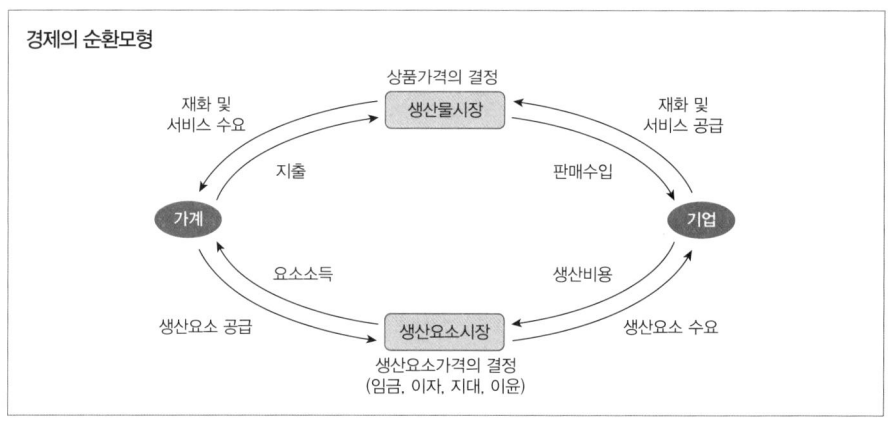

경제의 순환모형

3 기회비용과 합리적 선택

(1) 경제적 효율성과 합리적 선택

① 경제적 효율성이란 '최대효과의 원칙(주어진 자원으로 최대의 효과를 얻고자 하는 것)' 또는 '최소비용의 원칙(일정한 효과를 최소의 비용으로 얻고자 하는 것)'이 달성됨을 의미한다.
② 경제문제의 핵심은 합리적 선택이다. 합리적 선택이란 경제적 효율성을 달성할 수 있도록 선택하는 것을 말한다.

> **희소성의 법칙(law of scarcity)**
> 사회구성원들의 욕망은 무한한 데 비해 그 욕망을 충족시켜 줄 수단인 경제적 자원이 상대적으로 부족한 현상을 말한다. 경제문제의 근본적인 발생 원인은 자원의 희소성이다.

(2) **기회비용과 매몰비용**
  ① 기회비용(opportunity cost)
    ㉠ 경제학에서 비용의 개념은 모두 기회비용의 개념이다. 기회비용은 눈에 보이는 회계적 비용(명시적 비용)과 눈에 보이지 않는 암묵적 비용(묵시적 비용, 잠재적 비용, 비금전적 비용)으로 구성된다.
      예 대학 진학을 선택했을 때 기회비용은 등록금, 교재비와 같이 실제로 지출되는 비용뿐만 아니라 대학 재학 기간 동안 직장을 다녔을 때 얻을 수 있는 소득, 즉 대학 진학을 선택함으로써 포기해야 하는 임금소득까지 포함한다. 여기에서 실제로 지출되는 비용은 회계적 비용에 해당하고, 포기해야 하는 임금소득은 암묵적 비용에 해당한다.
    ㉡ 합리적 선택을 위해서는 기회비용의 파악이 선행되어야 하고, 어떠한 의사결정이든지 기회비용의 관점에서 이루어져야 한다.
  ② 매몰비용(sunk cost)
    ㉠ 일단 지출되면 다시 회수할 수 없는 비용을 의미한다.
    ㉡ 회수가 불가능한 비용이므로 합리적 선택을 위해서는 의사결정 시 고려대상에서 제외해야 하는 비용이다.
      예 이미 지출된 광고비나 연구개발투자비는 매몰비용에 해당하므로 이를 고려하여 가격을 결정하는 것은 비합리적이다.
      예 어떤 기업이 생산설비를 빌리면서 1년치 임대료를 지불하였는데 만기 이전에 생산설비를 돌려준다고 해도 임대료를 돌려받을 수 없으면 이 임대료는 매몰비용이다.
      예 음악회 관람에 만족감을 느끼지 못하는 사람이 음악회 관람을 위해 지불한 비용이 아까워 음악회를 계속 관람한다면 이는 매몰비용을 고려한 것이므로 비합리적 선택에 해당한다.

> **기회비용**
> • 어떤 활동을 선택함으로써 포기해야 하는 다른 활동의 가치 중 가장 큰 가치를 의미한다.
> • 기회비용=경제적 비용
>   =회계적 비용+암묵적 비용

4 기타

(1) **유량변수와 저량변수**
  ① 유량(flow)변수는 일정한 기간에 측정되는 변수이다.
    예 소득, 국내총생산, 적자, 재정적자, 투자, 재화에 대한 수요, 국제수지 등
  ② 저량(stock)변수는 일정한 시점에 측정되는 변수이다.
    예 재산(부), 국부, 부채, 정부부채, 외채, 자본, 자산에 대한 수요(화폐수요), 실업자의 수, 외환보유고, 물가, 환율, 주가, 통화량 등

(2) **구성의 오류**
  ① 부분적으로 참이라고 해서 전체적으로도 참이라고 단정하는 데서 발생하는 오류이다.
  ② 예시
    ㉠ 절약의 역설(저축의 역설) : 경기침체 시 개별경제주체의 입장에서는 저축을 증가시키는 것이 바람직한 행위이지만, 경제 전체적으로는 저축의 증가가 총수요의 감소를 가져와 경기침체를 더욱 가속화시키므로 바람직하지 않다.
    ㉡ 가수요 : 물가가 계속 상승하거나 재화가 부족해질 것으로 예측되는 경우 일어나는 예상수요를 가수요라고 한다. 이때 개인적으로 바람직한 행위는 재화를 미리 사재기하는 것이지만, 국민경제 전체적으로 가수요는 물가 상승과 재화의 부족을 더욱 부추기므로 바람직하지 않다.
    ㉢ 농부의 역설 : 농부 개인의 측면에서는 풍년이 바람직하지만, 전체적으로 풍년이 되면 농산물가격의 폭락으로 생산농가의 총수입이 감소하므로 바람직하지 않다.

◀ 구성의 오류에 의하면 모든 개별경제주체들의 합리적인 행동의 결과가 전체적인 측면에서는 바람직하지 않은 결과를 가져올 수 있다.

개념반복! 약점체크! 쪽지시험

01 다음 설명이 맞으면 ○, 틀리면 ×표 하세요.

(1) 가계는 생산요소시장에서 수요자의 역할을 담당한다. ( )

(2) 경제적 효율성이란 '최대효과의 원칙'과 '최소비용의 원칙'이 달성됨을 의미한다. ( )

(3) 매몰비용은 회계적 비용이므로 경제적 비용에 포함된다. ( )

(4) 소득은 일정한 기간에 측정되는 유량변수이다. ( )

(5) 절약의 역설은 인과의 오류에 해당한다. ( )

02 다음 빈칸에 알맞은 말을 고르거나 적으세요.

(6) 경제주체의 4대 구성요소에는 가계, ( ), 정부, 외국이 있다.

(7) 기업은 상품시장에 재화와 서비스를 공급하고 그 대가로 ( )을 얻는다.

(8) 기회비용이란 어떤 활동을 선택함으로써 포기해야 하는 다른 활동의 가치로서 회계적 비용과 ( )으로 구성된다.

(9) 매몰비용은 기회비용의 값이 ( )이다.

(10) 부분적으로 참이라고 해서 전체적으로도 참이라고 단정하는 데서 발생하는 오류를 ( )라고 한다.

| 정답 |
(1) × (2) ○ (3) × (4) ○ (5) × (6) 기업 (7) 총수입(판매수입) (8) 암묵적 비용 (9) 0 (10) 구성의 오류

| × 해설 |
(1) 가계는 생산물시장에서 재화와 서비스를 소비하는 수요자이지만, 생산요소시장에서는 생산요소를 공급하는 공급자이다.
(3) 매몰비용(sunk cost)이란 일단 지출되면 다시 회수할 수 없는 비용이므로 경제적 비용에 포함되지 않는다.
(5) 절약의 역설은 구성의 오류에 해당한다.

출제 0순위 공략! 꼭 풀어야 할 대표문제

01

다음은 민간경제의 순환을 나타낸 것이다. 이에 대한 설명으로 옳은 것은?

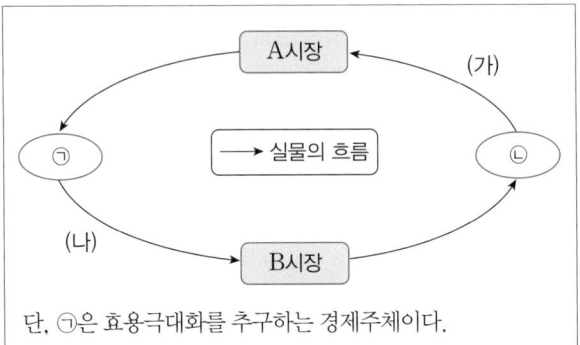

단, ㉠은 효용극대화를 추구하는 경제주체이다.

① (가)를 제공한 대가로 임금, 지대, 이자, 이윤을 받는다.
② (나)의 가격 상승은 (가)의 가격 상승과 관계없다.
③ ㉠은 생산활동의 주체, ㉡은 소비활동의 주체이다.
④ A시장에서는 생산물, B시장에서는 생산요소가 거래된다.
⑤ A시장에서 ㉡으로 흘러들어가는 것은 기업의 인건비이다.

대표개념 키워드 | 경제순환

| 해설 |
효용극대화를 추구하는 주체는 가계이다. 따라서 ㉠은 가계, ㉡은 기업이다. A시장에서 실물이 가계로 흘러가므로 A시장은 생산물시장이고, B시장에서 실물이 기업으로 흘러가므로 B시장은 생산요소시장이다.

| 오답 피하기 |
① (가)는 기업이 생산물시장에 공급하는 것으로 재화, 서비스 등의 생산물이다. 따라서 (가)를 제공한 대가는 기업의 판매수입이다.
② (나)는 가계가 생산요소시장에 공급하는 것으로 노동, 자본, 토지와 같은 생산요소이다. 임금과 같은 생산요소가격의 상승은 생산비용의 상승을 의미하므로 이는 생산물가격을 상승시킨다.
③ ㉠은 가계로 소비활동의 주체이고, ㉡은 기업으로 생산활동의 주체이다.
⑤ 생산물시장에서 기업으로 흘러들어가는 것은 기업이 생산물시장에 생산물을 공급한 대가로 받은 것으로 기업의 판매수입이다.

정답 | ④

02

다음 사례에 대한 설명으로 옳지 <u>않은</u> 것은? (단, 한계효용 체감의 법칙이 적용된다.)

> 철수가 좋아하는 음식 취향은 양식, 일식, 중식의 순이며, 이 모든 메뉴를 골라먹을 수 있다는 장점 때문에 철수는 식사비용이 1인당 15,000원인 뷔페식당을 자주 찾는다. 철수는 한계효용이 0인 포만점을 지났음에도 불구하고 15,000원이 아까워 무리하게 음식을 더 먹는 습관이 있다.

① 식사비용인 15,000원은 매몰비용이다.
② 철수는 음식을 선택할 때 지불한 15,000원을 고려하지 않고 의사결정을 해야 한다.
③ 철수의 식사 습관은 합리적이라고 볼 수 없다.
④ 철수가 음식을 추가로 먹을 때마다 발생하는 명목적 비용은 불변이다.
⑤ 양식을 선택했을 때의 기회비용은 중식에서 얻을 수 있는 효용이다.

대표개념 키워드 | 기회비용과 매몰비용

| 해설 |
모든 메뉴를 골라먹을 수 있으므로 양식을 선택했을 때 중식을 포기할 필요가 없다. 따라서 양식을 선택했을 때의 기회비용은 중식에서 얻을 수 있는 효용이라고 할 수 없다.

| 오답 피하기 |
① 식사비용인 15,000원은 이미 지출된 비용으로 회수가 불가능한 매몰비용이다.
② 식사비용인 15,000원은 매몰비용이므로 철수는 의사결정 시 이를 고려해서는 안 된다.
③ 매몰비용인 15,000원이 아까워 무리하게 더 음식을 먹는 것은 비합리적이다.
④ 뷔페식당이므로 음식을 추가로 먹을 때마다 발생하는 명목적 비용은 불변이다.

정답 | ⑤

핵심테마 01 | 경제학의 기초

03

다음 두 사례에 공통으로 적용할 수 있는 경제학적 개념은?

> • 공무원시험을 3년째 준비하는 철수는 지난해부터 이를 포기하고 취업 준비를 시작하고 있다.
> • 6개월치 헬스클럽 레슨비를 미리 낸 영희는 팔의 통증으로 남은 레슨을 포기하고 병원 치료를 시작하였다.

① 매몰비용 ② 한계효용
③ 외부효과 ④ 경제적 지대
⑤ 희소성의 법칙

대표개념 키워드 | 매몰비용

| 해설 |

3년간 공무원시험에 지출된 비용과 6개월치 헬스클럽 레슨비는 회수가 불가능한 매몰비용(sunk cost)에 해당한다. 매몰비용은 합리적 선택을 위해 의사결정 시 고려해서는 안 되는 비용이다.

| 오답 피하기 |

② 한계효용이란 소비자가 재화 한 단위를 추가로 소비할 때의 총효용 증가분을 말한다.
③ 외부효과란 어떤 경제주체의 행위가 제3자에게 의도하지 않은 이득이나 손해를 주면서도 이에 대한 대가를 받지도 지급하지도 않은 경우를 말한다.
④ 경제적 지대란 노동시장에서 전용수입(이전수입)을 초과한 노동소득을 의미한다.
⑤ 희소성의 법칙이란 사회구성원들의 욕망은 무한한 데 비해 그 욕망을 충족시켜 줄 수단인 자원이 부족한 현상을 말한다. 경제문제의 근본적인 발생 원인은 자원의 희소성이다.

정답 | ①

04

다음 내용이 설명하고 있는 것은?

> 영화관에서 앞줄에 앉아 있는 사람 때문에 화면이 보이지 않아 영화를 더 잘 관람하기 위해 일어선다면, 뒷줄에 있는 사람들 또한 일어서게 되어 결국에는 관람객 모두 관람을 제대로 할 수 없게 된다.

① 구성의 오류 ② 인과의 오류
③ 엥겔의 법칙 ④ 코즈의 정리
⑤ 세이의 법칙

대표개념 키워드 | 구성의 오류

| 해설 |

제시된 내용은 개별경제주체가 합리적으로 행동을 하더라도 사회 전체적인 측면을 고려하면 그것이 반드시 합리적인 결과를 만들어 내는 것은 아니라는 구성의 오류(구성의 모순)를 보여 주는 사례이다. 구성의 오류는 모든 개별경제주체들의 합리적인 행동의 결과가 전체적인 측면에서는 바람직하지 않은 결과를 가져올 수 있음을 말한다.

| 오답 피하기 |

② 인과의 오류란 A라는 사건이 발생한 다음 B라는 사건이 발생했다는 이유로 A를 B의 원인으로 단정하는 데서 발생하는 오류이다.
③ 엥겔의 법칙이란 소득이 증가하였을 때 식료품비의 절대적인 양은 증가하지만, 총지출액에서 식료품비가 차지하는 비중이 감소하는 현상이다.
④ 코즈의 정리란 민간경제의 주체들이 자원의 배분과정에서 아무런 비용을 치르지 않고 협상을 할 수 있다면 외부효과로 인해 초래되는 비효율성을 시장에서 거래당사자 간 자발적 협상을 통해 스스로 해결할 수 있다는 것이다.
⑤ 세이의 법칙이란 공급이 수요를 창조한다는 것으로, 공급중시 경제학을 주장하는 고전학파이론이다.

정답 | ①

핵심테마 02 | 수요와 공급

1 수요

(1) 기본 개념
① 수요(demand) : 소비자가 각각의 모든 가격대에서 재화와 서비스를 구매하고자 하는 전체 계획으로, 수요곡선 전체를 의미한다.
② 수요량 : 소비자가 특정 가격하에서 구입하고자 하는 재화와 서비스의 구체적인 계획으로, 수요곡선상의 한 점을 의미한다.
③ 수요가격(demand price) : 수요곡선의 높이로, 소비자가 상품을 구입하기 위해 지급할 용의가 있는 최대한의 가격을 의미한다.

(2) 수요법칙과 수요곡선
① 수요법칙(law of demand) : 다른 모든 조건이 일정불변일 때 해당 상품의 가격이 상승하면 수요량이 감소하고, 해당 상품의 가격이 하락하면 수요량이 증가하는 법칙으로, 가격과 수요량이 역(−)의 관계에 있는 것을 말한다.
② 수요곡선 : 수요법칙을 그림으로 나타낸 것으로, 세로축에 가격, 가로축에 수요량을 놓고 그리면 우하향하는 형태의 수요곡선이 그려진다.

(3) 수요량의 변화와 수요의 변화
① 수요량의 변화 : 해당 상품의 가격이 변화하여 수요량이 변화하는 것을 의미하고, 이는 수요곡선상의 이동으로 표시된다.
② 수요의 변화 : 가격 이외의 요인이 변화하여 수요가 변화하는 것을 의미하고, 이는 수요곡선 자체의 이동으로 표시된다. 수요곡선이 우측(상방)으로 이동하면 수요 증가를 나타내고, 좌측(하방)으로 이동하면 수요 감소를 나타낸다.

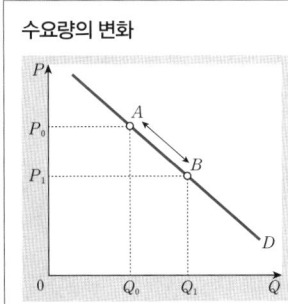
수요량의 변화

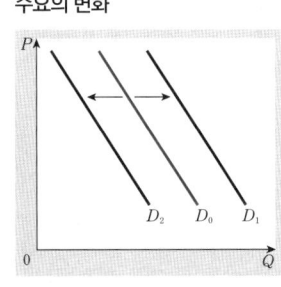
수요의 변화

(4) 수요의 변화 요인
① 소비자의 소득
  ㉠ 정상재(normal goods) : 소득이 증가(감소)하면 수요가 증가(감소)하는 재화이다.
  ㉡ 열등재(inferior goods) : 소득이 증가(감소)하면 수요가 감소(증가)하는 재화이다.
② 관련재의 가격
  ㉠ 대체재(substitute goods)란 용도가 비슷하여 그 재화 대신 다른 재화를 소비해도 만족에 별 차이가 없는 재화를 말한다. 대체재의 가격이 상승(하락)하면 대체관계에 있는 다른 재화의 수요는 증가(감소)한다.
    예 콜라와 사이다, 버터와 마가린, 돼지고기와 소고기 등

수요와 수요량
- 사전적으로 계획된 개념으로 실제로 구입한 양이 아니라 구입하고자 의도된 양이다.
- 일정한 기간에 측정되는 유량(flow)의 개념이다.

기펜재(Giffen goods)
가격이 상승하면 수요량이 증가하고, 가격이 하락하면 수요량이 감소하는 재화를 말한다.

베블런효과(Veblen effect)
- 자신의 부를 과시하기 위한 과시적 소비(conspicuous consumption)를 의미한다.
- 베블런효과가 존재하면 가격이 상승할수록 오히려 수요량이 증가하여 수요법칙을 위배하게 된다.

밴드왜건효과(bandwagon effect, 편승효과)
다른 사람의 소비행위에 영향을 받아 소비가 증가하는 효과로, 유행에 민감한 소비자들로 인해 발생하는 효과이다.

스노브효과(snob effect, 백로효과)
자신을 다른 사람과 격이 다르다고 생각하여 애써 유행을 외면하는 효과로, 다른 사람들의 소비행위에 영향을 받아 소비가 감소하는 효과이다.

엥겔의 법칙(Engel's law)
소득이 증가함에 따라 식료품에 대한 절대지출액은 증가하지만, 총지출액에서 식료품 지출액이 차지하는 비중은 감소하는 현상을 의미한다.

핵심테마 02 | 수요와 공급

ⓒ 보완재(complementary goods)란 한 재화씩 따로따로 소비할 때보다 함께 소비할 때 더 큰 만족을 얻을 수 있는 재화를 말한다. 보완재의 가격이 상승(하락)하면 보완관계에 있는 다른 재화의 수요는 감소(증가)한다.

예 커피와 설탕, 안경테와 안경알, 책상과 의자, 컴퓨터와 소프트웨어, 낚싯대와 낚싯바늘, 자동차와 휘발유 등

③ 소비자의 기호 : 어떤 상품에 대한 소비자의 기호 및 선호도가 증가(감소)하면 해당 상품의 수요는 증가(감소)한다.

④ 소비자의 미래에 대한 예상 : 미래에 가격이 상승(하락)할 것이라고 예상하면 현재의 수요는 증가(감소)하고, 미래에 소득이 증가(감소)할 것이라고 예상하면 정상재의 수요는 증가(감소)한다.

(5) 시장수요곡선
① 시장 전체의 수요곡선을 의미한다.
② 개별수요곡선의 수평적 합으로 구해지며 개별수요곡선보다 더 완만한 형태로 나타난다.

2 공급

(1) 기본 개념
① 공급(supply) : 생산자가 주어진 가격대에서 재화와 서비스를 판매하고자 하는 전체 계획으로, 공급곡선 전체를 의미한다.
② 공급량 : 생산자가 특정 가격하에서 판매하고자 하는 재화와 서비스의 구체적인 계획으로, 공급곡선상의 한 점을 의미한다.
③ 공급가격(supply price) : 공급곡선의 높이로, 생산자가 상품을 공급하기 위해 받아야겠다고 생각하는 최소한의 가격을 의미한다.

(2) 공급법칙과 공급곡선
① 공급법칙(law of supply) : 다른 모든 조건이 일정불변일 때 해당 상품의 가격이 상승하면 공급량이 증가하고, 해당 상품의 가격이 하락하면 공급량이 감소하는 법칙으로, 가격과 공급량이 정(+)의 관계에 있는 것을 말한다.
② 공급곡선 : 공급법칙을 그림으로 나타낸 것으로, 세로축에 가격, 가로축에 공급량을 놓고 그리면 우상향하는 형태의 공급곡선이 그려진다.

(3) 공급량의 변화와 공급의 변화
① 공급량의 변화 : 해당 상품의 가격이 변화하여 공급량이 변화하는 것을 의미하고, 이는 공급곡선상의 이동으로 표시된다.
② 공급의 변화 : 가격 이외의 요인이 변화하여 공급이 변화하는 것을 의미하고, 이는 공급곡선 자체의 이동으로 표시된다. 공급곡선이 우측(하방)으로 이동하면 공급 증가를 나타내고, 좌측(상방)으로 이동하면 공급 감소를 나타낸다.

공급과 공급량
- 사전적으로 계획된 개념으로, 실제로 공급한 양이 아니라 공급하고자 의도된 양이다.
- 일정한 기간에 측정되는 유량(flow)의 개념이다.

공급의 변화 요인
- 생산기술이 진보하면 공급이 증가한다. 생산기술의 진보는 생산비의 감소를 의미하므로 생산자가 최소한 받고자 하는 공급가격이 하락하여 공급이 증가한다.
- 생산요소의 가격(임금, 이자, 임대료)이 상승하면 생산비가 증가하므로 동일한 생산비로 더 적은 상품이 생산되어 공급이 감소한다.
- 정부가 기업에 대해 조세를 부과하면 공급가격의 상승으로 공급곡선이 상방 이동하므로 공급이 감소하고, 생산보조금을 지급하면 공급가격의 하락으로 공급곡선이 하방 이동하므로 공급이 증가한다.

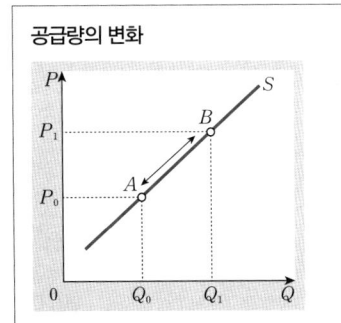
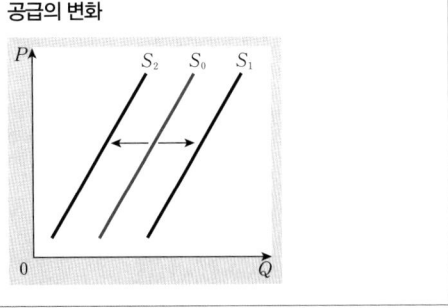

(4) **시장공급곡선**

① 시장 전체의 공급곡선을 의미한다.

② 개별공급곡선의 수평적 합으로 구해지며 개별공급곡선보다 더 완만한 형태로 나타난다.

01 다음 설명이 맞으면 ○, 틀리면 ×표 하세요.

(1) 상품의 가격이 변화하면 수요곡선이 이동한다. ( )

(2) 소득이 증가하면 모든 소비재의 수요곡선은 우측으로 이동한다. ( )

(3) 사이다의 가격이 상승하면 콜라에 대한 수요가 증가한다. ( )

(4) 미래에 가격이 상승할 것이라고 예상하면 현재의 수요가 증가한다. ( )

(5) 임금 등의 생산요소가격이 상승하면 공급이 증가한다. ( )

(6) 보완재의 가격이 하락하면 소비자의 총지출액은 증가한다. ( )

02 다음 빈칸에 알맞은 말을 고르거나 적으세요.

(7) 자신의 부를 과시하기 위한 과시적 소비는 가격이 상승할수록 오히려 수요량이 증가하게 되는데, 이를 ( )라고 한다.

(8) 선풍기가 열등재라면 소득이 감소할 때 선풍기에 대한 수요는 ( )한다.

(9) 휘발유 자동차의 가격이 하락하면 휘발유의 수요가 ( )한다.

(10) 공급곡선이 좌측(상방) 이동하면 공급이 ( )한다.

(11) 정부가 기업에 생산보조금을 지급하면 공급이 ( )한다.

(12) 자동차 제조업체들이 생산비용을 획기적으로 절감할 수 있는 로봇기술을 개발하면 자동차 가격이 ( )한다.

| 정답 |
(1) × (2) × (3) ○ (4) ○ (5) × (6) ○ (7) 베블런효과(Veblen effect) (8) 증가 (9) 증가 (10) 감소 (11) 증가 (12) 하락

| × 해설 |
(1) 상품의 가격이 변화하면 수요량이 변화하고 수요량의 변화는 수요곡선상의 이동을 나타낸다.
(2) 소득이 증가하면 정상재의 수요곡선은 우측으로 이동하지만, 열등재의 수요곡선은 좌측으로 이동한다.
(5) 임금 등의 생산요소가격이 상승하면 공급이 감소한다.

01

다음 밑줄 친 재화와 관련 있는 재화는?

> 새로운 사업을 창업하였을 때 사업의 성공요인으로 기본 재화와 보조 재화를 함께 생산하여 판매하는 전략이 필요하다. 예를 들어, 피자가게를 차린다면 <u>피자와 곁들여 소비할 수 있는 재화</u>를 찾아 두 재화의 매출을 함께 증가시키는 것이다.

① 대체재
② 보완재
③ 정상재
④ 열등재
⑤ 기펜재

대표개념 키워드 보완재

| 해설 |
보완재(complementary goods)란 한 재화씩 따로따로 소비할 때보다 함께 소비할 때 더 큰 만족을 얻을 수 있는 재화를 말한다. 피자와 곁들여 먹을 수 있는 재화는 서로 보완관계에 있는 재화이다.

| 오답 피하기 |
① 대체재(substitute goods)란 용도가 비슷하여 그 재화 대신 다른 재화를 소비해도 만족에 별 차이가 없는 재화를 말한다.
③ 정상재(normal goods)란 소득이 증가(감소)하면 수요가 증가(감소)하는 재화이다.
④ 열등재(inferior goods)란 소득이 증가(감소)하면 수요가 감소(증가)하는 재화이다.
⑤ 기펜재(Giffen goods)란 가격이 상승하면 수요량이 증가하고, 가격이 하락하면 수요량이 감소하는 재화로, 수요법칙이 적용되지 않는 재화를 말한다.

정답 | ②

02

다음 기사와 관련 있는 경제 현상은?

> 프랑스의 명품 브랜드 샤넬이 지난달 또다시 제품 가격을 인상하였다. 샤넬은 올해에만 네 차례나 가격을 인상하였고 샤넬의 인기 가방 품목인 '클래식백' 라인의 가격은 1,000만 원을 넘었다. 그러나 매장 문을 열자마자 손님들이 몰려드는 이른바 오픈 런은 계속되고 있다.
> ─○○신문─

① 베블런효과
② 스노브효과
③ 디드로효과
④ 밴드왜건효과
⑤ 레버리지효과

대표개념 키워드 베블런효과

| 해설 |
베블런효과(Veblen effect)는 소비자들이 돋보이고 싶어 이른바 명품만을 소비하는 것으로, 허영심 많은 소비자가 자신의 부를 과시하기 위해 소비하는 경우를 말한다. 이를 과시적 소비라고도 한다.

| 오답 피하기 |
② 스노브효과란 다른 사람들과 차별화된 소비를 지향하는 현상으로, 속물효과라고도 한다.
③ 디드로효과란 하나의 상품을 구입함으로써 그 상품과 연관된 제품을 연속적으로 구입하게 되는 현상을 말한다.
④ 밴드왜건효과란 소비자가 어떤 재화를 소비할 때 다른 소비자들이 많이 소비하는 재화에 영향을 받아 그 소비 형태를 따라가는 현상으로, 편승효과라고도 한다.
⑤ 레버리지효과란 타인으로부터 빌린 차입금을 지렛대로 삼아 자기자본이익률을 높이는 것을 말한다.

정답 | ①

핵심테마 02 | 수요와 공급

03

다음 표는 A치킨의 3년간 치킨가격과 판매량 변화를 나타낸 것이다. 이와 같은 경제적 현상을 설명할 수 있는 원인으로 옳은 것은? (단, 치킨은 정상재이며 수요와 공급법칙을 따른다.)

구분	t년	t+1년	t+2년
가격(원)	15,000	17,000	20,000
판매량(마리)	3,000	3,500	3,900

① 콜라 가격이 상승했다.
② 생닭 가격이 하락했다.
③ 국민소득이 감소하였다.
④ 족발 가격이 인상되었다.
⑤ 치킨 매장수가 감소하였다.

대표개념 키워드 대체관계

| 해설 |
균형가격이 상승하고 판매량이 증가하였으므로 이는 수요 증가에 의한 것이다. 대체재인 족발 가격이 인상되면 치킨의 수요는 증가한다.

| 오답 피하기 |
① 보완재인 콜라 가격이 상승하면 치킨의 수요가 감소한다.
② 생닭 가격의 하락은 원자재가격의 하락으로 이는 치킨의 공급을 증가시킨다. 공급이 증가하면 가격은 하락하고 거래량은 증가한다.
③ 치킨이 정상재이므로 국민소득이 감소하면 치킨의 수요가 감소한다.
⑤ 치킨 매장수가 감소하면 치킨의 공급이 감소하여 가격은 상승하고 거래량은 감소한다.

정답 | ④

04

정상재인 자동차 수요를 증가시키는 원인에 해당하지 <u>않은</u> 것은?

① 휘발유 가격 하락
② 오토바이 가격 상승
③ 대기오염 규제 강화
④ 교통사고 사망률 하락
⑤ 1인당 국민소득의 증가

대표개념 키워드 보완관계

| 해설 |
수요량의 변화란 해당 상품의 가격이 변화하여 수요량이 변화하는 것을 의미하고, 이는 수요곡선상의 이동으로 표시된다. 반면, 수요의 변화란 가격 이외의 요인이 변화하여 수요가 변화하는 것을 의미하고, 이는 수요곡선 자체의 이동으로 표시된다. 대기오염 규제가 강화되면 자동차 사용에 대한 조세 부과가 강화되어 자동차 수요가 감소할 것이다.

| 오답 피하기 |
① 휘발유 가격이 하락하면 보완관계에 있는 자동차 수요가 증가할 것이다.
② 오토바이 가격이 상승하면 대체관계에 있는 자동차 수요가 증가할 것이다.
④ 교통사고 사망률이 하락하면 자동차 수요가 증가할 것이다.
⑤ 1인당 국민소득이 증가하면 정상재인 자동차 수요가 증가할 것이다.

정답 | ③

핵심테마 03 | 시장의 균형

1 시장의 불균형

① 초과수요량(excess quantity demanded) : 어떤 가격 수준에서 소비자들의 수요량이 생산자들의 공급량보다 많아 상품의 부족 현상이 발생할 때 그 부족분을 의미한다. 초과수요량이 발생하면 가격이 상승한다.

② 초과공급량(excess quantity supplied) : 어떤 가격 수준에서 생산자들의 공급량이 소비자들의 수요량보다 많아 상품이 남아돌 때 그 잉여분을 의미한다. 초과공급량이 발생하면 가격이 하락한다.

2 시장의 균형

① 시장가격이 P_1일 때 초과공급량이 존재하여 시장가격은 하락한다.
② 시장가격이 P_2일 때 초과수요량이 존재하여 시장가격은 상승한다.
③ 시장수요곡선과 시장공급곡선이 만나는 점 E에서 시장의 균형이 달성된다.

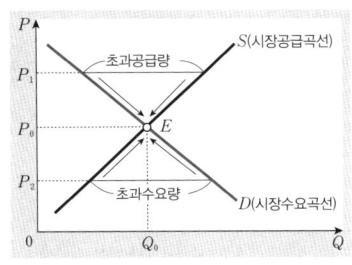

균형(equilibrium)
일단 그 상태에 도달하면 경제적 외부 여건이 변화하지 않는 한 계속 그 상태를 유지하려고 하는 것을 말한다.

3 시장균형의 변화

(1) 수요와 공급이 동일한 방향으로 변화하는 경우

① 수요 증가($D_0 \to D_1$), 공급 증가($S_0 \to S_1$)
  ㉠ 균형의 변화 : $E_0 \to E_1$
  ㉡ 균형가격의 변화 : 불분명
  ㉢ 균형거래량의 변화 : 증가($Q_0 \to Q_1$)
② 수요 감소($D_1 \to D_0$), 공급 감소($S_1 \to S_0$)
  ㉠ 균형의 변화 : $E_1 \to E_0$
  ㉡ 균형가격의 변화 : 불분명
  ㉢ 균형거래량의 변화 : 감소($Q_1 \to Q_0$)

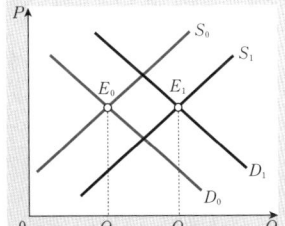

(2) 수요와 공급이 반대 방향으로 변화하는 경우

① 수요 증가($D_0 \to D_1$), 공급 감소($S_0 \to S_1$)
  ㉠ 균형의 변화 : $E_0 \to E_1$
  ㉡ 균형가격의 변화 : 상승($P_0 \to P_1$)
  ㉢ 균형거래량의 변화 : 불분명
② 수요 감소($D_1 \to D_0$), 공급 증가($S_1 \to S_0$)
  ㉠ 균형의 변화 : $E_1 \to E_0$
  ㉡ 균형가격의 변화 : 하락($P_1 \to P_0$)
  ㉢ 균형거래량의 변화 : 불분명

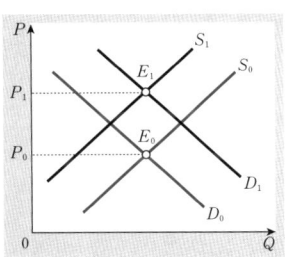

시장수요의 변화

증가	감소
• 균형가격 상승	• 균형가격 하락
• 균형거래량 증가	• 균형거래량 감소

시장공급의 변화

증가	감소
• 균형가격 하락	• 균형가격 상승
• 균형거래량 증가	• 균형거래량 감소

01 다음 설명이 맞으면 ○, 틀리면 ×표 하세요.

(1) 시장에 존재하는 초과수요량이란 주어진 가격수준에서 수요량이 공급량보다 적은 경우 발생하는 잉여분이다. (　　)

(2) 시장의 수요가 증가하면 균형가격이 상승한다. (　　)

(3) 시장의 공급이 감소하면 균형가격이 하락한다. (　　)

(4) 수요가 증가하고 공급이 감소하면 균형거래량은 증가한다. (　　)

(5) 수요가 증가하고 공급이 감소하면 균형가격은 상승한다. (　　)

02 다음 빈칸에 알맞은 말을 고르거나 적으세요.

(6) 시장에 초과공급량이 존재하면 시장의 가격은 (　　)한다.

(7) 버스가 열등재일 때 소득이 증가하면 버스의 균형요금은 (　　)한다.

(8) 콜라의 가격이 상승하면 사이다의 균형가격은 (　　)한다.

(9) 스마트폰의 생산기술이 진보하면 스마트폰의 균형거래량은 (　　)한다.

(10) 밀가루가격이 하락하였고 칼국수의 선호도가 증가하였다면 칼국수의 균형가격은 (　　)하다.

| 정답 |
(1) ×　(2) ○　(3) ×　(4) ×　(5) ○　(6) 하락　(7) 하락　(8) 상승　(9) 증가　(10) 불분명

| × 해설 |
(1) 초과수요량이란 주어진 가격수준에서 수요량이 공급량보다 많은 경우 발생하는 부족분이다.
(3) 시장의 공급이 감소하면 공급곡선이 좌측으로 이동하여 균형가격이 상승한다.
(4) 수요가 증가하고 공급이 감소하면 균형거래량의 변화는 불분명하다.

01

감자는 정상재이고, 감자와 고구마는 대체관계에 있다. 감자 시장에서 균형가격을 하락시키는 원인이 아닌 것은? (단, 시장수요곡선은 우하향하고, 시장공급곡선은 우상향한다.)

① 고구마 가격이 하락하였을 때
② 외국산 감자수입이 개방되었을 때
③ 감자 생산자에게 보조금을 지급할 때
④ 소비자가 감자보다 고구마를 더 선호할 때
⑤ 감자 재배에 대한 기후조건이 악화되었을 때

대표개념 키워드 시장균형의 변화

| 해설 |
감자 재배에 대한 기후조건이 악화되면 감자의 공급이 감소하므로 감자의 균형가격이 상승한다.

| 오답 피하기 |
① 대체재인 고구마 가격이 하락하면 감자의 수요가 감소하므로 감자의 균형가격이 하락한다.
② 외국산 감자수입이 개방되면 감자의 공급이 증가하므로 감자의 균형가격이 하락한다.
③ 감자 생산자에게 보조금을 지급하면 감자의 공급이 증가하므로 감자의 균형가격이 하락한다.
④ 감자에 대한 선호도가 감소하면 감자의 수요가 감소하므로 감자의 균형가격이 하락한다.

정답 | ⑤

02

다음 X재 시장과 Y재 시장에 대한 옳은 설명을 [보기]에서 모두 고르면?

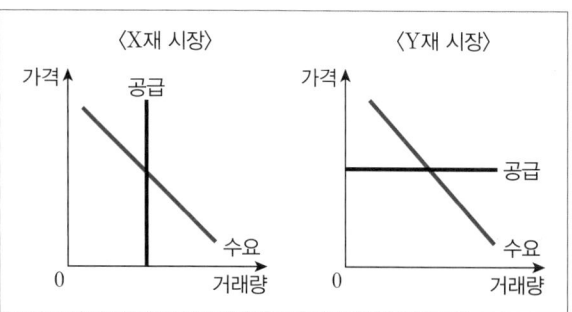

| 보기 |
ㄱ. X재 시장에 수요가 증가하더라도 균형거래량은 변하지 않는다.
ㄴ. X재 시장에서 생산자에게 조세를 부과할 경우 균형가격은 불변이다.
ㄷ. Y재 시장에 공급이 증가하면 균형가격이 하락한다.
ㄹ. Y재 시장의 공급은 가격에 대해 완전탄력적이다.

① ㄱ, ㄴ
② ㄱ, ㄷ
③ ㄴ, ㄷ
④ ㄱ, ㄴ, ㄹ
⑤ ㄱ, ㄴ, ㄷ, ㄹ

대표개념 키워드 시장균형의 변화

| 해설 |
ㄱ. X재 시장에 수요가 증가하여 수요곡선이 우측으로 이동하더라도 공급곡선이 수직이므로 균형가격만 상승하고 균형거래량은 변하지 않는다.
ㄴ. X재 시장에서 생산자에게 조세를 부과할 경우 공급곡선은 단위당 조세만큼 상방 이동한다. 수직의 공급곡선이 상방 이동하더라도 균형가격은 불변이다.
ㄹ. Y재 시장의 공급곡선은 수평이므로 공급은 가격에 대해 완전탄력적이다.

| 오답 피하기 |
ㄷ. Y재 시장에 공급이 증가하면 공급곡선이 우측으로 이동한다. 수평의 공급곡선이 우측으로 이동하더라도 균형가격은 변하지 않는다.

정답 | ④

핵심테마 04 | 수요와 공급의 탄력성

탄력성(elasticity)
독립변수가 1% 변했을 때 종속변수가 몇 % 변하는지를 나타내는 지표이다.

수요의 가격탄력성
$\frac{\Delta Q^D}{\Delta P}$는 수요곡선 기울기의 역수를 의미하므로 다른 조건이 일정불변일 때 수요곡선이 완만할수록 탄력성은 커진다. $\frac{P}{Q^D}$는 원점에서 수요곡선의 각 점을 연결한 직선의 기울기로 측정된다.

1 수요의 탄력성

(1) 수요의 가격탄력성

① 개념

㉠ 수요의 가격탄력성(price elasticity of demand)이란 상품 한 단위의 가격(P)이 1% 변했을 때 수요량(Q^D)이 몇 % 변하는지를 측정하는 척도이다.

㉡ 수요법칙에 의해 상품의 가격과 수요량은 역(−)의 관계에 있으므로 수요의 가격탄력성은 항상 음(−)의 값을 가진다. 수요량은 가격에 대한 절대적인 민감도가 중요하므로 절댓값을 취하거나 음(−)의 부호를 붙여 양(+)의 부호로 변환시킨다.

수요의 가격탄력성

$$\varepsilon_P = \left| \frac{\text{수요량의 변화율(\%)}}{\text{가격의 변화율(\%)}} \right| = \left| \frac{\frac{\Delta Q^D}{Q^D} \times 100}{\frac{\Delta P}{P} \times 100} \right| = -\frac{\Delta Q^D}{\Delta P} \times \frac{P}{Q^D}$$

㉢ 수요의 가격탄력성이 0이면 완전비탄력적, 무한대(∞)이면 완전탄력적이다. 수요의 가격탄력성이 1보다 크면 탄력적, 1보다 작으면 비탄력적, 1이면 단위탄력적이라고 한다.

② 수요의 가격탄력성 결정 요인

요인	요인의 변화	수요의 가격탄력성
대체재의 수	많을수록	커짐
	적을수록	작아짐
상품의 성격	사치품	큼
	필수품	작음
소비자의 전체 지출에서 차지하는 비중	클수록	커짐
	작을수록	작아짐
상품정의의 범위	좁게 잡을수록	커짐
	넓게 잡을수록	작아짐
상품의 용도	다양한 용도로 쓰이는 경우	커짐
	한정된 용도로 쓰이는 경우	작아짐
고려되는 기간의 길이	길수록	커짐
	짧을수록	작아짐

③ 가격탄력성과 기업의 총수입

㉠ 기업의 총수입(=가계의 총지출액)

• 총수입(Total Revenue : TR)이란 기업이 상품을 생산 및 판매하여 벌어들이는 수입의 총량을 말한다.

• 총수입(TR)=가격(P)×판매량(Q)

> 기업의 총수입은 가계의 입장에서 총지출액이 된다.

총수입의 변화율

$$\frac{\Delta TR}{TR} = \frac{\Delta P}{P} + \frac{\Delta Q}{Q}$$

ⓒ 수요의 가격탄력성과 기업의 총수입 간의 관계

가격탄력성	변화율의 크기	가격 상승	가격 하락
$\varepsilon_P > 1$	|가격의 변화율| < |수요량의 변화율|	총수입 감소	총수입 증가
$\varepsilon_P = 1$	|가격의 변화율| = |수요량의 변화율|	총수입 불변	총수입 불변
$0 < \varepsilon_P < 1$	|가격의 변화율| > |수요량의 변화율|	총수입 증가	총수입 감소

(2) 수요의 소득탄력성

① 개념

  ㉠ 수요의 소득탄력성(income elasticity of demand)이란 소비자의 소득(M)이 1% 변했을 때 수요(Q^D)가 몇 % 변하는지를 측정하는 척도이다.
  ㉡ 수요의 소득탄력성에서 부호는 경제적 의미를 지니므로 절댓값을 취해서는 안 된다.

수요의 소득탄력성

$$\varepsilon_M = \frac{\text{수요(량)의 변화율(\%)}}{\text{소득의 변화율(\%)}} = \frac{\Delta Q^D}{\Delta M} \times \frac{M}{Q^D}$$

② 수요의 소득탄력성과 상품의 종류

수요의 소득탄력성	상품의 종류	내용
$\varepsilon_M > 0$	정상재	• 소득 증가 → 수요 증가 • 소득 감소 → 수요 감소
$\varepsilon_M > 1$	사치재	• 소득 10% 증가 → 수요 20% 증가 • 소득 10% 감소 → 수요 20% 감소
$0 < \varepsilon_M < 1$	필수재	• 소득 10% 증가 → 수요 5% 증가 • 소득 10% 감소 → 수요 5% 감소
$\varepsilon_M = 1$	동조재	• 소득 10% 증가 → 수요 10% 증가 • 소득 10% 감소 → 수요 10% 감소
$\varepsilon_M < 0$	열등재	• 소득 증가 → 수요 감소 • 소득 감소 → 수요 증가

(3) 수요의 교차탄력성

① 개념

  ㉠ 수요의 교차탄력성(cross elasticity of demand)이란 관련재의 가격(P_Y)이 1% 변했을 때 해당 상품의 수요(Q_X^D)가 몇 % 변하는지를 측정하는 척도이다.
  ㉡ 수요의 교차탄력성에서 부호는 경제적 의미를 지니므로 절댓값을 취해서는 안 된다.

수요의 교차탄력성

$$\varepsilon_{XY} = \frac{X\text{재 수요(량)의 변화율(\%)}}{Y\text{재 가격의 변화율(\%)}} = \frac{\Delta Q_X^D}{\Delta P_Y} \times \frac{P_Y}{Q_X^D}$$

핵심테마 04 | 수요와 공급의 탄력성

② 수요의 교차탄력성과 상품의 관계

수요의 교차탄력성	상품의 관계	내용
$\varepsilon_{XY} > 0$	대체관계	• Y재 가격 상승 → X재 수요 증가 • Y재 가격 하락 → X재 수요 감소
$\varepsilon_{XY} = 0$	독립관계	• Y재 가격 상승 → X재 수요 불변 • Y재 가격 하락 → X재 수요 불변
$\varepsilon_{XY} < 0$	보완관계	• Y재 가격 상승 → X재 수요 감소 • Y재 가격 하락 → X재 수요 증가

2 공급의 가격탄력성

(1) 개념

① 공급의 가격탄력성(price elasticity of supply)이란 상품 한 단위의 가격(P)이 1% 변했을 때 공급량(Q^S)이 몇 % 변하는지를 측정하는 척도이다.

② 공급법칙에 의해 가격과 공급량은 정(+)의 관계에 있으므로 공급의 가격탄력성은 항상 양(+)의 값을 가진다.

공급의 가격탄력성

$$\varepsilon_S = \frac{\text{공급량의 변화율(\%)}}{\text{가격의 변화율(\%)}} = \frac{\Delta Q^S}{\Delta P} \times \frac{P}{Q^S}$$

(2) 공급의 가격탄력성 결정 요인

요인	요인의 변화	공급의 가격탄력성
생산비의 증가	생산량 증가 시 생산비용이 완만하게 상승하는 경우	커짐
	생산량 증가 시 생산비용이 급격히 상승하는 경우	작아짐
상품의 저장 가능성과 저장에 드는 비용	저장이 쉽고 비용이 적게 드는 경우	커짐
	저장이 힘들고 비용이 많이 드는 경우	작아짐
상품의 성격	공산품	큼
	농산품	작음
유휴시설의 존재 여부	• 시설용량의 확장이나 추가적인 투입요소의 구입 등이 용이한 경우 • 유휴생산시설 및 잉여생산시설이 충분한 경우	커짐
	• 시설용량의 확장이나 추가적인 투입요소의 구입 등이 어려운 경우 • 유휴생산시설 및 잉여생산시설이 충분하지 않은 경우	작아짐
생산량 조절의 신축성	클수록	커짐
	작을수록	작아짐
타상품 생산으로의 전환 가능성	높을수록	커짐
	낮을수록	작아짐
고려되는 기간의 길이	길수록	커짐
	짧을수록	작아짐

01 다음 설명이 맞으면 O, 틀리면 ×표 하세요.

(1) 상품의 정의를 좁게 잡을수록 수요의 가격탄력성은 작아진다. ( )

(2) 일반적으로 쌀에 대한 수요의 가격탄력성은 자동차에 대한 수요의 가격탄력성보다 높게 나타난다. ( )

(3) 수요의 가격탄력성이 1보다 클 때 가격이 하락하면 소비자의 총지출액은 증가한다. ( )

(4) 소득이 10% 증가했을 때 수요가 5% 증가하였다면 이 재화는 필수품이다. ( )

(5) 공급의 가격탄력성은 반드시 절댓값을 취해야 한다. ( )

(6) 소비자가 꼭 필요하다고 생각할수록 수요의 가격탄력성은 커진다. ( )

02 다음 빈칸에 알맞은 말을 고르거나 적으세요.

(7) 수요의 가격탄력성이 완전비탄력적일 때 가격탄력성의 값은 ( )이다.

(8) 컴퓨터의 가격이 10% 상승하였는데 컴퓨터에 대한 지출액이 10% 상승하였다면 가격탄력성은 ( )이 된다.

(9) 볼펜을 생산하는 어떤 기업의 영업부장이 매출액 증가를 위해 가격인상을 검토 중이라면 이 영업부장은 가격탄력성이 1보다 ( )고 판단한 것이다.

(10) 고등어와 꽁치의 수요에 대한 교차탄력성은 0보다 ( ).

(11) 상품의 저장이 쉽고 비용이 적게 들수록 공급의 가격탄력성은 ( ).

(12) 소비자가 빵가격의 변화에 관계없이 빵 구매에 일정한 금액을 지출하면 수요의 가격탄력성은 ( )이 된다.

| 정답 |
(1) × (2) × (3) O (4) O (5) × (6) × (7) 0 (8) 0 (9) 작다 (10) 크다 (11) 커진다 (12) 1

| × 해설 |
(1) 상품의 정의를 좁게 잡을수록 대체재의 수가 많아지므로 수요의 가격탄력성은 커진다.
(2) 쌀은 필수품에 해당하므로 자동차에 대한 수요의 가격탄력성보다 낮게 나타난다.
(5) 공급의 법칙에 의해 가격과 공급량은 동일한 방향으로 변하므로 공급의 가격탄력성은 항상 양(+)의 값을 갖는다. 따라서 절댓값을 취할 필요가 없다.
(6) 소비자가 꼭 필요하다고 생각하는 필수품일수록 수요의 가격탄력성은 작아진다.

01

수요의 가격탄력성에 대한 설명으로 옳지 않은 것은?

① 단기보다 장기로 갈수록 수요의 가격탄력성이 커진다.
② 재화를 정의하는 범위가 좁을수록 수요의 가격탄력성이 커진다.
③ 일상생활에 반드시 필요한 필수품일수록 수요의 가격탄력성이 커진다.
④ 해당 재화를 대체할 수 있는 재화가 많을수록 수요의 가격탄력성이 커진다.
⑤ 총지출액에서 그 재화의 지출액이 차지하는 비중이 클수록 수요의 가격탄력성이 커진다.

대표개념 키워드 수요의 가격탄력성 결정 요인

| 해설 |
식료품과 난방연료 등과 같은 생활필수품, 담배나 술과 같은 기호품, 환자의 병원 이용 등은 가격의 변화에 대해 수요량의 변화가 작게 나타나므로 수요의 가격탄력성이 작다.

| 오답 피하기 |
① 가격이 상승하였을 때 시간이 길어질수록 대체재의 발견 확률이 높아지고, 소비자 취향의 변화가 발생하므로 다른 대체재로 수요량이 이동한다. 따라서 장기에서 수요의 가격탄력성이 커진다.
② 상품정의의 범위가 좁을수록 대체재의 수가 많아지므로 수요의 가격탄력성은 커진다. 콩의 수요의 가격탄력성이 곡물의 수요의 가격탄력성보다 크게 나타나고, 사과의 수요의 가격탄력성이 과일의 수요의 가격탄력성보다 크게 나타난다.
④ 해당 재화에 대한 대체재의 수가 많으면 재화의 가격이 상승했을 때 다른 대체재로 소비를 변화시킬 수 있는 가능성이 커져 수요의 가격탄력성이 커진다.
⑤ 어떤 상품에 대한 지출이 전체 지출에서 큰 비중을 차지한다면 소비자는 그 재화의 가격변동에 대해 민감하게 반응하므로 수요의 가격탄력성이 커진다.

정답 | ③

02

X재의 가격이 5% 상승할 때 X재의 소비지출액은 변화하지 않은 반면, Y재의 가격이 10% 상승할 때 Y재의 소비지출액은 10% 증가하였다. X재와 Y재의 수요의 가격탄력성은?

	X재	Y재
①	완전탄력적	단위탄력적
②	단위탄력적	완전탄력적
③	단위탄력적	완전비탄력적
④	완전비탄력적	비탄력적
⑤	완전비탄력적	단위탄력적

대표개념 키워드 가격탄력성과 기업의 총수입

| 해설 |
기업의 매출액(총수입)은 기업이 상품을 생산 및 판매하여 벌어들이는 수입의 총량으로, 가격과 판매량을 곱하여 구할 수 있다.

$$총수입(TR) = 가격(P) \times 판매량(Q)$$

총수입의 변화율 $\left(\dfrac{\Delta TR}{TR}\right)$은 가격의 변화율 $\left(\dfrac{\Delta P}{P}\right)$과 판매량의 변화율 $\left(\dfrac{\Delta Q}{Q}\right)$의 합으로 측정된다.

$$\dfrac{\Delta TR}{TR} = \dfrac{\Delta P}{P} + \dfrac{\Delta Q}{Q}$$

X재의 소비지출액이 일정하다는 것은 가격상승률과 수요량감소율(절댓값)이 5%로 동일하다는 것이므로 X재 수요의 가격탄력성은 1(단위탄력적)이다. Y재의 가격이 10% 상승할 때 Y재의 소비지출액이 10% 증가하였으므로 수요량변화율은 0이다. 따라서 Y재 수요의 가격탄력성은 0(완전비탄력적)이다.

정답 | ③

03

다음 그림에서 오렌지와 레몬 수요의 가격탄력성을 바르게 짝지은 것은?

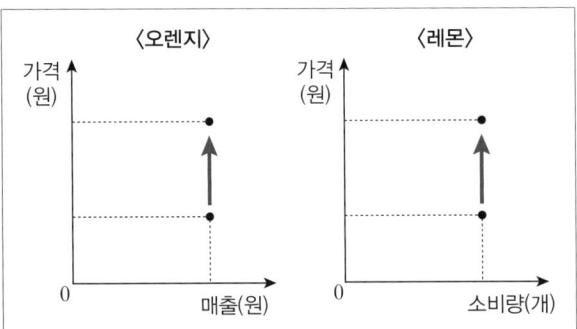

	오렌지	레몬
①	단위탄력적	완전비탄력적
②	단위탄력적	완전탄력적
③	완전탄력적	단위탄력적
④	완전비탄력적	완전탄력적
⑤	완전비탄력적	단위탄력적

대표개념 키워드 가격탄력성과 기업의 총수입

| 해설 |

총수입의 변화율$\left(\dfrac{\Delta TR}{TR}\right)$은 가격의 변화율$\left(\dfrac{\Delta P}{P}\right)$과 판매량의 변화율$\left(\dfrac{\Delta Q}{Q}\right)$의 합으로 측정된다.

$$\dfrac{\Delta TR}{TR} = \dfrac{\Delta P}{P} + \dfrac{\Delta Q}{Q}$$

오렌지의 가격이 상승하였는데 매출액에 변화가 없다면 이는 소비자의 지출액이 일정한 경우로, 수요의 가격탄력성은 1이다. 이때 가격상승률과 수요량감소율은 동일하다. 레몬의 가격이 상승하였는데 수요량의 변화가 없다면 수요의 가격탄력성은 0이다.

| 오답 피하기 |

수요의 가격탄력성이 1이면 단위탄력적, 수요의 가격탄력성이 0이면 완전비탄력적이다.

정답 | ①

04

다음은 X재 시장에서의 수요곡선을 나타낸 것이다. 균형점이 A에서 B로 이동했을 때 X재 수요의 가격탄력성과 판매수입(총수입)의 변화로 옳은 것은?

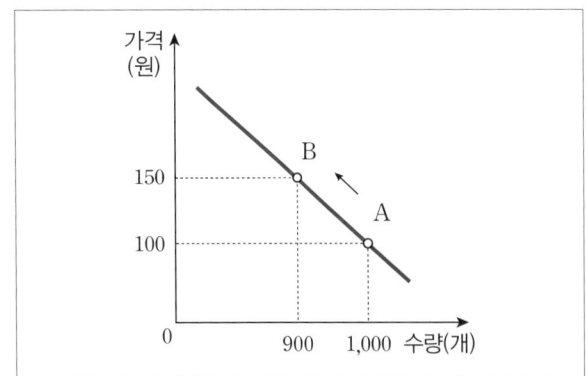

	수요의 가격탄력성	판매수입(총수입)
①	탄력적	증가
②	탄력적	감소
③	비탄력적	증가
④	비탄력적	감소
⑤	단위탄력적	증가

대표개념 키워드 가격탄력성과 기업의 총수입

| 해설 |

가격이 50% 증가하였는데 수요량은 10% 감소하였으므로 수요의 가격탄력성은 0.2이다. 즉, 수요의 가격탄력성이 1보다 작으므로 비탄력적이다. 수요의 가격탄력성이 1보다 작을 때 가격을 인상하면 가격상승률에 비해 수요량감소율이 작으므로 판매수입(총수입)은 증가한다.

| 오답 피하기 |

①②④⑤ X재 수요의 가격탄력성 $\varepsilon_P = \dfrac{10(\%)}{50(\%)} = 0.2$이고, A점에서의 판매수입은 100원×1,000개=100,000원이며, B점에서의 판매수입은 150원×900개=135,000원이다.

정답 | ③

핵심테마 04 | 수요와 공급의 탄력성

05

다음 표는 A마트에서 판매하는 과일의 월별 판매가격과 판매수입을 나타낸 것이다. 이에 대한 분석으로 옳은 것은?

기간	가격	판매수입		
		사과	배	귤
9월	1,000원	10만 원	10만 원	10만 원
10월	1,500원	15만 원	12만 원	10만 원
11월	2,000원	20만 원	15만 원	10만 원

① 사과의 수요는 가격에 대해 탄력적이다.
② 배의 수요는 가격에 대해 비탄력적이다.
③ 귤의 수요는 가격에 대해 완전탄력적이다.
④ 배 가격이 하락하면 판매수입은 증가한다.
⑤ 귤 소비자는 가격에 상관없이 항상 일정한 양을 구입한다.

대표개념 키워드 가격탄력성과 기업의 판매수입

| 해설 |

판매수입의 변화율=가격의 변화율+판매량의 변화율이다. 9월에서 10월의 변화를 보면 배의 경우 가격의 변화율은 50%, 수요량의 변화율은 20%이므로 판매량의 변화율은 -30%이다. 따라서 가격탄력성은 3/5이므로 배의 수요는 가격에 대해 비탄력적이다.

| 오답 피하기 |

① 사과의 경우 가격의 변화율과 판매수입의 변화율이 일치하므로 판매량의 변화율은 0%이다. 따라서 수요의 가격탄력성은 0이므로 사과의 수요는 가격에 대해 완전비탄력적이다.
③ 귤의 경우 가격의 변화와 상관없이 판매수입은 불변이므로 가격의 변화율과 판매량의 변화율이 같다. 따라서 수요의 가격탄력성은 1이므로 수요는 가격에 대해 단위탄력적이다.
④ 배의 수요는 가격에 대해 비탄력적이므로 가격이 하락하면 가격의 변화율보다 판매량의 변화율이 작으므로 판매수입은 감소한다.
⑤ 가격과 무관하게 일정량을 구입하면 수요의 가격탄력성은 0이다. 귤의 경우 수요의 가격탄력성은 1이므로 지출액은 일정하다.

정답 | ②

06

다음 표는 A재와 B재 시장의 수요의 탄력성을 나타낸 것이다. 이에 대한 분석으로 옳은 것은? (단, 수요의 가격탄력성은 절댓값을 취하지 않고 나타낸 것이다.)

구분	A재	B재
가격탄력성	-0.3	-0.2
소득탄력성	-0.2	0.4
교차탄력성	0.1	0.2

① A재는 필수재이다.
② B재는 사치재이다.
③ A재와 B재는 보완재 관계이다.
④ B재의 가격이 상승할 때 판매수입은 증가한다.
⑤ A재의 가격이 상승하면 B재 판매수입은 감소한다.

대표개념 키워드 수요의 탄력성

| 해설 |

- 가격탄력성 = $\dfrac{\text{수요량 변화율}(\%)}{\text{가격 변화율}(\%)}$
- 소득탄력성 = $\dfrac{\text{수요량 변화율}(\%)}{\text{소득 변화율}(\%)}$
- 교차탄력성 = $\dfrac{\text{수요량 변화율}(\%)}{\text{다른 재화 가격 변화율}(\%)}$

④ B재의 가격탄력성은 -0.2로, 가격상승률에 비해 수요량감소율이 더 작으므로 가격이 상승할 때 판매수입이 증가한다.

| 오답 피하기 |

① A재의 소득탄력성은 -0.2로, 음(-)의 값이므로 열등재에 해당한다.
② B재의 소득탄력성은 0.4로, 1보다 작으므로 필수재에 해당한다.
③ 두 재화의 교차탄력성은 양(+)의 값이므로 A재와 B재는 대체재 관계이다.
⑤ 두 재화는 대체관계에 있으므로 A재 가격이 상승하면 B재 수요가 증가한다. B재 수요가 증가하면 가격이 상승하고 거래량도 증가하므로 B재 판매수입은 증가한다.

정답 | ④

핵심테마 05 | 수요·공급이론의 응용

1 잉여

(1) 소비자잉여
① 소비자잉여(Consumer Surplus : CS)란 소비자가 최대한 지급할 용의가 있는 금액과 실제로 지급한 금액과의 차액을 의미한다.
② 소비자가 지급할 용의가 있는 수요가격(수요곡선의 높이)과 실제로 지급한 시장가격의 차액이 소비자잉여가 된다.
③ 수요의 가격탄력성이 작게 나타날수록 소비자잉여의 크기는 증가하고, 수요의 가격탄력성이 크게 나타날수록 소비자잉여의 크기는 감소한다.

> **소비자잉여**
> 일반적으로 소비자가 최대한 지급할 용의가 있는 금액은 실제로 지급한 금액보다 많아 소비자는 시장에서 교환을 통해 잉여를 누린다.

(2) 생산자잉여
① 생산자잉여(Producer Surplus : PS)란 생산자가 최소한 받아야겠다고 생각하는 금액과 실제로 받은 금액과의 차액을 의미한다.
② 생산자가 받아야겠다고 생각하는 공급가격(공급곡선의 높이)과 실제로 받은 시장가격의 차액이 생산자잉여가 된다.
③ 공급의 가격탄력성이 작게 나타날수록 생산자잉여의 크기는 증가하고, 공급의 가격탄력성이 크게 나타날수록 생산자잉여의 크기는 감소한다.

> **생산자잉여**
> 일반적으로 생산자가 최소한 받아야겠다고 생각하는 금액은 실제로 받은 금액보다 적어 생산자는 시장에서 교환을 통해 잉여를 누린다.

소비자잉여

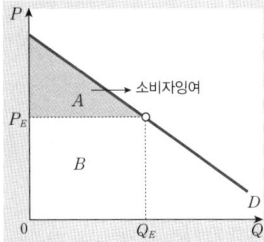

- 소비자가 최대한 지급할 용의가 있는
  금액 : $A+B$
- 소비자가 실제로 지급한 금액 : B
- 소비자잉여 : A

생산자잉여

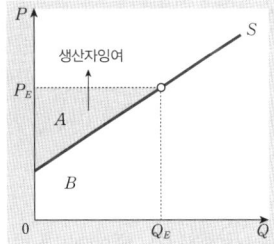

- 생산자가 최소한 받아야겠다고 생각하는
  금액 : B
- 생산자가 실제로 받은 금액 : $A+B$
- 생산자잉여 : A

(3) 총잉여(순사회편익)

총잉여

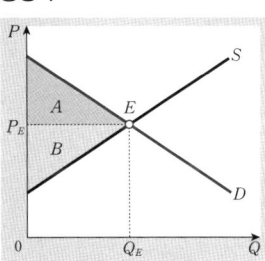

- 소비자잉여 : A
- 생산자잉여 : B
- 총잉여 : $A+B$

> 총잉여는 소비자잉여와 생산자잉여의 합으로 측정된다.

핵심테마 05 | 수요·공급이론의 응용

(4) 사회적잉여(순사회편익)
완전경쟁시장에서 수요곡선과 공급곡선이 일치하는 점에서 시장의 균형이 달성되므로 사회적 잉여가 가장 극대화된다.

사회적잉여

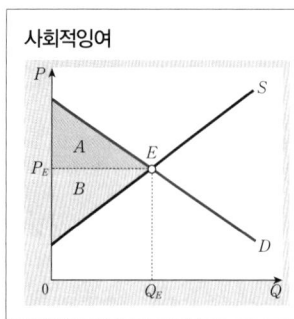

- 소비자잉여: A
- 생산자잉여: B
- 사회적잉여: $A+B$

2 가격규제

(1) 최고가격제(가격상한제)
① 개요
  ㉠ 최고가격제(price ceiling, 가격상한제)는 정부가 물가 안정과 소비자 보호를 위해 가격의 상한선(최고가격)을 설정하고, 설정된 최고가격(상한가격) 이상에서 거래되는 것을 금지하는 제도를 말한다.
  ㉡ 최고가격(상한가격)은 시장의 균형가격보다 낮아야 실효성이 있다. 최고가격(상한가격)이 균형가격 이상에서 책정되면 정책효과는 없다.
② 최고가격의 설정
  ㉠ 정부가 시장균형가격 P_E보다 낮은 수준인 P_0에서 최고가격(상한가격)을 설정한다.
  ㉡ 최고가격(상한가격)을 초과한 거래는 법으로 금지되므로 시장에서의 가격기능이 제약되고, 가격은 상방경직성을 가진다.
③ 최고가격제의 효과
  ㉠ 최고가격(상한가격)하에서 (Q_1-Q_0)만큼의 초과수요가 발생한다.
  ㉡ 최고가격(상한가격) P_0에서 초과수요가 발생하므로 암시장(black market)이 형성될 가능성이 있다.
    • 공급량 Q_0하에서 소비자가 최대한 지급할 용의가 있는 가격은 P_B이므로 암시장 가격은 P_B에서 형성된다.
    • 암시장이 형성될 때 공급자는 B+D만큼의 불법적인 암거래 이익을 얻게 된다.
  ㉢ 가격상한제가 실시되면 사회적 순후생손실(C+E)이 발생한다.
  ㉣ 공급자들은 최고가격(상한가격) P_0하에서 이윤확보를 위해 상품의 품질을 저하시킬 가능성이 있다.
  ㉤ 장기적으로 가격이 P_0에서 계속 통제되므로 공급이 감소한다.

최고가격제
최고가격제(가격상한제)의 예로는 주택시장에서의 아파트 분양가 규제와 전세가 규제, 금융시장에서의 이자율(금리) 규제 등이 있다.

최고가격제의 효과

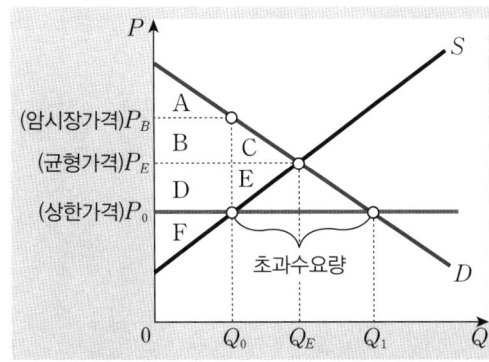

구분	가격상한제 이전	가격상한제 이후	변화분
소비자잉여	A+B+C	A+B+D	D−C
생산자잉여	D+E+F	F	−(D+E)
총잉여	A+B+C+D+E+F	A+B+D+F	−(C+E) : 후생손실

(2) 최저가격제(가격하한제)

① 개요
  ㉠ 최저가격제(price floor, 가격하한제)는 정부가 생산자(농민)와 노동자를 보호하기 위해 최저가격을 설정하고, 설정된 최저가격(하한가격) 이하로 가격이 내려가지 못하게 통제하는 제도를 말한다.
  ㉡ 최저가격(하한가격)은 시장의 균형가격보다 높아야 실효성이 있다. 최저가격(하한가격)이 균형가격 이하에서 책정되면 정책효과는 없다.

② 최저임금의 설정
  ㉠ 정부가 시장균형임금 w_E보다 높은 수준인 w_0에서 최저임금을 설정한다.
  ㉡ 최저임금 미만에서의 거래는 법으로 금지되므로 시장에서의 가격기능이 제약되고, 임금은 하방경직성을 가진다.

③ 최저임금제의 효과
  ㉠ 최저임금하에서 (L_1-L_0)만큼 노동시장의 초과공급, 즉 비자발적 실업이 발생한다.
    • 총실업자 : $L_0 L_1$
    • 기존노동자의 해고 : $L_0 L_E$
    • 신규노동자의 미취업 : $L_E L_1$
  ㉡ 최저임금(하한가격) w_0에서 노동시장의 초과공급이 발생하므로 암시장(black market)이 형성될 가능성이 있다.
    • 노동수요량 L_0하에서 노동자가 최소한 받아야겠다고 생각하는 임금은 w_B이므로 암시장임금은 w_B에서 형성된다.
    • 암시장이 형성될 때 노동수요자는 B+D만큼의 불법적인 암거래 이익을 얻게 된다.
  ㉢ 최저임금제가 실시되면 사회적 순후생손실(C+E)이 발생한다.

최저가격제

최저가격제(가격하한제)의 예로는 농산물시장에서의 농산물가격지지제도, 노동시장에서의 최저임금제도 등이 있다.

핵심테마 05 | 수요·공급이론의 응용

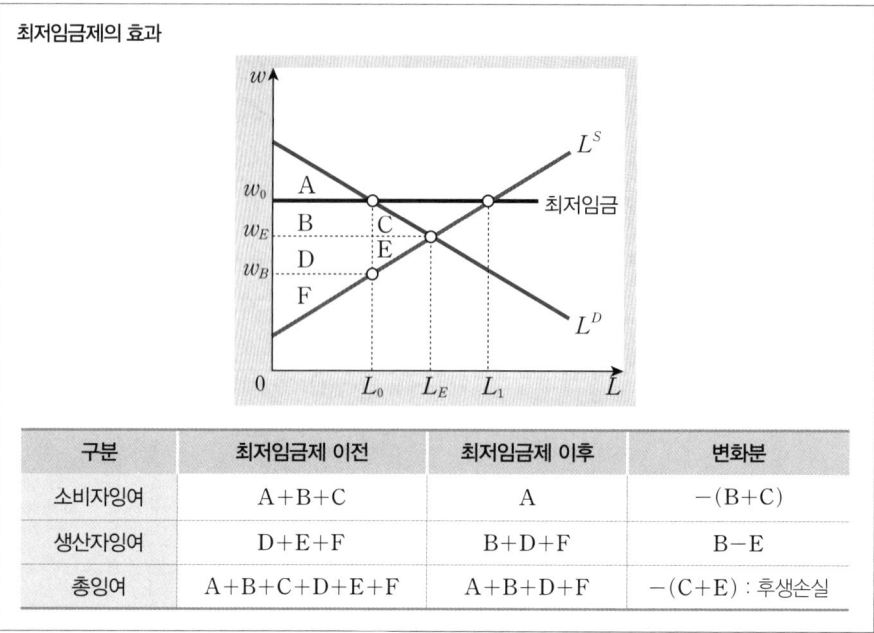

최저임금제의 효과

구분	최저임금제 이전	최저임금제 이후	변화분
소비자잉여	A+B+C	A	−(B+C)
생산자잉여	D+E+F	B+D+F	B−E
총잉여	A+B+C+D+E+F	A+B+D+F	−(C+E) : 후생손실

숙련노동자일수록 노동수요의 임금탄력성이 작을 것이므로 최저임금제의 효과는 크게 나타난다.

㉣ 최저임금제는 노동자의 소득증대가 목적이므로 노동수요곡선이 가파를수록(노동수요의 임금탄력성이 작을수록) 최저임금제는 효과적이다.

01 다음 설명이 맞으면 O, 틀리면 ×표 하세요.

(1) 일반적으로 소비자가 최대한 지급할 용의가 있는 금액은 실제로 지급한 금액보다 더 적다. ( )

(2) 공급곡선이 수평이면 생산자잉여는 0이 된다. ( )

(3) 최고가격은 시장의 균형가격보다 위에 존재해야 실효성을 발휘할 수 있다. ( )

(4) 최고가격제에서 암시장이 발생하며, 암시장 가격은 수요곡선에서 결정된다. ( )

(5) 초과공급량이 발생하여 가격이 하락할 때 가격하락을 방지하기 위해 최저가격제를 실시해야 한다. ( )

(6) 정부가 시장균형가격보다 낮은 수준으로 가격상한을 설정하면 거래량은 감소한다. ( )

02 다음 빈칸에 알맞은 말을 고르거나 적으세요.

(7) 수요의 가격탄력성이 커질수록 소비자잉여는 ( ).

(8) 유효한 가격상한제를 실시하였을 때 시장거래량은 ( )한다.

(9) 가격의 하락은 소비자잉여를 증가시키지만 거래량의 감소는 소비자잉여를 감소시킨다. 따라서 증가분의 크기와 감소분의 크기에 따라 총변화분은 달라지므로 가격의 하락에 따른 소비자잉여의 변화는 ( ).

(10) 유효한 최저가격제를 실시하였을 때 시장의 거래량은 최저가격수준에서 ( )곡선에 의해 결정된다.

(11) 최저임금제를 실시하였을 때 미숙련 노동자의 경우가 숙련 노동자의 경우보다 기존 노동자의 해고율이 더 ( ).

(12) 유효한 가격하한제를 실시하면 시장의 초과( )이 존재한다.

| 정답 |
(1) × (2) O (3) × (4) O (5) O (6) O (7) 작아진다 (8) 감소 (9) 알 수 없다 (10) 수요 (11) 높다 (12) 공급

| × 해설 |
(1) 소비자가 최대한 지급할 용의가 있는 금액이 실제로 지급한 금액보다 더 많으므로 소비자잉여가 발생한다.
(3) 최고가격(상한가격)은 시장의 균형가격보다 아래에 존재해야 실효성을 발휘할 수 있다.

출제 0순위 공략! 꼭 풀어야 할 대표문제

01

다음 X재, Y재 시장의 잉여에 대한 설명으로 옳은 것은?

- X재 시장: 공급자는 소비자들이 상품을 구입하기 위해 최대로 얼마의 돈까지 지불할 것인지 알지 못한다. 따라서 공급자는 생산비 이상의 금액을 지불하겠다는 소비자가 있다면 상품을 판매한다.
- Y재 시장: 독점 공급업자인 A회사는 모든 소비자들의 지불 용의를 알고 있다. 따라서 A회사는 각각의 소비자에게 그들이 지불할 의사가 있는 최대 금액을 모두 받아내고 있다.

① X재 시장의 생산자잉여는 0이다.
② X재 시장의 총잉여는 0이다.
③ Y재 시장의 소비자잉여는 0이다.
④ Y재 시장의 총잉여는 0이다.
⑤ Y재 시장에서 총잉여는 생산자잉여와 일치하지 않는다.

대표개념 키워드 잉여

| 해설 |

X재 시장의 경우 공급자는 상품을 판매하면서 생산비용 이상의 가격을 받고 있고, 소비자는 최대로 지불할 의사가 있는 금액보다 낮은 가격으로 상품을 구입할 수 있다. 따라서 X재 시장에서는 소비자잉여와 생산자잉여가 모두 발생하고, 그 결과 총잉여도 존재한다. Y재 시장의 경우 공급자는 모든 소비자가 지불 용의가 있는 만큼의 가격을 설정하여 받고 있으므로 Y재 시장에서 소비자잉여는 모두 생산자잉여로 전환된다. 따라서 소비자잉여는 0이고, 총잉여는 생산자잉여와 동일하다.

| 오답 피하기 |

① X재 시장에서는 소비자잉여와 생산자잉여가 모두 발생한다.
② X재 시장에서는 소비자잉여와 생산자잉여가 모두 발생하므로 총잉여도 존재한다.
④⑤ Y재 시장의 경우 소비자잉여는 0이고, 총잉여는 생산자잉여와 동일하다.

정답 | ③

02

다음 그림은 아파트의 수요와 공급을 나타낸 것이다. 이에 대한 설명으로 옳지 <u>않은</u> 것은?

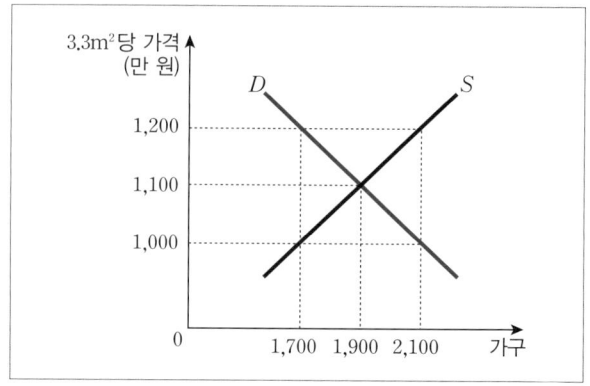

① 아파트 가격이 3.3m²당 1,200만 원일 때, 거래량은 1,700가구이다.
② 아파트 가격을 3.3m²당 1,000만 원으로 규제하면 거래량은 1,700가구이다.
③ 아파트 2,100가구를 공급하면 아파트 가격은 3.3m²당 1,200만 원이 된다.
④ 아파트 가격을 3.3m²당 1,000만 원으로 규제하여도 1,200만 원까지 지불할 용의가 있는 소비자가 있을 것이다.
⑤ 시장에 맡기면 균형거래량은 1,900가구이다.

대표개념 키워드 가격상한제

| 해설 |

아파트 공급이 2,100가구라면 수요량과 일치되는 지점이 발생하고, 그 지점에서 가격은 3.3m²당 1,000만 원이다.

| 오답 피하기 |

① 아파트 가격이 3.3m²당 1,200만 원일 때 공급량은 2,100가구이고, 수요량은 1,700가구이므로 거래량은 1,700가구이다.
② 아파트 가격이 3.3m²당 1,000만 원으로 규제하면 공급량은 1,700가구이고, 수요량은 2,100가구이므로 거래량은 1,700가구이다.
④ 아파트 가격을 3.3m²당 1,000만 원으로 규제하면 공급량은 1,700가구로 감소한다. 1,700가구가 공급될 때 소비자는 3.3m²당 1,200만 원까지 지불할 용의가 있다.
⑤ 시장의 균형은 수요곡선과 공급곡선이 만나는 점에서 달성되므로 균형가격은 1,100만 원, 균형거래량은 1,900가구이다.

정답 | ③

03

다음 A의원이 주장한 정책이 시행될 경우 나타날 수 있는 결과로 가장 적절한 것은?

> A의원이 한시적인 전·월세 상한제 도입을 주장하고 나섰다. A의원은 국회에서 기자회견을 열어 "장기공공임대주택을 선진국 수준인 총 340만 가구까지 충분히 확보하는 것이 본질적인 대책이지만 시간이 걸린다."며, "그때까지만 한시적으로 전·월세 상한제를 도입해 전세금을 안정시켜야 한다."고 주장했다.

① 임대주택이 증가한다.
② 임대주택 수요가 감소한다.
③ 임대주택의 품질이 좋아진다.
④ 임대주택의 주택난이 심각해진다.
⑤ 임대주택시장의 초과공급이 나타난다.

04

다음 정부의 가격 규제 효과에 대한 설명으로 옳지 않은 것은?

> 정부는 X재 가격이 폭등하자 소비자를 보호하기 위해 가격상한제를 실시하기로 하고, 가격을 40만 원으로 규제하였다.

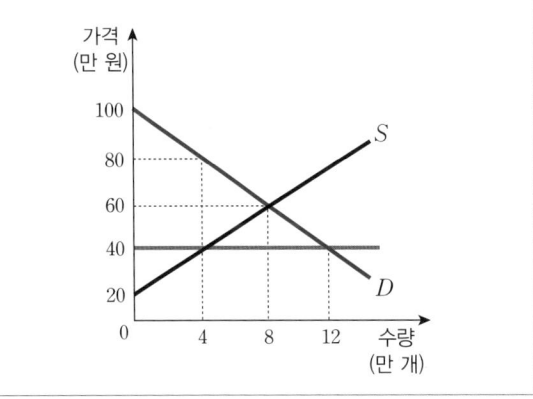

① 암시장가격은 80만 원이다.
② 생산량은 4만 개로 감소한다.
③ 8만 개의 초과수요가 발생한다.
④ 암시장이 없다면, 생산자의 총판매수입은 변동이 없다.
⑤ 암시장이 없다면, 소비자의 총지출액은 320억 원만큼 감소한다.

대표개념 키워드 가격상한제

| 해설 |
시장가격보다 낮은 수준에서 전·월세 상한제를 도입하면 임대주택시장에서 초과수요가 발생하므로 임대주택의 주택난이 심각해진다.

| 오답 피하기 |
① 가격상한제를 실시하면 균형가격보다 가격이 하락하므로 공급량이 감소하여 임대주택이 감소한다.
② 가격이 하락하면 임대주택 수요량이 증가한다.
③ 공급자들은 최고가격(상한가격)하에서 이윤확보를 위해 상품의 품질을 저하시킬 수 있다.
⑤ 가격상한제를 실시하면 시장의 균형에 비해 수요량은 증가하고 공급량은 감소하므로 초과수요가 발생한다.

정답 | ④

대표개념 키워드 가격상한제

| 해설 |
정부가 실시한 최고가격(가격상한) 40만 원은 균형가격보다 낮은 수준이므로 시장에서 실효성이 있다. 암시장이 없다면 생산자의 총판매수입은 480억 원(=8만 개×60만 원)에서 160억 원(=4만 개×40만 원)으로 320억 원만큼 감소한다.

| 오답 피하기 |
① 4만 개의 거래량 수준에서 소비자가 최대로 지불하고자 하는 금액은 80만 원이므로 이는 암시장가격이 된다.
②③ 가격상한제가 실시되기 전 균형가격은 60만 원이고, 균형거래량은 8만 개이다. 가격을 40만 원으로 규제하면 공급량은 4만 개로 감소하고 수요량은 12만 개로 증가하여 8만 개의 초과수요가 발생한다.
⑤ 소비자의 총지출액은 480억 원(=8만 개×60만 원)에서 160억 원(=4만 개×40만 원)으로 320억 원만큼 감소한다.

정답 | ④

05

최저임금은 정부가 법을 통해 일정한 임금 수준 이하로는 어떤 노동자도 고용할 수 없도록 규정한 임금 수준이다. 이에 대한 옳은 설명을 [보기]에서 고르면?

— 보기 —
ㄱ. 최저임금이 상승하면 기업들의 경력자 수요가 증가한다.
ㄴ. 최저임금이 상승하면 미숙련 노동자들의 실업률이 증가한다.
ㄷ. 최저임금이 상승하면 모든 미숙련 청소년들의 소득은 증가한다.
ㄹ. 최저임금제도는 가난한 노동자들의 소득을 증대시키는 데 효과적인 정책이다.
ㅁ. 직업훈련이라고 생각하고 취업한 미숙련 노동자들의 균형임금은 최저임금보다 낮은 경우가 많다.

① ㄱ, ㄴ
② ㄴ, ㄷ
③ ㄱ, ㄹ
④ ㄴ, ㅁ
⑤ ㄷ, ㅁ

대표개념 키워드 최저임금제

| 해설 |

ㄴ. 일반적으로 최저임금의 대상이 되는 노동자들은 미숙련 노동자들이다. 따라서 최저임금이 상승하면 미숙련 노동자들의 실업률은 증가한다.
ㅁ. 직업훈련이라고 생각하고 취업한 미숙련 노동자들은 최저임금의 적용이 되지 않은 경우가 많으므로 이들의 균형임금은 최저임금보다 낮은 경우가 많다.

| 오답 피하기 |

ㄱ. 일반적으로 경력자들의 임금은 최저임금보다 높기 때문에 기업들의 경력자 수요는 최저임금과 상관 없다.
ㄷ. 최저임금이 상승하면 상승한 최저임금보다 생산성이 낮은 미숙련 청소년들 중 상당수가 실업자로 전락하기 때문에 최저임금의 상승이 모든 미숙련 청소년들의 소득을 증가시키지는 않는다.
ㄹ. 최저임금제도는 생산성이 낮은 가난한 노동자들의 실업률을 높일 수 있다.

정답 | ④

06

다음 그림은 A국 정부가 최저가격을 P_1으로 하는 가격정책을 실시한 것을 보여 준다. 이에 대한 설명으로 옳은 것은?

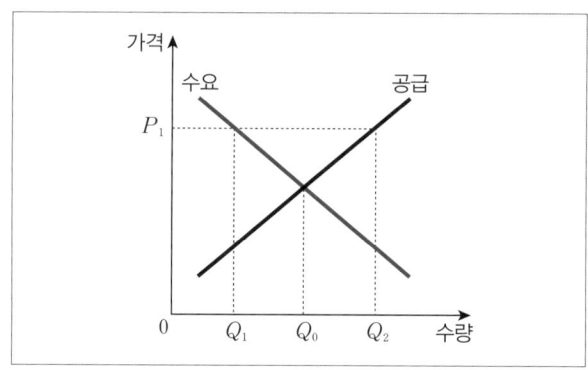

① 공급곡선은 좌측으로 이동한다.
② 수요곡선은 좌측으로 이동한다.
③ (Q_2-Q_1)만큼 초과수요가 발생한다.
④ 시장거래량은 (Q_2-Q_0)만큼 증가한다.
⑤ 공급이 감소하면 시장가격은 P_1보다 높아질 수 있다.

대표개념 키워드 최저가격제

| 해설 |

최저가격제는 최저가격 P_1보다 낮은 가격에 거래되는 것을 금지하는 것이므로 최저가격 수준보다 높게 거래되는 것은 허용된다. 따라서 공급이 대폭 감소하면 시장가격은 P_1보다 높아질 수 있다. 즉, 공급이 (Q_2-Q_1)의 크기보다 많이 감소하면 시장가격은 P_1보다 높아질 수 있다.

| 오답 피하기 |

①② 최저가격제에서는 가격이 변동한 것이므로 수요곡선상 혹은 공급곡선상의 이동만 나타난다. 따라서 수요곡선과 공급곡선은 이동하지 않는다.
③ P_1의 최저가격제에서 공급량은 Q_2이고, 수요량은 Q_1이므로 (Q_2-Q_1)만큼의 초과공급이 발생한다.
④ 최저가격제를 실시하기 이전에 시장의 균형거래량은 Q_0이고, 최저가격제를 실시했을 때 거래량은 Q_1이므로 시장거래량은 (Q_0-Q_1)만큼 감소한다.

정답 | ⑤

핵심테마 06 | 소비자이론

1 주요 개념

① 총효용(Total Utility : TU)이란 일정 기간 소비자가 재화를 소비함으로써 느끼는 효용의 총량을 말한다.
② 한계효용(Marginal Utility : MU)이란 재화 한 단위를 추가로 소비했을 때 총효용의 증가분을 말한다.

> **한계효용**
> $$X\text{재의 한계효용} : MU_X = \frac{\Delta TU}{\Delta X}$$

③ 한계효용체감의 법칙(law of diminishing marginal utility)이란 재화의 소비가 증가함에 따라 한계효용(MU)이 감소하는 현상을 말한다.

2 소비자균형

(1) 한계효용균등의 법칙

① 소비자균형이란 주어진 예산의 제약하에서 효용극대화(utility maximization) 원칙이 성립되거나 주어진 효용하에서 지출극소화(expenditure minimization) 원칙이 성립되는 상태를 의미한다.
② 한계효용균등의 법칙(law of equimarginal utility)은 X재 1원어치당 한계효용과 Y재 1원어치당 한계효용이 동일해지는 수준에서 소비해야 소비자의 효용이 극대화된다는 것을 의미한다.

> **한계효용균등의 법칙**
> $$\frac{MU_X}{P_X} = \frac{MU_Y}{P_Y}$$

(2) 소비자균형으로의 조정 과정

상황	소비자균형으로의 조정
$\frac{MU_X}{P_X} > \frac{MU_Y}{P_Y}$	• X재 소비 증가, Y재 소비 감소 → MU_X 감소, MU_Y 증가 • 이러한 과정은 $\frac{MU_X}{P_X} = \frac{MU_Y}{P_Y}$가 성립될 때까지 진행
$\frac{MU_X}{P_X} < \frac{MU_Y}{P_Y}$	• X재 소비 감소, Y재 소비 증가 → MU_X 증가, MU_Y 감소 • 이러한 과정은 $\frac{MU_X}{P_X} = \frac{MU_Y}{P_Y}$가 성립될 때까지 진행

한계효용
총효용의 변화분을 소비량의 변화분으로 나눈 값으로, 총효용함수를 소비량으로 미분한 값이며 총효용곡선의 기울기로 측정된다.

총효용과 한계효용의 관계
- 총효용(TU)의 증감 여부는 한계효용(MU)의 부호로 판단한다. 한계효용이 양(+)의 값이면 총효용이 증가하고, 한계효용이 음(−)의 값이면 총효용은 감소한다.
- 한계효용이 0일 때 총효용은 극대가 된다.
- 한계효용이 체감할 때 한계효용의 값은 양(+)일 수도 있고 음(−)일 수도 있으므로 총효용은 증가할 수도 감소할 수도 있다.

가치의 역설
- 물은 인간생활에 없어서는 안 될 아주 유용한 필수적인 재화이지만 값이 싸고, 다이아몬드는 필수품이 아닌데도 불구하고 비싼 값에 거래되는 이율배반적인 현상을 말한다.
- 한계효용이론에 의하면 가격은 총효용이 아닌 한계효용에 의해 결정된다.

01 다음 설명이 맞으면 O, 틀리면 ×표 하세요.

(1) 한계효용은 재화 한 단위를 추가로 소비했을 때 총효용의 감소분이다. ( )

(2) 한계효용은 총효용의 변화분을 소비량의 변화분으로 나눈 값이다. ( )

(3) 한계효용이 1일 때 총효용은 극대가 된다. ( )

(4) 한계효용체감의 법칙은 재화의 소비가 증가함에 따라 한계효용이 감소하는 현상이다. ( )

(5) 한계효용균등의 법칙은 X재 1원어치당 한계효용과 Y재 1원어치당 한계효용이 같아지는 수준에서 소비해야 소비자 효용이 극대화된다는 것이다. ( )

02 다음 빈칸에 알맞은 말을 고르거나 적으세요.

(6) (　　　　)은 일정 기간 소비자가 재화를 소비하면서 느끼는 효용의 총량이다.

(7) 한계효용이 양(+)의 값이면 총효용이 (　　　)하고, 한계효용이 음(-)의 값이면 총효용은 (　　　)한다.

(8) (　　　　)은 총효용곡선의 기울기로 측정된다.

(9) 소비자균형에서는 주어진 예산의 제약하에서 (　　　　　) 원칙이 성립된다.

(10) 물은 필수적인 재화이지만 값이 싸고, 다이아몬드는 필수품이 아니지만 비싼 값에 거래되는 이율배반적인 현상을 (　　　　　　)이라고 한다.

| 정답 |
(1) × (2) ○ (3) × (4) ○ (5) ○ (6) 총효용 (7) 증가, 감소 (8) 한계효용 (9) 효용극대화 (10) 가치의 역설

| × 해설 |
(1) 한계효용은 재화 한 단위를 추가로 소비했을 때 총효용의 증가분이다.
(3) 한계효용이 0일 때 총효용은 극대가 된다.

출제 0순위 공략! 꼭 풀어야 할 대표문제

01

정상재인 X재를 소비할 때의 한계효용과 총효용에 대한 설명으로 옳지 않은 것은?

① 한계효용이 0일 때 총효용이 극대화된다.
② 한계효용이 체감할 때 총효용은 증가할 수도 있고 감소할 수도 있다.
③ X재 소비량을 증가시킬 때 한계효용이 0보다 크다면 총효용은 증가한다.
④ X재 소비량을 증가시킬 때 총효용이 감소한다면 한계효용은 0보다 작다.
⑤ X재를 한 단위 더 소비할 때 소비자의 효용이 감소한다면 한계효용은 0보다 크다.

02

다음 표는 X재와 Y재를 소비하는 甲의 소비량에 따른 한계효용을 나타낸 것이다. X재의 가격이 10, Y재의 가격이 20일 때 효용극대화조건이 충족되는 甲의 소비묶음은?

소비량(단위)	1	2	3	4	5	6
X재의 한계효용	10	9	8	7	6	5
Y재의 한계효용	10	8	6	5	3	2

① $X=1$, $Y=4$　② $X=2$, $Y=3$
③ $X=3$, $Y=2$　④ $X=4$, $Y=1$
⑤ $X=6$, $Y=1$

대표개념 키워드 총효용과 한계효용

| 해설 |
한계효용이란 재화 한 단위를 추가적으로 소비할 때 총효용의 증가분을 말한다. X재를 한 단위 더 소비할 때 소비자의 효용이 감소한다면 한계효용은 0보다 작다.

| 오답 피하기 |
① 한계효용이 0이면 총효용곡선의 기울기가 0이 되고 이때 총효용이 극대화된다.
② 총효용의 증감 여부는 한계효용의 부호로 판단하는 것이지 한계효용의 증감 여부로 판단하는 것이 아니다. 따라서 한계효용이 체감할 때 총효용은 증가할 수도 있고 감소할 수도 있다.
③④ 총효용의 증감 여부는 한계효용의 부호로 판단한다. 한계효용이 0보다 크다면 총효용은 증가하고, 한계효용이 0보다 작으면 총효용은 감소한다.

정답 | ⑤

대표개념 키워드 한계효용균등의 법칙

| 해설 |
한계효용균등의 법칙(law of equimarginal utility)은 X재 1원어치당 한계효용과 Y재 1원어치당 한계효용이 동일해지는 수준에서 소비를 해야 소비자의 효용이 극대화된다는 것을 의미한다.

X재가 6단위일 때 X재 1원어치당 한계효용은 $\frac{MU_X}{P_X}=\frac{5}{10}=\frac{1}{2}$이고,

Y재가 1단위일 때 Y재 1원어치당 한계효용은 $\frac{MU_Y}{P_Y}=\frac{10}{20}=\frac{1}{2}$로 같다. 따라서 X재 6단위와 Y재 1단위의 소비묶음이 효용극대화조건을 충족한다.

정답 | ⑤

핵심테마 07 생산자이론

1 생산함수이론

(1) 한계생산

① 한계생산(Marginal Product : MP)이란 생산요소 한 단위를 추가로 증가시킬 때 총생산량의 증가분을 말한다.
② 한계생산(MP)은 총생산량의 변화분을 생산요소의 변화분으로 나눈 값이다.

한계생산

$$\text{노동의 한계생산} : MP_L = \frac{\Delta Q}{\Delta L}$$

(2) 평균생산

① 평균생산(Average Product : AP)이란 생산요소 한 단위당 총생산량을 말한다.
② 평균생산(AP)은 총생산량을 생산요소로 나눈 값이다.

평균생산

$$\text{노동의 평균생산} : AP_L = \frac{Q}{L}$$

(3) 한계생산체감의 법칙(수확체감의 법칙)

① 한계생산체감의 법칙(law of diminishing marginal product)이란 생산요소의 투입을 증가시켜감에 따라 한계생산(MP)이 감소하는 현상을 말한다.
② 농업생산에서 한계생산체감의 법칙을 수확체감의 법칙이라고 한다.
③ 한계생산이 음(−)의 값, 즉 총생산이 감소하는 구간은 경제학적 논의대상에서 제외된다.

2 비용함수이론

(1) 회계적 비용과 경제적 비용

① 회계적 비용(accounting cost) : 기업의 손익계산서상에 나타나는 비용으로 금전적 비용을 말한다. 통상적으로 기업이 실제로 화폐를 지급한 명시적 비용(explicit cost)으로, 눈에 보이는 비용을 의미한다. 임금(인건비), 지급이자, 지대, 임대료, 물건비(원재료값), 세금, 보험료 등이 있다.
② 암묵적 비용(implicit cost, 묵시적 비용, 잠재적 비용) : 눈에 보이지 않는 잠재적 비용으로, 비금전적 비용을 말한다. 귀속비용과 정상이윤이 있다.

귀속비용	• 기업가 자신의 소유자산으로부터 발생한 비용으로, 기업가 자신이 가지는 생산요소에 대한 응분의 보수를 말한다. • 기업가 자신이 소유하고 있는 노동, 자금, 자본설비, 토지, 건물 등을 사용하는 경우 이에 대한 기회비용이 귀속비용에 해당한다.
정상이윤	• 기업가로 하여금 동일한 상품을 계속 생산하게 하는 유인으로서 충분할 정도의 이윤을 말한다. • 장기에 정상이윤이 보장되지 않는다면 어떤 기업도 생산하지 않을 것이므로 정상이윤은 암묵적 비용에 포함된다.

한계생산
총생산함수를 생산요소 변수로 미분한 값이며, 총생산곡선의 기울기로 측정된다.

평균생산
원점에서 총생산곡선의 각 점을 이은 직선의 기울기로 측정된다.

프로슈머
'생산자'를 뜻하는 영어 'Producer'와 '소비자'를 뜻하는 영어 'Consumer'의 합성어로, 생산에 참여하는 소비자를 의미한다.

③ 경제적 비용(기회비용)
  ㉠ 기회비용(opportunity cost)이란 어떤 활동을 선택함으로써 포기해야만 하는 다른 활동의 가치 중 최고의 가치를 말한다. 경제적 비용(economic cost)은 기회비용의 관점에서 측정된다.
  ㉡ 비용 간의 관계
    • 경제적 비용＝기회비용＝회계적 비용＋암묵적 비용
    • 경제적 이윤＝회계적 이윤－암묵적 비용
    • 정상이윤을 넘어서는 이윤을 초과이윤(excess profit)이라고 하고, 경제학에서 이윤을 언급할 때에는 초과이윤을 의미한다.
④ 매몰비용(sunk cost)
  ㉠ 일단 지출되면 다시 회수할 수 없는 비용을 말한다.
  ㉡ 매몰비용은 경제주체의 의사결정 시 고려 대상에서 제외해야 한다.

(2) **단기비용함수**
① 단기와 장기
  ㉠ 생산자이론에서의 단기와 장기 : 단기(short-run)는 공장이나 기계설비와 같은 자본(K)의 투입량을 조절할 수 없을 정도로 짧은 기간을 의미하고, 장기(long-run)는 모든 생산요소의 투입량을 가변적으로 조절할 수 있는 긴 기간을 말한다.
  ㉡ 생산물시장이론에서의 단기와 장기 : 생산물시장이론에서 단기는 신규 기업의 진입과 기존 기업의 탈퇴가 자유롭지 못한 짧은 기간을 의미하고, 장기는 모든 산업으로의 이동이 자유롭게 이루어지는 긴 기간을 의미한다.
② 단기의 특징
  ㉠ 단기에는 고정투입요소가 존재하므로 단기비용함수에는 생산량의 증감에 관계없이 발생하는 고정비용(fixed cost)이 존재한다.
  ㉡ 단기에 노동(L)은 가변투입요소가 되고, 자본(K)은 고정투입요소가 된다.
③ 주요 개념
  ㉠ 총고정비용(Total Fixed Cost : TFC)이란 생산을 전혀 하지 않더라도 고정적으로 들어가는 비용을 말한다. 자본(K)만이 유일한 고정투입요소라고 한다면 자본비용(rK)이 총고정비용(TFC)이 된다.
  ㉡ 총가변비용(Total Variable Cost : TVC)이란 생산량이 변함에 따라 변동하는 비용을 말한다. 노동(L)만이 유일한 가변투입요소라고 한다면 노동비용(wL)이 총가변비용(TVC)이 된다.

> **총비용함수**
> $$TC=wL+rK$$
> • 총고정비용＝자본비용, $TFC=rK$
> • 총가변비용＝노동비용, $TVC=wL$

  ㉢ 한계비용(Marginal Cost : MC)이란 생산량(Q) 한 단위를 추가로 생산했을 때 총비용(TC)의 증가분을 말한다.
  ㉣ 평균비용(Average Cost : AC)이란 생산량(Q) 한 단위당 총비용(TC)을 말한다.
    • 평균고정비용(Average Fixed Cost : AFC)이란 생산량(Q) 한 단위당 총고정비용(TFC)을 말한다.

고정투입요소(fixed input)
단기에 생산시설(자본)과 같이 투입량이 고정된 생산요소를 말한다.

가변투입요소(variable input)
노동자와 원재료 등 투입량을 변경시킬 수 있는 생산요소를 말한다.

한계비용
총비용함수를 생산량으로 미분한 값이며, 총비용곡선의 기울기로 측정된다.

- 평균가변비용(Average Variable Cost : AVC)이란 생산량(Q) 한 단위당 총가변비용(TVC)을 말한다.
- $AC = AFC + AVC$

(3) 규모의 경제
① 규모의 경제(economies of scale)란 생산량을 증가시킬 때 평균비용이 감소하는 현상을 말한다.
② 규모의 불변경제란 생산량을 증가시킬 때 평균비용이 불변인 경우를 말한다.
③ 규모의 비경제(diseconomies of scale, 규모의 불경제)란 생산량을 증가시킬 때 평균비용이 증가하는 현상을 말한다.

(4) 범위의 경제
① 개념
  ㉠ 범위의 경제(economies of scope)란 두 기업이 각각 한 가지씩의 상품을 생산하는 것보다 한 기업이 이 두 상품을 동시에 생산하는 것이 비용의 측면에서 더욱 유리한 경우를 말한다.
  ㉡ 범위의 비경제(diseconomies of scope)란 두 기업이 각각 한 가지씩의 상품을 따로 생산하는 것보다 한 기업이 두 상품을 동시에 생산하는 것이 비용의 측면에서 더욱 불리한 경우를 말한다.
② 발생 원인
  ㉠ 생산시설이나 유통망처럼 하나의 생산시설이나 투입요소가 여러 상품의 생산과정에서 동시에 사용될 수 있는 경우 범위의 경제가 존재한다.
    예 자동차 엔진을 만드는 기계가 승용차를 생산하는 데에만 쓰이는 것이 아니라 트럭을 생산하는 데에도 쓰일 수 있다고 한다면 이때 두 종류의 차를 각각 다른 기업이 생산하면 두 대의 기계가 필요하지만, 한 기업이 생산하면 한 대의 기계만 필요하다.
  ㉡ 생산과정에서 공동투입요소가 존재하면 한 상품을 생산하기 위한 생산요소가 아무런 추가비용 없이 다른 상품을 생산하는 데 사용이 가능하므로 범위의 경제가 존재한다.
    예 구두와 핸드백을 만드는 과정에서 가죽을 다듬는 기계는 공동투입요소이다.
  ㉢ 생산과정에서 발생하는 부산물이 있는 경우 범위의 경제가 존재한다.
    예 닭고기와 계란, 구두와 핸드백, 소고기와 소가죽 등
③ 규모의 경제와 범위의 경제
  ㉠ 규모의 경제와 범위의 경제는 아무런 체계적 관계가 없다.
  ㉡ 규모의 경제와 무관하게 범위의 경제가 나타날 수 있다.
    예 바이올린, 비올라와 같은 악기는 소규모로 생산해야 경제적이라는 점에서 규모의 불경제가 존재하지만, 한 기업이 두 악기 모두를 함께 생산한다면 '나무를 깎는 도구', '칠하는 도구' 등을 함께 사용할 수 있으므로 범위의 경제가 발생한다.

01 다음 설명이 맞으면 ○, 틀리면 ×표 하세요.

(1) 생산기술이 진보하면 한계생산성은 증가한다. ( )

(2) 노동의 평균생산성은 생산량을 노동투입량으로 나누어 도출된다. ( )

(3) 붕어빵기계를 임대하지 않고 자신이 소유한 기계를 이용하여 장사를 하고 있다면 임대료지출이 발생하지 않으므로 어떠한 비용도 발생하지 않는다. ( )

(4) 경제적 이윤은 회계적 이윤에서 암묵적 비용을 차감한 값이다. ( )

(5) 의료비는 4년 동안 대학교육 서비스를 받는 것의 기회비용에 포함된다. ( )

02 다음 빈칸에 알맞은 말을 고르거나 적으세요.

(6) 노동투입량을 5단위 투입했을 때 평균 생산량이 10단위이고, 노동투입량을 6단위 투입했을 때 평균 생산량이 15단위이라면 이때 노동의 한계생산물은 ( )단위이다.

(7) 일을 할 때 갑의 한 달간 소득은 300만 원이고, 여행경비는 100만 원이라면 갑이 한 달간 여행을 갈 때 암묵적 비용은 ( )이다.

(8) 어느 한 기업의 지난해 수입이 7억 원, 회계적 비용이 4억 원, 잠재적 임금이 2억 원, 정상이윤이 2억 원이었다면 경제적 이윤은 ( )이다.

(9) 단기적으로 100단위의 상품을 생산하는 회사의 총비용이 2만 원일 때 평균비용은 ( )이다.

(10) A기업의 생산량이 0일 때 총비용이 20만 원이고, 생산량이 10단위일 때 총비용이 100만 원일 경우, A기업이 10단위를 생산할 때의 평균가변비용은 ( )이다.

| 정답 |
(1) ○ (2) ○ (3) × (4) ○ (5) × (6) 40 (7) 300만 원 (8) −1억 원 (9) 200원 (10) 8만 원

| × 해설 |
(3) 자신이 소유한 기계를 이용하여 장사를 하더라도 자신의 소유자산으로부터 발생하는 귀속비용이 존재한다.
(5) 의료비는 대학교육을 받든 받지 않든 발생하는 공통비용이므로 기회비용에 포함되지 않는다.

01

생산과 생산기술, 생산함수에 대한 설명으로 옳은 것은?

① 장기에는 생산요소를 고정요소와 가변요소로 나눌 수 있다.
② 고정투입요소가 존재하는 경우의 생산함수를 장기생산함수라고 한다.
③ 동일한 양의 생산요소를 투입하더라도 생산기술이 다르면 생산량이 달라진다.
④ 생산함수는 저량의 개념이므로 한 시점의 투입요소와 생산물의 관계를 나타낸다.
⑤ 생산을 할 때 적어도 한 가지 이상의 요소투입량이 고정되어 있다면 장기라고 한다.

대표개념 키워드 | 생산함수

| 해설 |

생산기술이 진보하면 동일한 양의 생산요소를 투입하더라도 생산량이 많아지므로 동일한 제품을 생산하더라도 생산기술이 다르면 생산량이 달라진다.

| 오답 피하기 |

①② 장기(long-run)는 모든 생산요소의 투입량을 가변적으로 조절할 수 있는 긴 기간을 말한다. 장기생산함수에서 노동(L)과 자본(K) 모두 가변투입요소가 된다.
④ 생산함수(production function)란 일정 기간에 발생하는 생산요소의 투입량과 그로부터 산출되는 생산량 간의 기술적 관계를 함수 형태로 표시한 것이다. 따라서 생산함수의 변수들은 일정 기간에 측정되는 유량(flow)의 개념이다.
⑤ 생산자이론에서 단기와 장기의 구분은 특정한 기간이 정해진 것이 아니라 고정투입요소의 존재 여부에 따라 달라진다. 단기(short-run)는 공장이나 기계설비와 같은 자본(K)의 투입량을 조절할 수 없을 정도로 짧은 기간을 의미하므로 단기생산함수에서 노동(L)은 가변투입요소가 되고, 자본(K)은 고정투입요소가 된다.

정답 | ③

02

처음 10명의 노동자가 인형을 생산할 때 평균생산량은 21개였다. 이때 1명의 노동자를 더 고용하자 평균생산량은 20개가 되었다. 이 경우 노동자의 한계생산량은?

① 1개
② 5개
③ 10개
④ 20개
⑤ 25개

대표개념 키워드 | 노동의 한계생산

| 해설 |

총생산량은 노동의 평균생산량에 노동투입량을 곱하여 구할 수 있다. 노동자의 한계생산량은 노동을 한 단위 추가로 투입하였을 때 생산량의 증가분이므로 노동자가 11명일 때의 총생산량에서 노동자가 10명일 때의 총생산량을 차감하여 구할 수 있다.

- 노동자가 10명일 때의 총생산량: 10명 × 21개 = 210개
- 노동자가 11명일 때의 총생산량: 11명 × 20개 = 220개
- 한계생산량: 220개 − 210개 = 10개

정답 | ③

03

다음 사례에서 김 사장이 슈퍼마켓 개점을 하는 데 드는 매월 경제적 비용은?

> 김 사장은 슈퍼마켓을 개점하였다. 건물 임대료로 매월 500만 원, 종업원 두 명의 임금으로 매월 300만 원을 지출한다. 또한 상품 구매를 위해 자기 돈 500만 원과 은행돈 500만 원을 사용하였다. 상품이 팔리면 그 판매대금으로 은행돈을 갚을 예정이다. 은행의 대출 및 예금이자율은 월 1%이다. 김 사장은 이 모든 일을 기획하고 관리하기 위해 열심히 일한다. 한편, 그는 공인회계사 자격을 가지고 있어 회사에 취직해서 일한다면 매달 500만 원의 소득이 발생할 수 있다.

① 800만 원
② 810만 원
③ 1,300만 원
④ 1,310만 원
⑤ 2,300만 원

대표개념 키워드 경제적 비용

| 해설 |

경제적 비용은 회계적 비용(명시적 비용)과 암묵적 비용(묵시적 비용)의 합이다.
- 명시적 비용 : 임대료(500만 원)+임금(300만 원)+차입금이자(5만 원)=805만 원
- 암묵적 비용 : 자신이 출자한 돈에 대한 귀속이자(5만 원)+자신이 슈퍼마켓을 운영함에 따라 포기해야 하는 귀속임금(500만 원)=505만 원
- 경제적 비용 : 명시적 비용+암묵적 비용=805만 원+505만 원 =1,310만 원

| 오답 피하기 |

상품구매를 위해 투입된 자기 돈 500만 원과 은행돈 500만 원은 그 자체가 원자재 구입비용이 아니고 슈퍼마켓의 상품을 구매하는 데 소요된 자금이므로 비용이 될 수 없고, 그 자금 사용에 대한 기회비용인 이자비용만 비용이 된다. 예를 들어 제빵업자가 구입한 밀가루나 자동차생산업체가 구입한 철강은 원자재로서 비용이 된다.

정답 | ④

04

다음 표는 컴퓨터를 생산하는 업체의 생산량에 따른 비용의 변화를 나타낸 것이다. 이에 대한 분석으로 옳지 않은 것은?

생산량(개)	총비용(원)	총가변비용(원)
0	30	0
1	40	10
2	55	25
3	75	45
4	100	70
5	130	100
6	165	135

① 이 컴퓨터 생산업체의 총고정비용은 30원이다.
② 생산량이 3개 이하일 때 한계비용은 평균비용보다 작다.
③ 생산량이 4개일 때 평균비용과 한계비용이 일치한다.
④ 생산량이 6개일 때 한계비용과 평균가변비용의 차이는 14원이다.
⑤ 생산량이 2개 이상일 때 항상 한계비용이 평균가변비용보다 크다.

대표개념 키워드 단기비용함수

| 해설 |

(단위 : 개, 원)

생산량	총비용	총가변비용	평균비용	평균가변비용	한계비용
0	30	0	—	—	—
1	40	10	40/1=40	10/1=10	40−30=10
2	55	25	55/2=27.5	25/2=12.5	55−40=15
3	75	45	75/3=25	45/3=15	75−55=20
4	100	70	100/4=25	70/4=17.5	100−75=25
5	130	100	130/5=26	100/5=20	130−100=30
6	165	135	165/6=27.5	135/6=22.5	165−130=35

생산량이 6개일 때 한계비용과 평균가변비용의 차이는 12.5원이다.

정답 | ④

핵심테마 07 | 생산자이론

[05~06] 다음을 읽고 물음에 답하시오.

A는 월 700만 원씩 받던 회사를 그만두고 아이스크림가게를 열었다. 건물 임대료로 월 900만 원, 가게 종업원들의 월급으로 월 600만 원을 지출하고 있다. A는 이 가게를 개업하기 위해 자신의 자금 1,000만 원과 은행에서 빌린 자금 2,000만 원을 투입하였다. 아이스크림가게의 매달 매출액은 3,000만 원이다. 단, 은행 예금이자율과 대출이자율은 모두 월 1%이다.

05

A가 아이스크림가게를 운영하였을 때의 회계적 이윤은?

① 1,480만 원
② 1,500만 원
③ 1,520만 원
④ 2,000만 원
⑤ 2,230만 원

대표개념 키워드 회계적 이윤

| 해설 |
- 총매출액=3,000만 원
- 회계적 비용=900만 원(임대료)+600만 원(종업원 임금)+20만 원(은행이자)=1,520만 원
- 회계적 이윤=3,000만 원－1,520만 원=1,480만 원

정답 | ①

06

A가 아이스크림가게를 운영하였을 때의 경제적 이윤은?

① 770만 원
② 1,480만 원
③ 1,500만 원
④ 1,520만 원
⑤ 2,000만 원

대표개념 키워드 경제적 이윤

| 해설 |
- 총매출액=3,000만 원
- 암묵적 비용=700만 원(귀속임금)+10만 원(귀속이자)=710만 원
- 경제적 비용=회계적 비용+암묵적 비용=1,520만 원+710만 원=2,230만 원
- 경제적 이윤=3,000만 원－2,230만 원=770만 원

정답 | ①

[07~08] 다음을 읽고 물음에 답하시오.

구두를 만드는 기업이 지갑을 함께 생산하거나, 자동차 회사가 승용차와 트럭을 함께 생산하는 것은 한 기업이 여러 제품을 함께 생산하면 비용절감효과를 보기 때문이다. 이처럼 한 기업이 두 가지 이상의 상품을 생산하면 두 가지 상품 가운데 하나만 생산하는 기업보다 더 낮은 비용으로 생산할 수 있다는 장점이 있다.

07

위 글에서 설명하는 경제학적 개념은?

① 규모의 경제
② 범위의 경제
③ 베스트 프랙티스
④ 네트워크 외부성
⑤ 규모에 대한 보수 증가

대표개념 키워드 범위의 경제

| 해설 |
범위의 경제(economies of scope)란 두 기업이 각각 한 가지씩의 상품을 생산하는 것보다 한 기업이 두 상품을 동시에 생산하는 것이 비용의 측면에서 유리한 경우를 말한다.

| 오답 피하기 |
① 규모의 경제(economies of scale)란 생산량을 증가시킬 때 평균비용이 감소하는 현상을 말한다.
③ 베스트 프랙티스(best practice)란 업무 처리 모범 규준을 말한다.
④ 네트워크 외부성(네트워크효과)이란 어떤 사람의 경제행위가 다른 사람의 소비에 영향을 미치는 현상을 의미한다.
⑤ 규모에 대한 보수 증가는 생산요소의 규모를 동일한 배수로 증가시켰을 때 생산량은 그 배수를 초과하여 증가하는 경우로, 규모의 경제와 관련 있다.

정답 | ②

08

위와 같은 현상이 발생하는 이유로 적절하지 않은 것은?

① 생산 플랫폼을 공유하는 경우
② 기초 원재료를 공동으로 사용하는 경우
③ 유통채널이 동일하여 효율성이 증대되는 경우
④ 개별상품의 생산량 증가로 인해 평균비용이 감소하는 경우
⑤ 협력적인 연구개발투자로 인한 시너지효과가 나타나는 경우

대표개념 키워드 범위의 경제

| 해설 |
개별상품의 생산량 증가로 대량 생산의 이점이 생기면서 평균비용이 감소하는 현상은 규모의 경제에 해당한다.

정답 | ④

핵심테마 08 | 기업의 이윤극대화

1 수입의 분석

(1) **총수입**(Total Revenue : TR)

기업이 상품을 생산 및 판매하여 벌어들이는 수입의 총량을 말한다.

> **총수입**
> $$TR = P \times Q$$

(2) **한계수입**(Marginal Revenue : MR)
   ① 생산량(Q) 한 단위를 추가로 판매할 때 총수입(TR)의 증가분을 말한다.
   ② 생산물시장이 완전경쟁시장이면 한계수입은 가격과 일치하지만, 생산물시장이 불완전경쟁시장이면 한계수입은 가격보다 작다.

> **한계수입**
> $$MR = \frac{\Delta TR}{\Delta Q}$$

한계수입
총수입함수를 생산량 변수로 미분한 값이며, 총수입곡선의 기울기로 측정된다.

(3) **평균수입**(Average Revenue : AR)
   ① 생산량(Q) 한 단위당 총수입(TR)을 말한다.
   ② 평균수입은 항상 가격과 일치하므로 개별기업이 직면하는 수요곡선이 개별기업의 가격곡선이 되는 동시에 평균수입곡선이 된다.
   ③ 개별기업은 그 기업이 직면하는 수요곡선을 보고 가격을 책정하므로 개별기업이 직면하는 수요곡선은 개별기업의 가격곡선이 된다.

> **평균수입**
> $$AR = \frac{TR}{Q} = \frac{P \times Q}{Q} = P$$

평균수입
원점에서 총수입곡선의 각 점을 이은 직선의 기울기로 측정된다.

2 이윤극대화 생산량의 도출

(1) **이윤함수**
   ① 이윤(Π)은 총수입(TR)에서 총비용(TC)을 차감한 값을 말한다.
   ② 총수입(TR)과 총비용(TC)은 모두 생산량(Q)의 함수이므로 이윤(Π)도 생산량(Q)의 함수이다.

> **이윤함수**
> $$\Pi(Q) = TR(Q) - TC(Q)$$

(2) **이윤극대화조건**

한계수입(MR)과 한계비용(MC)이 일치하는 수준($MR = MC$)에서 생산해야 한다.

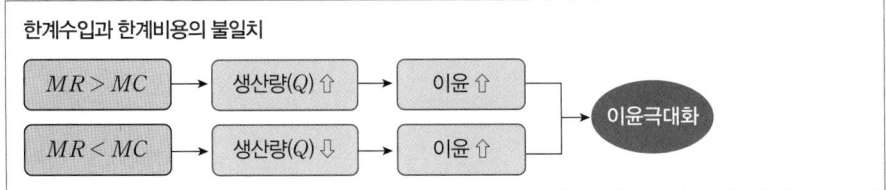

01 다음 설명이 맞으면 ○, 틀리면 ×표 하세요.

(1) 이윤은 총수입에서 총비용을 차감한 값이다. ( )

(2) 평균수입은 항상 가격과 일치한다. ( )

(3) 기업의 판매량과 상관없이 가격이 일정할 경우 평균수입이 한계수입보다 크다. ( )

(4) 기업은 한계수입이 0보다 큰 구간에서 생산을 한다. ( )

(5) 한계비용이 한계수입보다 클 때 기업은 이윤극대화를 위해 생산을 증가시켜야 한다. ( )

02 다음 빈칸에 알맞은 말을 고르거나 적으세요.

(6) 기업의 총수입은 가격과 ( )을 곱한 값이다.

(7) 판매량과 무관하게 가격이 일정하다면 한계수입은 항상 ( )과 일치한다.

(8) 어떤 기업이 생산하고 있는 재화의 가격이 5,000원이고 판매량이 100단위라면 이 기업의 평균수입은 ( )이다.

(9) 기업이 한계수입과 한계비용이 같은 산출량을 생산할 때 생산량을 변동시키면 이윤은 ( )한다.

(10) 이윤극대화 생산량을 생산하기 위한 한계조건은 ( )이다.

| 정답 |
(1) ○ (2) ○ (3) × (4) ○ (5) × (6) 판매량 (7) 가격 (8) 5,000원 (9) 감소 (10) 한계수입＝한계비용

| × 해설 |
(3) 판매량과 상관없이 가격이 일정할 경우 개별기업이 직면하는 수요곡선이 수평인 완전경쟁기업의 경우에 해당한다. 이때 가격과 평균수입, 한계수입이 모두 동일하다.
(5) 한계수입이 한계비용보다 클 때 기업은 이윤극대화를 위해 생산을 증가시켜야 한다.

출제 0순위 공략! 꼭 풀어야 할 대표문제

01

다음 표는 어떤 상품의 생산량(판매량)에 따른 총수입과 총비용을 나타낸 것이다. 이에 대한 분석으로 옳지 <u>않은</u> 것은?

생산량(개)	10	20	30	40	50
총수입(만 원)	2	4	6	8	10
총비용(만 원)	1	3	6	10	15

① 생산량이 20개일 때 이윤이 가장 크다.
② 생산량이 40개일 때 손실은 2만 원이다.
③ 생산량이 증가할수록 한계비용은 증가한다.
④ 생산량이 증가할수록 평균비용은 작아진다.
⑤ 생산량이 증가하더라도 평균수입은 변하지 않는다.

대표개념 키워드 이윤극대화

| 해설 |

(단위 : 개, 만 원)

생산량	10	20	30	40	50
총수입	2	4	6	8	10
총비용	1	3	6	10	15
평균수입	2/10	4/20	6/30	8/40	10/50
평균비용	1/10	3/20	6/30	10/40	15/50
한계수입	—	2/10	2/10	2/10	2/10
한계비용	—	2/10	3/10	4/10	5/10

생산량이 증가할수록 평균비용은 증가한다.

| 오답 피하기 |
① 이윤극대화 생산량은 한계수입과 한계비용이 일치하는 수준인 20개이다.
② 생산량이 40개일 때 총수입은 8만 원이고, 총비용은 10만 원이므로 이윤은 -2만 원이다. 즉, 2만 원만큼 손실이 발생한다.
③ 생산량이 증가할수록 한계비용은 2만 원 → 3만 원 → 4만 원 → 5만 원으로 증가한다.
⑤ 생산량과 무관하게 평균수입은 1/5로 일정하다.

정답 | ④

02

다음 사례에 대한 분석으로 옳지 <u>않은</u> 것은?

표는 어느 기업의 노동투입량에 따른 생산량의 변화를 나타낸 것이다. 생산량 1단위당 판매가격은 1만 원으로 일정하다. 생산비용 중 건물 임차료는 하루 3만 원이고, 노동자 1명의 일당은 10만 원이다. 단, 생산된 제품은 모두 판매되며, 최대 고용가능인력은 5명이다.

노동투입량(명)	1	2	3	4	5
생산량(개)	9	21	35	46	55

① 노동의 한계생산성은 체증하다가 체감한다.
② 하루 최대 이윤은 3만 원이다.
③ 노동투입량이 5명일 때 총비용이 가장 크다.
④ 임차료가 하락하면 이윤극대화 생산량은 증가한다.
⑤ 생산량이 21개일 경우 이윤은 0보다 작다.

대표개념 키워드 이윤극대화

| 해설 |

(단위 : 명, 개, 만 원)

노동투입량	1	2	3	4	5
생산량	9	21	35	46	55
한계생산	—	12	14	11	9
총수입	9	21	35	46	55
총가변비용(노동비용)	10	20	30	40	50
총비용	13	23	33	43	53
이윤	-4	-2	2	3	2

고정비용인 임차료가 하락하더라도 이윤극대화 생산량은 불변이다.

| 오답 피하기 |
① 노동의 한계생산은 체증하다가 체감한다.
② 이윤극대화수준에서 이윤은 3만 원이다.
③ 노동투입량이 증가할수록 총비용이 증가하므로 총비용은 최대 고용가능인력인 5명일 때 가장 크다.
⑤ 생산량이 21개일 경우 노동투입량은 2명이다. 이때 총수입은 21만 원이고, 노동비용 20만 원과 고정비용 3만 원을 합하면 총비용은 23만 원이므로 이윤은 21만 원-23만 원=-2만 원이다. 따라서 이윤은 0보다 작다.

정답 | ④

핵심테마 09 | 완전경쟁시장

1 생산물시장의 유형

분류기준 \ 시장형태	완전경쟁시장	불완전경쟁시장		
		독점적 경쟁시장	과점시장	독점시장
기업의 수	아주 많음	많음	소수	단일
상품의 동질성	동질적	이질적(단골)	• 동질적 : 순수과점 • 이질적 : 차별화된 과점	동질적
가격에의 영향력	전혀 없음	어느 정도(단골)	상당한 영향력	아주 큼
진입장벽	전혀 없음	없음	상당한 진입장벽	완벽한 진입장벽
시장수요에 대한 기업의 최적시설 규모	• 아주 작음 • 영세기업, 구멍가게 등	작음	약간 큼	큼
현실 경제의 사례	채소, 곡물, 수산물, 주식, 외환 등	미용실, 세탁소, 목욕탕, 약국, 식당, 주유소, 서점, 노래방, 커피전문점 등	설탕, 시멘트, 철근, 휘발유, 자동차, 냉장고, 에어컨, 맥주, 휴대폰, 국내항공서비스 등	전기, 전신, 전화, 수도, 철도, 담배 등

2 완전경쟁시장

(1) 개념

① 완전경쟁시장(perfect competition market)이란 다수의 소비자와 다수의 생산자가 주어진 시장가격하에서 동질의 상품을 자유롭게 사고파는 시장을 말한다.
② 현실에서 완전경쟁시장의 특징을 모두 만족하는 시장을 찾기는 매우 어렵다.

> 완전경쟁시장은 자원배분이 가장 효율적으로 이루어지므로 다른 시장에서의 자원배분상태를 평가하는 기준이 된다.

(2) 특징

① 다수의 소비자(수요자)와 다수의 생산자(공급자)가 존재한다.
② 개별소비자와 개별생산자는 시장지배력을 전혀 행사할 수 없으므로 시장에서 주어진 가격을 그대로 받아들이는 가격수용자(price taker)가 된다.
③ 완전경쟁시장에서 소비자는 어떤 생산자로부터 상품을 구입해도 동질적이므로 개별생산자는 자신의 제품에 대한 독점력인 시장지배력이 전혀 없다.
④ 완전경쟁시장의 기업들은 장기에 신규시장으로의 자유로운 진입(entry)과 기존시장으로부터의 자유로운 탈퇴(exit)가 보장된다.
　㉠ 단기에 기업들이 양(+)의 이윤을 얻는 경우 새로운 기업들이 시장에 진입하고, 단기에 기업들이 음(-)의 이윤을 얻는 경우 기존의 기업들이 시장에서 탈퇴한다.
　㉡ 완전경쟁시장에서는 장기에 기업의 자유로운 진입과 탈퇴가 보장되므로 개별기업은 정상이윤만을 얻고 초과이윤은 0이 된다.
⑤ 완전경쟁시장에서의 모든 경제주체는 거래와 관련된 모든 경제적·기술적 조건이나 시장조건에 관하여 완전한 정보(perfect information)를 갖고 있다.

⑥ 완전경쟁시장에서는 한 상품에 단 하나의 가격만이 존재하는 일물일가의 법칙(law of one price)이 성립하므로 **개별기업이 직면하는 수요곡선**은 시장가격 수준에서 그은 수평선이 된다.

(3) 완전경쟁기업의 이윤극대화

① 완전경쟁시장에서 개별기업들은 가격수용자로 행동하므로 가격(P)은 일정한 값이 된다. 따라서 총수입(TR)은 판매량(Q)이 증가할수록 비례적으로 증가한다.
② 완전경쟁시장에서 개별기업의 한계수입(MR)은 시장가격(P)과 일치한다.

> **완전경쟁기업의 가격과 한계수입**
> - $TR = \overline{P} \times Q$
> - $MR = \dfrac{dTR}{dQ} = \dfrac{P \times dQ}{dQ} = P$

③ 이윤극대화조건은 $MR = MC$인데, 완전경쟁시장에서는 $P = MR$이 성립하므로 완전경쟁기업의 이윤극대화조건은 다음과 같다.

> **완전경쟁기업의 이윤극대화조건**
> $$P = MC$$

㉠ $P = MC$의 조건은 시장 전체의 효율성을 판단하는 기준이 된다.
㉡ $MR = MC$는 모든 시장에서 적용되는 기준이지만, $P = MC$는 완전경쟁시장에서만 적용되는 기준이다. 생산물시장이 불완전경쟁시장(독점적 경쟁, 과점, 독점)이면 가격(P)이 한계비용(MC)을 초과하므로 $P > MC$가 되어 시장의 비효율성이 초래된다.

(4) 완전경쟁기업의 단기공급곡선

① **시장의 단기균형** : 시장수요곡선과 시장공급곡선이 교차하는 점에서 균형가격과 균형거래량이 결정된다.
② **개별기업의 단기균형**
㉠ 시장가격 수준에서 그은 수평선이 개별기업이 직면하는 수요곡선이 되므로 가격곡선이 되는 동시에 평균수입(AR)곡선과 한계수입(MR)곡선이 된다.
㉡ 개별기업은 $P(= MR)$와 MC가 만나는 점에서 이윤극대화 생산량을 결정한다.
㉢ 각각의 시장가격 수준이 주어지면 개별기업은 그 가격 수준과 한계비용이 일치하는 점에서 생산량을 정하므로 개별기업의 단기공급곡선은 개별기업의 한계비용곡선이 된다.

(5) 완전경쟁시장의 장기균형

① **장기**
㉠ 장기에는 고정투입요소가 존재하지 않고, 모든 투입요소는 가변투입요소가 된다.
㉡ 장기에는 완전경쟁기업들의 신규시장으로의 자유로운 진입과 기존시장으로부터의 자유로운 탈퇴가 보장된다.
② **장기균형**
㉠ 완전경쟁시장의 장기균형은 신규기업들의 진입이나 기존기업들의 탈퇴, 기존기업들의 시설확대 및 축소 등의 조정이 모두 이루어진 상태를 말한다.
㉡ 장기균형상태에서는 초과이윤도 손실도 없는 정상이윤만 존재하는 상태이다.

개별기업이 직면하는 수요곡선
해당 기업이 생산하는 상품을 구입하는 소비자들이 각각의 가격대에서 얼마만큼의 재화를 구입할 것인지에 대한 의지를 나타내는 곡선이다.

완전경쟁산업
- 동일한 상품을 생산하는 완전경쟁기업들의 집합을 말한다.
- 완전경쟁산업에서 생산된 상품은 완전경쟁시장에 공급된다. 이것이 시장공급이 되고, 이에 대한 수요가 시장수요가 되므로 산업과 시장은 동일한 개념이다.

01 다음 설명이 맞으면 O, 틀리면 ×표 하세요.

(1) 완전경쟁시장에서는 수요자나 공급자가 특정의 공급자나 수요자를 선호하지 않는다. ( )

(2) 완전경쟁기업의 경우 한계수입과 평균수입은 생산량 수준에 관계없이 항상 동일하다. ( )

(3) 완전경쟁시장에서 시장수요곡선은 수평선이다. ( )

(4) 완전경쟁시장에서 개별기업은 다른 기업의 판매가격을 고려한다. ( )

(5) 완전경쟁시장에서 개별기업이 장기적으로 손실을 보지 않는 이유는 진입장벽이 존재하기 때문이다. ( )

02 다음 빈칸에 알맞은 말을 고르거나 적으세요.

(6) 완전경쟁기업이 판매량을 증가시킬 때 가격은 ( )이다.

(7) 완전경쟁시장에서 자원배분의 효율성이 달성되는 이유는 ( )이 한계비용과 일치하기 때문이다.

(8) 완전경쟁시장에서 개별기업이 직면하는 수요곡선의 가격탄력성은 ( )이다.

(9) 완전경쟁시장에서 단기에 초과이윤이 존재하면 기업들의 ( )이 발생한다.

(10) 완전경쟁시장에서 개별기업은 장기에 이윤이 ( )이 된다.

| 정답 |
(1) O (2) O (3) × (4) × (5) × (6) 불변 (7) 가격 (8) 무한대 (9) 진입 (10) 0

| × 해설 |
(3) 완전경쟁시장에서 시장수요곡선은 우하향한다. 수평선인 것은 개별기업수요곡선이다.
(4) 완전경쟁시장에 참여하는 모든 기업은 시장에서 주어진 가격을 그대로 받아들이는 가격수용자이므로 다른 기업의 판매가격을 고려하지 않는다.
(5) 완전경쟁시장에서는 장기에 진입장벽이 존재하지 않아 개별기업은 정상이윤만을 얻고, 초과이윤은 0이다.

01

완전경쟁시장에 참여한 어떤 기업의 총고정비용이 2배로 증가한 사실이 내부 점검을 통해 확인되었다고 한다. 단기적으로 이윤극대화를 추구하는 이 기업이 취해야 할 행동으로 가장 적절한 것은?

① 가격을 인상한다.
② 가격을 인하한다.
③ 생산량을 증가시킨다.
④ 생산량을 감소시킨다.
⑤ 가격과 생산량을 현재의 상태로 유지한다.

대표개념 키워드 고정비용과 이윤극대화

| 해설 |
기업의 이윤극대화조건은 '한계수입=한계비용'이다. 생산비용이 증가하더라도 한계비용이 불변이면 이윤극대화 생산량도 불변이다. 고정비용이 2배 증가하더라도 고정비용은 한계비용에 영향을 미치지 않으므로 한계비용은 불변이다. 한계비용이 불변이므로 이윤극대화 생산량도 불변이 되고 가격 또한 불변이 된다.

정답 | ⑤

02

다음 (가)~(다)에 들어갈 내용을 바르게 연결한 것은?

> 완전경쟁시장의 대표적인 특징은 첫째, 판매자와 구매자 모두 (가) 이고, 둘째, 판매자와 구매자 모두 제품에 대해 (나) 정보를 가지고 있으며, 셋째, 이 시장에서는 기업의 (다) 이/가 자유롭다는 데 있다.

	(가)	(나)	(다)
①	가격 수용적	완전한	진입·탈퇴
②	가격 수용적	불완전한	가격 설정
③	가격 수용적	비대칭적인	제품 차별
④	가격 설정적	완전한	진입·탈퇴
⑤	가격 설정적	불완전한	가격 설정

대표개념 키워드 완전경쟁시장의 특징

| 해설 |
(가) 완전경쟁시장에서는 소비자와 생산자가 무수히 많으므로 개별소비자와 개별생산자는 시장지배력을 행사할 수 없다. 따라서 시장에서 주어진 가격을 그대로 받아들이는 가격수용자(price taker)이다.
(나) 완전경쟁시장에서의 모든 경제주체는 거래와 관련된 모든 경제적·기술적 조건이나 시장조건에 관하여 완전한 정보(perfect information)를 갖고 있다.
(다) 완전경쟁시장에서는 장기에 기업의 자유로운 진입과 탈퇴가 보장되므로 개별기업은 정상이윤만을 얻고 초과이윤은 0이 된다.

| 오답 피하기 |
- 완전경쟁시장에서 모든 기업들은 시장에서 주어진 가격을 그대로 받아들이는 가격수용자이므로 개별기업이 직면하는 수요곡선은 시장가격 수준에서 그은 수평선이 된다. 단, 소비자 개인의 개별수요곡선과 시장수요곡선은 우하향한다.
- 기업의 자유로운 진입과 탈퇴가 보장된다는 것은 시장에 진입장벽이 존재하지 않는다는 것을 의미하고, 이는 어디까지나 장기에서만 가능하다.

정답 | ①

03

완전경쟁시장에 대한 설명으로 옳은 것은?

① 기업은 담합을 통해 생산능력보다 적게 생산한다.
② 생산자와 소비자는 가격수용자(price taker)이다.
③ 규모의 경제로 신규 기업이 진입하는 데 어려움이 있다.
④ 국내 정유산업, 이동통신산업 등이 대표적인 사례에 해당한다.
⑤ 생산자는 소비자들에 따라 가격을 달리 책정하여 제품을 판매한다.

대표개념 키워드 완전경쟁시장의 특징

| 해설 |
완전경쟁시장은 무수히 많은 공급자와 수요자가 존재하는 시장이다. 따라서 완전경쟁시장에서 공급자와 수요자는 가격 결정력이 없으며 시장에서 형성된 가격에 따라 공급량과 수요량을 결정한다. 완전경쟁시장에서 개별소비자와 개별생산자는 시장지배력을 행사할 수 없으므로 시장에서 주어진 가격을 그대로 받아들이는 가격수용자(price taker)이다.

| 오답 피하기 |
① 완전경쟁시장의 기업은 영세하기 때문에 담합이 발생하지 않으며, 담합은 과점시장에서 발생한다.
③ 규모의 경제는 자연독점을 유발한다.
④ 국내 정유산업, 이동통신산업은 과점시장에 해당한다.
⑤ 가격차별은 불완전경쟁시장에서 발생한다.

정답 | ②

04

완전경쟁시장에 대한 설명으로 옳지 않은 것은?

① 시장경제의 효율성을 충족한다.
② 장기에 시장에서 철수하기가 쉽다.
③ 다수의 소비자와 다수의 생산자가 존재한다.
④ 우리나라의 경우 채소시장과 곡물시장을 예로 들 수 있다.
⑤ 장기에 완전경쟁기업은 정상이윤 이상의 초과이윤을 획득한다.

대표개념 키워드 완전경쟁시장의 특징

| 해설 |
완전경쟁시장에서는 장기에 기업의 자유로운 진입과 탈퇴가 보장되므로 개별기업은 정상이윤만을 얻으며 초과이윤은 0이 된다.

| 오답 피하기 |
① 완전경쟁시장에서는 단기와 장기 모두 한계비용 가격설정이 이루어지므로 자원배분의 효율성이 달성된다.
② 완전경쟁시장은 장기에 진입장벽이 존재하지 않으므로 기업들은 신규시장으로의 자유로운 진입과 기존시장으로부터의 자유로운 탈퇴가 보장된다.
③ 완전경쟁시장에서는 소비자와 생산자가 무수히 많으므로 개별소비자와 개별생산자는 시장지배력을 행사할 수 없다.
④ 우리나라의 채소시장, 곡물시장, 수산물시장, 주식시장, 외환시장 등이 완전경쟁시장과 가까운 형태이다.

정답 | ⑤

핵심테마 10 | 독점시장

1 개요

(1) 개념
① 독점시장(monopoly market)이란 한 재화나 서비스의 공급이 단일기업에 의해 이루어지는 시장조직형태를 말한다.
② 생산물시장이론에서 독점은 주로 공급독점(monopoly)만을 다루게 된다.

(2) 특징
① 독점시장에서는 기업의 수가 독점기업 하나이므로 독점기업 자체가 독점산업이 된다.
② 독점기업은 시장지배력(market power)을 가지고 있으므로 가격책정자(price setter)로서 시장가격을 임의의 수준으로 결정할 수 있다.
　㉠ 독점기업은 가격책정자이므로 가격차별(price discrimination)이 가능하다.
　㉡ 독점기업은 이윤극대화 생산량을 먼저 결정한 후 가격을 결정하는 가격책정자이므로 어느 가격에 얼마만큼 공급하겠다는 공급곡선이 존재하지 않는다.
③ 독점시장에서는 단기뿐만 아니라 장기에서도 신규기업의 시장진입이 불가능하므로 완벽한 진입장벽이 존재한다.
④ 독점시장에는 단일기업만 존재하기 때문에 시장수요곡선 자체가 독점기업이 직면하는 수요곡선이 된다. 시장수요곡선은 우하향하므로 재화 한 단위를 추가로 판매하기 위해서는 가격을 인하해야 판매가 가능하다. 즉, 가격 변수가 상수가 아닌 변수로서 생산량 변수의 감소함수가 된다.

(3) 독점의 원인 : 진입장벽(entry barrier)
① 규모의 경제(규모에 대한 보수 증가)
　㉠ 시장수요를 충족시키고도 남을 만큼의 대규모 생산에 이르기까지 평균비용(AC)이 감소하는 규모의 경제(economies of scale)가 존재하면 자연독점(natural monopoly)이 발생한다.
　㉡ 자연독점의 예 : 전력, 전신, 전화, 수도, 철도 등의 공익사업(public utilities) 등
　㉢ 규모의 경제는 경공업보다 설비투자 등 고정비용에 대한 투자규모가 큰 중화학공업에서 발생하기 쉽다.
　㉣ 최근 IT산업의 소프트웨어산업이나 영화와 지식산업 등에서도 광범위하게 나타나고 있다.
② 생산요소 및 원재료의 독점적 소유 : 어느 한 기업이 생산요소 및 원재료를 독점적으로 소유하면 독점이 발생한다.
　예 과거에 남아프리카공화국의 드 비어스(De Beers) 회사가 다이아몬드 광산을 독점적으로 소유함으로써 다이아몬드 채광업이 독점화되었다.
③ 정부가 특허권, 판권, 인·허가권 등을 부여해 독점적 지위 부여
④ 정부의 특수한 목적에 의해 직접 독점력 행사
　예 우리나라는 재정수입을 목적으로 정부가 전매청을 통해 담배와 홍삼 등의 판권을 독점하여 전매하였다. 국가기관이었던 전매청이 공기업인 한국담배인삼공사로 재발족하면서 한국담배인삼공사가 담배와 인삼을 독점적으로 판매할 권리인 전매권을 부여받았다.

산업(industry)
동일한 재화를 생산하는 개별기업들의 집합을 의미한다. 산업에서 생산된 재화는 시장에 공급되므로 경제학에서 산업과 시장은 동의어로 사용한다.

자연독점
규모의 경제가 존재할 때 낮은 비용으로 대량 생산이 가능하므로 비용구조가 높은 소규모 기업들은 퇴출당하고, 대규모 기업에 의해 독점화가 이루어지면서 나타나는 독점이다.

핵심테마 10 | 독점시장

2 경제적 효과

(1) 완전경쟁시장
① 완전경쟁시장 전체의 공급곡선(S)은 개별기업들의 한계비용곡선을 수평으로 더한 것($\sum MC$)이므로 독점기업의 한계비용곡선(MC)은 바로 완전경쟁시장의 공급곡선이 된다.
② 완전경쟁시장에서는 공급곡선(한계비용곡선)과 수요곡선이 교차하는 점 E_c에서 균형이 달성되어 균형가격 P_c와 균형거래량 Q_c가 결정된다.

(2) 독점시장
① 독점시장에서는 $MR=MC$를 만족하는 점에서 이윤극대화 생산량 Q_m이 결정되고 균형가격은 수요곡선에서 P_m으로 책정된다.
② 독점체제에서는 완전경쟁체제보다 생산량(Q_m)은 적고, 가격(P_m)은 높다.
③ 독점에서의 가격(P)은 한계비용(MC)보다 높으므로 독점시장에서 자원이 비효율적으로 배분되고, C+E만큼의 사회적 후생손실(welfare loss)이 발생한다.

> **사회적 후생손실**
> 후생삼각형(welfare triangle), 자중손실(自重損失, deadweight loss), 사중손실(死重損失) 등으로 부른다.

독점시장의 사회적 후생손실

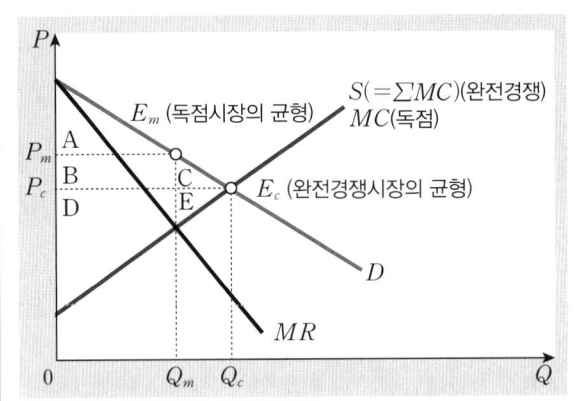

- 동일 조건하에서 독점시장은 완전경쟁시장에 비해 생산량이 적고 가격이 높다.
- 완전경쟁시장에서는 가격과 한계비용이 일치하여 시장의 효율성이 달성되나, 독점시장에서는 가격이 한계비용보다 커 시장의 비효율성이 초래된다.
- 독점시장의 비효율성의 크기: C+E

구분	완전경쟁시장	독점시장	변화분
소비자잉여	A+B+C	A	−(B+C)
생산자잉여	D+E	B+D	B−E
총잉여	A+B+C+D+E	A+B+D	−(C+E)

3 가격차별

(1) 개념
① 가격차별(price discrimination)이란 기업이 동일한 재화와 서비스를 판매하면서 서로 다른 가격을 책정하는 것을 말한다.
② 동일한 상품에 다른 가격이 책정되었다고 하여 모두 가격차별은 아니다. 예를 들어 동일한 상품이라도 산골 마을이나 섬마을에서 더 비싼 것은 운송비 등으로 인해 한계비용이 높아 가격이 비싼 것이므로 가격차별이 아니다.

> 완전경쟁시장에서는 한 상품에 하나의 가격만이 성립하는 일물일가의 법칙이 존재하므로 가격차별이 불가능하다.

(2) 성립조건

① 판매자가 시장지배력(독점력)을 가지고 있어야 한다.
② 서로 다른 수요집단 또는 시장이 쉽게 구분되어야 한다.
  ㉠ 극장에서 대인과 소인의 입장료가 다른 것은 대인과 소인의 구분이 용이하기 때문이다.
  ㉡ 자동차 회사는 국내시장과 해외시장을 쉽게 구분할 수 있으므로 가격차별이 가능해진다.
③ 가격차별이 행해지고 있는 상이한 시장 사이에 상품의 재판매가 불가능해야 한다. 즉, 매매차익을 노리는 재정거래(arbitrage)가 불가능해야 한다.
  ㉠ 전화서비스, 전기, 영화관람 등은 소비자가 구매하자마자 소비할 수밖에 없어 전매가 불가능하기 때문에 이러한 상품에 대해 가격차별이 이루어지는 것이 일반적이다.
  ㉡ 자동차 회사의 경우 해외시장에서 판매한 자동차가 국내시장에 자유롭게 들어와 거래된다면 가격차별은 성공할 수 없다. 이때 국내시장에 싼 값으로 들어오지 못하게 수입상품에 대해 높은 관세를 부과함으로써 가격차별이 유지될 수 있다.
④ 제3급 가격차별이 이루어지기 위해서는 상이한 시장 간에 수요의 가격탄력성(ε_P)이 서로 달라야 한다.
⑤ 시장분리에 의한 이윤증가분이 시장분리에 따르는 비용보다 커야 한다.

(3) 제1급 가격차별

① 제1급 가격차별(first-degree price discrimination)이란 독점기업이 소비자의 수요곡선을 완전하게 파악하여 모든 단위에 대해 다른 가격을 설정하는 것을 말하며, 완전가격차별(perfect price discrimination)이라고도 한다.
② 독점기업은 모든 소비자로부터 소비자가 최대한 지급할 용의가 있는 가격을 수취하므로 한계수입(MR)이 가격(P)과 일치하여 수요곡선은 한계수입곡선(MR)이 된다.
③ 한계수입곡선(MR)이 수요곡선과 일치하므로 수요곡선과 한계비용곡선(MC)이 만나는 점에서 생산량 Q_0가 결정되고, 이는 완전경쟁시장에서의 생산량과 일치하게 된다.
④ 가격과 한계비용이 일치하므로 시장의 효율성이 달성되고, 사회적 후생손실은 발생하지 않는다.
⑤ 소비자잉여 전부가 독점기업의 이윤으로 흡수되면서 소득분배의 왜곡을 가져온다.

> **가격차별**
> 경제학자 피구(A. C. Pigou)에 의해 제1급, 제2급, 제3급 가격차별로 구분된다.

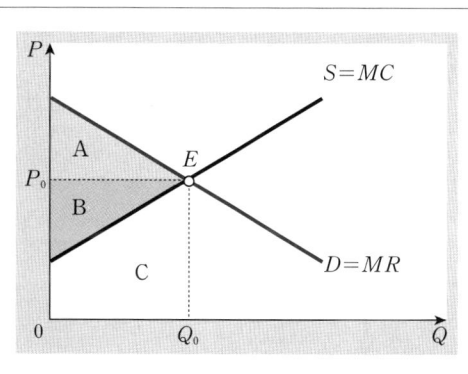

제1급 가격차별
- 독점기업의 총수입 : A+B+C
- 완전경쟁시장일 경우 소비자잉여 : A
- 제1급 가격차별에서는 완전경쟁시장일 경우 소비자잉여인 A가 독점기업의 수입으로 귀속된다.
- 제1급 가격차별에서는 $P=MC$를 만족하므로 시장의 효율성이 달성되고, 사회적 후생손실은 발생하지 않는다.

핵심테마 10 | 독점시장

(4) 제2급 가격차별

① 제2급 가격차별(second-degree price discrimination)이란 판매할 상품을 몇 개의 집단(block)으로 구분한 후 집단별로 다른 가격을 부과하는 것을 말한다.

② 제2급 가격차별을 다단계 가격차별, 구간 가격차별이라고도 한다.

(5) 제3급 가격차별

① 제3급 가격차별(third-degree price discrimination)이란 수요의 가격탄력성에 따라 시장을 분리하여 시장마다 서로 다른 가격을 설정하는 것을 말한다.

② 제3급 가격차별을 시장분리 가격차별이라고도 한다.

③ 사례
  ㉠ 극장관람료에서 연소자나 노인에게는 낮은 가격을, 일반인에게는 높은 가격을 부과하는 것
  ㉡ 극장관람료를 오전과 심야에는 낮은 가격을(조조할인과 심야할인), 저녁에는 높은 가격을 부과하는 것
  ㉢ 수출용 자동차는 낮은 가격을, 내수용 자동차는 높은 가격을 부과하는 것
  ㉣ 가정용 수도요금은 낮게, 고급목욕탕 수도요금은 높게 책정하는 것
  ㉤ 여행상품을 비수기에는 낮은 가격을, 성수기에는 높은 가격을 부과하는 것
  ㉥ 전화요금을 심야에는 낮은 가격을, 주간에는 높은 가격을 부과하는 것
  ㉦ 택시요금을 주간에는 낮은 가격을, 심야에는 높은 가격을 부과하는 것
  ㉧ 노래방 이용요금을 주간에는 낮은 가격을, 야간에는 높은 가격을 부과하는 것

④ 수요의 가격탄력성이 낮은 시장에서는 높은 가격을 부과하고, 수요의 가격탄력성이 높은 시장에서는 낮은 가격을 부과하는 것을 말한다.

(6) 묶어팔기(결합판매)

① 묶어팔기(결합판매, bundling)란 여러 가지 상품을 한꺼번에 묶어 판매하는 방식을 말한다.

② 두 소비자 A와 B가 햄버거와 콜라에 지급할 용의가 있는 최대 금액이 다음의 표와 같다고 하자.

소비자	햄버거	콜라
A	7,000원	2,000원
B	5,000원	3,000원

③ 햄버거와 콜라를 따로 파는 경우 두 소비자 모두에게 햄버거와 콜라를 판매하기 위해 햄버거는 5,000원, 콜라는 2,000원으로 정해야 한다. 이 경우 총수입은 (5,000원×2)+(2,000원×2)=14,000원이 된다.

④ 햄버거와 콜라를 묶어파는 경우 A의 최대지불용의금액은 9,000원이고, B의 최대지불용의금액은 8,000원이므로 묶어팔기 가격은 8,000원으로 정해진다. 이 경우 총수입은 8,000원×2=16,000원이 된다.

⑤ 햄버거와 콜라를 따로 파는 경우보다 묶어파는 경우 16,000원-14,000원=2,000원만큼의 수입이 증가한다.

끼워팔기(tying)
하나의 상품을 판매하면서 다른 상품을 끼워 판매하는 방식이다. 광의의 개념으로 본다면 끼워팔기도 가격차별에 해당한다.

01 다음 설명이 맞으면 O, 틀리면 ×표 하세요.

(1) 밀접한 대체재가 존재하는 경우 독점이 발생할 확률이 커진다. ( )

(2) 독점기업이 재화 한 단위를 추가로 판매하기 위해서는 가격을 인하해야 판매가 가능하다. ( )

(3) 완전경쟁시장에서도 가격차별이 존재할 수 있다. ( )

(4) 제3급 가격차별을 시행하는 독점기업은 수요의 가격탄력성이 큰 시장에서 높은 가격을 책정한다. ( )

(5) 자동차 회사가 차종에 따라 가격을 달리하여 자동차를 판매하는 행위는 가격차별에 해당한다. ( )

(6) 우등버스보다 좌석은 편하지만 더 비싼 프리미엄 버스는 가격차별에 해당한다. ( )

02 다음 빈칸에 알맞은 말을 고르거나 적으세요.

(7) 독점기업이 직면하는 수요곡선은 (　　　)곡선과 일치한다.

(8) 규모의 경제가 존재하면 (　　　)독점이 발생한다.

(9) 독점시장에서 시장의 비효율성이 초래되는 이유는 완전경쟁시장과 다르게 (　　　)과 (　　　)이 서로 일치하지 않기 때문이다.

(10) 가격차별을 할 때 독점기업의 이윤은 가격차별을 할 수 없을 때보다 (　　　).

(11) 가격차별을 하는 택시회사는 주간보다 야간에 가격을 상대적으로 더 (　　　) 책정한다.

(12) 완전한 가격차별의 경우 소비자잉여는 (　　　)이 된다.

| 정답 |
(1) × (2) O (3) × (4) × (5) × (6) × (7) 시장수요 (8) 자연 (9) 가격, 한계비용 (10) 커진다 (11) 높게 (12) 0

| × 해설 |
(1) 해당 기업이 생산하는 재화에 대해 밀접한 대체재가 존재하는 경우 그 기업은 독점력을 발휘할 수 없다.
(3) 완전경쟁시장에서는 한 상품에 하나의 가격만이 성립하므로 가격차별이 존재할 수 없다.
(4) 제3급 가격차별을 시행하는 독점기업은 수요의 가격탄력성이 큰 시장에서 낮은 가격을 책정한다.
(5) 차종에 따라 가격이 달라지는 것은 제품의 질에 차이가 있어서 발생하는 현상이므로 가격차별에 해당하지 않는다.
(6) 우등버스와 프리미엄 버스의 가격이 다른 것은 서비스의 질에 차이가 있어서 발생하는 현상이므로 가격차별에 해당하지 않는다.

01

다음 표는 생산물시장의 공급독점 원인에 따라 독점시장의 사례를 분류한 것이다. (가)~(마)에 대한 설명으로 옳지 않은 것은?

독점의 원인	사례
정부가 영업허가권 및 특허권 부여	(가)
규모의 경제(규모에 대한 보수 증가)	(나)
특정 기업의 원재료에 대한 독점적 소유	(다)
기업의 경영전략	(라)
정부의 직접 공급	(마)

① (가) – 정부가 혁신적인 기술에 대해 독점적 이익추구권을 부여하는 경우
② (나) – 초기 설비투자비용이 적게 들고, 변동비용이 많이 드는 경우
③ (다) – 광물이나 원유 등의 생산요소를 특정 기업이 차지하는 경우
④ (라) – 과점시장에서 어떤 기업이 경쟁기업을 합병한 후 단독 공급자가 된 경우
⑤ (마) – 정부가 재정수입의 확보를 위해 직접 산업의 독점력을 행사하는 경우

대표개념 키워드 독점의 원인

| 해설 |
규모의 경제란 생산량을 증가시킬수록 평균비용이 하락하는 현상을 말한다. 규모의 경제는 초기에 대규모 고정적인 투자비용이 들어가고 이후에는 큰 비용이 들어가지 않는 경우에 발생한다.

| 오답 피하기 |
① 정부가 특허권, 판권, 인·허가권 등을 부여하여 독점적 지위를 부여하면 독점이 발생한다.
③ 생산요소 및 원재료를 독점적으로 소유하면 독점이 발생한다. 남아공의 드 비어스(De Beers) 회사가 다이아몬드 광산을 독점적으로 소유함으로써 다이아몬드 채광업이 독점화되었다.
④ 기업들이 인수·합병(M&A)을 하면 독점이 발생한다.
⑤ 정부의 특수한 목적에 의해 직접 독점력을 행사하는 경우이다. 우리나라는 재정수입을 목적으로 정부가 전매청을 통해 담배와 홍삼 등의 판권을 독점하여 전매하였다.

정답 | ②

02

규모의 경제가 나타나는 경우로 가장 적절한 것은?

① 생산물시장이 수요독점인 경우
② 상품의 가격이 평균비용보다 높은 경우
③ 노동시장과 자본시장이 공급독점인 경우
④ 동일한 생산기술이 여러 제품에 동시에 사용되는 경우
⑤ 고정비용이 많이 소요되고, 가변비용이 적게 소요되는 경우

대표개념 키워드 규모의 경제

| 해설 |
- 규모의 경제란 생산량을 증가시킬수록 평균비용이 하락하는 현상을 말한다. 규모의 경제는 초기에 대규모 투자비용이 들어가고 이후에는 큰 비용이 들어가지 않는 경우에 발생한다. 따라서 규모의 경제는 경공업보다 설비투자 등 고정비용에 대한 투자규모가 큰 중화학공업에서 발생하기 쉽다.
- 시장수요를 충족시키고도 남을 만큼의 대규모 생산에 이르기까지 규모의 경제(economies of scale)가 존재하면 낮은 비용으로 대량생산이 가능하므로 비용구조가 높은 소규모 기업들은 퇴출당하고, 대규모 기업에 의해 자연독점화가 이루어진다. 독점기업이 생산규모를 확대하면 생산단가가 낮아지기 때문에 소규모의 경쟁기업들은 시장에서 자연스럽게 퇴출당한다. 자연독점(natural monopoly)의 예에는 전력, 전신, 전화, 수도, 철도 등의 공익사업(public utilities) 등이 있다.

정답 | ⑤

핵심테마 10 | 독점시장

03

다음 설명과 관련 있는 전략은?

> 소비자에 특성에 따라 동일한 상품에 대해 가격을 다르게 책정하는 전략이다. 독점력을 가진 기업들은 소비자를 그룹별, 시간별, 지역별로 구분하여 가격을 다르게 책정하게 된다.

① 결합판매
② 가격차별
③ 이부가격제
④ 가격상한제
⑤ 가격하한제

대표개념 키워드 가격차별

| 해설 |
가격차별(price discrimination)이란 기업이 동일한 재화와 서비스를 판매하면서 서로 다른 가격을 책정하는 것을 말한다. 제3급 가격차별이란 수요의 가격탄력성에 따라 시장을 분리하여 시장마다 서로 다른 가격을 설정하는 것을 말한다.

| 오답 피하기 |
① 결합판매(묶어팔기)란 여러 가지 상품을 한꺼번에 묶어 판매하는 방식을 말한다.
③ 이부가격제란 상품을 구입할 권리에 대해 일정 금액을 지급하게 하고, 상품 구매량에 비례하여 추가적인 가격을 내게 하는 방식이다.
④ 가격상한제(최고가격제)는 정부가 물가안정과 소비자 보호를 위해 가격의 상한선(최고가격)을 설정하고, 설정된 최고가격(상한가격) 이상에서 거래되는 것을 금지하는 제도를 말한다.
⑤ 가격하한제(최저가격제)는 정부가 생산자(농민)와 노동자를 보호하기 위해 최저가격을 설정하고, 설정된 최저가격(하한가격) 이하로 거래되는 것을 금지하는 제도를 말한다.

정답 | ②

04

다음 두 기업의 경영전략에 대한 설명으로 옳은 것은?

> • 피자가게는 쿠폰을 제시하는 고객에게 피자가격을 10~20% 할인해 주고 있다.
> • 골프장 이용료나 영화 관람료는 통상적으로 주중보다 주말이 10~20% 정도 더 비싸다.

① 기업의 판매수입이 점점 감소할 가능성이 높다.
② 완전경쟁시장에서 발생할 수 있는 경영전략이다.
③ 경영전략으로 인해 생산자잉여가 감소할 것이다.
④ 가격차별의 경영전략으로 공급의 가격탄력성을 이용한 것이다.
⑤ 제품을 구매한 후 재판매가 불가능해야만 성공할 수 있는 전략이다.

대표개념 키워드 가격차별

| 해설 |
가격차별(price discrimination)이란 기업이 동일한 재화와 서비스를 판매하면서 서로 다른 가격을 책정하는 것을 말한다. 재판매를 통해 재정거래가 가능하다면 가격차별은 성공할 수 없다.

| 오답 피하기 |
① 가격차별을 실시하면 이전에 비해 판매량이 증가하므로 기업의 판매수입은 증가할 것이다.
② 가격차별은 독점, 과점, 독점적 경쟁 등 불완전경쟁시장에서 나타난다.
③ 가격차별을 실시하면 소비자잉여가 생산자잉여로 전환되어 생산자잉여는 증가한다.
④ 제3급 가격차별로서 수요의 가격탄력성을 이용한다.

정답 | ⑤

핵심 테마 10 | 독점시장

05

독점기업의 가격차별에 관한 설명으로 옳지 않은 것은?

① 제1급 가격차별 시 소비자잉여는 0이 된다.
② 제3급 가격차별의 대표적인 예로 영화관의 조조할인이 있다.
③ 가격차별이 행해지고 있는 상이한 시장 간에 재판매가 불가능해야 가격차별이 가능하다.
④ 제3급 가격차별 시 수요의 가격탄력성이 상대적으로 작은 시장에서 더 높은 가격이 설정된다.
⑤ 독점기업이 소비자의 수요곡선을 완전하게 파악할 수 있다면 순수독점에 비해 총잉여가 감소한다.

| 대표개념 키워드 | 가격차별 |

| 해설 |
제1급 가격차별을 실시하면 가격과 한계비용이 일치하여 완전경쟁시장에서의 생산량과 일치하게 되므로 시장의 효율성이 달성되고, 사회적 후생손실은 발생하지 않는다.

| 오답 피하기 |
① 제1급 가격차별(first-degree price discrimination)이란 독점기업이 소비자의 수요곡선을 완전하게 파악하여 상품을 미세하게 분리한 후 판매되는 모든 단위에 대해 다른 가격을 설정하는 것을 말한다. 이때 소비자잉여의 전부는 독점기업의 이윤으로 흡수되면서 소득분배의 왜곡을 가져온다.
② 영화관의 조조할인은 수요의 가격탄력성에 따라 가격을 다르게 책정하는 제3급 가격차별에 해당한다.
③ 매매차익을 노리는 재정거래가 불가능해야 가격차별이 가능하다.
④ 제3급 가격차별의 경우 수요의 가격탄력성이 낮은 시장에서는 높은 가격을 부과하고, 수요의 가격탄력성이 높은 시장에서는 낮은 가격을 부과한다.

정답 | ⑤

06

두 소비자 A, B에게 팝콘과 콜라를 판매하는 영화관을 고려해 보자. 개별 소비자는 각 재화를 한 단위씩만 구매할 수 있다. 두 소비자의 최대지불용의가격과 영화관의 재화 생산에 대한 평균비용은 다음과 같다. 영화관이 '결합판매(묶어팔기)' 전략을 사용할 때 얻을 수 있는 최대 이윤은?

구분	평균비용	최대지불용의가격 A	최대지불용의가격 B
팝콘	200	400	300
콜라	150	250	300

① 400
② 450
③ 500
④ 550
⑤ 600

| 대표개념 키워드 | 결합판매(묶어팔기) |

| 해설 |
두 제품을 결합하여 구매할 때 소비자 A의 최대지불용의가격은 400+250=650이고, 소비자 B의 최대지불용의가격은 300+300=600이다. 따라서 소비자 A, B 모두에게 두 상품을 묶어 판매하기 위해서는 묶음가격이 600으로 책정되어야 한다. 묶음가격을 600으로 결정한 후 두 소비자에게 판매하면 총수입은 600×2=1,200이다. 팝콘의 평균비용이 200이므로 두 단위에 대한 비용은 200×2=400이고, 콜라의 평균비용이 150이므로 두 단위에 대한 비용은 150×2=300이다. 따라서 총비용은 400+300=700이 된다. 총수입이 1,200이고, 총비용은 700이므로 이윤은 1,200−700=500이 된다.

정답 | ③

핵심테마 11 | 독점적 경쟁시장과 과점시장

1 독점적 경쟁시장

(1) 개념
① 독점적 경쟁시장(monopolistic competition market)이란 다수의 기업이 차별화된 상품을 생산하는 시장이다.
② 완전경쟁시장과 독점시장의 성격을 모두 보유하고 있는 시장조직형태를 말한다.
  예 학교 앞 분식점, 시내 주유소, 미용실, 목욕탕, 세탁소, 약국, 음식점, 서점, 우유시장, 비누시장 등

(2) 특징
① 완전경쟁시장의 성격
  ㉠ 다수의 소비자(수요자)와 다수의 생산자(공급자)가 존재한다.
  ㉡ 독점적 경쟁시장의 기업들은 장기에 신규시장으로의 자유로운 진입(entry)과 기존시장으로부터의 자유로운 탈퇴(exit)가 보장된다.
② 독점시장의 성격(완전경쟁시장과 결정적으로 다른 점)
  ㉠ 상품차별화(product differentiation)
    • 독점적 경쟁시장의 기업들은 기업마다 조금씩 다른 상품을 만들어 팔기 때문에 자신의 상품에 대해 미약하지만 어느 정도의 독점력을 보유하고 있다.
    • 구체적인 방식 : 물리적 특성상의 차별화, 품질보증, 사후수리 서비스, 배달방식 등
    • 독점적 경쟁시장의 독점력은 독점시장과 같은 완벽한 독점력은 아니다. 가격이 너무 비싸지면 유사한 상품을 생산하는 기업에 고객을 뺏기게 되므로 약간의 경쟁적 성격을 지니고 있다.
  ㉡ 비가격경쟁(non-price competition)
    • 유사하지만 약간씩 품질이 다른 상품을 생산하기 때문에 자기 상품이 다른 상품보다 다르고 우수하다는 점을 강조하여 매출경쟁을 하게 된다.
    • 비가격경쟁은 가격경쟁을 제외한 나머지 수단으로 기업들이 판매경쟁을 하는 것을 말하며, 과점시장과 독점적 경쟁시장에서 행해진다.
  ㉢ 가격차별은 독점기업이 보유하고 있는 정도의 시장지배력을 요구하지는 않기 때문에 독점적 경쟁기업도 독점기업처럼 가격차별이 가능하다.

(3) 장기균형
① 단기에 양(+)의 이윤(초과이윤)이 발생하면 새로운 기업들의 시장으로의 진입이 이루어져 개별기업이 직면하는 수요곡선은 점차 왼쪽(아래쪽)으로 이동한다. 이때 가격이 점점 하락하여 독점적 경쟁기업의 단기이윤은 감소한다.
② 단기에 음(-)의 이윤(손실)이 발생하면 기존 기업들의 시장으로부터의 탈퇴가 이루어져 개별기업이 직면하는 수요곡선은 점차 오른쪽(위쪽)으로 이동한다. 이때 가격이 점점 상승하여 독점적 경쟁기업의 단기이윤은 증가한다.
③ 독점적 경쟁시장에 존재하는 모든 기업의 이윤이 0이 되어 정상이윤만 존재하면 더 이상의 진입과 탈퇴가 일어나지 않고 시장은 장기균형상태에 도달한다.

> 독점적 경쟁기업은 장기에 진입장벽이 없으므로 완전경쟁기업과 마찬가지로 초과이윤을 얻지 못하고 정상이윤만 얻는다.
>
> **상품차별화**
> 고객의 편의를 위해 제품이나 서비스에 큰 변화를 주는 것으로, 자사 제품에 타사 제품과 다른 특징이나 특성을 부여하여 자사 제품에 대한 구매 의욕을 자극하는 방법이다.
>
> **비가격경쟁**
> 가격경쟁을 제외한 나머지 수단으로 기업들이 판매경쟁을 하는 것을 말한다.

핵심테마 11 | 독점적 경쟁시장과 과점시장

시장지배력 측정 지표

① 러너지수(Lerner Index)

의의	개별 기업의 가격결정력 측정
공식	$=\dfrac{(\text{시장가격}-\text{한계비용})}{\text{시장가격}}$
해석	완전경쟁일수록 0, 독점일수록 1에 가까움
특징	개별 기업 수준의 시장지배력 파악에 유용

② 허핀달-허쉬만지수(HHI)

의의	시장 전체의 집중도(지배력 분포) 측정
공식	$=\sum_{i=1}^{n} s_i^2$ (s_i: 각 기업 i의 시장 점유율 (%), n: 시장 내 기업 수)
해석	값이 클수록 시장이 소수 기업에 집중됨
특징	산업 전체의 구조적 경쟁 정도를 평가

담합(collusion)
의사결정 시 과점기업들이 서로 합의하여 공동보조를 취하는 것을 말한다.

리니언시제도(leniency program)
담합이나 카르텔 등 부당한 공동행위에 참여한 기업이 그 사실을 자진 신고할 경우 과징금과 징역 등 제재의 수준을 감면해 주는 제도이다. 1978년 미국에서 처음 시행되었으며, 현재 우리나라를 비롯해 세계 30여 개국에서 이 제도를 시행하고 있다.

2 과점시장

(1) 개념

① 과점시장(oligopoly market)이란 상당한 진입장벽하에서 소수의 대기업에 의해 지배되는 시장조직형태를 말한다. 여기에서 말하는 소수가 몇 개를 말하는지 단정할 수 없지만, 어떤 기업도 의사결정과정에서 다른 기업의 반응을 명시적으로 고려하지 않으면 안 될 정도의 소수의 기업이 존재하는 경우이다.
② 두 개의 과점기업이 존재하는 과점시장을 복점시장(duopoly)이라고 한다.
③ 순수과점(pure oligopoly)이란 시장에서 거래되는 상품의 질이 동질적인 경우의 과점시장을 말한다.
  ㉠ 우리나라의 순수과점: 설탕, 시멘트, 철근, 휘발유 등
  ㉡ 국제적인 순수과점: 세계원유시장
④ 차별화된 과점(differentiated oligopoly)이란 시장에서 거래되는 상품의 질이 이질적인 경우의 과점시장을 말한다.
  ㉠ 우리나라의 차별화된 과점: 자동차, 냉장고, 에어컨, 맥주, 아이스크림, 휴대전화, 국내항공서비스, 신용평가사 등
  ㉡ 국제적인 차별화된 과점시장: 국제택배시장

(2) 특징

① 과점시장은 소수 기업이 경쟁하는 체제이므로 기업들 간 밀접한 상호의존성이 있다. 과점기업들은 상대 기업의 반응을 신중하게 고려하여 자신의 행동을 결정하므로 전략적 상황(strategic situation)에 처해 있다. 따라서 게임이론(game theory)을 적용하여 과점시장을 분석한다.
② 가격경쟁은 출혈경쟁으로 이어져 광고나 상품차별화 등의 치열한 비가격경쟁이 나타나므로 과점시장에서는 상품가격이 경직적이다.
③ 과점시장은 담합(談合, collusion)이나 카르텔(cartel)과 같은 비경쟁행위(non-competitive practices)의 가능성이 존재한다.
④ 과점시장은 독점시장보다 낮지만, 상당한 진입장벽이 존재한다.

(3) 상호협조이론

카르텔이론 (cartel model)	• 카르텔이란 몇 개의 과점기업들이 완전담합을 통해 기업연합을 결성하여 독점기업처럼 행동하는 것을 말한다. • 카르텔은 자원배분의 효율성을 저해하므로 대부분의 국가에서는 반독점법이나 공정거래법과 같은 법에 의해 카르텔을 불법으로 규정하여 엄격히 규제하고 있다. • 가격카르텔의 가맹기업들이 카르텔협정을 무시하고 가격인하를 통해 할당량 이상의 상품을 판매하면 더 많은 초과이윤을 달성하므로 카르텔협정을 위반하려는 유인이 발생한다.
가격선도이론 (price leadership model)	• 선도기업이 가격을 선도하면 나머지 군소기업들은 이를 그대로 추종함으로써 과점기업들이 암묵적인 상호협조체제를 유지하고 공동의 이익을 추구한다고 가정한다. • 과점시장에 규모가 압도적으로 우월한 위치에 있는 지배적 기업(dominant firm)과 몇 개의 군소기업들이 공존하고 있는데, 지배적 기업은 가격선도기업의 역할을 하고, 군소기업들은 가격추종기업의 역할을 한다.

개념반복! 약점체크! 쪽지시험

01 다음 설명이 맞으면 ○, 틀리면 ×표 하세요.

(1) 분식점이 이윤을 남기면 옆집에 분식점이 또 생기는 현상은 독점적 경쟁시장의 특징을 반영한다. ( )

(2) 독점적 경쟁기업이 장기적으로 초과이윤을 얻을 수 없는 이유는 기업들 간의 가격경쟁 때문이다. ( )

(3) 독점적 경쟁시장의 장기균형에서 개별기업은 초과이윤을 달성한다. ( )

(4) 과점시장에서는 모든 기업이 생산하는 제품의 질이 차별적이다. ( )

(5) 과점시장에서는 카르텔이 지속되기 어렵다. ( )

02 다음 빈칸에 알맞은 말을 고르거나 적으세요.

(6) 독점적 경쟁시장에서 균형가격은 개별기업의 한계수입보다 ( ).

(7) 독점적 경쟁기업 수요곡선이 완전경쟁기업과 다르게 수평이 아니라 우하향하는 이유는 ( ) 때문이다.

(8) 개별기업이 상호의존적이며 전략적인 의사결정을 하는 시장은 ( )시장이다.

(9) 과점시장에서는 가격이 (신축적/경직적)이다.

(10) 담합이나 카르텔 등 부당한 공동행위에 참여한 기업이 그 사실을 자진 신고할 경우 과징금과 징역 등 제재의 수준을 감면해주는 제도를 ( )라고 한다.

| 정답 |
(1) ○ (2) × (3) × (4) × (5) ○ (6) 높다 (7) 상품차별화 (8) 과점 (9) 경직적 (10) 리니언시제도(leniency program)

| × 해설 |
(2) 독점적 경쟁기업이 장기적으로 초과이윤을 얻을 수 없는 이유는 시장에 진입장벽이 존재하지 않기 때문이다.
(3) 독점적 경쟁시장에서는 장기에 진입장벽이 존재하지 않으므로 초과이윤을 달성하지 못한다.
(4) 동질의 제품을 생산하는 과점시장을 순수과점, 제품의 질이 다른 재화를 생산하는 과점시장을 차별화된 과점이라고 한다.

01

독점적 경쟁시장에 대한 설명으로 옳지 않은 것은?

① 시장장벽이 낮아 진입이 쉽다.
② 다수의 기업이 서비스한다.
③ 개별기업들은 동질의 상품을 공급한다.
④ 개별기업들은 장기에 0의 이윤을 얻는다.
⑤ 우유시장, 커피전문점은 독점적 경쟁시장의 예가 될 수 있다.

| 대표개념 키워드 | 독점적 경쟁시장의 특징 |

| 해설 |

독점적 경쟁시장의 기업들은 기업마다 조금씩 다른 상품을 만들어 팔기 때문에 자신의 상품에 대해 어느 정도의 독점력을 보유하고 있다.

| 오답 피하기 |

① 독점적 경쟁시장의 기업들은 장기에 시장장벽이 낮아 신규시장으로의 자유로운 진입과 기존시장으로부터의 자유로운 탈퇴가 보장된다.
② 다수의 소비자와 다수의 생산자가 존재한다.
④ 독점적 경쟁시장에는 장기에 진입장벽이 없으므로 독점적 경쟁기업은 완전경쟁기업과 마찬가지로 초과이윤을 얻지 못하고 정상이윤만을 얻는다.
⑤ 미용실, 목욕탕, 세탁소, 약국, 음식점, 우유시장, 비누시장, 커피전문점 등이 독점적 경쟁시장이다.

정답 | ③

02

다음에서 설명하는 제도는?

- 담합과 같은 불공정거래를 방지하기 위해 도입된 제도로, 담합을 먼저 신고한 기업에게 과징금을 감면해 주는 제도이다.
- 이 제도로 일부 건설회사들의 불공정거래행위가 적발되었는데, 그 과징금을 공정거래위원회가 뚜렷한 근거 없이 깎아주면서 논란이 되기도 했다.

① 엑시트(exit)
② 워치독(watch dog)
③ 리니언시(leniency)
④ 휘슬블로어(whistle blower)
⑤ 플리바게닝(plea bargaining)

| 대표개념 키워드 | 리니언시 |

| 해설 |

리니언시제도는 담합이나 카르텔 등 부당한 공동행위에 참여한 기업이 그 사실을 자진 신고할 경우 과징금과 징역 등 제재의 수준을 감면해 주는 제도이다. 이 제도는 부당한 공동행위를 적발하고 제재하는 데 효과적이지만 부작용도 있다. 시장점유율이 높은 기업이 담합을 통해 막대한 이익을 얻은 후 이 제도를 통해 감면혜택을 받고, 담합에 가담했던 하위업체들만 처벌받는 결과를 내기도 한다.

| 오답 피하기 |

① 엑시트(exit) : 출구전략(exit strategy)이란 경기침체나 위기가 종료되고 회복되는 시점에서 경기부양을 위해 펼쳤던 정책을 경제에 미치는 영향을 최소화하면서 거두어들이는 전략적 경제정책을 말한다.
② 워치독(watch dog) : 불법적이거나 무책임한 행동을 저지르는 관행에 대해 이를 감시하고 지적하는 사람이나 단체를 의미한다. 정부의 워치독에는 미디어, 사회단체 등이 있고, 기업의 워치독에는 소비자단체나 환경보호단체 등이 있다.
④ 휘슬블로어(whistle blower) : '부정행위를 봐주지 않고 호루라기를 불어 지적한다.'는 것에서 유래한 것으로 '내부고발자'를 의미한다.
⑤ 플리바게닝(plea bargaining) : 피고 측이 유죄를 인정하거나 관련 증언을 하는 대가로 형량을 경감하거나 조정할 수 있게 한 제도이다.

정답 | ③

03

다음 그림은 각 재화시장의 러너지수와 허핀달-허쉬만지수를 나타낸 것이다. 다음 중 이에 대한 설명으로 거리가 먼 것은? (단, ㄱ~ㄹ는 각각 완전경쟁시장, 독점시장, 과점시장, 독점적 경쟁시장 중 하나이다.)

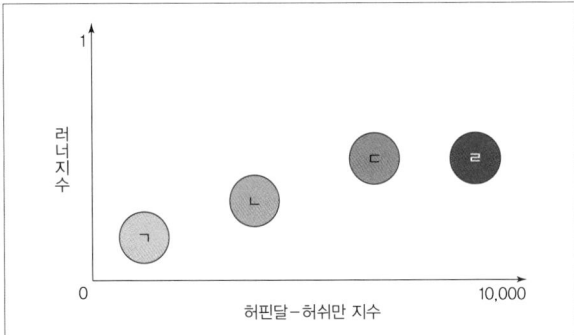

① ㄱ에서 판매자는 가격수용자이다.
② 이동통신·항공·정유 산업은 ㄷ의 대표 사례이다.
③ ㄹ에서 판매자의 한계수입은 시장가격보다 낮게 형성된다.
④ 리니언시 제도는 ㄴ에서 발생하는 문제를 방지하기 위한 것이다.
⑤ ㄴ에서 판매자는 차별화된 제품을 공급하여 시장지배력을 행사한다.

대표개념 키워드 러너지수, 허핀달-허쉬만지수

| 해설 |

- ㄱ : 완전경쟁시장, ㄴ : 독점적 경쟁시장, ㄷ : 과점시장, ㄹ : 독점시장
- 러너지수 = $\dfrac{(\text{시장가격} - \text{한계비용})}{\text{시장가격}}$
- 허핀달-허쉬만 지수(HHI) : $\sum_{i=1}^{n} s_i^2$

  (단, s_i : 각 기업 i의 시장 점유율 (%), n : 시장 내 기업 수)
  - 점유율을 % 단위로 입력할 경우, HHI 값은 0~10,000 범위의 값을 갖는다.
  - 독점시장의 경우 하나의 기업이 100%를 점유하므로 HHI는 $100^2 = 10,000$이 된다.

④ 리니언시 제도(Leniency Program)는 담합(카르텔)을 한 기업이 자진해서 이를 당국에 신고할 경우, 그 기업에 대해 처벌을 감면하거나 면제해주는 제도이다. 담합은 소수의 대기업에 의해 지배되어 전략적 상황에 처해 있는 과점시장인 ㄷ에서 발생한다.

| 오답 피하기 |

① 완전경쟁시장에서 구매자와 판매자는 시장에서 정해진 가격을 그대로 받아들이는 가격수용자이다.
② 이동통신·항공·정유 산업은 과점시장의 대표적인 사례이다.
③ 독점시장에서 수요곡선은 우하향하므로 판매자의 한계수입은 시장가격보다 낮게 형성된다.
⑤ 독점적 경쟁시장에는 다수의 판매자가 존재하므로, 판매자는 차별화된 제품을 공급하여 시장지배력을 행사할 수 있다.

정답 | ④

04

자동차시장, 이동통신시장, 정유시장 등에서 쉽게 찾아볼 수 있는 시장의 형태가 과점시장이다. 이러한 과점시장의 특징으로 옳지 않은 것은?

① 생산자는 가격결정자로 행동한다.
② 가격이 경직성을 띠는 것이 일반적이다.
③ 시장의 진입장벽이 상당히 높게 나타난다.
④ 소수의 공급자와 다수의 수요자가 존재한다.
⑤ 기업 간 상호 독립적인 의사결정이 일어난다.

대표개념 키워드 과점시장의 특징

| 해설 |

과점시장은 소수의 기업들이 경쟁하는 체제이므로 기업들 간 밀접한 상호의존성이 존재한다.

| 오답 피하기 |

① 과점시장의 공급자는 가격책정자로 행동한다.
② 과점시장에서는 치열한 비가격경쟁이 일어나므로 가격이 경직성을 띠게 된다.
③ 과점시장은 독점시장보다 낮지만, 상당한 진입장벽이 존재한다.
④ 과점시장이란 상당한 진입장벽하에서 소수의 대기업에 의해 지배되는 시장형태를 말한다.

정답 | ⑤

핵심테마 12 | 게임이론

1 우월전략균형

(1) 개념
우월전략균형(dominant strategy equilibrium)이란 모든 경기자가 우월전략을 사용하여 달성되는 균형을 말한다.

(2) 용의자의 딜레마
① 게임의 상황 : 두 용의자가 검거되었고, 담당검사는 각 용의자를 독방에 가둔 다음 한 사람씩 불러 따로따로 심문을 진행한다. 이는 서로 협조가 불가능한 비협조적 게임이다. 각 용의자에게 주어지는 보수는 다음과 같다.
  ㉠ 한 용의자가 범행을 자백했는데 다른 용의자가 범행을 부인했다면 자백한 용의자는 방면되고, 부인한 용의자는 20년형을 받는다.
  ㉡ 두 용의자 모두가 자백한다면 각각 5년형씩 받는다.
  ㉢ 두 용의자 모두가 부인한다면 각각 1년형씩 받는다.

② 보수행렬

구분		용의자 B	
		자백	부인
용의자 A	자백	(5년, 5년)	(0년, 20년)
	부인	(20년, 0년)	(1년, 1년)

③ 게임의 균형
  ㉠ 상대방이 자백을 선택했을 때 자신이 자백을 선택하면 5년형을 받고, 부인을 선택하면 20년형을 받으므로 자백을 선택하는 것이 최적전략이다.
  ㉡ 상대방이 부인을 선택했을 때 자신이 자백을 선택하면 0년형을 받고, 부인을 선택하면 1년형을 받으므로 자백을 선택하는 것이 최적전략이다.
  ㉢ 상대방이 자백하든 부인하든 자백하는 것이 유리하므로 자백하는 전략이 우월전략이고, 두 용의자 모두가 자백하는 것이 용의자 딜레마 게임의 우월전략균형이 된다.

④ 균형의 성격
  ㉠ 두 용의자 모두 범행을 부인하고 1년형만 받을 수 있음에도 용의자 서로의 협조가 이루어지지 않아 모두 자백하여 5년형을 받게 된다.
  ㉡ 두 경기자 모두의 보수를 증가시킬 수 있는 전략조합이 존재함에도 두 경기자 간의 협조가 이루어지지 않아 두 경기자 모두의 보수를 감소시키는 전략을 선택하게 되어 파레토 비효율적이다.

⑤ 경기자 모두의 보수를 증가시키는 전략조합으로 가기 위한 방법
  ㉠ 비협조적 게임을 협조적 게임으로 전환하면 두 경기자가 협조적 전략을 선택할 수 있다.
  ㉡ 반복게임(repeated game)으로 전환되면 보복할 길이 열리기 때문에 서로 협조하는 태도를 보일 수 있다. 단, 게임은 유한반복이 아닌 무한반복되어야 한다.

(3) 카르텔
① 게임의 상황 : 두 기업 A와 B가 카르텔을 형성하는 경우를 가정하면 두 기업에 주어지는 보수는 다음과 같다.
  ㉠ 한 기업이 협정을 위반하고 다른 기업은 협정을 준수했다면 위반한 기업은 100, 준수한 기업은 20의 보수를 얻는다.

우월전략(dominant strategy)
상대방이 어떤 전략을 선택하더라도 자신에게 유리한 전략을 말한다.

게임이론(game theory)
과점시장의 각 기업이 서로 상호연관관계를 통해 전략적 상황(strategic situation)에 처해 있을 때 과점기업 간의 경쟁과 행동들을 게임이라는 요소를 통해 분석하고 예측하는 이론이다.

게임의 균형
각 경기자가 선택한 전략에 따라 어떤 보수가 주어졌을 때 모든 경기자가 그 결과에 만족하여 자신의 전략을 변경시킬 유인이 없는 상태를 말한다.

게임이 유한반복된다면 마지막 게임에서는 보복할 기회가 사라지기 때문에 비협조전략을 선택하게 되고, 이러한 사실을 아는 두 경기자는 그 전 단계의 게임에서도 비협조전략을 선택하게 된다.

ⓒ 두 기업 모두 협정을 준수하면 각각 90의 보수를 얻는다.
ⓒ 두 기업 모두 협정을 위반하면 각각 30의 보수를 얻는다.

② 보수행렬

구분		기업 B	
		협정준수	협정위반
기업 A	협정준수	(90, 90)	(20, 100)
	협정위반	(100, 20)	(30, 30)

> 카르텔은 용의자의 딜레마 게임과 달리 협조적 게임에 해당한다.

③ 게임의 균형
   ㉠ 상대 기업이 협정준수를 선택했을 때 자신이 협정준수를 선택하면 90의 보수를, 협정위반을 선택하면 100의 보수를 얻으므로 협정위반을 선택하는 것이 최적전략이다.
   ㉡ 상대 기업이 협정위반을 선택했을 때 자신이 협정준수를 선택하면 20의 보수를, 협정위반을 선택하면 30의 보수를 얻으므로 협정위반을 선택하는 것이 최적전략이다.
   ㉢ 두 기업 모두 상대방이 협정을 준수하든 위반하든 위반하는 것이 유리하므로 협정위반이 우월전략이다.
   ㉣ 두 기업 모두가 협정을 위반하는 것이 카르텔의 우월전략균형이 된다.

> 카르텔은 그 자체가 와해될 가능성이 큰 본질적 취약성을 내포하고 있다. 현실에서 카르텔이 비교적 오랫동안 유지되는 이유는 기업들은 계속 생산활동을 유지해야 하므로 반복게임의 성격을 지니고 있기 때문이다.

2 내쉬균형

(1) 개념

내쉬균형(Nash equilibrium)이란 상대방의 전략을 주어진 것으로 간주하고 자신에게 최적인 전략을 선택할 때 이 최적전략의 짝을 말한다.

(2) 내쉬균형
① 보수행렬

구분		기업 B	
		B_1	B_2
기업 A	A_1	(10, 7)	(5, 5)
	A_2	(5, 5)	(7, 10)

> **내쉬전략(Nash strategy)**
> 우월전략의 개념을 약화시킨 개념으로, 상대방의 주어진 전략에 대해서만 최적인 전략을 말한다.

② 게임의 균형
   ㉠ 기업 B가 B_1의 전략을 선택했을 때 기업 A의 최적전략은 A_1이 되고, 동시에 기업 A가 A_1의 전략을 선택했을 때 기업 B의 최적전략은 B_1이 되므로 전략조합 (A_1, B_1)은 내쉬균형이 된다.
   ㉡ 기업 B가 B_2의 전략을 선택했을 때 기업 A의 최적전략은 A_2가 되고, 동시에 기업 A가 A_2의 전략을 선택했을 때 기업 B의 최적전략은 B_2가 되므로 전략조합 (A_2, B_2)도 또 다른 내쉬균형이 된다.

③ 성격
   ㉠ 우월전략은 상대의 모든 전략에 대해 최적전략을 요구하지만, 내쉬전략은 약화된 개념이므로 우월전략균형이 존재하지 않더라도 내쉬균형은 존재할 수 있다.
   ㉡ 모든 우월전략균형은 내쉬균형이 되지만, 모든 내쉬균형이 우월전략균형이 되지는 않는다. 따라서 우월전략균형은 내쉬균형이 되기 위한 충분조건이고, 내쉬균형은 우월전략균형이 되기 위한 필요조건이다.

> 내쉬균형도 우월전략균형과 마찬가지로 반드시 파레토 효율성을 달성하는 것이 아니다.

01 다음 설명이 맞으면 ○, 틀리면 ×표 하세요.

(1) 용의자의 딜레마게임은 내쉬균형의 조건을 충족한다. ( )

(2) 우월전략균형은 상대방이 어떤 전략을 선택하더라도 자신에게 유리한 전략을 선택하는 것이므로 효율적이다. ( )

(3) 용의자의 딜레마게임에서는 과점기업들이 공동행위를 통한 독점이윤을 누리기 어려운 이유를 잘 설명할 수 있다. ( )

(4) 내쉬균형은 2개 이상 존재할 수 있다. ( )

(5) 우월전략을 찾을 수 없는 경우에도 내쉬균형전략은 찾을 수 있다. ( )

02 다음 빈칸에 알맞은 말을 고르거나 적으세요.

(6) 우월전략균형에서 경기자 모두의 보수를 증가시키는 전략조합으로 가기 위한 방법은 비협조적 게임을 협조적 게임으로 전환하는 게임이 ( )되어야 한다.

(7) 전통적인 카르텔모형에서는 협정준수와 협정위반 중 ( )이 우월전략이 된다.

(8) 상대방의 주어진 전략에 대해서만 최적인 전략은 ( )이다.

(9) 이동통신시장을 양분하고 있는 甲과 乙의 전략에 따른 보수행렬이 다음과 같을 때 甲의 우월전략은 ( )이다.

	甲 저가요금제	甲 고가요금제
乙 저가요금제	(500, 500)	(900, 400)
乙 고가요금제	(300, 800)	(700, 600)

(10) 위의 게임에서 내쉬균형은 (1개/2개) 존재한다.

| 정답 |
(1) ○ (2) × (3) ○ (4) ○ (5) ○ (6) 무한반복 (7) 협정위반 (8) 내쉬전략 (9) 저가요금제 (10) 1개

| × 해설 |
(2) 우월전략균형에서는 파레토 비효율적이다.

출제 0순위 공략! 꼭 풀어야 할 대표문제

01

다음 상황에 대한 옳은 설명을 [보기]에서 모두 고르면?

민준과 서연에게 화단은 순수공공재이다. 화단으로부터 각자 10만 원에 상응하는 만족을 얻을 수 있고, 화단을 만드는 비용은 12만 원이다. 두 사람은 화단을 만드는 데 찬성할 것인지 반대할 것인지를 독립적으로 동시에 결정한다. 한 사람이라도 찬성하면 화단이 만들어지고 그 비용은 찬성한 사람이 균등하게 부담한다. 즉, 한 사람만 찬성하면 혼자 12만 원을 지불하고, 두 사람 모두 동의한다면 각각 6만 원씩 지불한다. 모두 반대하면 화단은 만들어지지 않는다.

―| 보기 |―
ㄱ. 반대하는 것이 두 사람 모두에게 우월전략이다.
ㄴ. 내쉬균형에서는 언제나 화단이 만들어지지 않는다.
ㄷ. 사적 이익을 극대화하고자 한다면 두 사람 모두 화단을 만드는 것에 동의할 것이다.
ㄹ. 모두 찬성하는 것이 파레토(Pareto) 효율적이나, 무임승차의 문제로 인해 실현되기 어렵다.

① ㄴ, ㄹ ② ㄷ, ㄹ
③ ㄱ, ㄴ, ㄷ ④ ㄱ, ㄴ, ㄹ
⑤ ㄴ, ㄷ, ㄹ

대표개념 키워드 우월전략균형

| 해설 |

구분		서연	
		찬성	반대
민준	찬성	(4, 4)	(−2, 10)
	반대	(10, −2)	(0, 0)

- 우월전략(dominant strategy)이란 상대방이 어떤 전략을 선택하더라도 자신에게 유리한 전략을 말한다. 상대방이 찬성을 선택했을 때 자신이 찬성했을 경우의 보수는 4이고, 반대를 선택했을 경우의 보수는 10이므로 반대를 선택한다. 상대방이 반대를 선택했을 때 자신이 찬성했을 경우의 보수는 −2이고, 반대를 선택했을 경우의 보수는 0이므로 반대를 선택한다. 따라서 상대방이 어떤 전략을 선택하더라도 반대를 하는 것이 유리한 전략이므로 반대하는 것이 우월전략이다. 민준과 서연의 우월전략은 '반대'이므로 화단은 만들어지지 않는다.
- 제시된 게임은 자신이 화단을 만드는 데 찬성하지 않은 상태에서 화단이 만들어지더라도 공공재의 비배제성으로 인해 무임승차가 가능하므로 부담을 기피하게 되는 현상이 나타남을 보여 준다. 이는 대표적인 시장실패의 현상으로 공공재에 대한 정부개입의 정당성이 인정된다. 제시된 게임은 '용의자의 딜레마' 상황과 동일한 결과를 가져오므로 파레토 비효율적이다.

정답 | ④

02

생수시장을 양분하고 있는 백두산수와 한라산수의 광고 여부에 따른 보수행렬은 다음과 같다. 이에 대한 옳은 설명을 [보기]에서 모두 고르면? (단, 각 보수쌍에서 왼쪽은 백두산수의 보수이고, 오른쪽은 한라산수의 보수이다.)

구분		한라산수	
		광고함	광고 안 함
백두산수	광고함	(25, 15)	(30, 0)
	광고 안 함	(15, 20)	(40, 5)

―| 보기 |―
ㄱ. 한라산수는 우월전략을 가지고 있다.
ㄴ. 백두산수의 우월전략은 광고를 하는 것이다.
ㄷ. 내쉬균형은 (광고함, 광고함)이다.

① ㄱ ② ㄴ
③ ㄱ, ㄷ ④ ㄴ, ㄷ
⑤ ㄱ, ㄴ, ㄷ

대표개념 키워드 내쉬균형

| 해설 |

- 한라산수가 광고함을 선택했을 때 백두산수가 광고함을 선택하면 백두산수의 보수는 25이고, 광고 안 함을 선택하면 백두산수의 보수는 15이므로 백두산수는 광고함을 선택한다. 한라산수가 광고 안 함을 선택했을 때 백두산수가 광고함을 선택하면 백두산수의 보수는 30이고, 광고 안 함을 선택하면 백두산수의 보수는 40이므로 백두산수는 광고 안 함을 선택한다. 따라서 백두산수의 우월전략은 존재하지 않는다.
- 백두산수가 광고함을 선택했을 때 한라산수가 광고함을 선택하면 한라산수의 보수는 15이고, 광고 안 함을 선택하면 한라산수의 보수는 0이므로 한라산수는 광고함을 선택한다. 백두산수가 광고 안 함을 선택했을 때 한라산수가 광고함을 선택하면 한라산수의 보수는 20이고, 광고 안 함을 선택하면 한라산수의 보수는 5이므로 한라산수는 광고함을 선택한다. 따라서 한라산수의 우월전략은 광고함이 된다.
- 한라산수의 우월전략은 광고함이 되고, 한라산수가 광고함을 선택했을 때 백두산수는 광고함을 선택하므로 내쉬균형은 (광고함, 광고함)이 된다.

| 오답 피하기 |

ㄴ. 한라산수가 광고함을 선택했을 때 백두산수는 광고함을 선택하고, 한라산수가 광고 안 함을 선택했을 때 백두산수는 광고 안 함을 선택하므로 백두산수의 우월전략은 존재하지 않는다.

정답 | ③

핵심테마 12 | 게임이론

03

용의자의 딜레마(prisoner's dilemma) 모형에 대한 설명으로 옳은 것은?

① 우월전략이 존재하지 않는다.
② 균형에서 파레토 효율성이 달성된다.
③ 완전경쟁시장에서의 기업 간 관계를 잘 설명할 수 있다.
④ 용의자의 딜레마 상황이 무한반복되는 경우 참가자들 간의 협조가 더 어려워진다.
⑤ 과점기업들이 공동행위를 통한 독점이윤을 누리기 어려운 이유를 잘 설명할 수 있다.

대표개념 키워드 용의자의 딜레마

| 해설 |

게임이론은 과점기업들의 밀접한 상호의존관계에서 발생하는 전략적 상황을 게임이라는 요소를 이용하여 분석하는 방법이다. 카르텔모형에서 두 과점기업 모두 협정을 준수하는 것이 모두의 보수를 증가시키는 전략조합이지만, 모두 협정을 위반하여 낮은 보수를 가져가게 되는데, 이는 용의자의 딜레마 게임과 거의 유사한 성격을 지니고 있다.

| 오답 피하기 |

① 용의자의 딜레마 모형에서는 두 용의자가 모두 자백하는 우월전략이 존재한다.
② 용의자의 딜레마 모형은 두 용의자 모두의 보수를 증가시킬 수 있는 전략조합이 존재함에도 두 용의자 간의 협조가 이루어지지 않은 관계로 두 용의자 모두의 보수를 감소시키는 전략을 선택하게 되는 사회후생적 특징을 지니고 있다. 따라서 파레토 비효율적이다.
③ 게임이론(game theory)은 과점시장의 각 기업이 서로 상호연관관계를 통해 전략적 상황(strategic situation)에 처해 있을 때 과점기업 간의 경쟁과 행동들을 게임이라는 요소를 통해 분석하고 예측하는 이론이다.
④ 용의자의 딜레마 모형에서 두 용의자 모두의 보수를 증가시키는 전략조합으로 가기 위해서는 비협조적 게임을 협조적 게임으로 전환시키고 게임이 무한반복으로 진행되어야 한다. 게임이 무한반복되면 두 용의자가 협조적 태도를 보이게 된다.

정답 | ⑤

04

다음 상황에서의 내쉬균형을 [보기]에서 모두 고르면?

A사가 독점하고 있는 시장에 B사가 진입할 것인지의 여부를 결정하려고 한다. A사는 B사가 진입하는 경우 가격경쟁을 벌이든지 아니면 B사가 시장의 일부를 잠식하는 것을 방관하든지 둘 중 하나를 선택할 수 있다. B사가 진입하지 않으면 A사는 2억 원, B사는 0원의 보수를 얻는다. B사가 진입하는 경우 A사가 가격경쟁을 하면 A사는 0원, B사는 −1억 원의 보수를 얻는다. 반면, A사가 방관한다면 두 회사 모두 각각 1억 원의 보수를 얻는다.

| 보기 |

	B사	A사
ㄱ.	진입	진입 시 방관
ㄴ.	진입	진입 시 가격경쟁
ㄷ.	비진입	진입 시 방관
ㄹ.	비진입	진입 시 가격경쟁

① ㄱ, ㄷ
② ㄱ, ㄹ
③ ㄴ, ㄷ
④ ㄴ, ㄹ
⑤ ㄱ, ㄷ, ㄹ

대표개념 키워드 내쉬균형

| 해설 |

구분		B사 진입	B사 비진입
A사	방관	(1, 1)	(2, 0)
	가격경쟁	(0, −1)	(2, 0)

• B사가 진입했다는 가정에서 A사가 방관하면 1억 원, 경쟁하면 0의 보수가 주어지므로 A사는 방관하는 것이 내쉬전략이다. 반대로 A사가 방관했다는 가정에 B사가 진입하면 1억 원, 진입하지 않으면 0의 보수를 얻으므로 진입하는 것이 내쉬전략이 된다. 따라서 (진입, 방관)은 내쉬균형이 된다.
• B사가 진입하지 않았다는 가정하에서 A사는 방관하든 경쟁하든 2억 원의 보수가 주어지므로 어떤 선택을 하든 무차별하다. 그런데 A사가 경쟁했다는 가정하에 B사가 진입하면 −1억 원, 진입하지 않으면 0의 보수를 얻으므로 진입하지 않는 것이 내쉬전략이 된다. 따라서 (비진입, 가격경쟁) 또한 내쉬균형이 된다.

정답 | ②

핵심테마 13 | 조세의 전가와 귀착

1 종량세 부과의 효과 : 생산자에게 부과

① 상품 한 단위당 종량세를 부과하면 모든 공급량 수준에서 생산자가 최소한 받고자 하는 가격 수준이 단위당 종량세만큼 상승하므로 공급곡선이 상방 이동한다.
② 균형가격이 인상됨으로써 소비자는 예전보다 더 높은 가격을 지급하므로 단위당 종량세액 P_1P_2 중 가격인상분인 P_0P_1이 소비자 부담이 된다.
③ 종량세액 P_1P_2 중 소비자부담인 P_0P_1을 제외한 P_0P_2가 생산자 부담이 된다.
④ 소비자는 P_1P_2의 가격을 지급하므로 P_1이 소비자가격이 되고, 생산자는 P_1의 가격 중 단위당 종량세액인 P_1P_2를 뺀 P_2를 실질적으로 받게 되므로 P_2가 생산자가격이 된다.
⑤ 종량세를 부과하면 사회적 순후생손실이 발생한다.
⑥ 소비자에게 부과하더라도 동일한 효과를 갖는다.

> **조세의 전가(shifting)**
> 정부가 어떤 경제주체에게 조세를 부과했을 때 그 경제주체가 경제활동의 조정과정을 거쳐 조세 부담을 다른 경제주체에 이전시키는 현상을 말한다.

> 생산자에게 조세를 부과하면 가격인상으로 소비자에게 조세 부담을 전가시키고, 소비자에게 조세를 부과하면 가격인하로 생산자에게 조세부담을 전가시킨다.

종량세 부과 이후 사회후생의 변화(생산자에게 부과)

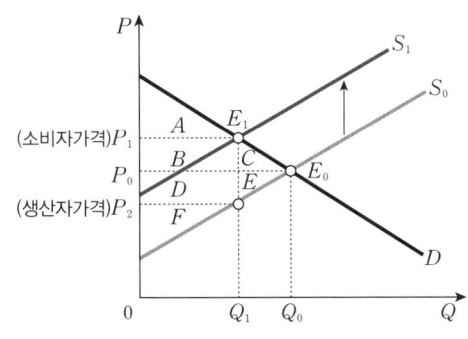

구분	종량세 부과 이전	종량세 부과 이후	변화분
소비자잉여	A+B+C	A	-(B+C)
생산자잉여	D+E+F	F	-(D+E)
정부조세수입	0	B+D	+(B+D)
총잉여	A+B+C+D+E+F	A+B+D+F	-(C+E) : 후생손실

2 가격탄력성과 조세의 귀착

수요의 가격탄력성과 조세의 귀착
- 수요의 가격탄력성 ↑ → 가격상승폭 ↓ → 소비자 부담 ↓, 생산자 부담 ↑
- 수요의 가격탄력성 ↓ → 가격상승폭 ↑ → 소비자 부담 ↑, 생산자 부담 ↓

공급의 가격탄력성과 조세의 귀착
- 공급의 가격탄력성 ↑ → 가격상승폭 ↑ → 소비자 부담 ↑, 생산자 부담 ↓
- 공급의 가격탄력성 ↓ → 가격상승폭 ↓ → 소비자 부담 ↓, 생산자 부담 ↑

① 수요 및 공급의 가격탄력성 ↑ → 거래량 감소분 ↑ → 순후생손실 ↑
② 수요 및 공급의 가격탄력성 ↑ → 거래량 감소분 ↑ → 정부의 조세수입 ↓

01 다음 설명이 맞으면 ○, 틀리면 ×표 하세요.

(1) 생산자에게 조세를 부과하면 생산자는 공급증가로 가격을 인하하여 소비자에게 조세부담을 전가시킨다. ( )

(2) 상품 한 단위당 종량세를 부과하면 가격수준이 단위당 종량세만큼 상승하므로 공급곡선이 상방 이동한다. ( )

(3) 종량세 부과로 소비자는 더 높은 가격을 지급하게 되어 부담이 증가한다. ( )

(4) 종량세를 부과하면 사회적 순후생손실이 감소한다. ( )

(5) 수요와 공급의 가격탄력성이 증가하면 거래량 감소분이 증가하고 순후생손실도 증가한다. ( )

02 다음 빈칸에 알맞은 말을 고르거나 적으세요.

(6) ( )는 정부가 경제주체에게 조세를 부과했을 때, 그 경제주체가 경제활동의 조정과정을 거쳐 조세부담을 다른 경제주체에 이전시키는 현상이다.

(7) 소비자에게 조세를 부과하면 소비자는 수요( )로 가격을 ( )하여 생산자에게 조세부담을 전가시킨다.

(8) 수요의 가격탄력성이 감소하면 가격상승폭이 늘어나 소비자 부담은 ( )하고 생산자부담은 ( )한다.

(9) 공급의 가격탄력성이 감소하면 가격상승폭이 줄어 소비자부담은 ( )하고 생산자부담은 ( )한다.

(10) 수요와 공급의 가격탄력성이 증가하면 거래량 감소분이 ( )하여 정부의 조세수입이 ( )한다.

| 정답 |
(1) × (2) ○ (3) ○ (4) × (5) ○ (6) 조세의 전가 (7) 감소, 인하 (8) 증가, 감소 (9) 감소, 증가 (10) 증가, 감소

| × 해설 |
(1) 생산물시장에서 생산자에게 조세를 부과하면 생산자는 공급감소를 통해 가격을 인상함으로써 소비자에게 조세부담을 전가시킨다.
(4) 종량세를 부과하면 사회적 순후생손실이 발생한다.

01

어떤 재화에 대한 시장수요곡선은 우하향하고, 시장공급곡선은 우상향한다. 정부가 이 재화에 단위당 t원의 세금을 부과하려 할 경우 나타날 수 있는 현상으로 옳은 것은?

① t원의 세금을 공급자에게 부과하는 경우가 소비자에게 부과하는 경우보다 정부의 조세수입이 더 증가한다.
② 수요가 탄력적이고 공급이 비탄력적인 경우 소비자가 부담하는 세금은 생산자가 부담하는 세금보다 적다.
③ t원의 세금을 생산자에게 부과하면 소비자가 지불하는 가격은 세금 부과 전보다 낮고, 생산자가 실질적으로 받게 되는 가격은 세금 부과 전보다 높다.
④ t원의 세금을 소비자에게 부과하면 소비자가 지불하는 가격과 생산자가 실질적으로 받게 되는 가격은 세금 부과 전보다 더 높다.
⑤ 세금 부과로 소비자잉여는 감소하고, 생산자잉여는 증가한다.

대표개념 키워드 조세의 전가와 귀착

| 해설 |
수요가 탄력적일수록 소비자의 세금 부담은 작아지고, 공급이 비탄력적일수록 생산자의 세금 부담은 커진다.

| 오답 피하기 |
① 소비자와 생산자 누구에게 조세를 부과하더라도 조세 부과의 효과는 동일하게 나타난다.
③④ 소비자와 생산자 누구에게 조세를 부과하더라도 소비자가 지불하는 가격은 세금 부과 전보다 높아지고, 생산자가 실질적으로 받게 되는 가격은 세금 부과 전보다 낮아진다.
⑤ 조세를 부과하면 소비자잉여와 생산자잉여는 모두 감소한다.

정답 | ②

02

시장에서 거래되는 재화에 물품세를 부과하였을 경우 조세 전가가 발생하게 되는데, 이에 대한 설명으로 옳지 <u>않은</u> 것은?

① 우상향하는 공급곡선의 경우 수요의 가격탄력성이 클수록 생산자 부담이 커진다.
② 우하향하는 수요곡선의 경우 공급의 가격탄력성이 작을수록 소비자 부담이 작아진다.
③ 소비자 또는 생산자 중 누구에게 부과하느냐에 따라 소비자 부담과 생산자 부담의 크기가 달라진다.
④ 수요가 가격 변화에 대해 완전탄력적인 경우 조세는 생산자가 전적으로 부담한다.
⑤ 종량세가 부과된 상품의 대체재가 많을수록 공급자에게 귀착되는 조세 부담은 커진다.

대표개념 키워드 조세의 전가와 귀착

| 해설 |
소비자와 생산자 누구에게 조세를 부과하더라도 그 효과는 동일하게 나타난다.

| 오답 피하기 |
① 수요의 가격탄력성이 클수록 소비자 부담은 작아지고 생산자 부담은 커진다.
② 공급의 가격탄력성이 작을수록 생산자 부담은 커지고 소비자 부담은 작아진다.
④ 수요의 가격탄력성이 무한대이면 수요곡선이 수평이 되므로 생산자에게 조세를 부과하더라도 소비자에게 가격인상으로 전가시키지 못하므로 모든 조세는 생산자가 부담한다.
⑤ 종량세가 부과된 상품의 대체재가 많을수록 수요의 가격탄력성은 커진다. 수요의 가격탄력성이 큰 경우 종량세를 부과하였을 때 수요자 부담은 작아지고 공급자 부담은 커진다.

정답 | ③

핵심테마 14 | 조세와 소득분배

1 직접세

직접세
납세의무자가 조세를 부담할 것으로 예상하고 부과하는 조세이다.

(1) 개념
① 직접세는 조세를 부담하는 조세부담자(담세자)와 조세를 납부하는 조세의무자(납세자)가 동일한 경우의 조세를 말한다.
② 종류 : 소득세, 법인세, 상속세, 증여세, 취득세, 등록세, 재산세 등

(2) 특징
① 대부분의 직접세는 과세표준이 증가할 때 세율이 상승하는 누진세를 적용하므로 소득이 높은 계층의 조세 부담이 증가한다. 따라서 소득재분배 기능을 갖는다.
② 납세자와 담세자가 일치하므로 조세 전가가 불가능하다.
③ 근로소득세의 조세 부담이 누진적이므로 근로의욕을 저하시킨다.
④ 조세저항이 높다.
⑤ 경제주체마다 모두 다른 세금을 내고, 세금의 종류도 많아 조세행정비용이 높다.
⑥ 간접세처럼 구매와 함께 조세를 부과하는 것이 아니므로 탈세의 가능성이 존재한다.

2 간접세

간접세
조세가 다른 경제주체에게 전가되므로 납세자와 담세자가 일치하지 않을 것으로 예상하고 부과하는 조세이다.

(1) 개념
① 간접세는 조세를 부담하는 조세부담자(담세자)와 조세를 납부하는 조세의무자(납세자)가 일치하지 않은 경우의 조세를 말한다.
② 종류 : 부가가치세, 주세, 개별소비세, 인지세, 증권거래세 등

(2) 특징
① 부가가치세의 경우 동일한 재화를 동일한 수량만큼 구매하는 경우 소득계층과 무관하게 동일한 조세를 부담한다. 따라서 소득 대비 조세 부담은 소득수준이 커질수록 오히려 감소하므로 소득분배가 역진성을 갖는다고 할 수 있다.
② 납세자와 담세자가 불일치하므로 조세 전가가 가능하다. 예를 들어 생산자에게 부과하는 부가가치세의 경우 소비자에게 가격 인상으로 전가시킨다.
③ 상품을 구매하면서 자동으로 납부하는 세금이므로 조세 부담을 체감하는 정도가 낮아 조세저항이 낮다.
④ 상품을 구매하는 동시에 조세징수가 발생하므로 조세행정비용이 낮고 조세징수가 용이하다.
⑤ 상품의 단위당 과세를 하기 때문에 비례세율이 적용되는데, 이는 물가 상승을 유발할 수 있다.

01 다음 설명이 맞으면 O, 틀리면 ×표 하세요.

(1) 직접세는 조세를 부담하는 담세자와 조세를 납부하는 납세자가 동일하다. ( )

(2) 대부분의 직접세는 누진세를 적용하므로 소득이 높은 계층의 조세부담이 감소한다. ( )

(3) 직접세는 경제주체마다 다른 세금을 내고, 세금 종류도 많아서 조세행정비용이 높다. ( )

(4) 부가가치세, 주세, 개별소비세, 인지세, 증권거래세 등은 간접세이다. ( )

(5) 간접세는 조세부담을 체감하는 정도가 높아서 조세저항이 높다. ( )

02 다음 빈칸에 알맞은 말을 고르거나 적으세요.

(6) 소득세, 법인세, 상속세, 증여세, 취득세, 등록세, 재산세 등은 (　　　)이다.

(7) 직접세는 조세전가가 (　　　)하다.

(8) (　　　)는 조세를 부담하는 담세자와 조세를 납부하는 납세자가 일치하지 않는다.

(9) 간접세는 조세전가가 (　　　)하다.

(10) 간접세는 상품의 단위당 과세를 하기 때문에 비례세율이 적용되는데, 이는 (　　　)을 유발한다.

| 정답 |
(1) O (2) × (3) O (4) O (5) × (6) 직접세 (7) 불가능 (8) 간접세 (9) 가능 (10) 물가상승

| × 해설 |
(2) 대부분의 직접세는 과세표준이 증가할 때 세율이 상승하는 누진세를 적용하므로 소득이 높은 계층의 조세부담이 증가한다. 따라서 소득재분배 기능을 갖는다.
(5) 간접세는 상품을 구매하면서 자동으로 납부하는 세금이므로 조세부담을 체감하는 정도가 낮아서 조세저항이 낮다.

출제 0순위 공략! 꼭 풀어야 할 대표문제

01

정부의 세법 개정의 결과 다음과 같이 세율이 변경되었다. 향후 이 경제에서 나타날 수 있는 현상으로 옳지 않은 것은?
(단, 이 경제의 명목소득과 소비는 동일하다.)

(단위 : %)

구분	부가가치세율	소득세율	법인세율
변경 이전	10	40	20
변경 이후	20	30	10

① 소득분배가 개선될 것이다.
② 조세저항이 낮아질 것이다.
③ 조세 행정비용이 감소할 것이다.
④ 근로의욕이 상승할 것이다.
⑤ 소비자물가가 상승할 것이다.

대표개념 키워드 | 직접세와 간접세

| 해설 |
직접세는 납세의무자와 담세자가 일치하는 세금이고, 간접세는 납세의무자와 담세자가 일치하지 않는 세금이다. 직접세는 일반적으로 소득 및 재산에 비례하여 세금을 징수하므로 누진적이고, 간접세는 소득 및 재산과 무관하게 구매하는 상품의 일정 비율을 세금으로 징수하므로 역진적이다. 직접세(소득세와 법인세)가 인하되고 간접세(부가가치세)가 인상되었으므로 소득분배가 악화될 것이다.

| 오답 피하기 |
② 직접세가 간접세에 비해 조세저항이 크게 나타난다. 직접세인 소득세와 법인세가 인하되었으므로 조세저항은 감소할 것이다.
③ 직접세는 조세행정비용이 높고, 간접세는 조세행정비용이 낮다.
④ 근로소득세가 인하되면 근로의욕은 상승할 것이다.
⑤ 간접세인 부가가치세가 인상되었으므로 소비자물가는 상승할 것이다.

정답 | ①

02

다음 표는 조세전가의 유무에 따라 조세제도를 비교한 것이다. 이에 대한 설명으로 옳지 않은 것은?

구분	(가)	(나)
특징	납세자와 담세자가 일치	납세자와 담세자가 불일치
예	소득세, 법인세	부가가치세, 주세

① (가)는 일반적으로 누진세율이 적용된다.
② (가)에 비해 (나)는 조세저항이 약하다.
③ (가)는 조세 부담의 누진성이 크게 나타난다.
④ (가)와 달리 (나)는 주로 소비에 부과된다.
⑤ (가)에 비해 (나)는 소득재분배효과가 크다.

대표개념 키워드 | 직접세와 간접세

| 해설 |
(가)는 직접세, (나)는 간접세이다. 직접세는 간접세에 비해 소득재분배효과가 크다.

| 오답 피하기 |
① 직접세는 일반적으로 누진세율이 적용된다.
② 직접세가 간접세에 비해 조세저항이 강하다.
③ 직접세는 누진세율이 적용되므로 조세 부담의 누진성이 나타난다.
④ 주로 소비에 부과되는 세금은 간접세이다.

정답 | ⑤

핵심테마 15 | 소득분배이론

1 로렌츠곡선

(1) 개념
① 로렌츠곡선(Lorenz curve)이란 인구의 누적비율을 가로축, 소득의 누적비율을 세로축으로 하는 정사각형에 계층별 소득분포를 표시한 곡선을 말한다.
② 로렌츠곡선을 표시하는 정사각형의 가로축에 인구의 누적비율을 표시할 때에는 가장 빈곤한 사람부터 순서대로 배치한다.

(2) 측정
① 로렌츠곡선이 완전평등선($0A$)에 접근할수록 분배상태는 공평해지고, 멀어질수록 불공평해진다.
② 대각선 $0A$: 모든 사람이 동일한 소득 → 완전한 평등
③ $0BA$로 꺾여진 선분 : 오직 한 사람이 모든 소득을 독점 → 완전한 불평등

(3) 특징
① 소득이 평등하게 분배될수록 로렌츠곡선이 대각선에 가까이 위치하므로 이를 이용하여 서로 다른 두 사회의 분배상태를 서수적으로 비교할 수 있다.
② 두 집단 간 로렌츠곡선이 교차하면 분배상태의 직접적인 비교가 불가능하다.

> **계층별 소득분배이론**
> 소득이 가장 큰 사람부터 차례로 배열했을 때 각 소득계층에 소득이 얼마나 균등하게 분배되어 있는지를 분석하는 이론이다.

2 지니계수

(1) 개념
① 지니계수(Gini coefficient)란 로렌츠곡선이 보여 주는 소득분배의 상태를 하나의 숫자로 나타낸 것을 말한다.
② 지니계수는 이탈리아의 경제학자이자 통계학자였던 코라도 지니(Corrado Gini)가 로렌츠곡선의 단점을 보완하기 위해 고안한 것이다.

> **지니계수**
> $$지니계수(G) = \frac{\alpha}{\alpha + \beta}$$

(2) 지니계수의 값과 의미
① $0 \leq G \leq 1$
  ㉠ 지니계수는 0에서 1 사이의 값을 가진다.
  ㉡ 지니계수$=0(\alpha=0)$: 로렌츠곡선이 대각선 → 완전한 평등
  ㉢ 지니계수$=1(\beta=0)$: 로렌츠곡선이 꺾이는 선분 → 완전한 불평등
② 지니계수의 값이 작을수록 로렌츠곡선이 대각선에 가까워지므로 평등한 분배상태를 의미한다.

(3) 특징
① 로렌츠곡선이 교차하는 경우에도 두 집단 간 소득분배상태를 기수적으로 비교할 수 있다.

② 국민 전체의 소득분배상태는 표시할 수 있지만, 특정한 소득계층의 소득분배상태를 표시할 수 없다.

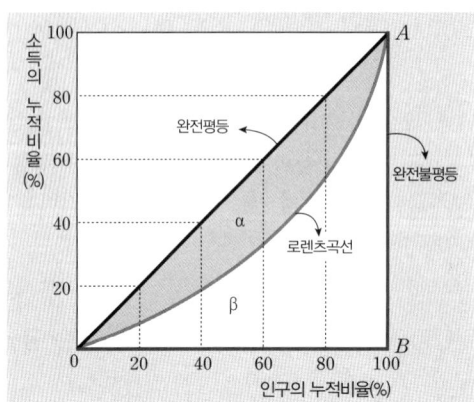

로렌츠곡선

로렌츠곡선은 인구의 누적비율과 소득의 누적비율 사이의 관계를 나타낸 곡선이다. 로렌츠곡선이 대각선에 가까워질수록 소득분배가 균등해짐을 의미한다.

3 십분위분배율

(1) 개념

① 십분위분배율(deciles distribution ratio)이란 전체 가계의 소득 수준을 10등분으로 나눌 때 최하위 40% 소득계층의 소득점유비율이 최상위 20% 소득계층의 소득점유비율에서 차지하는 비중을 말한다.

② 십분위분배율은 다음과 같이 측정된다.

십분위분배율

$$D = \frac{\text{하위 40\%의 소득점유비율}}{\text{상위 20\%의 소득점유비율}}$$

(2) 측정

① $0 \leq D \leq 2$
  ㉠ 십분위분배율은 0에서 2 사이의 값을 가진다.
  ㉡ $D=2$: 완전한 균등분배
  ㉢ $D=0$: 완전한 불균등분배
② 십분위분배율의 값이 클수록 더욱 평등한 분배상태를 의미한다.

(3) 특징

① 십분위분배율은 측정이 간단하므로 소득분배정책지표로 활용할 수 있다. 따라서 이는 세계 각국에서 실제 소득분배를 연구할 때 가장 널리 사용되는 방법이다.
② 이론적인 배경이 미흡하고 특정한 소득계층의 소득분배상태를 표시할 수 있을 뿐 국민 전체의 소득분배상태는 표시할 수 없다는 단점이 있다.

오분위분배율

전체 가계의 소득수준을 5등분으로 나눌 때 최상위 20% 소득계층의 소득점유비율이 최하위 20% 소득계층의 소득점유비율에서 차지하는 비중을 말한다. 오분위분배율은 1에서 무한대 사이의 값을 갖고, 값이 작을수록 평등한 분배상태를 말한다.

01 다음 설명이 맞으면 O, 틀리면 ×표 하세요.

(1) 로렌츠곡선이 대각선에 가까울수록 평등한 소득분배에 접근하게 된다. ( )

(2) 소득분배의 불균등도가 높을수록 로렌츠곡선은 대각선의 아래로 더 늘어지는 형태가 된다. ( )

(3) 로렌츠곡선은 서수적 평가방법이고 지니계수는 기수적 평가방법이다. ( )

(4) 완전평등의 경우 10분위분배율의 값은 1이 된다. ( )

(5) 10분위분배율의 값이 클수록 소득분배가 더 불균등하다는 것을 의미한다. ( )

(6) 두 나라의 지니계수가 같다면 로렌츠곡선의 형태는 동일하다. ( )

02 다음 빈칸에 알맞은 말을 고르거나 적으세요.

(7) 소득세에 종합소득세제를 도입하면 로렌츠곡선이 대각선에서 (가까워진다/멀어진다).

(8) 지니(Gini)계수의 크기는 (　　)과 (　　) 사이에 있다.

(9) 간접세 비중이 상승하면 지니계수가 (높아/낮아)진다.

(10) 국민들이 모두 동일한 소득을 얻을 경우 지니계수의 값은 (　　)이다.

(11) 누진세제를 강화하면 10분위분배율이 (높아/낮아)진다.

(12) 로렌츠곡선이 대각선에 가까워질수록 지니계수의 값은 (커/작아)진다.

| 정답 |
(1) O (2) O (3) O (4) × (5) × (6) × (7) 가까워진다 (8) 0, 1 (9) 높아 (10) 0 (11) 높아 (12) 작아

| × 해설 |
(4) 완전평등의 경우 10분위분배율의 값은 2가 된다.
(5) 10분위분배율의 값이 클수록 소득분배가 더 균등하다는 것을 의미한다.
(6) 지니계수는 불평등의 정도를 요약하는 숫자일 뿐 소득 분포의 세부적인 특성까지는 설명하지 못하기에, 지니계수가 같더라도 로렌츠곡선의 형태가 반드시 동일한 것은 아니다.

출제 0순위 공략! 꼭 풀어야 할 대표문제

01

지니계수(Gini coefficient)에 대한 설명으로 옳은 것은?

① 지니계수가 같으면 소득계층별 소득분포가 같음을 의미한다.
② 완전히 평등한 소득분배상태를 나타내는 45° 대각선과 로렌츠곡선이 일치한다면, 지니계수는 1이다.
③ 완전히 평등한 소득분배상태를 나타내는 45° 대각선과 로렌츠곡선 사이의 면적이 클수록 지니계수는 커진다.
④ 지니계수는 완전히 평등한 소득분배상태를 나타내는 45° 대각선의 길이를 로렌츠곡선의 길이로 나눈 값이다.
⑤ 지니계수는 빈곤층을 구분하기 위한 기준이 되는 소득 수준을 의미한다.

대표개념 키워드 | 지니계수

| 해설 |
45° 대각선과 로렌츠곡선 사이의 면적이 클수록 지니계수는 커지므로 소득분배는 불공평해진다.

| 오답 피하기 |
① 지니계수가 동일하더라도 로렌츠곡선의 형태는 달라질 수 있으므로 소득계층별 소득분포가 같다고 할 수 없다.
② 완전히 평등한 소득분배상태를 나타내는 45° 대각선과 로렌츠곡선이 일치한다면, 지니계수는 0이다.
④ 지니계수는 로렌츠곡선과 완전평등을 나타내는 45° 대각선 사이의 면적을 45° 대각선과 완전불평등을 나타내는 선 사이의 삼각형 면적으로 나눈 값으로 정의된다.
⑤ 빈곤층을 구분하기 위한 기준이 되는 소득 수준은 빈곤선이다.

정답 | ③

02

다음은 A국, B국, C국의 소득분위별 소득점유비중을 나타낸 것이다. 이에 대한 설명으로 옳은 것은? (단, 1분위는 최하위 20%, 5분위는 최상위 20%의 가구를 의미한다.)

(단위: %)

구분	A국	B국	C국
1분위	0	20	6
2분위	0	20	10
3분위	0	20	16
4분위	0	20	20
5분위	100	20	48

① A국의 지니계수는 0이다.
② C국의 십분위분배율은 1/8이다.
③ A국은 B국보다 소득분배가 상대적으로 평등하다.
④ B국의 지니계수는 A국의 지니계수보다 작다.
⑤ B국은 C국보다 소득분배가 상대적으로 불평등하다.

대표개념 키워드 | 소득분배

| 해설 |
지니계수가 커질수록 불평등해지므로 B국의 지니계수는 A국의 지니계수보다 작다.

| 오답 피하기 |
① A국은 완전불평등하므로 A국의 지니계수는 1이다.
② C국의 하위 40% 소득점유율은 6%+10%=16%이고, 상위 20% 소득점유율은 48%이므로 C국의 십분위분배율은 $\frac{16}{48}=\frac{1}{3}$이다.
③ A국은 상위 20%에 모든 소득이 집중되어 있고, B국은 모든 계층이 동일한 소득을 얻고 있다. 따라서 B국이 A국보다 소득분배가 상대적으로 평등하다.
⑤ B국은 모든 계층이 동일한 소득을 얻고 있으므로 B국은 C국보다 소득분배가 상대적으로 평등하다.

정답 | ④

핵심테마 15 | 소득분배이론

03

소득불평등지수에 해당하지 않은 것은?

① 러너지수
② 로렌츠곡선
③ 지니계수
④ 오분위분배율
⑤ 십분위분배율

대표개념 키워드 소득불평등지수

| 해설 |
독점도(degree of monopoly)란 한 산업 내에 있는 기업의 독점력 및 시장지배력을 측정하는 척도이다. 미국의 경제학자 러너(A. P. Lerner)는 독점도의 크기를 가격과 한계비용의 격차를 이용하여 구하였는데, 이를 러너지수라고 한다.

| 오답 피하기 |
② 로렌츠곡선(Lorenz curve)이란 인구의 누적비율을 가로축, 소득의 누적비율을 세로축으로 하는 정사각형에 계층별 소득분포를 표시한 곡선을 말한다.
③ 지니계수(Gini coefficient)란 로렌츠곡선이 보여 주는 소득분배의 상태를 하나의 숫자로 나타낸 것을 말한다.
④ 오분위분배율이란 전체 가계의 소득 수준을 5등분으로 나눌 때 최상위 20% 소득계층의 소득점유비율이 최하위 20% 소득계층의 소득점유비율에서 차지하는 비중을 말한다.
⑤ 십분위분배율이란 전체 가계의 소득수준을 10등분으로 나눌 때 최하위 40% 소득계층의 소득점유비율이 최상위 20% 소득계층의 소득점유비율에서 차지하는 비중을 말한다.

정답 | ①

04

소득분배에 대한 설명으로 옳은 것은?

① 지니계수의 크기는 0과 0.5 사이에 있다.
② 누진세제를 강화하면 십분위분배율이 낮아진다.
③ 간접세 비중이 상승하면 지니계수가 낮아진다.
④ 지니계수의 크기는 로렌츠곡선으로부터 도출할 수 있다.
⑤ 소득세에 종합소득세제를 도입하면 로렌츠곡선이 대각선에서 멀어진다.

대표개념 키워드 소득분배

| 해설 |
지니계수(Gini coefficient)란 로렌츠곡선이 보여 주는 소득분배의 상태를 하나의 숫자로 나타낸 것을 말한다. 지니계수는 로렌츠곡선과 원점을 통과하는 대각선 사이의 연결을 그 대각선 아래의 삼각형 전체의 넓이로 나눈 것이다.

| 오답 피하기 |
① 지니계수의 크기는 0과 1 사이의 값을 가지며 그 값이 클수록 소득이 불공평해진다.
② 십분위분배율은 0과 2 사이의 값을 가지며, 그 값이 클수록 소득분배가 공평해진다. 누진세제를 강화하면 소득분배가 공평해지므로 십분위분배율은 커진다.
③ 간접세 비중이 클수록 소득분배는 불공평해지기 때문에 지니계수는 커진다.
⑤ 종합소득세제를 도입하면 소득분배는 공평해지기 때문에 로렌츠곡선이 대각선에 가까워진다.

정답 | ④

핵심테마 16 | 시장실패

1 시장실패의 개념

① 시장실패(market failure)란 시장의 가격기구에 의한 경제문제 해결이 효율적인 자원배분을 실현하지 못하여 사회적 후생이 극대화되지 않은 상황을 의미한다.
② 시장을 통한 자원배분이 항상 효율적이라면 정부가 개입하여 효율성을 증대시키는 일은 없게 되지만, 현실적으로 이러한 효율성을 달성할 수 있는 완전한 시장은 존재하지 않는다.
③ 시장실패가 발생하면 정부가 시장을 간섭하고 규제하므로 시장실패는 정부의 시장개입을 정당화시키는 이론적 근거가 된다.
④ 소득분배의 형평성이 우리가 추구하는 목표임에는 분명하지만, 소득분배의 불공평성이 협의의 시장실패에는 포함되지 않는다. 시장기능은 어디까지나 자원배분의 효율성에만 초점을 맞추고 있고, 소득분배의 형평성에는 명확한 해답을 주지 않는다.

> 광의의 시장실패는 경제안정과 공평한 소득분배의 문제까지 포함하지만, 일반적으로 시장실패라고 하면 협의의 시장실패만을 의미한다.

2 시장실패의 원인

① 시장실패에는 자원배분의 효율성을 달성하지 못하는 미시적 시장실패와 경제의 안정성이 저해되는 거시적 시장실패가 있다. 일반적으로 시장실패는 미시적 시장실패를 의미한다.

미시적 시장실패	거시적 시장실패
• 불완전경쟁 • 규모의 경제 • 외부효과(외부성) • 공공재 • 위험과 불확실성 • 비대칭정보	• 실업 • 인플레이션 • 국제수지 불균형

② 완전경쟁시장에서는 가격(P)과 한계비용(MC)이 일치하여 시장의 효율성을 달성하지만, 불완전경쟁시장에서는 가격(P)과 한계비용(MC) 사이에 격차가 발생함으로써 시장의 비효율성을 낳는다.
③ 규모의 경제(economies of scale)가 발생하면 기술적 요인에 의해 불완전경쟁이 발생하고, 이는 자연독점(natural monopoly)을 유발한다.
④ 불완전정보와 비대칭정보하에서는 역선택(adverse selection)과 도덕적 해이(moral hazard)가 발생하여 시장실패가 나타난다.

01 다음 설명이 맞으면 ○, 틀리면 ×표 하세요.

(1) 시장실패란 시장의 경제문제해결이 비효율적인 자원배분을 초래하는 경우를 말한다. ( )

(2) 시장실패가 발생하면 정부개입이 정당화되므로 시장실패가 정부개입의 충분조건이 된다. ( )

(3) 수확체감의 법칙은 시장실패의 요인에 해당한다. ( )

(4) 외부비경제는 시장실패이지만 외부경제는 시장실패가 아니다. ( )

(5) 실업과 인플레이션은 거시적 시장실패에 해당한다. ( )

02 다음 빈칸에 알맞은 말을 고르거나 적으세요.

(6) 소득분배의 불공평성은 시장실패에 해당하므로 시장개입이 (필요하다/불필요하다).

(7) 불완전경쟁시장에서 시장실패가 발생하는 이유는 가격이 (　　　)보다 높게 책정되기 때문이다.

(8) 규모의 경제가 발생하면 기술적 요인에 의해 불완전경쟁이 발생하게 되고, 이는 (　　　)을 유발하여 시장실패가 나타난다.

(9) 공공재를 민간에 맡기면 적정수준보다 (과소/과다) 생산되어 시장실패가 나타난다.

(10) 비대칭정보 하에서는 (　　　)와(과) (　　　)이(가) 발생하여 시장실패가 나타난다.

| 정답 |
(1) ○ (2) × (3) × (4) × (5) ○ (6) 불필요하다 (7) 한계비용 (8) 자연독점 (9) 과소 (10) 역선택, 도덕적 해이

| × 해설 |
(2) 정부실패가 존재할 수 있으므로 시장실패가 정부개입의 필요조건이지 충분조건이 되지는 않는다.
(3) 수확체감의 법칙은 경제적 현상으로서 시장실패의 요인이 아니다.
(4) 외부경제는 사회적 최적수준보다 과소 생산, 과소 소비되어 시장실패가 나타나고, 외부비경제는 과다 생산, 과다 소비되어 시장실패가 나타난다.

출제 0순위 공략! 꼭 풀어야 할 대표문제

01

시장실패의 원인에 해당하지 <u>않은</u> 것은?

① 불완전경쟁　　② 규모의 경제
③ 외부효과　　　④ 공공재 공급
⑤ 정보의 대칭성

대표개념 키워드 | 시장실패의 원인

| 해설 |

정보의 비대칭성하에서는 역선택과 도덕적 해이가 발생한다. 따라서 정보의 대칭성은 시장실패의 요인이 될 수 없다.

| 오답 피하기 |

① 불완전경쟁시장에서는 가격과 한계비용 사이에 격차가 발생함으로써 시장의 비효율성을 낳는다.
② 규모의 경제하에서는 자연독점이 발생하면서 시장실패가 나타난다.
③ 외부효과가 발생하면 사회적으로 바람직한 수준보다 과소생산되거나 과다생산되는 문제가 발생한다.
④ 공공재는 비경합성과 비배제성의 특징으로 인해 시장에서 과소공급되거나 공급 자체가 되지 않는 시장실패를 야기한다.

정답 | ⑤

02

시장실패의 원인을 [보기]에서 고르면?

―| 보기 |―
ㄱ. 외부성
ㄴ. 소비의 경합성
ㄷ. 정보의 비대칭성
ㄹ. 수확체감의 법칙

① ㄱ, ㄴ　　② ㄱ, ㄷ
③ ㄴ, ㄷ　　④ ㄴ, ㄹ
⑤ ㄷ, ㄹ

대표개념 키워드 | 시장실패의 원인

| 해설 |

시장실패의 원인에는 불완전경쟁시장(시장의 불완전성, 독과점), 규모의 경제(자연독점), 외부성(외부효과), 공공재, 불완전정보(불확실성, 정보의 비대칭성) 등이 있다.
ㄱ. 외부성(externalities)이란 어떤 경제주체의 경제행위가 다른 경제주체에게 의도하지 않은 혜택이나 손해를 가져다주면서도 그에 대한 대가를 받지도 지급하지도 않는 경우를 말한다. 외부성이 발생하면 과소 생산·소비 및 과다 생산·소비로 인해 비효율성이 초래된다.
ㄷ. 정보의 비대칭성은 역선택과 도덕적 해이를 유발하여 시장실패가 나타난다.

| 오답 피하기 |

ㄴ. 소비의 경합성이란 재화에 대한 소비에 있어 공동소비가 불가능하여 한 사람의 소비가 다른 사람의 소비에 영향을 미치는 것으로, 시장실패의 원인에 해당하지 않는다.
ㄹ. 수확체감의 법칙이란 생산요소의 투입을 증가시킬수록 한계생산이 체감하는 것으로, 시장실패의 원인에 해당하지 않는다.

정답 | ②

핵심테마 17 | 외부성

1 외부성의 개념

① 외부성(externalities)이란 어떤 경제주체의 경제행위가 다른 경제주체에게 의도하지 않은 혜택이나 손해를 가져다주면서도 그에 대한 대가를 받지도 지급하지도 않는 경우를 말한다.
② 외부효과(external effect)란 어떤 경제주체의 경제행위가 시장기구를 통하지 않고 다른 경제주체의 경제활동에 영향을 미치는 현상을 말한다.
③ 외부효과가 발생하면 개인이나 기업의 행동이 시장가격체계를 통하지 않고 다른 경제주체들에게 직접적으로 해롭거나 이로운 영향을 미친다. 이처럼 시장의 테두리 밖에서 일어나는 현상이라고 하여 외부성 또는 외부효과라고 한다.
④ 시장의 가격기구를 통해 제3자에게 유리하거나 불리한 영향을 미치는 것을 금전적 외부성이라고 하는데, 이는 실질적 외부성에 해당하지 않는다.

> **금전적 외부성**
> 금전적 외부성은 소득분배에만 영향을 미치고 자원배분에는 영향을 미치지 않는 외부성이다. 금전적 외부성은 시장의 가격기구를 통한 외부성이므로 시장실패에 속하지 않는다. 예를 들어 정부의 대규모 건설공사 발주로 건축자재의 가격이 상승함에 따라 민간 건설업자가 피해를 보았다면 이는 건설업자와 건축자재 생산자 간 소득분배에만 영향을 미치게 되므로 금전적 외부성이 된다.

2 외부성의 구분

(1) 외부경제와 외부비경제

① 외부경제(positive externalities) : 어떤 경제활동 과정에서 발생한 행위가 다른 사람에게 의도하지 않은 혜택을 주면서도 이에 대한 대가를 받지 못하는 것이다.
② 외부비경제(negative externalities) : 어떤 경제활동 과정에서 발생한 행위가 다른 사람에게 의도하지 않은 손해를 입히고도 이에 대한 대가를 지급하지 않는 것이다.

(2) 소비의 외부성과 생산의 외부성

① 소비의 외부성 : 소비과정에서 발생하는 외부경제와 외부비경제를 말한다.
② 생산의 외부성 : 생산과정에서 발생하는 외부경제와 외부비경제를 말한다.

외부경제와 외부비경제

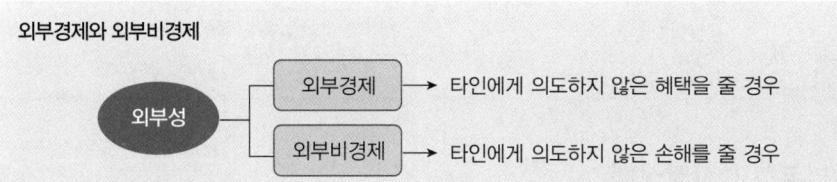

구분	외부경제	외부비경제
소비	• 대중교통수단의 이용 • 도심사유지에 공원조성 • 예방접종 • 개인의 교육투자나 인적자본투자	• 흡연 • 차를 운전하는 사람이 배기가스를 방출하는 것 • 가정에서 쓰는 합성세제가 하천의 수질을 오염시키는 경우 • 어떤 사람이 한밤중에 큰 소리로 음악을 틀어 이웃을 불편하게 하는 경우 • 약수의 과다소비
생산	• 과수원과 양봉업자(꿀벌) • 기술개발이나 교육	• 공단에서 방출되는 공해물질로 인해 양식업자가 피해를 보는 경우 • 세탁소 주변의 연탄공장

3 편익과 비용의 개념

(1) 편익

① 외부편익(External Benefit : EB) : 소비 및 생산의 외부경제 시 발생하는 편익을 말한다.
② 한계외부편익(Marginal External Benefit : MEB) : 생산량 한 단위를 추가로 소비 및 생산했을 때 외부편익(EB)의 증가분으로, 한계외부편익(MEB)은 소비량 및 생산량이 증가함에 따라 체감한다.
③ 사적 한계편익(Private Marginal Benefit : PMB) : 소비자 개인의 입장에서 소비를 통해 얻는 한계편익을 말한다.
④ 사회적 한계편익(Social Marginal Benefit : SMB) : 사회 전체적인 입장에서 소비를 통해 얻는 한계편익을 말한다.

(2) 비용

① 외부비용(External Cost : EC) : 소비 및 생산의 외부비경제 시 발생하는 비용을 말한다.
② 한계외부비용(Marginal External Cost : MEC) : 생산량 한 단위를 추가로 소비 및 생산했을 때 외부비용(EC)의 증가분으로, 한계외부비용(MEC)은 소비량 및 생산량이 증가함에 따라 체증한다.
③ 사적 한계비용(Private Marginal Cost : PMC) : 생산자 개인의 입장에서 생산을 위해 지출한 한계비용을 말한다.
④ 사회적 한계비용(Social Marginal Cost : SMC) : 사회 전체적인 입장에서 생산을 위해 지출한 한계비용을 말한다.

4 외부성이 존재할 때 편익과 비용의 관계

외부성	편익과 비용의 관계
소비의 외부경제	$SMB=PMB+MEB$
소비의 외부비경제	$SMB=PMB-MEC$
생산의 외부경제	$SMC=PMC-MEB$
생산의 외부비경제	$SMC=PMC+MEC$

5 외부성과 시장실패

① 외부경제 시 시장의 생산량은 사회적으로 바람직한 생산량보다 과소생산 및 과소소비가 되어 시장실패가 나타난다.
② 외부비경제 시 시장의 생산량은 사회적으로 바람직한 생산량보다 과다생산 및 과다소비가 되어 시장실패가 나타난다.
③ 정부는 외부경제가 발생하면 보조금을 지급하고, 외부비경제가 발생하면 조세를 부과함으로써 외부성의 내부화를 유도한다.

01 다음 설명이 맞으면 ○, 틀리면 ×표 하세요.

(1) 완전경쟁시장에서는 외부성이 나타나지 않는다. ( )

(2) 차를 운전하는 사람이 배기가스를 방출하는 행위는 소비의 외부비경제에 해당한다. ( )

(3) 외부성이 존재할 경우에는 언제나 사회적 비용과 개인적 비용 간의 차이가 존재하거나 또는 사회적 이익과 개인적 이익 간의 차이가 존재한다. ( )

(4) 소비의 외부경제가 발생하면 사적 한계편익이 사회적 한계편익보다 커진다. ( )

(5) 생산의 외부비경제가 발생하면 사적 한계비용이 사회적 한계비용보다 커진다. ( )

(6) 음의 외부성은 작을수록 좋으나 양의 외부성은 클수록 좋다. ( )

02 다음 빈칸에 알맞은 말을 고르거나 적으세요.

(7) 금전적인 외부성이 있을 때, 정부개입은 (필요하다/불필요하다).

(8) 생산의 외부경제가 발생하면 사회적 한계비용은 사적 한계비용보다 ( )만큼 더 (작다/크다).

(9) 생산량 한 단위를 추가로 소비 및 생산했을 때 외부비용의 증가분을 ( )이라고 한다.

(10) 외부비경제 시 시장의 생산량은 적정 생산량보다 (과소/과다) 생산 및 소비되어 시장실패가 나타난다.

(11) 외부경제가 발생했을 때에는 정부가 ( )을 지급 및 부과하여 외부성을 해결한다.

| 정답 |
(1) × (2) ○ (3) ○ (4) × (5) × (6) × (7) 불필요하다 (8) 한계외부편익, 작다 (9) 한계외부비용 (10) 과다 (11) 보조금

| × 해설 |
(1) 외부성은 완전경쟁시장에서도 나타나는 현상으로서 시장실패의 요인이 된다.
(4) 소비의 외부경제가 발생하면 사회적 한계편익이 사적 한계편익보다 커진다.
(5) 생산의 외부비경제가 발생하면 사회적 한계비용이 사적 한계비용보다 커진다.
(6) 양의 외부성은 사회적으로 바람직한 수준보다 과소생산되어 시장의 비효율성을 초래하므로 클수록 좋지 않다.

출제 0순위 공략! 꼭 풀어야 할 대표문제

01

시장실패의 사례로 적절하지 않은 것은?

① 생활필수품인 물보다 사치재인 다이아몬드가 더 비싸다.
② 공장 주변의 공기가 나빠져 주변 거주자들이 피해를 입었다.
③ 흡연자들로 인해 비흡연자들은 간접흡연피해를 입었다.
④ 대중교통의 이용 증가로 인해 교통혼잡이 줄었다.
⑤ 연구개발투자로 인해 기술이전이 증가하였다.

대표개념 키워드 | 시장실패

| 해설 |
물보다 다이아몬드가 비싼 경우는 가치의 역설(paradox of value)의 사례로, 이는 시장실패와 관련이 없다.

| 오답 피하기 |
② 생산의 외부비경제로, 시장에 맡기면 사회적으로 바람직한 수준보다 과다생산되어 시장실패가 발생한다.
③ 소비의 외부비경제로, 시장에 맡기면 사회적으로 바람직한 수준보다 과다소비되어 시장실패가 발생한다.
④ 소비의 외부경제로, 시장에 맡기면 사회적으로 바람직한 수준보다 과소소비되어 시장실패가 발생한다.
⑤ 생산의 외부경제로, 시장에 맡기면 사회적으로 바람직한 수준보다 과소생산되어 시장실패가 발생한다.

정답 | ①

02

다음 표는 생산과 소비의 측면에서 외부효과를 구분한 것이다. (가)~(라)에 대한 옳은 설명을 [보기]에서 고르면?

구분	생산	소비
외부경제	(가)	(나)
외부비경제	(다)	(라)

┤ 보기 ├
ㄱ. (가) - 사적 비용이 사회적 비용보다 크다.
ㄴ. (나) - 시장 거래량은 사회적 최적 거래량보다 작다.
ㄷ. (다) - 공급 감소 정책을 실시하면 사적 비용은 감소한다.
ㄹ. (라) - 과다소비의 문제는 보조금을 지급하여 해결할 수 있다.

① ㄱ, ㄴ   ② ㄱ, ㄷ
③ ㄴ, ㄷ   ④ ㄴ, ㄹ
⑤ ㄷ, ㄹ

대표개념 키워드 | 외부효과

| 해설 |
ㄱ. 생산에서 외부경제가 발생하면 사회적 비용은 사적 비용보다 작다.
ㄴ. 소비에서 외부경제가 발생하면 과소소비가 이루어져 시장 거래량은 최적 거래량보다 작다.

| 오답 피하기 |
ㄷ. 생산에서 외부비경제가 발생하면 과다생산이 이루어진다. 따라서 공급 감소 정책을 실시하면 사적 비용이 증가하므로 생산이 감소한다.
ㄹ. 소비에서 외부비경제가 발생하면 과다소비가 이루어진다. 이는 조세를 부과하면 해결할 수 있다.

정답 | ①

03

시장실패의 원인과 대책에 대한 설명으로 옳지 <u>않은</u> 것은?

① 소비에 있어 외부비경제가 발생하면 사회적 편익보다 사적 편익이 크다.
② 생산에 있어 외부경제가 발생하면 사회적 비용보다 사적 비용이 크다.
③ 전기나 수도와 같이 규모의 경제가 있는 산업을 공기업으로 전환하는 이유는 공공재의 특성 때문이다.
④ 시장실패의 원인으로는 공공재, 외부효과, 독과점, 관료제의 비능률 등이 있다.
⑤ 소비의 외부경제가 발생하면 사회적 최적 수준보다 과소생산된다.

대표개념 키워드 시장실패의 원인

| 해설 |
관료제의 비능률은 정부실패의 원인이다.

| 오답 피하기 |
① 소비에 있어 외부비경제가 발생하면 사회적 편익이 감소한다. 따라서 사회적 편익보다 사적 편익이 크다.
② 생산에 있어 외부경제가 발생하면 사회적 비용보다 사적 비용이 크다.
③ 규모의 경제는 자연독점을 발생시키는 원인이다.
⑤ 소비의 외부경제가 발생하면 사적 한계편익이 사회적 한계편익보다 작으므로 사회적 최적 수준보다 과소생산된다.

정답 | ④

04

외부효과와 관련된 X재와 Y재에 대한 옳은 설명을 [보기]에서 모두 고르면?

> X재와 Y재는 외부효과를 발생시킨다. X재의 실제 거래량은 사회적 최적 거래량보다 많고, Y재의 실제 거래량은 사회적 최적 거래량보다 적다.

| 보기 |
ㄱ. X재 시장은 초과수요, Y재 시장에는 초과공급이 존재한다.
ㄴ. X재는 부정적인 외부효과를 발생시키고, Y재는 긍정적인 외부효과를 발생시킨다.
ㄷ. X재 생산에서 외부효과가 존재한다면, X재 생산의 사회적 비용이 사적 비용보다 크다.
ㄹ. Y재 소비에서 외부효과가 존재한다면, Y재 소비의 사회적 편익이 사적 편익보다 작다.

① ㄱ, ㄴ
② ㄱ, ㄹ
③ ㄴ, ㄷ
④ ㄷ, ㄹ
⑤ ㄱ, ㄴ, ㄷ

대표개념 키워드 외부효과

| 해설 |
ㄴ. X재는 사회적 최적 수준보다 과다소비 또는 과다생산되므로 이는 외부비경제와 관련 있다. Y재는 사회적 최적 수준보다 과소소비 또는 과소생산되므로 이는 외부경제와 관련 있다.
ㄷ. X재 생산에서 외부효과가 존재한다면 X재는 생산의 외부비경제에 해당한다. 생산의 외부비경제에서는 사회적 한계비용이 사적 한계비용보다 한계외부비용만큼 크다.

| 오답 피하기 |
ㄱ. 균형가격은 사적 수요곡선과 사적 공급곡선에서 결정되므로 초과수요나 초과공급이 존재한다고 볼 수 없다.
ㄹ. Y재 소비에서 외부효과가 존재한다면 Y재는 소비의 외부경제에 해당한다. 소비의 외부경제에서는 사회적 한계편익이 사적 한계편익보다 한계외부편익만큼 크다.

정답 | ③

핵심테마 18 생산의 외부비경제

1 효과

(1) 비용 간의 관계
① 강 상류의 공장에서 폐수를 방류하면 강의 수질오염을 야기시켜 강 하류의 양식업자에게 외부비용(EC)을 발생시킨다.
② 생산의 외부비경제 시 사회적 한계비용(SMC)은 사적 한계비용(PMC)보다 한계외부비용(MEC)만큼 커진다.

생산의 외부비경제
$$SMC = PMC + MEC$$

(2) 생산량
① 강 상류의 공장주인은 한계외부비용(MEC)을 고려하지 않고, 사적 한계비용(PMC)만을 고려하여 생산량을 결정하므로 시장의 균형은 사적 한계편익(PMB)과 사적 한계비용(PMC)이 일치하는 C점에서 이루어진다.
② 사회 전체적인 입장에서 바람직한 생산량은 사회적 한계편익(SMB)과 사회적 한계비용(SMC)이 일치하는 B점에서 결정되므로 사회적으로 바람직한 생산량(소비량) 수준은 Q_S이다.

(3) 사회적 순후생손실
① 생산과정에서 외부비경제가 발생하면 시장기구에 의한 생산량(Q_P)이 사회적으로 바람직한 생산량(Q_S)보다 많아져 $Q_S Q_P$만큼의 과다생산이 발생한다.
② 과다생산이 발생함에 따라 △ABC만큼의 사회적 순후생손실이 발생한다.

2 해결책

① 사회적으로 바람직한 생산량 수준에서 사회적 한계비용(SMC)과 사적 한계비용(PMC)의 차이만큼 조세를 생산자에게 부과한다.
② 조세 부과 후 사적 한계비용(PMC)곡선은 조세만큼 상방으로 평행이동하여 사회적으로 바람직한 수준의 생산량을 달성할 수 있다.

피구세
피구(A. Pigou)는 외부비경제의 해결방안으로 조세 부과를 처음으로 제시하였다. 외부비경제 해결을 위한 조세를 피구세라고 한다.

생산의 외부비경제와 조세

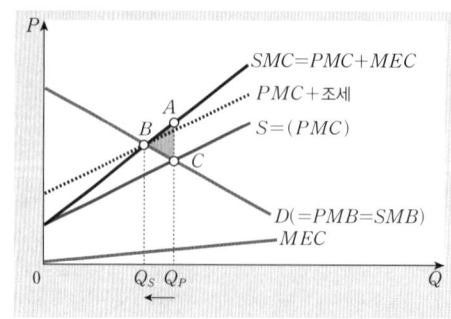

- Q_S : 사회적으로 바람직한 생산량
- Q_P : 사적 생산량
- $Q_S Q_P$만큼 과다생산의 문제 발생
- △ABC만큼 사회적 순후생손실 발생
- 생산의 외부비경제 시 생산자에게 조세를 부과하면 PMC곡선이 조세만큼 상방 이동한다.
- 생산의 외부비경제 시 조세 부과는 사회적으로 바람직한 수준의 생산량을 달성하게 한다.

③ 바람직한 오염물질의 배출 수준이 0이 아니라는 사실에 주의해야 한다. 바람직한 오염물질의 배출 수준은 오염에 따른 사회적 한계편익(SMB)과 사회적 한계비용(SMC)이 일치하는 수준에서 결정된다.

3 외부성의 해결 방안

(1) 기업합병
환경오염을 유발하는 기업과 환경오염의 피해기업이 서로 합병을 하게 한다.

(2) 코즈정리 : 협상에 의한 해결, 재산권의 부여
① 코즈(Ronald H. Coase)에 의하면 환경재산권을 부여하면 정부의 시장개입 없이도 자발적인 협상에 의해 효율적인 자원배분을 달성할 수 있다. 이를 코즈정리(Coase theorem)라고 한다.
   ㉠ 재산권을 부여하면 정부의 개입 없이 시장 스스로 외부비경제 문제를 효율적으로 해결할 수 있다.
   ㉡ 재산권은 외부비경제 시 발생하는 가해자나 피해자 누구에게 부여해도 외부비경제의 문제를 해결할 수 있다.
② 문제점
   ㉠ 환경오염 문제는 가해자인 동시에 피해자인 경우가 많으므로 이해당사자를 찾기가 어렵고, 이해당사자가 많을 때에는 현실성이 떨어진다.
   ㉡ 협상에 따르는 거래비용이 많아지면 협상 자체가 이루어지기 힘들다.
   ㉢ 환경오염 피해자의 각 주체별 피해액을 분리하여 계산하는 것이 곤란하다.
   ㉣ 환경오염의 피해 정도를 정확하게 측정하는 것이 곤란하다.
   ㉤ 협상에 참여하지 않더라도 협상의 이익을 얻을 수 있으므로 무임승차자 문제가 발생한다.

(3) 오염배출권제도
① 이론적 내용 : 직접 규제와 동일한 오염배출량에 해당하는 오염배출권을 발행하여 오염배출권의 자유로운 시장거래를 허용한다고 할 때, 어떤 기업이 오염배출권의 가격(P)보다 낮은 한계비용(MC)으로 오염을 감축할 수 있다면 이 기업은 시장에서 오염배출권을 매각한 후 직접 오염을 줄이고, 오염감축의 한계비용(MC)이 오염배출권의 가격보다 높은 기업은 오염배출권을 매입하여 오염을 배출한다.
② 장단점

장점	• 오염배출권을 시장에서 자유롭게 교환할 수 있도록 허용하면 시장의 힘으로 환경오염 문제를 해결할 수 있다. • 오염배출권제도를 시행하면 오염배출량을 일정 수준으로 제한하면서 낮은 비용으로 오염을 줄일 수 있는 기업에게 스스로 오염을 줄이게 할 수 있다. • 환경에 대한 진정한 선호와 의사를 표출하도록 유도할 수 있다.
단점	• 대기업에서 오염배출권을 모두 구입하여 오염배출권을 진입장벽으로 악용할 가능성이 있다. • 오염배출권시장에 참여하는 경제주체의 수가 너무 적다.

> 강 상류에서 오염물질을 배출하는 화학공장과 강 하류에서 어류양식을 하는 양식업자가 하나의 소유주 아래로 통합된다면 화학공장은 오염물질의 방출을 스스로 억제하게 된다.

무임승차자 문제
공공재와 같이 정당한 대가를 지불하지 않고 재화나 서비스를 소비하여 야기되는 시장실패를 말한다.

오염배출권제도
사회적으로 적정 수준이라고 생각되는 오염물질 수준에 준하는 양만큼의 오염허가서(pollution permits) 또는 면허(licenses)를 발급하여 이를 보유한 경제주체에만 오염물질을 배출하도록 허용하는 방식이다.
예 시장에서 1만 원으로 쓰레기봉투를 10개 구입했다면 버릴 수 있는 쓰레기의 양은 쓰레기봉투 10개 분량이다.

01 다음 설명이 맞으면 ○, 틀리면 ×표 하세요.

(1) 생산의 외부비경제 시 그 재화에 조세를 부과하면 시장의 문제가 해결된다. ( )

(2) 생산의 외부비경제가 발생했을 때 생산자는 사적 한계비용만을 고려하여 생산하므로 적정수준보다 과다 생산된다. ( )

(3) 코즈정리에서는 외부비경제로 피해를 입는 경제주체에게만 재산권을 준다. ( )

(4) 외부효과에 관련된 당사자가 많고 거래비용이 클 경우에는 코즈정리에 따라 정부가 개입하지 않고 자발적인 협상을 하도록 한다. ( )

(5) 정부가 오염배출권을 경매를 통해 팔고, 오염배출기업들 사이에 이를 거래할 수 있게 하면 생산의 외부비경제를 개선할 수 있다. ( )

(6) 공해와 같은 음의 외부성의 방출량은 0이 되어야 한다. ( )

02 다음 빈칸에 알맞은 말을 고르거나 적으세요.

(7) 생산의 외부비경제 시 사회적 한계비용은 사적 한계비용보다 ( )만큼 더 (작아지게/커지게) 된다.

(8) 생산과정에서 외부비경제가 발생하면 시장기구에 의한 생산량이 사회적으로 바람직한 생산량보다 (적어진다/많아진다).

(9) 생산의 외부비경제가 발생하면 (시장의 생산량/사회적으로 바람직한 생산량) 수준에서 사회적 한계비용과 사적 한계비용의 차이만큼의 조세를 부과한다.

(10) 코즈정리에 의하면 ( )을 부여하게 되면 민간의 자발적인 협상에 의해 효율적인 자원배분을 달성할 수 있다.

(11) 오염배출권시장에서 오염배출권의 가격보다 낮은 비용으로 오염을 줄일 수 있는 기업은 시장에서 오염배출권을 (매입/매각)한다.

| 정답 |
(1) ○ (2) ○ (3) × (4) × (5) ○ (6) × (7) 한계외부비용, 커지게 (8) 많아진다 (9) 사회적으로 바람직한 생산량 (10) 환경재산권 (11) 매각

| × 해설 |
(3) 코즈정리에서는 누구에게 재산권을 부여하더라도 당사자 간 자발적인 협상을 통해 외부비경제의 문제가 해결된다.
(4) 외부효과에 관련된 당사자가 많고 거래비용이 클 경우에는 코즈정리가 성립되지 않는다.
(6) 바람직한 공해의 방출량은 공해에 따른 사회적 한계편익(SMB)과 사회적 한계비용(SMC)이 일치하는 수준에서 결정된다.

01

다른 경제주체에게 외부비용을 발생시키는 부정적 외부효과를 해결하기 위한 정부정책으로 가장 적절한 것은?

① 수입상품에 대해 수입관세를 부과한다.
② 누진적 소득세의 최고세율을 인하한다.
③ 기업 투자에 대해 투자세액공제를 실시한다.
④ 중소기업의 생산제품에 대해 세제 혜택을 부여한다.
⑤ 환경오염물질을 배출하는 기업에 대해 환경세를 징수한다.

대표개념 키워드 외부효과의 해결 방안

| 해설 |
환경오염은 생산의 외부비경제가 발생한다. 환경오염을 배출하는 기업에게 한계외부비용만큼 조세를 부과하면 사회적으로 바람직한 수준의 생산량을 달성할 수 있다.

| 오답 피하기 |
① 수입상품에 대해 관세를 부과하는 것은 수입을 억제하여 경상수지를 개선시키기 위한 정책이다.
② 누진세의 최고세율을 인하하는 것은 내수를 촉진시키기 위한 정책이다.
③ 기업 투자에 대해 세제 감면을 실시하는 것은 기업의 투자를 촉진시키기 위한 정책이다.
④ 중소기업의 생산제품에 대해 세제 혜택을 실시하는 것은 중소기업의 채산성을 개선시켜 생산활동을 활발하게 하기 위함이다.

정답 | ⑤

02

외부효과에 대한 옳은 설명을 [보기]에서 모두 고르면?

| 보기 |
ㄱ. 외부효과가 존재할 경우 시장은 자원을 비효율적으로 배분한다.
ㄴ. 생산에서 부정적 외부효과가 존재할 경우 사회적 비용은 사적 비용보다 작다.
ㄷ. 부정적 외부효과를 시정하기 위해 고안된 세금을 피구세(Pigouvian tax)라고 한다.
ㄹ. 생산에서 긍정적 외부효과가 존재할 경우 시장생산량은 사회적으로 바람직한 생산량보다 많다.

① ㄱ, ㄴ
② ㄱ, ㄷ
③ ㄴ, ㄹ
④ ㄷ, ㄹ
⑤ ㄱ, ㄷ, ㄹ

대표개념 키워드 외부효과

| 해설 |
ㄱㄷ. 부정적 외부효과, 즉 외부비경제가 존재하면 사회적으로 바람직한 수준보다 과다생산 및 과다소비가 발생하여 시장의 비효율성이 나타난다. 외부비경제를 시정하기 위해 외부비용만큼 피구세를 부과하면 사회적 최적 수준을 달성할 수 있다.

| 오답 피하기 |
ㄴ. 생산의 외부비경제 시 사회적 한계비용은 사적 한계비용보다 한계외부비용만큼 커진다.
ㄹ. 생산의 긍정적 외부효과, 즉 외부경제가 존재하면 사회적으로 바람직한 수준보다 과소생산이 발생하여 시장의 비효율성이 나타난다.

정답 | ②

핵심테마 18 | 생산의 외부비경제

03

다음 상황에서 코즈의 정리(Coase theorem)에 부합하는 결과로 옳은 것은?

> A와 B는 사무실을 공유하고 있다. A는 사무실에서 흡연을 원하며 이를 통해 2만 원 가치의 효용을 얻는다. 반면, B는 사무실에서 금연을 통해 상쾌한 공기를 원하며 이를 통해 1만 원 가치의 효용을 얻는다.

① B는 A에게 2만 원을 주고 사무실에서 금연을 제한하고, A는 제안을 받아들인다.
② B는 A에게 1만 5천 원을 주고 사무실에서 금연을 제안하고, A는 제안을 받아들인다.
③ A는 B에게 1만 1천 원을 주고 사무실에서 흡연을 허용할 것을 제안하고, B는 제안을 받아들인다.
④ A는 B에게 9천 원을 주고 사무실에서 흡연을 허용할 것을 제안하고, B는 제안을 받아들인다.
⑤ 자발적 협상에 의해 A는 반드시 금연을 선택할 것이다.

대표개념 키워드 코즈의 정리

| 해설 |

A가 금연의 대가로 받자자 하는 최소 금액은 2만 원이고, B가 금연의 대가로 지불하고자 하는 최대 금액은 1만 원이므로 금연 협상은 불가능하다. 반면, A가 흡연의 대가로 지불할 용의가 있는 최대 금액은 2만 원이고, 흡연의 대가로 받고자 하는 최소 금액은 1만 원이므로 흡연 협상은 가능하다. 흡연 협상을 할 때 협상금은 1만 원과 2만 원 사이에서 결정된다.

정답 | ③

04

다음 내용에서 설명하고 있는 제도는?

> 정부가 온실가스의 감축을 위해 온실가스 배출권을 할당하고, 기업들이 한국거래소에서 주식처럼 배출권을 거래하도록 한 제도이다. 할당량을 초과하여 더 많은 온실가스를 배출하는 기업은 배출권을 더 구매하거나 시장가격의 3배에 달하는 과징금을 내야 한다.

① 탄소배출권거래제도
② 탄소배출관리시스템
③ 온실가스라벨링제도
④ 온실가스목표관리제도
⑤ 온실가스배출공개제도

대표개념 키워드 탄소배출권거래제도

| 해설 |

탄소배출권거래제도는 지구환경을 보호하기 위해 온실가스를 배출할 수 있는 권리인 탄소배출권의 거래를 통해 전 세계의 탄소배출량을 줄이고자 국제적 합의에 따라 시행되는 제도이다.

| 오답 피하기 |

② 탄소배출관리시스템이란 탄소배출량을 측정하고 이에 대한 저감 계획을 세울 수 있도록 지원하는 정보 시스템을 말한다.
③ 온실가스라벨링제도는 제품의 생산과 소비, 유통과정에서 발생한 온실가스 및 기후 변화의 영향 정도를 소비자가 손쉽게 알 수 있도록 제품에 마크를 부착하는 제도이다.
④ 온실가스목표관리제도란 정부가 관리업체(온실가스 다배출 및 에너지 다소비 업체)의 온실가스 배출량과 에너지 사용량에 대한 목표를 부과하고, 이에 대한 실적을 점검 및 관리해 나가는 제도이다.
⑤ 온실가스배출공개제도란 기업이 제품의 생산과정에서 발생시킨 온실가스 배출량과 종류 등의 정보를 공개하도록 하는 제도이다.

정답 | ①

핵심테마 19 | 공공재

1 공공재의 개념

① 공공재(public goods)란 여러 사람의 공동소비를 위해 생산된 재화나 서비스로, 비경합성과 비배제성의 특징을 갖는다.
② 대부분의 공공재는 중앙정부나 지방정부 등 공공기관이 공급하는 것이 일반적이지만, 정부가 공급함에도 불구하고 사적재(private goods)의 성격을 지닌 재화나 서비스가 있다. 정부가 공급하는 사적재를 가치재(merit goods)라고 한다. 예를 들면 정부의 의무교육(교육서비스), 국립의료원 운영(의료서비스), 주택사업 등이 있다.

> **사적재**
> 가격을 지불하고 시장에서 구입하는 일체의 재화와 서비스로, 경합성과 배제성을 지닌다.
>
> **가치재**
> 사용재(사적재)이지만 민간에 맡기면 사회적인 최적 수준에 미치지 못하여 정부가 직접 공급에 개입하는 재화나 서비스를 의미한다. 교육서비스, 의료서비스, 임대주택서비스 등을 예로 들 수 있다.
>
> **비가치재**
> 사용재(사적재)이지만 민간에 맡기면 사회적인 최적 수준보다 과다공급되어 정부가 생산이나 소비를 규제하는 재화나 서비스를 의미한다. 담배, 술, 마약 등을 예로 들 수 있다.

2 공공재의 특징

(1) 비경합성

① 비경합성(非競合性, non-rivalry)이란 동일한 재화를 여러 소비자가 동시에 소비하는 것이 가능하여 소비에 참여하는 사람이 많아지더라도 어떤 개인의 소비 수준이 줄어들지 않는 특징을 말한다.

> **예**
> - TV 방송을 시청하는 사람이 많더라도 다른 사람의 TV 시청의 양에 영향을 미치지 않는다.
> - 어떤 개인이 도로를 한 번 이용하더라도 도로의 길이가 줄어들지 않는다.
> - 어떤 배가 등대를 이용하여 안전한 항로를 찾았다고 해서 다른 배가 그 혜택을 받지 못하는 것이 아니라 모든 배가 동시에 등대가 주는 서비스를 소비할 수 있다.
> - 국방서비스의 소비자가 한 사람 더 증가했다고 해서 다른 사람의 국방서비스가 줄어들지 않는다.

② 공공재는 비경합성의 특징을 지니고 있기 때문에 추가적인 소비자를 소비에 참여시키는 데 드는 기회비용이 0이다. 공공재의 추가소비에 대한 한계비용이 0이므로 공동소비가 가능하여 공공재는 혼잡의 문제가 발생하지 않는다.
③ 사회적 관점에서 공공재가 일단 공급된 경우라면 한계비용이 0이므로 그것을 소비하는 경제주체의 수가 많을수록 더 바람직하다.

(2) 비배제성

① 비배제성(non-excludability)이란 가격을 지불하지 않은 사람이라 할지라도 소비로부터 배제할 수 없다는 특징을 말한다.
② 공공재 소비의 한계편익(MB)은 양(+)의 값을 갖고, 공공재 소비의 한계비용(MC)이 0이므로 $MB > MC$의 관계가 성립하여 배제하는 것이 바람직하지도 않다.

3 공공재의 시장실패원인

(1) 비경합성

① 공공재는 비경합성의 특징으로 인해 혼잡의 문제가 발생하지 않기 때문에 한 사람을 더 소비에 참여시키는 데 따르는 한계비용(MC)이 0이다.
② 효율성조건 $P=MC$를 만족하는 수준에서 가격이 결정되어야 하는데, $MC=0$이므로 $P=0$이 되어 이윤극대화를 추구하는 민간기업은 생산을 포기하게 된다.
③ 양(+)의 가격을 매기는 것은 효율성조건에 위배되므로 바람직하지 못하다.

> **비경합성이 불완전한 경우**
> - 혼잡가능공공재(비경합성이 불완전한 준공공재)에는 막히는 무료 도로, 혼잡한 공원 등이 있다. 도로나 공원을 이용하는 사람이 많으면 혼잡이 발생하므로 소비가 경합적이게 된다.
> - 경합적이지만 비배제성의 성격을 띠는 대표적인 혼잡가능공공재로는 공유자원을 들 수 있다.

핵심테마 19 | 공공재

비배제성이 불완전한 경우

비배제성이 불완전하여 어느 정도의 배제가 가능한 준공공재에는 학교, 공원, 도로 등이 있다. 학비를 내지 않으면 학교를 다닐 수 없고, 입장료를 내지 않으면 놀이공원을 이용할 수 없다. 도로의 경우는 유료화함으로써 배제성의 원칙을 적용할 수 있다. 등대 서비스의 경우 불빛으로 안전한 항로를 찾게 해주는 방식은 배제가 불가능하지만, 어떤 특별한 장치를 구입한 사람만 해독이 가능한 신호를 보내는 방식은 배제성의 원칙을 적용할 수 있다.

(2) 비배제성
① 공공재의 비배제성으로 인해 각 개인이 대가를 지급하지 않고 공공재를 소비하려고 하는 무임승차자 문제(free-rider's problem)가 발생한다.
② 양(+)의 가격을 매기고자 한다면 각 개인은 공공재에 대한 진실한 선호를 표출하지 않게 되므로 공공재를 민간에 맡기면 사회적으로 필요한 양만큼의 공급이 불가능하다.

4 순수공공재와 준공공재(비순수공공재)

(1) 개념
① 순수공공재(pure public goods) : 소비의 비경합성과 비배제성의 특징을 모두 보유한 공공재를 말한다.
② 준공공재(impure public goods) : 소비의 비경합성과 비배제성의 특징 중 어느 하나가 불완전하게 성립하는 공공재를 말한다.

구분	비배제성	배제성
비경합성	〈순수공공재〉 • 국방 • 치안 • 일기예보 • 막히지 않는 무료도로	〈준공공재〉 • 케이블 TV • 한산한 놀이공원 • 막히지 않는 유료도로
경합성	〈준공공재〉 • 공유자원(공용지) • 바다의 어족자원 • 막히는 무료도로	〈사적재〉 • 빵 • 옷 • 막히는 유료도로

공유지의 비극
(tragedy of the commons)

소유권이 명확하게 규명되지 않은 공유자원의 경우 아무런 대가 없이 사용이 가능하므로 적정 수준 이상으로 과도하게 사용함으로써 비효율적인 결과가 초래되는 현상을 말한다.

(2) 공유지의 비극
① 공유지는 경합성과 비배제성을 지닌 준공공재로, 시장실패의 요인이다.
② 어떤 개인이 공유자원을 적정 수준 이상으로 소비하면 다른 사람에게 의도하지 않은 부정적인 영향을 미친다. 따라서 공유지의 비극은 소비과정에서 발생하는 외부비경제로, 시장실패의 요인이다.
   예 바닷속의 물고기가 남획되는 경우, 마을의 공동 목초지가 황폐화되는 경우 등을 들 수 있다. 우리나라는 한때 풍부한 어족자원을 보유했던 서해바다가 남획으로 인해 거의 죽은 바다가 되기도 하였고, 북아프리카 유목민은 척박한 땅에 너무 많은 가축을 풀어 놓아 그 땅이 모두 사막으로 변해 버렸다.

5 공공재의 효율적 공급

① 사적재(사용재)의 경우 모든 사람이 동일한 가격에 직면해 있고, 각 수요자의 소비량이 다르므로 시장수요곡선은 개별수요곡선의 수평적 합으로 구한다.
② 공공재의 경우 모든 사람이 동일한 수요량에 직면해 있고, 각 수요자의 지불가격이 다르므로 시장수요곡선은 개별수요곡선의 수직적 합으로 구한다.
   ㉠ 모든 국민이 동일한 국방서비스를 소비하고 있지만 거주지역에 따라 국방서비스에 대해 지불하고자 하는 가격은 다르게 나타날 것이다. 안보위협에 노출된 지역 주민은 더 높은 가격을 지불하고자 하고, 비교적 안전지역에 거주하는 주민들은 더 낮은 가격을 지불하고자 할 것이다.
   ㉡ 국방서비스의 가치에 대해 극단적인 평화주의자는 0의 가치를 부여할 것이다.

01 다음 설명이 맞으면 ○, 틀리면 ×표 하세요.

(1) 어떤 개인의 공공재 소비가 다른 개인의 소비 가능성을 감소시키지 않는 것을 공공재의 비배제성이라고 한다. (　)

(2) 공공재의 경우 공공재가 갖는 비경합성 때문에 한계비용이 0이 되므로, 효율적인 자원배분을 위한 공공재의 가격은 0이 된다. (　)

(3) 일반적으로 정부의 개입이 없다면 공공재는 지나치게 많이 공급된다. (　)

(4) 외부성은 두 사람 사이에서 벌어지고, 공공재는 다수의 사람들 사이에서 벌어지는 현상을 의미한다. (　)

(5) 경합성이 있고 배제성이 없는 재화를 공유자원이라고 한다. (　)

(6) 한적한 시간대의 무료 Wi-Fi는 비경합성과 비배제성을 갖는다. (　)

02 다음 빈칸에 알맞은 말을 고르거나 적으세요.

(7) 민간경제에서 바람직한 수준보다 과소 공급된다고 판단하여 정부가 직접 생산하여 공급하는 사적재를 (　)라고 한다.

(8) 공공재 소비의 한계비용은 0이고, 공공재 소비의 한계편익은 (양/음)이다.

(9) 공공재는 비배제성의 특징으로 인해 개인이 대가를 지급하지 않고 공공재를 소비하려고 하는 (　) 문제가 발생하게 된다.

(10) 정체 중인 국도는 (경합성/비경합성)과 (배제성/비배제성)을 만족하는 재화이다.

(11) 공유지의 비극이 발생하는 원인은 개인에게 (　)이 있지 않기 때문이다.

| 정답 |
(1) × (2) ○ (3) × (4) × (5) ○ (6) ○ (7) 가치재 (8) 양 (9) 무임승차자 (10) 경합성, 비배제성 (11) 소유권(재산권)

| × 해설 |
(1) 모든 소비자가 공공재에 대한 공동소비가 가능하다는 것은 공공재의 비경합성이라고 한다.
(3) 공공재를 정부의 개입 없이 민간경제에 맡기면 과소 공급되거나 아예 생산이 되지 않는다.
(4) 사용재적 외부성이란 소수의 개별경제주체들 간에 발생하는 외부성이고, 공공재적 외부성이란 어떤 경제행위가 불특정다수의 사람들에게 영향을 주는 외부성을 말한다.

출제 0순위 공략! 꼭 풀어야 할 대표문제

01

다음 표는 소비의 배제성과 경합성의 존재 유무에 따라 재화를 분류한 것이다. C에 해당하는 재화로 옳은 것은?

구분		경합성	
		있음	없음
배제성	있음	A	B
	없음	C	D

① 냉장고
② 일기예보
③ 국방서비스
④ 유료 케이블TV
⑤ 공해(公海)상의 물고기

대표개념 키워드 준공공재

| 해설 |

경합적이지만 비배제성을 지닌 준공공재에는 공유자원(공용지)이 있다. 바다의 어족자원은 대표적인 공유자원에 해당한다.

| 오답 피하기 |

① 냉장고는 경합성과 배제성 모두를 갖는 사적재(민간재)로, A에 해당한다.
②③ 일기예보와 국방서비스는 비경합성과 비배제성을 갖는 순수공공재로, D에 해당한다.
④ 유료 케이블TV는 비경합성과 배제성을 갖는 비순수공공재로, B에 해당한다.

정답 | ⑤

02

다음 재화의 특징으로 적절한 것은?

- 정부가 통계청 사이트를 통해 산업별, 직종별, 성별, 지역별, 사업체 규모별 임금소득과 관련된 통계자료를 누구나 열람 가능하도록 한다.
- 마이크로소프트가 특정 정보 데이터를 누구나 열람 가능하도록 한다.

① 공유자원의 비극에 관한 내용이다.
② 불완전정보로 인한 시장실패의 내용이다.
③ 외부성에 의한 과소생산의 문제이다.
④ 시장에 맡기면 최적 수준에 미달한다.
⑤ 비대칭정보로 인한 도덕적 해이의 문제이다.

대표개념 키워드 공공재

| 해설 |

제시된 재화는 공공재의 특징이 있다. 공공재(public goods)란 여러 사람의 공동소비를 위해 생산된 재화나 서비스로서 비경합성과 비배제성의 특징을 가진 상품을 말한다. 공공재는 비경합성과 비배제성의 특징으로 인해 시장에 맡기면 과소생산되거나 아예 공급이 되지 않으므로 정부가 직접 생산하게 된다. 통계자료나 특정 정보를 정부가 관련 기관을 통해 직접 제공하는 경우가 이에 해당한다.

| 오답 피하기 |

① 공유자원은 경합성과 비배제성을 갖는 준공공재이다. 공유지(공용지)의 비극이란 소유권이 명확하게 규명되지 않은 공유자원의 경우 대가 없이 사용이 가능하므로 적정 수준 이상으로 과도하게 사용함으로써 비효율적인 결과가 초래되는 현상을 말한다.
② 불완전정보로 인한 시장실패에는 역선택과 도덕적 해이 등이 있다.
③ 외부성이란 어떤 경제주체의 경제행위가 다른 경제주체에게 의도하지 않은 혜택이나 손해를 가져다주면서도 그에 대한 대가를 받지도 지급하지도 않는 경우를 말한다. 소비와 생산과정에서 외부경제가 발생하면 사회적으로 바람직한 수준보다 과소소비 및 생산된다.
⑤ 도덕적 해이란 정보가 없거나 부족한 측의 입장에서 볼 때 정보를 가진 측이 바람직하지 않은 행동을 취할 가능성이 커지는 현상을 말한다.

정답 | ④

03

공공재에 대한 설명으로 옳지 않은 것은?

① 정부가 직접 생산하면 정부실패의 가능성이 있다.
② 공공재는 비배제성과 비경합성을 특징으로 한다.
③ 대가를 지불하지 않고 사용하려는 무임승차자 문제가 발생한다.
④ 일반적으로는 사회적으로 바람직한 최적 수준보다 과다생산된다.
⑤ 공공재는 무형의 서비스 형태로도 존재하고, 유형의 재화 형태로도 존재한다.

대표개념 키워드 | 공공재

| 해설 |
공공재는 비경합성과 비배제성을 갖고 있으므로 사회적 최적 수준보다 과소생산된다.

| 오답 피하기 |
① 공공재는 정부가 직접 생산하여 시장실패를 보완하게 되는데, 이로 인해 정부실패가 발생할 수 있다.
③ 공공재의 비배제성으로 인해 각 개인이 대가를 지급하지 않고 소비하려고 하는 무임승차자 문제(free-rider's problem)가 발생한다.
⑤ 공공재는 국방서비스, 치안서비스 등과 같은 서비스로도 존재하고, 무료도로, 공원 등과 같은 재화의 형태로도 존재한다.

정답 | ④

04

다음 밑줄 친 ㉠~㉣에 대한 설명으로 옳지 않은 것은?

> 오늘날 지식이 점차 사회의 중요한 경제적 자원으로 부상하고 있다. 그런데 지식은 대부분의 경우 ㉠ 긍정적 외부효과를 발생시킬 뿐만 아니라 ㉡ 배제성과 ㉢ 경합성이 결여된 ㉣ 공공재적 특성을 지닌다. 이와 같은 지식의 특성 때문에 시장실패가 발생할 수 있다.

① 자연과학의 발달은 ㉠을 발생시킬 수 있다.
② 제약회사에서 개발한 항암치료제는 ㉡을 지닌다.
③ 디지털 음원에 대한 저작권 보호는 ㉢을 부여하기 위한 것이다.
④ ㉣에서는 무임승차의 문제가 발생할 수 있다.
⑤ ㉣의 문제는 사회적 최적 수준보다 과소생산되는 것이다.

대표개념 키워드 | 배제성과 경합성

| 해설 |
디지털 음원에 대한 저작권 보호는 대가를 지불한 사람만 소비를 가능하게 하기 위한 조치이므로 이는 배제성을 부여하기 위한 것이다.

| 오답 피하기 |
① 자연과학이 발달하면 타 분야로 기술이 전파되어 경제성장과 발전에 기여하므로 긍정적인 외부효과를 발생시킨다.
② 제약회사에서 개발한 항암치료제는 일정 기간 동안 특허권에 의해 배제가 가능하므로 배제성을 지닌다.
④ 공공재는 비배제성으로 인해 가격을 지급하지 않는 사람을 배제할 수 없다. 이로 인해 각 개인이 대가를 지급하지 않고 공공재를 소비하려고 하는 무임승차자 문제(free-rider's problem)가 발생한다.
⑤ 공공재는 비경합성으로 인해 한계비용이 0이므로 민간기업은 생산을 포기하게 된다. 양(+)의 가격을 매기고자 한다면 각 개인은 공공재에 대한 진실한 선호를 표출하지 않으므로 공공재를 민간에 맡기게 되면 사회적으로 필요한 양만큼의 공급이 불가능하다.

정답 | ③

핵심테마 20 | 정보경제학

1 역선택

(1) 감추어진 사전적 특성의 상황
① 감추어진 사전적 특성(hidden characteristic)의 상황이란 거래당사자의 특성이나 거래되는 상품의 품질을 한쪽만 알고 있고 상대방은 알지 못하는 상황을 말한다.
② 감추어진 사전적 특성의 상황에서는 한쪽의 거래당사자가 거래되는 상품의 감추어진 특성을 알지 못하기 때문에 역선택(adverse selection)이 발생한다.

(2) 중고생산물시장에서의 역선택
① 배경
　㉠ 감추어진 속성에 대한 문제를 논의한 대표적인 모형은 애컬로프(G. Akerlof)의 중고차시장모형이다.
　㉡ 중고차시장의 차량 10대 중 5대는 품질이 좋은 우량중고차이고, 나머지 5대는 품질이 나쁜 불량중고차라고 가정한다.
　㉢ 중고차 소유주가 최소한 받아야겠다고 생각하는 금액은 다음과 같다.
　　• 우량중고차 소유주 : 500만 원　　• 불량중고차 소유주 : 100만 원
　㉣ 중고차 구매자가 최대한 지급할 용의가 있다고 생각하는 금액은 다음과 같다.
　　• 우량중고차 : 550만 원　　• 불량중고차 : 150만 원
② 비대칭 정보하에서의 역선택
　㉠ 중고차에 대한 정보를 판매자는 알고 있지만, 구매자는 각 등급의 차의 비율만을 알고 있다고 가정한다.
　㉡ 비대칭 정보하에서 구매자는 중고차를 중고차의 평균적인 품질로 평가하므로 구매자가 지급하고자 하는 금액은 (0.5×550만 원)+(0.5×150만 원)=350만 원이 된다.
　㉢ 우량중고차 소유주는 최소한 받아야겠다고 생각하는 금액이 500만 원이므로 차를 팔려고 하지 않고, 불량중고차 소유주만 차를 팔려고 한다. 이에 따라 좋은 품질의 중고차는 매매되지 않고, 나쁜 품질의 자동차만 매매되는 악순환이 발생한다.
　㉣ 비대칭 정보하 중고생산물시장에서 중고차 구매자는 중고차 판매자에게 역선택을 당하고 있다.

(3) 보험시장에서의 역선택

배경	비대칭 정보하 역선택
• 보험가입희망자의 암 발생 확률 　▶ A : 0.1　　▶ B : 0.3 • 암이 발생할 경우 보험금 : 1,000만 원 　▶ A의 지급의사보험료 : 100만 원 　▶ B의 지급의사보험료 : 300만 원	• 암 발생 확률에 대한 정보를 보험가입희망자는 알고 있지만, 보험회사는 평균적인 암 발생 확률만을 알고 있다. • 보험회사가 받고자 하는 보험료 : 0.2×1,000만 원=200만 원 • 암 발생 확률이 낮은 A는 지불의사보험료가 100만 원이므로 암보험에 가입하지 않으려고 할 것이고, 암 발생 확률이 높은 B만 암보험에 가입하게 된다. • 암 발생 확률이 높은 사람만 암보험에 가입하게 되어 평균적인 암 발생 확률과 암보험료가 점차 높아지는 악순환이 발생한다.
대칭 정보하	
A에게는 보험료 100만 원을 책정하고, B에게는 보험료 300만 원을 책정한다.	

역선택(adverse selection)
정보가 없거나 정보가 부족한 측의 입장에서 볼 때 바람직하지 못한 상대방과 거래할 가능성이 커지는 현상을 말한다.

비대칭 정보
정보가 불완전하게 구비된 상황에서 경제적 이해당사자 중 한쪽만 정보를 가지고 있고, 다른 한쪽은 정보가 없거나 부족한 상황을 말한다. 비대칭적 정보하에서 역선택과 도덕적 해이가 발생하는데, 이는 불완전정보로 인한 시장실패에 해당한다.

레몬시장
겉만 그럴 듯 하고 품질이 좋지 않은 상품을 미국에서는 레몬(lemon)이라고 하며, 일반적으로 역선택의 대상을 지칭한다. 경제 분야에서 쓸모없는 상품이나 서비스가 거래되는 시장을 '레몬시장'이라고 한다.

(4) 금융시장에서의 역선택

배경	비대칭 정보하 역선택
은행대출희망자의 신용도 ▶ A : 신용도가 높은 사람으로 지불의사 이자율이 10% ▶ B : 신용도가 낮은 사람으로 지불의사 이자율이 30%	• 은행대출희망자의 신용도를 은행대출희망자는 알고 있지만, 은행은 평균적인 지불의사이자율만을 알고 있다. • 은행이 받고자 하는 이자율 : 평균이자율 20% • 신용도가 높은 은행대출희망자 A는 지불의사이자율인 10%보다 높으므로 대출을 신청하지 않게 되고, 신용도가 낮은 은행대출희망자 B만 대출을 신청하게 된다. • 신용도가 낮은 은행대출희망자와의 거래만 이루어져 은행이자율과 차입자의 파산위험이 높아지는 악순환이 발생한다.
대칭 정보하	
A에게는 이자율 10%를 책정하고, B에게는 이자율 30%를 책정한다.	

(5) 노동시장에서의 역선택

배경	비대칭 정보하 역선택
노동자의 노동생산성 ▶ A의 노동생산성 : 300 ▶ B의 노동생산성 : 100	• 노동생산성에 대한 정보를 노동자는 알고 있지만, 기업은 노동자의 평균적인 노동생산성만을 알고 있다. • 기업이 지급하고자 하는 임금 : 평균임금 200 • 노동생산성이 높은 노동자 A는 노동생산성이 300이므로 취업하지 않으려고 할 것이고, 노동생산성이 낮은 노동자 B만 취업하게 된다. • 노동생산성이 낮은 노동자만 고용되어 노동생산성이 계속 낮아지는 악순환이 발생한다.
대칭 정보하	
A에게는 임금 300을 지급하고, B에게는 임금 100을 지급한다.	

(6) 대책

① 신호발송
  ㉠ 신호발송(signalling)이란 정보를 가진 측에서 자신의 특성을 상대방에게 전달하려고 노력하는 것을 말한다.
  ㉡ 중고차시장에서 우량중고차 소유주가 일정 기간 내에 발생하는 고장에 대해 수리를 보증해 주는 조건부 계약을 체결한다.
  ㉢ 노동시장에서 취업 시 자격증을 제출하거나 대학교육을 이수하여 기업 측에게 자신의 노동생산성을 알리려고 노력한다.
  ㉣ KS마크 표시 등을 통해 품질이 좋다는 신호를 보내는 것이다.

② 선별
  ㉠ 선별(screening)이란 정보를 갖지 못한 측에서 상대방의 특성을 알아내려고 노력하는 것을 말한다.
  ㉡ 보험시장에서의 선별
    • 보험회사가 암보험을 판매하면서 사전에 신체검사를 요구하는 것
    • 탄력적인 보험요율제도를 도입하여 보험가입자들에게 건강상태에 따라 차등 보험료를 적용하는 것
    • 자동차보험회사에서 일정한 나이 미만인 사람들에게 높은 보험료를 책정하는 것

③ 정부정책
  ㉠ 강제집행
    • 정부가 공적보험제도(public insurance system)를 도입하여 강제적으로 보험에 가입하도록 한다. 공적보험제도에는 자동차 책임보험, 국민건강보험, 국민연금 등이 있다.
    • 단체암보험시장을 개발하여 회사직원 모두를 강제 가입시킨다.

> **자기선택장치(self-selection device)**
> 정보를 갖지 못한 측이 정보를 가진 측과 거래할 때 정보를 가진 자가 스스로 자신의 특성을 드러내도록 만드는 장치를 말한다. 생명보험회사가 보험상품을 판매할 때 각종 특약 등을 통해 보험가입자가 자기선택(self-selection)을 하도록 유도함으로써 보험가입자 자신의 특성을 스스로 드러내도록 하는 것이다.

ⓒ 정보정책 : 역선택은 정보의 비대칭성으로 인해 발생하는 현상이므로 정보정책을 통해 정보의 흐름을 촉진한다.
> 예 과장·허위광고 규제, 표준설정, 성능표시의 의무화, 기업 재무제표공시의 의무화, KS마크와 품 마크의 제정, 담배의 유해경고문구 등이 있다.

④ 신용할당
   ㉠ 신용할당(credit rationing)이란 금융시장에서 자금에 대한 초과수요가 발생하더라도 은행은 이자율을 올리는 대신 신용도가 높은 우량고객을 선별해서 유리한 이자율조건하에 주어진 자금을 배분하는 현상을 말한다.
   ㉡ 대출이자율을 인상하면 은행의 이자수익도 비례적으로 증가하는 긍정적인 효과가 있다. 하지만 신용도가 낮은 은행대출희망자만 대출을 하게 되는 역선택에 직면하게 되어 은행의 평균적인 파산위험이 높아지는 부정적인 측면도 있다.

⑤ 효율성 임금
   ㉠ 효율성 임금(efficiency wage)이란 기업들이 노동자의 생산성을 향상시키기 위해 시장의 임금 수준보다 더 높이 지급하는 임금 수준이다.
   ㉡ 기업이 효율성 임금을 지급하게 되면 보다 생산성이 높은 노동자들을 고용할 수 있게 되어 노동시장의 역선택을 방지할 수 있고, 기업의 생산성을 향상시킬 수 있으므로 이윤 증가도 가능하다.

2 도덕적 해이

(1) 감추어진 사후적 행동의 상황
① 감추어진 사후적 행동(hidden action)의 상황이란 한쪽의 감추어진 행동을 관찰하거나 통제할 수 없는 상황을 말한다.
② 감추어진 사후적 행동의 상황에서는 자신에게 유리하게 감추어진 행동을 드러내기 때문에 도덕적 해이(moral hazard)의 문제가 발생한다.

> **도덕적 해이(moral hazard)**
> 정보가 없거나 부족한 측의 입장에서 볼 때 정보를 가진 측이 바람직하지 않은 행동을 취할 가능성이 커지는 현상을 말한다.

(2) 보험시장에서의 도덕적 해이
① 보험에 가입한 후 보험가입자의 행동이 바뀌어 사고 확률이 높아지는 현상을 말한다.
② 보험시장에서 발생하는 도덕적 해이의 사례는 다음과 같다.

화재보험	화재보험에 가입한 후 보험가입자가 화재예방노력을 게을리 하거나 건물에 불을 질러 보험금을 받으려는 행위
생명보험	생명보험에 가입한 후 자해를 통해 보험금을 받으려는 행위
자동차보험	• 자동차보험에 가입한 후 고의적으로 교통사고를 내어 보험금을 받으려는 행위 • 과거와 달리 거칠게 차를 운전하는 행위
의료보험	의료보험에 가입한 후 조금만 아파도 병원에 가서 치료받으려는 행위

③ 대책
   ㉠ 공동보험제도(co-insurance) : 사고발생 시 손실의 일부 비율만을 보상해 주는 제도이다. 예를 들면 보험사에서 손해보상을 할 때 사고금액의 70%만을 보장하는 것이다.
   ㉡ 기초공제제도(deduction) : 손실액 중 처음의 일정 금액까지는 가입자가 부담하고, 나머지는 보험회사가 보상해 주는 제도이다.
   ㉢ 사고기록을 점수화하고 이를 보험료에 반영함으로써 사고를 일으키지 않도록 한다.

(3) 금융시장에서의 도덕적 해이

내용	대책
대출을 받은 차입자가 자금을 차입한 이후 고수익·고위험의 프로젝트에 투자하는 경우	• 감시(monitoring) : 대출자가 차입자의 행동을 감시한다. • 담보와 연대보증 : 은행이 대출할 때 담보와 연대보증을 요구한다. • 신용할당 : 은행이 신용할당정책을 통해 낮은 이자율을 유지하면 낮은 이자율로 대출받은 사람은 고위험·고수익의 사업에 투자할 요인이 적어지게 된다.

◀ 신용할당제도는 금융시장에서의 역선택과 도덕적 해이를 모두 방지하는 정책이다.

(4) 노동시장에서의 도덕적 해이

내용	대책
입사 후 직무를 태만하게 하는 현상	• 승진제도, 성과급제도, 포상제도, 징계제도 • 근무태만 방지를 위한 생산성임금 및 효율성 임금의 지급 : 노동자들에게 효율성 임금을 지급하면 노동자들은 해고당하지 않고 계속 그 직장에 다니기 위해 열심히 일할 것이다. • 기업이윤의 공유

◀ 효율성 임금제도는 노동시장에서의 역선택과 도덕적 해이를 모두 방지하는 정책이다.

(5) 주인-대리인 문제

① 주인-대리인 문제(principal-agent problem)란 주인이 대리인에게 권한을 위임했을 때 대리인이 주인보다 자신의 이익을 위해 권한을 행사하면서 나타나는 문제를 말한다.

② 주인-대리인 문제는 거래의 당사자가 주인과 대리인으로 구성될 때의 도덕적 해이로, 사례는 다음과 같다.

주주와 경영자	주식회사의 주주는 이윤극대화를 도모하기 위해 경영자를 고용하지만, 고용된 경영자는 회사에 대한 통제능력, 신분의 안정성, 세간의 평가 등에 관심을 두므로 이윤극대화보다 총수입극대화나 기업이미지 개선에 열중할 가능성이 커지는 현상
국민과 국회의원	국회의원(대리인)이 당선된 이후에 국민(주인)의 이익을 위해 노력하지 않는 현상
소송의뢰인과 변호사	변호사(대리인)가 수임료를 받고서는 소송의뢰인(주인)을 위해 열심히 노력하지 않는 현상
사장과 종업원	종업원(대리인)이 취직 후 사장(주인)의 이익을 위해 열심히 일하지 않고 근무를 태만하게 하는 현상
지주와 소작인	소작인(대리인)이 지주(주인)의 이익을 위해 농산물의 수확량 증가를 추구해야 하지만 이를 게을리 하는 현상
환자와 의사	의사(대리인)가 환자(주인)의 치료를 위해 노력하지 않는 현상
가수와 매니저	매니저(대리인)가 가수(주인)를 위해 노력하지 않는 현상

③ 대책 : 유인설계(인센티브 제공)
   ㉠ 유인설계(incentive design)란 주인이 원하는 바를 대리인이 추구하는 것이 대리인에게도 이익이 된다는 것을 인식하게끔 주인이 적절한 유인구조를 설계하는 것을 말한다.
   ㉡ 주주-경영자의 관계에서 경영자에게 스톡옵션이나 실적에 따른 특별보너스 지급 등을 시행한다.
   ㉢ 사장-종업원의 관계에서 종업원에게 보너스를 노동생산성에 따라 차등 지급하는 성과급제도를 시행한다.

01 다음 설명이 맞으면 ○, 틀리면 ×표 하세요.

(1) 모든 자동차 소유자에게 책임보험을 의무가입하도록 하면 역선택이 방지된다. ( )

(2) 중고차 매매 후 1년간 무상수리 보증제도를 도입하는 행위는 신호발송이다. ( )

(3) 보험계약에서 통계적으로 사고가 날 확률이 높은 집단에 속한 사람에게 비싼 보험료를 요구하는 것은 선별로서 역선택의 문제를 완화시킨다. ( )

(4) 효율 임금이론에 의하면 직업탐색비용이 낮아져 실업률이 하락한다. ( )

(5) 효율성 임금제도를 실시하면 자질이 더 좋은 근로자들이 지원할 것이므로 역선택을 방지하지만 도덕적 해이는 줄일 수 없다. ( )

02 다음 빈칸에 알맞은 말을 고르거나 적으세요.

(6) 보험가입 시 보험가입 희망자에게 정밀신체검사를 요구하는 것은 (신호발송/선별)(으)로서 ( )을 방지하기 위함이다.

(7) 단체보험상품을 개발하여 단체소속원 모두가 강제가입하게 되면 보험시장에서의 ( )을 해결할 수 있다.

(8) 건물주가 화재보험에 가입한 후에는 화재예방설비를 적정수준보다 부족하게 설치하는 경향을 보이는 것도 보험 시장에서의 ( )에 속한다.

(9) 불완전하게 감시를 받는 대리인이 자기의 이익을 좇아 행동하는 경향을 ( )라고 하고, 이는 ( )의 한 예이다.

(10) 금융기관이 임직원에 대하여 성과급을 스톡옵션으로 지급하면 (역선택/도덕적 해이)이/가 해결된다.

| 정답 |
(1) ○ (2) ○ (3) ○ (4) × (5) × (6) 선별, 역선택 (7) 역선택 (8) 도덕적 해이 (9) 주인─대리인 문제, 도덕적 해이 (10) 도덕적 해이

| × 해설 |
(4) 효율성 임금은 시장의 균형임금수준에 비해 높게 설정되므로 노동시장의 초과공급을 유발하여 비자발적 실업의 원인이 된다.
(5) 효율성 임금제도를 실시하면 근로자의 근무태만이 감소하므로 도덕적 해이를 방지할 수 있다.

출제 0순위 공략! 꼭 풀어야 할 대표문제

01

다음 사례와 관련 있는 현상으로 적절한 것은?

> A사의 아스피린이 여러 질병에 탁월한 효과를 보이면서 구매가 집중되고 있다. 하지만 제약을 잘 아는 전문가들은 A사 아스피린의 대체약품도 비슷한 효과가 나타나기 때문에 높은 가격의 아스피린을 구매하지 않는다. 예를 들어 전문가들은 동일한 성능의 저렴한 제품을 구입하지만, 비전문가들은 브랜드가 있는 비싼 제품을 구매한다.

① 수요법칙에 위배되는 기펜의 역설
② 과시적 소비에 의한 베블런효과
③ 공급법칙에 위배되는 현상
④ 정보의 비대칭으로 인해 손해 보는 사람
⑤ 기업의 가격차별로 인해 집단별로 가격이 달라지는 현상

대표개념 키워드 역선택

| 해설 |
제시된 사례는 비대칭 정보하에서 발생하는 역선택으로서 시장실패의 요인이 된다. 역선택은 정보가 없거나 정보가 부족한 측의 입장에서 볼 때 바람직하지 못한 상대방과 거래할 가능성이 커지는 현상을 말한다. 아스피린의 약효에 대한 정보를 갖고 있는 전문가는 저렴한 제품을 구매하게 되고, 정보가 없는 비전문가는 비싼 제품을 구매하게 되는 것이다.

| 오답 피하기 |
① 기펜의 역설이란 가격이 상승하면 수요량이 증가하고, 가격이 하락하면 수요량이 감소하여 수요법칙에 위배되는 현상을 말한다. 기펜재는 열등재의 일종으로서 가격변화의 소득효과가 매우 크게 작용하여 수요법칙을 위배하게 된다.
② 베블런효과는 자신의 부를 과시하기 위한 과시적 소비가 존재하여 가격이 상승할수록 오히려 수요량이 증가하게 되는 현상을 말한다.
③ 제시된 사례는 공급법칙과 직접적인 관련이 없다.
⑤ 가격차별이란 기업이 동일한 재화와 서비스를 판매하면서 서로 다른 가격을 책정하는 것을 말한다.

정답 | ④

02

정보의 비대칭성으로 인해 보험시장에서 도덕적 해이가 발생한 경우 이에 대한 해결 방안으로 가장 적절한 것은?

① 국민건강보험 등 단체보험 의무가입제를 실시한다.
② 보험가입자에 대한 직무상황 확인절차를 강화한다.
③ 사고 발생 시 사고금액의 일부를 가입자가 부담하게 한다.
④ 보험가입 시 보험가입 희망자에게 정밀신체검사를 요구한다.
⑤ 보험가입 희망자의 건강상태에 따라 보험료를 차별적으로 부과한다.

대표개념 키워드 보험시장에서의 정보의 비대칭

| 해설 |
보험사고 발생 시 가입자에게 일부 비용을 부담시키는 것은 보험시장에서의 도덕적 해이를 방지하는 정책이다. 보험시장에서의 도덕적 해이에 대한 해결 방안에는 공동보험제도와 기초공제제도가 있다.

| 오답 피하기 |
① 국민건강보험 등 단체보험 의무가입제를 실시하는 것은 강제보험으로, 이는 보험시장에서의 역선택을 방지하는 정책이다.
② 보험가입자에 대한 직무상황 확인절차를 강화하는 것은 선별에 해당하는 것으로, 이는 보험시장에서의 역선택을 방지하는 정책이다.
④ 보험가입 시 정밀신체검사를 요구하는 것은 선별에 해당하는 것으로, 이는 보험시장에서의 역선택을 방지하는 정책이다.
⑤ 보험가입 희망자의 건강상태에 따라 차별적인 보험료를 부과하는 것은 선별에 해당하는 것으로, 이는 보험시장에서의 역선택을 방지하는 정책이다.

정답 | ③

핵심테마 20 | 정보경제학

03

다음에 나타난 시장실패 현상과 이를 해결하기 위해 경제주체들이 선택한 해결 방안을 바르게 짝지은 것은?

> 취업희망자들은 취업준비를 위해 올해도 계속 자격증 취득에 집중하고 있다. 취업준비생들이 준비하는 스펙은 경제능력시험, 토익, 컴퓨터 자격증 등이다. 취업준비생들은 직무와 직접적인 관련성은 없지만 성실한 이미지를 보여 주기위해 불필요한 스펙을 준비한다고 하소연한다. 한편, 최근 기업 측에서는 기존의 스펙이 업무와 큰 관련성이 없으므로 기업이 자체적으로 개발한 시험을 통해 업무에 적합한 인재인지를 평가하고 있다.

	시장실패 현상	취업준비생의 방안	기업의 방안
①	역선택	선별	신호
②	역선택	신호	선별
③	도덕적 해이	선별	감시
④	도덕적 해이	신호	선별
⑤	도덕적 해이	감시	신호

대표개념 키워드 역선택의 해결 방안

| 해설 |
- 역선택(adverse selection)이란 정보가 없거나 정보가 부족한 측의 입장에서 볼 때 바람직하지 못한 상대방과 거래할 가능성이 커지는 현상을 말한다. 노동시장에서의 역선택은 기업 입장에서 노동생산성이 높은 노동자를 고용하지 못하고, 노동생산성이 낮은 노동자만 고용하게 되는 현상이다. 노동시장의 역선택을 해결하는 방안에는 노동자 입장에서 신호발송이 있고, 기업 입장에서 선별이 있다.
- 신호발송(signalling)이란 정보를 가진 측에서 자신의 특성을 상대방에게 전달하려고 노력하는 것으로, 취업준비생이 취업 시 자격증을 제출하거나 대학교육을 이수하여 기업 측에 자신의 노동생산성을 알리려고 하는 행위가 이에 해당한다.
- 선별(screening)이란 정보를 갖지 못한 측에서 상대방의 특성을 알아내려고 노력하는 것으로, 기업이 취업희망자의 생산성에 대한 정보를 알아내려고 노력하는 경우가 이에 해당한다.

정답 | ②

04

효율임금이론은 실업이 존재하는 데도 불구하고 균형임금보다 높은 수준에서 임금이 형성되어 낮아지지 않는 현상을 설명하는 경제이론이다. 이에 대한 설명으로 옳지 않은 것은?

① 효율임금이론은 실업의 존재를 설명하는 데 이용될 수 있다.
② 임금이 낮아지면 우수 인력이 빠져나가 역선택이 발생할 수 있다.
③ 임금이 낮아지면 태업, 근무태만, 높은 불량률 등이 발생할 수 있다.
④ 임금은 비용이므로 임금을 높게 지급할수록 생산비가 상승하여 생산성이 떨어진다.
⑤ 기업가 또는 고용주들이 자발적으로 임금 수준을 균형 수준보다 높게 유지하려는 경향이 있다.

대표개념 키워드 효율임금이론

| 해설 |
효율임금이론은 높은 수준의 임금을 지급할수록 우수한 인력들이 유지됨으로써 생산성을 향상시킬 수 있음을 강조한다.

| 오답 피하기 |
① 시장의 균형임금보다 높은 효율성 임금을 지급하면 노동시장의 초과공급을 유발하여 비자발적 실업의 원인이 된다.
② 임금이 낮아지면 생산성이 낮은 근로자만 취업하게 되는 역선택이 발생할 수 있다.
③ 임금이 낮아지면 태업, 근무태만, 높은 불량률 등의 도덕적 해이가 발생할 수 있다.
⑤ 기업은 노동시장에서의 역선택과 도덕적 해이를 방지하고자 자발적으로 임금 수준을 균형 수준보다 높게 유지하려는 경향이 있다.

정답 | ④

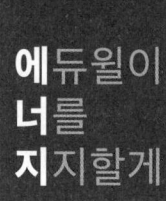

ENERGY

잘 시작하는 것은 중요합니다.
잘 마무리하는 것은 더 중요합니다.

– 조정민, 『사람이 선물이다』, 두란노

핵심테마	21 국내총생산
핵심테마	22 삼면등가의 법칙
핵심테마	23 경기변동
핵심테마	24 본원통화와 통화승수
핵심테마	25 금융정책의 수단
핵심테마	26 화폐수요이론
핵심테마	27 재정정책과 금융정책
핵심테마	28 총수요-총공급모형
핵심테마	29 실업
핵심테마	30 물가지수
핵심테마	31 인플레이션의 원인
핵심테마	32 인플레이션의 사회적 비용
핵심테마	33 필립스곡선이론
핵심테마	34 반인플레이션 정책

거시경제학

출제 비율

30%

출제경향 및 교수님의 고득점 전략 TIP

거시경제학에서는 화폐금융론, 거시경제정책, 실업과 인플레이션의 출제비중이 매우 높다. 국민소득을 측정하는 가장 중요한 변수인 국내총생산의 의미를 정확하게 이해해야 하고, 국내총생산의 구성항목과 측정방법을 정확히 숙지하고 있어야 한다. 화폐금융론에서는 본원통화의 정의와 변동, 통화승수와 통화량의 결정, 화폐수요의 결정요인 등이 자주 출제되고, 최근의 금융발전으로 인해 나타나는 다양한 금융상품과 시사경제가 밀접하게 연결되어 출제되고 있다. 재정정책에서는 재정의 자동안정화장치와 재정정책의 구축효과 문제가 자주 출제되고 있고, 재정정책의 유효성 논쟁도 함께 출제되고 있다. 경제안정화정책의 한 축인 금융정책 방법 논쟁도 중요하게 다루어지고 있다. 실업에서는 경제활동참가율과 실업률의 측정이 매우 중요하고, 고용률의 측정도 반드시 이해하고 있어야 한다. 실업의 종류와 대책, 자연실업률에 관한 내용도 잘 정리해 두어야 한다. 인플레이션에서는 인플레이션과 관련된 시사용어 등이 출제되고 있고, 인플레이션의 원인과 대책이 자주 출제된다. 경기변동론에서는 경기종합지수가 출제되고 있으므로 각 지수가 갖는 의미를 전반적으로 이해하고 있어야 한다. 경기종합지수 이 외에도 최근 신문에 등장하는 각종 경기변동지표들도 출제되고 있으므로 잘 정리해 두어야 한다.

핵심테마 21 | 국내총생산

1 개념

국내총생산(Gross Domestic Product : GDP)이란 (1) 일정 기간에 (2) 한 나라 안에서 (3) 생산되어 (4) 최종적인 용도로 사용되는 (5) 재화와 서비스의 (6) 시장가치를 모두 더한 것을 말한다.

2 구체적 의미

(1) 일정 기간에
① 국내총생산(GDP)은 일정한 기간에 측정되는 유량(flow)의 개념이다.
② GDP는 보통 분기(3개월, quarterly), 반년, 1년을 단위로 한국은행에서 측정한다.

(2) 한 나라 안에서
① 국내총생산(GDP)은 생산의 주체가 누구인지에 관계없이 한 나라의 국경 안에서 생산된 재화와 서비스를 측정의 대상으로 한다.
② 우리나라에 있는 외국인에 의해 생산된 상품의 가치는 국내총생산(GDP)에 포함되지만, 우리나라 국민이 외국에서 생산한 상품의 가치는 국내총생산(GDP)에 포함되지 않는다.
③ 국내총생산(GDP)과 국민총생산(GNP)
  ㉠ 국내총생산(GDP)이란 일정 기간에 한 나라의 국경 안에서 생산되어 최종적인 용도로 사용되는 재화와 서비스의 시장가치를 모두 더한 것을 말한다.
  ㉡ 국민총생산(GNP)이란 일정 기간에 한 나라의 국민에 의해 생산되어 최종적인 용도로 사용되는 재화와 서비스의 시장가치를 모두 더한 것을 말한다.

> **국내총생산(GDP)과 국민총생산(GNP)**
> $$GNP = GDP + 대외수취요소소득 - 대외지급요소소득$$
> $$= GDP + 대외순수취요소소득$$
> - 대외수취요소소득 : 우리나라 국민이 외국에서 생산한 최종생산물의 시장가치
> - 대외지급요소소득 : 외국인이 국내에서 생산한 최종생산물의 시장가치
> - 대외순수취요소소득 = 대외수취요소소득 - 대외지급요소소득

(3) 생산되어
① 지난해에 생산된 중고생산물이나 주택의 매매는 올해 국내총생산(GDP)에 포함되지 않고, 해당 연도에 생산된 상품의 가치만 국내총생산(GDP)에 포함된다. 단, 당해에 지어진 신축주택의 매입은 생산활동과 관련 있으므로 국내총생산(GDP)에 포함된다.
② 주식이나 채권 등 증권과 같은 금융자산의 매매차익은 생산활동에 의한 소득이 아니고 단지 소유권이전에 불과하므로 국내총생산(GDP)에 포함되지 않는다.
③ 정부의 이전지출은 실업수당이나 재해보상금, 사회보장기부금 등과 같이 정부가 당기의 생산활동과 무관한 사람에게 반대급부 없이 지급하는 것으로 국내총생산(GDP)에 포함되지 않는다.

국내총생산, 국민총생산
국내총생산은 속지주의 개념이고, 국민총생산은 속인주의의 개념이다. 국내총생산은 국경을 기준으로 내국인에 의해 생산된 것이든 외국인에 의해 생산된 것이든 한 국가 안에서 생산된 것을 모두 포함한다. 국민총생산은 국민을 기준으로 우리나라 국민이 국내에서 생산한 것과 외국에서 생산한 것을 모두 포함한다.

(4) 최종적인 용도로 사용되는
① 최종재(final goods)만이 국내총생산(GDP)에 포함되고, 중간재는 포함되지 않는다.
② 중간재가치를 국내총생산(GDP)에 포함하면 가치가 중복계산되는 문제가 발생한다.
③ 예외 : 중간재라 할지라도 당해에 판매되지 않은 중간재는 일단 최종재로 간주하여 재고투자의 항목으로 국내총생산(GDP)에 포함되고, 그 중간재가 다음 해에 판매되면 다음 해에는 중간재의 가치를 제외한 부가가치만이 국내총생산(GDP)에 포함된다.
④ 중간재와 부가가치
  ㉠ 중간재(intermediate goods)란 다른 생산물을 생산하는 데 쓰이는 원재료 및 반제품과 같은 재화를 말한다. 예 빵을 만들기 위해 생산된 밀가루
  ㉡ 부가가치(value added)란 생산자가 생산과정에서 새로 창출한 가치를 말한다.
    • 부가가치＝생산된 상품의 가치－중간투입물의 가치－고정자본소모
    • 국내총생산(GDP)＝최종재가치의 합＝부가가치의 합＋고정자본소모

(5) 재화와 서비스의
① 유형의 재화뿐만 아니라 무형의 서비스도 국내총생산(GDP)에 포함된다.
② 무형의 서비스 : 교육, 의료, 법률, 수송, 운송, 오락, 미용, 각종 문화 서비스 등

(6) 시장가치를 모두 더한 것
① 원칙적으로 시장에서 거래되는 생산물가치만이 국내총생산(GDP)에 포함된다.
② 시장에서 거래되지만 국내총생산(GDP)에 포함되지 않는 항목
  ㉠ 지하경제 : 마약, 밀수, 사채, 탈세, 암시장을 통한 거래, 회계장부에 기록되지 않고 지급되는 임금 등
  ㉡ 이전거래 : 상속, 증여 등
  ㉢ 자본이득 : 주식가격변동, 부동산가격변동(부동산 투기) 등
③ 시장에서 거래되지 않음에도 국내총생산(GDP)에 포함되는 항목
  ㉠ 전가가치, 전가가격(imputed value) : 시장가격이 형성되지 않는 재화와 서비스를 평가한 가치
  ㉡ 농산물의 농가 자체소비분
  ㉢ 주택소유주의 임대료 : 주택소유에 따른 귀속임대료(기회비용)
  ㉣ 정부서비스의 가치 : 군인, 경찰관, 소방관, 국회의원 등의 서비스가치

GDP에 포함되는 항목	GDP에 포함되지 않는 항목
가사도우미의 가사서비스	가정주부의 가사서비스
• 농가의 자체소비 농산물 • 농부가 밭에서 재배한 채소	• 가정주부의 자체소비 농산물 • 가정주부가 자신의 집 마당 텃밭에서 재배한 채소
신규주택매입	기존주택매입
회사채이자, 은행이자	국공채이자
• 주택소유주의 임대료 : 주택소유에 따른 귀속임대료(기회비용) • 정부서비스의 가치 : 군인, 경찰관, 소방관, 국회의원 등이 제공하는 국방·치안서비스의 가치	• 지하경제 : 마약, 밀수, 사채, 탈세, 암시장을 통한 거래, 회계장부에 기록되지 않고 지급되는 임금 등 • 이전거래 : 상속, 증여 등 • 자본이득 : 주식가격변동, 부동산가격변동(부동산 투기) 등 • 정부의 이전지출 : 실업수당, 재해보상금, 사회보장기부금 등
재고투자	중간재

최종재
본래의 형태 그대로 수명을 다할 때까지 최종적인 용도로 사용되는 생산물을 말한다.

재고투자
저량(stock)을 의미하는 재고가 아니라 유량(flow)을 의미하는 재고의 변동이다. 재고투자는 재고를 더 늘려 보유하는 형태로 이루어지는 투자이다.

고정자본소모
생산과정에서 마모된 자본재의 가치이므로 기업회계에서 사용하는 감가상각과 유사한 개념이다.

이전거래
경제주체 사이에서 무상으로 주고 받는 거래를 말한다.

← 주택소유주의 임대료는 주택소유주의 지출과 소득 모두에 포함된다.

← 회사채이자는 국내총생산에 포함되지만, 국공채이자는 생산활동과 무관한 이전지출에 해당하므로 국내총생산에 포함되지 않는다.

01 다음 설명이 맞으면 O, 틀리면 ×표 하세요.

(1) GDP는 한 국가 내의 일정 기간 동안 생산된 모든 최종생산물의 시장가치이다. ( )

(2) 실업수당은 정부지출이기 때문에 GDP에 포함된다. ( )

(3) 작년에 생산된 자동차를 올해 중고 대리점에서 구입하여 발생한 부가가치는 올해의 국내총생산에 포함된다. ( )

(4) 당해에 판매되지 않은 중간재는 재고투자의 항목으로 GDP에 포함된다. ( )

(5) 부동산 중개업자가 작년에 지어진 아파트의 올해 매매 중개로 받은 수수료는 올해의 국내총생산에 포함된다. ( )

(6) 주식유통시장에서의 주식거래액은 국민소득에 포함되지 않는다. ( )

02 다음 빈칸에 알맞은 말을 고르거나 적으세요.

(7) 해외에 지불하는 요소소득이 해외에서 수취하는 요소소득보다 큰 경우 GDP가 GNP보다 (크다/작다).

(8) 한국의 어느 제조회사가 중국에 공장을 세우고, 한국인과 중국인 노동자를 고용하는 경우 한국의 GNP는 (증가/감소)하고 중국의 GNP는 (증가/감소)한다.

(9) 국내총생산에는 감가상각된 자본재를 대체하는 데 사용되는 자본재의 가치도 (포함된다/포함되지 않는다).

(10) 외국인이 소유한 서울의 한 빌딩으로부터의 임대소득은 한국의 GDP 계산에 (포함된다/포함되지 않는다).

(11) 한국의 자동차 회사가 올해에 미국에서 생산하여 한국에서 판매한 자동차의 가치는 금년도 한국의 GDP에 (포함된다/포함되지 않는다).

| 정답 |
(1) O (2) × (3) × (4) O (5) O (6) O (7) 크다 (8) 증가, 증가 (9) 포함된다 (10) 포함된다 (11) 포함되지 않는다

| × 해설 |
(2) 실업수당은 재정지출 중에서 생산활동과 무관한 이전지출에 해당하므로 GDP에 포함되지 않는다.
(3) 중고자동차의 구입은 생산활동과 무관한 소유권 이전에 해당하므로 국내총생산에 포함되지 않는다.

01

국내총생산을 측정할 때 포함되지 <u>않는</u> 항목은?

① 정부의 긴급재난지원금
② 현대자동차의 자동차 수출
③ 올해 생산된 제품이지만, 판매되지 않고 재고로 남은 제품
④ 주택소유주의 자가주택 임대료
⑤ 농가가 생산한 농산물을 스스로 소비한 부분

대표개념 키워드 GDP에 포함되는 항목

| 해설 |

정부의 긴급재난지원금은 실업수당이나 재해보상금, 사회보장기부금 등과 같이 정부가 당기의 생산활동과 무관한 사람에게 반대급부 없이 지급하는 정부의 이전지출로서 국내총생산에 포함되지 않는다.

| 오답 피하기 |

② 자동차 수출은 지출국민소득에서 순수출로 이는 국내총생산에 포함된다.
③ 당해 연도에 발생한 재고의 증가는 재고투자의 항목에 포함되기 때문에 국내총생산에 포함된다.
④ 주택소유주의 자가주택 임대료는 주택소유주의 귀속임대료(기회비용)로서 시장에서 거래되지 않음에도 국내총생산에 포함되는 항목이다.
⑤ 농가의 농산물 자체 소비분은 시장에서 거래되지 않음에도 국내총생산에 포함되는 항목이다.

정답 | ①

02

한국의 의류제조업체가 지급한 임금이 각국의 GDP, GNI에 미치는 영향을 바르게 연결한 것은?

> 한국의 의류제조업체가 중국에 진출하여 현지 공장을 세우고, 한국 사람과 현지 중국 사람을 고용해 임금을 지급했다.

	한국 GNI	중국 GNI	중국 GDP
①	불변	감소	증가
②	불변	감소	증가
③	감소	증가	증가
④	증가	증가	불변
⑤	증가	증가	증가

대표개념 키워드 GDP와 GNI의 변화

| 해설 |

- 한국 사람을 고용하여 임금을 지급하였으므로 한국 GNI는 증가한다.
- 중국 사람을 고용하여 임금을 지급하였으므로 중국 GNI는 증가한다.
- 중국에 진출하여 생산을 하였으므로 중국 GDP는 증가한다.

정답 | ⑤

핵심테마 21 | 국내총생산

03

국내총생산에 포함되지 <u>않는</u> 경제활동은?

① 컴퓨터회사의 신규공장 설립
② 증권회사의 자금 운용에 따른 채권 매입
③ 자동차회사의 신제품 개발을 위한 R&D 투자
④ 항공모함 제작을 위한 정부의 국방비에 대한 지출
⑤ 고속도로 건설을 위한 정부의 사회간접자본에 대한 지출

대표개념 키워드 국내총생산의 항목

| 해설 |

주식이나 채권 등 증권과 같은 금융자산에 대한 투자는 생산활동에 의한 소득이 아니라 단지 소유권이전에 불과하므로 국내총생산에 포함되지 않는다. 기존주식의 거래나 기존주택의 거래는 생산활동과 무관한 소유권이전에 불과하여 국내총생산에 포함되지 않지만, 기업이 신주발행을 통해 자금을 조달하여 신규투자를 하였거나 당해에 지어진 신축주택의 매입은 생산활동과 관련 있으므로 국내총생산에 포함된다.

| 오답 피하기 |

① 컴퓨터회사의 신규공장 설립은 지출 GDP에서 투자지출에 포함된다.
③ 자동차회사의 신제품 개발을 위한 R&D 투자는 지출 GDP에서 투자지출에 포함된다.
④ 정부의 국방비 지출은 지출 GDP에서 정부지출에 포함된다.
⑤ 정부의 도로건설을 위한 SOC 지출은 지출 GDP에서 정부지출에 포함된다.

정답 | ②

04

다음 뉴스에 등장하는 경제지표의 개선정책에 해당하지 <u>않는</u> 것은?

> **NEWS**
> 우리나라 올해 1분기 실질국내총생산(GDP),
> 4월 속보치 하향 조정!
>
> 국민소득(잠정)에 따르면 2021년 1분기 실질 GDP 성장률이 전기 대비 0.7%를 기록하였다. 이는 한국은행이 지난 9일 발표한 속보치보다 0.2% 포인트 내린 수치이다.

① 국내 생산에 있어 외국인의 활동을 장려한다.
② 외국에 거주하는 자국민들의 생산활동을 장려한다.
③ 국내 직접투자에 대한 외국인들의 활동을 장려한다.
④ 국내에 거주하는 내외국민들의 생산활동을 장려한다.
⑤ 한국은행이 통화량을 증가시켜 소비와 투자를 촉진시킨다.

대표개념 키워드 국내총생산의 항목

| 해설 |

국내총생산은 생산의 주체가 누구인지에 관계없이 한 나라의 국경 안에서 생산된 재화와 서비스가 측정의 대상이 된다. 국내총생산은 국경을 기준으로 내국인에 의해 생산된 것이든 외국인에 의해 생산된 것이든 한 국가 안에서 생산된 것은 모두 포함한다.

| 오답 피하기 |

①③ 국내총생산은 국경을 기준으로 내국인에 의해 생산된 것이든 외국인에 의해 생산된 것이든 한 국가 안에서 생산된 것은 모두 포함하므로 외국인의 국내생산활동이나 투자활동을 장려하면 국내총생산은 증가한다.
④ 국내총생산은 생산의 주체가 누구인지에 관계없이 한 나라의 국경 안에서 생산된 재화와 서비스가 측정의 대상이 된다. 국내총생산은 국경을 기준으로 내국인에 의해 생산된 것이든 외국인에 의해 생산된 것이든 한 국가 안에서 생산된 것은 모두 포함한다.
⑤ 통화량을 증가시켜 소비와 투자가 촉진되면 국민소득이 증가한다.

정답 | ②

핵심테마 22 | 삼면등가의 법칙

1 생산 GDP(국내총생산)

① 생산 GDP란 해당 기간에 생산해 낸 최종재의 가치를 합한 것을 말한다.
② 생산 GDP는 각 생산단계에서의 부가가치와 고정자본소모를 합하여 계산할 수도 있다.

생산 GDP

생산 GDP = 최종재가치의 합
= 부가가치의 합 + 고정자본소모

부가가치
생산자가 생산과정에서 새로 창출한 가치이다.

고정자본소모
생산과정에서 마모된 자본재의 가치를 의미한다.

2 지출 GDP(국내총지출)

① 지출 GDP란 해당 기간에 최종재에 대한 지출을 합계한 것을 말한다.
② 최종재는 가계의 소비지출, 기업의 투자지출, 정부의 정부지출, 외국의 순수출 등으로 사용된다. 소비지출은 C, 투자지출은 I, 정부지출은 G, 수출은 X, 수입은 M으로 나타낸다.
③ C, I, G 중에서 국내 생산품에 대한 지출을 각각 C^d, I^d, G^d라고 하고, 수입품에 대한 지출을 C^f, I^f, G^f라고 나타내면 다음과 같은 식이 성립된다.

소비지출(C), 투자지출(I), 정부지출(G)

- 소비지출: $C = C^d + C^f$
- 투자지출: $I = I^d + I^f$
- 정부지출: $G = G^d + G^f$

소비지출
가계가 구입한 재화와 서비스의 시장가치를 말한다.

투자지출
기업과 정부가 구입한 자본재의 시장가치를 말한다.

정부지출
정부가 공공서비스를 생산하기 위해 지출한 인건비와 물건비 등의 정부소비지출을 말한다.

④ GDP는 국내에서 생산된 상품의 가치만을 포함하므로 위의 식을 이용하면 지출 GDP는 다음과 같이 측정된다.
 ㉠ 국내에서 생산된 상품의 가치를 가계가 지출한 것은 C^d, 기업이 지출한 것은 I^d, 정부가 지출한 것은 G^d, 외국이 지출한 것은 X가 된다.
 ㉡ $C^f + I^f + G^f = M$

지출 GDP

$$\text{지출 } GDP = C^d + I^d + G^d + X$$
$$= (C - C^f) + (I - I^f) + (G - G^f) + X$$
$$= C + I + G + X - (C^f + I^f + G^f)$$
$$= C + I + G + (X - M)$$
$$= C + I + G + X_N$$

- $X_N = X - M$: 순수출(net export)

⑤ 각 경제주체의 총구입액과 총생산액이 불일치하는 경우
 ㉠ 총구입액이 총생산액에 미달하는 경우 생산액의 일부가 기업의 재고로 남게 된다.
 ㉡ 국민소득계정상의 투자항목에는 총고정자본형성(= 고정투자 = 건설투자 + 설비투자)과 재고투자가 있다.
 ㉢ 해당 연도에 발생한 재고의 증가는 재고투자의 항목에 포함되기 때문에 사후적으로 생산 GDP와 지출 GDP는 일치한다.

3 분배 GDP(국내총소득)

① 분배 GDP란 해당 기간 생산요소시장에서의 요소소득을 모두 합계한 것을 말한다. 즉, 한 해 동안 전 국민이 얻은 소득의 합을 의미한다.
② 기업의 부가가치는 노동, 자본, 토지와 같은 생산요소에 대한 대가로 지급된다.
③ 총생산액 중 고정자본소모분과 순간접세는 요소소득으로 분배될 수 없으므로 분배 GDP에는 이를 더해 주어야 한다.

> **분배 GDP**
> 분배 GDP = 임금 + 이자 + 지대 + 이윤 + 고정자본소모 + 순간접세
>   = 소비(C) + 저축(S) + 조세(T)

분배국민소득
노동을 제공한 사람에게 임금(급여), 자본을 제공한 사람에게 이자, 토지나 건물을 빌려준 사람에게 지대(임대료), 나머지는 기업의 이윤으로 주주에게 분배된다.

4 삼면등가의 법칙

① 삼면등가의 법칙이란 GDP를 생산, 지출, 분배라는 세 가지 측면에서 측정하면 모두 동일한 값이 나오는 것을 말한다.
② 통계작성의 시차와 부정확성을 통계적 불일치로 처리한다면 생산, 지출, 분배라는 세 가지 측면에서 측정한 GDP는 모두 동일하게 계산된다.

> **삼면등가의 법칙**
> • 생산 GDP = 지출 GDP = 분배 GDP
> • $Y = GDP = C + I + G + (X - M) = C + S + T$

5 국민총소득

(1) 개요

① 국민총소득(Gross National Income : GNI)이란 일정 기간에 한 나라의 국민이 소유하고 있는 생산요소를 국내외에 제공한 대가로 벌어들인 소득을 말한다.
② 실질 GDP는 생산활동의 수준을 측정하는 생산지표인 반면, 실질 GDI 또는 실질 GNI는 생산활동을 통해 획득한 소득의 실질 구매력을 나타내는 실질소득지표이다.
③ GDP는 경제성장률의 중심지표이고, GNI는 1인당 국민소득의 중심지표로 이용된다.

국민총소득
국내총생산(GDP)은 한 나라의 생산활동을 나타내는 생산지표인데 반해, 국민총소득(GNI)은 국민의 생활 수준을 측정하기 위한 소득지표이다.

(2) 측정

① 명목변수에서는 생산 측면에서 측정한 값과 소득 측면에서 측정한 값이 동일하다.

> **국민소득의 명목변수**
> • 명목국민총소득(명목 GNI) = 명목국민총생산(명목 GNP)
> • 명목국내총소득(명목 GDI) = 명목국내총생산(명목 GDP)

② 국민소득지표의 실질변수를 구할 때에는 교역조건의 변화에 따른 실질무역손익을 조정해야 한다.
③ 교역조건(terms of trade)이란 수출품 한 단위를 수출해서 수입 가능한 수입품의 양을 의미한다. 교역조건은 국제가격을 기준으로 측정된다. 값이 커지면 교역조건이 개선되었다고 하고, 값이 작아지면 교역조건이 악화되었다고 한다.

교역조건
수입상품의 단위로 표시한 수출상품 한 단위의 가치를 말한다.

> **교역조건**
>
> $$\text{교역조건} = \frac{\text{수출물가지수}}{\text{수입물가지수}} = \frac{\text{수출단가}}{\text{수입단가}}$$

④ 국민소득의 실질변수 간에는 다음과 같은 식이 성립한다.

> **국민소득의 실질변수**
> - 실질 GNI = 실질 GDI + 실질대외순수취요소소득
> - 실질 GDI = 실질 GDP + 교역조건변화에 따른 실질무역손익
> - 실질 GNI = 실질 GDP + 교역조건변화에 따른 실질무역손익 + 실질대외순수취요소소득

⑤ 교역조건이 개선되었을 경우 실질무역이익이 발생하므로 실질 GDI가 실질 GDP보다 크고, 교역조건이 악화되었을 경우 실질무역손실이 발생하므로 실질 GDI가 실질 GDP보다 작다.

6 GDP와 GNI의 한계점

(1) 한계점

① 시장가치만을 포함하므로 시장에서 거래되지 않은 가치를 반영하지 못한다.
  ㉠ 자급자족이 많고 화폐화의 정도가 낮은 후진국이나 과거로 갈수록 국내총생산(GDP)이 과소평가된다.
  ㉡ 소비자들이 즐기는 여가는 후생의 주요 지표임에도 불구하고 여가의 가치를 반영하지 못하고 있다.
  ㉢ 가정주부의 가사서비스의 가치는 후생을 증가시키는 중요한 요소이지만, 이를 반영하지 못하고 있다. 가정주부의 가사노동이 세탁업자, 보모, 식당업자 등에게로 이전되면 국내총생산(GDP)은 증가하지만 국민후생은 증가하지 않는다.

② 생산과정에서 파생되는 공해와 자연파괴, 교통체증, 사고, 범죄 증가 등의 외부비경제효과를 도외시한다.
  예 연탄공장에서 생산되는 연탄이나 골프장의 수입은 국내총생산(GDP)에 포함되지만, 이로 인한 공해비용이나 환경파괴는 반영되지 않는다.

③ 상품의 질적 변화를 반영하지 못한다.
  예 과거보다 휴대전화의 품질은 좋아져서 휴대전화를 사용하는 개인의 후생은 증가하였다고 할 수 있지만, 국내총생산은 생산량의 증가만을 반영한다.

④ 국방·경찰·소방서비스 등의 정부서비스는 필요악적(수단적) 지출로서 후생과 직접적인 관련이 없지만 이를 국민소득에 포함함으로써 후생을 과대평가한다.

⑤ 국민소득 측정 시 직접 계산하는 것이 아니라 각종 통계에 의해 추계하여 구하는 표본추출 추계방식을 택하기 때문에 정확도에 문제가 있다.

(2) 경제후생지표

> **경제후생지표(MEW)**
> = GDP + 사회적 후생을 증가시키는 요인 − 사회적 후생을 감소시키는 요인
> = GDP + 여가의 가치 + 가정주부의 가사서비스의 가치 − 공해비용

경제후생지표(Measure Of Economic Welfare : MEW)
국내총생산(GDP)의 개념이 사회후생 수준을 잘 반영하지 못한다는 한계점을 보완하기 위해 토빈(J. Tobin)과 노드하우스(W. Nordhaus)가 개발한 개념이다.

01 다음 설명이 맞으면 ○, 틀리면 ×표 하세요.

(1) 지출 GDP(국내총지출)는 해당 기간에 최종재에 대한 지출을 합계한 것을 말한다. ( )

(2) 수출품의 국제가격이 상승하면 교역조건이 개선된다. ( )

(3) 교역조건이 개선되면 실질 GDI가 실질 GDP보다 크다. ( )

(4) 자급자족이 많고 화폐화의 정도가 낮은 후진국이나 과거로 갈수록 국내총생산이 과대평가된다. ( )

(5) 자연파괴, 교통체증, 격증하는 사고, 범죄증가 등의 외부비경제효과를 고려하는 경우 실제 국내총생산은 실제 후생수준을 과소평가한다. ( )

02 다음 빈칸에 알맞은 말을 고르거나 적으세요.

(6) 생산 GDP는 각 생산단계에서의 부가가치와 ( )를 합하여 계산할 수도 있다.

(7) 지출 GDP(국내총지출)는 소비지출, 투자지출, 정부지출, ( )로 구성된다.

(8) 만약 총구입액이 총생산액에 미달하는 경우 재고의 증가가 발생하게 되는데 이는 ( )의 항목에 포함된다.

(9) 분배 GDP(국내총소득)는 임금, 이자, ( ), 이윤으로 구성된다.

(10) 경제성장률의 중심지표는 GDP이지만, '1인당 국민소득'의 중심지표는 ( )가 된다.

| 정답 |
(1) ○ (2) ○ (3) ○ (4) × (5) × (6) 고정자본소모 (7) 순수출 (8) 재고투자 (9) 지대 (10) GNI

| × 해설 |
(4) 자급자족이 많고 화폐화의 정도가 낮은 후진국이나 과거로 갈수록 생산활동이 시장에서 나타나지 않은 경우가 많으므로 국내총생산이 과소평가된다.
(5) 국내총생산에서는 외부비경제효과를 고려하지 않으므로 실제 후생수준을 과대평가한다.

출제 0순위 공략! 꼭 풀어야 할 대표문제

01

다음 뉴스에서 밑줄 친 부분에 해당하는 소득의 종류를 [보기]에서 고르면?

> **NEWS**
> 우리나라의 1인당 GNI는 2015년 기준 3,093만 5,000원이었다. 이는 4인 가구 기준으로 환산하면 연간소득이 1억 2천만 원 이상이 된다. 국민소득 측정의 삼면등가의 법칙에 의해 생산국민소득은 지출국민소득 및 분배국민소득과 동일하다. 하지만 이러한 결과는 통계청의 가계조사연보의 가계소득과는 괴리가 있는데, 이는 1인당 분배국민소득 중에서 가계소득에 포함되지 않는 요소가 있기 때문이다.

―보기―
ㄱ. 정부의 사업소득 및 재산소득
ㄴ. 법인의 영업활동으로 생긴 이익잉여금
ㄷ. 개인이 얻은 임대료, 이자 등의 재산소득
ㄹ. 노동자가 노동을 제공하고 그 대가로 받은 임금소득

① ㄱ, ㄴ
② ㄱ, ㄷ
③ ㄴ, ㄷ
④ ㄴ, ㄹ
⑤ ㄷ, ㄹ

대표개념 키워드 분배국민소득

| 해설 |
- 분배국민소득에는 기업과 정부 소득이 포함되어 있기 때문에 가계소득과는 괴리가 발생한다. 따라서 가계소득은 가계총처분가능소득($PGDI$)으로 가늠해 보는 것이 현실에 더 가깝다.
- 분배국민소득이란 해당 기간 생산요소시장에서의 요소소득을 모두 합한 것으로서 한 해 동안 전 국민이 얻은 소득의 합을 의미한다. 기업의 부가가치는 노동, 자본, 토지와 같은 생산요소에 대한 대가로 지급된다. 노동을 제공한 사람에게 임금(급여), 자본을 제공한 사람에게 이자, 토지나 건물을 빌려준 사람에게 지대(임대료), 나머지는 기업의 이윤으로 주주에게 분배된다. 따라서 분배국민소득은 임금, 이자, 지대, 이윤으로 구성된다.
- ㄱ. 정부의 사업소득 및 재산소득은 정부의 소득에 해당하고, 법인의 영업활동으로 생긴 이익잉여금은 기업의 소득에 해당한다.

정답 | ①

02

다음 뉴스기사를 읽고 한국은행 총재의 말을 뒷받침할 수 있는 주장으로 거리가 먼 것은?

> **NEWS**
> 한국은행 총재는 최근 경제성장의 척도인 GDP 통계가 경제변화나 삶의 질과 같은 근본적인 고민을 반영하지 못한다는 판단하에 그 한계점을 지적하며 이를 보완하겠다는 뜻을 밝혔다. 총재는 경제동향간담회를 주재한 자리에서 '근래 디지털 경제가 확대돼 GDP 신뢰성이 점차 낮아지는 것 같다.'며, '빅데이터 활용 등을 통해 GDP 통계추정 방법을 개선시키고, 생활 수준을 보다 잘 나타낼 수 있는 지표도 개발할 계획'이라고 강조하였다.

① 후진국이나 과거로 갈수록 GDP가 과대평가된다.
② 치안서비스나 국방력을 강화할수록 GDP는 증가할 수 있다.
③ 골프장 건설로 환경오염이 악화되어도 GDP는 증가할 수 있다.
④ 재화와 서비스의 품질이 향상되어도 GDP는 반영되지 않을 수 있다.
⑤ 가정주부의 가사서비스나 여가의 가치를 GDP는 반영하지 못하고 있다.

대표개념 키워드 GDP의 한계점

| 해설 |
GDP는 시장에서 거래되는 가치만을 반영하므로 자급자족이 많고 화폐화의 정도가 낮은 후진국이나 과거로 갈수록 국내총생산이 과소평가된다.

| 오답 피하기 |
② 국방서비스, 경찰서비스, 소방서비스 등의 정부서비스는 필요악적 지출(수단적 지출)로 후생과 직접적인 관련이 없지만 이를 국민소득에 포함함으로써 후생을 과대평가한다.
③ GDP는 생산과정에서 파생되는 공해와 자연파괴, 교통체증, 사고, 범죄 증가 등의 외부비경제효과를 도외시하였다.
④ GDP는 상품의 질적 변화를 반영하지 못한다.
⑤ GDP는 시장에서 거래되는 가치만을 반영하므로 가정주부의 가사서비스의 가치를 반영하지 못하고, 소비자들이 즐기는 여가는 후생의 주요 지표임에도 불구하고 여가의 가치를 반영하지 못하고 있다.

정답 | ①

핵심테마 23 | 경기변동

1 개요

(1) 경기변동
① 경기(business conditions)란 전반적인 경제활동상태를 말한다.
② 경기변동(business fluctuation) 또는 경기순환(business cycle)이란 국민경제의 총체적인 경제활동이 상당한 규칙성을 보이면서 주기적으로 호경기와 불경기가 반복적으로 나타나는 현상을 말한다.

(2) 경기회복국면의 유형
① V자형이란 경기가 급속히 냉각되면서 최저점(trough)에 도달한 뒤 곧바로 상승세로 반전되는 현상이다.
② U자형이란 비교적 서서히 경기침체로 빠져들면서 불황국면이 비교적 오랫동안 지속되다가 완만한 상승세로 돌아서는 현상이다.
③ W자형 : 이중침체(더블딥, double dip)
  ㉠ 두 번에 걸쳐 경기저점을 형성하는 것이다.
  ㉡ 경기침체국면에서 회복국면으로 전환된 듯하다가 다시 침체국면으로 빠져드는 현상이다.

(3) GDP갭
① GDP갭이란 잠재 GDP와 실제 GDP의 격차로 정의되고, 장기추세를 뜻하는 경제성장곡선과 실제 국내총생산을 나타내는 경기변동곡선의 차이를 의미한다.

> GDP갭
> $$GDP갭 = 잠재\ GDP - 실제\ GDP$$

② GDP갭이 음(−)이면 호황기, GDP갭이 양(+)이면 불황기를 의미한다.

(4) 경기변동의 공행성
① 경기순응적 경제변수 : 소득, 고용, 소비, 투자, 물가 등
② 경기역행적 경제변수 : 재고, 실업 등

2 경기변동의 원인

(1) 총수요 측면의 요인
① 총수요가 증가하면 국민소득이 증가하고 물가가 상승하고, 총수요가 감소하면 국민소득이 감소하고 물가가 하락한다.
② 총수요 측면에 의해 경기변동이 발생하면 물가는 경기순응적 변수가 된다.

(2) 총공급 측면의 요인
① 총공급이 증가하면 국민소득이 증가하고 물가가 하락하고, 총공급이 감소하면 국민소득이 감소하고 물가가 상승한다.
② 총공급 측면에 의해 경기변동이 발생하면 물가는 경기역행적 변수가 된다.

경기변동의 국면
일반적으로 호황국면, 후퇴국면, 불황국면, 회복국면의 4국면으로 이루어진다.

경기변동의 공행성
경기변동의 과정에서 경제변수가 일정한 관련을 갖고 함께 움직이는 현상이다.

개념반복! 약점체크! 쪽지시험

01 다음 설명이 맞으면 ○, 틀리면 ×표 하세요.

(1) 경기란 전반적인 경제활동상태를 말한다. ( )

(2) 경기변동 국면 중 V자형은 경기가 급속히 냉각되어 최저점에 도달한 뒤 곧바로 상승세로 반전되는 현상이다. ( )

(3) 경기변동 국면 중 M자형은 두 번에 걸쳐 경기 저점을 형성하는 것으로 더블딥이라고도 한다. ( )

(4) 경기변동의 공행성은 경기변동 과정에서 경제변수가 일정한 관련을 갖고 함께 움직이는 현상이다. ( )

(5) 총수요가 감소하면 국민소득이 증가하고 물가가 상승한다. ( )

02 다음 빈칸에 알맞은 말을 고르거나 적으세요.

(6) ( )이란 국민경제의 총체적인 경제활동이 상당한 규칙성을 보이면서 주기적으로 호경기와 불경기가 반복적으로 나타나는 현상이다.

(7) 경기변동 국면 중 ( )은 서서히 경기가 침체되어 불황국면이 오랫동안 지속되다가 완만한 상승세로 돌아서는 현상이다.

(8) GDP갭 = 잠재GDP − ( )

(9) GDP갭이 음(−)이면 ( )기, GDP갭이 양(+)이면 ( )기를 의미한다.

(10) 총공급 측면에 의해 경기변동이 발생하면 ( )는 경기역행적 변수가 된다.

| 정답 |
(1) ○ (2) ○ (3) × (4) ○ (5) × (6) 경기변동(경기순환) (7) U자형 (8) 실제GDP (9) 호황, 불황 (10) 물가

| × 해설 |
(3) W자형이란 두 번에 걸쳐 경기 저점을 형성하는 것으로 경기침체국면에서 회복국면으로 전환된 듯하다가 다시 침체국면으로 빠져드는 현상이다.
(5) 총수요가 증가하면 국민소득이 증가하고 물가가 상승하고, 총수요가 감소하면 국민소득이 감소하고 물가가 하락한다.

출제 0순위 공략! 꼭 풀어야 할 대표문제

01

경기변동 과정에서 '침체 → 회복기 → 침체'와 같이 두 번에 걸쳐 경기저점을 형성하면서 나타나는 이중경기침체 현상은?

① 브래킷 크리프
② 쿠즈네츠 파동
③ 더블딥
④ 재정절벽
⑤ 시퀘스터

대표개념 키워드 더블딥

| 해설 |
더블딥(double dip)은 이중침체로서 두 번에 걸쳐 경기저점을 형성하는 것이다. 경기침체국면에서 회복국면으로 전환된 듯하다가 다시 침체국면으로 빠져드는 현상이다.

| 오답 피하기 |
① 브래킷 크리프(bracket creep)란 물가상승에 따라 명목소득이 늘어나면 납세자의 소득 여부와 상관없이 높은 세율이 적용되어 실질적인 증세가 나타나는 현상이다. 납세자도 모르게 늘어나는 세금이라고 해서 '감춰진 증세(hidden tax hike)'라고도 한다.
② 쿠즈네츠 파동은 약 20~25년을 주기로 하는 경기변동이다.
④ 재정절벽이란 정부의 재정지출이 갑자기 삭감되거나 중단되어 경제에 충격을 주는 현상을 말한다.
⑤ 시퀘스터(sequester)란 정부의 지출 예산을 자동으로 삭감하는 것을 말한다. 미국의 적자 통제 조치 중 하나로, 다음 회계연도에 허용된 최대한의 적자규모를 초과할 경우 의회와 정부가 예산삭감 회피방안에 대한 합의를 보지 못하면 발동된다.

정답 | ③

02

다음 그래프는 어느 국민경제의 연도별 잠재 GDP와 실제 GDP의 변화를 나타낸 것이다. A시기의 경제현상으로 옳지 <u>않은</u> 것은?

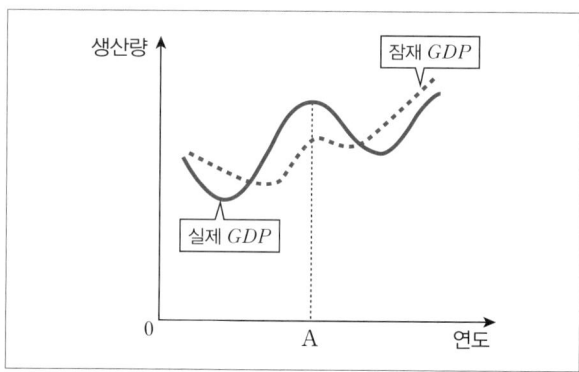

① 주가가 상승한다.
② 실업률이 하락한다.
③ 이자율이 하락한다.
④ 부동산가격이 상승한다.
⑤ 근로자들의 임금이 상승한다.

대표개념 키워드 호경기

| 해설 |
A시기에는 실제 GDP가 잠재 GDP보다 크므로 호경기이다. 호경기에는 민간소비와 투자의 증가로 인해 자금에 대한 수요가 증가하므로 이자율이 상승한다.

| 오답 피하기 |
① 호경기에는 기업실적에 대한 긍정적인 기대로 인해 주가가 상승한다.
② 호경기에는 생산활동이 활발해지면서 고용이 증가하므로 실업률은 하락한다.
④ 부동산가격이 상승하면 소비와 투자가 증가하여 경기가 확장된다.
⑤ 호경기에는 생산활동이 활발해지면서 노동수요가 증가하므로 임금이 상승한다.

정답 | ③

핵심테마 24 | 본원통화와 통화승수

1 본원통화

(1) 개념
① 본원통화(reserve base)란 중앙은행의 창구를 통해 시중에 나온 현금으로, 중앙은행의 1차적인 화폐공급을 의미한다.
② 본원통화가 공급되면 이는 예금은행의 신용창조의 과정을 거쳐 몇 배나 되는 크기의 통화량으로 증가하기 때문에 고성능화폐(high-powered money)라고도 한다.

(2) 구성
① 지급준비금
 ㉠ 예금은행은 민간으로부터 받은 예금액을 모두 대출해 주면 예금자의 예금인출 요구에 부응할 수 없으므로 예금자의 예금인출에 대비하여 예금액을 전액 대출하지 않고 예금액의 일정비율을 준비금으로 보유하게 되는데, 이를 지급준비금(支給準備金, reserve)이라고 한다.
 ㉡ 중앙은행이 법으로 정한 지급준비금을 법정지급준비금(legal reserve)이라고 하고, 법정지급준비금을 초과하여 보유하고 있는 지급준비금을 초과지급준비금(excess reserve)이라고 한다.
 ㉢ 예금총액에서 법정지급준비금이 차지하는 비율을 법정지급준비율(r_l)이라고 하고, 초과지급준비금이 차지하는 비율을 초과지급준비율(r_e)이라고 한다.

> **지급준비금과 지급준비율**
> • 지급준비금(R) = 법정지급준비금(R_l) + 초과지급준비금(R_e)
> • 지급준비율(r) = 법정지급준비율(r_l) + 초과지급준비율(r_e)

② 구성
 ㉠ 민간에 남아 있는 본원통화가 현금통화(cash currency)이고, 예금은행으로 들어간 본원통화는 예금은행의 지급준비금이 된다.
 ㉡ 예금은행은 한국은행에 당좌계정을 두어 법정지급준비금의 일부를 예치하는데, 이를 중앙은행 지급준비예치금 또는 지준예치금이라고 한다.
 ㉢ 예금은행에 남아 있는 지급준비금의 일부가 예금은행의 시재금(vault cash)이 된다.

> 예금은행의 시재금 = 법정지급준비금의 일부 + 초과지급준비금

 ㉣ 화폐발행액이란 중앙은행 밖에 남아 있는 현금총액으로, 본원통화 중 시중에 남아 있는 통화를 말한다.

본원통화(B)		
현금통화(C)	예금은행 총지급준비금(R)	
현금통화(C)	예금은행 시재금(예금은행 화폐보유액)	중앙은행 지급준비예치금
화폐발행액		중앙은행 지급준비예치금

중앙은행 디지털화폐(Central Bank Digital Currency : CBDC)
각국의 중앙은행이 전자적 형태로 발행하는 디지털 형태의 공식 통화로서 법정 화폐와 일정 비율로 교환되어 가치 변동의 위험이 없다.

본원통화의 공급경로
• 중앙은행으로부터 정부의 차입이 발생하면 본원통화공급이 증가한다.
• 예금은행이 중앙은행으로부터의 차입을 증가시키면 본원통화공급이 증가한다.
• 수출이 증가하거나 차관 등 외자가 도입되면 외환이 국내로 유입된다. 외국으로부터 유입된 외환은 대부분 중앙은행에서 매입하게 되는데 그 대금을 원화로 지급하게 되므로 이 과정에서 본원통화공급이 증가한다.

지급준비예치금
중앙은행의 창구를 통해 나간 본원통화 중의 일부가 중앙은행으로 다시 환류된 몫이다.

2 예금은행의 신용창조

(1) 기본가정
① 요구불예금만 존재하고 저축성예금은 없다.
② 예금은행조직 밖으로의 현금누출은 없다.
③ 예금은행은 중앙은행이 법으로 정한 법정지급준비금만을 보유하고, 초과지급준비금은 보유하지 않는다.

(2) 신용창조과정
① 수출업자가 달러화를 중앙은행에서 1억 원만큼 원화로 환전했다고 가정한다.
② 수출업자는 자신의 거래은행인 A은행의 요구불예금구좌에 1억 원을 입금하였다. 그 결과 A은행의 보유현금이 1억 원만큼 증가하게 되는데, 이는 은행의 지급준비금이 그 크기로 증가하였음을 의미한다.
③ 법정지급준비율이 20%라면 A은행은 예금액 1억 원의 20%에 해당하는 2,000만 원을 지급준비금으로 남기고, 나머지 8,000만 원을 다른 고객에게 대출해 준다.
④ 8,000만 원을 대출받은 사람이 대출받은 돈을 모두 자신의 거래은행인 B은행의 요구불예금구좌에 입금한다고 가정한다.
⑤ B은행은 예금액 8,000만 원 중 20%에 해당하는 1,600만 원만을 지급준비금으로 남기고, 나머지 6,400만 원을 또 다른 고객에게 대출해 준다.
⑥ 이번에는 B은행으로부터 대출받은 사람이 대출받은 6,400만 원을 자신의 거래은행인 C은행에 예금함으로써 지금까지의 과정이 또 한 번 반복된다.
⑦ 이처럼 무한히 반복되는 예금창조과정을 통해 총예금창조액은 5억 원이 된다.

3 통화승수

(1) 개요
① 통화량이 본원통화의 몇 배인지를 보여 주는 배수, 즉 통화량을 본원통화로 나눈 값을 통화승수(money multiplier) 또는 화폐승수라고 한다.
② 통화량(M)은 현금통화(C)와 예금통화(D)의 합계이다.
③ 본원통화(B)는 현금통화(C)와 지급준비금(R)의 합계이다.

(2) 통화승수의 결정 요인
① 민간의 현금보유비율이 낮을수록 예금이 증가하고, 그만큼 예금은행의 대출 여력이 커지게 되므로 통화승수는 커진다.
② 지급준비율이 낮을수록 예금은행의 대출 여력이 커지므로 통화승수는 커진다. 법정지급준비율은 중앙은행이 조정하고, 초과지급준비율은 예금은행이 조정한다.
③ 신용카드, 현금카드, 전자화폐, 현금자동인출기의 증가 등 신용사회의 발전은 현금수요의 감소를 초래하여 현금보유비율을 감소시키므로 통화승수는 커진다.

(3) BIS 자기자본비율
① BIS 자기자본비율(BIS capital adequacy ratio)이란 국제결제은행(Bank For International Settlement : BIS)이 정하는 은행의 건전성기준으로, 은행의 자기자본비율을 의미한다.
② BIS 자기자본비율은 금융기관의 자기자본을 위험가중자산(risk-weighted assets)으로 나누어 구한다.

신용승수(credit multiplier)
- 본원적 예금과 궁극적으로 증가한 예금통화인 총예금창조액 사이의 비율을 말한다.
- 신용승수는 법정지급준비율의 역수로 구해진다. 예를 들어 법정지급준비율이 0.2이면 신용승수는 1/0.2 = 5이다.

현금보유비율
예금이나 통화량 대비 현금통화의 비율로서 민간이 현금을 줄이고 예금을 증가시키면 값이 작아진다.

위험가중자산
금융기관의 대출(보증)금액 중 대출(보증)해 준 기관(국영기업, 일반기업, 금융기관 등)의 위험 정도에 따라 가중치를 곱하여 반영한 것이다. 즉, 대출이나 투자에 쓴 돈을 위험에 따라 다시 계산한 것을 말한다.

01 다음 설명이 맞으면 O, 틀리면 ×표 하세요.

(1) 본원통화는 현금통화와 중앙은행 지급준비금으로 구성된다. ( )

(2) 민간의 요구불예금은 본원통화의 구성요소이다. ( )

(3) 초과지급준비금은 총예금에서 법정지급준비금을 공제한 것이다. ( )

(4) 민간의 현금보유비율이 낮을수록 통화승수는 커진다. ( )

(5) 수출기업에 대한 대출을 늘리면 자기자본비율이 상승한다. ( )

(6) 지급준비율이 높을수록 통화승수는 증가한다. ( )

02 다음 빈칸에 알맞은 말을 고르거나 적으세요.

(7) 예금총액에서 법정지급준비금이 차지하는 비율을 ( )이라고 한다.

(8) 통화량은 현금통화와 ( )의 합계이다.

(9) 신용카드와 현금카드의 증가 및 전자화폐의 등장으로 현금수요가 감소하면 통화승수가 (커/작아)진다.

(10) 통화승수가 2.5이고, 민간의 현금보유 규모와 일반상업은행의 지급준비금 규모가 각각 10이라고 할 때 민간이 보유한 요구불예금 규모는 ( )이다.

(11) 은행들이 건전성 강화를 위해 국제결제은행 기준의 자기자본비율을 높이게 되면 화폐공급이 (증가/감소)한다.

(12) 지급준비율이 100%이면 통화승수는 ( )이 된다.

| 정답 |
(1) O (2) × (3) × (4) O (5) × (6) × (7) 법정지급준비율 (8) 예금통화 (9) 커 (10) 40 (11) 감소 (12) 1

| × 해설 |
(2) 민간의 요구불예금은 통화지표에는 속하지만 본원통화의 구성요소가 아니다.
(3) 초과지급준비금은 총지급준비금에서 법정지급준비금을 공제한 것이다.
(5) 수출기업에 대한 대출을 늘리면 위험가중자산이 증가하므로 자기자본비율이 하락한다.
(6) 지급준비율이 낮을수록 예금은행의 대출 여력이 커지므로 통화승수가 증가한다.

출제 0순위 공략! 꼭 풀어야 할 대표문제

01

다음 기사와 같은 경제 현상의 원인으로 옳지 않은 것은?

> **NEWS**
> 한국은행에 따르면 지난 8월말 현재 한국은행 화폐발행잔액(말잔)은 100조 5,234억 원으로 증가하였는데, 이는 1년 사이 약 9조 2,000억 원 증가한 것이다. 화폐발행잔액이란 한국은행이 시중에 공급한 화폐 가운데 한국은행금고로 다시 돌아온 금액을 빼고 현재 시중에 남아 유통되고 있는 현금을 의미한다. 이렇게 중앙은행이 시중에 자금을 공급하더라도 돈이 돌지 않는 '돈맥경화' 현상이 갈수록 심해지고 있다.

① 예금이자율이 하락하였다.
② 지하경제가 확대되고 있다.
③ 민간에 대한 대출규제가 완화되었다.
④ 금융시장에 대한 불확실성이 증대되었다.
⑤ 생산물시장에서 저물가기조가 지속되고 있다.

대표개념 키워드 돈맥경화

| 해설 |
돈맥경화란 시중에 풀린 돈이 실물경제로 흘러가지 않는 현상으로, 돈이 시중에 돌지 않은 상태를 말한다. 대출규제를 완화하면 대출이 증가하므로 돈맥경화 현상을 완화시킨다.

| 오답 피하기 |
① 예금이자율이 하락하면 현금보유의 기회비용이 낮아지므로 현금보유 경향이 커진다. 현금보유경향이 커지면 통화승수가 작아져 돈맥경화 현상이 발생한다.
② 지하경제가 확대되면 현금보유비율이 커져 통화승수가 작아지므로 돈맥경화 현상이 발생한다.
④ 금융시장에 대한 불확실성이 증대되면 금융시장으로 자금이 유입되지 않고, 은행의 대출도 부동산 등 일부 업종으로 쏠리게 된다. 이는 돈맥경화 현상의 원인이 된다.
⑤ 저물가기조가 지속되면 현금보유의 기회비용이 낮아지므로 현금보유 비율이 커진다. 이는 돈맥경화 현상의 원인이 된다.

정답 | ③

02

통화승수의 증가 요인을 [보기]에서 모두 고르면?

> **보기**
> ㄱ. 예금이자율의 상승
> ㄴ. 전자화폐의 사용 증가
> ㄷ. 법정지급준비율의 증가
> ㄹ. 설(명절) 때 현금보유 증가
> ㅁ. 은행파산에 대한 예금자의 우려 증가

① ㄱ, ㄴ
② ㄴ, ㄷ
③ ㄴ, ㅁ
④ ㄷ, ㄹ, ㅁ
⑤ ㄱ, ㄴ, ㄷ, ㄹ

대표개념 키워드 통화승수의 결정 요인

| 해설 |
ㄱ. 예금이자율이 상승하면 현금보유비율이 감소하여 통화승수가 커지고 이로 인해 통화량이 증가한다.
ㄴ. 신용카드, 현금카드, 전자화폐, 현금자동인출기의 증가 등 신용사회의 발전은 현금수요의 감소를 초래하여 현금보유비율이 감소하므로 통화승수가 커진다.

| 오답 피하기 |
ㄷ. 법정지급준비율이 증가하면 예금은행의 대출 여력이 낮아지므로 통화승수는 작아진다.
ㄹ. 설(명절) 때 현금보유가 증가하면 현금보유비율이 증가하고 예금이 감소하므로 통화승수는 작아진다.
ㅁ. 은행파산에 대한 예금자의 우려가 증가하면 예금이 감소하고, 그만큼 예금은행의 대출 여력이 낮아지므로 통화승수는 작아진다.

정답 | ①

03

A국의 통화량이 현금통화 150, 예금통화 450이며, 지급준비금이 90이라고 할 때 통화승수는? (단, 현금보유비율과 지급준비율은 일정하다.)

① 2.5
② 3
③ 4.5
④ 5
⑤ 5.7

대표개념 키워드 | 통화승수

| 해설 |

- 통화량 : 현금통화＋예금통화＝150＋450＝600
- 본원통화 : 현금통화＋지급준비금＝150＋90＝240
- 통화승수 : $\frac{600}{240}=2.5$

정답 | ①

04

영하는 아르바이트를 해서 받은 30만 원을 매경은행에 예금했다. 용찬이는 매경은행에서 월세로 쓸 50만 원을 대출받았다. 이와 같은 금융거래를 통해 증가한 통화량은?

① 20만 원
② 30만 원
③ 50만 원
④ 80만 원
⑤ 통화량 변화는 없다.

대표개념 키워드 | 통화량 증가분

| 해설 |

통화량은 현금통화와 예금통화의 합으로 계산된다. 영하가 30만 원을 은행에 예금하면 현금통화가 30만 원 감소하고 예금통화가 30만 원 증가한 것이므로 통화량은 변하지 않는다. 즉, 현금통화가 예금통화로 전환된 것이므로 통화량 증가분에 포함되지 않는다. 그러나 용찬이가 은행에서 50만 원을 대출받으면 현금통화가 50만 원 증가하므로 총통화량은 50만 원 증가한다.

정답 | ③

핵심테마 25 | 금융정책의 수단

1 금융정책의 의의

① 금융정책(monetary policy)이란 중앙은행이 각종 금융정책수단을 이용하여 통화량(M)이나 이자율(r)을 조절한 후 물가안정, 완전고용, 경제성장, 국제수지균형 등 국민경제의 안정적 성장을 실현하고자 하는 제반경제정책을 말한다.
② 금융정책은 통화정책, 통화신용정책 또는 통화금융정책이라고도 한다.
③ 금융정책은 재정정책과 더불어 단기에 총수요를 관리하는 총수요관리정책의 성격을 가진다.

금융정책의 중간목표
우리나라의 중앙은행인 한국은행은 2008년 3월부터 한국은행과 금융기관 간 거래되는 자금에 적용되는 '한국은행 기준금리'를 운용목표로 운용하고 있다. 현재 한국은행의 기준금리는 7일물 환매조건부채권 금리이다.

2 금융정책의 일반적 정책수단

금융정책의 일반적 정책수단
- 본원통화의 공급량 조절: 공개시장운영(공개시장조작), 재할인율정책
- 통화승수의 크기 조절: 지급준비율정책

(1) 공개시장운영(공개시장조작)

① 개념
  ㉠ 공개시장운영(open market operation)이란 중앙은행이 증권시장에서 기관투자가나 민간을 상대로 국공채나 기타 유가증권(상업어음, 은행인수어음)을 매입하거나 매각함으로써 통화량을 조절하는 정책을 말한다.
  ㉡ 여기에서 공개시장(open market)이란 불특정다수의 자금수요자와 자금공급자가 자유롭게 자금의 대차나 유가증권의 매매를 함으로써 자금의 수급상태에 따라 금리가 결정되는 어음할인시장이나 증권시장을 말한다.

② 정책 과정

공개시장운영(공개시장조작)
- 국공채 매입 → 본원통화⇧ → 통화량⇧
- 국공채 매각 → 본원통화⇩ → 통화량⇩

③ 성격
  ㉠ 금융시장이 발달하여 금융자산이 다양하고 금리가 자율화되어 있는 선진국은 통화관리수단 중 공개시장운영을 가장 많이 이용한다.
  ㉡ 공개시장운영은 시장에서 유통 중인 채권 및 증권을 중앙은행이 매입 및 매각하는 것으로 재정정책과 차이가 있다.
     • 재정정책은 정부의 지출재원을 조달하기 위해 국공채를 신규발행하는 것으로 통화량과 무관하다.
     • 정부가 국공채를 발행하여 얻은 돈을 정부지출로 사용한다면 민간이 국공채를 매입함으로써 감소한 통화량이 다시 종전과 같은 수준으로 회복되기 때문에 통화량은 불변이다.
  ㉢ 공개시장운영은 가장 단기적이고 근대화된 자금조절수단으로, 그날그날의 통화조절수단이다.
  ㉣ 우리나라 중앙은행의 조작대상증권은 한국은행이 통화량조절을 목적으로 발행한 **통화안정증권**이 대부분이고, 정부발행 국공채매매가 일부를 차지하고 있다.

통화안정증권
자금조달을 목적으로 발행하는 다른 증권과 달리 시중 통화량을 조절하기 위해 한국은행이 발행하는 단기증권이다.

(2) 재할인율정책
  ① 개념
    ㉠ 재할인율정책(rediscount rate policy)이란 중앙은행이 시중은행에 빌려주는 자금에 적용되는 금리인 재할인율(rediscount rate)을 조절하여 통화량을 조절하는 정책을 말한다.
    ㉡ 재할인율은 한국은행이 예금은행과 대출거래를 할 때 적용되는 금리로, 공정금리(official rate)이다.
  ② 정책 과정

   재할인율정책
   • 재할인율⇩ → 예금은행의 對 중앙은행 차입⇧ → 본원통화⇧ → 통화량⇧
   • 재할인율⇧ → 예금은행의 對 중앙은행 차입⇩ → 본원통화⇩ → 통화량⇩

    ㉠ 통화정책당국인 중앙은행의 입장에서 통화량을 증가시킬 필요가 있을 때 재할인율을 낮추어 시중은행이 중앙은행으로부터 더 많은 자금을 빌려 가도록 유도한다. 이에 자금이 풍부해진 시중은행이 민간에게 더 많은 대출을 하게 되어 통화량이 증가하는 효과가 나타난다.
    ㉡ 재할인율정책은 중앙은행이 시중은행에 자금을 빌려주는 과정에서 본원통화 공급량을 변화시킨다.

(3) 지급준비율정책
  ① 지급준비율정책(reserve requirements ratio policy)이란 중앙은행이 법정지급준비율을 조절하여 통화량을 조절하는 정책으로, 통화승수를 조절하는 정책이다.
  ② 정책 과정

   지급준비율정책
   • 법정지급준비율⇩ → 통화승수⇧ → 통화량⇧
   • 법정지급준비율⇧ → 통화승수⇩ → 통화량⇩

  ③ 성격
    ㉠ 중앙은행이 법정지급준비율을 변경시키면 1차적으로 예금은행의 초과지급준비금이 변하여 예금은행의 대출량 변화로 나타나고, 이는 예금은행조직 속에서 통화승수를 통해 통화량을 변화시킨다.
    ㉡ 지급준비제도는 원래 뱅크런(bank-run) 사태의 예방과 예금자보호라는 취지에서 도입된 제도이다. 하지만 대부분의 선진국에서는 유사시에 예금자를 보호해주는 예금보험제도(deposit insurance)를 도입하고 있으므로 지급준비율정책의 예금자보호기능은 크게 퇴색되었다.

(4) 통화량과 이자율
  ① 유동성효과(liquidity effect)란 예상치 못한 통화량이 증가하면 소득과 물가 수준이 일정하다는 가정하에 단기적으로 이자율이 하락하는 효과를 말한다. 이때 실질이자율(r)과 명목이자율(i)이 모두 하락한다.
  ② 피셔효과(Fisher effect)란 통화량 증가가 인플레이션을 유발하여 명목이자율이 상승하는 효과로, 통화량 증가의 장기효과를 말한다. 이때 실질이자율(r)은 원래 수준으로 복귀하고, 명목이자율(i)은 실질이자율(r)에 인플레이션율(π)을 더한 만큼 상승한다.

중앙은행
중앙은행을 '은행의 은행'이라고 하는 이유는 중앙은행이 시중은행에게 자금을 빌려주는 역할을 하기 때문이다.

뱅크런(bank-run)
은행의 부실이 감지될 때 예금자가 한꺼번에 예금을 인출하는 대량인출사태를 의미한다.

실질이자율
인플레이션이 없을 때의 이자율로, 명목이자율에서 인플레이션율을 차감하여 구한다.

01 다음 설명이 맞으면 ○, 틀리면 ×표 하세요.

(1) 중앙은행이 확장적인 금융정책을 시행하면 총공급이 증가한다. ( )

(2) 금융위기로 인하여 은행의 안전성이 의심되면서 예금주들의 현금인출이 증가하면 통화량이 감소한다. ( )

(3) 중앙은행이 국채를 매각하면 통화량이 증가한다. ( )

(4) 중앙은행이 재할인율을 인하하면 기업의 투자를 촉진할 수 있다. ( )

(5) 은행들이 지급준비율을 낮게 유지할수록 통화승수는 감소한다. ( )

(6) 중앙은행이 국공채시장에서 국공채를 매입하는 공개시장조작 정책을 수행하면 국공채가격이 상승한다. ( )

02 다음 빈칸에 알맞은 말을 고르거나 적으세요.

(7) 본원통화가 증가하였음에도 불구하고 통화량에 변동이 없다면 이는 현금통화비율이 (증가/감소)하였다고 할 수 있다.

(8) 중앙은행이 통화안정증권을 발행하면 통화량이 (증가/감소)한다.

(9) 중앙은행이 민간인들이 보유하고 있는 국채를 매입하면 통화량은 (증가/감소)한다.

(10) 정부의 지출재원을 조달하기 위해 국공채를 신규발행하면 시중의 자금이 정부로 흡수되므로 통화량은 ( ).

(11) 법정지급준비율을 인상하면 시중은행이 예금액 중에서 대출할 수 있는 금액이 (증가/감소)한다.

(12) 중앙은행이 외환시장에서 외환을 매입하면 외환매입액만큼 본원통화가 (증가/감소)한다.

| 정답 |
(1) × (2) ○ (3) × (4) ○ (5) × (6) ○ (7) 증가 (8) 감소 (9) 증가 (10) 불변이다 (11) 감소 (12) 증가

| × 해설 |
(1) 중앙은행이 확장적인 금융정책을 시행하면 이자율이 하락하여 소비와 투자가 증가하므로 총수요가 증가한다.
(3) 중앙은행이 국채를 매각하면 본원통화가 감소하므로 통화량이 감소한다.
(5) 은행들이 지급준비율을 낮게 유지할수록 대출량이 증가하므로 통화승수는 증가한다.

출제 0순위 공략! 꼭 풀어야 할 대표문제

01

예금은행은 예금자의 예금인출에 대비하여 예금액을 전액 대출하지 않고 예금액의 일정 비율을 중앙은행에 의무적으로 적립해야 한다. 이 금액이 총예금에서 차지하는 비율로, 중앙은행이 통화량을 조절하는 수단으로 활용할 수 있는 것은?

① 지급준비율정책
② 총부채상환비율
③ 자기자본이익률
④ 총자산순이익률
⑤ 고정이하여신비율

대표개념 키워드 지급준비율정책

| 해설 |
예금은행은 예금자의 예금인출에 대비하여 예금액을 전액 대출하지 않고 예금액의 일정 비율을 준비금으로 보유하게 되는데, 이를 지급준비금(支給準備金, reserve)이라고 한다. 총예금에서 지급준비금이 차지하는 비율을 지급준비율이라고 한다.

| 오답 피하기 |
② 총부채상환비율이란 연간 총소득에서 연간 부채상환액이 차지하는 비율이다.
③ 자기자본이익률(Return On Equity : ROE)이란 기업이 자본을 이용하여 얼마만큼의 이익을 냈는지를 나타내는 지표로, 순이익을 자기자본으로 나누어 구한다.
④ 총자산순이익률(Return On Asset : ROA)이란 기업이 일정 기간 동안 벌어들인 순이익을 자산 총액으로 나눈 값으로, 기업이 보유 자산을 얼마나 효율적으로 운용하였는지를 나타내는 지표이다.
⑤ 고정이하여신비율은 고정이하여신 합산 금액을 총여신으로 나눈 값이다.

정답 | ①

02

중앙은행이 실시하는 경기진작정책과 거리가 먼 것은?

① 재할인율을 인하한다.
② 법정지급준비율을 인하한다.
③ 본원통화의 공급을 확대시킨다.
④ 공개시장에서 국공채를 매각한다.
⑤ 예금은행의 대출이자율에 대한 상한선을 낮춘다.

대표개념 키워드 금융정책의 효과

| 해설 |
국공채 매각 → 본원통화⇩ → 통화량⇩ → 총수요⇩ → 경기⇩

| 오답 피하기 |
① 재할인율⇩ → 예금은행의 對 중앙은행 차입⇧ → 본원통화⇧ → 통화량⇧ → 총수요⇧ → 경기⇧
② 법정지급준비율⇩ → 통화승수⇧ → 통화량⇧ → 총수요⇧ → 경기⇧
③ 본원통화공급 확대 → 통화량⇧ → 총수요⇧ → 경기⇧
⑤ 대출이자율⇩ → 대출⇧ → 소비와 투자⇧ → 총수요⇧ → 경기⇧

정답 | ④

핵심테마 25 | 금융정책의 수단

03

화폐공급을 증가시키는 경우를 [보기]에서 모두 고르면?

┤ 보기 ├
ㄱ. 은행의 지급준비율 하락
ㄴ. 중앙은행의 통화안정증권 발행
ㄷ. 외환시장에서 중앙은행의 달러화 매입
ㄹ. 비은행 민간 경제주체들의 현금보유비율 감소

① ㄱ, ㄴ
② ㄷ, ㄹ
③ ㄱ, ㄷ, ㄹ
④ ㄴ, ㄷ, ㄹ
⑤ ㄱ, ㄴ, ㄷ, ㄹ

대표개념 키워드 화폐공급의 증가

| 해설 |
ㄱ. 지급준비율이 하락하면 금융기관의 대출여력이 커져 통화승수가 커지므로 통화공급이 증가한다.
ㄷ. 외환시장에서 중앙은행이 달러화를 매입한다는 것은 원화를 지급하고 달러화를 매수한다는 것을 의미하므로 본원통화가 증가하여 통화공급이 증가한다.
ㄹ. 민간의 현금보유비율이 낮아지면 통화승수가 커지므로 통화공급이 증가한다.

| 오답 피하기 |
ㄴ. 중앙은행이 통화안정증권을 발행하면 시중의 자금이 중앙은행으로 흡수되어 본원통화가 감소하므로 통화량이 감소한다.

정답 | ③

04

통화량이 증가하는 경우를 [보기]에서 모두 고른 것은?

┤ 보기 ├
ㄱ. 재할인율의 인상
ㄴ. 법정지급준비율의 인하
ㄷ. 중앙은행의 국공채 매입
ㄹ. 중앙은행의 외환보유고 증가
ㅁ. 신용카드 사용으로 인한 민간의 현금보유비율 감소

① ㄱ
② ㄱ, ㄴ
③ ㄴ, ㄷ, ㄹ
④ ㄱ, ㄴ, ㄷ, ㄹ
⑤ ㄴ, ㄷ, ㄹ, ㅁ

대표개념 키워드 통화량의 증가

| 해설 |
ㄴ. 법정지급준비율의 인하 → 통화승수⇧ → 통화량⇧
ㄷ. 국공채 매입 → 본원통화⇧ → 통화량⇧
ㄹ. 중앙은행의 외환보유고 증가(중앙은행의 외환 매입 증가) → 본원통화⇧ → 통화량⇧
ㅁ. 신용카드 사용으로 인한 민간의 현금보유비율 감소 → 통화승수⇧ → 통화량⇧

| 오답 피하기 |
ㄱ. 재할인율의 인상 → 예금은행의 對 중앙은행 차입⇩ → 본원통화⇩ → 통화량⇩

정답 | ⑤

핵심테마 26 | 화폐수요이론

1 화폐수요의 개념

① 화폐수요(money demand)란 사람들이 일정 시점에서 수중에 보유하고자 하는 화폐의 양을 말한다.
② 화폐수요는 일정 시점에서 측정되는 저량(stock)의 개념이다.
③ 화폐수요는 여러 가지 자산 중 화폐의 형태로 보유하려는 금액이 얼마인지를 의미하므로 자산선택(portfolio choice)의 문제라는 틀 안에서 이해해야 한다.

2 화폐수요이론

(1) 화폐수요의 종류

거래적 화폐수요	• 거래적 동기(transaction motive)에 의한 화폐수요로, 일상의 거래를 위해 어느 정도의 화폐를 보유하는 것을 말한다. • 물가(P)가 상승하면 일상의 거래를 위해 더 많은 화폐를 지니고 다닐 것이므로 거래적 화폐수요가 증가할 것이다. 따라서 거래적 화폐수요는 물가(P)의 증가함수이다. • 일반적으로 소득(Y)이 증가하면 씀씀이와 거래규모가 커질 것이므로 거래적 화폐수요가 증가할 것이다. 따라서 거래적 화폐수요는 실질국민소득(Y)의 증가함수이다.
예비적 화폐수요	• 예비적 동기(precautionary motive)에 의한 화폐수요로, 가계나 기업이 장래의 돌발적으로 일어날지 모르는 지출을 위해 어느 정도의 화폐를 예비적으로 보유하는 것을 말한다. • 일반적으로 소득이 증가하면 예비적으로 더 많은 현금을 보유하는 경향이 있으므로 예비적 화폐수요가 증가할 것이다. 따라서 예비적 화폐수요는 실질국민소득(Y)의 증가함수이다.
투기적 화폐수요	• 투기적 동기(speculative motive)에 의한 화폐수요로, 증권(채권)투기에 사용할 목적으로 화폐를 보유하는 것을 말한다. • 이자율과 투기적 화폐수요 　- 화폐는 이자가 붙지 않으므로 이자율(r)이 상승하면 현금보유의 기회비용이 증가한다. 이 경우 투기적 화폐수요는 감소한다. 　- 이자율(r)이 높을 때(채권가격이 낮을 때) 채권을 매입하여 투기적 화폐수요는 감소하고, 이자율(r)이 낮을 때(채권가격이 높을 때) 채권을 매각하여 투기적 화폐수요는 증가한다. 　- 투기적 화폐수요는 이자율(r)의 감소함수이다. 　　**이자율과 투기적 화폐수요** 　　• 이자율⇧(채권가격⇩) → 싼 가격에 채권매입 → 투기적 화폐수요⇩ 　　• 이자율⇩(채권가격⇧) → 비싼 가격에 채권매각 → 투기적 화폐수요⇧ • 유동성함정 　- 이자율(r)이 최저 수준으로 떨어지면 채권가격이 최고로 높아 모든 채권을 매각하여 투기적 화폐수요는 최대가 된다. 　- 최저 이자율 수준에서 투기적 화폐수요곡선은 수평선이 되고, 투기적 화폐수요가 이자율(r)에 대해 무한탄력적이 된다. 　- 최저 이자율 수준에서는 유휴자금의 모든 증가분이 투기적 화폐수요로 흡수되는데, 이 구간을 케인스(J. M. Keynes)는 유동성함정(liquidity trap)이라고 하였다.

화폐(money)
• 상품과 서비스를 매매하고, 채권과 채무관계를 청산하는 지불수단을 말한다.
• 경제학에서 화폐는 소득이나 재산까지 포괄하는 광범위한 의미가 아니라 교환의 매개물 또는 거래의 지불수단이라는 좁은 의미로 사용된다.
• 화폐는 무수익 금융자산으로 취급한다.

채권(bond)
• 남의 돈을 차입하기 위한 목적으로 발행한 차용증서로, 일반투자자 간에 매매할 수 있게 한 유가증권을 말한다.
• 정부가 발행하는 채권이 국공채이고, 기업(주식회사)이 발행하는 채권이 회사채이다.
• 채권발행자는 채권만기일에 채권보유자에게 원금과 이자를 지급한다.
• 미래의 이자수익이 미리 정해져 있는 채권의 가격은 이자율과 역(−)의 관계에 있다.
• 채권은 쌀 때 사서 비쌀 때 팔아야 매매차익인 자본이득을 얻을 수 있다. 현재 이자율이 높다는 것은 미래에 이자율이 낮아질 가능성이 크다는 의미인데, 이는 현재의 채권가격은 싸고 미래에는 채권가격이 오를 가능성이 크다는 의미이기도 하다.

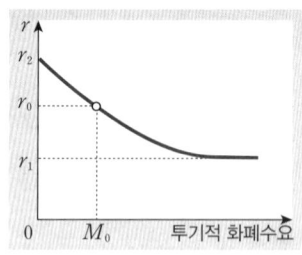

투기적 화폐수요곡선
- r_2의 이자율 : 모두 채권 매입 → 투기적 화폐수요=0
- r_1의 이자율 : 모두 채권 매각 → 투기적 화폐수요 최대

(2) 화폐수요곡선
① 화폐수요곡선(money demand curve)이란 이자율을 제외한 화폐수요에 영향을 미치는 다른 모든 요인들은 불변함을 가정하고 이자율(r)과 화폐수요(M^D) 사이의 관계를 나타낸 곡선을 말한다.
② 이자율(r)의 변화는 화폐수요곡선상의 변화를 가져오고, 이자율(r) 이외의 요인 변화는 화폐수요곡선 자체의 변화를 가져온다.
  ㉠ 물가(P)가 상승(하락)하면 거래적 화폐수요가 증가(감소)하여 화폐수요곡선이 우측(좌측)으로 이동한다.
  ㉡ 국민소득(Y)이 증가(감소)하면 거래적 화폐수요와 예비적 화폐수요가 증가(감소)하여 화폐수요곡선(M^D)이 우측(좌측)으로 이동한다.

3 이자율의 결정

① 균형이자율(r_E)은 우하향하는 화폐수요(M^D)곡선과 수직의 화폐공급(M^S)곡선의 교차점에 의해 결정된다.
② 이자율(r)이 r_1 수준일 때 화폐시장에서 초과공급이 발생하고, 사람들은 원하지 않는 화폐를 채권 등 다른 자산의 형태로 바꾸려는 움직임이 나타난다. 이때 채권시장에서는 초과수요가 발생하여 채권과 같은 금융자산의 가격은 상승하고 이자율(r)이 하락한다.
③ 이자율(r)이 r_2 수준일 때 화폐시장에서 초과수요가 발생하고, 사람들은 원하지 않는 채권을 화폐로 바꾸려는 움직임이 나타난다. 이때 채권시장에서는 초과공급이 발생하여 채권과 같은 금융자산의 가격은 하락하고 이자율(r)이 상승한다.

화폐시장과 채권시장
화폐시장의 초과공급은 채권시장의 초과수요를 의미하고, 화폐시장의 초과수요는 채권시장의 초과공급을 의미한다.

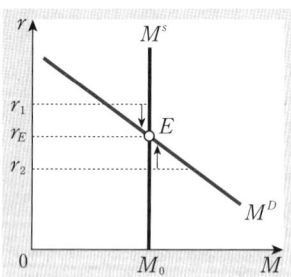

균형이자율의 결정

- 이자율(r)은 화폐시장의 균형에 의해 결정되는 화폐적 현상으로 명목변수이다.
- 화폐시장에서 명목변수인 화폐수요(M^D)와 화폐공급(M^S)이 일치하는 E점에서 균형이자율(r_E)이 결정된다.

개념반복! 약점체크! 쪽지시험

01 다음 설명이 맞으면 ○, 틀리면 ×표 하세요.

(1) 물가수준이 높아지면 거래적 동기에 의해 화폐수요가 증가한다. ( )

(2) 이자율이 상승하면 사람들은 채권을 매입하게 된다. ( )

(3) 외국인의 국내채권에 대한 수요가 증가하면 채권수익률은 상승하게 된다. ( )

(4) 이자율이 상승하면 화폐보유의 기회비용이 증가한다. ( )

(5) 유동성함정에서는 화폐수요의 이자율탄력성이 매우 낮은 상황이다. ( )

(6) 신용등급이 상승하면 채권가격은 하락한다. ( )

02 다음 빈칸에 알맞은 말을 고르거나 적으세요.

(7) 신용카드 사용금액이 증가하면 거래적 동기에 의해 화폐수요가 (증가/감소)한다.

(8) 케인즈는 화폐수요를 거래적 동기, 예비적 동기, 투기적 동기로 분류하면서 거래적 동기 및 예비적 동기는 ( ) 에 의존하고, 투기적 동기는 ( )에 의존한다고 주장했다.

(9) 정부가 국채를 발행하여 자금을 조달하는 경우 채권수익률은 (상승/하락)한다.

(10) 유동성함정에서는 채권의 가격이 매우 (높아서/낮아서) 추가적인 통화공급이 투기적 화폐수요로 모두 흡수된다.

(11) 화폐시장의 균형수준에서 국민소득이 증가하면 균형이자율은 (상승/하락)한다.

(12) 시장이자율이 상승하면 채권가격은 (상승/하락)한다.

| 정답 |
(1) ○ (2) ○ (3) × (4) ○ (5) × (6) × (7) 감소 (8) 국민소득, 이자율 (9) 상승 (10) 높아서 (11) 상승 (12) 하락

| × 해설 |
(3) 국내채권에 대한 수요가 증가하면 채권가격이 상승하므로 채권수익률은 하락하게 된다.
(5) 유동성함정에서는 화폐수요의 이자율탄력성이 무한대인 상황이다.
(6) 신용등급이 상승하면 채권에 대한 수요가 증가하여 채권가격이 상승하므로 채권수익률은 하락한다. 즉, 리스크 프리미엄의 하락으로 할인율이 낮아지기 때문에 채권가격은 상승한다.

출제 0순위 공략! 꼭 풀어야 할 대표문제

01

투자자들이 여유자금으로 금융자산보다 실물자산에 대한 투자를 선호할 때 나타날 수 있는 경제 현상이 아닌 것은?

① 국민소득이 감소한다.
② 기업의 생산량이 감소한다.
③ 시중의 통화량이 감소한다.
④ 시장의 이자율이 하락한다.
⑤ 채권시장에서 채권가격이 하락한다.

대표개념 키워드 | 신용창조

| 해설 |
투자자들이 금융자산보다 실물자산에 대한 투자를 선호하면 금융기관에 자금이 모이지 않아 신용창조가 작아져 통화량이 감소한다. 채권과 같은 금융자산에 대한 선호가 낮아지면 채권에 대한 수요가 감소하여 채권가격이 하락하고 이자율이 상승한다.

| 오답 피하기 |
① 통화량이 감소하면 소비와 투자가 위축되어 국민소득이 감소한다.
② 금융기관에 자금이 모이지 않으면 신용창조가 작아져 통화량이 감소한다. 통화량이 감소하면 이자율이 상승하여 소비와 투자가 감소하므로 총수요가 감소한다. 총수요가 감소하면 총수요곡선이 좌측으로 이동하여 생산량이 감소한다.
③ 투자자들이 금융자산보다 실물자산에 대한 투자를 선호하면 금융기관에 자금이 모이지 않아 신용창조가 작아져 통화량이 감소한다.
⑤ 채권과 같은 금융자산에 대한 선호가 낮아지면 채권에 대한 수요가 감소하여 채권가격이 하락한다.

정답 | ④

02

다음에서 설명하는 경제 현상은?

> 이 상황에서는 중앙은행이 아무리 화폐공급을 증가시켜도 소비와 투자가 증가하지 않아 경기부양은 이루어지지 않는다. 이자율이 매우 낮은 수준에서 가계는 가까운 미래에 이자율이 상승할 것으로 기대하여 여유자금을 장기채권 대신 현금이나 단기금융상품에만 투자한다. 그리고 기업은 경기침체를 염려하여 신규채용과 설비투자를 미루게 된다.

① 피셔효과
② 유동성효과
③ 유동성함정
④ 금리정책 딜레마
⑤ 트릴레마(trilemma)

대표개념 키워드 | 유동성함정

| 해설 |
유동성함정(liquidity trap)이란 최저 이자율 수준에서 유휴자금의 모든 증가분이 투기적 화폐수요로 흡수되는 구간을 말한다. 유동성함정에서는 중앙은행이 화폐공급을 증가시키더라도 이자율이 하락하지 않아 확대금융정책의 효과가 나타나지 않는다.

| 오답 피하기 |
① 피셔효과는 화폐공급을 증가시킬 때 실질이자율은 불변인 채 명목이자율만 물가상승률에 비례적으로 상승하는 현상이다.
② 유동성효과는 화폐공급을 증가시킬 때 이자율이 하락하는 현상이다.
⑤ 트릴레마(trilemma)는 일반적으로 3중고(三重苦)를 의미하는데, 물가안정, 경기부양, 국제수지개선의 3가지 목표를 모두 달성하기 어렵다는 의미이다. 이 3가지는 3마리 토끼에도 비유되는데 물가안정에 치중하면 경기가 침체되기 쉽고, 경기부양에 힘쓰면 인플레이션 유발과 국제수지 악화가 초래될 염려가 있는 등 서로 물리고 물려서 정책선택이 딜레마에 빠지게 된다는 뜻으로 사용된다.

정답 | ③

03

유동성함정에 관한 설명으로 옳지 않은 것은?

① 화폐수요의 이자율탄력성이 무한대인 경우에 발생한다.
② 확대재정정책은 이자율을 상승시켜 총수요 확대효과가 없다.
③ 확대금융정책은 이자율을 하락시키지 못하여 총수요 확대효과가 없다.
④ 채권의 가격이 매우 높아 추가적인 통화공급이 투기적 화폐수요로 모두 흡수된다.
⑤ 이자율이 매우 낮아 향후 이자율이 상승할 것으로 예상될 경우 유동성함정이 발생할 수 있다.

대표개념 키워드 | 유동성함정

| 해설 |
유동성함정하에서는 확대재정정책을 실시하더라도 이자율이 상승하지 않아 투자수요가 감소하지 않으므로 구축효과가 발생하지 않는다. 따라서 확대재정정책의 효과는 최대가 된다.

| 오답 피하기 |
① 유동성함정하에서 투기적 화폐수요곡선은 수평선이 되고, 투기적 화폐수요가 이자율에 대해 무한탄력적이 된다.
③ 최저 이자율 수준에서는 확대금융정책을 실시하더라도 이자율이 하락하지 않아 투자수요가 증가하지 않으므로 정책효과가 없다.
④ 사람들이 더는 내리지 않을 것으로 생각하는 최저 이자율하에서는 채권가격이 최고로 높아 모든 채권을 매각하므로 투기적 화폐수요는 최대가 된다.
⑤ 사람들이 더는 내리지 않을 것으로 생각하는 최저 이자율하에서는 향후 이자율이 상승할 것이라고 예상하기 때문에 모든 채권을 매각한다.

정답 | ②

04

다음은 이자율과 주식·채권의 관계를 설명한 것이다. 이에 대한 설명으로 옳지 않은 것은?

> • 사람들은 이자율이 높아 채권가격이 낮을 때에는 채권을 사들이고, 반대로 이자율이 낮아 채권가격이 높을 때에는 채권을 팔게 된다.
> • 이자율이 오르면 예금의 이자가 증가하여 주식 보유의 (가) 이/가 커지게 되므로 사람은 보유 현금을 예금에 투자하고 주식을 팔게 된다. 반대로 이자율이 내리면 예금의 이자가 감소하여 주식 보유의 (가) 이/가 작아지므로 사람들은 보유 현금을 주식에 투자하고 예금을 찾게 된다.

① 주식과 채권은 대체관계에 있다.
② (가)에 공통으로 들어갈 용어는 기회비용이다.
③ 다른 조건이 일정할 때 이자율이 오르면 주가도 오른다.
④ 이자율이 하락하면 채권 투자자의 투자수익이 증가한다.
⑤ 이자율의 변화는 개인의 투자 자산 선택에 영향을 미친다.

대표개념 키워드 | 이자율과 주식·채권의 관계

| 해설 |
이자율이 오르면 예금상품에 가입하기 위해 가지고 있는 주식을 매각할 것이므로 주가는 하락한다.

| 오답 피하기 |
① 이자율이 오르면 채권가격은 하락하므로 주식을 팔고 채권을 구입한다. 이처럼 주식과 채권은 대체관계에 있는 금융상품이다.
② 이자율이 상승하면 예금이자가 증가하므로 주식을 보유했을 때의 기회비용이 증가한다. 따라서 이자율이 상승하면 주식투자가 감소한다.
④ 이자율이 하락하면 채권의 가격이 상승하므로 채권 투자자의 투자수익은 증가한다.
⑤ 이자율이 상승하면 채권의 가격이 하락하므로 주식보다 채권을 선호하게 된다. 반면, 이자율이 하락하면 채권의 가격이 상승하므로 채권보다 주식을 선호하게 된다.

정답 | ③

핵심테마 27 | 재정정책과 금융정책

1 재정정책

(1) 개념
① 재정정책(fiscal policy)이란 정부가 정부지출(G)이나 조세(T)를 변화시켜 경기침체를 극복하거나 경기과열을 억제함으로써 경기변동을 완화하고 안정적인 경제성장을 달성하고자 하는 일련의 정책을 말한다.
② 정부지출을 증가시키거나 조세를 감면하는 것을 확대재정정책이라고 하고, 그 반대를 긴축재정정책이라고 한다.
③ 재정정책은 금융정책과 더불어 총수요관리정책의 중요한 정책적 수단이다.

(2) 재정정책의 재원조달방안
① 국공채 발행
  ㉠ 정부가 국공채 발행을 통해 재원을 조달하는 경우이다.
  ㉡ 공개시장운영은 시장에서 유통 중인 채권이나 증권을 중앙은행이 매입 또는 매각하여 통화량에 영향을 미치지만, 순수한 의미에서의 재정정책은 정부의 지출재원을 조달하기 위해 국공채를 신규발행하는 것으로 통화량(M)과 무관하다.
② 조세징수
  ㉠ 정부가 민간으로부터 조세(T)를 징수하여 재원을 조달하는 방법이다.
  ㉡ 정부가 조세를 징수하여 재원을 조달하는 경우 재정적자가 발생하지 않아 정부는 균형재정을 유지하며, 통화량(M)은 변하지 않는다.
③ 중앙은행으로부터 차입
  ㉠ 정부가 중앙은행으로부터의 차입을 통해 재원을 조달하는 경우이다.
  ㉡ 이 경우 본원통화가 증가하여 통화량이 증가하므로 금융정책의 효과가 동시에 나타난다. 이를 정책혼합(policy mix)이라고 한다.
④ 외국으로부터 차입
  ㉠ 정부가 외국으로부터의 차입을 통해 재원을 조달하는 경우이다.
  ㉡ 정부가 외국으로부터 차입하면 중앙은행이 외환의 일부를 매입하는 과정에서 그 대금을 원화로 지급하므로 본원통화가 증가한다. 따라서 외국으로부터의 차입을 통한 재정정책은 통화량을 증가시킨다.
  ㉢ 외국으로부터 차입을 통한 재정정책도 정책혼합에 해당한다.

(3) 재정의 경제안정화 기능
① 재정의 자동안정화장치(automatic stabilizer, built-in stabilizer)란 경기변동 시 정부가 의도적으로 재정정책을 실시하지 않아도 자동으로 정부지출(G)이나 조세수입(T)이 변해 경기변동의 진폭을 완화해 주는 재정제도를 말한다.
② 경기불황이 되면 자동으로 소득세와 법인세가 줄어들거나 실업수당을 더 많이 지급하여 경제가 지나치게 불황에 빠지는 것을 방지하고, 경기호황이 되면 자동으로 소득세와 법인세가 늘어나거나 실업수당을 더 적게 지급하여 지나친 경기과열을 억제한다.
③ 정부가 경기불황 시에 재정지출을 증가시키는 등 자유재량적으로 경기상황에 따라 정부지출을 변화시키지 않아도 재정제도 자체가 갖는 성격 때문에 경기변동을 자동으로 완화해 준다. 따라서 재정의 자동안정화장치는 재량적 재정정책과 대립되는 개념이다.

재정수지
- 세입과 세출의 차이를 말한다.
- 세입이 세출보다 커 재정수지가 양(+)이면 재정흑자라고 하고, 세출이 세입보다 커 재정수지가 음(−)이면 재정적자라고 하며, 세입과 세출이 같으면 균형재정이라고 한다.

정책혼합(policy mix)
두 종류의 정책이 동시에 사용되는 경우를 말한다. 예를 들어 재정정책과 금융정책이 동시에 사용되는 경우이다.

재정의 자동안정화장치에는 누진소득세제, 실업보험제도, 사회보장제도, 최저임금제 등이 있다.

(4) **재정정책의 구축효과**
  ① 개념
    - 재정정책의 구축효과(crowding-out effect)란 국공채 발행을 통한 확대재정정책이 이자율을 상승시켜 민간의 소비와 투자를 구축시키는 효과를 말한다.
    - 구축효과는 재정정책의 효과를 작게 만든다.
  ② 과정
    - 정부지출(G)의 증가를 위해 국공채 발행을 증가시키면 채권시장에서 '국공채공급의 증가 → 국공채가격의 하락 → 채권수익률(시장이자율)의 상승 → 소비수요와 투자수요의 감소'가 나타난다.
    - 국공채 발행을 증가시키면 시중의 돈이 정부로 흡수되므로 채권수익률(시장이자율)이 상승하게 된다.
    - 정부가 확대재정정책을 실시하기 위해 정부지출의 재원을 조달한다는 것은 화폐시장에서 정부의 화폐수요가 증가한다는 것을 의미하므로 정부의 화폐수요가 증가하면 시장이자율은 상승한다.

(5) **재정정책의 효과**
  ① 투자수요의 이자율탄력성이 작은 경우 정부지출의 증가로 이자율이 상승하더라도 투자수요가 소폭 감소하므로 구축효과는 작아진다. 따라서 재정정책의 효과는 커진다.
  ② 한계소비성향이 크면 정부지출을 증가시켜 국민소득을 증가시킬 때 소비의 증가분이 커지므로 재정정책의 효과는 커진다.
  ③ 화폐수요의 이자율탄력성이 커 화폐수요곡선이 완만하다면 정부지출을 증가시킬 때 이자율의 상승분이 크지 않으므로 투자수요의 감소분도 작아 재정정책의 효과는 커진다.

(6) **리카도의 등가성정리**
  ① 개념 : 정부지출의 크기가 일정할 때 정부지출에 소요되는 재원을 조세징수를 통해 조달하든 국공채 발행을 통해 조달하든 그 정책효과는 사라지기 때문에 경제의 실질변수에는 영향을 미치지 못한다.
  ② 국공채 발행은 정부의 부채로 결국 만기에 가면 조세 증가를 통해 이를 상환해야 하므로 국공채 발행은 조세징수를 미래의 상환시점까지 연기한 것에 불과하다. 이에 합리적인 개별경제주체들은 현재시점에서 국공채 발행이 증가하면 미래의 조세 증가와 처분가능소득의 감소를 예상하여 현재소비를 줄이고 저축을 늘리게 되므로 정부지출의 증가 효과를 잠식하게 된다.

2 금융정책

(1) **개념**
  ① 금융정책(financial policy)이란 중앙은행이 통화량(M)이나 이자율(r)을 변화시켜 경기침체를 극복하거나 경기과열을 억제함으로써 경기변동을 완화하고 안정적인 경제성장을 달성하고자 하는 일련의 정책이다.
  ② 통화량을 증가시키거나 이자율을 하락시키는 것을 확대금융정책이라고 하고, 그 반대를 긴축금융정책이라고 한다.

재정절벽(fiscal cliff)
정부의 갑작스러운 재정지출 삭감과 세수 증가 등의 재정긴축으로 인해 유동성이 위축되면서 경제 전반에 충격을 주는 현상을 의미한다.

재정정책의 승수효과
정부지출을 증가시키면 국민소득의 증가로 인해 소비가 증가하고, 이는 다시 국민소득을 증가시킨다. 이 과정이 반복되면서 국민소득은 정부지출의 증가분만큼 증가하는 것이 아니라 그 이상으로 증가하게 되는데, 이를 승수효과라고 한다.

한계소비성향
국민소득이 한 단위 증가할 때 소비의 증가분을 말한다.

핵심테마 27 | 재정정책과 금융정책

(2) 정책 과정
① 통화당국이 화폐공급을 증가시키는 확대금융정책을 실시하면 균형국민소득이 증가하고 균형이자율이 하락한다.
② 확대금융정책은 이자율 하락을 통한 투자수요의 증가를 가져오므로 구축효과(crowding-out effect)를 발생시키지 않는다.

(3) 금융정책의 효과
① 화폐수요의 이자율탄력성이 작아 화폐수요곡선이 가파르다면 확대금융정책을 실시했을 때 이자율의 하락분이 커 투자수요의 증가분도 클 것이므로 정책효과는 커진다.
② 투자수요의 이자율탄력성이 크다면 이자율이 하락했을 때 투자수요의 증가분도 클 것이므로 정책효과는 커진다.

확대금융정책의 효과

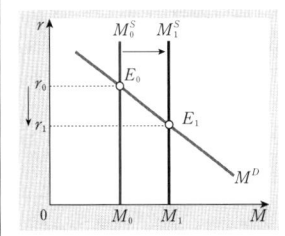

- 1단계: 화폐시장 − 화폐공급의 증가 → 화폐공급곡선 우측(하방) 이동 → 화폐시장에서 이자율의 하락($r_0 \to r_1$)
- 2단계: 생산물시장 − 이자율의 하락 → 투자수요의 증가 → 총수요의 증가 → 국민소득의 증가

(4) 양적완화
① 양적완화(Quantitative Easing : QE)는 정책금리를 0의 수준까지 인하했음에도 불구하고 자금회전이 되지 않아 정책금리 인하를 통한 통화정책이 한계에 부딪혔을 때, 중앙은행이 통화를 시중에 직접 공급함으로써 경기확장 및 신용경색을 해소하고자 하는 비전통적인 통화정책을 말한다.
② 유동성함정으로 인해 더 이상 명목이자율을 낮추는 것이 어려운 상황에서 시장에 직접 유동성을 공급하여 경기를 확장하고 디플레이션에서 벗어나기 위한 정책이다.

공개시장운영(공개시장조작)	양적완화
• 유가증권의 매입과 매각을 모두 의미 • 단기채권 • 시중은행을 거쳐 금융정책의 경로에 의해 경기를 부양하는 정책	• 유가증권의 매입만을 의미 • 장기채권이나 회사채 • 시장에 직접 자금을 공급

테이퍼링(tapering)
양적완화 정책을 점진적으로 축소하는 것을 말한다. 2013년 5월 23일 당시 미국연방준비제도이사회 의장 벤 버냉키(Ben Bernanke)가 양적완화의 단계적인 축소를 암시하는 용어로, '점점 가늘어지다'의 뜻을 가진 형용사 'tapering'을 처음 사용하면서 유래되었다.

테이퍼 탠트럼(taper tantrum)
선진국의 중앙은행이 경기부양을 위해 시행하던 양적완화를 중단할 때 기준금리 인상을 우려한 투자자들이 신흥국에서 자금을 빼가며 발생하는 신흥국들의 통화가치 하락, 증시급락 등의 부정적 사태를 말한다.

01 다음 설명이 맞으면 ○, 틀리면 ×표 하세요.

(1) 정부가 조세를 징수하여 확대재정정책의 재원을 조달하는 경우 시중의 자금이 정부로 흡수되므로 통화량은 감소한다. ( )

(2) 정부예산의 조세의존도가 높고 국민경제에서 차지하는 비중이 크면 재정의 자동안정화장치가 가장 효과적으로 발휘할 수 있다. ( )

(3) 리카도의 등가성정리에 따르면 정부의 지출규모를 변화시키지 않고 조세를 인하하는 경우에 가계가 조세인하분을 모두 저축하므로 소비지출 등에 실질적인 효과를 미치지 못한다. ( )

(4) 유동성함정에서는 화폐공급이 증가하더라도 투자의 증가를 기대하기 어렵다. ( )

(5) 재정지출이 불변인 상태에서 확대금융정책은 국민경제에서 정부부문이 차지하는 비중을 축소시킬 가능성이 크다. ( )

(6) 자동안정화장치는 국민소득의 변동폭을 확대시킨다. ( )

02 다음 빈칸에 알맞은 말을 고르거나 적으세요.

(7) 경기확장 국면에서 자동안정화장치는 총수요를 (증가/감소)시키는 효과가 있다.

(8) 구축효과에 의하면 정부지출 증가가 이자율 (상승/하락)을 통해 민간의 투자수요에 대한 (증가/감소)를 유발한다.

(9) 리카도의 등가성정리에 따르면 국민저축은 (   )한다.

(10) 통화당국이 통화공급을 줄이게 되면, 시장에서 채권의 가격은 (상승/하락)하고, 이자율이 (상승/하락)하며, 투자와 소득은 (증가/감소)한다.

(11) 화폐수요함수가 이자율에 대해 비탄력적인 경우보다 탄력적인 경우에 금융확대정책이 재정정책보다 상대적으로 더 (효과적/비효과적)이다.

(12) 현재 명목이자율이 0%이며 그 이하로 하락할 수 없을 때, 인플레이션이 상승할 경우 실질이자율은 (상승/하락)하고 국민소득은 (증가/감소)한다.

| 정답 |
(1) × (2) ○ (3) ○ (4) ○ (5) ○ (6) × (7) 감소 (8) 상승, 감소 (9) 불변 (10) 하락, 상승, 감소 (11) 비효과적 (12) 하락, 증가

| × 해설 |
(1) 확대재정정책의 재원으로 조세를 징수하는 경우, 이는 중앙은행의 창구로 흡수되는 것이 아니라 정부지출의 형태로 다시 시중에 공급되므로 통화량은 변하지 않는다.
(6) 자동안정화장치는 경기변동 시 자동으로 정부지출이나 조세수입이 변동하여 경기변동의 진폭을 완화해 주는 제도이므로 국민소득의 변동폭을 감소시킨다.

출제 0순위 공략! 꼭 풀어야 할 대표문제

01

정부와 비금융공기업 등 공공부문 부채 규모가 900조 원을 넘어선 것으로 나타났다. 이와 같이 공공부문 부채가 지속적으로 증가할 때 나타날 수 있는 현상으로 적절하지 않은 것은?

① 통화량이 확대되어 인플레이션율이 상승한다.
② 국가신용도가 하락하여 외국인 투자가 감소한다.
③ 국가부도 위험이 증대하여 국공채 가격이 하락한다.
④ 정부부문 채무를 상환하기 위해 조세 부담이 증가한다.
⑤ 정부부채를 메우기 위해 국공채 발행이 확대되고, 이에 따라 시중금리가 하락한다.

| 대표개념 키워드 | 정부의 재정건전성 |

| 해설 |
국공채 발행을 확대하면 국공채 공급 증가에 따라 국공채 가격이 하락하여 시중금리는 상승한다.

| 오답 피하기 |
① 정부 부채를 중앙은행의 차입에 의존한다면 본원통화의 증가로 통화량이 증가하여 인플레이션율이 상승할 수 있다.
② 공공부문 부채가 증가하면 국가신용도가 하락하여 외국인 투자가 감소할 수 있다.
③ 국가부도 위험이 증대하면 국공채에 대한 수요가 감소하여 국공채 가격이 하락한다.
④ 국가 채무 상환을 위해 재원조달을 조세에 의존한다면 조세 부담이 증가한다.

정답 | ⑤

02

재정의 자동안정화장치에 대한 설명으로 옳지 않은 것은?

① 경기후퇴기에 처분가능소득의 감소를 완화시켜 준다.
② 실업급여제도는 자동안정화장치의 사례에 해당한다.
③ 경기후퇴기에 자동적으로 정부의 세입을 증가시킨다.
④ 정부가 균형재정을 추구할 경우 안정화장치의 효과는 감소한다.
⑤ 정책시차의 측면에서 재량적 재정정책에 비해 상대적으로 자유롭다.

| 대표개념 키워드 | 자동안정화장치 |

| 해설 |
- 재정의 자동안정화장치(automatic stabilizer, built-in stabilizer)란 경기변동 시 정부가 의도적으로 재량적인 재정정책을 실시하지 않더라도 자동으로 정부지출이나 조세수입이 변하여 경기변동의 진폭을 완화해 주는 재정제도를 말한다. 재정의 자동안정화장치의 예로는 누진소득세제, 실업보험제도, 사회보장제도, 최저임금제 등이 있다.
- 경기후퇴기에는 국민소득이 감소하므로 자동적으로 정부의 세입이 감소한다.

| 오답 피하기 |
① 경기침체로 국민소득이 감소하면 조세수입이 감소하여 재정은 적자가 된다. 조세의 감소는 처분가능소득과 소비의 지나친 감소를 억제시키고, 이는 총수요의 지나친 감소를 억제시켜 경기침체를 완화시키는 작용을 한다.
② 재정의 자동안정화장치에는 누진소득세제, 실업보험제도, 사회보장제도, 최저임금제 등이 있다.
④ 정책함정(policy trap)이란 경기침체 시 정부가 균형재정을 추구하면 경기침체가 더욱 가속화되는 현상을 말한다.
⑤ 자동안정화장치는 경제안정정책의 수립과 집행에 필요한 내부시차를 감소시키거나 없애주는 역할을 한다.

정답 | ③

핵심테마 27 | 재정정책과 금융정책

03

한국은행은 금융통화위원회를 통해 기준금리를 연평균 1.50%에서 0.25%p 인하한 1.25%로 결정하였다. 이와 같은 금융통화위원회의 결정이 향후 국내경제에 나타날 수 있는 현상으로 적절하지 않은 것은?

① 채권시장에서 국공채 수요가 감소한다.
② 토지와 건물 등의 실물자산 가격이 하락한다.
③ 금융비용의 하락으로 기업의 투자지출규모가 증가한다.
④ 민간의 대출수요가 증가하여 가계부채문제가 심화된다.
⑤ 외환시장에서 원/달러 환율이 상승하여 경상수지가 개선된다.

대표개념 키워드 금리인하의 효과

| 해설 |
시장이자율이 하락하면 부동산 등 실물자산의 투자가 증가하므로 실물자산 가격이 상승한다.

| 오답 피하기 |
① 시장이자율이 하락하면 채권가격이 상승하여 채권 수요가 감소한다.
③ 시장이자율이 하락하면 이자비용이 하락하므로 기업의 투자지출규모가 증가한다.
④ 시장이자율이 하락하면 대출수요가 증가하여 가계부채문제가 심화될 수 있다.
⑤ 시장이자율이 하락하면 자본유출이 증가하여 원/달러 환율이 상승한다. 환율 상승은 수출 증가와 수입 감소를 가져온다.

정답 | ②

04

정부가 확대재정정책을 시행할 때 발생할 수 있는 경제 현상으로 거리가 먼 것은? (단, 중앙은행은 금융정책을 시행하지 않고, 거시변수들은 일정하다.)

① 실업률이 하락한다.
② 국민소득이 증가한다.
③ 시장이자율이 하락한다.
④ 인플레이션율이 상승한다.
⑤ 정부의 재정건전성이 악화된다.

대표개념 키워드 재정정책의 효과

| 해설 |
확대재정정책의 재원조달을 위한 국공채 발행의 증가 → 채권시장에서 국공채 공급 증가 → 국공채 가격 하락 → 시중금리 상승

| 오답 피하기 |
① 확대재정정책 → 총수요 증가 → 국민소득 증가 → 실업률 하락
② 확대재정정책 → 총수요 증가 → 실질 GDP 증가
④ 확대재정정책 → 총수요 증가 → 물가 상승
⑤ 확대재정정책(정부지출 증가, 조세 감면) → 재정적자 증가 → 재정건전성 악화

정답 | ③

05

다음 그림은 정부구매 증가가 총수요에 미치는 영향을 단계별로 정리한 것이다. 이에 대한 올바른 설명을 [보기]에서 모두 고른 것은?

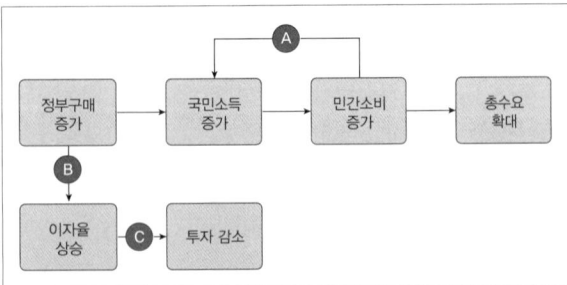

┤ 보기 ├

ㄱ. B~C는 승수효과(Multiplier Effect)를 의미한다.
ㄴ. 한계소비성향이 클수록 A경로를 통한 효과가 커진다.
ㄷ. 리카도 등가정리가 성립한다면 B는 발생하지 않을 것이다.
ㄹ. 투자지출이 이자율 변화에 민감할수록 정부구매 증가가 총수요 증가에 미치는 영향은 커질 것이다.

① ㄱ, ㄴ   ② ㄱ, ㄷ
③ ㄴ, ㄷ   ④ ㄴ, ㄹ
⑤ ㄷ, ㄹ

대표개념 키워드 승수효과, 구축효과

| 해설 |

- A경로: '정부구매 증가 → 국민소득 증가 → 민간소비 증가 → 총수요 증가'라는 승수효과(Multiplier Effect)를 의미한다.
- B~C경로: '정부구매 증가 → 이자율 상승 → 투자 감소 → 총수요 상승폭 일부 상쇄'라는 확대재정정책의 구축효과(Crowding-Out Effect)를 의미한다.
ㄴ. 한계소비성향(MPC)이 클수록 승수가 커지므로 소득 증가분이 소비로 더 많이 이어져 총수요 증가가 더 커진다. 즉, 승수효과가 커지므로 A경로의 효과가 커진다.
ㄷ. 리카도 등가정리가 성립한다면 '정부지출 증가 → 미래 세금 부담 예상 → 가계의 소비 감소 및 민간저축 증가'가 나타난다. 정부저축 감소분만큼 민간저축이 늘어나므로 대부자금시장에서 이자율이 상승하지 않는다. 즉, 리카도 등가정리가 성립한다면 구축효과는 발생하지 않는다.

| 오답 피하기 |

ㄱ. B~C는 구축효과(밀어내기 효과)로서 정부지출이 민간투자를 상쇄하는 부정적 효과를 나타낸다.
ㄹ. 이자율 변화에 민감할수록 금리가 조금만 올라가도 투자가 대폭 감소하므로 C경로의 효과가 커진다. 그 결과 정부구매 효과가 대폭 상쇄되어 총수요 증가에 미치는 영향이 작아진다.

정답 | ③

06

재정정책과 금융정책에 대한 옳은 설명을 [보기]에서 모두 고른 것은?

┤ 보기 ├

ㄱ. 정부의 저금리정책에도 내수가 증가하지 않는 것은 투자의 이자율탄력성이 작기 때문이다.
ㄴ. 정부지출을 증가시켰을 때 투자의 이자율탄력성이 클수록 구축효과가 작아진다.
ㄷ. 화폐수요의 이자율탄력성이 크면 정부지출에 따른 소득 증대효과가 상대적으로 큰 경향이 있다.
ㄹ. 한계소비성향이 클수록 정부지출 확대의 정책효과는 커진다.

① ㄱ, ㄴ   ② ㄱ, ㄷ
③ ㄴ, ㄷ   ④ ㄱ, ㄷ, ㄹ
⑤ ㄴ, ㄷ, ㄹ

대표개념 키워드 재정정책과 금융정책의 효과

| 해설 |

ㄱ. 저금리정책에도 투자의 이자율탄력성이 작아 투자 증가분이 작으면 내수가 크게 증가하지 못한다.
ㄷ. 화폐수요의 이자율탄력성이 크면 화폐수요곡선이 완만하므로 확대재정정책을 실시할 때 이자율 상승폭이 작다. 이자율 상승폭이 작으면 투자수요의 감소분이 작아 구축효과가 작게 나타나므로 재정정책의 효과는 커진다.
ㄹ. 한계소비성향이 클수록 재정정책의 승수효과가 커지므로 정부지출 확대의 정책효과는 커진다.

| 오답 피하기 |

ㄴ. 정부지출의 증가로 인한 이자율의 상승이 투자수요를 감소시키는 효과를 구축효과라고 한다. 투자의 이자율탄력성이 크면 이자율이 상승할 때 투자가 더 큰 폭으로 감소하므로 구축효과는 커진다.

정답 | ④

핵심테마 28 | 총수요 – 총공급모형

1 총수요곡선

(1) 개념

① 총수요곡선(aggregate demand curve)은 물가 변수를 제외한 다른 모든 요인들이 일정불변이라는 가정하에 물가 수준(P)과 총수요(AD) 사이의 관계를 나타낸 곡선이다.

② 총수요(Aggregate Demand : AD)란 국민경제 전체의 재화와 서비스에 대한 수요로, 구매력이 뒷받침된 상황에서 사전적으로 계획된 수량을 의미한다.

총수요(AD)

$$Y^D(=AD)=C^D+I^D+G^D+(X-M)^D$$

- C^D : 소비수요 • I^D : 투자수요 • G^D : 정부지출수요 • X : 수출 • M : 수입

총지출
(Aggregate Expenditure : AE)
국민경제 전체의 재화와 서비스에 대한 지출로, 사후적으로 실현된 지출(실현된 수량)을 의미한다. 즉, 총지출은 지출국민소득에 해당한다. 이는 실제로 국민경제에 의해 생산된 국내총생산량을 의미한다.

(2) 총수요곡선의 도출

① 이자율효과 : 물가(P)의 하락 → 명목화폐수요(M^D)의 감소(채권매입, 은행예금의 증가), 실질화폐공급($\frac{M^S}{P}$)의 증가 → 채권가격의 상승, 이자율(r)의 하락 → 민간투자(I)와 민간소비(C)의 증가 → 총수요의 증가

② 실질자산효과(real balance effect)
  ㉠ 물가(P)의 하락 → 현금이나 공공채 등 명목자산의 실질가치 상승 → 소비자들의 구매력 상승 → 민간소비(C)의 증가 → 총수요의 증가
  ㉡ 물가 하락의 이자율효과뿐만 아니라 실질자산효과(피구효과)까지 고려하면 물가 하락 시 총수요의 증가폭이 더 커지므로 그렇지 않은 경우에 비해 총수요(AD)곡선이 더 완만한 형태로 나타난다.

③ 경상수지효과 : 물가(P) 하락 → 국내상품가격의 상대적 하락, 외국상품가격의 상대적 상승 → 수출(X) 증가, 수입(M) 감소 → 순수출(X_N) 증가 → 총수요 증가

실질자산효과
부의 효과(wealth effect) 또는 피구효과(Pigou effect)라고도 한다.

총수요곡선의 도출

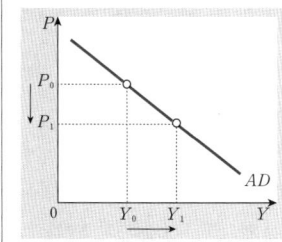

- 물가 하락($P_0 → P_1$) → 화폐수요의 감소 → 이자율 하락 → 투자수요 증가 → 총수요의 증가
- 물가가 하락하면 총수요가 증가하므로 우하향하는 총수요곡선이 도출된다.

(3) 총수요곡선의 이동

① 물가(P)를 제외한 총수요에 미치는 일체의 외생적 요인들이 변화하면 총수요(AD)곡선 자체가 이동한다.

② 정부지출(G)의 증가나 조세(T)의 감면 등 확대재정정책은 총수요(AD)곡선을 우측으로 이동시키고, 긴축재정정책은 총수요(AD)곡선을 좌측으로 이동시킨다.

③ 화폐공급(M^S)의 증가 등 확대금융정책은 총수요(AD)곡선을 우측으로 이동시키고, 긴축금융정책은 총수요(AD)곡선을 좌측으로 이동시킨다.

재정정책과 금융정책을 총수요관리정책이라고 한다.

2 총공급곡선

(1) 개념
총공급곡선(aggregate supply curve)이란 다른 요인들이 일정하다는 가정하에 물가 수준(P)과 총공급(AS) 사이의 관계를 나타낸 곡선을 말한다.

(2) 단기와 장기의 총공급곡선

① 단기총공급곡선

　㉠ 가정
　　• 노동의 수요(L^D)는 실질임금($\frac{w}{P}$)의 감소함수이다. 물가(P)가 상승하면 실질임금이 하락하므로 노동수요가 증가한다.
　　• 노동의 공급(L^S)은 예상실질임금($\frac{w}{P^e}$)의 증가함수이다. 노동자의 예상물가(P^e)가 상승하면 예상실질임금이 하락하므로 노동공급이 감소한다.

　㉡ 기업 : 실제물가(P)의 상승 → 실질임금의 하락 → 노동수요의 증가 → 고용량의 증가 → 총공급량의 증가 → 단기총공급곡선상의 이동

　㉢ 명목임금이 고정된 채 물가가 상승하면 실질임금이 하락하므로 기업은 고용량을 증가시킨다. 이때 노동자의 예상물가는 단기에 불변하므로 노동공급 또한 불변한다.

　㉣ 노동수요의 증가는 노동고용량을 증가시키므로 총공급량을 증가시킨다.

　㉤ 결과적으로 물가(P)가 상승하면 총공급량이 증가하므로 단기총공급(Short-run Aggregate Supply : SAS)곡선은 우상향한다.

단기총공급곡선

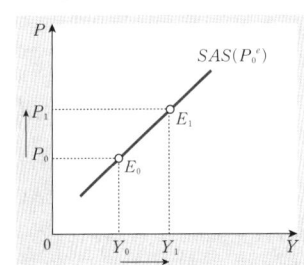

• 물가의 상승 → 노동수요의 증가 → 노동고용량의 증가 → 총공급량의 증가
• 단기총공급(SAS)곡선은 우상향한다.

② 장기총공급곡선

　㉠ 노동자 : 예상물가(P^e)의 상승 → 예상실질임금($\frac{w}{P^e}$)의 하락 → 노동공급의 감소 → 고용량의 감소 → 총공급의 감소 → 단기총공급곡선의 좌측 이동

　㉡ 장기에는 가격 변수들이 완전신축적이고 노동자들이 적응적 기대에서 벗어나 미래의 물가 수준을 정확하게 예측하기 때문에 $P = P^e$가 성립한다.

　㉢ 예상물가(P^e)가 상승하여 예상물가(P^e)가 실제의 물가 수준(P)으로 복귀하면 실질임금의 하락을 인식한 노동자들이 명목임금의 인상을 요구하고 노동공급을 줄인다.

　㉣ 물가 이외의 요인(예상물가)에 의해 총공급이 감소하였으므로 단기총공급곡선 자체가 좌측으로 이동한다. 따라서 노동고용량과 총공급은 원래의 수준으로 복귀한다.

　㉤ 단기균형점을 제외한 장기균형점을 연결하면 장기총공급(LAS)곡선은 자연국민소득(Y_N) 수준에서 수직선이 된다.

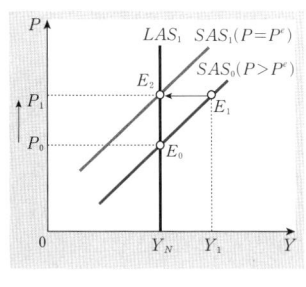

장기총공급곡선

- 단기 : 물가의 상승 → 노동수요의 증가 → 노동고용량의 증가 → 총공급량의 증가
- 장기 : 노동자들의 예상물가(P^e) 상승 → 노동자들의 명목임금 인상 요구, 노동공급의 감소 → 노동고용량의 감소 → 총공급의 감소($Y_1 → Y_N$)
- 장기에는 실제물가와 예상물가가 일치($P_1 = P^e$)하므로 장기총공급(LAS)곡선은 자연국민소득(Y_N) 수준에서 수직선이 된다.

③ 노동인구의 증가, 자본량 증가, 기술진보, 노동자의 예상물가 하락, 원자재가격의 하락 등이 발생하면 총공급곡선이 우측으로 이동한다.

④ 정책적 시사점
   ㉠ 단기에는 단기총공급(SAS)곡선이 우상향하므로 총수요관리정책은 균형국민소득을 변동시킬 수 있다.
   ㉡ 장기에는 장기총공급(LAS)곡선이 수직선이므로 총수요관리정책은 물가(P)에만 영향을 줄 수 있고 균형국민소득에는 영향을 미치지 못한다.

3 총수요관리정책

총수요관리정책
국민경제 전체의 총수요를 변동시키는 정책운영을 말한다. 확대재정정책과 확대금융정책은 총수요를 증가시키는 총수요관리정책이다.

(1) 확대재정정책
   ① 확대재정정책은 총수요곡선을 우측으로 이동시킨다.
   ② 확대재정정책은 국민소득의 증가, 물가의 상승, 이자율의 상승을 가져온다.

(2) 확대금융정책
   ① 확대금융정책은 총수요곡선을 우측으로 이동시킨다.
   ② 확대금융정책은 국민소득의 증가, 물가의 상승, 이자율의 하락을 가져온다.

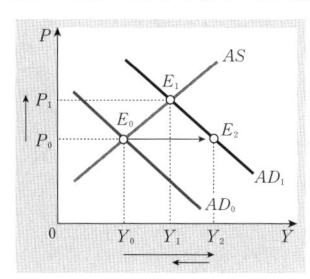

$AD - AS$모형에서 총수요관리정책

확대재정정책/확대금융정책 → 총수요 증가 → 총수요곡선의 우측 이동 → 국민소득 증가/물가 상승

(3) 재정정책과 금융정책의 비교
   ① 총수요를 증가시키는 확장적 총수요관리정책은 국민소득을 증가시키고 물가를 상승시킨다.
   ② 확대재정정책과 확대금융정책의 차이점은 이자율의 변동방향이다. 확대재정정책은 이자율을 상승시켜 구축효과를 발생시키지만, 확대금융정책은 이자율을 하락시켜 구축효과를 발생시키지 않는다.

확대재정정책은 이자율을 상승시켜 투자수요가 감소하지만, 확대금융정책은 이자율을 하락시켜 투자수요가 증가한다.

개념반복! 약점체크! 쪽지시험

01 다음 설명이 맞으면 ○, 틀리면 ×표 하세요.

(1) 물가수준이 하락하면 화폐보유를 줄이기 때문에 이자율이 낮아지고 투자가 증가하므로 총수요곡선이 우하향한다. ( )

(2) 물가수준의 하락은 총수요를 증가시키므로 총수요곡선을 우측으로 이동시킨다. ( )

(3) 예상물가수준이 상승하면 단기총공급곡선은 좌측으로 이동한다. ( )

(4) 자본량이 증가하면 총공급곡선은 우측으로 이동한다. ( )

(5) 사람들이 정부의 재정지출 증대정책을 정확히 예측한다면 총생산은 늘지 않고 인플레이션만 발생한다. ( )

(6) 확장적인 통화정책은 단기에 균형산출량을 늘릴 뿐만 아니라 자연산출량 수준을 상승시킬 수 있다. ( )

02 다음 빈칸에 알맞은 말을 고르거나 적으세요.

(7) 물가수준이 하락할 때 총수요가 증가하는 이유는 수입가격에 비해 수출가격이 상대적으로 (상승/하락)하여 순수출이 (증가/감소)하기 때문이다.

(8) 한국은행이 지급준비율을 인상하면 총수요곡선은 (좌측/우측)으로 이동한다.

(9) 기업의 투자의욕은 침체되었으나 기술진보가 일어난 경우 균형물가는 (상승/하락)하고 국민소득은 (   ).

(10) 어떤 국민경제의 총공급곡선이 수평이라고 가정할 때 확대재정정책을 실시하면 물가는 (   ).

(11) 총수요-총공급모형에서 법정지급준비율의 하락과 투자세액공제가 동시에 발생하면 단기적으로 국민소득은 (증가/감소)하고 물가는 (상승/하락)한다.

(12) 원유가격이 상승하면 물가는 상승하고, 국민소득은 (증가/감소)한다.

| 정답 |
(1) ○ (2) × (3) ○ (4) ○ (5) ○ (6) × (7) 하락, 증가 (8) 좌측 (9) 하락, 불분명하다 (10) 불변이다 (11) 증가, 상승 (12) 감소

| × 해설 |
(2) 물가수준의 하락은 총수요를 증가시키는데, 이는 총수요곡선상의 변화이므로 총수요곡선을 이동시키지 않는다.
(6) 확장적인 통화정책을 실시하면 총수요곡선이 오른쪽으로 이동하므로 단기에는 균형국민소득이 증가한다. 그러나 장기총공급곡선은 자연산출량 수준에서 수직선이므로 확장적인 통화정책을 실시하더라도 자연산출량은 변하지 않는다.

01

다음은 일본의 통화신용정책에 관한 신문기사이다. 일본 정부가 기대하는 정책효과로 옳지 않은 것은?

> **'디플레 위험' 판단, 일본은행, 마이너스 금리**
>
> 일본은행이 추가 금융완화정책으로 마이너스 금리를 빼들었다. 시중은행이 중앙은행에 예치하는 당좌예금 중 일부에 마이너스 금리를 적용하면 시중에 돈이 풀리는 효과를 얻을 수 있을 것이라는 계산에서이다. 일본은행은 금융정책결정회의를 열고 위원 9명 중 찬성 5, 반대 4로 마이너스 금리 도입을 결정했다. 연 80조 엔(약 800조 원)에 달하는 직접 양적완화를 시행 중인 일본은행이 직접 양적완화를 확대하는 대신 간접 양적완화라는 새로운 카드를 뽑아든 셈이다. 일본은행이 추가 양적완화를 단행한 것은 중국의 경기둔화와 원유가격 급락 등의 여파로 소비·생산이 타격을 받으면서 디플레 탈출 목표가 위협을 받고 있다고 판단했기 때문이다.

① 주택가격이 상승한다.
② 기업의 투자가 증가한다.
③ 시중의 통화량이 증가한다.
④ 민간의 소비성향이 상승한다.
⑤ 자국의 통화가치가 상승한다.

대표개념 키워드 금리정책의 효과

| 해설 |
마이너스 금리를 적용하면 자본유출의 증가와 자본유입의 감소가 나타나므로 자국의 통화가치는 하락한다.

| 오답 피하기 |
① 마이너스 금리를 적용하면 부동산투자가 증가하므로 주택가격이 상승한다.
② 마이너스 금리를 적용하면 투자의 기회비용이 감소하므로 기업투자가 증가한다.
③ 마이너스 금리를 적용하면 대출수요가 증가하여 통화량이 증가한다.
④ 마이너스 금리를 적용하면 저축이 감소하고 소비가 증가하므로 소비성향이 상승한다.

정답 | ⑤

02

한국은행이 기준금리를 인하하였을 때 나타날 수 있는 경제현상으로 거리가 먼 것은?

① 채권가격이 상승한다.
② 경제성장률이 상승한다.
③ 인플레이션율이 상승한다.
④ 시중의 통화량이 증가한다.
⑤ 자국의 통화가치가 상승한다.

대표개념 키워드 기준금리의 인하

| 해설 |
이자율이 낮아지면 자본유출의 증가와 자본유입의 감소가 나타나므로 자국의 통화가치가 하락한다.

| 오답 피하기 |
① 이자율이 낮아지면 채권가격은 상승한다.
② 이자율이 낮아지면 총수요가 증가하므로 경제성장률이 상승한다.
③ 이자율이 낮아지면 소비와 투자의 증가로 총수요가 증가하므로 물가상승률이 상승한다.
④ 이자율이 낮아지면 대출수요가 증가하므로 통화량이 증가한다.

정답 | ⑤

핵심테마 28 | 총수요 – 총공급모형

03

다음 밑줄 친 (가)~(다)에 대한 옳은 설명을 [보기]에서 모두 고르면?

NEWS

폭우로 피해를 입은 계층에 대한 (가) <u>피해보상금 지급정책</u>이 10월부터 진행될 예정이다. 정부는 일부 지역을 제외한 수도권을 특별재난지역으로 지정하고 재난지원금을 지급할 예정이다. 지급대상은 (나) <u>가구소득이 중위소득의 30% 이하인 계층</u>과 소규모 자영업자 및 소상공인들이다. 이번에 지급된 재난지원금은 대상자의 주민등록상 주소지를 기준으로 한다. 재난지원금 사용 가능 업종은 (다) <u>지역사랑 상품권 가맹점</u>으로서 전통시장, 동네마트, 식당, 편의점, 미용실, 약국, 안경점, 학원, 병원, 카페 등이다. 사용 가능 기간은 금년 12월 31일까지이고, 이 기간 동안 사용하지 못하면 잔여 재난지원금은 소멸되어 국가나 지자체로 환원된다.

보기
ㄱ. (가)는 정부지출로, 국내총생산에 포함된다.
ㄴ. (가)는 총공급을 증가시켜 실질국민소득을 증가시키고, 동시에 물가를 하락시킨다.
ㄷ. (나)에서 지원대상의 소비성향이 낮아 내수촉진에 기여하지 못하므로 경기회복효과가 크지 않을 것이다.
ㄹ. (다)와 같이 사용 가능 업종을 제한하는 것은 소비자주권 침해로, 가계의 효용극대화를 제한하게 된다.

① ㄱ, ㄴ   ② ㄱ, ㄷ
③ ㄴ, ㄷ   ④ ㄷ, ㄹ
⑤ ㄹ

대표개념 키워드 총수요 – 총공급모형

| 해설 |
사용 가능 업종을 제한하면 소비자의 예산영역이 감소하므로 이는 가계의 효용극대화를 제한하게 된다.

| 오답 피하기 |
ㄱ. 재난지원금은 정부의 이전지출로, 정부지출에 해당하지 않는다. 따라서 재난지원금은 국내총생산에 포함되지 않는다.
ㄴ. 재난지원금은 가계의 처분가능소득을 증가시켜 소비를 촉진하므로 총수요를 증가시킨다. 총수요가 증가하면 실질국민소득이 증가하고, 물가가 상승한다.
ㄷ. 저소득층은 소비성향이 강하므로 저소득층에 대한 지원금 정책은 내수촉진에 기여하여 경기회복효과를 제고할 수 있다.

정답 | ⑤

04

다음 그래프는 A~D기간 동안의 대한민국의 실제 GDP와 잠재 GDP 변화 추이를 통해 경기변동을 나타낸 것이다. 다음 중 올바른 설명을 [보기]에서 모두 고르면?

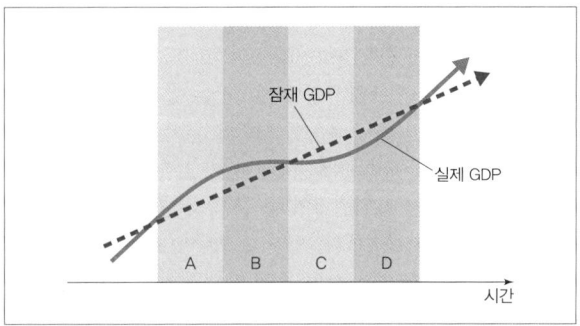

보기
ㄱ. B기간의 대한민국의 실업률은 자연실업률보다 낮지만, 시간이 지날수록 점차 상승한다.
ㄴ. C기간의 경기변동이 총공급 요인에 의해 발생했다면, 고용부진과 함께 물가상승이 심화되는 현상을 볼 수 있다.
ㄷ. A기간의 경기변동이 총수요 요인에 의해 발생했다면, 대한민국 정부는 정부구매 확대를 통해 경기안정을 유도할 수 있다.
ㄹ. A~D기간은 대한민국 경기변동의 한 주기로 같은 패턴이 반복되므로, 이를 근거로 향후 경기 흐름을 사전에 정확하게 예측할 수 있다.

① ㄱ, ㄴ   ② ㄱ, ㄷ   ③ ㄴ, ㄷ
④ ㄴ, ㄹ   ⑤ ㄷ, ㄹ

대표개념 키워드 경기변동

| 해설 |
ㄱ. 그래프에서 B기간은 실제 GDP가 잠재 GDP보다 크므로 경기호황기에 해당하고, 실제 GDP가 감소하고 있으므로 경기후퇴기로 진입하는 국면이다. 오쿤의 법칙에 따라 실제 GDP가 잠재 GDP보다 크면 실제실업률은 자연실업률보다 낮다.
ㄴ. 그래프에서 C기간은 실제 GDP가 잠재 GDP보다 작으므로 경기불황기이다. 원자재 가격 상승 등의 총공급 감소에 의한 충격으로 경기불황이 발생했다면 경기침체와 물가상승이 동시에 나타나는 스태그플레이션이 발생한다. 이 시기에는 생산이 감소하므로 고용도 줄고, 실업이 증가한다.

| 오답 피하기 |
ㄷ. 그래프에서 A기간은 실제 GDP가 잠재 GDP에 근접하여 증가하는 구간으로 경기확장기에 해당한다. 총수요의 증가에 따른 경기과열이라면, 정부지출 축소를 통해 경기과열을 억제할 수 있다.
ㄹ. 경기변동은 주기적으로 반복되는 경향이 있지만, 그 주기와 진폭이 항상 일정하지는 않다. 외부적 충격에 의해 급변할 수 있기 때문에 사전에 정확한 예측은 어렵다.

정답 | ①

05

다음 신문기사에 나타난 경제 현상이 동시에 발생하였을 때, 균형점(E)의 변화 방향은?

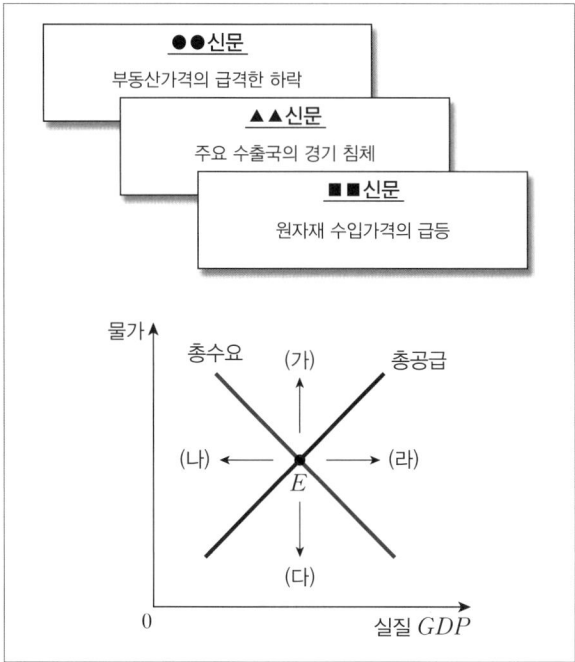

① (가) ② (나)
③ (다) ④ (라)
⑤ 불변

06

총공급 증가 요인의 사례에 해당하는 것은?

① 주택건설이 증가하였다.
② 중앙은행이 국공채를 매각하였다.
③ 중앙은행이 기준금리를 인상하였다.
④ 원자재 및 생산요소의 가격이 하락하였다.
⑤ 중앙은행이 법정지급준비율을 인상하였다.

대표개념 키워드 총수요 – 총공급모형

| 해설 |

부동산가격이 하락하면 소비와 투자가 감소하여 총수요가 감소한다. 주요 수출국의 경기침체로 수출이 감소하면 총수요가 감소한다. 원자재 수입가격이 상승하면 총공급이 감소한다. 총수요가 감소하면 총수요곡선이 좌측으로 이동하고, 총공급이 감소하면 총공급곡선이 좌측으로 이동한다. 따라서 균형점의 이동 방향은 (나)이다. 이때 국민소득은 감소하지만 물가의 변동은 불분명하다.

정답 | ②

대표개념 키워드 총수요 – 총공급모형

| 해설 |

원자재 및 생산요소의 가격 하락 → 생산비용의 하락 → 총공급 증가

| 오답 피하기 |

① 주택건설 증가 → 건설투자 증가 → 총수요 증가
② 중앙은행의 국공채 매각 → 본원통화 감소 → 통화량 감소 → 소비와 투자의 감소 → 총수요 감소
③ 중앙은행의 기준금리 인상 → 소비와 투자의 감소 → 총수요 감소
⑤ 중앙은행의 지급준비율 인상 → 통화승수 감소 → 통화량 감소 → 소비와 투자의 감소 → 총수요 감소

정답 | ④

핵심테마 29 | 실업

1 실업의 정의와 측정

(1) 주요 개념

① 실업
  ㉠ 실업(unemployment)이란 일할 의사와 능력을 가진 사람이 일자리를 갖지 못한 상태를 말한다.
  ㉡ 완전고용(full employment)이란 노동에 대한 수요와 공급이 일치된 상태를 의미하고, 실업은 노동의 초과공급이 존재하는 상태를 의미한다.

② 생산가능인구
  ㉠ 생산가능인구(P)란 의무교육기간이 끝나 취업이 가능하고 일할 능력이 있는 사람으로, 국제노동기구(ILO) 기준으로 만 15세 이상 인구이다.
  ㉡ 생산가능인구는 경제활동인구(L)와 비경제활동인구(NL)로 구성된다.

③ 경제활동인구와 비경제활동인구
  ㉠ 경제활동인구(L)란 생산가능인구 중에서 일할 의사와 능력을 가진 사람으로, 취업자(E)와 실업자(U)로 구성된다.
  ㉡ 비경제활동인구(NL)는 생산가능인구 중에서 일할 의사와 능력이 없는 사람을 말한다. 가정주부, 학생, 일할 수 없는 연로자와 심신장애자, 자발적으로 자선사업 및 종교단체에 관여한 자, 구직단념자 등이 비경제활동인구에 해당한다.

④ 취업자와 실업자
  ㉠ 취업자(E)란 경제활동인구 중에서 실제로 취업한 자를 말한다.
    • 매월 15일이 속한 1주일 동안 소득, 이익, 봉급, 임금 등 수입을 목적으로 1시간 이상 일한 자
    • 무급가족종사자 : 자기에게 직접적으로 이득이나 수입이 오지 않더라도 가구 단위에서 경영하는 농장이나 사업체의 수입을 높이는 데 기여한 가족종사자로, 주당 18시간 이상 일한 자
    • 직업 또는 사업체를 가졌으나 조사기간에 일시적인 병, 일기불순, 휴가 또는 연가, 노동쟁의 등의 이유로 일하지 못한 일시 휴직자
  ㉡ 실업자(U)란 경제활동인구 중에서 취업자를 뺀 인구를 말한다.
    • 조사대상 주간을 포함한 지난 4주간 구직활동을 하였지만, 매월 15일이 속한 1주일 동안 수입을 목적으로 1시간 이상 일하지 못한 자로, 일자리가 주어지면 즉시 취업이 가능한 자
    • 그동안 구직활동을 계속해왔지만 질병, 일기불순, 구직결과 대기, 자영업준비 등 기타 사유로 구직활동을 실제로 못한 자

완전고용
실업률이 0%인 상태를 의미하는 것이 아니라 실업이 존재하지만 비자발적 실업은 없고 자발적 실업만 있는 경우를 의미한다. 자발적 실업이 있기 때문에 실업률이 0%인 경우는 가능하지도 않고 바람직하지도 않다.

비경제활동인구의 제외
현역군인 및 공익근무요원, 상근예비역, 전투경찰(의무경찰 포함), 형이 확정된 교도소 수감자, 소년원 및 치료감호소 수감자, 경비교도대 등은 조사대상에서 제외되어 비경제활동인구로 보지 않는다.

총인구의 구분

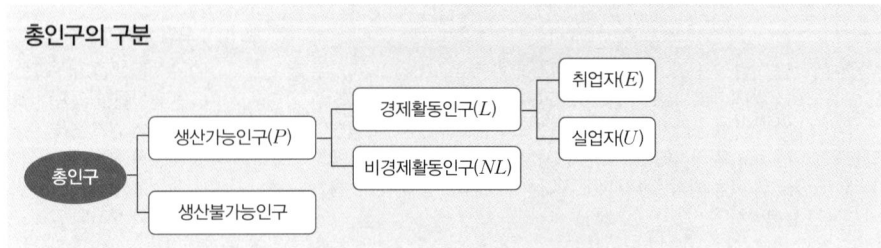

(2) 실업의 측정

① 경제활동참가율이란 생산가능인구(P)에서 경제활동인구(L)가 차지하는 비중이다.

경제활동참가율

$$경제활동참가율 = \frac{경제활동인구(L)}{생산가능인구(P)} \times 100 = \frac{경제활동인구(L)}{경제활동인구(L) + 비경제활동인구(NL)} \times 100$$

② 실업률이란 경제활동인구(L)에서 실업자(U)가 차지하는 비중이다.

실업률

$$실업률 = \frac{실업자\ 수(U)}{경제활동인구(L)} \times 100 = \frac{실업자\ 수(U)}{취업자\ 수(E) + 실업자\ 수(U)} \times 100$$

③ 실업통계작성의 문제점
  ㉠ 임시고용이나 시간제로 일하면서 1주일에 1시간 이상만을 일하면 취업자로 분류되어 실업통계에서 제외된다. 즉, 실업률을 측정할 때 고용의 질을 고려하지 않는다.
  ㉡ 일자리를 찾으려고 노력하다가 지쳐서 결국 포기한 구직단념자를 실망실업자(discouraged worker)라고 한다. 실망실업자는 비경제활동인구로 분류되므로 실질적으로 실업상태이지만 통계에서는 제외되어 실업률이 과소평가되는 문제가 발생한다.

④ 고용률
  ㉠ 실업률 측정 시 발생하는 통계상의 문제점 때문에 실업률이 노동시장의 고용상태를 제대로 반영하지 못한다는 인식하에서 고용률이라는 지표가 나타났다.
  ㉡ 고용률이란 생산가능인구(P)에서 취업자(E)가 차지하는 비중으로, 취업인구비율이라고도 한다.

고용률

$$고용률 = \frac{취업자\ 수(E)}{생산가능인구(P)} \times 100 = \frac{취업자\ 수(E)}{경제활동인구(L) + 비경제활동인구(NL)} \times 100$$

> **생산가능인구**
> 경제활동인구와 비경제활동인구로 구성되어 있다.
>
> **경제활동인구**
> 취업자와 실업자로 구성되어 있다.
>
> **삼의 법칙(Sahm's rule)**
> 실업률의 최근 3개월 평균이 12개월 최저치보다 0.5% 높으면 경제침체로 판단한다는 이론이다.
>
> 사실상 실업자 수의 범위에는 공식적인 실업자뿐만 아니라 구직단념자, 취업준비자, 무급가족종사자가 포함된다.

2 실업의 유형

(1) 자발적 실업(voluntary unemployment)

종류	개념	대책
마찰적 실업	• 다른 직장으로 옮겨가는 과정에서 일시적으로 실업상태에 있는 것 • 실업과 미충원상태의 공석이 함께 존재하는 경우의 실업 • 구직자와 구인자가 적절히 대응하지 못해 발생하는 실업	• 노동시장에서 고용기회에 관한 정보의 흐름을 원활하게 하는 것 • 직장탐색과정을 촉진하는 정책의 수립
탐색적 실업	보다 나은 직장을 탐색하는 과정에서 일시적으로 실업상태에 있는 것	

> **자발적 실업**
> 일할 의사와 능력을 갖추고 있음에도 불구하고 현재의 직장과 임금 수준에서 일할 의사가 없는 상태를 말한다.

핵심테마 29 | 실업

비자발적 실업
현재의 임금 수준에서 일할 의사와 능력이 있음에도 불구하고 일자리를 얻지 못하고 있는 상태를 말한다.

(2) **비자발적 실업**(involuntary unemployment)

종류	개념	대책
경기적 실업	• 경기침체에 수반하여 단기적으로 발생하는 실업 • 케인스적 실업	• 케인스계열 : 재량적인 확장적 총수요관리정책 • 고전학파계열 : 재량적인 정부개입 반대
구조적 실업	• 기술혁신이나 자동화 등으로 인한 과거기술의 경쟁력 상실, 어떤 산업의 사양화 등으로 그 산업부문에서 발생하는 실업 • 미충원상태의 공석에서 요구되는 기능이나 기술을 가진 노동자가 없어 발생하는 실업 • 최저임금제, 노동조합, 효율성임금제도, 정부정책 등 임금경직성을 유발하는 노동시장의 제도적 요인으로 인해 발생하는 실업 • 산업부문 간 노동이동이 쉽지 않기 때문에 장기적 지속될 가능성이 있음 : 노동력에 대한 재교육에 상당한 시간 필요	• 산업구조의 재편 • 인력정책 : 노동력에 대한 재교육, 직업훈련 등

3 자연실업률가설

(1) **개념**
① 자연실업(natural unemployment)이란 근로자들이 마음에 드는 일자리를 얻기 위해 옮겨 다니는 과정에서 발생하는 실업으로, 일자리를 얻고 잃는 과정이 반복되는 동적(dynamic) 과정에서 발생하는 균형실업을 의미한다.
② 자연실업률(natural unemployment rate)이란 경제 전체적으로 실업자 중에서 직업을 얻게 되는 취업자 수와 기존의 취업자 중 직업을 잃는 실직자 수가 서로 같아 실업자의 수가 더는 변하지 않는 상황에서 정해지는 균형실업률 수준이다.

실업의 이력현상(hysteresis)
현재의 실업률이 과거의 실업률 수준에 크게 영향을 받는 현상을 말한다. 이력현상에 의해 실제실업률이 자연실업률을 초과하면 자연실업률 수준 자체가 증가하게 되므로 자연실업률가설이 성립하지 않는다.

(2) **자연실업률가설**
① 자연실업률가설의 관점에 의하면 노동시장에 존재하는 모든 실업은 정도의 차이는 있어도 기본적으로 자발적 실업이라고 본다.
② 자연실업률가설에 의하면 정부의 총수요확대정책은 단기적으로 실업률의 감소를 유발할 수 있지만, 장기적으로는 자연실업률 수준에 영향을 미치지 않으므로 실업 감소를 위한 총수요관리정책은 아무런 효과가 없다.

(3) **자연실업률의 결정 요인**
① 생산물시장과 생산요소시장의 불완전경쟁의 정도 ⇧ → 자연실업률 ⇧
② 직업을 구하는 데 드는 탐색비용 ⇧ → 자연실업률 ⇧
③ 실업보험제도와 같은 근로자복지제도의 강화 → 근로자들의 근로의욕 ⇩ → 자연실업률 ⇧
④ 최저임금제도, 노동조합, 효율성 임금제도 → 자연실업률 ⇧
⑤ 노동의 이동비용 ⇧, 노동의 이동가능성 ⇩ → 자연실업률 ⇧

개념반복! 약점체크! 쪽지시험

01 다음 설명이 맞으면 ○, 틀리면 ×표 하세요.

(1) 실망실업자는 실업자에 포함되지 않고 비경제활동인구로 분류된다. ( )

(2) 완전고용상태에서 실업률은 0이다. ( )

(3) 실업자는 경제활동인구에 포함되지 않는다. ( )

(4) IT산업이 발전하고 노동집약적 산업이 사양화함에 따라 노동집약적 산업에 종사하던 근로자가 직장을 잃는 것은 구조적 실업이다. ( )

(5) 고용보험제도와 실업급여의 확대는 탐색적 실업을 감소시킨다. ( )

(6) 실업수당이 증가하면 자연실업률은 낮아진다. ( )

02 다음 빈칸에 알맞은 말을 고르거나 적으세요.

(7) 실업자를 구직단념자로 판단하여 비경제활동인구로 분류하게 되면 실업률과 경제활동참가율이 모두 (높아/낮아)진다.

(8) 학교를 졸업하고 직장을 찾기 시작했으나 아직 고용되지 못했을 경우 국내의 경제활동참가율은 (증가/감소)하고, 실업률은 (증가/감소)한다.

(9) 경제 내에 생산가능인구가 5천만 명, 실업자가 5백만 명, 그리고 취업자가 2천만 명으로 파악되었다. 이 경제의 고용률은 ( )%이다.

(10) 전업주부가 취업하면 경제활동참가율은 (높아/낮아)지고, 실업률은 (높아/낮아)진다.

(11) 노동시장의 수급상황과 취업정보에 대한 제공을 강화하는 것은 ( )을 줄이기 위한 정책이다.

(12) 실제 경제성장률이 잠재성장률보다 높은 경우 실업률은 자연실업률 수준보다 (높다/낮다).

| 정답 |
(1) ○ (2) × (3) × (4) ○ (5) × (6) × (7) 낮아 (8) 증가, 증가 (9) 40 (10) 높아, 낮아 (11) 마찰적 실업 (12) 낮다

| × 해설 |
(2) 어느 사회에서나 자발적 실업은 존재하므로 완전고용상태에서 실업률은 0이 아니다.
(3) 실업자는 일할 의사와 능력이 있는 사람으로서 경제활동인구에 포함된다.
(5) 고용보험제도와 실업급여의 확대는 탐색적 실업을 증가시키므로 자연실업률의 상승을 유발한다.
(6) 실업수당이 증가하면 구직 동기가 감소하여 자연실업률이 증가한다.

01

실업률을 하락시키는 사례를 [보기]에서 모두 고른 것은? (단, 다른 조건은 일정하다.)

―| 보기 |―
ㄱ. 오랜 구직 실패 후 구직을 포기한 A씨는 한 달 넘게 취업을 단념하고 쉬고 있다.
ㄴ. 전업주부 B씨는 자녀가 학교에 있는 동안 오전 시간대에 마트에서 일하기 시작했다.
ㄷ. 아르바이트생 D씨는 최근 정규직 일자리를 구직하여 출판업체에 출근하기 시작했다.
ㄹ. 개발자 C씨는 AI 분야에 관한 지식 습득을 위해 회사를 그만두고 대학원에 입학했다.

① ㄱ, ㄴ ② ㄱ, ㄷ ③ ㄴ, ㄷ
④ ㄴ, ㄹ ⑤ ㄷ, ㄹ

대표개념 키워드　실업률

| 해설 |

- 실업률 = $\dfrac{\text{실업자}}{\text{경제활동인구}}$ = $\dfrac{\text{실업자}}{\text{취업자}+\text{실업자}}$

ㄱ. A씨는 기존에 실업자였으나, 구직활동을 포기하였다면 비경제활동인구로 전환된다. 실업자 수가 감소하므로 실업률은 하락한다.
ㄴ. B씨는 기존의 비경제활동인구에서 취업자로 전환된다. 경제활동인구와 취업자 수가 동시에 증가하면 실업률은 하락한다.

| 오답 피하기 |

ㄷ. D씨는 기존에도 취업자였으며, 취업자의 지위가 그대로 유지되므로 고용지표에는 영향을 미치지 않는다.
ㄹ. C씨는 기존에 취업자였지만 비경제활동인구로 전환되었다. 즉, 취업자가 감소하였으므로 실업률은 증가한다.

정답 | ①

02

다음 표는 A국의 고용지표를 나타낸 것이다. 이를 바탕으로 경제활동인구와 생산가능인구를 바르게 연결한 것은?

취업자	100만 명
고용률	50%
경제활동참가율	60%

　　경제활동인구　　생산가능인구
① 　120만 명　　　　200만 명
② 　140만 명　　　　200만 명
③ 　160만 명　　　　240만 명
④ 　180만 명　　　　240만 명
⑤ 　200만 명　　　　320만 명

대표개념 키워드　고용지표

| 해설 |

- 고용률은 생산가능인구(P)에서 취업자(E)가 차지하는 비중이므로 $\dfrac{E}{P}\times 100 = \dfrac{100만 명}{P}\times 100 = 50(\%)$에서 생산가능인구($P$)는 200만 명이다.
- 경제활동참가율은 생산가능인구(P)에서 경제활동인구(L)가 차지하는 비중이므로 $\dfrac{L}{P}\times 100 = 60(\%)$에서 생산가능인구($P$)는 200만 명이다.
- 따라서 $\dfrac{L}{200만 명}\times 100 = 60(\%)$에서 경제활동인구($L$)는 120만 명이다.

정답 | ①

핵심테마 29 | 실업

03

다음 그림은 갑국의 구직단념자 변동 추이를 나타낸 것이다. 이에 대한 설명으로 옳은 것은? (단, 생산가능인구는 일정한 것으로 가정한다.)

① 실업률이 상승하였다.
② 실업자가 증가하였다.
③ 고용률이 증가하였다.
④ 경제활동참가율이 증가하였다.
⑤ 비경제활동인구가 증가하였다.

04

우리나라의 실업률이 선진국에 비해 낮게 측정되는 근거로 적절하지 않은 것은?

① 자영업자의 비중이 상대적으로 높다.
② 남성들은 의무적으로 군복무를 해야 한다.
③ 고등학교 졸업 이후 대학진학 비율이 높다.
④ 여성들의 경제활동참가율이 상대적으로 더 낮다.
⑤ 실업보험제도가 잘 구축되어 있고, 실업급여 보장 수준도 상대적으로 높다.

대표개념 키워드 구직단념자

| 해설 |
구직활동을 포기한 구직단념자, 즉 실망실업자는 일할 의사가 없다고 보기 때문에 비경제활동인구에 포함된다. 구직단념자가 증가한다는 것은 경제활동인구에서 비경제활동인구로 전환되는 것을 의미하므로 비경제활동인구는 증가하였다.

| 오답 피하기 |
①② 실업자가 비경제활동인구로 전환되면 실업자는 감소하고 실업률은 하락한다.
③ 경제활동인구와 비경제활동인구를 합한 생산가능인구는 불변이고 취업자 수도 불변이므로 고용률은 불변이다.
④ 생산가능인구는 불변이고, 경제활동인구가 감소하였으므로 경제활동참가율은 감소한다.

정답 | ⑤

대표개념 키워드 국내 실업률

| 해설 |
우리나라의 실업급여 보장 수준이 상대적으로 낮아 현 직장의 근로조건이 양호하지 않더라도 계속 근무하려는 경향이 있으므로 실업률이 낮게 측정된다.

| 오답 피하기 |
① 우리나라는 자영업자의 비중이 높아 실업률이 낮게 측정된다.
② 현역군인은 실업률 통계를 계산할 때 조사대상에서 제외되므로 비경제활동인구로 보지 않는다.
③ 학생은 비경제활동인구로 분류되므로 대학진학 비율이 높으면 실업률이 낮게 측정된다.
④ 여성의 경제활동참가율이 다른 선진국에 비해 낮은 편이다.

정답 | ⑤

핵심테마 29 | 실업

05

고용노동통계의 조사과정에서 나타나는 실망실업자에 대한 설명으로 옳은 것은?

① 실망실업자가 증가하면 실업률은 하락한다.
② 구직을 단념하였으므로 경제활동인구에 포함된다.
③ 일할 의사가 없는 학생과 주부는 실망실업자에 속한다.
④ 구직을 단념하였으므로 생산가능인구에 포함되지 않는다.
⑤ 급여를 받지 않고 가족사업을 돕는 사람은 실망실업자에 속한다.

대표개념 키워드 실망실업자

| 해설 |

실망실업자는 실질적인 실업상태에 있음에도 불구하고 구직을 단념했으므로 일할 의사가 없다고 판단하여 비경제활동인구에 포함된다. 실망실업자가 증가하면 실업률이 하락한다.

| 오답 피하기 |

② 실망실업자는 구직단념자이므로 비경제활동인구에 포함된다.
③ 실망실업자는 지금까지 구직활동을 하였지만 취업이 되지 않아 노동시장에 실망한 나머지 구직활동을 포기한 사람이다. 학생과 주부는 일할 의사가 없었던 비경제활동인구에 속한다.
④ 실망실업자는 만 15세 이상 인구로, 생산가능인구에 속한다.
⑤ 자기에게 직접적으로 이득이나 수입이 오지 않더라도 가구 단위에서 경영하는 농장이나 사업체의 수입을 높이는 데 기여한 가족종사자로, 주당 18시간 이상 일한 자인 무급가족종사자는 취업자에 해당한다.

정답 | ①

06

다음 상황이 고용지표에 미치는 영향을 바르게 연결한 것은? (단, 전체 인구 및 노동시장의 다른 변화는 없다.)

> 재일이는 대학 졸업 이후 취업이 되지 않아 5개월간 구직을 포기하였다. 하지만 최근 금융기관에 취업이 되었다.

	경제활동참가율	실업률	고용률
①	상승	하락	상승
②	상승	상승	상승
③	상승	하락	하락
④	하락	상승	하락
⑤	불변	불변	불변

대표개념 키워드 고용지표

| 해설 |

- 재일이는 구직단념자로 비경제활동인구였으나 취업이 되어 취업자(경제활동인구)로 전환되었다. 따라서 비경제활동인구가 감소하고 경제활동인구가 증가하였다. 경제활동참가율 공식 $\frac{L}{NL+L}$에서 비경제활동인구(NL)와 경제활동인구(L)를 합한 생산가능인구(P)는 불변하고 경제활동인구(L)가 증가하였으므로 경제활동참가율은 상승한다.
- 실업률 공식 $\frac{U}{E+U}$에서 실업자(U)는 불변하고 취업자(E)가 증가하였으므로 실업률은 하락한다.
- 고용률 공식 $\frac{E}{P} = \frac{E}{NL+L}$에서 생산가능인구($P$)는 불변인 채 취업자($E$)가 증가하였으므로 고용률은 상승한다.

정답 | ①

핵심테마 30 | 물가지수

1 소비자물가지수

(1) 개요
① 소비자물가지수(Consumer Price Index : CPI)란 가계의 소비활동에 필요한 재화와 서비스의 가격변동을 측정하기 위한 물가지수이다. 소비자물가지수(CPI)는 도시가계의 평균적인 생계비나 구매력의 변동을 측정하기 위한 특수목적지수로, 대표적인 인플레이션율의 지표로 이용된다.
② 소비자물가지수(CPI)의 대상품목은 서울을 비롯한 주요 도시의 가계가 사용하는 대표적 소비재이다. 소비자물가지수(CPI)에는 농어촌 가계가 소비하는 상품들은 포함되지 않는다.

(2) 사례

구분	기준연도		비교연도	
	생산량	가격	생산량	가격
쌀	300가마	700원	500가마	900원
옷	200벌	500원	300벌	600원

① 기준연도의 품목을 기준연도에 구입했을 때 구입비용
 : (300가마 × 700원) + (200벌 × 500원) = 31만 원
② 기준연도와 동일한 품목을 비교연도에 구입했을 때 구입비용
 : (300가마 × 900원) + (200벌 × 600원) = 39만 원
③ 소비자물가지수(CPI) : 기준연도에 비해 비교연도에 가계의 생계비는 25.8% 상승하였다.

소비자물가지수(CPI)
$$\frac{(300 \times 900)+(200 \times 600)}{(300 \times 700)+(200 \times 500)} \times 100 = \frac{39만\ 원}{31만\ 원} \times 100 = 125.8$$

(3) 특징
① 소비자물가지수(CPI)는 기준연도 거래량을 기준으로 하는 라스파이레스지수이다.
② 소비자물가지수(CPI)의 기준연도는 5년마다 개편되고, 매월 통계청에서 측정한다.
③ 소비자물가지수(CPI)는 물가 상승을 과대평가한다.

소비자의 대체 가능성 무시	가격이 상승하는 상품은 소비량이 감소하므로 가중치를 낮춰야 하지만 그대로 적용하여 물가 상승이 과대평가되고, 가격이 하락하는 상품은 소비량이 증가하므로 가중치를 높여야 하지만 그대로 적용하여 물가 하락이 과소평가된다.
신제품의 등장	대상품목이 조정되기 전까지는 신제품이 소비자물가지수의 작성대상에 포함되지 않으므로 실질적인 생계비 하락이 소비자물가지수에 반영되지 않는다.
상품의 품질 변화 미반영	상품의 품질이 점점 개선되고 있지만 소비자물가지수는 이러한 품질변화를 반영하지 못하고 상품가격의 상승분만을 반영하므로 물가 상승을 과대평가하는 경향이 있다.

④ 소비자물가지수(CPI)는 수입품의 가격변동을 반영하므로 경제개방도가 높은 경제에서 물가변동의 측정에 적합한 물가지수이다.

물가(prices) 또는 물가 수준(price level)
시장에서 거래되는 모든 재화와 서비스의 가격을 일정한 기준으로 가중평균한 종합적인 가격 수준을 의미한다. 즉, 물가란 상품가격의 평균적인 수준을 말한다.

물가지수(price index)
물가 수준의 변동을 측정하기 위한 지표로, 기준시점의 물가를 100으로 놓고 비교시점의 물가를 나타내는 지표이다.

근원인플레이션(core inflation)
- 기초경제여건에 의해 결정되는 장기적인 물가 상승을 지칭한다.
- 근원인플레이션에서는 소비자물가의 변동에서 이상기후로 인한 농산물 작황, 국제원자재가격의 변동, 간접세율 조정 등 일시적·단기적 충격에 의한 물가변동 요인을 제외한다.
- 일반적으로 소비자물가지수의 대상 품목 중 곡물 이외의 농산물과 석유류의 가격변동분을 제거하면 근원인플레이션을 측정할 수 있다.

라스파이레스지수 (Laspeyres index)
- 기준연도의 거래량을 기준으로 작성하는 물가지수이다.
- 소비자물가지수(CPI)와 생산자물가지수(PPI)의 측정 시 사용되는 물가지수이다.

핵심테마 30 | 물가지수

생산자물가지수(*PPI*)는 소비자물가지수(*CPI*)의 변화에 선행한다. 생산자물가가 먼저 오르면 생산자가 생산자물가의 상승분을 상품가격에 반영하여 그것이 소비자물가까지 파급되는 데에는 시차가 존재하기 때문에 소비자물가는 나중에 오른다.

2 생산자물가지수

(1) 개요
① 생산자물가지수(Producer Price Index : *PPI*)란 기업 간에 거래되는 모든 재화와 서비스의 가격변동을 측정하기 위한 물가지수이다.
② 생산자물가지수(*PPI*)의 대상품목은 국내에서 생산된 상품과 기업서비스로, 국내 시장에 출하되어 1차 거래단계에서 기업 상호 간에 거래되는 원자재 및 자본재이다.

(2) 특징
① 생산자물가지수(*PPI*)는 기준연도 거래량을 기준으로 하는 라스파이레스지수이다.
② 생산자물가지수(*PPI*)의 기준연도는 5년마다 개편되고, 1910년부터 한국은행에서 작성하고 있다.

GDP 디플레이터는 직접조사를 하는 소비자물가지수와 달리 국민소득 추계 결과 사후적으로 계산되는 종합적인 물가지수이다.

3 *GDP* 디플레이터

(1) 개요
① *GDP* 디플레이터(*GDP* deflator)란 명목가치를 실질가치로 환산할 때 사용하는 물가지수로, 명목 *GDP*를 실질 *GDP*로 나누어 사후적으로 측정되는 물가지수이다.
② *GDP* 디플레이터의 대상품목은 *GDP*를 계산할 때 대상이 되는 품목으로 한 나라 안에서 생산한 모든 최종생산물이다.

명목 국내총생산(nominal GDP)
해당 연도의 생산량에 해당 연도의 가격을 곱해 각 상품의 시장가치를 합한 것을 말한다.

실질 국내총생산(real GDP)
해당 연도의 생산량에 해당 연도의 가격이 아닌 기준연도의 가격을 곱해 각 상품의 시장가치를 합한 것을 말한다.

(2) 사례
① 소비자물가지수(*CPI*)와 *GDP* 디플레이터를 직접적으로 비교하기 위해 한 나라에서 생산된 상품이 쌀과 옷뿐이라고 가정한다.
② 명목 *GDP* : (500가마×900원)+(300벌×600원)=63(만 원)
③ 실질 *GDP* : (500가마×700원)+(300벌×500원)=50(만 원)
④ 기준연도의 명목 *GDP*와 실질 *GDP*는 동일하다.
⑤ *GDP* 디플레이터 : 비교연도에 생산된 모든 최종생산물을 비교연도의 가격으로 구입하기 위해 필요한 지출이 기준연도의 가격으로 구입할 때 필요한 지출보다 26% 많다는 것을 의미한다.

> *GDP* 디플레이터
>
> $$\frac{(500 \times 900)+(300 \times 600)}{(500 \times 700)+(300 \times 500)} \times 100$$
>
> $$= \frac{\text{명목 } GDP}{\text{실질 } GDP} \times 100 = \frac{63\text{만 원}}{50\text{만 원}} \times 100 = 126$$

파셰지수(Paasche index)
• 비교연도의 거래량을 기준으로 작성하는 물가지수이다.
• *GDP* 디플레이터의 측정 시 사용되는 물가지수이다.

(3) 특징
① *GDP* 디플레이터는 비교연도 거래량을 기준으로 하는 파셰지수이다.
② *GDP* 디플레이터는 국내에서 생산된 모든 최종생산물이 조사대상이므로 *GDP* 디플레이터가 소비자물가지수보다 더 포괄적인 성격을 갖는다.
③ *GDP* 디플레이터는 국내에서 생산된 품목만을 대상으로 하기 때문에 수입상품의 가격변동을 전혀 반영하지 못한다는 한계를 가지고 있다. 반면, 소비자물가지수에는 수입상품이 포함되므로 이들의 가격동향을 적절하게 반영할 수 있다.
④ *GDP* 디플레이터의 가중치는 매년 바뀌므로 현실의 물가동향을 정확하게 반영할 수 있지만, 비교연도의 대상품목과 가중치를 매번 조사해야 하는 불편함이 있다.

01 다음 설명이 맞으면 ○, 틀리면 ×표 하세요.

(1) 소비자물가지수 산정에는 국내에서 생산되는 재화와 용역만 포함된다. ( )

(2) 소비자물가지수는 소비자들의 대체가능성을 배제함으로써 물가상승률을 과대평가할 수 있다. ( )

(3) GDP디플레이터 산정에는 파셰지수(Paasche Index) 산식을 사용한다. ( )

(4) 수입품은 GDP디플레이터에는 영향을 미치지만, 소비자물가지수에는 영향을 미치지 않는다. ( )

02 다음 빈칸에 알맞은 말을 고르거나 적으세요.

(5) 커피가격이 과거에 비해 상승함에 따라 차로 대체하는 사람이 늘었을 경우 소비자물가지수는 물가상승을 (과소평가/과대평가)한다.

(6) 생산자물가지수와 소비자물가지수는 고정된 가중치를 적용해서 구하는 (　　　　　)지수의 대표적인 예다.

(7) GDP디플레이터의 산정 대상은 우리나라에서 생산되는 모든 (　　　　　)이다.

(8) 폐쇄경제인 A국가는 아래의 표와 같은 가격과 수량의 조합을 갖는다. 2024년을 기준으로 할 때 2025년의 라스파이레스 물가지수는 (　　　)이다.

구분	2024년		2025년	
	가격	생산량/소비량	가격	생산량/소비량
쌀	20원	80단위	40원	60단위
소고기	40원	60단위	24원	70단위

(9) 작년에 비해 명목GDP가 증가하였으나 GDP디플레이터가 감소하였다면 실질 GDP는 (증가/감소)한 것이다.

| 정답 |
(1) × (2) ○ (3) ○ (4) × (5) 과대평가 (6) 라스파이레스 (7) 최종생산물 (8) 116 (9) 증가

| × 해설 |
(1) 소비자물가지수 산정에는 수입품이 포함된다.
(4) 수입품은 GDP디플레이터에는 영향을 미치지 않지만, 소비자물가지수에는 영향을 미친다.

01

소비자물가지수에 대한 설명으로 옳지 않은 것은?

① 라스파이레스지수이다.
② 상품의 품질 변화가 반영되지 않는다.
③ 수입품의 가격변동이 반영된다.
④ 대체품목 등은 반영되지 않는다.
⑤ 농산물, 석유 등 가격변동이 큰 것도 반영된다.

대표개념 키워드 | 소비자물가지수

| 해설 |
소비자물가지수는 지출목적별 분류와 특수 분류로 구분하여 작성한다. 특수 분류지수에는 농산물 및 석유류 제외지수가 있어 가격변동이 큰 농산물과 석유 등은 제외된다.

| 오답 피하기 |
① 소비자물가지수는 기준연도 거래량을 기준으로 하는 라스파이레스지수(Laspeyres index)이다.
② 상품의 품질이 점점 개선되고 있지만 소비자물가지수는 이러한 품질 변화를 반영하지 못하고 상품가격의 상승분만을 반영한다.
③ 소비자물가지수는 수입품의 가격변동이 반영되지만, 생산자물가지수와 GDP 디플레이터는 수입품의 가격변동을 반영하지 않는다.
④ 소비자물가지수는 소비자의 대체 가능성을 무시하므로 물가 상승이 과대평가된다.

정답 | ⑤

02

물가의 통계 및 측정에 대한 설명으로 옳지 않은 것은?

① 소비자물가지수는 수입품의 가격을 반영한다.
② 생산자물가지수는 주택임대료를 반영하지 않는다.
③ 소비자물가지수(CPI)는 라스파이레스 방식으로 측정한 값이다.
④ 생산자물가지수(PPI)는 최종재에 대한 가격변화의 산술평균값이다.
⑤ GDP 디플레이터는 명목 GDP를 실질 GDP로 나눈 값에 100을 곱한 값이다.

대표개념 키워드 | 물가의 통계와 측정

| 해설 |
생산자물가지수(PPI)는 기업 간에 거래되는 모든 재화와 서비스의 가격변동을 측정하기 위한 물가지수이다. 생산자물가지수의 대상품목은 국내에서 생산된 상품과 기업서비스로, 국내시장에 출하되어 1차 거래단계에서 기업 상호 간에 거래되는 원자재 및 자본재이다.

| 오답 피하기 |
① 소비자물가지수의 대상품목에 수입품이 포함되므로 소비자물가지수는 수입품의 가격을 반영한다.
② 주택임대료는 소비자물가지수의 대상품목이고, 생산자물가지수에는 사무실 임대료가 포함된다.
③ 소비자물가지수(CPI)는 기준연도 거래량을 기준으로 하는 라스파이레스지수(Laspeyres index)이다.
⑤ GDP 디플레이터는 명목가치를 실질가치로 환산할 때 사용하는 물가지수로, 명목 GDP를 실질 GDP로 나누어 사후적으로 측정되는 물가지수이다.

정답 | ④

03

다음 표는 빵과 의자, 두 재화만 생산하는 A국의 $Y_0 \sim Y_1$년 재화 생산량과 가격을 나타낸 것이다. 다음 중 A국의 Y_1년 GDP 디플레이터를 옳게 구한 것은? (단, 기준연도는 Y_0년이다.)

(단위 : 개, 원)

연도	빵		의자	
	수량	가격	수량	가격
Y_0	40	10	8	50
Y_1	50	12	10	45

① 90
② 95
③ 100
④ 105
⑤ 110

대표개념 키워드 GDP 디플레이터

| 해설 |

- 기준연도의 경우 명목 GDP와 실질 GDP는 항상 100으로 동일하다.
- Y_1년 명목 $GDP = \sum P_{Y_1} Q_{Y_1} = (12 \times 50) + (45 \times 10) = 1,050$(원)
- Y_1년 실질 $GDP = \sum P_{Y_0} Q_{Y_1} = (10 \times 50) + (50 \times 10) = 1,000$(원)
- GDP 디플레이터 $= \dfrac{\text{명목 } GDP}{\text{실질 } GDP} \times 100 = \dfrac{1,050}{1,000} \times 100 = 105$

정답 | ④

04

다음 표는 A국의 연도별 생산량을 나타낸 것이다. 이에 대한 설명으로 옳지 <u>않은</u> 것은? (단, A국은 쌀과 옷만 생산한다.)

(단위 : 원, 개)

구분	기준연도		비교연도	
	가격	생산량	가격	생산량
쌀	100	10	150	10
옷	200	15	200	15

① 비교연도에 물가는 기준연도보다 상승했다.
② 비교연도 A국의 명목 GDP는 4,500원이다.
③ 비교연도 A국의 실질 GDP는 4,000원이다.
④ 비교연도의 기준연도 대비 경제성장률은 12.5%이다.
⑤ 비교연도의 실질 GDP는 기준연도의 명목 GDP와 같다.

대표개념 키워드 명목 GDP와 실질 GDP

| 해설 |

기준연도 실질 GDP(명목 GDP)$=(100$원$\times 10$개$)+(200$원$\times 15$개$)=1,000$원$+3,000$원$=4,000$원이고, 비교연도 실질 $GDP=(100$원$\times 10$개$)+(200$원$\times 15$개$)=1,000$원$+3,000$원$=4,000$원이다. 기준연도와 비교연도의 실질 GDP가 동일하므로 경제성장률은 0%이다.

| 오답 피하기 |

① 옷의 가격은 불변이지만 쌀의 가격이 상승하였으므로 비교연도에 물가는 기준연도보다 상승하였다.
② 비교연도 명목 $GDP=(150$원$\times 10$개$)+(200$원$\times 15$개$)=1,500$원$+3,000$원$=4,500$원
③ 비교연도 실질 $GDP=(100$원$\times 10$개$)+(200$원$\times 15$개$)=1,000$원$+3,000$원$=4,000$원
⑤ 비교연도의 실질 GDP와 기준연도의 명목 GDP는 4,000원으로 동일하다.

정답 | ④

핵심테마 31 | 인플레이션의 원인

1 인플레이션율(물가상승률)

① 인플레이션율(inflation rate)이란 일정 기간에 물가지수가 변화한 비율을 의미한다.
② 인플레이션율(π)은 어떠한 물가지수를 이용하여 구하여도 무방하지만, 인플레이션율(π)을 측정하는 대표적인 물가지수는 소비자물가지수(CPI)이다.

인플레이션율

$$\pi_t = \frac{CPI_t - CPI_{t-1}}{CPI_{t-1}} \times 100$$

- π_t : t기의 인플레이션율
- CPI_t : t기의 소비자물가지수
- CPI_{t-1} : $t-1$기의 소비자물가지수

2 인플레이션의 원인과 대책

(1) 수요견인 인플레이션

① 개념
  ㉠ 수요견인 인플레이션(demand-pull inflation)이란 총수요 측 요인에 의해 발생하는 인플레이션을 의미한다.
  ㉡ 총수요(AD)곡선이 우측으로 이동하면 국민소득(Y)이 증가하고 물가(P)가 상승하는 수요견인 인플레이션이 발생한다.

수요견인 인플레이션

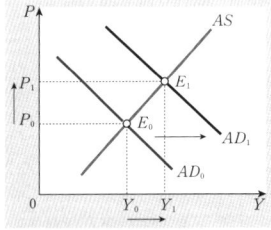

총수요의 증가($AD_0 \to AD_1$) → 국민소득의 증가($Y_0 \to Y_1$), 물가의 상승($P_0 \to P_1$)

② 발생 원인
  ㉠ 과도한 통화 증가(화폐적 요인) : 확대금융정책으로 인해 통화공급(M^s)이 증가하면 총수요곡선이 우측으로 이동하여 수요견인 인플레이션을 유발한다.
  ㉡ 확대재정정책(실물적 요인) : 확대재정정책으로 인한 정부지출 증가 및 투자 증가와 같은 실물부문의 증가에 의한 총수요 변동이 수요견인 인플레이션의 원인이 된다.
  ㉢ 수요충격의 요인 : 중앙은행의 예상치 못한 통화공급의 증가, 정부의 예상하지 못한 재정정책의 변동, 민간소비 또는 투자행태의 갑작스러운 변화, 갑작스러운 과소비 풍조, 물가 오름세 심리에 의한 가수요의 확산 등이 있다.

(2) 공급견인 인플레이션

① 개념
  ㉠ 공급견인 인플레이션(supply-pull inflation)이란 총공급 측 요인에 의해 발생하는 인플레이션을 의미한다.

하이퍼인플레이션(Hyperinflation)
초(超)인플레이션이라고도 하며, 통제 상황을 벗어나 1년에 수백 % 이상으로 물가 상승이 일어나는 경우를 지칭하는 개념이다.

피시플레이션(Fishflation)
수산물(fisheries)과 인플레이션(inflation)의 합성어로, 수산자원의 부족으로 인한 수산물의 지속적인 가격 상승을 뜻하는 말이다.

아이언플레이션(Ironflation)
철(iron)과 인플레이션(inflation)의 합성어로, 철의 가격이 지속적으로 상승한다는 의미를 갖는다.

애그플레이션(Agflation)
농업(agriculture)과 인플레이션(inflation)의 합성어로, 농산물 가격 급등으로 일반 물가가 상승하는 현상을 뜻하는 말이다.

에코플레이션(Ecoflation)
환경(ecology)과 인플레이션(inflation)의 합성어로, 환경적 요인에 의해 발생한 인플레이션을 말한다.

기후플레이션(Climateflation)
기후 변화(Climate Change)와 인플레이션(Inflation)의 합성어로, 기상이변, 온난화, 자연재해 등 기후 문제가 공급망을 교란하거나 생산 비용을 증가시켜 물가가 오르는 현상을 말한다.

스티키 인플레이션(Sticky inflation)
한 번 높아진 물가상승률이 일시적 현상에 그치지 않고 지속적으로 상승하는 것이다.

스트림플레이션(Streamflation)
스트리밍(Streaming)과 인플레이션(Inflation)의 합성어로, 인터넷을 통해 콘텐츠를 제공하는 온라인 동영상 서비스(OTT) 업체들이 구독료를 올리는 현상이다.

ⓒ 총공급(AS)곡선이 좌측으로 이동하면 국민소득(Y)이 감소하고 물가(P)가 상승하는 공급견인 인플레이션이 발생한다.

공급견인 인플레이션

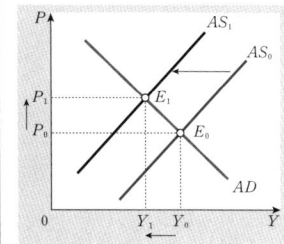

총공급의 감소($AS_0 \to AS_1$) → 국민소득의 감소($Y_0 \to Y_1$), 물가의 상승($P_0 \to P_1$)

② 발생 원인
ⓐ 총공급을 감소시키는 불리한 공급충격이 발생하면 총공급곡선이 좌측으로 이동하여 예상치 못한 인플레이션이 발생한다.
ⓑ 비용인상 인플레이션 : 석유파동(oil shock), 원자재가격 상승, 자원파동
ⓒ 예상물가 수준(P^e)의 상승
ⓓ 공급충격의 요인 : 태업이나 파업 등의 노사분규, 노동조합의 임금 인상 요구로 인한 노동생산성의 감소, 과도한 임금 인상, 이자와 지대의 상승, 과점기업들의 이윤증대를 위한 상품가격의 인상(관리가격 인플레이션), 가뭄과 같은 기후조건의 변화로 인한 흉작 등이 있다.

③ 대책

단기정책 **(소득정책)**	• 소득정책(incomes policy)이란 임금 및 물가 상승을 규제하여 생산비의 증가를 억제하고 이에 따라 비용인상 인플레이션(공급견인 인플레이션)을 치유하고자 하는 정책을 말한다. • 소득정책에 의해 노동생산성 증가율만큼의 임금 인상을 유도하면 임금 인상으로 인한 물가 상승을 억제할 수 있다. • 기타 : 임금 가이드라인(wage guideline), 임금-물가통제(wage-price controls)
장기정책 **(총공급** **증가정책)**	• 장기적으로 총공급의 증가를 위한 정책을 실시하면 실업과 인플레이션을 동시에 해결할 수 있다. • 장기적으로 저축·투자·노동공급의 증가를 위한 조세감면정책을 실시한다. • 인력정책(manpower policy) : 노동생산성을 증가시킬 수 있는 기술향상·연구개발·교육훈련 등의 정책이 필요하다.

④ 특징
ⓐ 총공급의 감소로 인한 공급견인 인플레이션(비용인상 인플레이션)은 경기침체 속에서도 물가가 상승하는 스태그플레이션(stagflation)을 유발한다.
ⓑ 총수요관리정책의 정책적 딜레마 : 국민소득 증대를 위해 총수요를 증가시키면 인플레이션은 더욱 가속화되고, 물가 안정을 위해 총수요를 감소시키면 국민소득은 더욱 감소한다.

(3) **혼합형 인플레이션**
① 혼합형 인플레이션이란 총수요 측 요인과 총공급 측 요인이 동시에 작용하여 발생하는 인플레이션을 의미한다.
② 총수요(AD)곡선이 우측으로 이동하고 동시에 총공급(AS)곡선이 좌측으로 이동하면 물가(P)가 대폭 상승하는 혼합형 인플레이션이 발생한다.

번들플레이션(Bundleflation)
번들(Bundle·묶음)과 인플레이션(Inflation)의 합성어로, 단위 가격으로 비교했을 때 묶음 상품이 낱개 상품보다 더 비싼 현상을 가리키는 신조어이다.

스태그플레이션(stagflation)
경기침체(stgnation)와 인플레이션(inflation)의 합성어로, 1970년대 나타난 용어이다.

01 다음 설명이 맞으면 ○, 틀리면 ×표 하세요.

(1) 총수요가 증가하는 수요견인 인플레이션이 발생하면 인플레이션으로 인해 국민소득이 증가하고 물가가 상승한다. ( )

(2) 중앙은행의 예상치 못한 통화공급의 증가는 수요견인 인플레이션을 유발한다. ( )

(3) 노사분규, 노동생산성의 감소 등은 총수요곡선을 좌측으로 이동시킨다. ( )

(4) 총공급곡선을 왼쪽으로 이동시키는 충격이 발생하였을 때 불경기 상황이므로 재정지출을 증가시키더라도 인플레이션은 일어나지 않는다. ( )

(5) 스태그플레이션을 해결하기 위한 바람직한 경제정책은 연구개발에 대한 투자지원 등이다. ( )

02 다음 빈칸에 알맞은 말을 고르거나 적으세요.

(6) 우리나라에서 인플레이션율을 측정하는 대표적인 물가지수는 (　　　　)이다.

(7) 기업가의 동물적 직감에 의한 대규모 투자는 (수요견인/공급견인) 인플레이션의 요인이 된다.

(8) 예상물가수준이 상승하면 (수요견인/공급견인) 인플레이션이 발생한다.

(9) 공급견인 인플레이션이 발생하면 경기침체 속에서도 물가가 상승하는 (　　　　)현상이 나타난다.

(10) 비용인상 인플레이션으로 인해 인플레이션이 발생하였을 때 인플레이션을 억제하기 위해 통화량을 감소시키면 국민소득은 (증가/감소)한다.

| 정답 |
(1) ○　(2) ○　(3) ×　(4) ×　(5) ○　(6) 소비자물가지수　(7) 수요견인　(8) 공급견인　(9) 스태그플레이션　(10) 감소

| × 해설 |
(3) 노사분규, 노동생산성의 감소 등은 총공급곡선을 좌측으로 이동시켜 공급견인 인플레이션을 유발한다.
(4) 공급견인 인플레이션 발생 시 재정지출을 증가시키면 총수요곡선이 우측 이동하므로 물가는 더욱 상승한다.

01

물가를 상승시키는 요인이 아닌 것은?

① 재정지출의 증가
② 간접세와 직접세의 모두 인하
③ 중앙은행의 국공채 매입
④ 기준금리 인상
⑤ 가계소득의 증가

대표개념 키워드 　물가 상승의 요인

| 해설 |
중앙은행이 기준금리를 인상하면 통화량이 감소하여 소비와 투자가 감소한다. 이때 총수요곡선이 좌측으로 이동하여 물가가 하락한다.

| 오답 피하기 |
① 재정지출이 증가하면 총수요가 증가하여 총수요곡선이 우측으로 이동하므로 물가가 상승한다.
② 조세를 인하하면 소비와 투자가 증가하여 총수요곡선이 우측으로 이동하므로 물가가 상승한다.
③ 중앙은행이 국공채를 매입하면 본원통화 증가를 통해 통화량이 증가하여 소비와 투자가 증가한다. 이때 총수요곡선이 우측으로 이동하여 물가가 상승한다.
⑤ 가계소득이 증가하면 소비가 증가하여 총수요곡선이 우측으로 이동하므로 물가가 상승한다.

정답 | ④

02

다음 그림에서 점 a와 b는 각각 A국과 B국 균형점의 이동 방향을 나타낸다. 이에 대한 설명으로 옳지 않은 것은? (단, e는 A국과 B국의 최초 균형점이다.)

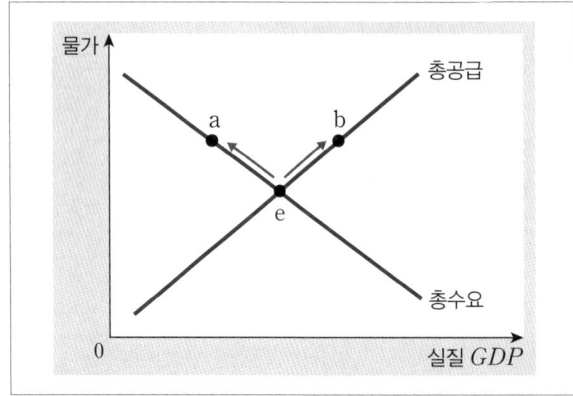

① A국에서는 원자재가격이 상승하였다고 할 수 있다.
② A국에서는 경기회복을 위해 직업훈련 등의 인력정책이 요구된다.
③ B국에서의 물가 상승은 순수출의 증가로 나타날 수 있다.
④ B국에서는 스태그플레이션의 가능성이 존재한다.
⑤ B국과 같은 상황에서 긴축재정정책을 사용하면 물가 안정과 과열된 경기안정 모두에 도움이 된다.

대표개념 키워드 　인플레이션의 원인

| 해설 |
A국에서와 같이 공급견인 인플레이션이 발생하면 경기침체 속에서도 물가가 상승하는 스태그플레이션(stagflation) 현상이 나타난다.

| 오답 피하기 |
① A국에서는 총공급이 감소하여 발생하는 공급견인 인플레이션(supply-pull inflation)이 발생하였다. 석유파동(oil shock), 원자재가격 상승, 자원파동 등의 비용인상 인플레이션이 공급견인 인플레이션에 해당한다.
② 공급견인 인플레이션에서는 노동생산성을 증가시킬 수 있는 기술향상, 연구개발, 교육훈련(인적자본투자) 등의 정부정책이 필요하다.
③ B국에서는 총수요곡선이 우측(상방)으로 이동하여 물가가 상승하는 수요견인 인플레이션이 발생하였다. 순수출이 증가하면 총수요가 증가하므로 수요견인 인플레이션이 발생할 수 있다.
⑤ B국과 같은 상황에서 긴축재정정책을 사용하면 총수요가 감소하므로 물가 안정과 과열된 경기안정 모두에 도움이 된다.

정답 | ④

핵심테마 31 | 인플레이션의 원인

03

다음은 인플레이션의 원인과 대책을 정리한 것이다. 인플레이션의 유형 (가), (나)에 대한 설명으로 옳지 않은 것은?

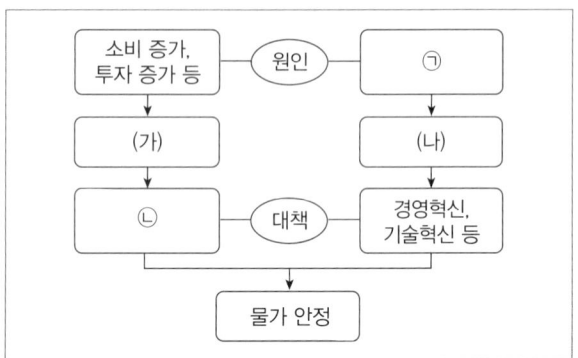

① ㉠에는 원자재가격 상승이 포함될 수 있다.
② 세율 인하, 정부지출 증대는 ㉡에 해당한다.
③ (가)와 달리 (나)는 경기침체를 동반한다.
④ (나)의 경우 스태그플레이션이 발생한다.
⑤ (가)는 총수요 증가, (나)는 총공급 감소가 원인이다.

대표개념 키워드 인플레이션의 원인과 대책

| 해설 |
(가)는 소비 증가와 투자 증가에 의한 인플레이션이므로 수요견인 인플레이션에 해당한다. 경영혁신과 기술혁신은 총공급 증가정책에 해당하므로 공급견인 인플레이션에 대한 대책방안이다. 따라서 (나)는 공급견인 인플레이션에 해당한다. 총수요 증가로 인한 수요견인 인플레이션의 대책은 총수요를 억제하는 것이다. 따라서 세율 인상, 정부지출 감소가 ㉡에 해당한다.

| 오답 피하기 |
① 원자재가격 상승은 비용인상 인플레이션의 원인으로 이는 공급견인 인플레이션과 관련 있다.
③ 공급견인 인플레이션은 총공급곡선이 좌측으로 이동하여 물가 상승과 함께 경기침체가 나타난다.
④ 공급견인 인플레이션하에서는 경기침체와 물가 상승이 동시에 나타나는 스태그플레이션이 발생한다.
⑤ (가)는 수요견인 인플레이션, (나)는 공급견인 인플레이션에 해당한다.

정답 | ②

04

적정 수준을 넘어서는 급격한 인플레이션은 시장에서의 자원배분 효율성을 감소시키고, 각종 사회적 비용을 증가시킨다. 이러한 급격한 물가 상승을 완화시키는 경제 정책에 해당하지 않는 것은?

① 소비세율을 인상한다.
② 기준금리를 인상한다.
③ 통화안정증권을 매입한다.
④ 법정지급준비율을 인상한다.
⑤ 본원통화 공급을 감소시킨다.

대표개념 키워드 물가안정화 정책

| 해설 |
통화안정증권 매입 → 본원통화 증가 → 통화량 증가 → 소비와 투자의 증가 → 총수요 증가 → 수요견인 인플레이션 발생

| 오답 피하기 |
① 소비세율 인상 → 소비의 감소 → 총수요 감소 → 물가 하락
② 기준금리 인상 → 소비와 투자의 감소 → 총수요 감소 → 물가 하락
④ 지급준비율 인상 → 통화승수 감소 → 통화량 감소 → 소비와 투자의 감소 → 총수요 감소 → 물가 하락
⑤ 본원통화 공급 감소 → 통화량 감소 → 소비와 투자의 감소 → 총수요 감소 → 물가 하락

정답 | ③

핵심테마 32 | 인플레이션의 사회적 비용

1 인플레이션과 이자율

(1) 명목이자율과 실질이자율
① 실질이자율(r)은 명목이자율(i)에서 인플레이션율(π)을 차감한 값으로 정의된다.
② 인플레이션이 발생하지 않으면 실질이자율(r)은 명목이자율(i)과 일치한다.

실질이자율과 명목이자율
$$실질이자율(r) = 명목이자율(i) - 인플레이션율(\pi)$$

(2) 피셔가설
① 완벽하게 예상된 인플레이션의 경우 채권자는 실질이자율(r)이 하락하는 것을 막기 위해 인플레이션의 프리미엄을 더한 더 높은 명목이자율(i)을 요구하게 되고, 이에 채무자는 순순히 응하게 된다.
② 명목이자율(i)은 실질이자율(r)에 예상된 인플레이션율(π^e)을 합한 값과 같아지는데, 이러한 명제를 피셔가설(Fisher hypothesis)이라고 한다.

피셔가설
$$명목이자율(i) = 실질이자율(r) + 예상인플레이션율(\pi^e)$$

> **명목이자율**
> 물가상승률이 반영되지 않은 이자율로, 은행에 게시된 이자율을 말한다.
>
> **실질이자율**
> 물가상승률이 반영된 이자율로, 실물 단위로 측정한 이자율을 말한다.

2 예상된 인플레이션

(1) 부와 소득의 재분배 측면
① 인플레이션이 예상되면 근로자가 실질임금의 하락 방지를 위해 물가상승률만큼 명목임금의 인상을 요구하게 되므로 실질임금은 불변한다. 따라서 기업과 근로자 모두 비용이 발생하지 않으므로 기업과 근로자 간에 부와 소득의 재분배는 발생하지 않는다.
② 인플레이션이 예상된 경우 채권자들이 실질이자율의 하락 방지를 위해 인플레이션율만큼 명목이자율의 인상을 요구하게 되므로 실질이자율은 불변한다. 따라서 채권자와 채무자 간에 부와 소득의 재분배는 발생하지 않는다.
③ 예상된 인플레이션하에서 실질임금과 실질이자율이 불변하더라도 누진세제하에서는 명목임금과 명목이자소득이 증가할 때 더 높은 세율이 적용되므로 조세 부담이 증가한다. 따라서 누진세제하에서는 명목소득에 대한 조세왜곡이 발생하여 세후실질임금과 세후실질이자소득이 감소하므로 예상된 인플레이션이라 하더라도 근로자와 채권자가 불리해질 가능성이 있다.

> **브래킷 크리프(bracket creep)**
> 물가 상승에 따라 명목소득이 늘어나면 납세자의 소득 여부와 상관없이 높은 세율이 적용되어 실질적인 증세가 일어나는 현상이다. 납세자도 모르게 늘어나는 세금이라고 해서 '감춰진 증세(hidden tax hike)'라고도 불린다.

(2) 메뉴비용과 구두창비용
① 메뉴비용(menu cost) : 인플레이션이 예상된 경우 가격변동 시 가격조정과 관련된 제반비용을 말한다.
  ㉠ 가격이 인쇄된 상품포장이나 카탈로그, 그리고 메뉴판을 새 것으로 교체하거나 변경할 때 들어가는 비용
  ㉡ 가격을 변동시킨 결과 단골손님을 잃어 판매량과 판매수입(매출액)이 감소하는 위험에 대한 비용

핵심테마 32 | 인플레이션의 사회적 비용

② <u>구두창비용</u>(shoe leather cost) : 인플레이션이 예상될 때 금융기관을 더욱 자주 방문해야 하는 데서 오는 거래비용을 말한다.
  ㉠ 예상된 인플레이션하에서 피셔효과에 의해 명목이자율이 상승하면 화폐보유의 기회비용이 증가하므로 민간은 화폐보유를 줄이게 된다.
  ㉡ 인플레이션을 예상하는 사람들은 되도록 현금보유를 줄이려고 하기 때문에 은행에 더욱 자주 찾아가야 하는데 이 과정에서 시간, 교통비와 같은 거래비용이 발생한다. 이를 구두창비용이라고 한다.
③ 메뉴비용과 구두창비용은 예상된 인플레이션하에서도 발생하는 비용이다.

(3) 생산과 고용 측면
① 예상된 인플레이션이 발생하면 개별기업의 입장에서는 제품가격의 상승으로 총수입의 증가를 기대하지만, 다른 한편으로는 생산요소가격의 상승으로 총비용의 증가를 경험하기 때문에 생산에 영향을 미치지 못한다.
  ㉠ 인플레이션이 예상되면 노동자들이 인플레이션율만큼 명목임금의 인상을 요구할 것이므로 생산요소의 가격이 상승한다.
  ㉡ 총수입의 증가에 비례하여 총비용의 증가가 이루어진다면 이윤극대화 생산량은 불변한다.
② 예상된 인플레이션이 발생하면 노동시장에서 실질임금이 불변하므로 노동고용량도 불변한다.

(4) 경제의 효율성 측면
① 예상된 인플레이션이 지속되면 자원이 생산적인 투자에 쓰이지 않고 비생산적인 투기에 사용되기 때문에 국민경제의 효율성은 낮아진다.
② <u>초인플레이션</u>하에서 경제주체들은 화폐보유보다 현물선호경향을 드러내게 되고, 화폐의 소득유통속도가 천문학적으로 높아지면서 교환경제가 파괴된다.

3 예상치 못한 인플레이션

(1) 부와 소득의 재분배 측면
① 예상치 못한 인플레이션이 발생하면 실질임금이 하락하므로 노동자는 손해를 보고 기업은 이득을 본다. 따라서 노동자로부터 기업에게로 소득이 재분배된다.
② 예상치 못한 인플레이션이 발생하면 실질이자율이 하락하여 명목이자소득의 실질가치가 하락하므로 실질이자소득이 감소한다. 이에 채권자는 손해를 보고 채무자는 이득을 본다. 따라서 채권자로부터 채무자에게로 부와 소득이 재분배된다.
③ 예상치 못한 인플레이션이 발생하면 명목자산의 실질가치가 하락하므로 금융자산(현금, 예금, 공채, 어음)의 보유자는 손실을 보고 실물자산(토지, 빌딩, 주택)의 보유자는 이득을 본다. 이는 화폐소유자에게는 과세, 실물소유자에게는 보조금을 지급하는 결과를 초래하므로 사람들은 화폐보다 실물을 선호하려고 경쟁한다.
④ 개인이나 은행으로부터 돈을 빌린 채무자는 이득을 보게 되는데 이는 부유층에게 유리한 방향으로 전개될 가능성이 있다. 국민경제 전체적으로 대표적인 채무자는 기업이며, 대표적인 채권자는 가계이기 때문이다.
⑤ 고정된 명목임금을 받고 있는 노동자, 고정된 연금을 받아 생활하는 사람, 명목가치가 고정된 금융자산을 보유하고 있는 사람은 손해를 본다.

구두창비용
예상된 인플레이션하에서 은행 방문이 잦아지면 구두바닥이 닳아진다고 한 것에서 유래하였다.

초인플레이션(hyper-inflation)
연간 물가상승률이 100% 이상인 경우를 말한다.

화폐발행이득
- 화폐공급의 증가를 통해 정부가 얻게 되는 추가적인 재정수입을 말하며, 인플레이션조세, 화폐주조세, 세뇨리지(seigniorage), 소리 없는 세금(silent tax), 숨겨진 세금(hidden tax)이라고도 한다.
- 화폐발행의 증가를 통해 인플레이션이 발생하면 국민경제 전체적인 측면에서 채무자에 해당하는 정부의 실질채무가 감소하므로 정부는 화폐발행의 이득을 얻는다.
- 화폐의 실질가치가 하락하면 민간이 구입 가능한 재화와 서비스의 양이 줄어드는데, 이는 정부가 그만큼 더 많은 재화와 서비스를 구입해 각종 사업에 사용할 수 있음을 의미한다.

(2) 생산과 고용 측면
① 예상치 못한 인플레이션으로 인해 실제물가 수준(P)이 예상물가 수준(P^e)보다 높아 $P > P^e$의 조건이 성립한다면 기업들은 단기적으로 생산을 증가시킨다.
② 예상치 못한 인플레이션이 발생하면 단기적으로 생산이 증가하여 단기에 노동고용량이 증가하지만, 장기적으로는 미래에 대한 불확실성이 증가하여 고용량의 변동이 불투명하게 된다.

(3) 경제의 효율성 측면
① 예상된 인플레이션하에서는 실물자산에 대한 투기가 성행하여 경제적 효율성이 저해되지만, 예상치 못한 인플레이션하에서는 단기적으로 경제의 효율성에 큰 영향이 없다. 즉, 인플레이션이 예상되지 않았으므로 단기적으로 실물자산에 대한 투기가 발생하지 않는다.
② 예상치 못한 인플레이션이 지속되면 장기적으로 불확실성이 증가하여 경제의 효율성이 약화된다.

(4) 장기계약의 어려움
① 예상치 못한 인플레이션으로 인해 불확실성이 확산되면 채권자와 채무자 사이에 장기계약(long-recontract)이 어렵게 된다.
② 금융기관과 기업 사이에도 단기대출만 이루어지게 되어 경제 전반의 효율성에 문제를 발생시킨다.

4 공통적인 영향

(1) 투기의 성행과 자원배분의 효율성 저하
① 상품 사이의 가격상승률 격차가 커지면 가격이 더 많이 오를 것으로 생각되는 상품(부동산, 골동품, 금, 외환)에 대한 투기가 성행하게 되고, 이는 자원배분의 비효율성을 초래한다.
② 사람들이 노동을 기피하게 되어 정상적인 생산활동이 위축되고 이로 인해 자원이 비생산적으로 배분된다.

(2) 경상수지 악화
① 인플레이션이 발생하면 외국상품에 대한 국내상품의 상대적 가격이 비싸지기 때문에 수출이 감소하고 수입이 증가한다.
② 수출 감소와 수입 증가는 경상수지 적자를 초래한다.

(3) 기업체질의 약화와 산업의 국제경쟁력 상실
① 인플레이션하에서 기업들은 부채에 의한 실물투자의 극대화를 추구하게 된다. 이는 부채성장으로 이어져 기업의 재무구조가 악화되고, 그 부담을 소비자에게 전가한다.
② 인플레이션하에서는 판매가격 인상에 의한 이익창출의 방법이 있기 때문에 많은 투자와 위험이 따르는 기술축적을 기피하게 된다. 이 때문에 산업의 합리화가 이루어지지 않고 산업의 국제경쟁력이 상실된다.

(4) 거래비용의 증가
① 인플레이션으로 인한 화폐가치의 하락은 화폐의 공신력을 추락시키기 때문에 사람들은 물물교환을 선호하게 된다.
② 이러한 과정에서 거래비용이 증가한다.

01 다음 설명이 맞으면 ○, 틀리면 ×표 하세요.

(1) 예상된 인플레이션 하에서 실질임금과 실질이자율이 불변되므로 경제주체 간에 어떤 소득재분배가 발생하지 않는다. ( )

(2) 예상치 못한 인플레이션의 경우 은행에 가서 현금을 인출하는 횟수가 빈번해지는 '구두창비용'이 발생한다. ( )

(3) 예상치 못한 인플레이션이 발생하면 실질이자율은 하락한다. ( )

(4) 예상치 못한 인플레이션의 경우 채권자로부터 채무자에게로 소득이 재분배되는 효과가 발생한다. ( )

(5) 예상치 못한 인플레이션이 발생하면 채권자와 채무자의 장기계약이 어려워진다. ( )

02 다음 빈칸에 알맞은 말을 고르거나 적으세요.

(6) 예상된 인플레이션의 경우 명목이자율은 실질이자율에 예상된 인플레이션율을 합한 값과 같아지게 되는데, 이러한 명제를 ( )라고 한다.

(7) 인플레이션이 예상된 경우 가격조정과 관련된 제반비용을 ( )이라고 한다.

(8) 은행에 100만 원을 예금하고 1년 후 105만 원을 받으며, 같은 기간 중 소비자물가지수가 100에서 102로 상승할 경우 명목이자율은 ( )이다.

(9) 인플레이션율이 4%로 예상되었으나 실제로는 6%로 상승한 경우 국채에 투자한 국민연금은 (이득/손해)을/를 본다.

(10) 화폐공급의 증가를 통해 정부가 얻는 추가적인 재정수입을 ( )이라고 한다.

| 정답 |
(1) × (2) × (3) ○ (4) ○ (5) ○ (6) 피셔효과 (7) 메뉴비용 (8) 5% (9) 손해 (10) 화폐발행이득(인플레이션조세)

| × 해설 |
(1) 예상된 인플레이션 하에서 실질임금과 실질이자율이 불변이 되더라도 누진세와 같은 제도적 특성으로 인해 경제주체 간에 소득재분배가 발생한다.
(2) '구두창비용(shoe leather cost)'은 예상된 인플레이션 하에서 발생하는 비용이다.

01

인플레이션에 대한 설명으로 옳지 <u>않은</u> 것은?

① 인플레이션이 예상되는 경우에도 메뉴비용이 발생할 수 있다.
② 정부가 화폐공급을 통해 얻게 되는 추가적인 재정수입이 토빈세이다.
③ 예상하지 못한 인플레이션은 채권자에서 채무자에게로 소득재분배를 야기한다.
④ 실질이자율이 명목이자율보다 작다면, 기대인플레이션은 양(+)의 값을 가진다.
⑤ 비용인상 인플레이션은 총수요관리를 통한 단기 경기안정화정책을 어렵게 만든다.

대표개념 키워드 인플레이션의 효과

| 해설 |
정부가 화폐공급을 통해 얻게 되는 추가적인 재정수입은 인플레이션조세이다.

| 오답 피하기 |
① 인플레이션이 예상되는 경우에도 메뉴비용과 구두창비용이 발생할 수 있다.
③ 예상하지 못한 인플레이션이 발생하면 실질이자율이 하락하므로 채권자에서 채무자에게로 소득재분배를 야기한다.
④ $i=r+\pi^e$에서 실질이자율(r)이 명목이자율(i)보다 작다면 기대인플레이션(π^e)은 양(+)의 값을 가진다.
⑤ 비용인상 인플레이션이 발생하면 경기침체 속에서도 물가가 상승하는 스태그플레이션이 나타난다. 이때 국민소득 증대를 위해 총수요를 증가시키면 인플레이션은 더욱 가속화되고, 물가안정을 위해 총수요를 감소시키면 국민소득은 더욱 감소한다. 이를 '총수요관리정책의 정책적 딜레마'라고 한다.

정답 | ②

02

인플레이션의 비용에 대한 설명으로 옳지 <u>않은</u> 것은?

① 정부가 통화량을 증가시켜 재정자금을 조달하면 인플레이션조세가 발생한다.
② 인플레이션으로 인해 현금 보유를 줄이고 은행 예금이 증가하는 현상으로 인해 거래비용이 증가한다.
③ 인플레이션으로 인한 명목비용 상승이 즉각적으로 가격에 반영되지 못함으로써 상대가격의 왜곡이 발생한다.
④ 예상치 못한 인플레이션이 발생하면 채무자로부터 채권자에게로 부와 소득이 재분배된다.
⑤ 누진소득세 체제에서는 인플레이션으로 인해 기존과 동일한 실질소득을 얻더라도 세후 실질소득이 하락할 수 있다.

대표개념 키워드 인플레이션의 비용

| 해설 |
예상치 못한 인플레이션이 발생하면 실질이자율이 하락하여 원금과 이자를 합한 금액의 실질가치(실질이자소득 감소)가 하락하므로 채권자는 손해를 보고 채무자는 이득을 본다. 따라서 예상치 못한 인플레이션하에서는 채권자로부터 채무자에게로 부와 소득이 재분배된다.

| 오답 피하기 |
① 화폐발행이득이란 화폐공급의 증가를 통해 정부가 얻게 되는 추가적인 재정수입이다. 인플레이션조세, 화폐주조세, 세뇨리지라고도 한다.
② 예상된 인플레이션하에서 발생하는 구두창 비용에 대한 설명이다.
③ 상품 사이의 가격상승률 격차가 커지면서 상대가격의 변화가 확대되면 가격이 더 많이 오를 것으로 생각되는 상품(부동산, 골동품, 금, 외환)에 대한 투기가 성행하게 된다. 따라서 사람들이 일하기를 기피하게 되면서 정상적인 생산활동이 위축되고 이 때문에 자원이 비생산적으로 배분된다. 그리고 예상치 못한 인플레이션이 지속되면 장기적으로 불확실성이 증가하여 경제의 효율성이 약화된다.
⑤ 누진세제 체제에서는 실질소득이 변함이 없더라도 세후 실질소득이 변하게 되어 피셔가설이 성립하지 않게 된다.

정답 | ④

핵심테마 32 | 인플레이션의 사회적 비용

03

예상치 못한 인플레이션으로 인해 발생하는 경제 현상으로 적절하지 않은 것은?

① 근로자가 받는 실질임금이 예상보다 적어진다.
② 고정된 이자를 지급하는 금융기관은 이득을 본다.
③ 명목이자율은 불변인 채 예금의 실질이자율이 높아진다.
④ 고정된 연금을 받아 생활하는 자나 봉급생활자의 생활비 부담이 증가한다.
⑤ 화폐보유에 대한 기회비용이 증가하여 고수익 금융상품의 수요가 늘어난다.

대표개념 키워드 예상치 못한 인플레이션

| 해설 |
예상치 못한 인플레이션이 발생하면 실질이자율이 하락하여 원금과 이자를 합한 금액의 실질가치가 하락하므로 실질이자소득이 감소한다.

| 오답 피하기 |
① 예상치 못한 인플레이션이 발생하면 근로자의 실질임금이 감소하여 근로자는 손해를 보고 기업은 이득을 본다.
② 예상치 못한 인플레이션이 발생하면 실질이자율이 하락하므로 채권자는 손해를 보고 채무자는 이득을 본다. 따라서 고정이자를 지급하는 금융기관은 이득을 본다.
④ 예상치 못한 인플레이션이 발생하면 고정된 명목임금을 받고 있는 근로자, 고정된 연금을 받아 생활하는 사람, 명목가치가 고정된 금융자산을 보유하고 있는 사람은 손해를 본다.
⑤ 예상치 못한 인플레이션이 발생하면 화폐가치가 하락하므로 화폐보유의 기회비용이 증가한다.

정답 | ③

04

인플레이션율, 명목이자율, 실질이자율의 관계에 대한 설명으로 옳은 것은?

① 명목이자율은 항상 실질이자율보다 크다.
② 명목이자율과 실질이자율은 부(−)의 관계에 있다.
③ 인플레이션율이 높아질수록 실질이자율도 높아진다.
④ 인플레이션율이 낮아질수록 명목이자율도 높아진다.
⑤ 인플레이션율이 0%이면 실질이자율과 명목이자율은 동일하다.

대표개념 키워드 실질이자율과 명목이자율

| 해설 |
실질이자율은 명목이자율에서 물가상승률(인플레이션율)을 차감한 값으로 정의된다. '실질이자율 = 명목이자율 − 물가상승률'에서 물가상승률이 0%이면 실질이자율과 명목이자율은 동일하다.

| 오답 피하기 |
① '실질이자율 = 명목이자율 − 인플레이션율'에서 인플레이션율이 음(−)의 값이면 실질이자율이 명목이자율보다 높다.
② 일반적으로 명목이자율과 실질이자율은 정(+)의 관계에 있다.
③ 인플레이션율이 높아질수록 실질이자율은 낮아진다.
④ 피셔방정식 '명목이자율 = 실질이자율 + 인플레이션율'에서 인플레이션율이 낮아질수록 명목이자율은 낮아진다.

정답 | ⑤

05

완만하면서 기대된 인플레이션의 사회적 비용에 대한 설명으로 틀린 것을 [보기]에서 고르면?

| 보기 |
ㄱ. 인플레이션 때문에 가격표를 수시로 교체해야 하는 비용, 즉 메뉴비용(menu cost)이 증가한다.
ㄴ. 기대된 인플레이션은 단기계약보다 장기계약을 선호하게 만들어 자원배분의 왜곡을 초래한다.
ㄷ. 인플레이션은 소비자들이 신용카드보다 현금 사용을 선호하게 만들어 세금포탈의 불법행위가 증가하게 한다.
ㄹ. 메뉴비용이 커 1년 동안 가격을 변경시킬 수 없는 기업의 경우 연초의 판매량은 적고 연말의 판매량은 많게 나타나 자원배분 비용이 증가한다.
ㅁ. 인플레이션 때문에 화폐보유의 기회비용이 증가함으로써 사람들은 화폐보유량을 줄이는 대신 자주 은행이나 현금인출기를 이용하게 되어 시간비용과 구두창비용(shoe leather cost)이 증가한다.

① ㄱ, ㄴ ② ㄱ, ㅁ
③ ㄴ, ㄷ ④ ㄷ, ㄹ
⑤ ㄹ, ㅁ

06

합리적 경제주체들은 인플레이션율을 6%로 예상하고 실제 인플레이션율이 3%일 때, 손해를 보는 경제주체를 [보기]에서 고르면?

| 보기 |
ㄱ. 고정금리로 국채를 발행한 정부
ㄴ. 고정금리로 정기예금에 가입한 가계
ㄷ. 고정금리로 주택담보 대출을 받은 차입자
ㄹ. 고정된 봉급의 임금계약을 체결한 근로자

① ㄱ, ㄴ ② ㄱ, ㄷ
③ ㄴ, ㄷ ④ ㄴ, ㄹ
⑤ ㄷ, ㄹ

대표개념 키워드 인플레이션의 사회적 비용

| 해설 |
ㄴ. 기대된 인플레이션하에서는 계약의 장·단기를 불문하고 인플레이션의 영향을 모두 반영할 수 있기 때문에 계약기간에 대한 선호가 있을 수 없다.
ㄷ. 상품을 구매한 후 신용카드로 결제하여 현금지급을 늦추는 경우 인플레이션 때문에 현금으로 구매하였을 때보다 실질구매가격이 하락하게 되어 신용카드 사용을 선호하게 만든다.

| 오답 피하기 |
ㄱ. 인플레이션이 일어나는 경우에는 기업이 수시로 자신들이 공급하는 재화나 서비스의 가격표를 교체해야 한다. 즉, 음식점은 메뉴판을 새로 만들어야 하고, 백화점은 카탈로그를 다시 인쇄해야 하는 메뉴비용이 증가하게 된다.
ㅁ. 인플레이션은 명목이자율을 상승시켜 화폐보유의 기회비용을 증가시키므로 사람들은 화폐보유량을 줄인다. 화폐보유량은 줄었으나 현금 사용 금액이 변하지 않았다면 더 자주 은행을 방문해야 하고 현금인출기를 이용해야 한다.

정답 | ③

대표개념 키워드 예상치 못한 인플레이션의 효과

| 해설 |
ㄱ. 예상치 못한 인플레이션율의 하락은 실질이자율을 상승시킨다. 채무자 입장에서는 실질적으로 갚아야 할 채무가 증가하므로 고정금리로 국채를 발행한 정부는 손해를 본다.
ㄷ. 실질이자율이 상승하면 채무자 입장에서는 실질적으로 갚아야 할 채무가 증가하므로 고정금리로 주택담보 대출을 받은 차입자는 손해를 본다.

| 오답 피하기 |
ㄴ. 실질이자율이 상승하면 채권자 입장에서 실질적으로 받는 이자가 많아지므로 고정금리로 정기예금에 가입한 가계는 이득을 본다.
ㄹ. 예상치 못한 인플레이션율의 하락은 실질임금을 상승시키므로 고정된 봉급의 임금계약을 체결한 근로자는 이득을 본다.

정답 | ②

핵심테마 33 | 필립스곡선이론

최초의 필립스곡선

영국의 경제학자인 필립스(A. W. PHillips)는 1958년에 19세기 중반부터 20세기 중반(1861~1957) 사이의 영국의 명목임금상승률과 실업률에 대한 자료를 분석한 결과 명목임금인상률과 실업률 사이의 안정적인 상충관계(trade-off)를 발견하였다. 명목임금인상률과 실업률 사이의 부(−)의 상관관계를 나타낸 곡선이 최초의 필립스곡선(Philips curve)이다.

1 필립스곡선의 도출

(1) 실업과 인플레이션의 상충관계
① 필립스곡선이란 물가상승률과 실업률 사이의 부(−)의 상관관계를 나타낸 곡선이다.
② 립시(R. Lipsey)는 명목임금상승률을 물가상승률로 대체한 변형된 필립스곡선을 제시하였는데, 필립스곡선이라고 하면 보통 립시(R. Lipsey)의 필립스곡선을 의미한다.

(2) 필립스곡선과 총공급곡선
① $AD-AS$모형을 통한 필립스곡선의 도출
  ㉠ 우상향하는 총공급(AS)곡선과 우하향하는 필립스곡선은 서로 표리의 관계가 있다.
  ㉡ $AD-AS$모형의 최초의 균형점 E_0에서 확장적 총수요관리정책을 실시하면 총수요(AD)곡선이 우측으로 이동하여 E_1에서 새로운 균형점이 달성된다. 이로 인해 물가의 상승($P_0 \to P_1$)과 국민소득의 증가($Y_0 \to Y_1$)가 나타난다.
  ㉢ 필립스곡선에서 물가(P)의 상승은 인플레이션율의 상승($\pi_0 \to \pi_1$)으로 나타나고, 국민소득(Y)의 증가는 실업률의 하락($u_0 \to u_1$)으로 나타난다.
② 총공급(AS)곡선의 기울기가 완만하면 총수요 증가 시 국민소득(Y)의 증가분도 커져 실업률(u)이 대폭 감소할 것이므로 필립스곡선의 기울기도 완만해진다.

필립스곡선과 총공급곡선

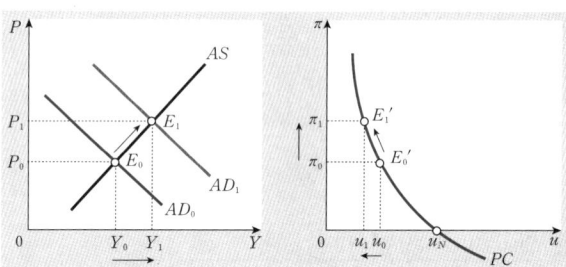

- 우상향하는 총공급(AS)곡선을 가정할 경우 수요충격(demand shock)으로 총수요(AD)곡선이 우측으로 이동하면 국민소득(Y)이 증가하고 물가 수준(P)은 상승한다.
- 국민소득(Y)의 증가는 실업률(u)의 하락으로 나타나고, 물가(P)의 상승은 인플레이션율(π)의 상승으로 나타난다.
- 실업률(u)과 인플레이션율(π)은 부(−)의 관계에 있으므로 필립스곡선은 우하향한다.

(3) 시사점 및 정책적 함의
① 필립스곡선이 우하향한다는 것은 실업률을 낮추기 위해서는 높은 인플레이션율을 감수해야 하고, 인플레이션율을 낮추기 위해서는 높은 실업률을 감수해야 한다는 것을 나타낸다. 따라서 실업률과 인플레이션은 상충관계에 있다.
② 이는 물가안정과 완전고용이라는 두 가지 거시경제정책의 목표가 동시에 달성될 수 없다는 것을 의미한다.

2 단기와 장기의 필립스곡선

(1) **단기필립스곡선**
① 단기총공급곡선은 우상향하므로 단기필립스곡선은 우하향한다. 즉, 단기적으로는 실업과 인플레이션 간에 상충관계가 존재한다.
② 단기에는 경제주체들의 예상인플레이션율이 실제인플레이션율과 괴리를 보이므로 단기필립스곡선(Short-run Philips Curve : SPC)은 안정적인 우하향의 형태를 보인다.

(2) **장기필립스곡선**
① 장기총공급곡선은 자연국민소득 수준에서 수직이므로 장기필립스곡선은 자연실업률 수준에서 수직이다. 즉, 장기적으로는 실업과 인플레이션 간에 상충관계가 존재하지 않는다.
② 장기에는 경제주체들이 인플레이션을 정확히 예상하므로 실제인플레이션율과 예상인플레이션율은 일치하여 장기필립스곡선(Long-run Philips Curve : LPC)은 자연실업률 수준(u_N)에서 수직선이 된다.

> **단기필립스곡선과 장기필립스곡선**
>
>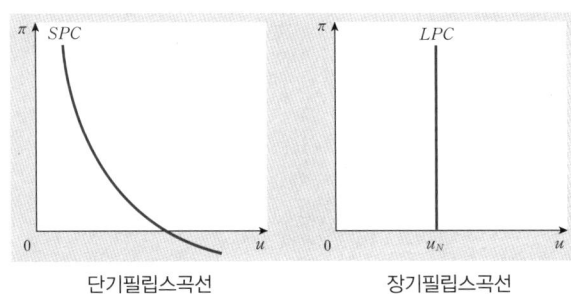
>
> 단기필립스곡선 　　　　장기필립스곡선
>
> • 단기에 예상인플레이션율이 실제인플레이션율과 일치하지 않아 단기필립스곡선(SPC)은 우하향한다.
> • 장기에는 예상인플레이션율이 실제인플레이션율과 일치하여 장기필립스곡선(LPC)은 자연실업률 수준(u_N)에서 수직선이 된다.

(3) **스태그플레이션**
① 배경
　㉠ 1970년대에 들어와 인플레이션은 진정되지 않거나 오히려 악화되는 상황에서 정부와 중앙은행이 확장적인 총수요관리정책을 실시했으나 실업률은 하락하지 않고 계속해서 높은 수준을 유지하는 기이한 현상이 발생하였다.
　㉡ 1970년대에 이르러 경기침체(stagnation) 속에서도 물가가 상승(inflation)하는 스태그플레이션(stagflation) 현상이 발생하였다.
② 비용인상 인플레이션
　㉠ 원유가격 및 원자재가격이 상승하면 총공급(AS)곡선이 좌측으로 이동하므로 국민소득(Y)이 감소하고 물가 수준(P)은 상승한다.
　㉡ 총공급(AS)곡선이 좌측으로 이동하면 실업 증가와 인플레이션이 동시에 발생하므로 필립스곡선 자체가 우상방으로 이동한다.

트릴레마(trilemma)

• 일반적으로 3중고(三重苦) 또는 3가지 딜레마라는 뜻으로, 하나의 정책목표를 이루려다 보면 다른 두 가지 목표를 이룰 수 없는 상태를 말한다.
• 물가안정, 경기부양, 국제수지개선의 3가지 목표를 모두 달성하기가 어렵다는 의미로, 물가안정에 치중하면 경기가 침체되기 쉽고, 경기부양에 힘쓰면 인플레이션 유발과 국제수지 악화가 초래될 염려가 있는 등 서로 물리고 물려서 정책선택이 딜레마에 빠지게 된다는 뜻으로 사용된다.

01 다음 설명이 맞으면 O, 틀리면 ×표 하세요.

(1) 단기필립스곡선이 장기필립스곡선보다 기울기가 급하다. ( )

(2) 단기필립스곡선에 의하면 물가안정을 위한 재정 및 금융정책은 고용의 감소를 초래하게 된다. ( )

(3) 단기적으로 실업률과 물가상승률 사이에 상충관계가 나타날 수 있지만 장기에는 나타나지 않는다. ( )

(4) 장기필립스곡선은 자연실업률수준에서 수직선이 된다. ( )

(5) 1970년대 스태그플레이션은 원래 필립스곡선이 제시한 물가상승률과 실업률 간의 상충관계를 잘 입증했다. ( )

(6) 단기적으로 실업률이 자연실업률보다 클 경우 물가가 상승한다. ( )

02 다음 빈칸에 알맞은 말을 고르거나 적으세요.

(7) 임금상승률 또는 물가상승률과 실업률 사이에 상충관계가 있음을 보여주는 곡선은 ( )이다.

(8) 필립스곡선의 관계에 근거하여 단기적으로 필립스곡선상의 좌상방점으로 이동하기 위한 정부의 정책 방향은 소득세를 (인상/인하)하는 것이다.

(9) 석유 및 원자재파동으로 인한 불리한 공급충격이 발생하면 필립스곡선은 (좌측/우측)으로 이동한다.

(10) 필립스곡선은 ( )과 ( )의 정책목표 간의 대립을 보여준다.

(11) 수직의 총공급곡선 하에서 총수요가 변하면 필립스곡선은 (수평/수직)이다.

(12) 노동생산성이 향상되면 장기필립스곡선이 (좌측/우측)으로 이동한다.

| 정답 |
(1) × (2) ○ (3) ○ (4) ○ (5) × (6) × (7) 필립스곡선 (8) 인하 (9) 우측 (10) 물가안정, 완전고용 (11) 수직 (12) 좌측

| × 해설 |
(1) 단기필립스곡선은 우하향하고 장기필립스곡선은 수직선이므로 장기필립스곡선이 단기필립스곡선보다 급하다.
(5) 스태그플레이션은 안정적이던 필립스곡선 자체를 우측으로 이동시킴으로써 원래 필립스곡선이 제시한 물가상승률과 실업률 간의 상충관계가 나타나지 않게 되었다.
(6) 실업률이 자연실업률보다 작을 경우 실제인플레이션율은 예상인플레이션율보다 높으므로 물가가 상승한다.

01

다음은 갑국의 경제정책 실시에 따른 변화를 나타낸 것이다. A점에서 갑국의 정부와 중앙은행이 실시했을 정책으로 가장 적절한 것은?

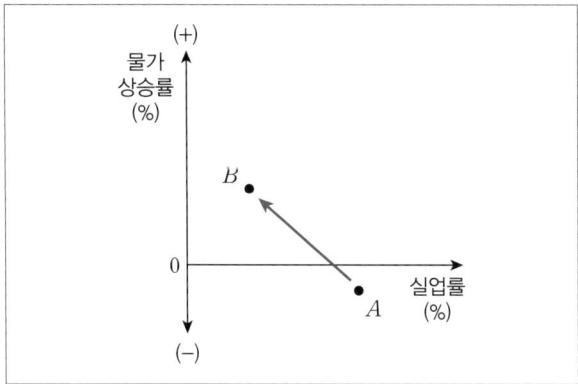

① 국공채를 매각하였다.
② 소득세율을 인상하였다.
③ 정부지출을 축소하였다.
④ 지급준비율을 인상하였다.
⑤ 공공투자 사업을 확대하였다.

대표개념 키워드 총수요관리정책과 필립스곡선

| 해설 |
제시된 그림은 물가상승률과 실업률 사이의 부(-)의 상관관계를 나타내는 필립스곡선이다. 제시된 그림에서 실업률은 하락하는 대신 물가상승률이 상승하고 있으므로 이는 총수요를 증가시키는 확장적인 총수요관리정책과 관련 있다. 정부가 공공투자 사업을 확대하면 정부지출이 증가하므로 총수요가 증가한다.

| 오답 피하기 |
① 국공채를 매각하면 본원통화가 감소하여 통화량이 감소하므로 이자율이 상승한다. 이자율이 상승하면 소비와 투자가 감소하여 총수요가 감소하므로 물가상승률은 하락하고 실업률은 상승한다.
② 소득세율을 인상하면 처분가능소득이 감소하여 소비가 감소하므로 총수요가 감소한다. 총수요가 감소하면 물가상승률은 하락하고 실업률은 상승한다.
③ 정부지출을 축소하면 총수요가 감소하여 물가상승률은 하락하고 실업률은 상승한다.
④ 지급준비율을 인상하면 통화승수가 감소하여 통화량이 감소하므로 이자율이 상승한다. 이자율이 상승하면 소비와 투자가 감소하여 총수요가 감소하므로 물가상승률은 하락하고 실업률은 상승한다.

정답 | ⑤

02

다음 내용에서 설명하고 있는 경제학적 개념은?

> 정책당국이 추구하는 세 가지 경제정책의 목표는 환율안정, 통화정책 독립성, 완전한 자본이동이다. 이 3대 정책목표 중 두 가지를 달성하기 위해서는 다른 하나는 반드시 포기해야 하는 딜레마를 말한다.

① 소비슈딩
② 트릴레마
③ 구축효과
④ 유동성함정
⑤ 트리핀 딜레마

대표개념 키워드 트릴레마

| 해설 |
트릴레마란 일반적으로 3중고(三重苦) 또는 3가지 딜레마라는 뜻으로, 물가안정, 경기부양, 국제수지개선의 3가지 목표를 모두 달성하기가 어렵다는 의미이다. 이 3가지는 3마리 토끼에도 비유되는데, 물가안정에 치중하면 경기가 침체되기 쉽고, 경기부양에 힘쓰면 인플레이션 유발과 국제수지 악화가 초래될 염려가 있는 등 서로 물리고 물려서 정책선택이 딜레마에 빠지게 된다는 뜻으로 사용된다.

| 오답 피하기 |
① 오버슈팅이란 경제에 어떤 충격이 가해졌을 때 환율·주가·금리 등의 가격 변수가 장기균형가격에서 크게 벗어나 급등하거나 급락한 후 시간이 지남에 따라 장기균형가격 수준으로 회복되는 현상이다.
③ 구축효과란 경기부양을 위해 정부가 확대재정정책을 실시하면 이자율이 상승하여 민간부문 투자가 감소하는 현상이다.
④ 유동성함정이란 중앙은행이 화폐공급을 증가시키더라도 이자율이 하락하지 않아 통화정책이 효과를 발휘하지 못하는 상황을 말한다.
⑤ 트리핀 딜레마란 기축통화가 국제경제에 원활히 쓰이기 위해 풀리면 기축통화 발행국의 적자가 늘어나고, 반대로 기축통화 발행국이 무역흑자를 보면 기축통화가 덜 풀려 국제경제가 원활해지지 못하는 역설이다.

정답 | ②

03

밑줄 친 ㉠~㉣에 대한 설명으로 옳은 것은?

> 필립스곡선은 물가상승률과 실업률 간의 ㉠상충관계로 인해 물가안정과 고용문제를 동시에 해결하는 것이 얼마나 어려운지를 알려 준다. 최근 미국발 금융위기가 ㉡세계적인 경기침체로 확산되면서 주요국들은 ㉢다양한 정책을 통해 경기부양에 힘쓰고 있다. 그러나 A국은 경기부양 정책의 결과, 향후 ㉣더 큰 대가를 지불하게 될 것을 우려하고 있다.

① ㉠은 총공급의 변동에 따른 물가상승률과 실업률 간의 상충관계를 의미한다.
② ㉡은 실업률은 낮아지고 물가상승률이 높아진 경기상황을 의미한다.
③ ㉢의 하나로 조세를 늘리면 총수요가 늘어나 국내총생산이 증가한다.
④ ㉢의 하나로 통화공급을 늘리면 총수요가 늘어나 국내총생산이 증가한다.
⑤ ㉣의 하나로 디플레이션의 문제를 들 수 있다.

대표개념 키워드 | 필립스곡선과 정책효과

| 해설 |

통화공급을 증가시키면 이자율이 하락하여 소비와 투자가 증가하므로 총수요가 증가한다. 총수요가 증가하면 총수요곡선이 우측으로 이동하여 국내총생산이 증가한다. 따라서 통화공급을 증가시키는 정책은 경기부양정책에 해당한다.

| 오답 피하기 |

① 총수요곡선이 우측으로 이동하면 필립스곡선상의 점이 좌상향점으로 이동하고, 총수요곡선이 좌측으로 이동하면 필립스곡선상의 점이 우하향점으로 이동하므로 필립스곡선은 총수요 변동에 따른 상충관계를 보여 준다. ㉠은 총수요곡선의 이동으로 필립스곡선상의 변화를 가져온다.
② ㉡의 세계적인 경기침체는 총수요의 감소로 실업은 증가하고 물가는 낮아지는 상황이다.
③ 확대재정정책은 조세를 감소시키는 것이다. 조세를 증가시키면 처분가능소득이 감소하여 소비가 감소하므로 이는 긴축재정정책에 해당한다.
⑤ 총수요를 증가시키는 경기부양정책은 국민소득을 증가시키고 실업률을 감소시키지만 인플레이션을 유발한다. 따라서 ㉣은 인플레이션이다.

정답 | ④

04

갑국 정부는 경제안정화정책을 수행할 때 물가 안정보다는 국민소득 안정화에만 정책목표를 두고 있고, 갑국의 중앙은행은 국민소득 안정화보다는 물가 안정에만 정책목표를 두고 있다. 경기를 침체시키는 부(-)의 공급충격(negative supply shock)이 발생하였을 경우 이에 대한 설명으로 옳지 않은 것은?

① 중앙은행은 국공채를 매입한다.
② 중앙은행은 이자율을 높이는 정책을 시행한다.
③ 최종 재화와 서비스에 대한 정부지출이 증가한다.
④ 정부의 경제안정화정책과 중앙은행의 금융정책이 국민소득에 미치는 효과는 서로 상충된다.
⑤ 정부의 경제안정화정책과 중앙은행의 금융정책이 물가 수준에 미치는 효과는 서로 상충된다.

대표개념 키워드 | 공급충격과 정책목표

| 해설 |

물가 안정을 추구하는 중앙은행은 통화량을 감소시켜야 한다. 따라서 공개시장에서 국공채를 매각해야 한다.

| 오답 피하기 |

② 물가 안정을 추구하는 중앙은행은 이자율을 인상시켜야 한다.
③ 부(-)의 공급충격이 발생하면 국민소득이 감소하고 물가가 상승하는 스태그플레이션이 발생한다. 국민소득의 안정을 추구하는 정부는 정부지출의 증가를 통한 확대재정정책을 추구한다.
④ 정부의 확대재정정책은 국민소득을 증가시키고, 중앙은행의 긴축통화정책은 국민소득을 감소시키므로 국민소득에 미치는 효과는 서로 상충된다.
⑤ 정부의 확대재정정책은 물가를 상승시키고, 중앙은행의 긴축통화정책은 물가를 하락시키므로 물가 수준에 미치는 효과는 서로 상충된다.

정답 | ①

핵심테마 34 | 반인플레이션 정책

1 반인플레이션 정책(디스인플레이션 정책)
① 반인플레이션 정책(disinflation policy)이란 인플레이션의 원인을 통화량(M)의 증가에 있다고 보고 화폐공급을 통제함으로써 인플레이션을 억제하고 물가 안정을 유도하는 정책을 말한다.
② 반인플레이션 정책을 실시하면 총수요가 감소하므로 국민소득의 감소를 통한 경기침체의 발생과 실업의 증가라는 사회적 비용이 유발된다. 따라서 대부분의 나라에서는 점진적인 반인플레이션 정책을 사용한다. 즉, 완만한 긴축으로 심각한 경기침체를 초래하지 않는 선에서 인플레이션을 억제하려는 것이 일반적이다.

> 정부의 예산제약으로 인해 지속적인 정부지출의 증가가 불가능하기 때문에 확대재정정책은 일시적인 인플레이션만을 유발한다.

2 희생비율(희생률)

(1) 개요
① 희생비율(sacrifice ratio)이란 1년 동안 인플레이션율(π)을 1%p 낮추기 위해 감수해야 할 실질국민소득의 변화율을 의미한다.
② 필립스곡선의 기울기가 가파를수록 인플레이션을 억제하기 위해 포기해야 하는 실업률의 상승분(국민소득의 감소분)이 작아지므로 희생비율이 낮게 측정된다.

(2) 희생비율의 측정
① 반인플레이션 정책의 결과 인플레이션율(π)은 낮아진 대신 실업률(u)이 더 높아졌다고 가정한다.
② 오쿤의 법칙(Okun's law)에 의하면 실업률(u)이 1%p 상승할 때마다 실질 GDP는 약 2.5% 감소한다.
③ 긴축금융정책의 결과 인플레이션율(π)은 5%p 하락하였고, 실업률(u)은 4%p 상승하였을 경우 희생비율을 구해 본다.
④ 오쿤의 법칙에 의해 실업률(u)이 4%p만큼 상승하면 실질 GDP는 '2.5×4=10%' 만큼 낮아진다.
⑤ 인플레이션율(π)을 5%p 하락시키기 위해 실질 GDP가 10%만큼 감소하는 것을 희생해야 하므로 희생비율은 $\frac{-10\%}{-5\%p}=2$이다.

> **오쿤의 법칙**
> 미국의 케인스학파 경제학자 오쿤(A. M. Okun)이 1962년 밝혀낸 실업률과 경제성장률 간의 안정적인 부(-)의 상관관계를 말한다.

3 경제고통지수
① 경제고통지수란 미국의 경제학자 오쿤(A. M. Okun)이 고안해 낸 개념으로, 실업률과 소비자물가상승률을 더한 값으로 정의된다.
② 예를 들어 실업률이 3%이고, 소비자물가상승률이 5%라면 경제고통지수는 3%+5%=8%이다.

핵심테마 34 | 반인플레이션 정책

> 총수요-총공급모형에서 총공급이 증가하거나 총수요가 감소하면 물가가 하락하므로 디플레이션이 발생한다.

4 디플레이션

(1) 개요
① 디플레이션(deflation)이란 물가가 지속적으로 하락하는 현상을 말한다.
② 디플레이션은 인플레이션의 반대 현상이므로 인플레이션을 발생시키는 반대 요인이 디플레이션의 원인이 된다.
③ 총공급의 증가 요인 : 노동인구의 증가, 자본량의 증가, 생산성 향상을 통한 기술진보, 원자재가격의 하락
④ 총수요의 감소 요인 : 조세 증가나 정부지출 감소 등의 긴축재정정책, 통화량 감소나 이자율 인상 등의 긴축금융정책

(2) 디플레이션의 영향
① 피구효과(Pigou effect)
  ㉠ 물가 하락으로 인해 돈을 비롯한 모든 명목자산(nominal assets)의 실질가치가 상승하면 가계가 보유하는 재산이 실질적으로 늘어나는 효과가 발생하여 가계의 소비가 증가하는 효과를 말한다.
  ㉡ 피구효과는 고전학파가 주장한 내용으로, 경기침체 시 물가가 하락하면 자동적으로 총수요가 증가하므로 정책당국의 경제에 대한 개입을 반대하는 과정에서 생겨난 개념이다.

② 부채-디플레이션효과
  ㉠ 물가가 하락하면 가계의 실질자산이 증가하는 효과도 있지만, 가계와 기업의 실질부채가 증가하는 효과도 존재한다.
  ㉡ 디플레이션하에서는 실질이자율이 상승하므로 민간의 실질부채가 증가하여 민간과 금융기관이 동시에 부실화되는 악순환이 발생하게 되는데, 이를 부채-디플레이션효과라고 한다.

> • 물가 하락(디플레이션) → 실질이자율 상승 → 가계와 기업의 실질부채 증가 → 자산 처분 → 물가 하락(디플레이션)
> • 물가 하락(디플레이션) → 실질이자율 상승 → 가계와 기업의 실질부채 증가 → 가계의 소비 감소, 기업의 투자 감소 → 국민소득 감소 → 가계의 소비 감소, 기업의 투자 감소

  ㉢ 물가가 하락하면 실질이자율이 상승하여 가계의 소비와 기업의 투자가 위축되고, 실질임금이 상승하여 생산과 고용이 감소한다.

③ 민간소비의 억제효과
  ㉠ 물가가 하락하면 일반적으로 총수요가 증가하지만, 물가가 지속적으로 하락하는 디플레이션이 발생하면 추가적인 물가 하락을 기대하는 민간이 현재의 소비를 미래로 연기함으로써 소비가 위축된다.
  ㉡ 디플레이션이 발생하면 중앙은행의 실질적인 통화성부채(본원통화)가 증가하므로 민간이 이를 조세 부담의 증가로 예상하면 현재의 소비를 억제할 수 있다.
  ㉢ 부동산이나 주식과 같은 자산가격이 폭락하면 민간이 보유한 실물자산의 가치가 폭락한 것이므로 물가 하락이 오히려 소비 억제로 이어질 수 있다.

> **자산-디플레이션효과**
> 디플레이션으로 인해 자산가격이 폭락하여 민간의 소비와 투자가 감소하는 효과이다. 대표적인 사례가 1930년대 발생한 세계대공황이다.

01 다음 설명이 맞으면 ○, 틀리면 ×표 하세요.

(1) 정부지출의 증가를 통한 확대재정정책은 지속적인 인플레이션을 유발한다. ( )

(2) 경제고통지수란 실업률과 소비자물가상승률을 더한 값이다. ( )

(3) 피구효과란 물가하락으로 명목자산의 실질가치가 상승하면 가계의 소비가 증가하는 것이다. ( )

(4) 디플레이션이 발생하면 실질임금이 상승한다. ( )

(5) 부동산이나 주식과 같은 자산가격이 폭락하여 소비가 감소하는 효과를 부채-디플레이션효과라고 한다. ( )

02 다음 빈칸에 알맞은 말을 고르거나 적으세요.

(6) 인플레이션의 원인을 통화량의 증가에 있다고 보고 화폐공급을 통제함으로써 인플레이션을 억제하고 물가안정을 유도하는 것을 ( )이라고 한다.

(7) 1년 동안 인플레이션율을 10%포인트 낮추기 위해 실질 GDP의 5% 감소를 감내해야 한다면 희생비율은 ( )가 된다.

(8) 필립스곡선의 기울기가 완만할수록 실업을 대폭 줄여도 인플레이션율을 조금만 감내하면 되므로 희생비율이 (낮게/높게) 측정된다.

(9) 실업률이 1%포인트 상승할 때마다 실질 GDP는 약 2.5% 감소하는 법칙을 ( )이라고 한다.

(10) 디플레이션이 발생하면 실질이자율이 상승하여 채무자의 실질부채가 증가하므로 소비와 투자가 감소하는 현상을 ( )효과라고 한다.

| 정답 |
(1) × (2) ○ (3) ○ (4) ○ (5) × (6) 반인플레이션 정책 (7) 0.5 (8) 높게 (9) 오쿤의 법칙 (10) 부채-디플레이션

| × 해설 |
(1) 정부의 예산제약으로 인해 지속적인 정부지출의 증가가 불가능하므로 일시적인 인플레이션만을 유발한다.
(5) 디플레이션으로 인해 부동산이나 주식과 같은 자산가격이 폭락하여 소비가 감소하는 효과를 자산-디플레이션효과라고 한다.

출제 0순위 공략! 꼭 풀어야 할 대표문제

01

오쿤의 법칙에 따라 실업률이 1%p 증가하면 실질 GDP는 약 2% 감소한다고 가정한다. 중앙은행이 화폐공급 증가율을 낮추어 인플레이션율이 10%에서 8%로 하락하였으나 실업률은 4%에서 8%로 증가하였을 경우, 희생비율은? (단, 희생비율 = $\dfrac{\text{실질 } GDP \text{ 감소율}}{\text{인플레이션 하락률}}$ 이다.)

① 약 2
② 약 4
③ 약 6
④ 약 8
⑤ 약 10

대표개념 키워드 | 희생비율

| 해설 |

희생비율(sacrifice ratio)이란 1년 동안 인플레이션율(π)을 1%p 낮추기 위해 감수해야 할 실질국민소득의 변화율을 의미한다. 실업률이 1%p 증가하면 실질 GDP는 약 2% 감소하므로 실업률이 4%p 증가하면 실질 GDP는 약 8% 감소한다. 인플레이션율이 2%p 하락하고, 실질 GDP는 약 8% 감소하였으므로 희생비율은 $\dfrac{8}{2}=4$이다.

정답 | ②

02

다음에서 설명하는 지수는?

> 실업률과 소비자물가상승률을 더한 지수로, 미국의 경제학자 오쿤(A. M. Okun)이 고안한 것이다. 국민이 체감하는 경제생활 수준을 측정하는 데 유용한 지표로 활용되고 있다.

① 러너지수
② 고통지수
③ 엥겔지수
④ 물가지수
⑤ 허핀달지수

대표개념 키워드 | 고통지수

| 해설 |

- 고통지수(misery index)란 국민들이 피부로 느끼는 경제적 삶의 어려움을 계량화해서 수치로 나타낸 것으로, 특정한 기간 동안 물가상승률과 실업률을 합한 수치이다.
- 경제고통지수는 미국의 경제학자 오쿤(A. M. Okun)이 고안해 낸 개념으로, 실업률이 3%이고, 소비자물가상승률이 5%라면 경제고통지수는 3%+5%=8%이다.

| 오답 피하기 |

① 러너지수는 기업의 독점도를 측정하는 지표로, 가격과 한계비용의 차이로 측정한다.
③ 엥겔지수는 가계 전체의 소비지출 중 식료품의 지출이 차지하는 비중을 의미한다. 소득 수준이 높아질수록 엥겔지수가 낮아지는데, 이를 엥겔의 법칙이라고 한다.
④ 물가지수는 물가 수준의 변동을 측정하기 위한 지표로, 기준 시점의 물가를 100으로 놓고 비교시점의 물가를 나타내는 지표이다.
⑤ 허핀달-허쉬만지수(Herfindal-Hirschman : HHI)는 기업의 시장점유율을 제곱해 합산한 수치로, 값이 높을수록 산업의 집중도가 높다는 의미이다.

정답 | ②

03

디플레이션이 발생하였을 때 나타나는 현상으로 적절하지 않은 것은?

① 실업률이 상승한다.
② 경제성장률이 하락한다.
③ 기업의 설비투자가 감소한다.
④ 원자재에 대한 수입액이 증가한다.
⑤ 자산-디플레이션효과에 따르면 자산가치가 하락한다.

대표개념 키워드 디플레이션

| 해설 |
디플레이션으로 인한 경기침체로 국민소득이 감소하면 수입액이 감소한다.

| 오답 피하기 |
① 디플레이션으로 인한 경기침체로 국민소득이 감소하면 실업률이 상승한다.
② 디플레이션으로 경기침체가 발생하면 경제성장률이 하락한다.
③ 디플레이션하에서는 실질이자율이 상승하므로 기업의 투자가 위축된다.
⑤ 디플레이션하에서는 부동산이나 주식과 같은 자산가격이 폭락하여 소비억제로 이어지는데, 이를 자산-디플레이션효과라고 한다.

정답 | ④

04

다음 설명과 관련 있는 경제 현상은?

> 2008년 글로벌 금융위기 이후 대부분의 주요 선진국에서 과도하게 낮은 물가상승률이 지속되고 있다. 최근 IMF 수석 이코노미스트는 이러한 경제 현상으로 인해 소비 감소와 투자 침체가 나타날 것이라고 전망하고 있다.

① 디플레이션
② 애그플레이션
③ 에코플레이션
④ 아이언플레이션
⑤ 스태그플레이션

대표개념 키워드 디플레이션

| 해설 |
디플레이션(deflation)이란 물가가 지속적으로 하락하는 현상을 말한다. 2008년 글로벌 금융위기 이후 주요 선진국에서 과도하게 낮은 물가상승률이 지속되고 있는 현상은 디플레이션에 해당한다.

| 오답 피하기 |
② 애그플레이션(agflation)은 농업(agriculture)과 인플레이션(inflation)의 합성어로, 농산물 가격 급등으로 일반 물가가 상승하는 현상을 뜻하는 말이다.
③ 에코플레이션(ecoflation)이란 환경(ecology)과 인플레이션(inflation)의 합성어로, 환경적 요인에 의해 발생한 인플레이션을 말한다.
④ 아이언플레이션(ironflation)이란 철(iron)과 인플레이션(inflation)의 합성어로, 철의 가격이 지속적으로 상승하여 초래되는 인플레이션을 의미한다.
⑤ 스태그플레이션은 총공급의 감소로 인해 발생하는 인플레이션으로, 경기침체(stagnation)하에서도 물가가 상승(inflation)하는 현상이다.

정답 | ①

핵심테마 **35** 국제무역이론

핵심테마 **36** 국제무역과 소득분배

핵심테마 **37** 무역정책론

핵심테마 **38** 외환의 수요와 공급에 의한 환율결정이론

핵심테마 **39** 구매력평가설

핵심테마 **40** 이자율평가설 / 기타 환율결정이론

핵심테마 **41** 환율제도

핵심테마 **42** 국제수지론

국제경제학

출제 비율

35%

출제경향 및 교수님의 고득점 전략 TIP

국제경제학에서는 외환시장론과 시사분야에서 집중적으로 출제되고 있다. 국제무역이론에서 비교우위론은 빠지지 않고 출제되는 중요한 이론이므로 내용에 대한 이해와 함께 비교우위를 갖는 국가를 찾는 연습을 철저하게 해 두어야 한다. 교역조건의 의미와 교역조건의 변동도 자주 출제되는 분야이므로 잘 정리해 두어야 한다. 무역정책론에서는 관세 부과가 경제에 미치는 효과와 수입수량할당제와 수출자율규제가 어떤 정책적 차이점을 지니는지도 중요하게 다루어지고 있다. 외환시장론에서는 환율변동의 효과와 환율결정이론으로서 구매력평가설과 이자율평가설이 자주 출제된다. 구매력평가설과 밀접한 연관이 있는 빅맥지수도 종종 출제되고 있으므로 주의 깊게 살펴봐야 한다. 고정환율제도와 변동환율제도가 갖는 장점과 단점을 비교할 수 있어야 하고, 각각의 환율제도하에서 재정정책과 금융정책의 효과가 어떤 차이를 보이는지도 염두해 두어야 한다. 이 장은 이론뿐만 아니라 정책적 측면이 실생활과 밀접하게 관련되어 있으므로 시사경제와 상황분석 측면에 대한 학습이 필요하다.

핵심테마 35 | 국제무역이론

1 절대우위론(절대생산비설) : 애덤 스미스(A. Smith)

(1) 개념
한 국가가 어떤 상품 한 단위를 생산하는 데 있어 다른 국가에 비해 절대적으로 적은 양의 생산요소를 사용할 때, 그 국가는 다른 국가에 비해 그 상품 생산에 절대우위(absolute advantage)를 가진다고 한다.

(2) 이론적 내용
① 국가 간 생산비(상품단위당 노동투입량)
  ㉠ A국은 X재와 Y재를 1단위 생산하는 데 투입되는 노동량이 각각 1명과 2명이고, B국은 X재와 Y재를 1단위 생산하는 데 투입되는 노동량이 각각 2명과 1명이다.
  ㉡ A국과 B국의 부존노동량은 각각 100명씩이다.

상품단위당 노동투입량		
구분	A국	B국
X재	1명	2명
Y재	2명	1명
부존노동량	100명	100명

② 무역 전

A국	부존노동량 100명을 X재 생산과 Y재 생산에 각각 50명씩 투입하면 X재 50단위와 Y재 25단위가 생산되고, 무역 전이므로 생산점이 곧 국내에서의 소비점이 된다.
B국	부존노동량 100명을 X재 생산과 Y재 생산에 각각 50명씩 투입하면 X재 25단위와 Y재 50단위가 생산되고, 무역 전이므로 생산점이 곧 국내에서의 소비점이 된다.

③ 무역 후

절대우위	A국은 X재 생산에 절대우위, B국은 Y재 생산에 절대우위를 갖는다.
교역조건	• A국의 국내상대가격비는 $\left(\frac{P_X}{P_Y}\right)^A = \frac{1}{2}$, B국의 국내상대가격비는 $\left(\frac{P_X}{P_Y}\right)^B = 2$이다. • 교역조건 $\left(\frac{P_X}{P_Y}\right)^T$는 국가 간 국내상대가격비 사이에서 결정되어야 무역의 이득이 두 국가 모두에게 배분된다. • 교역조건이 $\left(\frac{P_X}{P_Y}\right)^T = 1$이라면 X재 1단위와 Y재 1단위가 교환된다.
생산량	A국은 X재 생산에 부존노동량 100명을 전부 투입하여 X재만 100단위의 생산이 가능하고, B국은 Y재 생산에 부존노동량 100명을 전부 투입하여 Y재만 100단위의 생산이 가능하다.
국제무역	• A국은 X재 50단위를 B국에 수출하고, 대신 Y재 50단위를 B국으로부터 수입한다. 따라서 무역의 이득은 Y재 25단위이다. • B국은 Y재 50단위를 A국에 수출하고, 대신 X재 50단위를 A국으로부터 수입한다. 따라서 무역의 이득은 X재 25단위이다.

절대우위론
(absolute advantage theory)
애덤 스미스(A. Smith)가 중상주의의 보호무역주의에 반대하고, 자유로운 국제교역을 통해 당사국 모두 이익을 볼 수 있다는 자유무역주의를 주장하면서 최초로 제시된 국제무역이론이다.

교역조건이 A국의 국내상대가격비와 일치하면 무역의 이득은 전부 B국에 귀속되고, B국의 국내상대가격비와 일치하면 무역의 이득은 전부 A국에 귀속된다.

2 비교우위론(비교생산비설) : 리카도(D. Ricardo)

(1) 개념
한 국가가 어떤 상품 한 단위를 생산하는 데 있어 다른 국가에 비해 상대적으로 적은 양의 생산요소를 사용할 때 그 국가는 다른 국가에 비해 그 상품 생산에 비교우위(comparative advantage)를 가진다고 한다.

(2) 이론적 내용
① 국가 간 생산비(상품단위당 노동투입량)
  ㉠ A국은 X재와 Y재를 1단위 생산하는 데 투입되는 노동량이 각각 1명씩이고, B국은 X재와 Y재를 1단위 생산하는 데 투입되는 노동량이 각각 4명과 2명이다.
  ㉡ A국과 B국의 부존노동량은 각각 100명, 400명이다.

상품단위당 노동투입량		
구분	A국	B국
X재	1명	4명
Y재	1명	2명
부존노동량	100명	400명

② 무역 전

A국	부존노동량 100명을 X재 생산과 Y재 생산에 각각 50명씩 투입하면 X재 50단위와 Y재 50단위가 생산되고, 무역 전이므로 생산점이 곧 국내에서의 소비점이 된다.
B국	부존노동량 400명을 X재 생산과 Y재 생산에 각각 200명씩 투입하면 X재 50단위와 Y재 100단위가 생산되고, 무역 전이므로 생산점이 곧 국내에서의 소비점이 된다.

③ 무역 후

비교우위의 결정	• 비교우위는 각국의 X재와 Y재의 상품 생산에 대한 국내상대가격비를 통해 결정된다. • A국의 국내상대가격비 : $\left(\frac{P_X}{P_Y}\right)^A = 1$ • B국의 국내상대가격비 : $\left(\frac{P_X}{P_Y}\right)^B = 2$ • $\left(\frac{P_X}{P_Y}\right)^A = 1 < \left(\frac{P_X}{P_Y}\right)^B = 2$ → A국은 X재 생산에, B국은 Y재 생산에 비교우위가 있다.
교역조건	• 교역조건은 각국의 국내상대가격비 사이에서 결정되어야 무역의 이득이 두 국가 모두에게 배분된다. • 교역조건이 $\left(\frac{P_X}{P_Y}\right)^T = 1.5$라면 X재 1단위와 Y재 1.5단위가 교환된다.
생산량	A국은 X재 생산에 부존노동량 100명을 전부 투입하여 X재만 100단위의 생산이 가능하고, B국은 Y재 생산에 부존노동량 400명을 전부 투입하여 Y재만 200단위의 생산이 가능하다.
국제무역	• A국은 X재 50단위를 B국에 수출하고, 대신 Y재 75단위를 B국으로부터 수입한다. 따라서 무역의 이득은 Y재 25단위이다. • B국은 Y재 75단위를 A국에 수출하고, 대신 X재 50단위를 A국으로부터 수입한다. 따라서 무역의 이득은 Y재 25단위이다.

비교우위론
영국의 경제학자 리카도(D. Ricardo)가 제시한 국제무역이론으로, 한 국가가 두 상품 생산 모두에 있어 절대우위 또는 절대열위에 있더라도 각국이 다른 국가에 비해 비교우위에 있는 상품 생산에 특화하여 무역을 하면 양국 모두 무역으로부터 이익을 얻을 수 있다는 이론이다.

A국은 모든 재화의 생산에 절대우위에 있고, B국은 모든 재화의 생산에 절대열위에 있다. 이 경우 절대우위론에 의하면 양국 간 무역은 발생할 수 없지만, 리카도(D. Ricardo)의 비교우위론에 의하면 각국이 비교우위에 있는 상품에 특화하면 두 국가 모두 무역의 이득이 발생한다.

01 다음 설명이 맞으면 ○, 틀리면 ×표 하세요.

(1) 1단위의 치즈와 1단위의 포도주를 생산하기 위해 각각 2, 3단위의 노동량이 필요하다면 치즈로 표시한 포도주의 기회비용은 3/2이다. ( )

(2) 쌀과 우유를 모두 소비하는 A국과 B국에서 쌀 1kg과 우유 1ℓ를 생산하는 데 소요되는 노동량이 아래와 같을 때 A국은 쌀 생산에 있어 비교우위를 갖는다. ( )

구분	쌀	우유
A국	2	3
B국	4	5

(3) 무역의 이득이 발생하기 위해서는 무역 이후의 상대가격이 무역 이전의 상대가격과 같아져야 한다. ( )

02 다음 빈칸에 알맞은 말을 고르거나 적으세요.

(4) 국가 A와 국가 B의 연간 1인당 철강 생산량은 각각 8톤과 6톤이며, 국가 A와 국가 B의 연간 1인당 자동차 생산량은 각각 16대와 8대이다. 이때 국가 A가 철강 1톤을 생산하는 기회비용은 자동차 ( )대이며, 국가 B가 자동차 1대를 생산하는 기회비용은 철강 ( )톤이다.

(5) X재와 Y재만을 생산하는 A국의 생산가능곡선이 Y=-2X+2,000이고, B국의 생산가능곡선이 Y=-X+1,000이라면 A국은 ( )재 생산에 비교우위가 있다.

(6) 이불 1장과 목도리 1벌을 만드는 데 걸리는 시간이 다음과 같을 때, 아름과 보름이 동의할 수 있는 거래는 목도리 1벌당 ( )장의 이불이 된다.

구분	아름	보름
이불	3시간	6시간
목도리	2시간	3시간

| 정답 |
(1) ○ (2) ○ (3) × (4) 2, 0.75 (5) Y (6) 1/2과 2/3 사이

| × 해설 |
(3) 무역 이전의 국내상대가격이 달라야 무역의 이득이 발생한다.

출제 0순위 공략! 꼭 풀어야 할 대표문제

01

두 국가 사이에 교역이 이루어지는 기본원리에 대한 옳은 설명을 [보기]에서 고르면?

| 보기 |
ㄱ. 각국은 기회비용이 작은 재화를 생산한다.
ㄴ. 기회비용의 크기는 비교우위를 결정한다.
ㄷ. 교역이 이루어지는 경우 한 나라가 이득을 보면 다른 나라는 손해를 본다.
ㄹ. 한 나라가 모든 재화의 생산에 절대우위가 있는 경우 교역은 이루어지지 않는다.

① ㄱ, ㄴ ② ㄱ, ㄹ
③ ㄴ, ㄷ ④ ㄴ, ㄹ
⑤ ㄷ, ㄹ

대표개념 키워드 | 무역의 발생 원인

| 해설 |
ㄱ. 한 나라가 다른 나라보다 어떤 상품을 상대적으로 작은 기회비용으로 생산할 수 있을 때 그 나라는 그 상품 생산에 비교우위가 있다고 말한다.
ㄴ. 상품 생산에 대한 기회비용을 이용하여 국가 간 비교우위를 결정한다. 교역조건은 각국의 국내상대가격비 사이에서 결정되어야 양국 모두 무역의 이득을 얻는다.

| 오답 피하기 |
ㄷ. 각 나라는 비교우위가 있는 상품에 완전특화하여 무역을 하면 양국 모두 이득을 얻을 수 있다.
ㄹ. 한 나라가 모든 재화의 생산에 절대우위가 있더라도 상대가격의 차이에 의해 비교우위가 발생하므로 무역이 발생한다.

정답 | ①

02

다음 표는 A국과 B국에서 주어진 생산요소를 이용하여 최대한 생산할 수 있는 쌀과 옷의 양을 나타낸다. 리카도의 비교우위론을 바탕으로 이에 대한 설명으로 옳지 <u>않은</u> 것은? (단, 노동이 유일한 생산요소이다.)

구분	A국	B국
쌀(섬)	5	4
옷(벌)	5	2

① 쌀과 옷 생산 모두 A국의 노동생산성이 B국보다 더 크다.
② A국은 쌀을 수출하고 옷을 수입한다.
③ A국의 쌀 1섬 생산의 기회비용은 옷 1벌이다.
④ B국의 옷 1벌 생산의 기회비용은 쌀 2섬이다.
⑤ B국의 쌀 생산의 기회비용은 A국보다 작다.

대표개념 키워드 | 비교우위

| 해설 |
쌀을 X재, 옷을 Y재라고 한다면 두 재화의 국내 상대가격비가 A국은 $\left(\frac{P_X}{P_Y}\right)^A = \frac{5}{5} = 1$, B국은 $\left(\frac{P_X}{P_Y}\right)^B = \frac{2}{4} = 0.5$이므로 $\left(\frac{P_X}{P_Y}\right)^A > \left(\frac{P_X}{P_Y}\right)^B$의 관계식이 성립하여 A국은 옷($Y$) 생산에, B국은 쌀($X$) 생산에 각각 비교우위가 있다. 따라서 A국은 옷(Y)을 수출하고, 쌀(X)을 수입한다.

| 오답 피하기 |
① 동일한 기간에 생산할 수 있는 재화의 양에 있어서 두 재화 모두 A국이 B국보다 더 많으므로 A국의 노동생산성이 B국보다 더 크다.
③ A국의 Y재 단위로 표시한 X재 1단위 생산에 대한 기회비용은 $\left(\frac{P_X}{P_Y}\right)^A = 1$이므로 쌀 1섬 생산의 기회비용은 옷 1벌이다.
④ B국의 Y재 단위로 표시한 X재 1단위 생산에 대한 기회비용은 $\left(\frac{P_X}{P_Y}\right)^B = 0.5$이므로 쌀 1섬 생산의 기회비용은 옷 0.5벌이다. 이는 옷 1벌 생산의 기회비용은 쌀 2섬이라는 것과 같은 의미이다.
⑤ 옷(Y)의 단위로 표시한 쌀(X) 생산의 기회비용이 A국은 $\left(\frac{P_X}{P_Y}\right)^A = 1$이고, B국은 $\left(\frac{P_X}{P_Y}\right)^B = 0.5$이므로 B국이 A국보다 작다.

정답 | ②

핵심테마 35 | 국제무역이론

03

다음 그림은 갑국의 선박과 자동차의 생산가능곡선을 나타낸 것이다. 이에 대한 설명으로 옳은 것은?

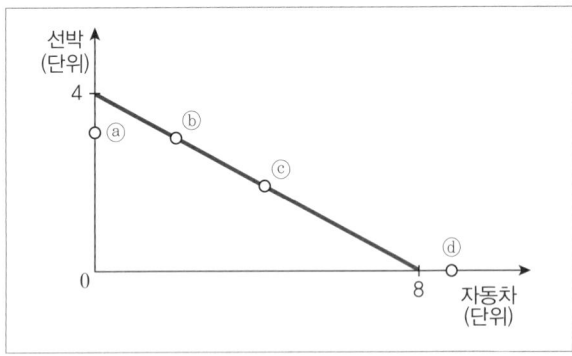

① 자동차 1단위 생산의 기회비용은 선박 2단위이다.
② ⓐ는 현재의 생산능력으로 생산이 불가능하다.
③ ⓓ는 현재의 기술 수준으로 생산이 가능하다.
④ 선박 1단위 생산의 기회비용은 ⓑ와 ⓒ가 동일하다.
⑤ 자동차 1단위당 국제교역조건이 선박 1이라면 이 국가는 선박 생산에 비교우위가 있다.

대표개념 키워드 생산가능곡선

| 해설 |
생산가능곡선이 직선인 경우 기회비용은 생산량에 상관없이 일정하다. ⓑ와 ⓒ에서의 선박 1단위 생산의 기회비용은 동일하다.

| 오답 피하기 |
① 자동차 1단위 생산의 기회비용은 선박 0.5단위이다.
② ⓐ는 생산가능곡선 내부의 지점으로 현재의 생산능력으로 생산이 가능하나, 비합리적인 생산점이다.
③ ⓓ는 생산가능곡선 외부의 지점이며, 현재의 기술 수준으로 생산이 불가능한 생산점이다.
⑤ 자동차 1단위 생산의 기회비용은 선박 0.5단위이므로 자동차 1단위당 국제교역조건이 1이라면 이 국가는 자동차 생산에 비교우위가 있다.

정답 | ④

04

다음 표는 A국과 B국에서 자동차와 냉장고를 생산하는 데 필요한 노동시간을 나타낸 것이다. 이에 대한 분석으로 옳은 것은? (단, 두 국가의 생산자원은 동일하며, 동일한 상품에 대한 두 국가 국민들의 효용은 동일하다.)

국가\품목	자동차	냉장고
A국	20시간	100시간
B국	10시간	80시간

① A국은 자동차 생산에 절대우위를 가지고 있다.
② B국은 냉장고를 특화하여 수출하는 것이 유리하다.
③ 시장이 개방되면 A국 냉장고 시장 종사자들의 일자리는 감소할 것이다.
④ A국은 냉장고에, B국은 자동차에 특화했을 때 양국의 GDP는 모두 증가할 수 있다.
⑤ A국은 B국보다 두 상품 모두 저렴하게 생산할 수 있으므로 무역을 하지 않는 것이 유리하다.

대표개념 키워드 비교우위론

| 해설 |
A국은 냉장고 생산에, B국은 자동차 생산에 비교우위가 있다. 비교우위가 있는 상품 생산에 특화하여 무역을 하면 양국의 GDP는 모두 증가할 수 있다.

| 오답 피하기 |
① A국은 자동차와 냉장고 생산에 있어 모두 B국에 비해 더 많은 노동시간을 투입해야 하므로 절대열위를 가지고 있다.
② 자동차를 X재, 냉장고를 Y재라고 한다면 두 재화의 국내상대가격비는 A국의 경우 $\left(\frac{P_X}{P_Y}\right)^A = \frac{20}{100} = 0.20$이고, B국의 경우 $\left(\frac{P_X}{P_Y}\right)^B = \frac{10}{80} = 0.125$이다. $\left(\frac{P_X}{P_Y}\right)^A > \left(\frac{P_X}{P_Y}\right)^B$이므로 A국은 냉장고 생산에, B국은 자동차 생산에 비교우위가 있다.
③ 시장이 개방되면 A국은 냉장고 생산에 특화할 것이므로 냉장고 시장 종사자들의 일자리는 증가할 것이다.
⑤ A국은 두 상품 생산에 모두 절대열위를 가지고 있지만 냉장고 생산에 비교우위가 있으므로 무역을 통해 이득을 얻을 수 있다.

정답 | ④

핵심테마 36 | 국제무역과 소득분배

1 국제무역과 소득분배

(1) 수출국의 이득과 손실

① 무역 전 국내가격이 국제가격보다 낮았다고 가정할 경우, 이때 자유무역이 이루어지면 가격수용자로서 국제가격을 주어진 것으로 받아들이기 때문에 국내가격이 국제가격과 같아진다.
② 주어진 국제가격하에서 발생하는 국내 초과공급량만큼 수출이 이루어진다.
③ 수출국이 되면 국내소비가 감소하여 소비자잉여는 감소하고, 국내생산이 증가하여 생산자잉여는 증가한다.

◁ 수출국이 되면 생산자잉여의 증가분이 소비자잉여의 감소분보다 크므로 총잉여는 증가한다.

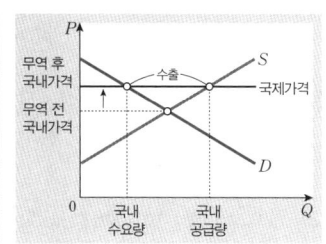

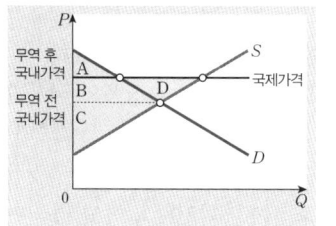

- 무역 전 국내가격 < 국제가격
- 무역 후 국내가격 = 국제가격
- 국내 초과공급량만큼 수출

- 국내생산자는 B+D만큼의 이득을 보고, 국내소비자는 B만큼의 손실을 본다.
- 사회적잉여는 D만큼 증가한다.

(2) 수입국의 이득과 손실

① 무역 전 국내가격이 국제가격보다 높았다고 가정할 경우, 이때 자유무역이 이루어지면 가격수용자로서 국제가격을 주어진 것으로 받아들이기 때문에 국내가격이 국제가격과 같아진다.
② 주어진 국제가격하에서 발생하는 국내 초과수요량만큼 수입이 이루어진다.
③ 수입국이 되면 국내소비가 증가하여 소비자잉여는 증가하고, 국내생산이 감소하여 생산자잉여는 감소한다.

◁ 수입국이 되면 소비자잉여의 증가분이 생산자잉여의 감소분보다 크므로 총잉여는 증가한다.

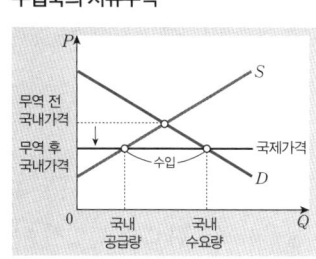

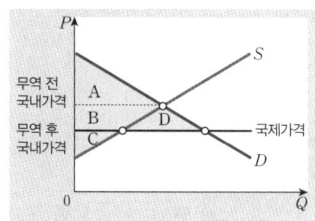

- 무역 전 국내가격 > 국제가격
- 무역 후 국내가격 = 국제가격
- 국내 초과수요량만큼 수입

- 국내소비자는 B+D만큼의 이득을 보고, 국내생산자는 B만큼의 손실을 본다.
- 총잉여는 D만큼 증가한다.

2 교역조건

(1) 개념

① 교역조건(terms of trade)이란 수출상품 한 단위와 교환되는 수입상품의 수량을 말한다. 즉, 수입상품의 개수로 표시한 수출상품 한 단위의 교환가치를 의미한다.
② 수출상품의 가격이 상대적으로 높아지거나 수입상품의 가격이 상대적으로 낮아지면 교역조건이 개선되었다고 한다.
③ 교역조건은 국가 간 무역을 설명하는 과정에서 발생하는 개념이므로 국내가격이 아닌 국제가격을 기준으로 측정된다.

교역조건	산출방법
순상품교역조건(N)	• $\frac{P_X}{P_M} \times 100 = \frac{\text{수출단가지수}}{\text{수입단가지수}} \times 100$ • 수출물량과 수입물량을 고려하지 않고, 수출입재화의 가격변동만을 나타내므로 실질적인 무역이익의 변동을 파악하기 어렵다.

> **총상품교역조건**
> 수출입량의 변동을 이용하여 교역조건을 나타내는 방법으로, 수입물량지수를 수출물량지수로 나누어 구한다. 수출액과 수입액이 일치하면 순상품교역조건과 같아진다.
>
> **소득교역조건**
> 수출총액으로 수입할 수 있는 수입상품의 수량을 의미한다. 수출총액지수를 수입단가지수로 나누어 구한다.

(2) 변동 요인

① 환율 인상(자국 화폐가치의 평가절하)
  ㉠ 환율이 인상되면 수출상품의 국제가격이 하락하므로 교역조건이 악화된다. 이때 원화 표시 수입품가격은 상승하지만 수입품의 국제가격은 불변하므로 수입품가격에 의해 교역조건이 악화된 것은 아니다.
  ㉡ 교역조건이 악화된다고 하여 경상수지가 악화되는 것은 아니다. 일반적으로 환율이 상승하면 수출품의 국제가격(달러화 표시)이 하락하여 수출이 증가하고 수입품의 국내가격(원화 표시)이 상승하여 수입이 감소하므로 경상수지는 개선된다.
② 수입원자재가격이 상승하면 수입상품의 국제가격이 상승하므로 교역조건이 악화된다.
③ 기술진보가 이루어지면 상품을 저렴하게 생산하여 수출할 수 있으므로 수출품의 국제가격이 하락하여 교역조건이 악화된다.
④ 수요와 공급이 가격에 대해 비탄력적 재화인 경우 대량생산 후 경기불황으로 재고가 쌓이면 그 재화의 국제가격은 폭락하게 되므로 교역조건은 악화된다. 농산물의 경우가 이에 해당한다.
⑤ 덤핑(dumping) : 시장점유율 확보를 위해 수출품가격을 대폭 인하하여 판매하는 덤핑이 이루어지면 교역조건이 악화된다.
⑥ 수입품에 대한 관세 부과
  ㉠ 대국(large country)이 수입품에 대해 관세를 부과하면 수입물량의 감소로 국제시장에서 수입품의 초과공급이 발생한다. 이때 수입품의 국제가격이 하락하여 교역조건이 개선된다.
  ㉡ 대국이 관세를 부과하면 수입품의 국제가격이 하락하고 수입물량이 감소하므로 경상수지가 개선된다.
⑦ 수입품에 대한 선호 증가
  ㉠ 대국의 경우 수입품에 대한 선호가 증가하면 수입물량이 증가하고 이로 인해 수입품의 국제가격이 상승하므로 교역조건이 악화된다.
  ㉡ 수입품에 대한 선호가 증가하면 수입품의 국제가격이 상승하고 수입물량이 증가하므로 경상수지는 악화된다.

> **소국과 대국**
> 소국(small country)은 교역조건에 영향을 주지 못하는 소규모 나라이고, 대국(large country)은 교역조건에 영향을 미칠 수 있는 대규모 나라이다.

01 다음 설명이 맞으면 ○, 틀리면 ×표 하세요.

(1) 국제교역을 하게 되면 경제주체 모두에게 이익을 가져온다. ( )

(2) 소규모 개방경제에서 국제가격이 국내가격보다 낮으면 수입국이 되고 무역 이후 소비자잉여는 증가한다. ( )

(3) 자국 화폐가치가 평가절상되면 교역조건이 개선된다. ( )

(4) 교역조건이 개선되면 수출품의 가격경쟁력이 강화되어 경상수지는 개선된다. ( )

(5) 기술진보가 발생하면 교역조건이 악화된다. ( )

02 다음 빈칸에 알맞은 말을 고르거나 적으세요.

(6) 어떤 제품의 국제가격이 국내가격보다 높다면 그 나라는 제품을 (수입/수출)할 것이고 국내가격은 (상승/하락)할 것이다.

(7) 수출국이 되면 수출 전보다 소비자잉여는 (증가/감소)하고, 생산자잉여는 (증가/감소)하며 총잉여는 (증가/감소)한다.

(8) 자국의 화폐가치가 평가절하되면 교역조건이 (악화/개선)되고, 경상수지가 (악화/개선)된다.

(9) 대국이 수입상품에 대한 관세를 부과하면 수입품의 국제가격이 하락하므로 교역조건이 (개선/악화)된다.

(10) 수입상품 1단위와 교환되는 수출상품의 양이 증가하면 교역조건이 (개선/악화)된다.

| 정답 |
(1) × (2) ○ (3) ○ (4) × (5) ○ (6) 수출, 상승 (7) 감소, 증가, 증가 (8) 악화, 개선 (9) 개선 (10) 악화

| × 해설 |
(1) 국제교역을 하게 되면 교역대상의 국가 모두에게 이익을 주지만, 경제주체 모두에게 이익을 주는 것은 아니다.
(4) 수출가격 상승을 통해 교역조건이 개선되면 수출품의 가격경쟁력이 약화되어 수출이 감소하므로 경상수지는 악화된다.

출제 0순위 공략! 꼭 풀어야 할 대표문제

01

국가 간 교역과 교역을 통한 이득(gains from trade)에 대한 옳은 설명을 [보기]에서 고르면?

―| 보기 |―
ㄱ. 자유무역(free trade)은 교역국 모두에 이득이 된다.
ㄴ. 모든 국가는 한 가지 재화에 대해 비교우위를 가질 수 있다.
ㄷ. 어떤 국가가 교역을 통해 A재화를 수입하면 그 국가의 모든 구성원은 이득을 얻는다.
ㄹ. 어떤 국가가 교역을 시작한 후 B재화의 국내가격이 상승했다면 그 국가는 B재화의 수입국이다.
ㅁ. 한 나라가 C재화의 수출국이 된다면 이는 C재화 생산에 있어 절대우위가 있기 때문이다.

① ㄱ, ㄴ
② ㄱ, ㄷ
③ ㄴ, ㄹ
④ ㄷ, ㅁ
⑤ ㄹ, ㅁ

대표개념 키워드 | 교역을 통한 이득

| 해설 |
ㄱ. 자유무역(free trade)이 발생하면 각국은 비교우위가 있는 재화의 생산에 특화하여 무역을 하게 된다. 무역 이후 두 국가 모두 소비량이 증가하므로 자유무역은 교역국 모두에 이득이 된다.
ㄴ. 모든 재화 생산에 절대우위가 있거나 절대열위가 있더라도 모든 국가는 최소한 한 가지 재화에 대해 비교우위를 가질 수 있다.

| 오답 피하기 |
ㄷ. 자유무역은 교역이 없을 때와 비교하여 교역 당사국 모두에 사회잉여(social surplus) 전체를 증가시키므로 국가 전체에는 이득이 되지만, 국가 내 구성원 간 득실에는 차이가 생긴다. 수입국이 되면 소비자는 이득을 보지만, 생산자는 손해를 본다.
ㄹ. 교역을 통해 교역 이전에 비해 국내가격이 상승했다는 것은 그 재화의 국제가격이 국내가격보다 높았음을 의미하므로 그 재화에 대한 수출국이 된다.
ㅁ. 어떤 국가에서 특정 재화의 생산에 들어가는 투입비용이 다른 국가에 비해 높아 절대우위를 갖지는 못하지만 국가 내 다른 재화에 비해 생산의 기회비용이 작다면, 그 특정 재화에 대해 비교우위를 갖으므로 교역에서 이득을 얻을 수 있다. 수출국이 되면 그 재화 생산에 비교우위가 있다고 할 수 있다.

정답 | ①

02

A국은 세계 철강시장에서 무역을 시작하였다. 무역 이전과 비교하여 무역 이후에 A국 철강시장에서 발생하는 현상을 [보기]에서 모두 고르면? (단, 세계 철강시장에서 A국은 가격수용자이며, 세계 철강가격은 무역 이전 A국의 국내가격보다 높고, 무역 관련 거래비용은 없다.)

―| 보기 |―
ㄱ. A국의 국내 철강가격은 세계 철강가격보다 높아진다.
ㄴ. A국의 국내 철강거래량은 감소한다.
ㄷ. 소비자잉여는 감소한다.
ㄹ. 생산자잉여는 증가한다.
ㅁ. 총잉여는 감소한다.

① ㄱ, ㄴ, ㄷ
② ㄱ, ㄴ, ㄹ
③ ㄱ, ㄷ, ㅁ
④ ㄴ, ㄷ, ㄹ
⑤ ㄷ, ㄹ, ㅁ

대표개념 키워드 | 수출국의 효과

| 해설 |
ㄴ. 국내가격이 상승하면 국내소비량이 감소하므로 국내거래량은 감소한다.
ㄷ. 국내가격이 상승하면 수요량이 감소하므로 소비자잉여는 감소한다.
ㄹ. 국내가격이 상승하면 공급량이 증가하므로 생산자잉여는 증가한다.

| 오답 피하기 |
ㄱ. 국제가격이 국내가격보다 높으면 가격수용자인 A국의 국내가격은 국제가격과 일치하게 되므로 수출국이 된다.
ㅁ. 생산자잉여의 증가분이 소비자잉여의 감소분보다 크므로 총잉여는 증가한다.

정답 | ④

03

교역조건(terms of trade)에 대한 설명으로 옳지 <u>않은</u> 것은?

① 자국의 화폐가 평가절하되면 교역조건은 악화된다.
② 교역조건이 악화되면 반드시 국제수지가 악화된다.
③ 교역조건이란 한 단위의 수출상품이 수입상품과 교환되는 비율을 말한다.
④ 이론적으로 교역조건은 상품의 수출입뿐만 아니라 서비스거래까지 포함한다.
⑤ 한 국가의 수출상품 1단위와 교환될 수 있는 수입품의 양이 증가하면 교역조건은 개선된 것이다.

대표개념 키워드 | 교역조건

| 해설 |
환율이 상승하면 수출상품의 국제가격이 하락하므로 교역조건이 악화된다. 교역조건이 악화된다고 하여 경상수지가 악화되는 것은 아니다. 일반적으로 환율이 상승하면 수출품의 국제가격(달러화 표시)이 하락하여 수출이 증가하고 수입품의 국내가격(원화 표시)이 상승하여 수입이 감소하므로 경상수지는 개선된다. 다만, 수출입가격의 상대적 변화에도 불구하고 수출입물량이 크게 변하지 않는다면 교역조건의 악화가 경상수지의 악화를 가져올 수 있다. 환율 상승 시 경상수지가 개선되기 위해서는 경상수지의 개선조건인 마샬-러너조건이 충족되어야 한다.

| 오답 피하기 |
① 자국의 화폐가 평가절하된다는 것은 원/달러 환율 상승을 의미한다. 환율이 인상되면 수출상품의 국제가격이 하락하므로 교역조건이 악화된다.
③ 교역조건(terms of trade)이란 수출상품 1단위와 교환되는 수입상품의 수량을 말한다. 즉, 수입상품의 개수로 표시한 수출상품 한 단위의 교환가치를 의미한다.
④ 교역조건은 상품의 수출입뿐만 아니라 서비스거래까지 포함한다.
⑤ 수출상품의 가격이 상대적으로 높아지거나 수입상품의 가격이 상대적으로 낮아지면 교역조건이 개선되었다고 한다. 교역조건이 개선되면 한 국가의 수출상품 1단위와 교환될 수 있는 수입품의 양이 증가한다.

정답 | ②

04

두 나라 간에 자유무역협정(FTA)이 체결되어 농산물 수입관세가 철폐되었다. 이 자유무역협정으로부터 이득을 얻기 어려운 경우를 [보기]에서 모두 고르면?

| 보기 |
ㄱ. 농산물 수입국의 농가
ㄴ. 농산물 수입국의 소비자
ㄷ. 농산물 수입국의 정부
ㄹ. 농산물 수출국의 농가
ㅁ. 농산물 수출국의 소비자

① ㄱ, ㄷ
② ㄱ, ㅁ
③ ㄴ, ㄹ
④ ㄱ, ㄷ, ㅁ
⑤ ㄴ, ㄹ, ㅁ

대표개념 키워드 | 자유무역의 효과

| 해설 |
ㄱ. 농산물 수입관세가 철폐되면 국내가격이 하락하고 국내생산과 생산자잉여가 감소하면서 농산물 수입국의 농가는 불리해진다.
ㄷ. 관세가 철폐되면 정부의 재정수입이 감소하므로 농산물 수입국의 정부는 손해를 본다.
ㅁ. 수출국은 국내가격이 상승하여 수출국의 국내소비량이 감소하므로 수출국의 소비자잉여는 감소한다. 따라서 농산물 수출국의 소비자는 손해를 본다.

| 오답 피하기 |
ㄴ. 수입국에서는 관세 철폐로 국내가격이 하락하여 국내소비자의 소비량이 증가한다. 국내소비자의 소비량이 증가하면 소비자잉여가 증가하므로 농산물 수입국의 소비자는 이득을 본다.
ㄹ. 수출국은 국내가격이 상승하므로 수출국의 국내생산량이 증가하여 수출국의 생산자잉여는 증가한다. 따라서 농산물 수출국의 농가는 이득을 본다.

정답 | ④

핵심테마 37 | 무역정책론

1 관세이론

(1) 개념
① 관세(tariff)란 관세선을 통과하는 수입상품에 대하여 부과하는 조세를 의미한다.
② 관세장벽(tariff barriers)이란 수입을 억제하기 위해 높은 관세를 부과하는 것을 말하고, 수입가격에 대해 관세가 차지하는 비율을 관세율(tariff rate)이라고 한다.

(2) 관세의 종류

상계관세	상대국이 자국의 수출산업에 수출장려금이나 보조금을 지급할 때 이를 상계하기 위해 부과하는 관세
반덤핑관세	상대국이 생산원가 이하로 덤핑수출하는 경우 이에 대응하여 부과하는 관세
긴급관세	특정 상품이 국내에 급속도로 수입되어 국내산업보호에 대한 긴급한 조치가 필요하거나, 국내산업의 심각한 피해 방지를 위해 특정 상품의 긴급한 수입억제의 필요성이 있을 때 행정부가 입법절차를 거치지 않고 특정 수입상품에 부과하는 관세
할당관세	특정 상품의 수입에 대해 일정량을 정한 후 정해진 수량 이내의 수입품에 대해서는 낮은 관세를 부과하고, 정해진 수량 이상의 수입품에 대해서는 고율의 관세를 부과하는 것

(3) 관세 부과의 경제적 효과 : 소국의 경우
① 경제소국이 수입상품에 대해 수입관세를 부과하면 국제가격은 불변인 상태에서 국내가격이 국제가격에 관세를 합한 것만큼 상승한다.
② 경제소국이 수입상품에 대해 수입관세를 부과하는 경우 각종 경제변수에 미치는 경제적 효과는 다음과 같다.

- 국내생산 증가 : $0Q_1 \to 0Q_2$
- 수입량 감소 : $Q_1Q_4 \to Q_2Q_3$
- 재정수입 증가 : E
- 생산자잉여 증가 : C

- 국내소비 감소 : $0Q_4 \to 0Q_3$
- 국제수지 개선 : H+I
- 소비자잉여 감소 : C+D+E+F
- 사회적 후생손실 : D+F

③ 관세 부과의 효과는 수요와 공급의 가격탄력성에 의해 달라진다.
㉠ 수요의 가격탄력성이 커질수록 관세 부과의 소비억제효과는 커진다.
㉡ 공급의 가격탄력성이 커질수록 관세 부과의 생산증가효과는 커진다.
㉢ 수요와 공급의 가격탄력성이 커질수록 소비자잉여의 감소와 사회적 후생손실이 더 커진다.

관세 부과의 경제적 효과 : 소국

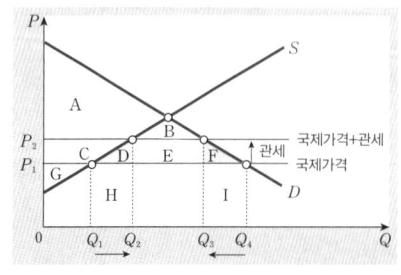

- 소국이 관세를 부과하면 국제가격은 불변인 상태에서 관세만큼 국내가격이 상승한다.
- 관세 부과 후 D+F만큼의 사회적 순후생손실이 발생한다.

수입대체산업 (import substituting industry)
- 한 나라가 기존에 외국으로부터 수입하던 상품을 국내에서 부분적 또는 전면적으로 국산화하여 자급함으로써 수입을 대체하는 역할을 하는 산업을 말한다.
- 보호무역하에서 수입대체산업은 발달하지만, 자유무역이 이루어지면 수입대체산업이 쇠퇴한다.

상호관세
국가 간 무역에서 상대국이 자국 제품에 부과하는 관세만큼 동일한 수준의 관세를 부과하는 정책으로, 상대국 수준에 맞춰 관세율을 정하는 조치이다.

2 비관세장벽

(1) 수입수량할당제

① 수입수량할당제(import quota)는 특정 상품의 수입에 대해 일정량 이상의 수입을 허가하지 않는 수량제한제도로, 수입상품을 국가별 또는 수입업자별로 할당하여 수입물량을 제한하는 무역제도이다.

② 경제소국이 국내산업의 보호를 위해 국내시장에서 요구되는 Q_1Q_4의 수입량보다 적은 Q_2Q_3만큼만 수입하게 하는 수입수량할당제를 실시하면 국내시장에서 초과수요가 발생하여 국내가격이 P_1에서 P_2로 상승한다.

③ 경제소국이 수입상품에 대해 수입수량할당제를 실시하는 경우 경제적 효과는 다음과 같다.

- 국내생산 증가 : $0Q_1 \rightarrow 0Q_2$
- 수입량 감소 : $Q_1Q_4 \rightarrow Q_2Q_3$
- 재정수입 또는 수입업자의 이윤 : E
- 생산자잉여 증가 : C
- 국내소비 감소 : $0Q_4 \rightarrow 0Q_3$
- 국제수지 개선 : H+I
- 소비자잉여 감소 : C+D+E+F
- 사회적 후생손실 : D+F

④ 수입수량할당제와 관세 부과의 비교
 ㉠ 수입수량할당제는 관세 부과의 경우와 유사한 효과가 나타나지만, 사각형 E가 어느 경제주체에게 귀속되는지에 따라 중요한 차이점이 발생한다.
 ㉡ 정부가 수입업자에게 무상으로 수입면허를 발행한다면 사각형 E는 수입업자의 이윤으로 이전되지만, 정부가 수입업자에게 공식적으로 돈을 받고 수입면허를 발행한다면 전부 또는 일부가 정부의 재정수입이 된다.

수입수량할당제의 효과

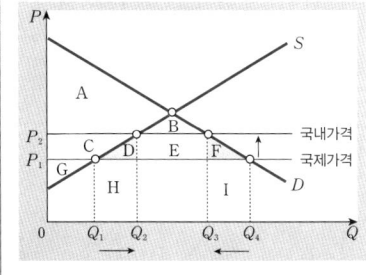

- 수입수량할당제를 실시하면 국내시장에서 초과수요가 발생하여 국내가격이 상승한다.
- 수입수량할당제 실시 후 D+F만큼의 사회적 순후생손실이 발생한다.
- 수입수량할당제는 관세 부과 후의 효과와 유사하다.

(2) 수출자율규제(VER)

① 수출자율규제(Voluntary Export Restraints : VER)란 수입국이 수출국에 압력을 가해 수출국들이 자율적으로 수출물량을 일정 수준으로 제한하도록 하는 제도로, 회색지대조치(grey area measure)라고도 한다.

② 수출자율규제는 수입수량할당제의 변형된 형태로, 수입수량할당제와 비슷한 효과를 보이는 무역장벽이다.

③ 수출자율규제를 선택하는 이유는 수출자율규제가 표면적으로는 자율적 규제의 형식을 취하므로 WTO의 규정에 위배되지 않기 때문이다.

비관세장벽(non-tariff barriers)
각국이 수입을 억제하기 위해 동원하는 관세 이외의 여러 가지 정책수단을 총칭하는 것이다. 관세 이외의 무역장벽을 비관세장벽이라고 한다.

회색지대조치
GATT체제 테두리 밖에서 행해지는 수입제한조치로, GATT의 규제를 회피하기 위해 GATT 규정에 없는 조치를 원용하여 세이프가드(긴급수입제한, safe guard)와 동일한 목적을 달성하는 것을 말한다. 관세나 수량규제처럼 분명한 형태의 수입규제수단이 아니라는 의미에서 회색(灰色)이라는 명칭을 붙였으며, 간략히 회색조치 또는 회색지대라고도 한다.

무역굴절효과
(trade deflection effect)
A국과 B국이 FTA를 체결했을 때 B국을 통해 C국의 제품이 A국으로 들어오는 현상을 말한다.

스파게티볼 효과
- 여러 나라와 동시다발적으로 FTA를 체결하면 각 나라마다 다른 원산지 규정, 통관절차, 표준 등을 확인하는 데 시간과 인력, 비용 등이 다량으로 투입되어 협정체결로 기대되었던 거래비용 절감이라는 효과가 반감되는 현상을 말한다.
- 미국 콜럼비아 대학교의 바그와티(J. Bhagwati) 교수가 동시다발적인 자유무역협정(FTA)의 비효율성을 지적한 용어로, 마치 접시 안에 스파게티가 복잡하게 얽히고 설킨 채 담겨있는 것과 닮았다는 것을 비유한 것이다.

01 다음 설명이 맞으면 ○, 틀리면 ×표 하세요.

(1) 상계관세는 해당 제품의 수입국에서 수입가격과 국내가격의 차이만큼 관세를 부과하여 국내산업을 보호하려는 관세이다. ( )

(2) 소국의 관세부과는 그 나라의 사회후생을 반드시 감소시킨다. ( )

(3) 수입수량할당제를 시행하면 정부의 관세수입이 증대될 것이다. ( )

(4) 수입수량할당제를 실시하면 국내시장에서 초과수요가 발생하여 국내가격이 상승한다. ( )

(5) 수입수량할당제와 관세는 후생 측면에서 비슷한 결과를 보이지만 관세에 비해 수입할당제는 정부수입을 감소시킨다. ( )

02 다음 빈칸에 알맞은 말을 고르거나 적으세요.

(6) 관세 부과 시 생산자의 후생은 (증가/감소)하고 소비자의 후생은 (증가/감소)한다.

(7) 어느 소국개방경제가 특정 재화의 수입에 대해 단위당 일정액의 세금을 부과하였을 때 총잉여는 관세부과 이전보다 (증가/감소)한다.

(8) A국이 X재에 대하여 쿼터제도(수입수량할당제)를 시행할 경우 환율(원/달러)은 쿼터제도 시행 전에 비하여 (상승/하락)할 것이다.

(9) A국의 균형가격이 국제균형가격보다 낮아서 국제무역을 하고 있었는데 상대국에서 수입관세를 부과하면 A국의 소비자 잉여는 부과 전보다 (증가/감소)한다.

(10) 수입국이 수출국에 압력을 가해 수출국들이 자율적으로 수출물량을 일정 수준으로 제한하도록 하는 제도를 ( )라고 한다.

| 정답 |
(1) × (2) ○ (3) × (4) ○ (5) ○ (6) 증가, 감소 (7) 감소 (8) 하락 (9) 증가 (10) 수출자율규제

| × 해설 |
(1) 상계관세는 상대국이 자국의 수출산업에 수출장려금이나 보조금을 지급할 때, 이를 상계하기 위한 관세이다.
(3) 수입수량할당제는 관세부과의 경우와 유사한 효과가 나타나지만, 관세가 발생하지 않는다는 것에 차이점이 있다.

01

최근 A국 정부는 B국과의 자유무역협정의 체결로 수입산 자동차 시장의 관세를 인하하였다. 수입산 자동차 시장의 관세 인하 이후 A국 경제에서 나타날 수 있는 현상으로 적절하지 않은 것은?

① 자동차 소비량이 증가한다.
② 자동차 수입량이 증가한다.
③ 국내 생산자잉여가 감소한다.
④ 국내산 자동차 생산량은 감소한다.
⑤ 정부의 조세수입은 반드시 감소한다.

대표개념 키워드 관세 인하

| 해설 |

관세 인하로 단위당 관세는 감소하지만 수입량이 증가하므로 단위당 관세의 크기와 수입량의 크기에 따라 관세수입의 증감 여부가 달라진다.

| 오답 피하기 |

① 관세 인하로 자동차의 국내가격이 하락하면 국내소비량이 증가한다.
② 관세 인하로 수입산 자동차의 국내가격이 하락하므로 수입량이 증가한다.
③ 자동차의 국내가격이 하락하면 국내생산량이 감소하므로 국내 생산자잉여는 감소한다.
④ 관세 인하로 국내가격이 하락하면 국내생산량은 감소한다.

정답 | ⑤

02

다음 갑국 정부의 정책에 대한 설명으로 옳지 않은 것은?

현재 X재의 국제가격은 P_0이며, 이 가격에서 갑국의 국내시장에 무한정 공급이 가능하다. 이에 갑국 정부는 두 가지 방안을 검토하고 있다.

- 1안 : 관세 부과 없이 X재 수입을 전면 허용한다.
- 2안 : X재 수입은 허용하되 단위당 P_0P_1만큼의 관세를 부과한다.

〈갑국의 시장 상황〉

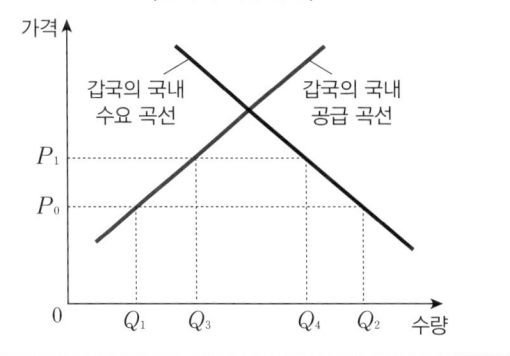

① 1안에서 X재의 국내거래량은 Q_2이다.
② 1안에서 X재의 수입량은 $Q_1 \sim Q_2$이다.
③ 2안에서 X재의 국내거래량은 Q_4이다.
④ 2안에서 X재의 수입량은 $Q_3 \sim Q_4$이다.
⑤ 2안에서 X재의 관세수입은 $P_1 \times Q_3Q_4$이다.

대표개념 키워드 관세 부과

| 해설 |

정부의 관세수입은 관세가 부과될 때 수입되는 물량 $Q_3 \sim Q_4$에 관세 P_0P_1을 곱한 금액이다. 즉, $P_0P_1 \times Q_3Q_4$이다.

| 오답 피하기 |

①② 관세 부과 없이 수입하면 X재의 국내가격은 P_0로 하락한다. 따라서 P_0에서 Q_1만큼은 국내생산자들이 공급하는 물량으로, $Q_1 \sim Q_2$만큼은 수입 물량으로 채워진다. 따라서 국내거래량은 Q_2이다.
③④ 관세가 부과되면 수입되는 X재의 가격은 P_1이 된다. P_1에서 Q_3만큼은 국내생산자들이 공급하는 물량으로, $Q_3 \sim Q_4$만큼은 수입 물량으로 채워진다. 따라서 관세를 부과하면 국내거래량은 Q_4이다.

정답 | ⑤

03

A국 정부는 이달 말부터 반도체에 관세를 부과하기로 했다. 다음 [보기]를 읽고 올바르게 추론한 것과 가장 거리가 먼 것은?

> **보기**
> 아래 그래프는 관세부과 전, 후의 A국 반도체 시장의 수요와 공급을 나타낸다. 현재 반도체는 P_0의 가격으로 거래되고 있으며, 정부가 관세를 부과하면 A국 반도체 시장에서는 P_1의 가격으로, 해외에서는 P_2의 가격으로 거래될 것으로 예상된다.

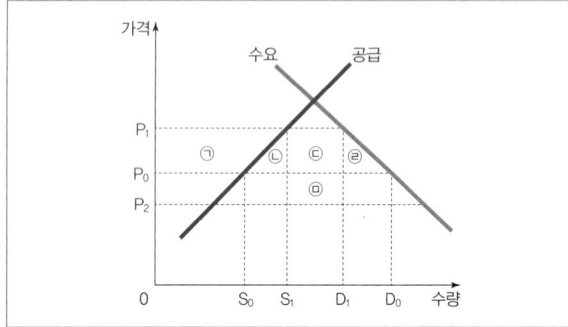

① 관세부과 시 A국의 교역조건은 개선된다.
② 관세부과 시 A국의 생산자잉여는 증가한다.
③ 관세부과 시 A국의 사회적 잉여는 증가한다.
④ 관세부과로 A국 정부가 얻게 될 관세수입은 ⓒ+ⓜ이다.
⑤ A국은 글로벌 반도체 시장에서 대국(large country)의 지위에 있다.

대표개념 키워드 관세부과의 효과

| 해설 |

- 대국이 관세를 부과하면 수입량이 감소하여 국제시장에서 초과공급이 발생하고, 수입품의 국제가격은 P_0에서 P_2로 하락한다.
- 국내가격은 관세부과 후 국제가격인 P_2에서 관세를 부과한 만큼 P_1으로 상승한다. 즉, 단위당 관세는 $P_1 - P_2$이다.
- 관세부과 전의 수입량은 $D_0 - S_0$이고, 관세부과 후의 수입량은 $D_1 - S_1$이다.
③ 사회적 잉여의 변화 : 소비자잉여의 변화+생산자잉여의 변화+관세수입=ⓜ-(ⓛ+ⓔ)
  - 소비자잉여의 변화 : 관세부과 후 국내소비량은 D_0에서 D_1으로 감소하므로 ⓗ+ⓛ+ⓒ+ⓔ만큼 감소한다.
  - 생산자잉여의 변화 : ⓗ
  - 관세수입 : ⓒ+ⓜ
  - ⓜ>(ⓛ+ⓔ)라면 관세부과는 사회적 잉여가 증가하지만, 반대의 경우 사회적 잉여는 감소한다.

| 오답 피하기 |
① 수입품의 국제가격 하락으로 인해 교역조건이 개선된다.
② 국내생산량은 S_0에서 S_1으로 증가하므로 생산자잉여는 ⓗ만큼 증가한다.
⑤ 교역조건을 개선시킬 수 있는 나라는 대국에 해당한다.

정답 | ③

04

무역장벽에 대한 설명으로 옳지 않은 것은?

① 수입수량할당제는 비관세 무역장벽에 속한다.
② 수입식품 검사기준의 강화는 일종의 비관세 무역장벽이다.
③ 수출자율규제는 수입수량할당제와 매우 비슷한 효과를 보이는 무역장벽이다.
④ 상계관세는 해당 제품의 수입국에서 수입가격과 국내가격의 차이만큼 관세를 부과하여 국내산업을 보호하려는 관세이다.
⑤ 수입수량할당제와 관세는 후생 측면에서 비슷한 결과를 보이지만 관세에 비해 수입수량할당제는 정부수입을 감소시킨다.

대표개념 키워드 상계관세

| 해설 |

상계관세는 상대국이 자국의 수출산업에 수출장려금이나 보조금을 지급할 때 이를 상계하기 위해 부과하는 관세로, WTO에서도 인정된다.

| 오답 피하기 |
① 수입수량할당제는 특정 상품의 수입에 대해 일정량 이상의 수입을 허가하지 않는 수량제한제도로, 대표적인 비관세 무역장벽에 속한다.
② 관세 이외의 무역장벽을 비관세장벽이라고 한다. 수입식품 검사기준의 강화는 비관세 무역장벽에 해당한다.
③ 수출자율규제는 수입수량할당제의 변형된 형태로, 수입수량할당제와 비슷한 효과를 보이는 무역장벽이다.
⑤ 수입수량할당제는 관세 부과의 경우와 유사한 효과가 나타나지만, 관세 부과 시의 관세수입이 수입업자의 이윤으로 이전된다. 따라서 수입수량할당제와 관세는 후생 측면에서 비슷한 결과를 보이지만 관세에 비해 수입수량할당제는 정부수입을 감소시킨다.

정답 | ④

핵심테마 38 | 외환의 수요와 공급에 의한 환율결정이론

1 환율의 종류

(1) 명목환율
① 명목환율(nominal exchange rate)이란 자국통화와 외국통화의 교환비율을 의미한다.
② 보통 환율이라고 하면 명목환율을 의미한다.

(2) 실질환율
① 실질환율(real exchange rate)이란 두 나라의 물가를 감안하여 조정한 환율로, 한 나라의 상품이 다른 나라의 상품과 교환되는 비율을 의미한다.

실질환율

$$q = \frac{e \times P_f}{P}$$

- q : 실질환율
- e : 명목환율
- P_f : 외국물가 수준
- P : 국내물가 수준

② 명목환율이 1달러당 1,000원이고 한국산 햄버거가 1개당 1,000원이며 미국산 햄버거는 1개당 2달러라고 할 경우, 미국산 햄버거의 원화가격은 2,000원(=2달러×1,000원)이 되므로 미국산 햄버거가 한국산과 비교하면 2배 비싸다. 이는 미국산 햄버거 1개와 한국산 햄버거가 2개가 교환된다는 의미이므로 실질환율은 우리나라 상품의 수량으로 표시한 외국상품 1단위의 가치를 나타낸다.

(3) 환율 상승과 환율 하락
① 환율 상승 : 지급환율을 중심으로 명목환율이 상승하면 외국통화를 얻기 위해 더 많은 원화를 지급해야 하므로 원화의 대외가치가 외국통화에 대해 하락했음을 의미한다.
  예) 1달러 = 1,000원 → 1달러 = 1,100원
② 환율 하락 : 지급환율을 중심으로 명목환율이 하락하면 외국통화를 얻기 위해 더 적은 원화를 지급해도 되므로 원화의 대외가치가 외국통화에 대해 상승했음을 의미한다.
  예) 1달러 = 1,000원 → 1달러 = 900원

2 외환의 수요와 공급에 의한 환율결정이론

(1) 외환시장의 균형
① 외환의 수요
  ㉠ 재화와 서비스 수입, 외국으로의 송금, 외국으로 자본을 수출할 때 우리나라 통화 대신 외국통화로 지급해야 하기 때문에 외환의 수요가 발생한다.
  ㉡ 환율이 상승하면 우리나라 사람이 치러야 할 외국상품의 가격(원화 표시 가격)은 상승하므로 수입이 감소하여 외환의 수요가 감소한다.
  ㉢ 환율의 상승은 외환에 대한 수요량을 감소시키고, 환율의 하락은 외환의 수요량을 증가시키기 때문에 외환수요곡선은 우하향한다.

지급환율(direct quote)
- 외국통화 1단위를 얻기 위해 지급해야 하는 자국통화의 크기로 표시한다. '1달러=1,000원'으로 표시하고, 우리나라를 비롯한 대부분 국가들이 이 방법으로 환율을 표시한다. 자국통화 표시환율이라고 한다.
- 본서에서 환율은 지급환율로 표시한다.

수취환율(indirect quote)
자국통화 1단위로 수취할 수 있는 외국통화의 크기로 표시한다. '1원=0.001달러'로 표시하고, 영국을 비롯한 몇몇 국가에서 이 방법으로 환율을 표시한다. 외국통화 표시환율이라고 한다.

실질환율과 교역조건
외국제품의 원화가격을 수입상품가격이라고 하고 우리나라 제품의 가격을 수출상품가격이라고 한다면 실질환율은 교역조건의 역수가 된다.

② 외환의 공급
  ㉠ 재화와 서비스 수출, 외국으로부터의 송금, 외국으로부터의 현금차관을 도입할 때 외환의 공급이 발생한다.
  ㉡ 환율이 상승하면 외국사람이 치러야 하는 우리나라 상품의 가격(달러화 표시 가격)이 하락하므로 수출이 증가하여 외환의 공급이 증가한다.
  ㉢ 환율의 상승은 외환에 대한 공급량을 증가시키고, 환율의 하락은 외환의 공급량을 감소시키기 때문에 외환공급곡선은 우상향한다.
③ 균형환율의 결정
  ㉠ 환율이 균형환율보다 높은 경우 외환의 초과공급이 발생하여 환율이 하락하고, 균형환율보다 낮은 경우 외환의 초과수요가 발생하여 환율이 상승한다.
  ㉡ 외환시장에서 우하향하는 외환수요곡선과 우상향하는 외환공급곡선이 만나 균형환율과 균형외환거래량이 결정된다.

외환시장의 균형

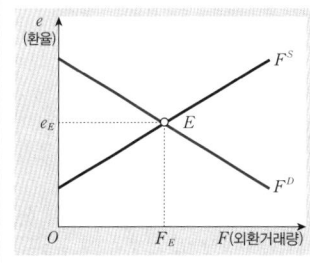

- 외환수요곡선(F^D)과 외환공급곡선(F^S)이 교차하는 E점에서 외환시장의 균형이 달성된다.
- E점에서 균형환율(e_E)과 균형외환거래량(F_E)이 결정된다.

(2) 균형환율의 변동

외환수요의 변화	• 국내물가 상승 → 수입품 상대가격 하락 → 수입 증가 → 외환수요 증가 → 환율 상승 • 외국물가 하락 → 수입품 상대가격 하락 → 수입 증가 → 외환수요 증가 → 환율 상승 • 국민소득 증가(국내경기 호전) → 수입 증가 → 외환수요 증가 → 환율 상승 • 국내이자율 상승, 외국이자율 하락 → 자본유출 감소 → 외환수요 감소 → 환율 하락
외환공급의 변화	• 국내물가 상승 → 수출품 상대가격 상승 → 수출 감소 → 외환공급 감소 → 환율 상승 • 외국물가 상승 → 수출품 상대가격 하락 → 수출 증가 → 외환공급 증가 → 환율 하락 • 외국국민소득 증가(외국경기 호전) → 수출 증가 → 외환공급 증가 → 환율 하락 • 국내이자율 상승, 외국이자율 하락 → 자본유입 증가 → 외환공급 증가 → 환율 하락

3 환율 변동의 효과

(1) 환율과 경상수지
① 환율의 변화는 수출품과 수입품의 상대가격을 변화시켜 경상수지에 직접적인 영향을 미친다.
② 환율이 상승(원화가치 하락)하면 수출품가격(달러화 표시)이 하락하여 수출이 증가하고, 수입품가격(원화 표시)이 상승하여 수입은 감소한다. 따라서 일반적으로 경상수지가 개선된다.
③ 환율이 하락(원화가치 상승)하면 수출품가격(달러화 표시)이 상승하여 수출이 감소하고, 수입품가격(원화 표시)이 하락하여 수입은 증가한다. 따라서 일반적으로 경상수지가 악화된다.

④ 위에서 언급한 환율과 경상수지의 관계는 국내물가와 외국물가가 고정되어 있다는 가정하에서 논의된 것이다. 명목환율이 상승하더라도 국내물가가 상승하거나 외국물가가 하락하면 수출품의 가격경쟁력이 약화될 수 있다. 따라서 경상수지의 개선 여부는 실질환율의 변동을 고려해야 한다.
⑤ 실질환율이 상승하면 우리나라 상품이 외국상품보다 상대적으로 싸진다는 것을 뜻하므로 우리나라 수출은 증가하고 수입은 감소하여 경상수지가 개선된다. 반면, 실질환율이 하락하면 그 반대 현상이 나타난다.
⑥ 상품 생산에 필요한 원자재인 부품이나 소재를 외국에 크게 의존하는 기업의 경우 환율이 상승하면 원화 표시 수입원자재 가격이 상승하므로 불리하다.

(2) 환율과 교역조건

① 환율의 변화는 수출품과 수입품의 상대가격을 변화시켜 교역조건에 직접적인 영향을 미친다.
② 환율이 인상(원화가치 하락)하면 수출품가격(달러화 표시)이 하락하므로 교역조건은 악화된다. 이때 일반적으로 경상수지는 개선된다.
③ 환율이 인하(원화가치 상승)하면 수출품가격(달러화 표시)이 상승하므로 교역조건은 개선된다. 이때 일반적으로 경상수지는 악화된다.

> 환율이 변동하면 원화로 표시한 수입품가격은 변하지만, 달러화 표시 수입품가격은 불변한다. 교역조건은 국제가격을 기준으로 측정하기 때문에 환율 변동 시 수출품가격은 변하지만 수입품가격은 불변하므로 수출품가격에 의해서만 교역조건이 변한다.

구분	환율 인상	환율 인하
원인	• 외환수요의 증가, 외환공급의 감소 • 수출 감소 → 외환공급의 감소 • 수입 증가 → 외환수요의 증가 • 자국에서 외국으로의 송금 증가 → 외환수요의 증가 • 자본도입 감소 → 외환공급의 감소 • 이자율 하락으로 자본유출이 증가하고 자본유입이 감소 → 외환수요의 증가, 외환공급의 감소 • 미래 예상환율의 상승으로 환차손이 기대되어 자본유출이 증가, 자본유입이 감소 → 외환수요의 증가, 외환공급의 감소	• 외환수요의 감소, 외환공급의 증가 • 수출 증가 → 외환공급의 증가 • 수입 감소 → 외환수요의 감소 • 외국으로부터 자국으로의 송금 증가 → 외환공급의 증가 • 자본도입의 증가 → 외환공급의 증가 • 이자율 상승으로 자본유출이 감소하고 자본유입이 증가 → 외환수요의 감소, 외환공급의 증가 • 미래 예상환율의 하락으로 환차익이 기대되어 자본유출이 감소, 자본유입이 증가 → 외환수요의 감소, 외환공급의 증가
효과	• 수출 증가, 수입 감소 → 경상수지 개선 • 경상수지 개선 → 국제수지 개선 • 원화 표시 수입원자재 가격의 상승 → 국내의 물가 상승 초래 • 수출품의 국제가격 하락 → 교역조건 악화 • 외채부담 증가, 해외여행과 해외유학 경비부담 증가, 외화 표시 자산가치 상승 • 소득재분배효과 : 수출업자 유리, 수입업자 불리	• 수출 감소, 수입 증가 → 경상수지 악화 • 경상수지 악화 → 국제수지 악화 • 원화 표시 수입원자재 가격의 하락 → 국내의 물가 안정에 기여 • 수출품의 국제가격 상승 → 교역조건 개선 • 외채부담 감소, 해외여행과 해외유학 경비부담 감소, 외화 표시 자산가치 하락 • 소득재분배효과 : 수입업자 유리, 수출업자 불리

01 다음 설명이 맞으면 ○, 틀리면 ×표 하세요.

(1) 외국투자자의 우리나라에 대한 증권투자가 감소하면 환율이 상승한다. ( )

(2) 자국통화가 평가절하되면 국내의 물가수준이 높아질 가능성이 있다. ( )

(3) 포드자동차가 국내 채권시장에서 자금을 조달하면 환율이 상승한다. ( )

(4) 원유가격상승으로 원유수입금액의 급격한 증가가 발생하면 환율이 하락한다. ( )

(5) 환율이 상승하면 수입원자재가격이 상승하고 외화부채를 가진 기업의 부담이 커지며 국내물가가 상승한다. ( )

02 다음 빈칸에 알맞은 말을 고르거나 적으세요.

(6) 명목환율이 일정할 때 실질환율이 상승(절하)되면 미국 제품에 비해 우리나라 제품의 가격이 더 (싸진다/비싸진다).

(7) 외환시장에서 자국화폐의 가치상승이 예상되는 경우 외환수요곡선이 (우측/좌측)으로 이동하고 외환공급곡선은 (우측/좌측)으로 이동한다.

(8) 자유변동환율제도를 채택하고 있으며 자본시장이 완전히 개방되어 있는 경제에서 해외경기가 침체하면 환율이 (상승/하락)한다.

(9) 수입자동차에 대한 관세가 인하되면 국내통화가치가 (상승/하락)한다.

(10) 해외로부터 금융투자자금이 급격하게 유입될 경우 국내통화가치가 (상승/하락)하여 경상수지는 (개선/악화)될 가능성이 높다.

| 정답 |
(1) ○ (2) ○ (3) ○ (4) × (5) ○ (6) 싸진다 (7) 좌측, 우측 (8) 상승 (9) 하락 (10) 상승, 악화

| × 해설 |
(4) 원유수입금액의 급격한 증가가 발생하면 외환의 수요가 증가하므로 환율이 상승한다.

01

변동환율하에서 가격 표시 명목환율(예를 들면, 미국의 달러화의 원화 표시 가격)의 변화에 대한 설명으로 옳은 것은?

① 국내통화량이 증가하면 단기적으로 환율은 하락한다.
② 다른 상황이 불변이고 환율이 하락하면 교역조건은 악화된다.
③ 환율이 상승하면 해외에서 국내제품에 대한 수요가 감소한다.
④ 환율이 상승하면 국내에서 외국제품에 대한 수요가 증가한다.
⑤ 다른 상황이 불변이고 환율 상승이 예상되면 자본의 해외 순유출이 증가한다.

대표개념 키워드 환율 변화의 효과

| 해설 |
환율 상승 예상 → 환차손 기대로 인해 자본의 해외유출 증가

| 오답 피하기 |
① 가격변수가 경직적인 경우 통화량이 증가하면 이자율이 하락하여 자본의 해외유출이 발생한다. 이때 환율의 과잉상승반응이 나타난다.
② 환율 하락 → 수출품의 국제시장가격 상승 → 교역조건 개선
③ 환율 상승 → 수출품의 국제시장가격 하락 → 수출 증가
④ 환율 상승 → 수입품의 국내시장가격 상승 → 수입 감소

정답 | ⑤

02

환율(원/달러) 변동에 대한 옳은 설명을 [보기]에서 고르면?

— 보기 —
ㄱ. 우리나라의 국가신용도가 상승하면 원/달러 환율은 상승한다.
ㄴ. 국내이자율이 상승하면 원화 표시 금융자산의 예상수익률이 상승하고, 이에 따라 원화 표시 금융자산에 대한 수요가 증가하여 외국자금의 유입이 증가하므로 환율은 하락한다.
ㄷ. 환율이 상승하면 미국시장에서 한국산 제품의 가격경쟁력이 낮아진다.
ㄹ. 환율이 상승하면 수입원자재 가격이 상승하고 외화부채를 가진 기업의 부담이 커져 국내물가가 상승한다.

① ㄱ, ㄴ
② ㄱ, ㄷ
③ ㄱ, ㄹ
④ ㄴ, ㄹ
⑤ ㄷ, ㄹ

대표개념 키워드 환율 변동의 효과

| 해설 |
ㄴ. 국내이자율이 상승하면 국내투자수익률이 커지므로 자본유입이 증가하여 환율은 하락한다.
ㄹ. 환율이 상승하면 원화 표시 수입원자재 가격이 상승하므로 국내물가가 상승한다. 원화 표시 외채도 커져 외화부채를 가진 기업의 부담은 증가한다.

| 오답 피하기 |
ㄱ. 우리나라의 국가신용도가 상승하면 우리나라 채권에 대한 수요가 증가하고, 해외자본의 유입이 발생하므로 환율은 하락한다.
ㄷ. 환율이 상승하면 달러화 표시 국내제품의 가격이 하락하여 미국시장에서 한국산 제품의 가격경쟁력이 높아진다.

정답 | ④

핵심테마 38 | 외환의 수요와 공급에 의한 환율결정이론

03

모든 다른 조건이 일정할 때, 국내통화가치를 상승시키는 경우는?

① 외국인들이 국내 주식을 매각한다.
② 수입자동차에 대한 관세가 인하된다.
③ 국내 기업이 해외에 생산공장을 설립한다.
④ 정부가 외국산 전투기를 대규모로 구매한다.
⑤ 금융통화위원회가 기준금리 인상을 단행한다.

대표개념 키워드 환율 변동의 원인

| 해설 |
금융통화위원회의 기준금리 인상 → 해외자본 유입 → 외환의 공급 증가 → 환율 하락(원화가치 상승)

| 오답 피하기 |
① 외국인들의 국내 주식 매각 → 외환의 수요 증가 → 환율 상승(원화가치 하락)
② 수입자동차에 대한 관세 인하 → 수입 증가 → 외환의 수요 증가 → 환율 상승(원화가치 하락)
③ 국내 기업의 해외 생산공장 설립 → 외환의 수요 증가 → 환율 상승(원화가치 하락)
④ 정부의 외국산 전투기 대규모 구매 → 외환의 수요 증가 → 환율 상승(원화가치 하락)

정답 | ⑤

04

환율 상승(자국통화 가치 하락)으로 나타날 수 있는 경제적 현상으로 적절하지 않은 것은?

① 외채의 상환 부담이 증가한다.
② 수출이 증가하고, 수입이 감소한다.
③ 국내에서 수입원자재가격이 상승한다.
④ 내국인의 해외여행에 대한 경비가 증가한다.
⑤ 경상수지 악화로 인해 외환보유액이 감소한다.

대표개념 키워드 환율 상승의 효과

| 해설 |
환율이 상승하면 경상수지 개선으로 인해 외환보유액이 증가한다.

| 오답 피하기 |
① 환율 상승은 외환의 가격이 상승하는 것이므로 외화로 지급하는 외채의 상환 부담이 증가한다.
② 환율이 상승하면 수출품의 국제가격이 하락하여 수출이 증가하고, 원화 표시 수입가격이 상승하여 수입이 감소한다.
③ 환율이 상승하면 원화 표시 수입원자재가격이 상승한다.
④ 환율 상승은 외환의 가격이 상승하는 것이므로 내국인의 해외여행의 경비가 증가한다.

정답 | ⑤

05

원/달러 환율이 상승했을 때 상대적으로 손해를 보는 경제주체는?

① 달러화로 임금을 받는 노동자
② 환율 헷지 상품 가입자
③ 미국 여행 후 달러화를 환전하지 않은 사람
④ 자동차를 수출하는 수출기업
⑤ 달러화 표시 자산을 보유하고 있는 사람

대표개념 키워드 환율 상승의 효과

| 해설 |
환율 헷지란 환율 변동에 따른 위험을 없애기 위해 현재 수준의 환율로 수출이나 수입, 투자에 따른 거래액을 고정시키는 것을 말한다. 따라서 환율이 상승했을 때 환율상승분만큼 환차익을 얻을 수 있음에도 환율 헷지 상품을 가입하였다면 그만큼의 환차익을 포기하게 되므로 손실을 보게 된다.

| 오답 피하기 |
① 원/달러 환율 상승으로 달러화가치가 상승하므로 달러화로 임금을 받는 노동자는 이득을 본다.
③ 달러화가치가 상승하면 달러화를 아직 환전하지 않은 사람은 그만큼의 환차익을 얻게 되므로 이득을 본다.
④ 수출기업은 원/달러 환율이 상승하면 환차익을 얻게 되어 이득을 본다.
⑤ 원/달러 환율의 상승은 달러화가치가 상승한 것이므로 달러화 표시 자산을 보유하고 있는 사람은 환차익을 얻게 되어 이득을 본다.

정답 | ②

06

우리나라의 대미 달러화 환율 상승의 원인에 대한 설명으로 옳지 <u>않은</u> 것은?

① 우리나라 채권에 대한 미국 투자자들의 수요가 증가하였다.
② 국제금융시장의 불확실성 증가로 인해 달러화 수요가 증가하였다.
③ 외국인들이 우리나라에서 받은 배당금을 본국으로 송금하고 있다.
④ 대미 달러화 환율 상승의 기대가 달러화에 대한 가수요를 부추겼다.
⑤ 글로벌 금융위기로 인해 외국 기관투자가들이 우리나라 주식을 매각하였다.

대표개념 키워드 환율 상승의 원인

| 해설 |
우리나라 채권에 대한 미국 투자자들의 수요가 증가하면 채권수요액만큼 외환의 공급이 증가하여 환율이 하락한다.

| 오답 피하기 |
② 달러화 수요가 증가하면 외환의 수요가 증가하여 환율이 상승한다.
③ 배당금을 송금하면 자본유출이 발생하여 환율이 상승한다.
④ 달러화에 대한 가수요가 발생하면 달러화가치가 상승하여 환율이 상승한다.
⑤ 외국 기관투자가들이 우리나라 주식을 매각하면 자본유출로 인해 환율이 상승한다.

정답 | ①

핵심테마 39 | 구매력평가설

1 개요
① 구매력평가설(Purchasing Power Parity : PPP)은 외국통화의 구매력과 자국통화의 구매력 비율에 의해 환율이 결정된다는 이론이다.
② 구매력평가설은 국제생산물시장에서 일물일가의 법칙에 이론적 바탕을 두고 있다. 국제무역에서 수송비나 거래수수료, 정보획득비용, 보호무역장벽 등 일체의 거래비용이 없다고 가정하면 통화 1단위의 실질가치, 즉 구매력이 모든 나라에서 동일해야 한다는 것이다.
③ 구매력평가설은 자유무역하에서 성립하는 것이므로 국제수지의 항목에서 경상수지의 변동에 초점이 주어져 있어 국가 간 자본의 이동자유화와 무관하다.

구매력평가설
- 스웨덴의 경제학자인 카셀(G. Cassel)에 의해 제시된 이론이다.
- 구매력평가설은 자유무역주의 사상을 반영하고 있다. 양국의 시장이 완전경쟁시장이고 수송비가 없을 때 두 나라 사이에 자유무역이 이루어지면서 구매력평가설이 성립한다.

2 절대적 구매력평가설
① 절대적 구매력평가설(absolute PPP)은 국제적으로 일물일가의 법칙이 성립한다는 가정하에 환율이 국내물가 수준과 외국물가 수준의 비율에 의해 결정된다는 이론이다.

절대적 구매력평가설

$$P = eP_f \qquad e = \frac{P}{P_f}$$

- e : 명목환율
- P : 국내물가 수준
- P_f : 외국물가 수준

② 절대적 구매력평가설의 성립과정

절대적 구매력평가설의 성립과정 : 수요의 변화
- $P > eP_f$ → 국산품의 수요⬇, 외국제품의 수요⬆ → 국산품의 가격⬇, 외국제품의 가격⬆
- $P < eP_f$ → 국산품의 수요⬆, 외국제품의 수요⬇ → 국산품의 가격⬆, 외국제품의 가격⬇

절대적 구매력평가설의 성립과정 : 경상수지의 변화
- 실제환율(e) > 균형환율(P/P_f) → $P < eP_f$ → 수출⬆, 수입⬇ → 외환의 공급⬆, 외환의 수요⬇ → 경상수지 흑자 → 실제환율⬇
- 실제환율(e) < 균형환율(P/P_f) → $P > eP_f$ → 수출⬇, 수입⬆ → 외환의 공급⬇, 외환의 수요⬆ → 경상수지 적자 → 실제환율⬆

③ 경제적 의미
㉠ 절대적 구매력평가설이 성립하면 국내상품의 가격(P)과 원화로 표시한 외국상품의 가격($e \times P_f$)이 동일하게 되므로 차익거래가 발생할 수 없다.
㉡ 절대적 구매력평가설하에서 $P = e \times P_f$가 성립하므로 실질환율은 $q = \frac{e \times P_f}{P} = 1$이 된다. 따라서 실질환율은 1로 일정한 값을 가지므로 실질환율의 변화율은 0이 된다. 즉, 절대적 구매력평가설이 성립하면 실질환율이 불변이므로 순수출(경상수지)도 불변한다.

구매력평가설의 경제적 의미
한국의 햄버거가격이 1,000원이고, 미국의 햄버거가격이 1달러이면 환율은 '1달러 = 1,000원'이 된다. 이때 한국의 햄버거가격이 1,500원으로 상승하면 1,500원과 1달러가 동일한 구매력을 가지므로 환율은 '1달러 = 1,500원'이 되면서 환율이 50% 인상(50% 평가절하)된다.

3 상대적 구매력평가설

① 상대적 구매력평가설(relative PPP)은 국내물가상승률과 외국물가상승률의 차이만큼 환율이 변동된다는 이론이다.
② 절대적 구매력평가설 $\left(e=\dfrac{P}{P_f}\right)$을 변화율로 나타내면 상대적 구매력평가설이 도출된다.

상대적 구매력평가설

$$\frac{\Delta e}{e} = \frac{\Delta P}{P} - \frac{\Delta P_f}{P_f}$$

- $\dfrac{\Delta e}{e}$: 명목환율변동률
- $\dfrac{\Delta P}{P}$: 국내물가상승률
- $\dfrac{\Delta P_f}{P_f}$: 외국물가상승률

> **상대적 구매력평가설**
> 국내물가의 변동과 외국물가의 변동이 균형환율의 변동에 어떻게 반영되는지를 설명한 이론으로, 국내물가가 상승하거나 외국물가가 하락하면 명목환율은 상승한다.

4 평가

(1) 장점

① 구매력평가설은 복잡한 경제변수의 변화를 도입하지 않고 각국의 물가상승률의 격차만을 가지고 환율의 변화를 설명하므로 일반 사람들에게 이에 대한 이해의 정도를 높일 수 있다.
② 구매력평가설은 단기적인 환율의 변동은 잘 설명하지 못하지만, 장기적인 환율의 변동추세에는 비교적 설명력이 높다.

(2) 단점

① 구매력평가설은 국제적인 일물일가의 법칙을 전제로 하고 있지만, 수송비용과 정부의 무역제한조치들은 국가 간의 재화이동에 비용을 발생시키고 이에 따라 이 이론의 기초가 되는 일물일가의 법칙의 성립을 약화시킨다.
② 정부의 물가 수준 측정방법과 재화의 국제무역 비중이 국가마다 다르기 때문에 구매력평가설에 의한 환율 변화의 설명력은 저하된다.
③ 무역을 할 수 없는 비교역재의 비중이 클수록 구매력평가설은 성립하지 않는다.
④ 무역이 가능한 교역재의 경우에도 두 나라의 상품이 완전히 동질적이지 않기 때문에 완전대체관계가 성립하지 않아 구매력평가설은 성립하기 어렵다.

> 예를 들어 한국의 경우 쌀의 가격 상승은 한국의 물가를 크게 상승시킨다. 그러나 한국의 물가가 크게 오르더라도 쌀은 국제무역의 비중이 약하므로 그만큼 한국의 환율이 상승한다고 보기는 어렵다.

5 빅맥지수

① 빅맥지수(Big Mac Index)란 영국의 경제시사지 「The Economist」가 1986년 9월부터 맥도날드에서 판매하는 각국의 빅맥가격과 미국의 빅맥가격을 비교하여 물가수준과 통화가치를 평가하는 지수이다.
② 빅맥지수는 자국 빅맥의 달러환산가격을 미국의 빅맥가격으로 나누어 구한다.
③ 빅맥환율은 구매력평가설의 이론적 근거 하에 성립되는 명목환율로, 자국의 빅맥가격을 외국의 빅맥가격으로 나누어 구한다.
④ 빅맥환율(구매력평가환율)이 실제환율보다 높으면 원화가치가 실제보다 과대평가된 것이고, 빅맥환율이 실제환율보다 낮으면 원화가치가 실제보다 과소평가된 것이다.
⑤ 빅맥지수가 1보다 높다는 것은 빅맥환율(구매력평가환율)이 실제환율보다 높다는 의미이다.

> 자국 빅맥의 달러환산가격은 자국의 빅맥가격을 명목환율로 나누어 구한다.

> **카페라테 지수**
> 최근에는 스타벅스에서 판매하는 대표상품인 카페라테를 통해 계산한 카페라테 지수를 발표하고 있다.

01 다음 설명이 맞으면 ○, 틀리면 ×표 하세요.

(1) 구매력평가설에 의하면 통화 1단위의 실질가치가 모든 나라에서 동일하다. ( )

(2) 현실적으로 상당수의 상품이 비교역재이기 때문에 실제환율과 구매력평가에 의한 환율은 차이가 날 수 있다. ( )

(3) 구매력평가설에 의하면 상대적으로 물가상승률이 높은 나라의 화폐가치가 하락하는 방향으로 환율이 결정된다.
( )

(4) 구매력평가설에 따르면 자국의 물가가 5% 오르고 외국의 물가가 7% 오를 경우, 국내통화는 2% 평가절상된다. ( )

(5) 구매력평가설이 성립하면 양국 간 무역에서 재정거래에 의한 수익을 얻을 수 있다. ( )

02 다음 빈칸에 알맞은 말을 고르거나 적으세요.

(6) 환율결정이론인 구매력평가설에 의하면 A국이 통화공급을 증가시키면 A국의 물가수준이 상승하고 반면에 A국의 통화는 (평가절상/평가절하)된다.

(7) 구매력평가설이 성립하면 실질환율의 값은 (   )이 된다.

(8) 빅맥의 가격은 한국이 3,000원이고 미국은 2달러이다. 실제환율이 1,000원/달러라면, 환율은 원화의 구매력을 (과대/과소) 평가하고 있다.

(9) 한국과 미국의 실질환율은 불변이나, 미국보다 한국의 인플레이션율이 더 높아지는 경우 명목환율은 (상승/하락)한다.

(10) 환율에 대한 구매력평가설은 (단기/장기)적인 환율의 움직임을 잘 나타내고 있다는 평가를 받고 있다.

| 정답 |
(1) ○ (2) ○ (3) ○ (4) ○ (5) × (6) 평가절하 (7) 1 (8) 과대 (9) 상승 (10) 장기

| × 해설 |
(5) 구매력평가설이 성립하면 통화 1단위의 실질가치, 즉 구매력이 모든 나라에서 동일해야 하므로 양국 간 무역에서 재정거래에 의한 수익을 얻을 수 없다.

01

구매력평가설에 대한 설명으로 옳지 않은 것은?

① 자본시장 통합의 정도를 나타낸다.
② 이론적 근거는 일물일가의 법칙이다.
③ 경제통합이 크게 일어날수록 구매력평가설에 보다 접근할 수 있다.
④ 무역장벽이나 가격의 경직성 등으로 인해 실제로 구매력평가설은 제대로 성립하지 않는다.
⑤ 일물일가의 법칙이 성립하더라도 교역상대국 소비 바스켓의 상대적 비중이 다르면 구매력평가설은 성립하지 않는다.

대표개념 키워드 | 구매력평가설

| 해설 |

구매력평가설은 자유무역하에서 성립하는 것이므로 경상수지의 변동에 초점이 주어져 있어 국가 간 무역자유화와 관련이 있고, 자본의 이동자유화와 관련이 없다. 국가 간 자본의 이동자유화는 자본수지의 변동에 초점이 주어져 있는 이자율평가설과 밀접한 관련이 있다.

| 오답 피하기 |

② 구매력평가설은 국제생산물시장에서 일물일가의 법칙에 이론적 바탕을 두고 있다.
③ 구매력평가설은 자유무역하에서 성립하는 것이므로 경제통합이 크게 일어날수록 구매력평가설에 보다 접근할 수 있다.
④ 구매력평가설은 국제적인 일물일가의 법칙을 전제로 하고 있지만, 수송비용과 정부의 무역제한조치들은 국가 간의 재화이동에 비용을 발생시키고 이에 따라 이 이론의 기초가 되는 일물일가의 법칙의 성립을 약화시킨다.
⑤ 정부의 물가 수준 측정방법과 재화의 국제무역 비중이 국가마다 다르기 때문에 구매력평가설에 의한 환율 변화의 설명력은 저하된다.

정답 | ①

02

환율결정이론에 대한 설명으로 옳지 않은 것은?

① 절대적 구매력평가설이 성립한다면 실질환율은 1이다.
② 경제통합의 정도가 커질수록 구매력평가설의 설명력은 높아진다.
③ 구매력평가설이 성립한다면 양국 간 무역에서 재정거래(arbitrage)에 의한 수익을 얻을 수 있다.
④ 구매력평가설에 따르면 자국의 물가가 5% 오르고 외국의 물가가 7% 오를 경우, 국내통화는 2% 평가절상된다.
⑤ 구매력평가설은 경상수지에 초점을 맞추는 반면, 이자율평가설은 자본수지에 초점을 맞추어 균형환율을 설명한다.

대표개념 키워드 | 구매력평가설

| 해설 |

절대적 구매력평가설이 성립하면 국내상품의 가격(P)과 원화로 표시한 외국상품의 가격($e \times P_f$)이 동일하므로 차익거래가 발생할 수 없다.

| 오답 피하기 |

① 절대적 구매력평가설하에서 $P = e \times P_f$가 성립하므로 실질환율은 $q = \dfrac{e \times P_f}{P} = 1$이 된다.
② 구매력평가설은 자유무역하에서 성립하는 것이므로 경제통합의 정도가 커질수록 구매력평가설의 설명력은 높아진다.
④ 상대적 구매력평가설에 의해 $\dfrac{\Delta e}{e} = \dfrac{\Delta P}{P} - \dfrac{\Delta P_f}{P_f}$이 성립한다. 국내물가상승률이 $\dfrac{\Delta P}{P} \times 100 = 5(\%)$, 외국물가상승률이 $\dfrac{\Delta P_f}{P_f} \times 100 = 7(\%)$이므로 환율 변화율은 $\dfrac{\Delta e}{e} \times 100 = 5 - 7 = -2(\%)$이다. 환율이 2%만큼 하락하므로 원화가치는 2%만큼 평가절상된다.
⑤ 구매력평가설은 국제수지의 항목에서 경상수지의 변동에 초점이 주어져 있어 국제생산물시장에서 일물일가의 법칙에 이론적 바탕을 두고 있다. 반면, 이자율평가설은 자본수지의 변동에 분석의 초점이 맞추어져 있어 국제금융시장에서 일물일가의 법칙을 적용한 것으로 볼 수 있다.

정답 | ③

핵심테마 39 | 구매력평가설

03

한국의 빅맥지수가 미국의 빅맥가격보다 높아졌을 경우, 이 원인에 해당하지 않는 것은?

① 국내 빅맥가격 상승
② 국내 경상수지 개선
③ 미국 중앙은행 국고채 매입
④ 미국 정부의 재정수지 악화
⑤ 국내 해외자본 유출의 증가

대표개념 키워드 빅맥지수

| 해설 |

빅맥지수＝자국의 빅맥가격/실제환율이다. 국내 해외자본 유출이 증가하면 환율이 상승하므로 빅맥지수는 작아진다.

| 오답 피하기 |

① 국내 빅맥가격이 상승하면 빅맥지수는 커진다.
② 국내 경상수지가 개선되면 환율이 하락하므로 빅맥지수는 커진다.
③ 미국 중앙은행이 국고채를 매입하면 본원통화의 증가로 통화량이 증가하여 미국의 금리가 하락한다. 이는 국내에서 자본유입을 유발하여 환율을 하락시키므로 빅맥지수는 커진다.
④ 미국 정부의 재정수지가 악화되면 일반적으로 경상수지도 악화된다. 미국정부의 경상수지가 악화되면 달러가치가 하락(환율 하락)하므로 빅맥지수는 커진다.

정답 | ⑤

04

인천공항에 막 도착한 A씨는 미국에서 사먹던 빅맥 1개의 가격인 5달러를 원화로 환전한 5,500원을 들고 햄버거가게로 갔는데, A씨는 미국과 똑같은 빅맥 1개를 구입하고도 1,100원이 남았다. 이에 대한 옳은 설명을 [보기]에서 고르면?

— 보기 —
ㄱ. 한국의 빅맥가격을 달러화로 환산하면 4달러이다.
ㄴ. 구매력평가설에 의하면 원화의 대미 달러 환율은 1,100원이다.
ㄷ. 빅맥가격을 기준으로 한 대미 실질환율은 880원이다.
ㄹ. 빅맥가격을 기준으로 볼 때, 현재의 명목환율은 원화의 구매력을 과소평가하고 있다.

① ㄱ, ㄴ
② ㄱ, ㄷ
③ ㄱ, ㄹ
④ ㄴ, ㄷ
⑤ ㄴ, ㄹ

대표개념 키워드 빅맥지수

| 해설 |

빅맥지수는 자국의 빅맥가격을 달러화가치로 환산한 것으로, 자국의 빅맥가격을 명목환율로 나누어 구한다. 빅맥환율은 구매력평가설의 이론적 근거하에 성립되는 명목환율로, 자국의 빅맥가격을 외국의 빅맥가격으로 나누어 구한다. 빅맥지수(달러화가치로 환산한 자국의 빅맥가격)가 미국의 빅맥가격보다 높다는 것은 빅맥환율(구매력평가환율)이 실제환율보다 높다는 의미와 동일하다. 빅맥환율(구매력평가환율)이 실제환율보다 높으면 원화가치가 실제보다 과대평가된 것이고, 빅맥환율이 실제환율보다 낮으면 원화가치가 실제보다 과소평가된 것이다.

ㄱ. 5달러를 5,500원으로 환전하였다면 달러당 원화 환율 $e = \frac{5,500}{5} = 1,100$원이 된다. 한국에서 5,500원으로 빅맥 1개를 구입한 후 1,100원이 남았다면 한국의 빅맥가격은 4,400원이 되고, 이를 달러화로 환산하면 $\frac{4,400}{1,100} = 4$달러가 된다.

ㄹ. 구매력평가설에 의한 환율은 $\frac{P}{P_f} = 880$원이고, 실제환율 $e = 1,100$원이므로 $\frac{P}{P_f} < e$이 성립하여 현재의 명목환율은 원화의 구매력을 과소평가하고 있다.

| 오답 피하기 |

ㄴ. 구매력평가설에 의한 환율은 $\frac{P}{P_f} = \frac{4,400}{5} = 880$원이 된다.

ㄷ. 빅맥가격을 기준으로 한 대미 실질환율 $q = \frac{eP_f}{P} = \frac{1,100 \times 5}{4,400} = 1.25$가 되고, 구매력평가설이 성립한다면 $q = \frac{eP_f}{P} = \frac{880 \times 5}{4,400} = 1$이 된다.

정답 | ③

핵심테마 40 | 이자율평가설 / 기타 환율결정이론

1 이자율평가설

(1) 개요
① 이자율평가설(Interest Rate Parity Theory : $IRPT$)은 환율의 기대변동률과 국가 간 명목이자율의 관계를 설명하는 이론이다.
② 이자율평가설은 국제금융시장에서 일물일가의 법칙을 적용한 것으로 볼 수 있다. 국가 간 자본의 이동이 완전히 자유롭다면 국내투자수익률과 외국투자수익률이 동일해지는 과정에서 환율이 결정된다는 것이다.
③ 이자율평가설은 자본자유화하에서 자본수지의 변동에 분석의 초점이 맞추어져 있다.

(2) 유위험 이자율평가설
① 유위험 이자율평가설(uncovered interest rate parity)이란 투자가의 입장에서 위험도가 동일한 금융자산이라면 국내와 외국에 관계없이 수익률이 높은 금융자산에 투자하게 되고, 이러한 자본의 수급조정과정을 거쳐 국내 금융자산의 투자수익률과 외국 금융자산의 투자수익률이 동일해진다는 이론이다.
② 원화로 표시한 투자수익률
  ㉠ 국내에 투자하는 경우 : 투자수익률을 원화로 표시하면 국내에 투자하는 경우는 환율 변동의 위험이 존재하지 않으므로 국내명목이자율(i) 자체가 국내투자수익률이 된다.
  ㉡ 외국에 투자하는 경우 : 원화를 달러화로 환전하여 외국에 투자한 후 만기 시 달러화를 원화로 다시 환전할 때 환율이 상승(달러화가치 상승)하면 환차익을 얻게 되므로 환율 상승률(달러화가치 상승률)만큼 투자수익률이 상승한다. 따라서 원화표시 외국투자수익률은 외국명목이자율(i_f)에 환율 변화율$\left(\frac{\Delta e}{e}\right)$을 더한 $i_f + \frac{\Delta e}{e}$가 된다.
  ㉢ 유위험 이자율평가설 : $i = i_f + \frac{\Delta e}{e}$, $\frac{\Delta e}{e} = i - i_f$
③ 달러화로 표시한 투자수익률
  ㉠ 국내에 투자하는 경우 : 달러화를 원화로 환전하여 국내에 투자한 후 만기 시 원화를 달러화로 다시 환전할 때 환율이 상승(원화가치 하락)하면 환차손을 입게 되므로 환율 상승률(원화가치 하락률)만큼 투자수익률이 하락한다. 따라서 달러화 표시 국내투자수익률은 국내명목이자율(i)에서 환율 변화율$\left(\frac{\Delta e}{e}\right)$을 차감한 $i - \frac{\Delta e}{e}$가 된다.
  ㉡ 외국에 투자하는 경우 : 투자수익률을 달러화로 표시하면 외국에 투자하는 경우는 환율 변동의 위험이 존재하지 않으므로 외국명목이자율(i_f) 자체가 외국투자수익률이 된다.
  ㉢ 유위험 이자율평가설 : $i - \frac{\Delta e}{e} = i_f$, $\frac{\Delta e}{e} = i - i_f$

(3) 평가
① 이자율평가설은 환율의 단기적인 변동추세에 대한 설명력이 비교적 높다.

이자율평가설
국제금융시장에서 금융자산의 거래나 자본이동이 자유롭게 이루어지고 거래비용도 존재하지 않을 때 환율이 어떻게 변동하는지를 분석한다.

무위험 이자율평가설
(covered interest parity)
환율 변화에 따른 위험을 선물환시장을 통해 제거할 수 있는 경우 이자율평가설이다.

핵심테마 40 | 이자율평가설/기타 환율결정이론

② 자본통제와 같은 제도적 제약이나 거래비용과 같은 제약이 존재하면 이자율평가설은 성립하지 않는다. 즉, 국제금융시장에서는 현실적으로 거래비용이 존재, 이자소득에 대한 국가 간 세율 차이, 정치적 위험 등이 존재하기 때문에 유용성이 제약을 받는다.

2 통화주의모형

(1) 개요
① 통화주의모형은 각국의 통화량 변동에 의해 환율이 결정된다는 이론이다.
② 통화주의모형은 구매력평가설과 이자율평가설이 모두 성립한다고 가정하여 외환의 수요와 공급이 각국의 화폐의 수요와 공급 그 자체에 의해 결정된다고 보는 모형이다. 따라서 통화주의모형에서 환율은 화폐적 현상이다.

(2) 이론적 내용
① 구매력평가설에 의하면 환율은 양국의 물가 수준에 의해 결정되고, 통화주의모형에 의하면 그 물가 수준은 통화량 변동에 의해 발생한다.
② 통화량이 증가하면 물가가 상승하고, 이는 화폐가치의 하락으로 이어진다.
③ 국내의 통화량 증가율이 외국의 통화량 증가율보다 높다면 그 차이만큼 국내화폐의 가치가 하락하므로 환율은 상승한다.

> **통화주의모형**
> $$\frac{\Delta e}{e} = \frac{\Delta M}{M} - \frac{\Delta M_f}{M_f}$$
> · M : 국내통화량 · M_f : 외국통화량

3 과잉조정모형

(1) 개요
① 과잉조정모형(오버슈팅모형, overshooting model)은 외환시장에 외부충격이 발생하였을 때 환율이 장기균형 수준에서 크게 이탈된 후 시간이 지남에 따라 점차 장기균형 수준으로 수렴하는 현상을 설명하는 이론이다.
② 과잉조정모형은 일시적인 충격이 가해졌을 때 단기적으로 환율이 급변하는 현상에 대한 설명력이 높으므로 단기적 환율결정을 분석하는 데 적합한 모형이다.

(2) 이론적 내용
① 생산물시장의 불균형으로 물가가 경직적인 경우 예상치 못한 통화량의 증가는 이자율의 즉각적인 하락을 통해 충격을 흡수하게 된다. 이는 통화량 증가의 단기효과인 유동성효과와 관련된다.
② 이때 물가의 경직성으로 인한 이자율의 즉각적인 하락은 외환의 즉각적인 외국유출을 유발시켜 환율을 급속하게 상승시키게 된다.
③ 그러나 시간이 지나면서 통화량의 증가는 장기적으로 인플레이션을 유발하여 명목이자율은 실질이자율에 인플레이션율을 더한 만큼 상승한다. 이러한 이자율의 상승으로 과잉조정된 환율은 다시 균형 수준으로 접근한다. 이는 통화량 증가의 장기효과인 피셔효과와 관련된다.
④ 과잉조정모형은 통화량 증가의 단기효과인 유동성효과(케인스효과)와 장기효과인 피셔효과와 밀접하게 관련된다.

언더슈팅(undershooting)
주식가격이나 환율이 시장이론가나 전저점을 하회해 단기간에 급락하는 움직임을 말하며, 오버슈팅과 반대 개념으로 사용된다.

유동성효과(liquidity effect)
단기적으로 소득 수준과 물가 수준이 일정하다는 가정하에 통화량의 증가가 단기이자율을 하락시키는 효과를 말한다.

피셔효과(Fisher effect)
명목이자율은 실질이자율과 예상인플레이션율의 합과 같다는 이론이다.

01 다음 설명이 맞으면 ○, 틀리면 ×표 하세요.

(1) 이자율평가설은 환율의 기대변동률과 국가 간 명목이자율의 관계를 설명한다. ( )

(2) 투자수익률을 원화로 표시하면 국내에 투자하는 경우는 환율 변동의 위험이 존재하지 않으므로 국내명목이자율이 국내 투자수익률이 된다. ( )

(3) 이자율평가설은 환율의 장기적인 변동추세에 대한 설명력이 비교적 높다. ( )

(4) 국내의 통화량 증가율이 외국의 통화량 증가율보다 높다면 그 차이만큼 국내화폐의 가치가 상승하므로 환율은 하락한다. ( )

(5) 과잉조정모형은 일시적인 충격이 가해졌을 때 단기적으로 환율이 급변하는 현상에 대한 설명력이 높다. ( )

02 다음 빈칸에 알맞은 말을 고르거나 적으세요.

(6) ( )이란 투자가는 위험도가 동일한 금융자산이라면 수익률이 높은 금융자산에 투자하고, 이러한 과정을 거쳐 국내 금융자산의 투자수익률과 외국 금융자산의 투자수익률이 동일해진다는 이론이다.

(7) 달러화를 원화로 환전하여 국내에 투자한 후 만기 시 원화를 달러화로 다시 환전할 때 환율이 상승하면 투자수익률이 ( )한다.

(8) 통화주의모형은 각국의 ( )에 의해 환율이 결정된다는 이론이다.

(9) 통화주의모형에서 환율은 ( ) 현상이다.

(10) ( )은 외환시장에 외부충격이 발생하면 환율이 장기균형 수준에서 크게 이탈된 후 점차 장기균형 수준으로 수렴하는 현상을 설명한다.

| 정답 |
(1) ○ (2) ○ (3) × (4) × (5) ○ (6) 유위험 이자율평가설 (7) 하락 (8) 통화량 변동 (9) 화폐적 (10) 과잉조정모형(오버슈팅모형)

| × 해설 |
(3) 이자율평가설은 환율의 단기적인 변동추세에 대한 설명력이 비교적 높다.
(4) 국내의 통화량 증가율이 외국의 통화량 증가율보다 높다면 그 차이만큼 국내화폐 가치가 하락하므로 환율은 상승한다.

01

현재 원/달러 시장환율은 ₩1,400/$이고, 한국과 미국의 1년 만기 국채금리는 각각 4%와 6%이다. 양국 간 이자율평가설이 성립할 때 1년 후 원/달러 시장환율을 가장 올바르게 추론한 것은?

① ₩1,172/$
② ₩1,372/$
③ ₩1,572/$
④ ₩1,772/$
⑤ ₩1,972/$

대표개념 키워드 이자율평가설

| 해설 |

- 이자율평가설 : $\frac{\Delta e}{e} = i - i_f$
- 한국의 이자율이 $i = 4(\%)$이고 미국의 이자율이 $i_f = 6(\%)$이므로 환율의 변화율은 $\frac{\Delta e}{e} = 4 - 6 = -2(\%)$이다.
- 환율 1,400의 2%는 28이므로 환율은 28만큼 하락한 ₩1,372/$이 된다.

정답 | ②

02

연간 수익률이 15%인 한국채권과 6%인 미국채권이 있다. 현재 한국의 투자자가 1년 후 만기가 도래하는 미국채권을 매입할 때, 매입시점의 환율은 달러당 1,000원이고 채권 만기 시에는 1,100원으로 예상될 경우 이 투자자의 기대수익률은?

① 6%
② 10%
③ 15%
④ 16%
⑤ 17%

대표개념 키워드 투자자의 기대수익률

| 해설 |

원화를 달러화로 환전한 후 만기 시 달러화를 원화로 다시 환전할 때 환율이 상승(달러화가치 상승)하면 환차익을 얻게 되므로 환율 상승률(달러화가치 상승률)만큼 투자수익률이 상승한다. 따라서 원화 표시 외국투자수익률은 외국명목이자율(i_f)에 환율 변화율$\left(\frac{\Delta e}{e}\right)$을 더한 $i_f + \frac{\Delta e}{e}$가 된다. 미국채권을 매입할 때 투자자의 기대수익률은 미국채권의 수익률에 명목환율 변동률을 더한 값이므로 $i_f + \frac{\Delta e}{e} = 0.06 + 0.1 = 0.16$이다. 따라서 기대수익률은 16%이다.

정답 | ④

핵심테마 40 | 이자율평가설/기타 환율결정이론

03

시장에 외부충격이 발생하였을 때 환율이나 주식과 같은 금융자산의 가격이 단기적으로 급등하여 장기균형 수준에서 크게 이탈한 후 시간이 지남에 따라 점차 장기균형 수준으로 수렴하는 현상은?

① 오버슈팅
② 언더슈팅
③ 튤립버블
④ 랜덤워크
⑤ 트리핀 딜레마

대표개념 키워드 오버슈팅

| 해설 |
과잉조정모형(오버슈팅모형, overshooting model)은 외환시장에 외부충격이 발생하였을 때 환율이 장기균형 수준에서 크게 이탈된 후 시간이 지남에 따라 점차 장기균형 수준으로 수렴하는 현상을 설명하는 이론이다.

| 오답 피하기 |
② 언더슈팅(undershooting)은 주식가격이나 환율이 시장이론가나 전저점을 하회하여 단기간에 급락하는 움직임을 말하며, 오버슈팅(over shooting)과 반대 개념으로 사용된다.
③ 튤립버블(tulip bubble)이란 17세기에 네덜란드에서 튤립의 판매를 둘러싸고 일어난 투기 현상으로, 16세기 중반부터 튤립이 인기를 끌면서 일어났으며 최초의 경제버블현상으로 평가된다.
④ 랜덤워크란 불규칙보행가설, 확률보행가설, 임의보행가설에 해당한다. 이 이론에 의하면 외부충격이 없다면 내일의 금융자산가격을 예측할 때 다른 거시경제변수들은 아무런 소용이 없고 오늘의 수준만을 알면 충분하다는 이론이다.
⑤ 트리핀 딜레마(triffin dilemma)란 달러화를 기축통화로 하는 현행 국제금융시스템의 근본적 모순을 의미한다.

정답 | ①

04

중앙은행이 통화량의 공급을 늘릴 때 장기보다 단기에서 환율이 더욱 크게 상승하는 현상(overshooting)을 발생시키는 원인은?

① 임금의 경직성
② 물가의 경직성
③ 상대가격의 변동
④ 이자율의 경직성
⑤ 자본이동성의 증대

대표개념 키워드 오버슈팅

| 해설 |
과잉조정모형(오버슈팅모형, overshooting model)은 외환시장에 외부충격이 발생하였을 때 환율이 장기균형 수준에서 크게 이탈된 후 시간이 지남에 따라 점차 장기균형 수준으로 수렴하는 현상을 설명하는 이론이다. 예상치 못한 통화량의 변동과 같은 화폐적 교란요인이 발생하면 금융시장과 생산물시장 간에는 서로 조정시차가 존재하므로 환율은 장기균형 수준에서 대폭 이탈하게 된다. 생산물시장의 불균형으로 물가가 경직적인 경우 예상치 못한 통화량의 증가는 이자율의 즉각적인 하락을 통해 충격을 흡수하게 된다. 이때 물가의 경직성으로 인한 이자율의 즉각적인 하락은 외환의 즉각적인 외국유출을 유발시켜 환율을 급속하게 상승시키게 된다. 그러나 시간이 지나면서 통화량의 증가는 장기적으로 인플레이션을 유발하여 명목이자율은 실질이자율에 인플레이션율을 더한 만큼 상승한다. 이러한 이자율의 상승으로 과잉조정된 환율은 다시 균형 수준으로 접근한다.

정답 | ②

핵심테마 41 | 환율제도

1 고정환율제도

① 고정환율제도(fixed exchange rate system)란 정부나 중앙은행이 외환시장에 개입하여 환율을 일정 수준으로 고정시키는 제도를 말한다.

② 장단점

장점	• 환율이 고정되어 있어 환투기를 노린 단기적 투기자본의 이동이 제거되므로 외환투기의 가능성이 작다. • 환율이 고정되어 있어 환율이 안정적이므로 국가 간 무역이 확대된다. • 환율의 변동으로 인한 환위험이 없으므로 일관성 있는 대외정책을 실시할 수 있다. • 환율이 고정되므로 국내 물가안정에 기여한다.

단점	• 환율이 고정되어 있어 외국교란요인을 흡수하지 못하므로 외국교란요인이 국내경제에 쉽게 파급된다.
	• 환율이 고정되어 있으므로 국제수지불균형이 자동으로 조정되지 않는다.
	• 고정환율을 유지하기 위해 중앙은행이 외환시장에 개입하여 외환의 매입과 매각을 실시해야 하므로 외환을 충분하게 보유해야 한다. 국제수지 적자로 환율 상승의 압력이 존재할 때 고정환율제도하에서는 환율 상승을 억제하기 위해 외환시장에서 외환을 매각해야 한다.
	• 대외여건의 변화에 탄력적으로 대응할 수 없다.
	• 국제수지의 변동에 의해 자동으로 통화량의 변동이 발생하므로 자율적인 금융정책이 실시되기 어렵다.
	  — 국제수지 흑자 → 환율 하락의 압력 → 환율 하락을 억제하기 위해 외환의 매입 → 본원통화 증가 → 통화량 증가
	  — 국제수지 적자 → 환율 상승의 압력 → 환율 상승을 억제하기 위해 외환의 매각 → 본원통화 감소 → 통화량 감소

2 자유변동환율제도

① 자유변동환율제도(floating exchange rate system)란 외환시장에서 외환의 수요와 공급에 의해 환율이 자유롭게 결정되는 제도를 말한다.

② 장단점

장점	• 외국교란요인이 국내경제에 쉽게 파급되지 않기 때문에 국내경제가 외국부문의 충격으로부터 비교적 안전할 수 있다. • 환율 변동에 의해 국제수지의 불균형이 자동으로 해소된다. 변동환율제도하에서는 '국제수지 흑자 → 환율 하락 → 수출 감소, 수입 증가 → 국제수지 적자 → 환율 상승 → 수출 증가, 수입 감소 → 국제수지 흑자'의 과정을 거쳐 국제수지 불균형이 환율 변동에 의해 자동으로 조정된다. • 외환시장의 수요와 공급에 의해 환율이 자유롭게 결정되므로 중앙은행은 환율 안정을 위해 외환보유고를 충분하게 보유하지 않아도 된다. • 국제수지의 변동은 환율의 자유로운 변동에 의해 흡수되므로 정책당국의 자율적인 금융정책이 가능하다. 금융정책을 적극적으로 실행하지 않더라도 시장에서 환율이 신속하게 조정되어 대내외균형이 유지될 수 있다.
단점	• 환율이 변동하므로 외환차익을 노린 투기자본의 이동이 많다. • 환율의 변동으로 인한 환위험이 존재하므로 무역의 안정성과 지속성이 보장되지 못하여 국외거래의 장애요인이 된다. • 환율의 변동으로 인한 환위험이 존재하여 일관성 있는 대외정책을 실시하기가 어렵다. • 환율 변동에 의해 원화 표시 수입원자재 가격의 변동이 자동으로 나타나므로 국내물가를 불안하게 할 수 있다.

고정환율제도
고정환율제도하에서는 자국통화의 가치를 특정국의 통화, 금, 특별인출권 등에 연계함으로써 환율 변동을 협소한 폭으로 한정한다.

토빈세(Tobin's tax)
단기성 외환거래에 부과하는 세금이다. 노벨경제학상을 수상한 제임스 토빈(James Tobin)이 1978년에 주장한 이론으로, 외환·채권·파생 상품·재정거래 등으로 막대한 수익을 올리고 있는 국제 투기 자본(핫 머니)의 급격한 자금 유출입으로 각국의 통화가 급등락하여 통화위기가 촉발되는 것을 막기 위한 규제 방안의 하나이다.

3 관리변동환율제도

① 관리변동환율제도(managed floating exchange rate system)란 고정환율제도와 자유변동환율제도를 혼합한 것으로, 외환시장에서 환율이 자유롭게 결정되도록 허용하되 필요할 때에는 중앙은행이 개입하여 급격한 환율 변동을 억제하는 제도를 말한다.
② 환율이 일정 범위를 벗어나면 정부가 개입하고, 일정 범위 안에서는 외환시장에 의해 자유롭게 결정되도록 허용한다.

> **관리변동환율제도**
> 고정환율제도와 자유변동환율제도의 장점만을 취합하여 일관성 있는 대외경제정책을 실시하면서도 대외여건이 변화할 때 이에 탄력적으로 대처할 수 있다. 하지만 정부나 중앙은행이 상황 판단을 잘못하여 외환시장에 대한 개입시기와 환율의 변동폭을 잘못 설정하면 부작용이 크게 나타날 수 있다.

4 고정환율제도와 변동환율제도의 비교

구분	고정환율제도	변동환율제도
환위험	작음	큼
국제투기자금의 이동	적음	많음
국제수지 불균형	조정되지 않음	환율 변동을 통한 자율적 조정
국제무역과 국제투자	활성화	위축
외국교란요인의 파급	쉽게 파급	쉽게 파급되지 않음
금융정책의 자율성	국제수지 변화에 따라 통화량이 변동하므로 금융정책의 자율성이 제약	국제수지 불균형이 환율 변동에 따라 자동조절되므로 금융정책의 자율성이 확보
정책효과	재정정책이 효과적	금융정책이 효과적
외환준비금	많이 필요	적게 필요
환율 변수	외생적 정책 변수	내생적 변수

5 국제통화제도

(1) 브레튼우즈체제
① 브레튼우즈협정으로 단기국제금융기구인 국제통화기금(International Monetary Fund : IMF)과 장기국제금융기구인 국제부흥개발은행(International Bank for Reconstruction and Development : IBRD)이 설립되었다.
② 브레튼우즈체제하에서의 환율제도는 미국의 달러화를 기축통화로 하는 금환본위제 (gold exchange standard system)로, 달러화에 대해 금태환 의무를 부여한 고정환율제도이다.

(2) 스미소니안체제
① 스미소니안체제(Smithsonian system)는 브레튼우즈체제와 동일하게 미국의 달러화를 기축통화로 하는 금환본위제도이다.
② 미국 달러화의 가치 평가절하, 환율의 변동폭 확대, 각국 통화를 미국 달러화에 대해 평가절상하는 것이 기본 골자이다.

(3) 킹스턴체제
① 킹스턴체제(Kingston system)는 1976년 제5차 국제통화기금(IMF)의 잠정위원회가 자메이카의 수도인 킹스턴(Kingston)에서 결의한 국제통화협력체제를 말한다.
② 회원국들은 그 나라의 경제여건에 맞춰 독자적으로 환율제도를 선택할 수 있는 재량권을 부여하였다.

> 브레튼우즈협정(Bretton woods agreement)은 1944년 새로운 국제통화제도를 수립하기 위해 체결되었다.

> **트리핀 딜레마(triffin's dilemma)**
> • 1944년 출범한 브레튼우즈체제하에서의 역설을 가리키는 것이다.
> • 기축통화가 국제경제에 원활히 쓰이기 위해 풀리면 기축통화 발행국의 적자가 늘어나고, 반대로 기축통화 발행국이 무역흑자를 보면 기축통화가 덜 풀려 국제경제가 원활해지지 못하는 역설이다.

> **CMIM**
> 동아시아 지역의 금융위기 예방과 대응을 위해 아세안(ASEAN)과 한·중·일 13개국이 만든 통화 스와프 기반의 다자간 금융안정장치이다.

01 다음 설명이 맞으면 ○, 틀리면 ×표 하세요.

(1) 고정환율제도에서는 외환투기의 가능성이 높다. ( )

(2) 변동환율제도는 원칙적으로 중앙은행이 외환시장에 개입하지 않고 외환의 수요와 공급에 의해 환율이 결정되는 제도이다. ( )

(3) 변동환율제도에서는 국제수지 불균형이 신속하게 조정된다. ( )

(4) 변동환율제도에서는 통화정책을 적극적으로 실행하지 않더라도 시장에서 환율이 신속하게 조정되어 대내외 균형이 유지될 수 있다. ( )

(5) 변동환율제도에서는 국제경제상의 불확실성이 축소된다. ( )

02 다음 빈칸에 알맞은 말을 고르거나 적으세요.

(6) 고정환율제도 하에서 국제수지가 적자가 되면 환율안정을 위해 중앙은행은 외환을 (매입/매각)해야 한다.

(7) 고정환율제도 하에서 국제수지가 흑자가 되면 통화량이 (증가/감소)한다

(8) 변동환율제도 하에서 국제수지가 흑자가 되면 환율이 (상승/하락)한다.

(9) 브레튼우즈체제는 대표적인 (고정환율제도/변동환율제도)라 할 수 있다.

(10) 브레튼우즈체제 하에서 국제경제가 원활해지지 못하는 역설을 (　　　　　　)라고 한다.

| 정답 |
(1) × (2) ○ (3) ○ (4) ○ (5) × (6) 매각 (7) 증가 (8) 하락 (9) 고정환율제도 (10) 트리핀 딜레마

| × 해설 |
(1) 고정환율제도에서는 환율이 고정되어 있어 환투기를 노린 단기적 투기자본의 이동이 제거되므로 외환투기의 가능성이 낮다.
(5) 변동환율제도에서는 환율의 변동에서 오는 환위험이 존재하기 때문에 무역의 안정성과 지속성이 보장되지 못하여 국외거래의 장애요인이 된다.

출제 0순위 공략! 꼭 풀어야 할 대표문제

01

변동환율제도에 대한 설명으로 옳지 <u>않은</u> 것은?

① 변동환율제도하에서는 환율이 단기적으로 불안정해질 위험이 있다.
② 브레튼우즈체제(bretton woods system)는 대표적인 변동환율제도이다.
③ 변동환율제도하에서 자본이동이 완전히 자유로울 경우 확대재정정책은 환율을 하락시킨다.
④ 변동환율제도하에서 자본이동이 완전히 자유로울 경우 확대금융정책은 총수요를 증대시킨다.
⑤ 변동환율제도는 원칙적으로 중앙은행이 외환시장에 개입하지 않고 외환의 수요와 공급에 의해 환율이 결정되는 제도이다.

대표개념 키워드 | 변동환율제도

| 해설 |
브레튼우즈체제하에서의 환율제도는 미국의 달러화를 기축통화로 하는 금환본위제(gold exchange standard system)로, 달러화에 대해 금태환 의무를 부여한 고정환율제도이다.

| 오답 피하기 |
① 변동환율제도하에서는 환율의 변동으로 인한 환위험이 존재하므로 무역의 안정성과 지속성이 보장되지 못하여 국외거래의 장애요인이 된다.
③ 확대재정정책을 실시하면 이자율이 상승하여 자본유입이 증가하여 자본수지 흑자를 유발한다. 국제수지 흑자는 환율을 하락시킨다.
④ 확대금융정책을 실시하면 이자율이 하락하여 자본유출의 증가를 통해 자본수지 적자를 유발한다. 국제수지 적자는 환율을 상승시켜 순수출을 증가시키므로 총수요를 증대시킨다.
⑤ 변동환율제도(floating exchange rate system)란 외환시장에서 외환의 수요와 공급에 의해 환율이 자유롭게 결정되는 제도를 말한다.

정답 | ②

02

환율에 대한 설명으로 옳지 <u>않은</u> 것을 [보기]에서 고르면?

| 보기 |
ㄱ. 변동환율제도하에서는 고정환율제도보다 더 많은 외환준비금이 필요하다.
ㄴ. 다른 조건이 일정할 때, 국내 이자율이 상승하는 경우 환율을 상승시키는 요인으로 작용한다.
ㄷ. 다른 조건이 일정할 때, 외국인 투자자들이 지속적으로 우리나라의 주식을 매각하는 경우 환율을 상승시키는 요인으로 작용한다.
ㄹ. 환율은 외환의 수요와 공급에 의해 결정되며, 외환시장에서 외환의 수요가 증가하면 환율은 상승(국내통화의 평가절하)한다.
ㅁ. 환율 변동이 심할 때, 수출 및 수입 기업은 선물환거래를 통해 고정된 환율 아래에서 거래하여 환율 변동으로 인한 피해를 줄일 수 있다.

① ㄱ, ㄴ
② ㄱ, ㅁ
③ ㄴ, ㄷ
④ ㄷ, ㄹ
⑤ ㄹ, ㅁ

대표개념 키워드 | 환율의 변동

| 해설 |
ㄱ. 고정환율제도에서는 정부가 환율을 일정하게 유지시켜야 하기 때문에 환율 변동을 고정시킬 수 있을 만큼의 외환준비금이 필요하다.
ㄴ. 국내 이자율이 상승하는 경우 해외자본이 유입되므로 환율이 하락한다.

| 오답 피하기 |
ㄷ. 외국인 투자자들이 주식시장에서 순매도를 하는 경우 투자금액을 외환으로 교환하고자 하는 외환 수요가 증가하여 환율이 상승한다.
ㄹ. 외환의 수요가 증가하면 환율이 상승하고, 국내통화의 가치는 하락한다.
ㅁ. 선물환거래는 외환의 매매계약일로부터 일정 기간 후 특정일에 계약시점에서 합의된 고정 환율로 외환인도와 대금결제를 약정하는 거래이다. 선물환율은 거래시점에서 미리 정해지기 때문에 환율 변동으로 인한 피해를 줄일 수 있다.

정답 | ①

핵심테마 41 | 환율제도

03

변동환율제도의 장점을 [보기]에서 모두 고르면?

| 보기 |
ㄱ. 국제결제상의 불확실성 축소
ㄴ. 국제수지 불균형의 신속한 조정
ㄷ. 국내경제 안정을 위한 금융정책의 자유로운 사용

① ㄷ
② ㄱ, ㄴ
③ ㄱ, ㄷ
④ ㄴ, ㄷ
⑤ ㄱ, ㄴ, ㄷ

대표개념 키워드 변동환율제도

| 해설 |
ㄴ. 변동환율제도에서는 환율 변동에 의해 국제수지의 불균형이 자동으로 해소된다.
ㄷ. 변동환율제도하에서는 환율고정을 위해 외환시장에 개입하지 않아도 되므로 외환의 매입과 매각을 통한 통화량의 변동이 발생하지 않는다. 따라서 국제수지의 변동은 환율의 자유로운 변동에 의해 흡수되므로 정책당국의 자율적인 금융정책이 가능하다.

| 오답 피하기 |
ㄱ. 변동환율제도에서는 환율 변동으로 인한 환위험이 존재하므로 무역의 안정성과 지속성이 보장되지 못하여 국외거래의 장애요인이 된다.

정답 | ④

04

고정환율제도에서 나타날 수 있는 현상을 [보기]에서 모두 고르면?

| 보기 |
ㄱ. 국제수지 흑자가 발생할 경우 국내 통화공급이 감소한다.
ㄴ. 국내 정책목표를 달성하기 위한 금융정책이 제약을 받는다.
ㄷ. 국제수지 적자가 발생할 경우 중앙은행이 외환을 매각해야 한다.
ㄹ. 고정환율제도는 해외에서 발생한 충격을 완화시켜 주는 역할을 한다.

① ㄱ, ㄷ
② ㄱ, ㄹ
③ ㄴ, ㄷ
④ ㄴ, ㄹ
⑤ ㄱ, ㄴ, ㄹ

대표개념 키워드 고정환율제도

| 해설 |
ㄴ. 고정환율제도에서는 국제수지의 변화에 따라 국내통화량이 변동하므로 금융정책의 자율성이 제약된다.
ㄷ. 국제수지 적자가 발생하면 환율 상승(원화가치 하락)의 압력을 제거하기 위해 중앙은행이 외환시장에서 외환을 매각해야 한다. 이처럼 국제수지의 변화에 따라 국내통화량이 변동하므로 금융정책의 자율성이 제약된다.

| 오답 피하기 |
ㄱ. 국제수지 흑자가 발생하면 환율 하락(원화가치 상승)의 압력을 받게 되는데 고정환율제도에서는 환율을 일정 수준으로 유지해야 하기 때문에 중앙은행이 외환시장에서 외환을 매입해야 한다. 외환을 매입하면 외환매입대금만큼 본원통화가 증가하여 통화공급이 증가한다.
ㄹ. 고정환율제도에서는 해외교란요인이 국내에 쉽게 파급되지만, 변동환율제도에서는 환율이 시장원리에 의해 결정되므로 쉽게 파급되지 않는다.

정답 | ③

핵심테마 42 | 국제수지론

1 국제수지와 국제수지표

① 국제수지(Balance Of Payments : BOP)란 일정 기간 한 나라 거주자와 외국의 거주자 사이의 모든 경제적 거래를 말한다.
② 국제수지표(balance of payments accounts)란 국제수지를 복식부기(double entry system)의 원리로 국제적으로 통일된 객관적인 기준에 의해 작성한 통계표이다.

> **국제수지**
> 일정 기간에 측정된 유량(flow)의 개념이다.

2 국제수지표의 구성(계정항목)

(1) 경상수지(current account)
① 상품수지 : 거주자와 비거주자 간의 상품거래, 즉 수출입거래를 기록한다.
   - 일반 상품, 중계무역 순수출, 비화폐용 금
② 서비스수지 : 거주자와 비거주자 간의 서비스(용역) 거래를 기록한다.
   - 운송, 여행, 건설, 보험서비스, 금융서비스, 통신, 컴퓨터, 정보서비스, 지식재산권 사용료, 유지보수서비스, 기타 사업서비스, 개인·문화·여가서비스, 정부서비스 등
③ 본원소득수지 : 거주자와 비거주자 사이에 발생하는 급료 및 임금, 투자소득을 계상한다.
   - 급료 및 임금, 투자소득
④ 이전소득수지 : 거주자와 비거주자 사이에 대가 없이 이루어진 이전거래를 기록한다.
   - 새로운 경제권에 1년 이상 고용되어 그 경제권의 거주자로 취급되는 근로자의 송금, 식량·의약품 등의 무상원조, 국제기구 출연금 등

(2) 자본수지(capital account)
① 자본이전 : 자산 소유권의 무상이전, 채권자에 의한 채무면제 등을 기록한다.
② 비생산·비금융자산 : 브랜드네임, 상표 등 마케팅자산과 기타 양도 가능한 무형자산의 취득과 처분을 기록한다.

(3) 금융계정(financial accounts)
정부, 중앙은행, 금융기관, 민간기업 등 모든 거주자의 대외 금융자산 및 부채의 거래변동을 기록한다.
   - 직접투자(direct investment), 증권투자(portfolio investment), 파생금융상품(financial derivatives), 기타 투자(other investments), 준비자산(reserve assets) 등

> **오차 및 누락**
> - 국제수지 통계는 모든 대외거래를 차변과 대변에 같은 금액으로 기록하는 복식부기원리에 의해 작성되므로 이론상으로는 오차 및 누락이 발생하지 않는다.
> - 실제로 국제수지 통계를 작성할 때에는 통관통계, 외환수급통계 등 기초통계들 간의 계상시점 및 평가방법상의 차이나 기초통계 자체의 오류, 기업과 은행의 보고누락 등으로 인해 대·차 불일치가 발생한다. 오차 및 누락은 이에 대한 기술적 조정항목이다.
> - 경상수지+자본수지+금융계정+오차 및 누락 = 0

3 J - 곡선효과

① J-곡선효과(J-curve effect)란 경상수지 적자 시 경상수지의 개선을 위해 환율 인상(평가절하)을 단행했을 때 일정 기간 경상수지가 개선되지 못하고 오히려 악화되다가 상당한 기간이 경과해야 비로소 경상수지가 개선되는 효과를 말한다.
② J-곡선효과가 발생하는 이유는 환율 인상에 따른 수출입상품의 가격 변동과 수출입물량의 변동 간에 시차가 존재하기 때문이다.

> **J-곡선효과**
> 경상수지를 세로축, 시간을 가로축에 표시한 평면에 경상수지의 시간경로를 그려 보면 J자 모양으로 나타나기 때문에 J-곡선효과라고 부른다.

③ 환율이 인상되면 수출상품가격(달러화 표시)의 하락과 수입상품가격(원화 표시)의 상승은 즉시 나타나지만, 수출물량의 증가와 수입물량의 감소는 시간을 두고 서서히 나타나기 때문에 환율 인상이 단기에는 경상수지 적자를 확대시킨다.

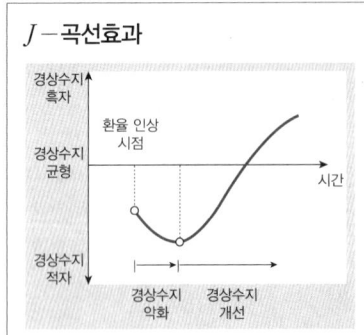

J - 곡선효과

- 환율 인상(평가절하)을 실시하면 그 시점에서는 경상수지가 악화되다가 시간이 흐르면서 점차 경상수지가 개선되는 효과를 J - 곡선효과라고 한다.
- 환율 인상에 따른 수출입상품의 가격 변동과 수출입 물량의 변동 간에 시차가 존재하기 때문에 J - 곡선효과가 발생한다.

4 개방경제하에서 총수요관리정책

(1) 개방경제하에서 총수요의 변동

① 변동환율제도하에서 환율이 상승(평가절하)하면 순수출이 증가하여 총수요가 증가하고, 환율이 하락(평가절상)하면 순수출이 감소하여 총수요가 감소한다.

② 고정환율제도하에서 국제수지의 흑자는 통화량의 증가로 이어져 총수요가 증가하고, 국제수지의 적자는 통화량의 감소로 이어져 총수요가 감소한다.
   ㉠ 국제수지가 흑자이면 환율 하락의 압력을 받게 되고 환율을 고정시키기 위해 외환을 매입하는 과정에서 외환매입의 액수만큼 중앙은행의 본원통화가 증가한다.
   ㉡ 국제수지가 적자이면 환율 상승의 압력을 받게 되고 환율을 고정시키기 위해 외환을 매각하는 과정에서 외환매각의 액수만큼 중앙은행의 본원통화가 감소한다.

(2) 고정환율제도하에서 총수요관리정책

① 확대재정정책의 효과
   ㉠ 정부지출↑ → 총수요↑
   ㉡ 이자율↑ → 자본유입↑ → 국제수지 흑자 → 고정환율제도하에서 본원통화↑ → 총수요↑

② 확대금융정책의 효과
   ㉠ 화폐공급↑ → 총수요↑
   ㉡ 이자율↓ → 자본유출↑ → 국제수지 적자 → 고정환율제도하에서 본원통화↓ → 총수요↓

(3) 변동환율제도하에서 총수요관리정책

① 확대재정정책의 효과
   ㉠ 정부지출↑ → 총수요↑
   ㉡ 이자율↑ → 자본유입↑ → 국제수지 흑자 → 변동환율제도하에서 환율 하락(평가절상) → 순수출↓ → 총수요↓

② 확대금융정책의 효과
   ㉠ 화폐공급↑ → 총수요↑
   ㉡ 이자율↓ → 자본유출↑ → 국제수지 적자 → 변동환율제도하에서 환율 상승(평가절하) → 순수출↑ → 총수요↑

불태화정책(sterilization policy)
중화정책이라고도 하며, 외환시장의 변동으로 인해 부수적으로 발생하는 통화량의 변동을 상쇄시키기 위해 중앙은행이 공개시장에서 국공채의 매매를 통해 시장에 개입하는 행위를 말한다.

고정환율제도하에서 확대재정정책은 외환시장의 요인으로 인해 총수요를 더욱 증가시키므로 정책효과가 크게 나타난다.

고정환율제도하에서 확대금융정책은 외환시장의 요인으로 인해 증가한 총수요를 다시 감소시키므로 정책효과가 작게 나타난다.

변동환율제도하에서 확대재정정책은 외환시장의 요인으로 인해 증가한 총수요를 다시 감소시키므로 정책효과가 작게 나타난다.

변동환율제도하에서 확대금융정책은 외환시장의 요인으로 인해 총수요를 더욱 증가시키므로 정책효과가 크게 나타난다.

01 다음 설명이 맞으면 ○, 틀리면 ×표 하세요.

(1) 우리나라 금융기관이 외국기업으로부터 대출에 대한 이자를 지급받는 것은 본원소득수지로서 경상수지에 속한다. ( )

(2) 변동환율제도 하에서 자본이동이 완전히 자유로울 경우 확대재정정책은 순수출을 감소시킨다. ( )

(3) 국가 간 자본이동이 완전히 자유롭고 변동환율제를 채택하고 있는 소규모 개방경제에서 확대금융정책을 시행했을 때 자본유입이 증가한다. ( )

(4) 원화와 엔화가 달러화에 비해 모두 강세를 보이고 있다면 엔화표시 채무를 가지고 있는 우리나라 기업의 원리금 상환부담은 감소한다. ( )

(5) 인위적인 원화가치 부양은 외환보유고를 줄인다. ( )

02 다음 빈칸에 알맞은 말을 고르거나 적으세요.

(6) 환율인상을 실시하면 그 시점에서는 오히려 경상수지가 악화되다가 시간이 흐르면서 점차 경상수지가 개선되는 효과를 ( )라고 한다.

(7) 자본이동이 완전히 자유로운 고정환율제도에서 '재정지출의 증대 → 환율 (상승/하락) 압력 → 중앙은행 외환 (매입/매각) 개입 → 통화량 (증가/감소) → 국민소득 증대'의 과정이 나타난다.

(8) 자본이동이 완전히 자유롭고 변동환율제를 채택한 소규모 개방경제에서 정부지출의 증가는 국내 통화가치를 (상승/하락)시킨다.

(9) 자본이동이 완전히 자유로운 소규모 개방경제에서 조세감면정책(정부지출규모는 고정)은 단기적으로 본국의 통화가치를 (절상/절하)시킨다.

(10) 변동환율제도를 채택하고 자본이동이 완전히 자유로운 소규모 개방경제국에서 중앙은행이 화폐공급량을 증가시키면 경상수지가 (개선/악화)된다.

| 정답 |
(1) ○ (2) ○ (3) × (4) ○ (5) ○ (6) J−곡선효과 (7) 하락, 매입, 증가 (8) 상승 (9) 절상 (10) 개선

| × 해설 |
(3) 확대금융정책을 시행하면 이자율이 하락하므로 자본유입이 감소하고 자본유출이 증가한다.

출제 0순위 공략! 꼭 풀어야 할 대표문제

01

우리나라의 경상수지 흑자를 증가시키는 경우에 해당하는 것은?

① 우리나라 학생의 해외 유학이 증가하였다.
② 외국인이 우리나라 기업의 주식을 매입하였다.
③ 미국 기업이 우리나라에 자동차 공장을 건설하였다.
④ 우리나라 기업이 중국 기업으로부터 특허료를 지급받았다.
⑤ 우리나라 기업이 외국인에게 주식투자에 대한 배당금을 지급하였다.

대표개념 키워드 | 경상수지

| 해설 |
특허권 사용료 등 각종 서비스의 거래는 서비스수지에 해당한다. 중국 기업으로부터 받은 특허료는 서비스수지의 수취에 해당한다.

| 오답 피하기 |
① 서비스수지의 지급에 해당한다.
②③ 금융계정에 해당한다.
⑤ 본원소득수지의 지급에 해당한다.

정답 | ④

02

빈칸 (가)~(다)에 들어갈 내용이 바르게 연결된 것은?

> J-곡선효과는 '환율이 (가) 하면 한국의 경상수지가 초기에는 (나) 되고 시간이 경과된 후에는(도) (다) 되는 효과가 나타나는 것'을 의미한다. 단, 환율은 미국 달러화에 대한 원화의 환율 ₩/$, 양국의 물가 수준은 불변이다.

	(가)	(나)	(다)
①	상승	악화	개선
②	상승	개선	개선
③	상승	악화	악화
④	하락	악화	개선
⑤	하락	악화	불변

대표개념 키워드 | J-곡선효과

| 해설 |
- J-곡선효과(J-curve effect)란 경상수지 적자 시 경상수지의 개선을 위해 환율 인상(평가절하)을 단행했을 때 일정 기간 동안 경상수지가 개선되지 못하고 악화되다가 상당한 기간이 경과해서야 비로소 경상수지가 개선되는 효과를 말한다.
- 환율이 인상되면 수출상품가격의 하락과 수입상품가격의 상승은 즉시 나타나지만 수출물량의 증가와 수입물량의 감소는 시간을 두고 서서히 나타나기 때문에 환율 인상이 단기에는 경상수지 적자를 확대시킨다.

정답 | ①

핵심테마 42 | 국제수지론

03

자본이동이 자유로운 소규모 개방경제가 변동환율제도를 채택하고 있으며, 정책 변화가 있기 전에는 균형상태를 유지하고 있다. 이 경우 먼델-플레밍(Mundell-Fleming) 모형에 의한 현상으로 옳은 것은?

① 통화량을 증가시키면 자본이 국내로 유입된다.
② 통화량을 증가시키면 국내통화의 대외가치가 상승한다.
③ 정부지출을 증가시키면 자본이 해외로 유출된다.
④ 정부지출을 증가시키면 국내통화의 대외가치가 상승한다.
⑤ 해외이자율이 인상되면 국내통화의 대외가치가 상승한다.

대표개념 키워드 변동환율제도와 정책효과

| 해설 |
정부지출이 증가하면 이자율이 상승하여 해외자본의 유입이 발생한다. 해외자본의 유입이 발생하면 환율이 하락하므로 국내통화의 대외가치가 상승한다.

| 오답 피하기 |
① 통화량을 증가시키면 국내이자율이 하락하므로 자본이 국내에서 유출된다.
② 통화량의 증가로 자본이 유출되면 환율이 상승하므로 국내통화의 대외가치가 하락한다.
③ 정부지출을 증가시키면 이자율이 상승하므로 해외자본의 유입이 발생한다.
⑤ 해외이자율이 인상되면 자본이 유출되어 환율이 상승하고, 국내통화의 대외가치가 하락한다.

정답 | ④

04

경상수지 흑자가 지속적으로 발생하였을 때 나타날 수 있는 현상으로 적절하지 않은 것은?

① 자국의 통화가치가 상승한다.
② 수출기업의 투자가 증가한다.
③ 국가의 신용등급이 하락한다.
④ 교역국들과 무역마찰이 발생한다.
⑤ 중앙은행의 외환보유액이 증가한다.

대표개념 키워드 경상수지 흑자의 효과

| 해설 |
경상수지 흑자가 지속되면 외환보유고가 증가하여 자국 통화가치가 상승한다. 자국 통화가치가 상승하면 국가신용등급은 상승한다.

| 오답 피하기 |
① 경상수지 흑자로 외환시장에 외환의 공급이 증가하면 외환의 가치는 하락하므로 자국의 통화가치는 상승한다.
② 수출이 증가하면 수출기업의 투자가 증가한다.
④ 지속적으로 경상수지 흑자가 발생하면 교역국들과 무역 통상마찰 가능성이 존재한다.
⑤ 경상수지 흑자가 지속되면 외환의 공급이 증가하므로 외환보유액이 증가한다.

정답 | ③

eduwill

매경TEST 경영편

PART 01 경영학의 기본개념과 인적자원관리 ····· 246p
PART 02 조직행동론 ····· 268p
PART 03 경영전략과 국제경영 ····· 304p
PART 04 마케팅의 이해 ····· 338p
PART 05 회계와 재무관리 ····· 390p

핵심테마 **43** 경영과 기업

핵심테마 **44** 조직관리 이론의 흐름

핵심테마 **45** 조직구조의 형태

핵심테마 **46** 인적자원관리의 이해

핵심테마 **47** 인적자원관리 제도

경영학의 기본개념과 인적자원관리

출제 비율

30%

출제경향 및 교수님의 고득점 전략 TIP

"경영의 전체 숲을 조망하는 안목을 길러라. 탄탄한 기본 개념의 이해와 인적 자원의 전략적 가치를 연결하는 것이 핵심이다."

경영학의 기초가 되는 영역이면서 출제 비중이 높은 영역이기 때문에 이 영역을 착실히 학습해두면 다른 영역을 학습하는 데에도 많은 도움을 받을 수 있다. 이 영역은 기본적인 개념 위주로 학습하면서 해당 개념을 실제 사례에 적용할 수 있는 능력을 습득할 수 있도록 이해 중심으로 학습해야 한다. 특히 조직구조의 형태와 인적자원관리 부분에 대한 출제 빈도가 높아지고 있으니 이 부분은 철저히 준비해야 한다.

핵심테마 43 | 경영과 기업

1 경영학의 이해

(1) 경영학의 개념

① 경영이란 조직을 조직화하고 감독하는 일련의 활동을 의미하며, 관리(Management)의 개념을 포함한다. 관리란 기업을 운영하고 통제하는 활동을 의미한다.

② 경영이란 조직을 운영하고 통제하는 관리 활동을 넘어서, 재화와 서비스를 만들어 내기 위해 생산·유통·판매에 이르는 일련의 활동을 계획·조직·지휘·조정·통제하는 과정을 의미한다. 경영학은 이러한 경영 활동과 경영 현상을 체계적으로 이해하고 설명하는 학문을 말한다.

> 재화와 서비스를 생산하기 위해서는 한정된 자원의 최적 배분을 위한 의사결정이 매우 중요하다.

(2) 경영활동의 구성요소

경영활동의 구성요소는 크게 투입, 변환, 산출 과정으로 구분할 수 있다.

① 투입(Input)
  ㉠ 유형 자원 : 형태가 있는 자원으로, 토지, 인적자원, 건물, 기계 등이 있다.
  ㉡ 무형 자원 : 형태가 없는 자원으로, 전략, 지식, 정보, 기술 등이 있다.

② 변환(Transformation)

계획화(Planning)	조직의 목표 수립 및 달성을 위해 필요한 활동 결정
조직화(Organizing)	목표 달성을 위해 자원 배분 및 개인과 집단의 행동 구성
지휘(Commanding)	구성원들의 동기 부여 및 목표 달성
조정(Coordinating)	전략 달성을 위한 자원 및 활동 정렬
통제(Control)	목표와 성과를 비교하고 그 차이를 수정하는 과정

③ 산출(Output)
  ㉠ 재화(Goods) : 유형의 산출물이며 재고의 형태로 수요에 대응할 수 있다. 생산과 소비 시점이 일치하지 않는다.
  ㉡ 서비스(Service) : 무형의 산출이며 재고의 형태로 수요에 대응할 수 없다. 생산과 소비 시점이 구분되지 않으며 일정 시간이 지나면 가치가 소멸한다. 동일한 서비스에 대해서도 사람마다 다르게 품질의 차이를 경험하는 정도가 재화보다 크다.

> **서비스의 4가지 주요 특성**
> - 무형성(Intangibility) : 만질 수 없고 눈으로 볼 수 없는 특성
> - 소멸성(Perishability) : 저장이 불가능하여 시간이 지나면 가치가 사라지는 특성
> - 불가분성(Inseparability) : 생산과 소비 시점을 나눌 수 없는 특성
> - 이질성(Heterogeneity) : 제공자나 상황에 따라 품질이 달라지는 특성

구분	재화	서비스
성질	유형	무형
재고 가능 여부	가능	불가능
시장 규모	넓은 시장	좁은 시장
설비 규모	대규모 설비	소규모 설비
품질측정	품질측정 용이	품질측정 곤란
성격	자본집약적	노동집약적
반응시간	긴 반응시간	짧은 반응시간
고객접촉	낮은 고객접촉	높은 고객접촉

(3) 경영 환경(Business Environment)
① 경영 환경의 개념
- ㉠ 경영활동에 영향을 미치는 상황적 요소를 포함하며, 내부 환경과 외부 환경, 미시 환경과 거시 환경으로 구분한다.
- ㉡ 기업은 외부환경과 상호작용하는 개방시스템(Open System)이다. 자원(투입)을 활용해 제품과 서비스(산출)를 만들고, 그 결과를 다시 피드백 받아 개선한다.

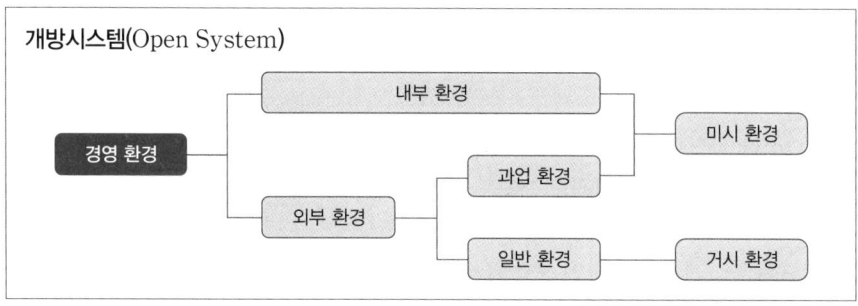

② 경영 환경의 분류
- ㉠ 내부 환경 : 조직이 갖는 독특한 분위기나 문화를 의미한다. 조직구성원, 조직의 성격, 가치, 규정, 스타일 및 특성이 해당한다.
- ㉡ 외부 환경 : 조직 외부에 존재하면서 조직의 의사결정이나 전반적인 조직활동에 영향을 미치는 환경을 의미한다. 외부 환경은 과업 환경과 일반 환경으로 나눌 수 있다. 과업 환경은 기업의 통제가 가능하지만, 일반 환경은 특정 대상으로 규정할 수 없으므로 통제가 불가능하다.
- ㉢ 미시 환경 : 기업의 목표달성에 직접적인 영향을 미치는 요인으로, 경쟁자, 소비자, 공급자 등이 있다.
- ㉣ 거시 환경 : 산업 외부에서 기업에 영향을 미치는 요인으로, 정치, 경제, 사회, 문화를 비롯한 인구통계학적 환경, 기술적 환경 등이 있다.

2 기업 경영

(1) 기업 경영의 목적
① 기업이 경영 활동을 통하여 실현하고자 하는 바람직한 상태 또는 도달점을 의미한다. 경영 목적은 경영 이념을 바탕으로 경영 목표를 추구하면서 달성한다.
② 단순한 이윤 추구를 넘어 가치 창출을 중시한다. 즉, 주주뿐만 아니라 고객·직원·지역 사회 등 이해관계자 전체의 이익을 조화시키는 것이 기업의 핵심 목적이다.

구분	내용	특징
경영 이념	경영자가 추구하는 기본 신념, 가치관, 이상 등 기업의 존재 이유를 제시	가치적·추상적
경영 목적	경영 이념을 실현하기 위한 최종적인 성과나 결과	다소 포괄적이며 구체성이 낮음
경영 목표	경영 목적을 구체화한 것으로, 미래에 달성하고자 하는 구체적 상태	측정 가능하고 구체적임

핵심테마 43 | 경영과 기업

효과성 vs. 효율성
효과성은 '올바른 일을 하기(Doing the right things)'의 관점에서, 효율성은 '올바르게 일하기(Doing things right)'의 관점에서 측정한다.

(2) 효과성과 효율성
기업의 목적과 목표를 수립할 때 효과성과 효율성을 고려하는 것이 중요하다.
① 효과성(Effectiveness) : 조직이 설정한 목표나 목적을 얼마나 잘 달성했는지를 나타내는 개념이다. 즉, 목표 달성 여부에 초점을 맞춘 성과 측정 기준이다.
② 효율성(Efficiency) : 투입한 자원 대비 얻어낸 성과의 비율을 측정하는 개념이다. 즉, 최소의 투입으로 최대의 산출을 만들어내는 것을 의미한다.

3 기업의 개념과 분류

(1) 개념
기업이란 자원을 투입하여 변환 과정을 거치면서 가치를 증대하고, 산출물로서 재화와 서비스를 생산하여 고객에게 만족을 주는 행위의 주체를 의미한다.

(2) 분류
① 기업은 경제적 형태에 따라 크게 사기업, 공기업, 공사합동기업으로 분류한다.
② 사기업은 개인(단독)기업과 공동기업으로 구분되며, 공동기업은 인적 공동기업과 자본적 공동기업으로 분류할 수 있다.

공동기업의 분류

인적 공동기업	합명회사, 합자회사
	유한회사
	익명조합
자본적 공동기업	협동조합
	주식회사

구분	설명
개인(단독)기업	1인에 의해 출자, 경영, 지배가 이루어지는 기업으로, 출자자는 기업에 대해 무한책임을 진다.
합명회사	2인 이상의 연대 무한책임사원으로만 구성된 기업으로, 출자지분을 양도하려면 구성원 모두의 동의가 필요하다.
합자회사	2인 이상의 무한책임사원과 유한책임사원으로 구성된 기업이다. 무한책임사원은 출자와 함께 경영에 참여하며, 유한책임사원은 출자만 하며 그 범위 내에서만 유한책임을 진다.
유한회사	출자액을 한도로 기업채무에 대하여 유한책임을 지는 1인 이상의 사원으로 구성된 기업이다. 인적요인에 의해 규제받는 자본적 공동기업이라고 할 수 있다.
익명조합	2인 이상의 무한책임사원과 유한책임사원으로 구성된다는 점에서는 유한회사와 유사하나, 유한책임사원의 신분이 익명이라는 점에서 차이가 있다.
협동조합	경제적으로 불리한 생산자나 소비자들이 경제적 약점을 보완하기 위하여 공동으로 출자한 기업이다.

유한회사의 특징
- 합명회사와 주식회사의 장점을 절충한 기업으로 소규모 경영에 적합한 형태이다.
- 사원의 소유지분의 일부 또는 전부의 양도는 사원총회의 결의를 거쳐야 하며, 회사 정관에 양도의 제한을 명시할 수 있다.

4 주식회사

(1) 개념
주식회사는 자본과 경영의 분리를 통해 일반 투자자로부터 자본을 조달하고, 전문 경영자가 기업을 경영하는 형태로, 자본주의 경제 체제에서 가장 대표적인 기업의 형태라고 할 수 있다.

(2) 특징
① 유한책임제도 : 주식회사의 출자자는 자신의 출자액 한도 내에서만 책임을 진다. 출자자의 개인 자산은 회사 재산과 구분되어 보호된다.
② 자본의 증권화 : 출자의 단위를 소액 균등화하여 이를 증권화함으로써 대중자본을 쉽게 조달할 수 있다.
③ 소유와 경영의 분리 : 주식은 기업의 소유권을 상징하며, 소유 비율에 따라 주주는 의사결정 권한을 나누어 갖는다.

(3) 구성요소
  ① 주식 : 자본의 구성분자로서 주식회사의 물적 요소인 자본과 인적 요소인 주주를 결부시키는 요소이다.
  ② 자본 : 발행주식의 액면 총액을 의미한다.
  ③ 주주의 유한책임 : 주주는 회사에 대하여 자기가 인수한 주식의 인수가액을 한도로 재산상의 출자의무를 진다.

(4) 주요 기관
  ① **주주총회** : 주주로만 구성되어 있고, 회사의 조직과 경영에 관한 중요사항을 결정하는 최고 의사결정 기관이다. 주주총회는 결산기말 이후 90일 이내에 반드시 개최해야 하는 '정기주주총회'와 필요에 따라 소집될 수 있는 '임시주주총회'로 구분된다.
  ② **이사회** : 기업 운영의 핵심 기관이다. 이사는 이사회의 구성원이며, 경영에 대한 의사결정 과정에 관여하고 대표이사를 감독·견제하는 등 경영에 책임을 진다.
  ③ **감사 및 감사위원회** : 이사와 이사회의 직무 집행을 감사한다. 감사는 이사에게 영업에 관한 보고를 요구하거나 회사의 재산 상태를 조사할 수 있다. 또한 필요한 경우 이사회와 임시주주총회를 소집·청구할 수 있다.
  ④ **경영자** : 법적 기관은 아니지만 기업 운영의 핵심적 책임을 진다. 경영자는 크게 소유경영자와 전문경영자로 구분할 수 있다.
    ㉠ 소유경영자 : 기업을 만들어 직접 소유하고 관리한다.
    ㉡ 전문경영자 : 기업을 소유하지 않으며 소유자에게 고용되어 경영만을 전문적으로 담당한다. 단기적 이익에 집착하게 되어 소유자와 이해가 상충할 수 있으며, 이 경우 주인-대리인 문제가 발생한다.

> **이사회 vs. 감사 및 감사위원회**
> 이사로 구성된 '이사회'는 기업의 업무를 집행하는 기관이고, '감사 및 감사위원회'는 이사가 본인에게 주어진 직무를 잘 수행하고 있는지 감사하는 기관이다.

> **주인-대리인 문제**
> 본인(Principal)인 주주와 대리인(Agents)인 전문경영자 사이에서 소유와 경영의 분리에 따른 정보 비대칭에 기인하여 발생하는 문제를 의미한다. 이를 해결하기 위한 방법에는 대주주에 의한 감시활동(Monitoring), 경영자에 대한 스톡옵션 제공 등이 있다.

5 기업의 역할

(1) 기업의 사회적 책임(Corporate Social Responsibility : CSR)
  ① 개념 : 기업이 사회 구성원의 일원으로서, 기업활동을 하면서 발생하는 여러 문제에 대해 기업 행동의 규범적인 체계를 수립하고 이를 준수하는 것을 의미한다.
  ② 미국 조지아대학의 캐롤(Carroll) 교수는 다음의 4가지 사회적 책임을 주장하였다.

> 기업의 사회적 책임은 시대와 환경에 따라 변하는 동태적 개념으로 이해하는 것이 적절하다.

경제적 책임	기업은 사회가 필요로 하는 재화와 서비스를 생산하고 이를 통해 경제적 이익을 달성한다.
법적 책임	기업은 국가가 제정한 법률을 준수할 책임을 진다. 경제적 책임을 이행하기 위하여 이를 위반해서는 안 된다.
윤리적 책임	기업은 사회를 구성하는 일원으로서 법률에 명시되어 있지 않더라도 사회 구성원이 기대하는 윤리적 기준에 따라 행동한다.
자선적 책임	기업의 순수한 자유의지로서 사회에 공헌하는 책임을 의미한다. 사회적 기부행위 등이 대표적이다.

핵심테마 43 | 경영과 기업

지속가능경영 평가기준
지속가능경영의 중요성이 커짐에 따라 국제적으로 이를 표준화하여 평가기준을 만들었으며, 대표적으로 ISO 26000, 다우존스 지속가능경영지수(Dow Jones Sustainability Index : DJSI)가 있다.

(2) **기업의 지속가능경영(Sustainability Management)**
① 개념 : 기업이 계속기업(Ongoing Concern)으로 존재하기 위하여 미래 세대에 해를 끼치지 않고 현재 세대의 필요를 충족시키려는 기업활동을 의미한다.
② 구성요소(삼중최저선)

경제적(재무적) 책임	주주, 직원, 고객, 협력업체 등을 비롯하여 제품과 서비스의 생산을 위해 자금을 공급하거나 임금 또는 대가를 받는 모든 주체의 경제적 요구를 다루는 요소이다.
환경적 책임	지구의 생태적 요구와 서비스 및 제품의 생산에 사용되는 자원에 관한 기업의 책임을 다루는 요소이다.
사회적 책임	지역 주민과 사회가 기업에 대해 가지는 도덕적, 윤리적, 박애주의적 기대를 다루는 요소이다.

ESG 경영
과거 재무적 성과만을 중시하던 경영 방식에서 벗어나 기업의 사회적 책임과 환경적 영향을 중요하게 생각하는 새로운 경영 패러다임이라고 할 수 있다.

(3) **ESG 경영**
① 개념 : 기업의 지속가능한 성장을 위해 환경(Environmental), 사회(Social), 지배구조(Governance) 세 가지 요소를 고려하는 경영 방식을 의미한다.
② 구성요소

환경(Environmental)	기후 변화 대응, 탄소 배출 감소, 자원 절약 등 환경 보호 활동을 포함한다.
사회(Social)	노동 환경 개선, 인권 보장, 다양성 존중, 지역 사회 기여, 안전 및 보건 관리 등 사회적 가치 창출을 위한 활동을 의미한다.
지배구조(Governance)	투명하고 윤리적인 의사결정, 이사회 다양성, 공정성 경영 시스템 확립 등 건전한 지배구조 확립을 위한 활동을 의미한다.

개념반복! 약점체크! 쪽지시험

01 다음 설명이 맞으면 ○, 틀리면 ×표 하세요.

(1) 기업의 목표를 달성하기 위해서 효율성과 효과성을 고려하는 것이 중요하며, 효과성이란 가장 적은 비용으로 가장 많은 산출을 달성하는 것을 의미한다. ( )

(2) ESG 경영은 재무적 성과만을 중시하던 전통적 경영 방식에서 벗어나, 재무적 성과는 더 이상 고려하지 않는 새로운 경영 패러다임이다. ( )

(3) 출자액을 한도로 기업채무에 대하여 유한책임을 지는 사원으로 구성된 기업을 유한회사라고 한다. ( )

(4) 소유와 경영이 분리된 주식회사의 경우 소유자와 경영자 간 추구하는 이익의 방향이 달라서 '주인-대리인 문제'가 발생할 수 있다. ( )

(5) 주식회사에서 주주총회란 회사의 조직과 경영에 관한 중요사항을 결정하는 회의이다. ( )

02 다음 빈칸에 알맞은 말을 고르거나 적으세요.

(6) (　　　)은 조직의 목적을 달성하기 위해 제한된 자원을 체계적으로 계획하고 운영하는 종합적 활동이다.

(7) (효과성/효율성)은 조직이 설정한 목표 달성 여부를 측정하는 지표로, 유효성이라고도 불린다.

(8) 캐롤의 기업의 사회적 책임 중 (　　　) 책임은 '기업은 사회를 구성하는 일원으로서 비록 법률에는 명시되어 있지 않더라도 사회 구성원들이 기대하는 도덕적 기준에 따라 행동해야 한다'는 것을 의미한다.

(9) 캐롤의 기업의 사회적 책임 4가지 유형 중 기업의 순수한 자유의지로서 사회에 공헌하는 책임을 의미하며, 사회적 기부 행위나 봉사활동 등에 해당하는 것은 (　　　) 책임이다.

(10) ESG 경영은 기업의 지속가능한 성장을 위해 환경, 사회, (　　　) 세 가지 요소를 종합적으로 고려하는 경영 방식이다.

| 정답 |
(1) × (2) × (3) ○ (4) ○ (5) ○ (6) 경영 (7) 효과성 (8) 윤리적 (9) 자선적 (10) 지배구조

| × 해설 |
(1) 효과성은 목표 달성 여부에 초점을 맞춘 성과 측정 기준을 의미하며, 효율성은 가장 적은 비용으로 가장 많은 산출을 달성하는 것을 의미한다.
(2) ESG 경영은 재무적 성과를 완전히 배제하는 것이 아니라, 환경, 사회, 지배구조 요소를 추가로 고려하는 통합적 경영 방식이다.

출제 0순위 공략! 꼭 풀어야 할 대표문제

01

기업 경영에서 효율성과 효과성은 핵심적인 평가 지표이다. 이 두 개념에 대한 설명으로 가장 적절한 것은?

① 효율성은 매출액 증가율이며, 효과성은 비용 절감 정도이다.
② 효율성과 효과성은 서로 반대 개념으로 동시에 추구할 수 없다.
③ 효율성은 직원 수 대비 생산량이며, 효과성은 경쟁사 대비 우위를 뜻한다.
④ 효율성은 시장 점유율 확대를 의미하며, 효과성은 고객 만족도를 나타낸다.
⑤ 효율성은 자원 투입 대비 산출의 비율이며, 효과성은 설정된 목표 달성 수준이다.

대표개념 키워드 | 효율성과 효과성

| 해설 |

효율성(Efficiency)은 투입한 자원 대비 얻어낸 성과의 비율을 측정하는 개념이다. 즉, 동일한 자원으로 더 많은 성과를 내거나, 동일한 성과를 더 적은 자원으로 달성하는 것을 의미한다. 효과성(Effectiveness)은 조직이 설정한 목표나 목적을 얼마나 잘 달성했는지를 나타내는 개념으로, 목표 달성 여부에 초점을 맞춘 성과 측정 지표이다.

| 오답 피하기 |

① 매출액 증가율과 비용 절감은 효율성과 효과성의 구체적 지표일 수 있지만, 두 개념의 본질적 정의는 아니다.
② 효율성과 효과성은 상호 보완적 관계로, 우수한 기업은 두 가지 모두를 높은 수준으로 달성하려고 노력한다.
③ 생산성과 경쟁 우위는 경영 성과의 일부 측면을 나타내지만, 효율성과 효과성의 정확한 정의는 아니다.
④ 시장 점유율과 고객 만족도는 경영 성과의 구체적 측정 요소이지만, 효율성과 효과성의 기본 개념과는 다르다.

정답 | ⑤

02

캐롤(Archie Carroll)의 기업의 사회적 책임 4가지 유형에 대한 설명 중 올바르지 <u>않은</u> 것은?

① 법적 책임은 기업이 영업활동을 하는 국가에서 제정한 법과 제도를 준수해야 함을 의미한다.
② 경제적·법적·윤리적·자선적 책임은 기업이 사회적 책임을 다하기 위해 모두 고려해야 할 영역들이다.
③ 윤리적 책임은 법으로 강제되지 않더라도 사회 구성원이 기대하는 윤리적 기준에 따라 행동하는 것을 의미한다.
④ 자선적 책임은 기업이 의무적으로 수행해야 하는 사회공헌 활동으로, 정부가 정한 기준에 따라 일정 비율을 기부하는 것을 의미한다.
⑤ 경제적 책임은 기업이 사회가 필요로 하는 재화 및 서비스를 생산하고, 이익을 창출하여 주주, 직원 등 이해관계자에게 분배하는 것을 의미한다.

대표개념 키워드 | 기업의 사회적 책임

| 해설 |

자선적 책임은 기업이 자발적 의지로 수행하는 사회공헌 활동을 의미하며, 정부가 강제하거나 의무적으로 수행해야 하는 것이 아니다.

- 자선적 책임의 특징
  - 기업의 순수한 자유의지에 따른 활동이다.
  - 강제성이 없는 자발적 사회공헌이다.
  - 사회적 기부, 봉사활동, 문화·예술 후원 등이 대표적이다.
  - 기업의 선택에 따라 수행 여부가 결정된다.

| 오답 피하기 |

① 법적 책임은 기업이 속한 사회의 법률과 규정을 준수해야 한다는 것으로, 경제적 목표 달성 과정에서도 법적 의무를 지켜야 한다.
② 캐롤은 4가지 책임 영역을 모두 고려해야 기업이 진정한 사회적 책임을 다할 수 있다고 보았다.
③ 윤리적 책임은 법으로 강제되지는 않지만 사회가 기업에게 기대하는 윤리적 행동 기준을 충족하는 것을 의미한다.
⑤ 경제적 책임은 기업의 가장 기본적인 책임으로, 사회에 필요한 재화와 서비스를 제공하여 수익을 창출하고 이해관계자들에게 경제적 성과를 분배하는 것이다.

정답 | ④

03

다음 설명에 해당하는 상법상 기업 형태는?

- 개인 사업자의 간편함과 법인의 장점을 결합한 기업 형태
- 설립 절차가 비교적 간단하고 자본금 제한이 없음
- 사원의 책임이 출자금액으로 제한되어 유한책임을 짐
- 내부 조직 운영의 자율성이 높고 이익배분이 자유로움
- 최근 일정 규모 이상의 회사는 외부감사 및 재무제표 공시 의무가 강화됨
- 국내 다수의 외국계 기업들이 이 형태로 설립되어 있음

① 주식회사
② 합명회사
③ 유한회사
④ 합자회사
⑤ 유한책임회사

대표개념 키워드 | 기업의 형태

| 해설 |

유한회사는 합명회사의 설립 용이성과 주식회사의 유한책임 특성을 결합한 기업 형태로, 사원들이 출자금액 범위 내에서만 책임을 지는 유한책임 구조를 가지고 있으며, 주식회사보다 설립과 운영이 간편하다. 최근 '주식회사 등의 외부감사에 대한 법률' 개정으로 매출액이 일정 규모 이상인 유한회사는 외부감사를 받아야 하고, 재무제표를 공시해야 하는 등 규제가 점차 강화되고 있다. 많은 다국적 기업들이 한국 진출 시 유한회사 형태를 선택하고 있다.

| 오답 피하기 |

① 주식회사는 설립 절차가 복잡하고 자본금 제한이 있으며, 처음부터 외부감사 및 공시 의무가 있었기 때문에 설명과 맞지 않다.
② 합명회사는 사원들이 회사 채무에 대해 무한책임을 지는 형태로 유한책임이라는 설명과 맞지 않다.
④ 합자회사는 무한책임사원과 유한책임사원이 공존하는 형태로 모든 사원이 유한책임을 진다는 설명과 맞지 않다.
⑤ 유한책임회사는 2012년 상법 개정으로 도입된 비교적 새로운 회사 형태이지만 아직 널리 활용되지 않고 있다.

정답 | ③

04

재화(상품)와 서비스의 특성에 대한 설명 중 올바르지 않은 것은?

① 재화는 대량생산을 통해 품질의 표준화가 용이하다.
② 재화는 유형적 특성으로 인해 저장과 보관이 가능하다.
③ 서비스는 무형적 특성으로 인해 재고로 보관할 수 없다.
④ 서비스는 제공자와 고객 간의 직접적 상호작용이 필요하다.
⑤ 서비스는 재화와 달리 제공 시점과 소비 시점을 분리할 수 있다.

대표개념 키워드 | 재화와 서비스

| 해설 |

서비스는 제공 시점과 소비 시점을 분리할 수 없다. 이는 서비스의 핵심 특성 중 하나인 '불가분성(Inseparability)' 또는 '동시성(Simultaneity)'을 나타낸다. 반면 재화는 생산 후 저장했다가 나중에 소비할 수 있어 생산과 소비의 시점을 분리할 수 있다.

| 오답 피하기 |

① 재화는 표준화된 생산 공정을 통해 동일한 품질의 제품을 대량으로 생산할 수 있다.
② 재화는 물리적 형태를 가지고 있어 창고나 매장에 보관이 가능하다.
③ 서비스는 무형적 특성으로 인해 미리 만들어 놓거나 저장할 수 없다. 예를 들어 강의 서비스 등이 있다.
④ 서비스는 제공자와 고객이 직접 만나서 상호작용하는 경우가 많다. 예를 들어 의료서비스, 교육서비스, 미용서비스 등이 있다.

정답 | ⑤

핵심테마 43 | 경영과 기업

05

주주와 전문경영인 사이에서 발생하는 '주인-대리인 문제(Agency Problem)'에 대한 설명으로 가장 적절하지 않은 것은?

① 대주주가 경영활동을 감시하고 견제하는 방법은 주인-대리인 문제를 완화시키는 수단이 될 수 있다.
② 소유와 경영이 분리되면서 정보가 비대칭적으로 분포해 주주와 전문경영자의 이해가 어긋날 때 발생한다.
③ 전문경영자에게 스톡옵션을 부여해 기업가치 상승 시 함께 이익을 얻도록 하는 것도 해결책이 될 수 있다.
④ 전문경영자를 대표이사로 선임하면 정보 비대칭이 줄어들어 주인-대리인 문제가 자동으로 해결된다.
⑤ 전문경영자가 단기 성과 보너스를 위해 과도한 인수·합병을 추진하는 것도 주인-대리인 문제의 한 예가 될 수 있다.

대표개념 키워드 주인-대리인 문제

| 해설 |
주인-대리인 문제는 주주(본인)와 전문경영자(대리인) 사이에 정보 비대칭이 존재하고, 두 집단의 선호·목표가 다를 때 발생한다. 주인-대리인 문제의 해결방법으로는 스톡옵션(이해 일치), 대주주의 경영활동 감시, 이사회 감시 등이 있다. 하지만 전문경영인을 대표이사로 선임하는 것은 하지만 오히려 권한과 정보 격차가 커져 문제가 심화될 수 있다.

정답 | ④

06

다음 [사례 1, 2]에서 공통적으로 설명하는 경영 핵심 가치로 가장 적절한 것은?

[사례 1]
A사는 물류센터 옥상에 태양광 발전 설비를 설치하고, 저탄소 운송 차량을 확대하여 온실가스 배출을 줄이는 데 앞장서고 있다. 또한 전사적 에너지 관리 시스템을 도입해 효율적인 자원 사용을 추진하고 있다.

[사례 2]
B사는 협력업체와 공정거래 협약을 체결하고, 정규직 전환 확대 및 근로자 복지 프로그램을 강화하고 있다. 아울러 이사회 내 여성 사외이사 비중을 높이고, 윤리경영위원회를 신설했다.

① CSV(Creating Shared Value)
② SCM(Supply Chain Management)
③ CSR(Corporate Social Responsibility)
④ SRI(Socially Responsible Investment)
⑤ ESG(Environmental, Social, Governance)

대표개념 키워드 기업의 역할

| 해설 |
ESG 경영은 기업이 장기적 지속가능성을 확보하기 위해 환경·사회·지배구조 요소를 통합적으로 관리하는 경영 방식으로, [사례 1]은 환경(E) 측면(에너지 절감, 온실가스 감축), [사례 2]는 사회(S)와 지배구조(G) 측면(공정거래, 근로복지, 이사회 다양성)의 활동에 해당한다.

| 오답 피하기 |
① CSV는 사회문제 해결과 경제적 가치 창출을 병행하는 전략적 개념이다.
② SCM은 공급망 효율화를 위한 관리 활동에 해당한다.
③ CSR은 사회적 책임을 중점으로 하지만, ESG보다 범위가 좁다.
④ SRI는 사회적 책임투자, 즉 투자자 관점의 개념이다.

정답 | ⑤

핵심테마 44 | 조직관리 이론의 흐름

1 테일러(Taylor)의 과학적 관리법

(1) 개념
① 테일러의 과학적 관리법은 20세기 초부터 주목받은 과업 수행의 분석과 표준화에 대한 관리 이론으로, 핵심 목표는 경제적 효율성, 특히 노동생산성 증진에 있다.
② 과학적 관리법의 진행 과정은 다음과 같다.
  ㉠ 작업을 과업 단위로 분류하고 동시에 해당 과업을 수행할 적합한 작업자를 체계적으로 선발한다.
  ㉡ 각각의 과업을 최대한 빠르고 효율적으로 수행할 수 있도록 시간연구와 동작연구를 시도한다.

(2) 테일러의 과학적 관리법
① 시간연구와 동작연구
  ㉠ 기존에는 작업의 양을 과거의 경험에 의존해 결정했으나 시간연구와 동작연구를 통하여 표준화된 과업을 결정하고 작업의 양을 조절하였다.
  ㉡ 시간연구는 특정 과업을 수행하는 데 소요되는 표준시간(Standard Time)을 측정하고, 이를 기준으로 다른 과업을 분석하여 생산성을 평가하는 데 활용하였다.
  ㉢ 동작연구는 작업자의 직무(Job)를 과업(Task)으로 구분하고 과업을 요소동작(Element)으로 세분화하여 불필요한 동작을 제거한다. 즉, 필요한 동작만 표준화된 작업방법을 만드는 것이다.

> **페이욜(H. Fayol)의 관리과정론**
> 테일러와 고전적 경영 이론학파의 동시대 인물로 경영 관리 활동을 계획·조직·지휘·조정·통제로 제시하였다. 6가지 경영 활동인 기술, 상업, 재무, 보호, 회계, 관리활동과 이를 수행하는 데 필요한 일반 원칙 14가지인 분업, 권한과 책임, 명령의 일원화, 전체의 이익을 위한 개인의 복종 등을 강조하였다.
>
> **길브레스(Gilbreth)**
> 테일러의 과학적 관리법을 발전시켜 작업 중 불필요한 동작을 줄여 효율성을 높이는 '동작경제의 원칙'을 개발했다.

테일러의 과학적 관리법

시간 연구 → 표준 작업량 설정 → 작업 관리
동작 연구 ↗
- 기획부제
- 직능별 직장제
- 작업 지도표제
- 차별적 성과급제

② 작업관리 제도

구분	내용
기획부제 (Planning Department)	작업 조건을 표준화하고 시간연구에 따른 과업을 설정하며 작업에 대한 계획을 세우는 기획부를 만든다.
직능별 직장제 (Functional Foremanship)	전문화된 직능별 전문 감독자(Foreman)를 두고 작업자를 전문적으로 관리, 감독, 지휘하게 한다.
작업지도표제 (Instruction Card System)	작업지도표란 시간연구과 동작연구를 통해 작성된 표준작업방법과 표준시간이 표시된 표를 의미하며, 직능별 직장이 관리, 감독할 수 있는 기준을 제공하는 역할을 한다.
차별적 성과급제	시간연구와 동작연구를 통해 작성된 표준과업을 표준시간 내에 달성하는 작업자와 달성하지 못한 작업자에게 차별적으로 임금을 지급하여 작업자들의 작업의욕을 고취시키는 데 활용한다.

핵심테마 44 | 조직관리 이론의 흐름

포드의 봉사주의
포드는 기업은 단순히 이윤 추구를 목적으로 하는 것이 아닌 봉사를 하기 위한 조직이라고 주장하였다.

2 포드(Ford)의 연구

(1) 포디즘(Fordism)의 개념
① 포드는 테일러의 과학적 관리법을 발전시켜 컨베이어 시스템(Conveyor System)을 자동차 생산에 도입하였다. 이를 '포디즘(Fordism)'이라고 한다.
② 컨베이어 시스템은 자동차 대량생산의 기반을 제공하였으며, 대량생산으로 규모의 경제를 달성하여 자동차의 가격을 낮추었다.

(2) 포디즘의 특징
① 컨베이어 시스템을 통한 대량생산이 특징이며, 이를 효율적으로 운영하기 위해 3S를 주장하였다. 3S는 단순화(Simplification), 전문화(Specialization), 표준화(Standardization)를 의미한다.
② 포드의 고임금-저가격 : 컨베이어 시스템과 3S를 통하여 증가된 생산량만큼 직원들에게 높은 임금을 지급할 뿐만 아니라, 규모의 경제 효과를 통해 비용을 절감하여 낮은 가격으로 제품을 시장에 출시할 수 있게 되었다.

3 막스 베버(Max Weber)의 관료제(Bureaucracy)

(1) 개념
① 베버는 기존의 조직이 대부분 전통적이고 세습적이며, 주로 카리스마적 리더에 의해 관리되고 지배되어 왔기 때문에 효율성을 기대하기 어려웠다고 주장하였다.
② 이에 대한 대안으로 관료제를 주장하였는데, 관료제란 합법적 권위와 문서화된 규범·절차에 기반을 둔 이상적인 조직형태를 의미한다.

(2) 특징
관료제의 핵심 특징은 공식화(Formalization)이며, 그 외에도 다음과 같은 특징이 있다.
① 규칙의 명확화 : 규칙을 통하여 업무 절차를 표준화할 수 있고 모든 인간을 동일하게 취급할 수 있다.
② 노동의 분화 : 인간은 적절하게 정의된 직무를 담당하고 있으며 직무를 수행하는 데 필요한 권한을 가진다.
③ 기술적 훈련, 역량, 전문성에 근거한 인사 : 특정 직무에 대한 자격요건이나 승진에 대한 객관적 기준을 마련한다.
④ 전문경영 : 관리시스템은 소유와 경영이 분리되어 있다.
⑤ 계층의 원칙 : 하위직급은 상위직급에 의해 감독과 통제를 받는다.
⑥ 문서화 : 행동, 의사결정, 규칙 등은 문서로 기록되고 보관된다.

4 메이요(E. Mayo)의 인간관계론

(1) 개요
① 하버드 경영대학의 메이요 교수가 주축이 되어 진행한 호손공장연구(Hawthorne Plant Studies)는 조직이론 분야에 인간관계이론의 발전을 가져온 대표적인 실험이다.
② 호손공장연구는 모두 4회의 실험으로 구성되며, 조명시험, 계전기 작업장 실험, 면접연구, 배전기 작업장 실험 순으로 진행되었다.

호손공장에서는 당시 테일러의 과학적 관리법을 적용하여 운영하고 있었으나 성과가 별로 좋지 못하여 이에 대한 문제를 찾고 해결하기 위한 목적으로 호손연구가 시작되었다.

(2) 호손공장연구의 의의
① 산업 관리에 있어 사회·심리적 요인의 중요성을 발견하였다. 공식조직 구조와 절차 외에 생산성에 영향을 미치는 요인이 있음을 확인하였다.
② 생산성 향상에 있어 근로자 간 관계라는 새로운 요소의 중요성을 확인함으로써 조직이론에서 인간관계학파(Human Relations School)가 생겨나는 계기가 되었다.

5 조직관리의 접근법

(1) 경영과학(계량경영학)
① 문제 해결이나 의사 결정을 위해 계량적 기법을 활용하는 접근법으로, 제2차 세계대전 당시 군수물자의 효율적 전개와 작전수행을 지원하기 위해 수립되어 크게 발전하였다.
② 경영과학의 목적은 다양한 수리적 모형을 이용하여 여러 대안을 제시하고 그중 최선의 방안을 선택하는 것이다.

(2) 상황적합이론
① 개념
  ㉠ 모든 상황에 적용하여 최선의 효과를 얻어내는 유일한 방법은 없으며, 좋은 결과를 얻었던 방법도 상황이나 환경이 변하면 효과를 거두지 못하는 경우도 많다.
  ㉡ 이와 같이 상황에 적합한 최선의 효과를 거두기 위해서는 조직의 관리방법, 조직형태 등이 달라져야 한다고 주장하는 이론이다.
② 톰슨(Thompson)의 연구 : 톰슨은 조직구조에 영향을 미치는 과업의 상호작용을 3가지 유형으로 구분하였다.

상호의존성	기술유형	조직구조	유연성	의사소통 필요성	조정형태	예
집합적 상호의존성	중개형 (매개형) 기술	기계적	중간	낮음	표준화, 규정, 절차	은행 등
순차적 상호의존성	연속형 (장치형) 기술	기계적	낮음	중간	계획, 예정표	자동차 공장 등
교호적 상호의존성	집약형 기술	유기적	높음	높음	피드백, 회의, 팀워크	병원 등

  ㉠ 집합적 상호의존성(Pooled Interdependency) : 외부환경과 고객을 연결시키는 중개형(Mediating) 기술의 기업에 존재한다. 각 부서는 독립적으로 과업을 수행하지만, 규정과 절차를 통해 부서 간 활동을 표준화한다.
  ㉡ 순차적 상호의존성(Sequential Interdependency) : 프로세스의 산출물이 다음 프로세스의 투입이 되는 연속형(Long-Linked) 기술의 기업에 존재한다. 일반적으로 한 방향의 작업 흐름이 존재하게 되어 연결된 부서 간 조정이 필요하며 전체적인 계획과 스케줄이 요구된다.

ⓒ 교호적 상호의존성(Reciprocal Interdependency) : 고객에게 다양한 제품 및 서비스를 제공할 때 조직 내 모든 담당자가 협력하여 동시에 제공하는 집약형(Intensive) 기술의 기업에 존재한다. 부서 간 적극적이고 원활한 의사소통이 절대적으로 필요하다.

(3) 페로우(Perrow)의 연구
① 페로우(Perrow)는 과업의 다양성과 문제의 분석가능성 두 축에 따라 기술 유형을 구분하였다.
  ㉠ 과업의 다양성이란 과업 수행 절차의 다양성을 의미한다. 즉, 변환 과정에서 매번 같은 방식으로 작업이 수행된다면 과업의 다양성은 낮다고 할 수 있다.
  ㉡ 문제의 분석가능성이란 문제가 절차화·계량화되어 해결 과정이 명확한 정도를 의미한다.
② 페로우의 기술 유형과 조직 구조

구분		과업의 다양성	
		낮음	높음
문제의 분석 가능성	낮음	장인기술 (제화, 공예산업 등)	비일상적 기술 (기초과학, 신상품 개발 등)
		대체로 유기적 구조 중간 정도의 공식화와 집권화	유기적 구조 낮은 공식화와 집권화
	높음	일상적 기술 (석유정제, 자동차 조립 등)	공학적 기술 (건축, 회계 등)
		기계적 구조, 높은 공식화와 집권화	대체로 기계적 구조, 중간 정도의 공식화와 집권화

개념반복! 약점체크! 쪽지시험

01 다음 설명이 맞으면 ○, 틀리면 ×표 하세요.

(1) 테일러의 과학적 관리법은 시간연구와 동작연구를 통해 표준작업량을 설정하고, 차별적 성과급제를 통해 작업자의 생산성을 높이고자 하였다. ( )

(2) 막스 베버의 관료제란 합법적 권위(규범), 문서에 기반을 둔 이상적인 조직형태를 의미한다. ( )

(3) 메이요의 인간관계론은 모든 근로자가 경제적 보상에만 반응한다는 가정을 바탕으로 한다. ( )

(4) 메이요의 호손공장연구는 조명시험, 계전기 작업장 실험, 면접 연구, 배전기 작업장 실험 순으로 진행되었다. ( )

(5) 베버는 시간연구와 동작연구를 통하여 표준화된 과업을 결정하고 작업의 양을 조절하였다. ( )

02 다음 빈칸에 알맞은 말을 고르거나 적으세요.

(6) 테일러의 과학적 관리법에서 작업자는 표준작업량 달성 여부에 따라 차등 임금을 지급받는 차별적 ( ) 제도의 적용을 받았다.

(7) 포드(Ford)는 컨베이어 시스템을 도입하여 대량생산을 가능하게 하였고, 이를 효율적으로 운영하기 위해 단순화, 전문화, ( )를 주장하였다.

(8) 포드(Ford)는 대량생산을 통해 ( ) 경제를 실현하여 비용을 절감하게 되어 낮은 가격으로 제품을 시장에 출시할 수 있게 되었다.

(9) 톰슨(Thompson)은 과업 상호의존성 유형 중 부서별 활동은 독립적이지만 성과는 합산되는 형태를 ( ) 상호의존성이라 하였다.

(10) 베버(Max Weber)의 관료제 이론에서 직무는 전문적 지식·훈련에 따라 임명되며, 업무 수행과 의사결정은 공식적 규칙과 ( )에 근거하여 이루어진다.

| 정답 |
(1) ○ (2) ○ (3) × (4) ○ (5) × (6) 성과급 (7) 표준화 (8) 규모의 (9) 집합적 (10) 문서화

| × 해설 |
(3) 메이요의 인간관계론은 인간을 사회적 존재(Social Man)로 보고, 심리적 요인을 강조한다.
(5) 시간연구와 동작연구를 통하여 표준화된 과업을 결정하고 작업의 양을 조절하였던 사람은 테일러이다.

출제 0순위 공략! 꼭 풀어야 할 대표문제

01

테일러(Taylor)가 제시한 과학적 관리법의 핵심 원칙에 대한 설명 중 적절하지 않은 것은?

① 경영진과 근로자 간 상호 협력
② 작업 방법의 과학적 분석과 표준화
③ 근로자의 체계적 선발과 교육훈련
④ 관리자와 작업자 간의 명확한 업무 분담
⑤ 대량생산을 통한 저가격 정책과 고임금 제도

대표개념 키워드 | 테일러의 과학적 관리법

| 해설 |
저가격-고임금 정책은 테일러의 과학적 관리법이 아닌 헨리 포드의 포드주의(Fordism)에서 나타나는 특징이다. 포드는 대량생산 시스템을 통해 제품 가격을 낮추면서도 근로자에게는 높은 임금을 지급하는 정책을 추진했다.

| 오답 피하기 |
① 테일러는 경영진과 근로자가 대립하지 않고 상호 협력하여 과학적 관리 방법을 실행해야 한다고 주장하였다.
② 테일러는 전통적인 경험과 관습에 의존한 작업 방식을 과학적으로 분석하여 최적의 작업 방법을 찾고 이를 표준화하는 것을 강조했다.
③ 적재적소에 맞는 인재를 과학적 기준으로 선발하고, 선발된 근로자를 체계적으로 교육훈련시키는 것은 테일러 관리법의 핵심 원칙이다.
④ 관리 기능과 실행 기능을 명확히 분리하여 각각의 전문성을 높이는 것은 테일러가 제시한 분업의 원칙이다.

정답 | ⑤

02

막스 베버(Max Weber)가 제시한 이상적 관료제의 특징으로 적절하지 않은 것은?

① 전문적 지식과 기술에 기반한 업무 분업
② 능력과 자격을 중시하는 실력주의 인사 운영
③ 명문화된 규칙과 절차에 따른 체계적 문서 관리
④ 완전한 정보 부족으로 인한 차선책 선택의 합리성
⑤ 업무 처리에서 개인적 감정을 배제한 비개인적 관계

대표개념 키워드 | 막스 베버의 관료제

| 해설 |
베버의 관료제는 완전한 합리성을 추구하는 이상적 조직 형태로, 규칙과 절차를 통해 객관적이고 합리적인 의사결정을 달성하고자 한다. 반면, '완전한 정보 부족으로 인한 차선책 선택의 합리성'은 허버트 사이먼(Herbert Simon)의 제한된 합리성 개념에 해당한다. 사이먼은 현실에서 인간은 인지적 한계, 시간적 제약, 불완전한 정보 등으로 인해 최적의 의사결정을 할 수 없고 단지 만족할 만한 수준의 해결책을 찾는다고 보았다.

| 오답 피하기 |
① 각 직위마다 전문적 지식과 기술이 요구되며, 업무를 전문 영역별로 분업하는 것은 베버 관료제의 중요한 특징이다.
② 베버의 관료제는 개인적 관계나 연줄이 아닌 객관적 능력과 자격을 기준으로 채용하고 승진시키는 실력주의(능력주의)를 강조했다.
③ 모든 업무를 문서로 기록하고 명문화된 규칙과 절차에 따라 체계적으로 관리하는 것이 베버 관료제의 핵심 특징이다.
⑤ 베버는 개인적 감정이나 인간관계를 배제하고 객관적이고 비개인적으로 업무를 처리해야 한다고 강조했다.

정답 | ④

핵심테마 44 | 조직관리 이론의 흐름

03

다음 [보기]의 특징을 가진 경영관리 이론은 무엇인가?

— 보기 —
- 작업 성과에 따른 차등 임금제 도입
- 체계적인 시간 측정과 동작 분석을 통한 표준작업량 설정
- 적성과 능력을 고려한 근로자 선발 및 훈련
- 최적의 작업 방법을 담은 표준 작업 지침서 작성
- 관리 업무와 실행 업무의 명확한 분리

① 페이욜의 관리과정론
② 메이요의 인간관계론
③ 테일러의 과학적 관리법
④ 막스 베버의 관료제 이론
⑤ 헨리 포드의 대량생산 시스템

대표개념 키워드 테일러의 과학적 관리법

| 해설 |
제시된 모든 특징은 프레더릭 테일러(Frederick W. Taylor)의 과학적 관리법(Scientific Management)에 해당한다. 테일러는 19세기 말~20세기 초 미국에서 전통적인 경험과 관습에 의존한 작업 방식의 비효율성을 개선하고자 과학적 방법을 도입했다.

| 오답 피하기 |
① 페이욜의 관리과정론은 계획, 조직, 지휘, 조정, 통제의 관리 기능과 14가지 관리 원칙을 제시한 이론으로, 작업 현장의 과학적 분석보다는 관리 과정에 중점을 둔다.
② 메이요의 인간관계론은 호손 실험을 통해 인간의 사회적, 심리적 요인이 생산성에 미치는 영향을 강조한 이론이다.
④ 막스 베버의 관료제 이론은 명확한 권한 계층, 문서화된 규칙, 비개인적 관계 등을 특징으로 하는 조직 이론이다.
⑤ 헨리 포드의 대량생산 시스템은 컨베이어 벨트를 이용한 대량생산과 '저가격-고임금' 정책이 특징이며, 개별 작업자의 과학적 선발보다는 단순 반복 작업에 중점을 둔다.

정답 | ③

04

페이욜(Henri Fayol)이 제시한 관리의 14원칙에 포함되지 않는 것은?

① 업무 분할의 원칙
② 명령 통일의 원칙
③ 조직 이익 우선의 원칙
④ 권한과 책임 일치의 원칙
⑤ 작업 동작의 경제성 원칙

대표개념 키워드 페이욜의 관리 14원칙

| 해설 |
'작업 동작의 경제성 원칙'은 프랭크 길브레스(Frank Gilbreth)의 동작연구(Motion Study)에서 나타나는 원칙이다. 길브레스는 테일러의 과학적 관리법을 발전시켜 작업자의 동작을 세밀하게 분석하고, 불필요한 동작을 제거하여 효율성을 높이는 '동작경제의 원칙'을 개발했다.

| 오답 피하기 |
① 업무 분할의 원칙은 전문화를 통해 효율성을 높이자는 페이욜의 첫 번째 원칙이다.
② 명령 통일의 원칙은 한 사람의 부하는 한 사람의 상사로부터만 명령을 받아야 한다는 페이욜의 네 번째 원칙이다.
③ 조직 이익 우선의 원칙은 개인의 이익보다 조직 전체의 이익을 우선시해야 한다는 페이욜의 여섯 번째 원칙이다.
④ 권한과 책임 일치의 원칙은 권한을 부여받은 만큼 그에 상응하는 책임을 져야 한다는 페이욜의 두 번째 원칙이다.

정답 | ⑤

핵심테마 45 조직구조의 형태

1 고전적 조직화

(1) 개념
① 고전적 조직화는 인간을 수동적·타율적 존재로 가정하는 전통적 관리관에 근거하여 조직 구조를 형성하는 것이다.
② 인간을 자율적 존재가 아닌 피동적 존재로 규정하고 과업을 중심으로 조직 구조가 형성된다. 이와 같은 조직 구조를 기계적 조직 구조라고 한다.

(2) 원칙
① 분업과 전문화의 원칙 : 조직의 구성원들은 분업과 전문화를 통하여 직무수행에 필요한 지식과 기술을 쉽게 습득하고 효율적으로 생산목표를 달성할 수 있다.
② 권한과 책임의 원칙 : 조직 구성원들의 직무 범위와 그에 따른 권한 및 책임의 상호관계를 명확히 해야 한다.
③ 권한 이양의 원칙 : 상급자가 하급자에게 직무를 위임할 경우에는 해당 직무를 수행할 수 있는 권한도 이양해야 한다. 단, 책임은 이양되지 않는다.
④ 계층제의 원칙 : 전체적인 조직구조는 계층을 이루는 피라미드 형태를 갖추어야 한다. 이에 따라 명령일원화의 원칙, 감독범위의 원칙, 계층단축화의 원칙이 파생된다.

(3) 조직구조의 종류

구분	라인(Line)조직	라인-스탭(Line-Staff)조직	기능별(Functional)조직
구조	상급자의 지시가 하급자에게 직선적으로 전달	라인 관리자 업무에 스탭이 전문적으로 조언 및 지원	상급관리자를 기능별(전문분야별)로 분화하여 통제
장점	• 명확한 권한 및 책임 • 신속한 의사결정 • 효율적인 조직운영	• 전문지식 활용 가능 • 라인 관리자 독단 방지 • 합리적 의사결정 가능	• 전문적 지식·기능 활용 극대화 • 반복·숙련 효과 큼 • 효율적 통제 가능
단점	• 전문적 지식 활용 어려움 • 환경 변화 대응력 약함 • 관리자의 부담 과중	• 권한 및 책임 불명확 • 라인 관리자, 스탭 간 갈등 발생 우려 • 책임 소재 불분명	• 권한 및 지휘체계 중복 • 지휘 혼란 발생 가능 • 부서 간 협조 어려움

맥그리거(McGregor)의 XY이론
맥그리거는 인간의 유형을 X형과 Y형으로 분류하였다. X형 인간은 인간을 게으르고 책임감이 약한 존재로 보아 관리와 통제가 필요하고, Y형 인간은 인간을 성실하고 자기통제가 가능한 존재로 보아 민주적 관리가 중요하다고 보았다.

2 현대적 조직화

(1) 개념
① 현대적 조직화는 인간을 자율적 존재로 보는 관리관에 근거하여 조직 구조를 형성하는 것이다.
② 인간을 자율적 존재로 규정하기 때문에 유기적 조직 구조가 형성된다.

(2) 원칙
① **통합의 원칙** : 조직 부문 간 조정 및 통합이 중요하다.
② **행동 자유의 원칙** : 자율적 인간의 특징을 최대한 발휘하기 위하여 구성원의 업무 수행에 대한 제약은 최소한으로 한다.
③ **창의성의 원칙** : 조직은 안정성보다 창의성과 문제해결능력을 발휘할 수 있는 방향으로 설계되어야 한다.
④ **업무흐름의 원칙** : 고전적 조직화에서는 업무 자체를 중요시하였으나, 현대적 조직화에서는 업무의 흐름을 중심으로 조직화해야 한다.

(3) 조직구조의 종류
① 위원회 조직(Committee Organization)
  ㉠ 기업을 경영하면서 발행하는 문제들을 해결하기 위해 관련된 각 계층의 직원들을 선출하여 구성한 위원회가 상시적 기구로서 설치되어 있는 조직을 의미한다.
  ㉡ 위원회 조직의 목적은 각 부문 간의 갈등과 마찰을 최소화하면서 구성원들이 민주적 절차에 따라 의사결정을 내리고 수행하는 데 있다.
② 프로젝트팀 조직(Project Team Organization)
  ㉠ 특정 과업 수행을 위해 임시적으로 편성되며, 태스크 포스 팀(Task Force Team)이라고도 한다.
  ㉡ 환경의 변화에 능동적으로 대처하기 위하여 한시적이며 유연한 성격을 가진 조직의 형태이다.
③ 행렬 조직(Matrix Organization)
  ㉠ 기능별 또는 부문별 조직형태에 프로젝트팀 조직을 결합시킨 조직의 형태로, 급변하는 환경에 능동적으로 대처하며 효율성과 유연성을 동시에 추구할 수 있다.
  ㉡ 조직 구성원은 최소한 두 개 이상의 공식적 집단에 속해 있어 지휘·보고 체계가 이중화되어 다각적 역할기대에 따른 역할갈등을 경험할 수 있다.

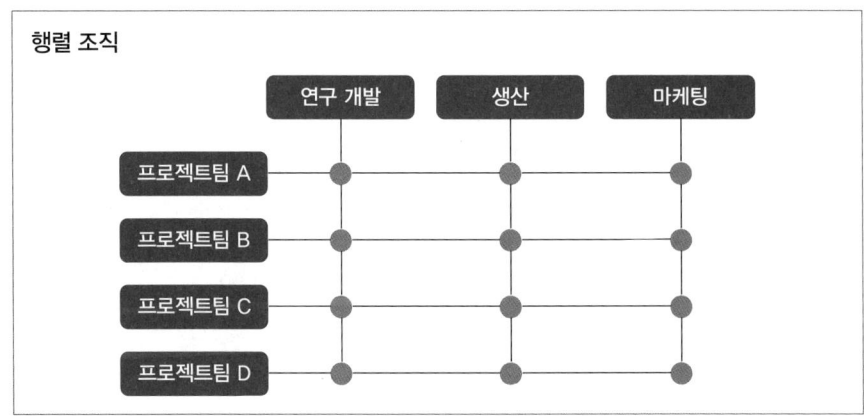

핵심테마 45 | 조직구조의 형태

사업부제(부문별) 조직의 장단점

장점	전략적 사업부(Strategic Business Unit)로서 역할을 수행하여 상황에 맞는 사업운영으로 이익 극대화
단점	기업 전체적인 자원의 중복 투자가 효율성 저해 가능성

④ 사업부제(부문별) 조직(Divisional Organization)
  ㉠ 조직을 제품별, 지역별, 고객별 등의 단위로 구분하여 사업부에 독립적 권한과 책임을 부과하여 자주적 이익중심점(Profit Center)으로 운영하고자 하는 조직의 형태이다.
  ㉡ 일반적으로 기업의 규모가 커지면서 사업부제(부문별) 조직을 도입하는 경우가 많다.

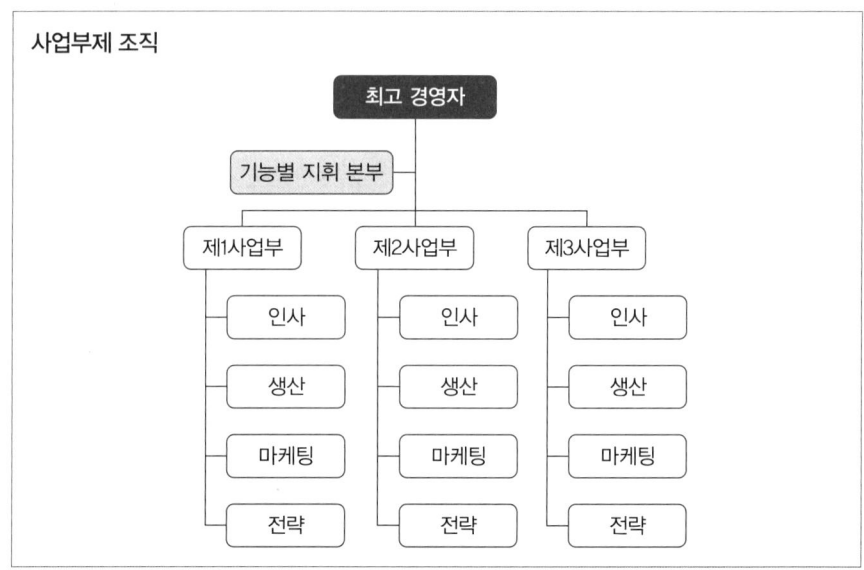

⑤ 네트워크 조직(Network Organization)
  ㉠ 전통적 조직의 핵심요소는 유지하되, 위계적 구조의 영향력은 거의 없다. 조직 구성원의 전문적 지식과 자율을 최대한 보장하고 개인의 능력을 최대로 발휘하게 하는 신축적 조직의 형태이다.
  ㉡ 네트워크 조직에서 전통적 조직의 경계와 구조를 적용하기 어려운 이유는 조직의 구성요소가 물리적으로 연결되어 있지 않고 가상공간을 통해 연결되어 있기 때문이다. 이러한 이유로 네트워크 조직을 가상 조직(Virtual Organization)이라고도 한다.
  ㉢ IT·정보통신 발달에 따라 전통적 의미의 조직 경계와 구조 형태가 허물어지게 되어 도입된 조직 형태라고 볼 수 있다.

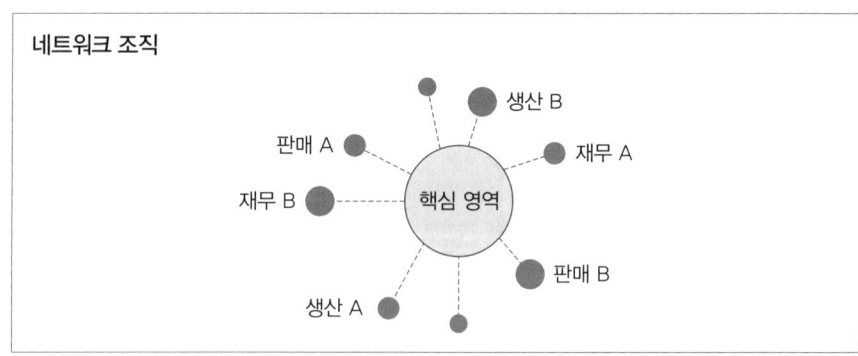

3 기계적 조직과 유기적 조직

(1) 조직구조와 외부환경

① 번즈(Burns)와 스토커(Stalker)는 영국의 20개 산업조직을 대상으로 조사한 결과 조직 구조는 외부환경에 따라 달라지는 것을 발견하였다.

㉠ 동태적 환경에 속한 조직은 문서화된 규칙이나 절차가 거의 없으며 의사결정 권한도 분권화되어 있다. 토론과 상호작용으로 갈등을 조정하며, 예상치 못한 상황에도 유연하게 대처할 수 있는 유기적 구조를 갖추고 있었다.

㉡ 안정적 환경에 속한 조직은 주로 문서에 의존하며 의사소통한다. 의사결정 또한 소수의 경영자에 의해 실행되고 정보의 흐름이 제한되어 있어 표준화·공식화된 절차에 의존하는 기계적 구조를 갖추고 있었다.

② 번즈와 스토커는 기계적 조직과 유기적 조직의 상대적 우월성을 주장한 것은 아니며, 조직 환경 특성에 따라 적합한 구조가 달라져야 함을 강조하였다.

(2) 기계적 조직과 유기적 조직

구분	기계적 조직	유기적 조직
권한이양	집권적	분권적
규칙과 절차	엄격하고 많은 편	융통성이 있고 적은 편
부서 간의 업무	매우 독립적	상호 의존적
관리의 폭	좁음	넓음
조직구조	공식적 관계	공식적·비공식적 관계
의사소통	수직적 관계	수직적·수평적 관계

01 다음 설명이 맞으면 O, 틀리면 ×표 하세요.

(1) 고전적 조직화의 원칙에는 분업과 전문화의 원칙, 권한과 책임의 원칙, 권한이양의 원칙, 계층제의 원칙 등이 있다. ( )

(2) 고전적 조직화의 특성이 반영된 조직의 형태는 라인조직, 라인-스탭조직, 기능별 조직 등이 있다. ( )

(3) 현대적 조직화가 반영된 조직구조를 유기적 조직구조라고 한다. ( )

(4) 네트워크 조직은 구성요소들이 하나의 물리적 공간에 집합해 있어 업무 조정이 용이하다는 장점이 있다. ( )

(5) 번즈와 스토커에 따르면 안정적 환경일수록 조직은 의사소통을 문서에 의존하고 규칙·절차를 강조하는 기계적 구조를 갖기 쉽다. ( )

02 다음 빈칸에 알맞은 말을 고르거나 적으세요.

(6) ( )-스탭 조직은 라인 관리자가 의사결정을 내릴 때 스탭이 전문적 지식과 조언을 제공하는 보조 역할을 수행한다.

(7) 구성원의 전문성과 자율성을 중시하며 가상공간을 통해 연결되는 신축적 조직을 ( ) 조직이라고 한다.

(8) 행렬조직은 구성원이 최소 두 개 이상의 집단에 속하기 때문에 다각적 역할기대에 따른 ( )을 경험할 가능성이 높다.

(9) 고전적 조직화 중 ( )의 원칙은 전체적인 조직구조가 계층을 이루는 피라미드 형태를 갖추어야 한다는 원칙이다.

(10) 기계적 조직은 규칙과 절차가 엄격한 반면, 유기적 조직은 ( )이 높아 환경 변화에 탄력적으로 대응할 수 있다.

| 정답 |
(1) O (2) O (3) O (4) × (5) O (6) 라인 (7) 네트워크 (8) 역할갈등 (9) 계층제 (10) 유연성

| × 해설 |
(4) 네트워크 조직은 구성요소가 물리적으로 함께 존재하지 않으며, IT 기반의 가상공간을 통해 연결되는 형태이다.

핵심테마 45 | 조직구조의 형태

01

다음 E사의 사례에서 나타난 조직화의 원칙으로 가장 적절한 것은?

> 급변하는 시장 상황에 빠르게 대응하기 위해 E사는 의사결정 구조를 개편하였다. 그동안 CEO가 직접 처리하던 다양한 운영 의사결정을 각 부문 책임자에게 맡기고, CEO는 중장기 전략 수립과 대외 조정에 집중하도록 했다. 이러한 변화로 부문 책임자들은 자신들의 업무 영역에 필요한 판단 권한을 갖게 되어 업무 추진 속도가 크게 향상되었다.

① 조정의 원칙
② 계층제의 원칙
③ 권한 이양의 원칙
④ 명령일원화의 원칙
⑤ 권한과 책임의 원칙

대표개념 키워드 조직화의 원칙

| 해설 |
제시된 E사의 사례는 상급자가 하급자에게 업무 수행에 필요한 의사결정 권한을 위임하여 부문 책임자들이 자율적으로 업무를 추진할 수 있도록 한 상황을 나타낸다. 이는 직무를 맡긴 경우 그 직무를 수행할 수 있는 권한까지 함께 이양되어야 한다는 권한 이양의 원칙에 해당한다.

| 오답 피하기 |
① 조정의 원칙은 부서 간 업무를 유기적으로 연결하고 갈등을 최소화하는 것을 말한다. 사례는 부서 간 조정이 아니라 부문 책임자에게 권한을 부여하는 과정이다.
② 계층제의 원칙은 조직이 피라미드 형태로 구성되어야 한다는 원칙이다. 제시된 상황은 계층 구조가 아니라 의사결정 권한 분배에 관한 내용이다.
④ 명령일원화의 원칙은 하급자는 한 명의 상급자에게서만 명령을 받아야 한다는 원칙이다. 사례는 보고 체계가 아니라 권한의 위임을 설명하고 있으므로 적절하지 않다.
⑤ 권한과 책임의 원칙은 권한의 크기와 책임의 범위가 서로 대응해야 한다는 원칙이다. 사례는 권한과 책임의 균형 문제보다 권한의 위임 자체에 초점이 있다.

정답 | ③

02

다음 그림과 같은 조직형태의 설명으로 가장 적절하지 <u>않은</u> 것은?

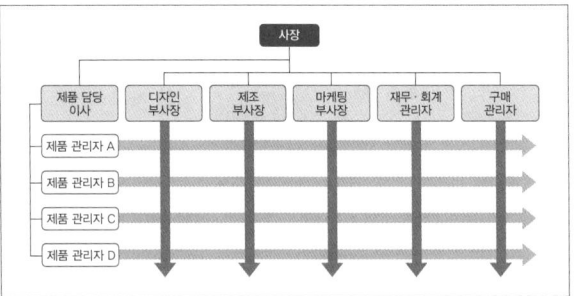

① 기능부서 간 협조가 유기적으로 이루어질 수 있다.
② 책임과 권한의 분리가 명확해져 결과에 대한 책임이 분명하다.
③ 세계적 시장을 목표로 하여 세계 곳곳에 지사를 둔 기업에 적합한 방식이다.
④ 인적자원의 효율적 사용이 가능하여 시장의 변화에 유연하게 적응할 수 있다.
⑤ 기능 조직과 팀 조직의 결합 형태로 되어 있어 각 부서의 이기주의를 방지할 수 있다.

대표개념 키워드 행렬 조직

| 해설 |
해당 그림은 행렬(매트릭스) 조직이다. 행렬 조직은 기능 조직과 프로젝트(또는 사업) 조직을 결합한 형태로, 기능별 전문성과 프로젝트 중심의 유연성을 동시에 확보할 수 있다. 이로 인해 자원의 효율적 활용, 환경 변화에 대한 신속한 대응, 부서 간 협조 촉진 등의 장점이 있다. 하지만 이중 보고체계로 인해 명령 체계가 복잡해지고, 책임 소재가 불명확해진다는 단점이 있다.

정답 | ②

03

다음 그림과 같은 조직형태의 설명으로 가장 적절하지 <u>않은</u> 것은?

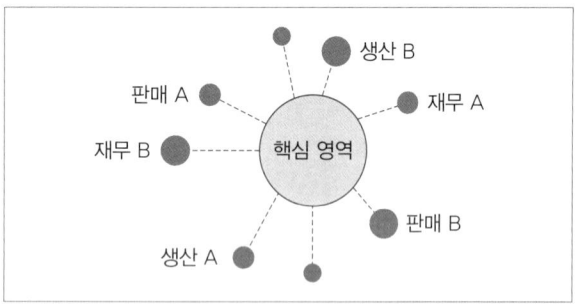

① 전통적 조직의 핵심요소는 유지하지만 조직의 전통적 경계와 구조는 없다.
② 조직의 구성요소가 물리적으로 연결되어 있지 않고 가상공간을 통해 연결된다.
③ 환경의 변화에 능동적으로 대처하기 위하여 한시적이며 동태적인 성격을 가진다.
④ 디지털 플랫폼과 정보통신 기술 발전을 바탕으로 이 구조의 장점을 최대한 활용하고 있다.
⑤ 조직의 위계적 서열의 영향력은 거의 없으며 조직 구성원의 전문적 지식과 자율을 최대한 보장하고 개인의 능력을 최대로 발휘할 수 있다.

대표개념 키워드 | 네트워크 조직

| 해설 |
환경의 변화에 능동적으로 대처할 수 있고 한시적이며 동태적 성격을 가진 조직형태는 프로젝트 조직이다.
해당 그림은 네트워크 조직이다. 네트워크 조직은 핵심 기능만 내부에 두고, 기타 활동은 외부 전문조직이나 협력사와 연결하여 수행하는 구조이다. 정보통신기술(IT) 발달로 가능해진 가상조직(Virtual Organization) 형태로, 공간 제약 없이 협업이 이루어진다. 네트워크 조직의 장점은 신속한 정보공유와 의사결정의 유연성, 비용 절감 효과가 있다는 점이다. 하지만 구성원 간 물리적 거리로 인해 통제·소속감 유지가 어렵다는 한계도 있다.

정답 | ③

04

다음 중 기계적 조직과 유기적 조직에 관한 설명으로 가장 적절하지 <u>않은</u> 것은?

① 기계적 조직은 직무 전문화가 높지만, 유기적 조직은 낮다.
② 일반적으로 기계적 조직은 공식화 정도가 낮은 반면, 유기적 조직은 높다.
③ 기계적 조직은 경영관리 위계의 형태가 수직적이지만, 유기적 조직은 수평적이다.
④ 기계적 조직은 공식적 커뮤니케이션이 강조되는 반면, 유기적 조직은 비공식적 커뮤니케이션이 강조된다.
⑤ 기계적 조직은 의사결정 권한이 소수 또는 한사람에 집중화되어 있는 반면, 유기적 조직은 분권화되어 있다.

대표개념 키워드 | 기계적 조직과 유기적 조직

| 해설 |
기계적 조직은 고전적 조직화에 충실한 조직의 형태이다. 따라서 공식화 정도가 높고 위계관리가 수직적이다. 일 중심의 조직구조로서 높은 직무전문화가 요구되고 의사결정이 집중화되어 있다.
반면, 현대적 조직구조에 입각한 유기적 조직 경영관리는 수평적 성격을 가지고 있고 공식화의 정도가 낮으며, 기계적 조직화에 비해 직무전문화의 정도는 낮으나 의사결정 권한이 분권화되어 있는 것이 특징이다.

정답 | ②

05

번즈(Burns)와 스토커(Stalker)의 조직 연구에 대한 설명 중 적절하지 않은 것은?

① 외부환경의 특성에 따라 조직 구조가 달라지는 것을 실증적으로 입증했다.
② 급변하는 환경에서는 자율적 의사결정이 가능한 유기적 조직 구조가 나타난다고 보았다.
③ 유기적 조직 구조가 기계적 조직 구조보다 본질적으로 더 우월한 조직 형태라고 주장했다.
④ 안정적인 환경에서는 공식적 절차와 규칙을 중시하는 기계적 조직 구조가 효과적이라고 보았다.
⑤ 환경 변화가 적은 상황에서는 수직적 의사소통이, 환경 변화가 많은 상황에서는 수평적 의사소통이 적합하다고 보았다.

대표개념 키워드 번즈와 스토커의 조직 연구

| 해설 |
번즈와 스토커는 상황적합이론(Contingency Theory)의 관점에서 환경에 따라 적합한 조직 구조가 다르다고 보았다. 즉, 모든 상황에 공통적으로 적용되는 최적의 조직은 존재하지 않으며, 환경이 안정적일수록 기계적 구조가 적합하고 환경이 불확실하거나 급변할수록 유기적 구조가 효율적이라고 설명하였다. 이들의 연구는 이후 상황적합이론으로 발전하여 조직 구조·리더십·의사결정 방식의 적합성 논의로 이어졌다.

정답 | ③

06

다음 그림에서 설명하는 조직구조의 특징으로서 가장 적절하지 않은 것은?

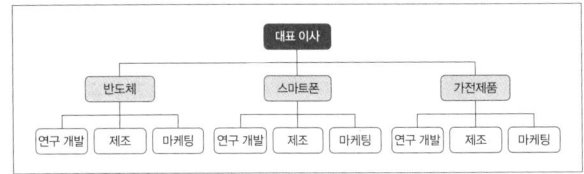

① 효율적 경영활동을 위해 사업부 별로 권한과 책임을 위임한다.
② 일반적으로 기업의 규모가 커지면서 이 조직구조를 도입하는 경우가 많다.
③ 규모의 경제를 실현하기 가장 적합한 조직의 형태로서 자원의 효율성을 높일 수 있다.
④ 사업부의 독립성을 유지함으로써 자주적 이익중심점(Profit Center)으로 운영하고자 하는 조직의 형태이다.
⑤ 전략적 사업부(Strategic Business Unit)로서 역할을 수행하여 상황과 여건에 맞는 사업운영으로 이익을 극대화할 수 있다.

대표개념 키워드 사업부제 조직

| 해설 |
해당 그림은 사업부제 조직을 나타내고 있다. 사업부제 조직의 가장 큰 단점은 자원의 중복 투자라고 할 수 있다. 각 사업부가 독립적으로 운영되면서 인사, 재무, 마케팅 등의 기능을 각각 보유하게 되어 전체적으로 자원의 비효율성이 발생한다. 이는 규모의 경제 실현에 오히려 방해가 된다.

정답 | ③

핵심테마 46 | 인적자원관리의 이해

1 인적자원의 개념

(1) 인적자원관리(Human Resource Management : HRM)
① 개념
인적자원관리(HRM)란 기업의 경제적 효율성과 종업원의 사회적 효율성을 극대화하기 위해 필요한 인력을 확보·개발·평가·보상·유지·방출 활동을 계획, 실천, 통제하는 일련의 활동을 의미한다.

② 인적자원의 특징

존엄성	기계나 상품처럼 수단이 아닌 생명을 가진 하나의 인격체이다.
능동성	단순한 업무 지시를 받고 입력과 출력을 반복하는 수동성을 지닌 물적 자원과는 달리, 인적자원의 성과는 구성원의 욕구, 동기, 태도 등에 따라 달라지는 능동성을 가지고 있다.
소진성	인적자원의 능력은 사용하지 않으면 소진된다.
개발 가능성	물적 자원은 양과 질에 따른 개발에 한계가 있지만, 인적자원은 장시간 성장과 성숙을 반복하면서 개발되며 많은 잠재력을 가지고 있다.
전략적 요소	인적자원은 조직의 성과와 밀접한 관련이 있으므로 전략적으로 관리해야 한다.

③ 특징
㉠ 인사관리(Personal Management : PM)는 개인의 욕구보다는 조직의 경제적 효율성 달성에 초점을 두는 반면, 인적자원관리는 조직구성원을 조직경쟁력의 원천으로 본다는 점에서 가장 큰 차이가 있다.
㉡ 인적자원을 관리의 대상이 아닌 전략의 핵심요소로 봐야 한다는 관점에서, 기업 전반의 전략적 방향성과 인적자원의 관리가 일관되어야 함을 강조하는 전략적 인적자원관리(Strategic Human Resources Management : SHRM)로 발전하고 있다.

> **인사관리 vs. 인적자원관리**
> 인사관리가 운영적 측면을 강조하는 제도적 차원의 전통적인 개념이라면, 인적자원관리는 인적자원의 개발 측면이 강조되는 동태적 차원의 현대적 개념이다.

(2) 인적자원관리 프로세스
인적자원관리는 인적자원의 직무 분석, 모집 및 채용, 배치 및 훈련을 거쳐 평가 및 보상으로 진행된다.

인적자원관리 세부 프로세스

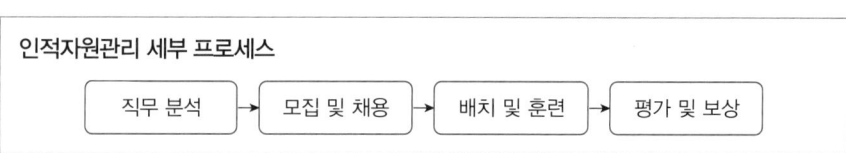

2 인적자원관리의 필요성

(1) 경쟁 우위의 원천으로서 인적자원
하멜(Hamel)교수는 조직의 경쟁 우위의 원천으로 기업 외부 요소뿐만 아니라 기업 내부의 핵심역량을 강조하였다.

(2) 바니(Barney)의 VRIO 분석
조직 내부 자원의 경쟁적 우위가 내부 자원과 역량에서 비롯된다고 보는 이론으로, 다음과 같은 특징이 있어야 한다고 주장하였다.

경제적 가치 (Value)	기업이 보유한 자원이 경제적으로 가치를 인정받을 수 있어야 한다.
희소성 (Rarity)	아무리 가치가 있는 자원이라고 하더라도 희소성이 없다면 경쟁적 우위를 가지기 어렵다.
모방 곤란성 (Inimitability)	가치가 있고 희소한 자원이라고 하더라도 경쟁자가 쉽게 모방할 수 있다면 경쟁적 우위를 확보하기 어렵다.
조직화 (Organization)	조직 내부에서 자원을 효과적으로 활용할 수 있도록 조직화되어 있어야 한다. 해당 자원을 제대로 활용할 수 있는 관리시스템, 프로세스, 조직구조, 문화 등이 중요하다.

3 전략적 인적자원관리

(1) 전략적 인적자원관리(Strategic Human Resources Management : SHRM)의 의의
① 전략적 인적자원관리는 인적자원을 기업의 가장 중요한 경쟁 요소로 인식하고, 이 자원을 전략적으로 개발하고 잘 활용하는 것이 기업이 경쟁 우위를 확보하고 유지할 수 있다고 본다.
② 경영전략을 수립할 때 인적자원을 충분히 고려하여 인적자원관리가 경영전략과 조화를 이루고 경영전략의 목표를 효율적으로 달성할 수 있어야 한다.

(2) 경영전략수립과 인적자원관리 연계
① 행정적 연계
  ㉠ 경영전략수립과 인적자원관리의 연계 수준이 가장 낮으며, 사업전략계획과 인적자원관리가 별도로 이루어진다.
  ㉡ 인사부서는 기업의 핵심 업무와는 관계없이 단순하게 행정업무 중심으로 수행한다.
② 일방적 연계
  ㉠ 전략 수립은 경영전략 부서에서 주도하며, 인적자원관리 부서에서는 그 결정 내용을 전달받아 전략실행을 지원한다.
  ㉡ 전략 실행에서 인적자원의 중요성을 고려하지만 전략 수립 시 인적자원의 이슈에 대하여 고려하지 않는다.
③ 쌍방적 연계
  전략 수립 과정에서 인적자원을 적극적으로 고려하며, 전략 수립 기능과 인적자원관리 기능이 쌍방적으로 연계되어 상호작용을 한다.
④ 통합적 연계
  전략적 대안을 검토할 때 인사 관련 이슈와 마케팅·생산·재무가 함께 고려된다. 즉, 통합적 연계는 전략적 인적자원관리에 가장 부합하다.

> **쌍방적 연계 vs. 통합적 연계**
> 쌍방적 연계에서는 인적자원관리와 전략계획이 순차적으로 상호작용하지만, 통합적 연계에서는 동시적이고 지속적 상호작용이 이루어진다.

01 다음 설명이 맞으면 ○, 틀리면 ×표 하세요.

(1) 인적자원관리는 전통적 인사관리처럼 조직의 효율적 달성을 위해 개인의 욕구를 통제하는 것이 아니라, 조직구성원을 경쟁력의 핵심 원천으로 본다. ( )

(2) 인적자원관리의 경제적 효율성과 사회적 효율성은 상호 보완적인 동시에 상호 배타적이다. ( )

(3) 경영전략수립과 인적자원관리와 연계 수준이 가장 낮은 수준은 일방적 연계이다. ( )

(4) 전략적 인력자원관리의 쌍방적 연계에서는 전략 실행뿐만 아니라 수립에서도 인적자원을 적극 고려하며 전략 수립 기능과 인적자원관리 기능이 쌍방적으로 연계되어 상호작용을 한다. ( )

02 다음 빈칸에 알맞은 말을 고르거나 적으세요.

(5) ( ) 인적자원관리는 인적자원을 기업의 가장 중요한 경쟁 요소로 인식하고 이 자원을 전략적으로 개발하고 잘 활용하는 것이 기업이 경쟁 우위를 확보하고 유지할 수 있다고 주장한다.

(6) 인적자원관리란 기업의 경제적 효율성과 종업원의 사회적 효율성을 극대화시키기 위해 필요한 인력을 확보, 개발, ( ), 보상, 유지, 방출 활동을 계획하고 실천하고 통제하는 일련의 활동을 말한다.

(7) ( ) 연계는 전략 수립은 경영전략 부서 주도로 이루어지고, 인적자원관리 부서에서는 그 결정 내용을 전달받아 전략실행을 지원한다.

(8) 바니의 VRIO 분석은 조직이 보유한 자원이 가치가 있고 희소성을 지니며 ( )이 어렵고 조직적으로 활용할 수 있을 때 지속적인 경쟁 우위를 창출할 수 있다는 관점을 제시한 이론이다.

| 정답 |
(1) ○ (2) × (3) × (4) ○ (5) 전략적 (6) 평가 (7) 일방적 (8) 모방

| × 해설 |
(2) 인적자원관리의 경제적 효율성과 사회적 효율성은 상호 보완적이면서 경쟁적이다.
(3) 경영전략수립과 인적자원관리의 연계 수준이 가장 낮은 수준은 행정적 연계이다.

01

다음은 인적자원관리의 단계를 설명한 그림이다. 다음 중 A, B 단계에 대한 설명으로 가장 적절하지 않은 것은?

① A단계 : 개인과 조직 간의 정보비대칭의 정도를 줄이는 것이 중요하다.
② A단계 : 인적자원의 평가 도구 신뢰도가 높으면 타당도도 반드시 높다고 볼 수 있다.
③ B단계 : 개인뿐만 아니라 집단을 대상으로도 실시한다.
④ B단계 : 상사뿐만 아니라 동료와 부하의 관점에서 실시할 수도 있다.
⑤ B단계 : 보상에 대한 형평성의 근거를 마련하는 데 중요한 단계이다.

대표개념 키워드 인적자원관리 프로세스

| 해설 |
인적자원관리 프로세스 중 A는 선발 단계, B는 평가 단계이다. 선발 도구의 신뢰도가 높더라도 반드시 타당도가 높은 것은 아니다. 타당도가 낮으면 조직이 필요로 하지 않는 인적자원을 반복적으로 선발할 수 있어 인적자원관리의 효율성이 떨어질 수 있다.

정답 | ②

02

다음 중 바니(Barney)의 자원기반이론(Resource Based View)의 관점에 따라 경쟁 우위의 가능성을 판단하는 기준으로 가장 적절하지 않은 것은?

① 자원을 모방하기 어렵다.
② 자원을 보유한 기업이 소수이다.
③ 자원이 기업 성과에 가치를 제공한다.
④ 자원을 활용할 조직적 준비가 되어 있다.
⑤ 외부환경 변화에 효과적으로 대응할 수 있다.

대표개념 키워드 바니의 자원기반이론

| 해설 |
자원기반이론은 내부 자원과 역량에 초점을 맞추는 이론으로, 기업이 보유한 독특하고 가치 있는 자원을 통해 지속적인 경쟁 우위를 확보할 수 있다고 본다. 외부환경 적응성은 산업조직론이나 동적 역량 이론의 관점에 가깝다.

| 오답 피하기 |
① 모방 곤란성은 단순히 비용 부담뿐만 아니라 인과관계 모호성, 사회적 복잡성 등 다양한 요소를 포함한다.
② 희소성은 단순히 보유 기업의 수뿐만 아니라 자원의 획득 가능성, 대체재의 존재 여부 등을 종합적으로 고려해야 한다.
③ 자원이 기업의 효율성을 높이거나 효과성을 증대시켜 실제로 가치를 창출할 수 있는지를 평가하는 기준으로, VRIO 모형의 첫 번째이자 가장 기본적인 조건이다.
④ 조직화는 자원을 효과적으로 활용할 수 있는 조직 구조, 관리 시스템, 보상 체계 등을 포괄적으로 고려해야 한다.

정답 | ⑤

핵심테마 46 | 인적자원관리의 이해

03

다음 인적자원의 특징 중 적절하지 않은 것은?

① 존엄성 : 인적자원은 기계나 단순한 상품이 아니라 생명을 가진 하나의 인격체이다.
② 개발가능성 : 인적자원은 장기간에 걸쳐 성장·성숙을 반복하며 지속적으로 개발될 수 있다.
③ 능동성 : 물적자원과 달리 인적자원의 성과는 구성원의 욕구, 동기, 태도 등에 따라 달라진다.
④ 전략적 요소 : 인적자원은 조직의 성과와 가장 밀접한 관련을 가지고 있으므로 전략적으로 관리해야 한다.
⑤ 비소진성 : 인적자원은 보관하여 재고처럼 비축할 수 없으나, 조직 내에 머물게 함으로써 능력을 유지할 수 있다.

대표개념 키워드 | 인적자원의 특징

| 해설 |
인적자원의 특징으로 존엄성, 능동성, 개발가능성, 전략적 요소, 소진성이 있다. 소진성이란 인적자원의 능력은 사용하지 않으면 퇴화하고, 활용될수록 성장 및 발전한다는 의미이다. 따라서 '비소진성'은 인적자원의 특징으로 적절하지 않다.

정답 | ⑤

04

다음 [보기]에서 설명하는 경영전략과 인적자원관리의 연계의 종류는 무엇인가?

┤ 보기 ├
- 인적자원관리와 전략계획이 동시적이고 지속적으로 상호작용이 이루어진다.
- 전략적 대안들을 검토할 때 인사관련 이슈가 다른 주요 이슈들과 함께 고려된다.

① 행정적 연계
② 일방적 연계
③ 수평적 연계
④ 쌍방적 연계
⑤ 통합적 연계

대표개념 키워드 | 전략적 인적자원관리

| 해설 |
통합적 연계에서 인적자원관리와 전략계획은 지속적으로 상호작용이 이루어지며 마케팅, 재무 등의 주요 이슈들과 함께 인적자원관리의 문제들이 함께 고려된다. 문제에서 제시된 '동시적이고 지속적 상호작용'과 '다른 주요 이슈들과 함께 고려'라는 표현이 통합적 연계의 핵심 특징을 정확히 설명하고 있다.
통합적 연계(Integrative Linkage)는 경영전략과 인적자원관리 연계의 가장 발전된 형태로, 다음과 같은 특징을 가진다.
- 동시적·지속적 상호작용 : 인적자원관리와 전략계획이 서로 영향을 주고받으며 동시에 진행된다.
- 전략적 의사결정 과정에서의 통합 : 전략적 대안을 검토할 때 인사 이슈가 마케팅, 재무 등 다른 주요 기능 영역과 동등하게 고려된다.
- 상호 의존적 관계 : 인적자원관리가 전략 수립에 영향을 주고, 전략이 인적자원관리에도 영향을 미치는 양방향 관계이다.

| 오답 피하기 |
① 행정적 연계는 인적자원관리가 단순히 행정적 업무 처리에만 집중하며 전략과의 연계가 거의 없는 가장 기본적인 수준이다.
② 일방적 연계는 경영전략이 수립된 후 인적자원관리가 이를 지원하는 일방향적 관계로 인적자원관리가 전략수립에 영향을 미치지 못한다.
③ 수평적 연계는 일반적으로 사용되지 않는 용어로, 경영전략과 인적자원관리 연계 분류에서는 표준적이지 않다.
④ 쌍방적 연계는 상호작용은 있지만 동시적이지 않고 순차적으로 이루어지며, 통합적 연계보다는 낮은 수준의 연계이다.

정답 | ⑤

핵심테마 47 | 인적자원관리 제도

1 직무분석

(1) 개념
① 다양한 목적 하에 조직 내 직무에 대한 정보를 얻기 위해 이루어지는 활동이다.
② 직무의 내용, 직무가 수행되는 맥락, 직무수행자의 인적 요건 등에 대한 정보를 수집하고 분석하기 위한 체계적인 과정이다.

(2) 효과
① **모집과 선발의 정보 제공** : 조직 내에서 어떤 직무가 필요한지, 직무를 수행하는 데 어떤 지식, 기술, 경험 등을 가지고 있어야 하는지에 대한 정보를 제공한다.
② **책임과 권한의 확정** : 직무분석을 통해 그 직무에 적합한 직위를 부여하고 그 직위에 맞는 책임과 권한을 명확히 할 수 있다.
③ **합리적 급여체계 수립을 위한 기초자료 제공** : 직무분석 자료는 직무급 산정의 기초자료로 활용되어 객관적 근거를 가진 합리적 급여체계 수립에 용이하다.

(3) 결과와 활용
직무분석의 결과로 직무기술서와 직무명세서를 작성한다. 통상 과업 중심의 분석결과를 직무기술서로, 직무담당자 중심의 분석결과를 직무명세서로 구분하여 정리한다. 이를 바탕으로 직무의 상대적 가치를 평가하는 직무평가 과정을 수행한다.
① **직무기술서(Job Description)** : 직무의 내용, 작업조건, 직무수행방법 및 절차 등 직무특성 분석에 필요한 과업요건에 중점을 두고 기록한다.
② **직무명세서(Job Specification)** : 인적자원이 직무를 수행하기 위해 필요한 최소한의 자격요건을 기록한다. 직무수행자에게 필요한 지식, 기술, 능력 등이 명시된다.
③ **직무평가(Job Evaluation)** : 직무기술서와 직무명세서를 바탕으로 직무 간 상대적 가치를 평가한다. 직무평가를 통하여 직급체계의 중요도를 나눌 수 있고, 성과급 등의 임금체계를 만들어 조직 구성원의 동기부여를 유발하는 데 활용할 수 있다.

2 채용관리

(1) 개념
채용관리란 인적자원계획에 따라 기업이 필요로 하는 인적자원의 질과 양을 확보하여 필요한 시간에 기업에서 활용할 수 있도록 모집, 선발, 배치하는 체계적인 활동을 의미한다.

(2) 모집의 종류
① **내부모집** : 기업 내부의 현직 종업원을 대상으로 하는 모집 활동이다. 주로 외부환경이 안정적이거나 시간과 비용의 제약이 있는 경우 활용된다.
② **외부모집** : 외부인력시장에서 인적자원을 모집하는 활동이다. 주로 필요한 자원을 내부에서 확보하기 어렵거나, 외부환경이 급변하여 혁신이 요구되는 경우에 활용된다. 대표적인 방법에는 광고, 인턴사원제도, 고용알선기관, 현직 종업원의 추천, 헤드헌터 등이 있다.

③ 내부모집과 외부모집의 비교

구분	장점	단점
내부모집	• 지원자에 대한 정확한 평가 가능 • 적응시간 단축 • 비용절감 • 현 재직자 개인발전의 동기부여	• 조직 내 사기 저하 가능성 • 과다경쟁 유발
외부모집	• 조직분위기 개선 • 내부에서 확보할 수 없는 새로운 지식 활용 가능 • 자격을 갖춘 자의 선발로 직무훈련 비용 절감	• 적응시간 필요 • 많은 충원 비용 및 시간 소요 • 조직문화 마찰 가능성

> **선발의 오류**
> 1종 오류는 선발이 되어야 할 사람이 선발도구의 오류로 인해 기각된 경우이다. 2종 오류는 선발에서 배제되어야 할 사람이 선발도구의 문제로 합격한 경우 발생하는 오류로, 2종 오류는 매우 심각한 오류에 해당한다.

(3) **선발의 원칙**
① 효율성(경제성)의 원칙 : 채용 비용보다 더 큰 수익을 줄 수 있는 인적자원을 선발한다.
② 적합성의 원칙 : 기업의 목표와 문화에 적합한 인적자원을 선발한다.
③ 형평성의 원칙 : 조건이 동일한 인적자원을 선발기준에 없는 항목으로 차별해서는 안 된다.

(4) **선발도구의 평가**
① 신뢰도(Reliability)
    선발도구 측정에 오류 없이 일관된 결과를 내는 정도를 의미한다. 동일한 대상을 여러 번 다른 시점이나 장소에서 측정하는 경우에도 비슷한 결과가 나오면 신뢰성이 높다고 할 수 있다.
② 타당도(Validity)
    ㉠ 선발도구가 측정하고자 한 개념을 얼마나 정확하게 측정하는지를 나타내는 정도이다. 타당도의 종류에는 크게 기준타당도, 내용타당도, 구성타당도가 있다.
    ㉡ 직무분석의 결과를 기준으로 선발도구의 예측치 점수와 선발 후 성과를 평가한 기준 점수를 비교해 산출한 타당도 계수가 주로 활용된다.

(5) **타당도 계수 분석**

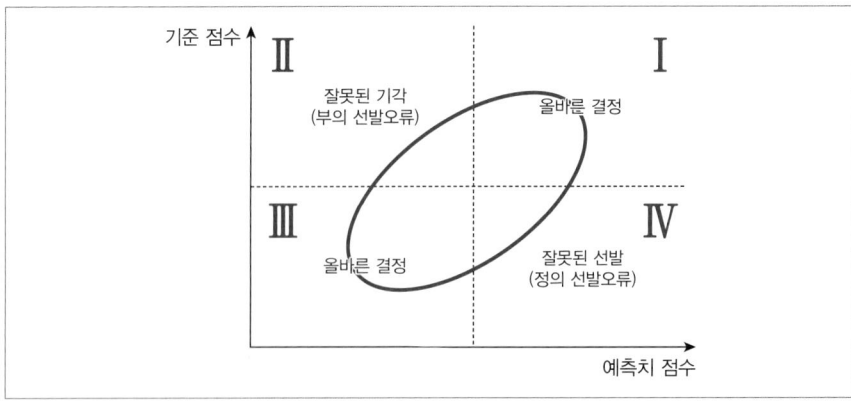

① 인력자원이 선발과정에서 얻은 선발시험점수(예측치 점수)와 선발 후 근무성과(기준 점수)의 일치 정도를 비교하면 선발도구의 타당성을 평가할 수 있다. 예측치 점수와 기준점수가 크게 어긋난다면 선발도구의 타당성이 낮다는 의미이다.
② 선발도구는 예측치 점수와 기준 점수가 일치하는 영역(Ⅰ, Ⅲ분면)에 타당계수가 위치하도록 설계하는 것이 바람직하다.

3 인적자원의 개발 - 교육훈련의 종류

(1) OJT(On the Job Training) : 직장 내 훈련
  ① 직무수행자가 실제 업무를 수행하면서 동시에 교육훈련이 이루어지는 형태이다. 일반적으로 훈련자 1인과 소수의 피훈련자로 구성된다.
  ② 훈련자와 피훈련자 간 의사소통이 원활하게 이루어질 수 있고 훈련받은 내용을 즉시 활용하여 적용할 수 있을 뿐만 아니라 훈련비용이 절감되는 장점이 있다.

(2) OFF-JT(Off the Job Training) : 직장 외 훈련
  ① 직무가 수행되는 장소를 벗어나 시간적, 공간적으로 격리된 상태에서 교육훈련이 이루어진다.
  ② 이론적·체계적 훈련에 유리하고 OJT의 한계를 보완할 수 있지만 비용이 많이 들고, 현업과의 연계성이 떨어질 수 있다.
  ③ 대표적으로 기업 연수원 교육이나 외부 위탁교육이 있다.

(3) 멘토링
  ① 일반적으로 우수한 경험을 가진 선임자 혹은 전문가가 신입사원에게 직무지도와 고충 상담 등을 제공하여 조직 적응을 돕는 제도이다.
  ② 신입사원의 이직률을 낮추고 조직 내 소통을 원활하게 하는 효과가 있다.

4 인사평가 방법

(1) 강제할당법
  ① 대표적인 전통적 평가방식으로 직원들의 성과가 정규분포를 이룬다는 가정에 기초한 평가방법이다.
  ② 상대평가에 의하여 평가결과가 구분되기 때문에 평가자의 주관에 따라 발생할 수 있는 평가오류(관대화, 혹독화, 중심화의 오류 등)를 방지할 수 있다.
  ③ 평가집단이 정규분포를 이루지 않고 전체적으로 우수하거나 열등할 경우에는 적합하지 않다.

(2) 목표관리법(Management By Objective : MBO)
  ① 상사와 부하가 상호 협의하여 개인적인 목표를 설정하고 업무를 수행한 후 목표 달성 정도를 기준으로 평가하는 방법이다.
  ② 일방적 업무지시에 따른 소통의 단절과 업무의 비효율성을 낮출 수 있다. 즉, 상사와 부하 간 정보비대칭에 따른 비효율성을 줄이고 성과평가의 효과성을 높이는 데 적합하다.

(3) 다면평가제(360도 성과피드백)
  ① 상관, 동료, 하급자, 고객, 외부 전문가 등 다양한 평가자가 참여하여 피평가자를 다각도로 평가하는 방법이다.
  ② 평가자의 관점이 다양하게 반영되어 평가대상자의 성과를 입체적으로 평가할 수 있다.

(4) 행동기준척도법(Behaviorally Anchored Rating Scale : BARS)
  ① 업무수행 과정상의 주요 행동을 추출하여 몇 개의 범주(차원)로 나눈 후, 각 범주의 대표적 행동을 기준점으로 삼아 척도화하여 평가하는 방법이다.
  ② 다양한 직무에 적용이 가능하고 평가기준이 구체적이어서 이해가 쉽기 때문에 인사평가에 대한 관심과 참여를 높일 수 있다. 그러나 행동기준을 도출하고 척도를 개발하는 과정이 복잡하여 시간과 비용이 많이 소요된다.

5 내부인력 관리 및 이직

(1) 전환배치의 원칙
① **적재적소의 원칙** : 인적자원을 배치할 때 개인의 능력(적성), 직무 등을 고려하여 이들 간의 적합성을 극대화하여야 한다.
② **인재육성의 원칙** : 전환배치를 통해 인적자원이 다양한 능력을 갖출 수 있어야 한다.
③ **균형의 원칙** : 적재적소의 원칙과 인재육성의 원칙을 적용함에 있어 조직 전체의 상황을 고려하여 전환배치를 실행해야 한다.

(2) 승진
① **승진의 기준**
  ㉠ **연공주의(Seniority System)** : 종업원의 근속연수를 중요한 기준으로 삼는다.
  ㉡ **능력주의(Competence System)** : 기업의 목표달성에 기여하는 종업원의 능력에 따라 승진시키는 것으로, 합리주의에 기반을 두고 있다.
② **승진의 원칙**
  ㉠ **적정성의 원칙** : 인적자원의 공헌 정도에 따라 적정한 승진 기회를 부여해야 한다.
  ㉡ **공정성의 원칙** : 승진기회는 절차적으로 공정하게 배분되어야 한다.
  ㉢ **합리성의 원칙** : 조직의 목표달성으로 인정할 수 있는 공헌을 중심으로 합리적인 승진 기준을 적용해야 한다.
③ **승진의 종류**
  ㉠ **직급승진** : 직무 적격자를 선정하여 상위계층으로 이동시키는 방식으로 상위 직급의 결원이 발생해야 승진할 수 있다. 인적자원 간 경쟁적 성격이 강하고 상대평가에 기반한다.
  ㉡ **자격승진** : 개인의 자격 요건에 따라 기업 내 공식적인 자격을 인정하고 상급의 대우를 해주는 방식이다. 직급승진과 달리 절대평가에 의해 승진하게 되어 인적자원 간 경쟁이 발생하지 않는다.
  ㉢ **대용승진** : 직무 내용이나 보상 등의 실질적인 변동 없이 직급명칭만 변경되는 승진으로, 준승진, 건조승진으로 불리기도 한다. 승진 적체 해소나 대외적 대우를 위해 활용된다.
  ㉣ **조직변화승진** : 승진 적체가 발생할 경우 조직개편이나 직위 신설을 통해 인적자원을 승진시키는 형태이다.

(3) 이직
① 근로자와 사용자 간에 체결된 근로관계가 종료되어 근로자와 회사 간의 관계가 단절되는 것을 의미한다.
② 일반적으로 자발적 이직과 비자발적 이직으로 구분되는데, 자발적 이직은 자의에 따라 다른 직장으로 이동하는 전직과 개인사정으로 인한 사직으로 분류된다. 비자발적 이직은 구조조정이나 징계 등의 이유로 인한 해고로 구분된다.

개념반복! 약점체크! 쪽지시험

01 다음 설명이 맞으면 ○, 틀리면 ×표 하세요.

(1) 직무분석의 결과로 직무기술서와 직무명세서를 작성한다. ( )

(2) 직무기술서는 직무의 내용, 작업조건, 직무수행방법 및 절차 등 직무특성분석에 필요한 과업요건에 중점을 두고 기록한다. ( )

(3) OJT는 직무수행자와 교육훈련이 동시에 이루어지는 형태의 교육훈련이다. ( )

(4) 평가자의 주관에 의한 평가오류를 방지할 수 있는 방법은 MBO이다. ( )

(5) 연공주의는 승진 시 근속연수를 중요한 기준으로 삼는 제도로, 기업 내 안정성과 예측 가능성을 높이는 장점이 있다. ( )

(6) 자격승진은 상대평가를 기반으로 이루어진다. ( )

02 다음 빈칸에 알맞은 말을 고르거나 적으세요.

(7) ( ) 이직은 자의에 따라 다른 직장으로 이동하는 전직과 개인사정으로 인한 사직으로 분류된다.

(8) 직무내용이나 보상 등의 실질적인 변동 없이 직급명칭만 변경되는 승진을 ( )이라 한다.

(9) ( )(OJT)은 직무수행자와 교육훈련이 동시에 이루어지는 형태의 교육훈련을 의미한다.

(10) 상사, 동료, 부하 고객 등 여러 평가자가 참여하여 구성원의 성과를 다면적으로 평가하여, 평가의 공정성과 신뢰성을 높일 수 있으나 관계에 따른 주관적 편차가 발생할 수 있는 제도는 ( )평가제이다.

| 정답 |
(1) ○ (2) ○ (3) ○ (4) × (5) ○ (6) × (7) 자발적 (8) 대용승진 (9) 직장 내 훈련 (10) 다면

| × 해설 |
(4) 평가자의 주관에 의한 평가오류를 방지할 수 있는 방법은 강제할당법이다.
(6) 자격승진은 절대평가를 기반으로 하며, 상대평가는 직급승진에 해당한다.

01

다음 중 강제할당법의 특징에 대한 설명으로 가장 적절한 것은?

① 평가집단이 전체적으로 우수할 경우에 가장 적합한 평가방법이다.
② 업무수행 과정상의 중요 사실들을 척도에 의해 평가하는 방법이다.
③ 피평가자를 상관뿐만 아니라 동료, 하급자, 고객 등이 다각도로 평가하는 방법이다.
④ 상사와 부하가 상호 논의를 통해 개인적인 목표를 설정하고 평가를 진행하는 방법이다.
⑤ 직원들의 성과가 정규분포를 이룬다는 가정에 기초하여 상대평가로 평가결과를 구분하는 방법이다.

대표개념 키워드 　인사평가 방법

| 해설 |
강제할당법은 직원들의 성과가 정규분포를 이룬다는 가정에 기초한 대표적인 전통적 평가방법이다. 상대평가에 의하여 평가결과가 구분되기 때문에 평가자의 주관에 의한 평가오류(관대화, 혹독화, 중심화의 오류 등)를 방지할 수 있는 장점이 있다.

| 오답 피하기 |
① 강제할당법은 평가집단이 정규분포를 이루지 않고 전체적으로 우수하거나 열등할 경우에는 적합하지 않은 방법이다.
② 업무수행 과정상의 수많은 중요 사실들을 추출하여 척도에 의해 평가하는 방법은 행동기준척도법이다.
③ 피평가자를 상관만이 아니라 동료와 하급자 및 고객, 외부전문가 등이 평가자가 되어 평가하는 방법은 다면평가제(360도 성과피드백)이다.
④ 상사와 부하가 상호 논의 과정을 거쳐 개인적인 목표를 설정하고 업무를 수행한 후 평가를 진행하는 방법은 목표관리법이다.

정답 | ⑤

02

다음 중 자격승진의 특징에 대한 설명으로 가장 적절한 것은?

① 근속연수를 주요 기준으로 삼아 승진시키는 방식이다.
② 상위 직급의 결원이 발생해야 승진이 가능하므로 경쟁적 성격이 강하다.
③ 직무 내용과 보상에 변화가 없고 직급 명칭만 바뀌는 형식적 승진이다.
④ 승진 적체가 심할 때 조직개편이나 직위 신설을 통해 이루어지는 승진이다.
⑤ 개인이 보유한 자격 요건을 기준으로 절대평가에 의해 승진이 이루어지며, 경쟁적 성격은 약하다.

대표개념 키워드 　승진의 종류

| 해설 |
자격승진은 각 종업원에게 갖추어진 개인적 자격 요건에 따라 기업 내의 공식적인 자격을 인정하고 상급의 대우를 해주는 방식이다. 직급승진과는 달리 절대평가에 의해 승진하게 되어 인적자원 간 경쟁이 발생하지 않는 것이 특징이다.

| 오답 피하기 |
① 근속연수를 중요한 기준으로 삼아 종업원을 승진시키는 방식은 연공주의 승진기준이다.
② 상위직급이 공석이 되어야 승진할 수 있으므로 인적자원 간 경쟁이 발생하고 상대평가를 실시하는 것은 직급승진의 특징이다.
③ 직무내용이나 보상 등의 실질적인 변동 없이 직급명칭만 변경되는 승진은 대용승진(준승진, 건조승진)이다.
④ 승진대상에 비해 직위가 부족할 경우 조직 변화를 통해 인적자원을 승진시키는 형태는 조직변화승진이다.

정답 | ⑤

03

기업의 근로자는 근로에 대한 대가로 경제적 또는 비경제적 보상을 받는다. 조직이 구성원에게 다양한 보상을 제공하는 목적으로 가장 적절하지 <u>않은</u> 것은?

① 높은 성과에 대한 동기부여
② 업무 성과에 대한 책임의식 고취
③ 개인의 직무관련 역량 개발 유인
④ 조직 내부의 구성원 간 동질감 형성
⑤ 조직에서 필요한 인재 확보 및 유지

대표개념 키워드 보상

| 해설 |
보상은 피고용자가 고용계약에 따라 근로 행위를 제공하고 고용자에게 받는 경제적 또는 비경제적 대가를 의미한다. 보상을 통해 높은 성과에 대한 동기부여를 유발할 수 있으며, 조직에서 필요한 인재 확보 및 유지에 용이하다. 또한, 개인의 직무 관련 역량 개발을 유인할 뿐만 아니라 업무 성과에 대한 책임의식을 고취할 수 있다. 그러나 조직 내부의 구성원 간 동질감 형성은 보상의 기능으로 적절하지 않다.

정답 | ④

04

다음 [보기]에서 '비자발적 이직'에 대한 설명으로 적절한 것을 모두 고른 것은?

―| 보기 |―
㉠ 개인보다 조직에 유리한 측면이 있다.
㉡ 근로자가 주도하여 고용 관계가 끝나는 상황이다.
㉢ 일반적으로 자발적 이직보다 더 많은 비용이 든다.
㉣ 정리해고의 형태가 대표적이다.

① ㉠, ㉡
② ㉠, ㉣
③ ㉡, ㉢
④ ㉡, ㉣
⑤ ㉢, ㉣

대표개념 키워드 비자발적 이직

| 해설 |
비자발적 이직의 대표적인 형태로는 정리해고가 있다. 조직이 필요한 상황에서 인원을 감축하기 때문에 근로자의 주도로 고용관계가 끝나는 자발적 이직보다는 조직에 유리하다. 따라서 비자발적 이직의 경우 조직은 미리 준비할 수 있기 때문에 일반적으로 자발적 이직보다는 비용이 적게 든다.

정답 | ②

핵심테마 47 | 인적자원관리 제도

[05~06] 다음 A사의 사례를 읽고 물음에 답하시오.

> A사는 기존의 상사 중심 평가방식에서 벗어나, 상사와 부하가 상호 협의와 의사소통을 통해 개인별 업무 목표를 설정하고 그 달성 정도를 중심으로 평가하는 제도를 도입하였다. 이를 통해 구성원의 참여의식과 책임감을 높이고, 목표 달성 과정에서 자율적 통제와 동기부여를 강화하고자 한다.

05

위 사례에서 설명하는 성과평가 제도로 가장 적절한 것은?

① 강제배분법
② 균형성과표(BSC)
③ 목표관리제(MBO)
④ 다면평가제(360도 평가)
⑤ 행동기준평정척도(BARS)

06

위 사례에서 설명한 평가 제도에 대한 설명으로 적절하지 않은 것은?

① 목표 달성 정도가 평가의 핵심 기준이 된다.
② 상하 간의 원활한 의사소통과 피드백이 중요하다.
③ 구성원의 참여를 통해 자율성과 책임감을 높일 수 있다.
④ 평가 결과는 보상 및 경력개발의 기초 자료로 활용될 수 있다.
⑤ 상사의 일방적 지시로 목표를 설정하여 업무 효율성을 높인다.

대표개념 키워드 | 목표관리제(MBO)

| 해설 |

A사의 사례는 목표관리제(Management By Objectives : MBO)에 대한 설명이다. MBO는 상사와 부하가 상호 협의와 의사소통을 통해 목표를 공동으로 설정하고, 그 목표 달성 정도를 기준으로 평가하는 참여적 성과평가 제도이다. 평가자는 단순히 상사가 아닌 구성원 스스로가 설정한 목표에 대한 책임과 자율성을 강조하며, 이를 통해 업무 효율성, 동기부여, 성과 몰입을 동시에 높일 수 있다. 다만, 목표설정 과정이 복잡하고 평가의 객관성이 낮아질 수 있다는 한계가 있다.

정답 | 05 ③   06 ⑤

에듀윌이
너를
지지할게
ENERGY

하루하루가 힘들다면
지금 높은 곳을 오르고 있기 때문입니다.

– 조정민, 『인생은 선물이다』, 두란노

핵심테마 **48** 조직행동의 이해

핵심테마 **49** 동기부여 이론

핵심테마 **50** 리더십 이론과 유형

조직행동론

출제 비율

20%

출제경향 및 교수님의 고득점 전략 TIP

"개인과 조직의 시너지를 이해하는 것이 핵심. 이론의 단순 암기를 넘어 상황 적합성을 파악하라."

조직행동론은 경영학의 '인간적 측면'을 다루는 분야로, 최근 기업 문화와 리더십의 중요성이 강조됨에 따라 출제 비중이 꾸준히 유지되고 있는 영역이다. 단순히 학자들의 이름과 이론을 매칭하여 암기하는 방식보다는, 각 이론이 현대 조직의 다양한 상황에서 어떻게 적용되는지를 파악하는 '상황 적합성'에 초점을 맞추어야 한다. 특히 동기부여(Motivation) 이론의 상호 비교와 리더십(Leadership)의 유형별 특징은 매회 빠짐없이 출제되는 핵심 포인트이다. 최근에는 MZ세대의 등장과 유연근무제 확산 등 변화하는 조직 이슈와 관련된 문항도 등장하고 있으니, 이론을 현대적 관점에서 해석하는 연습이 필요하다.

핵심테마 48 | 조직행동의 이해

1 조직행동 연구의 발전과정

맥그리거(McGregor)의 XY 이론	• 1960년에 인간의 유형을 X형과 Y형으로 구분하고, 조직 전체보다는 개인 단위에 초점을 두었다. • X이론은 인간을 본래 일하기 싫어하고 책임을 회피하는 존재로 보며, 통제·감독 중심의 관리가 필요하다고 본다. • Y이론은 인간을 자율적이고 책임을 받아들이며 성취를 추구하는 존재로 보며, 참여·자율 중심의 관리가 효과적이라고 본다.
테일러(Taylor)의 과학적 관리법	시간연구 및 동작연구를 통해 조직 구성원의 작업 효율성을 극대화하고 과업 수행 표준화를 추구하였다.
막스 베버(Max Weber)의 관료제	• 조직의 체계적 운영을 위한 합법적 권한과 규범의 중요성을 강조하였다. • 조직 단위를 연구 대상으로 삼아 조직행동 연구의 출발점이 되었다.
메이요(E. Mayo)의 호손공장실험	• 조직의 목표를 달성하는 데 구성원 개개인의 특성과 비공식집단의 중요성을 강조하였다. • 인간의 심리·사회적 요인이 성과에 영향을 미침을 입증하였다. • 인간의 조직행동의 중요성을 본격적으로 인식하여 조직행동론의 출발점이 되었다.

2 조직몰입

(1) 개념
① 조직몰입이란 구성원이 조직의 목표와 가치를 자신과 동일시하고 조직에 대해 느끼는 심리적 애착과 헌신의 정도를 의미한다.
② 조직에 대한 일체감·소속감 등을 포함하는 광범위한 개념으로, 구성원의 태도와 행동을 예측하고 조직의 효율성을 판단하는 핵심 지표로 활용된다.

(2) 메이어와 앨런(Meyer & Allen)의 조직몰입의 구성
메이어(Meyer)와 앨런(Allen)은 정서적 몰입, 지속적 몰입, 규범적 몰입을 제시하여 조직 구성원의 행위, 직무 성과 등을 연구하는 분석틀을 제공했다. 세 가지 요소 중 정서적 몰입이 가장 중요하다고 보았다.

정서적 몰입	• 조직 구성원의 정서적 유대나 조직 목표와의 동일시에 의해 형성되는 몰입 상태로, 조직을 위해 일하고 싶은 욕구, 즉 조직에 대한 애착이다. • 정서적 몰입이 높을수록 조직과 자신을 동일시하는 경향이 강하다.
지속적 몰입	• 조직을 떠나는 것이 이득보다 손실이 크다고 판단하여 조직에 남고자 하는 상태이다. • 조직은 동종 업계 시장에서 형성되는 평균 임금보다 높은 임금을 제시하는 효율 임금 등의 방식을 활용하여 조직 구성원의 지속적 몰입을 유도한다.
규범적 몰입	조직에 대한 책임감을 바탕으로 조직 구성원 스스로 신념이나 가치관을 가지는 것에서 기인한 몰입 상태이다.

지속적 몰입의 성격
지속적 몰입은 상황에 따라 다르게 나타난다. 이직에 대한 대안이 없는 경우 조직에 대한 애착이 크지 않더라도 지속적 몰입이 높아진다. 따라서 거래적이고 경제적인 성격이 강하다.

3 가치(value)와 조직행동

(1) 가치(Value)
① 개념: 특정한 형태의 행동이나 존재양식이 다른 형태보다 바람직하다고 믿는 기본적인 신념이다.

② **특징** : 상대적으로 안정적이고 장기간 유지되며 쉽게 변화되지 않는다.
③ **중요성** : 개인의 태도나 동기를 이해하는 기초가 되며, 개인의 지각에 영향을 미치기 때문에 조직행동을 이해하는 데 중요하다.

(2) **문화에 따른 가치 차이 : 홉스테드(Hofstede)의 연구**
① 홉스테드의 문화 차원이론은 특정 사회의 문화가 구성원의 가치관과 행동에 미치는 영향을 요인분석적 구조를 통하여 설명한 이론이다.
② 비교문화심리학, 국제경영학, 문화간 의사소통 등 다양한 분야에서 폭넓게 활용되고 있다.
③ 홉스테드는 국가 문화의 5가지 차원을 제시하였다.

권력 격차 (Power Distance)	조직이나 단체에서 권력이 작은 구성원이 권력의 불평등한 분배를 수용하고 기대하는 정도이다.
개인주의-집단주의 (Individualism-Collectivism)	• 개인주의적 사회는 개인적 성취와 개인의 권리를 강조한다. • 집단주의적 사회는 조직과 집단의 목표를 우선시한다.
불확실성 회피 (Uncertainty Avoidance)	불확실성과 모호성을 회피하고 예측 가능한 상황을 선호하는 사회적 성향이다.
남성성-여성성 (Masculinity-Femininity)	• 남성적 문화는 경쟁력, 자기주장, 유물론, 야망, 권력을 중시한다. • 여성적 문화는 대인 관계, 복지, 삶의 질을 중시한다.
장기 지향성 (Long-term Orientation)	• 장기 지향적 사회는 미래에 더 많은 중요성을 부여하고 지속성, 절약, 적응 능력 등 보상을 지향하는 실용적 가치를 중시한다. • 단기 지향적 사회는 끈기, 전통에 대한 존중, 호혜성, 사회적 책임의 준수 등 과거와 현재에 관련된 가치를 중시한다.

(3) **페스팅거(Festinger)의 인지부조화(Cognitive Dissonance) 이론**
① 인지부조화란 두 가지 이상의 반대되는 믿음, 생각, 가치를 동시에 지니거나, 기존의 신념과 반대되는 새로운 정보를 접했을 때 느끼는 심리적 불편감이나 긴장 상태를 의미한다.
② 페스팅거의 인지부조화 이론은 사람들의 내적일관성을 유지하려는 성향에 초점을 맞추었다.
③ 인지부조화를 겪고 있는 개인은 심리적으로 불편해지며, 이러한 불일치를 감소시키거나 해소하려는 행동을 취한다.

(4) **레빈(Lewin)의 장(Field) 이론**
레빈은 사람들이 특정 태도를 형성을 할 때 '해빙(Unfreezing) → 변화(Change) → 재동결(Refreezing)'의 단계를 거친다고 주장하였다.
① **해빙** : 과거의 고정관념이나 관성적 사고를 깨뜨리는 과정이다. 레빈은 태도변화를 위한 해빙 과정을 강조하였다.
② **변화** : 새로운 행동을 하기 위해 순응(Compliance), 동일화(Identification), 내면화(Internalization)가 일어나는 과정이다.
③ **재동결** : 새롭게 변화된 태도, 새로 획득한 지식 등이 개인의 성격이나 정서에 통합되어 확립되어가는 과정이다.

> 레빈은 상황적 심리장(Field) 속에서 개인과 환경이 상호작용함에 따라 행동이 변화한다고 설명하였다.

01 다음 설명이 맞으면 ○, 틀리면 ×표 하세요.

(1) 맥그리거는 인간을 본성적으로 게으르고 책임을 지기 싫어하는 X형 인간과 자신의 일에 책임을 질 줄 아는 Y형 인간으로 구분하였다. ( )

(2) 메이요의 호손공장실험은 조직의 목표를 달성하면서 조직을 이루는 구성원, 즉 개개인의 특성과 비공식집단을 고려하는 것이 조직 전체의 성과를 향상시키는 데 도움을 줄 수 있다는 것을 알게 된 계기가 되었다. ( )

(3) 베버와 테일러는 정서적 몰입, 규범적 몰입, 지속적 몰입 등 세 가지로 구성된 조직몰입의 개념을 제시하였다. ( )

(4) 지속적 몰입은 조직에 대한 애착을 의미한다. ( )

(5) 조직몰입의 세 가지 요소 중 경제적 성격이 강한 몰입은 규범적 몰입이다. ( )

02 다음 빈칸에 알맞은 말을 고르거나 적으세요.

(6) ( )란 두 가지 이상의 반대되는 믿음, 생각, 가치를 동시에 지닐 때 개인이 받는 정신적 스트레스나 불편한 경험 등을 의미한다.

(7) ( )란 조직이나 단체에서 권력이 작은 구성원이 권력의 불평등한 분배를 수용하고 기대하는 정도이다.

(8) ( )란 특정한 형태의 행동이나 존재양식이 다른 형태의 행동이나 존재양식 보다 더 좋을 것이라는 기본적인 믿음이나 신념을 나타낸다.

(9) 테일러는 시간연구 및 ( )를 통해 조직구성원들이 최대로 일할 수 있도록 능률을 극대화하는 것을 추구하였다.

| 정답 |
(1) ○ (2) ○ (3) × (4) × (5) × (6) 인지부조화 (7) 권력 격차 (8) 가치 (9) 동작연구

| × 해설 |
(3) 정서적 몰입, 규범적 몰입, 지속적 몰입 등 세 가지로 구성된 조직 몰입의 개념을 제시한 학자는 메이어와 앨런이다.
(4) 조직에 대한 애착은 정서적 몰입을 의미한다.
(5) 규범적 몰입은 조직 구성원이 조직 규범의 내재화를 통해 의무감과 사명감 등의 심리상태를 바탕으로 조직에 기여하게 되는 것을 의미하며, 경제적 성격이 강한 몰입은 지속적 몰입이다.

출제 0순위 공략! 꼭 풀어야 할 대표문제

01

다음은 K사 직원들의 대화이다. 대화를 통해 알 수 있는 직원 C의 조직몰입 유형으로 적절한 것은?

> 직원 A : 요즘 이직 생각 안 해? 다른 회사들도 조건 괜찮던데.
> 직원 B : 글쎄, 여기가 힘들긴 해도 지금까지 쌓은 경력이나 급여 생각하면 쉽게 나가긴 어려울 것 같아.
> 직원 C : 맞아. 난 이 회사에 특별한 애정은 없지만, 이직하면 손해일 것 같아서 그냥 다니는 중이야.

① 정서적 몰입
② 규범적 몰입
③ 지속적 몰입
④ 형식적 몰입
⑤ 비정형적 몰입

대표개념 키워드 조직몰입 유형

| 해설 |

직원 C는 조직에 대한 애정이나 의무감이 아니라, 이직 시 손해(비용)를 의식해서 남는 전형적인 지속적 몰입이다. 조직몰입은 아래의 세 가지 유형으로 구분한다.
- 정서적 몰입(Affective Commitment) : 조직에 대한 애정, 소속감, 동일시에서 비롯되는 몰입 유형이다.
- 지속적 몰입(Continuance Commitment) : 조직을 떠날 경우 경제적·심리적 손실이 크다고 느껴서 남는 몰입으로, 경력, 급여, 복리후생, 다른 직장을 구하기 어려움 등 실리·비용 계산으로 남아 있는 유형이다.
- 규범적 몰입(Normative Commitment) : '남아야 한다'는 의무감과 도덕적 책임감 때문에 머무는 몰입으로, 회사의 도움을 많이 받았으니 보답해야 한다는 생각으로 남아있는 유형이다.

정답 | ③

02

레빈(Lewin)의 장(Field) 이론에 대한 다음 설명 중 가장 적절하지 <u>않은</u> 것은?

① 과거의 고정관념이나 과거방식을 깨뜨리는 과정을 해빙이라고 한다.
② 새롭게 변화된 태도, 새로 획득한 지식 등이 개인의 성격이나 정서에 통합되어 확립되어가는 과정을 재동결이라고 한다.
③ 레빈은 생활공간에서 사람들은 상호의존적으로 살아가며 서로에 의해 영향을 받고 행동이 변화하는 현상을 장이론으로서 설명하였다.
④ 새로운 방식으로 변화를 위해 순응(Compliance), 동일화(Identification) 및 내면화(Internalization)가 나타나는 과정이 변화에 해당한다.
⑤ 레빈은 사람들이 특정 태도를 형성할 때 '해빙(Unfreezing) → 재동결(Refreezing) → 변화(Change)'의 단계를 거친다고 주장하였다.

대표개념 키워드 레빈의 장(Field)이론

| 해설 |

레빈의 장(Tield) 이론은 사람의 행동을 개인 내부 요인과 개인을 둘러싼 환경요인이 함께 작용하는 장(場)의 결과로 보는 이론이다. 이 이론을 바탕으로 레빈은 조직이나 개인의 태도 변화 과정을 해빙(Unfreezing) → 변화(Change) → 재동결(Refreezing)의 3단계 모형으로 설명하였다.
- 해빙(Unfreezing) : 기존의 태도·관념·습관을 흔들어 깨뜨리는 단계
- 변화(Change) : 새로운 행동이나 태도가 실제로 나타나는 단계
- 재동결(Refreezing) : 새로 형성된 태도와 행동을 안정적으로 굳히는 단계

정답 | ⑤

핵심테마 48 | 조직행동의 이해

03

페스팅거의 인지부조화 이론에 대한 설명 중 가장 적절하지 않은 것은?

① 페스팅거의 인지부조화 이론은 아담스의 공정성이론에 영향을 미쳤다.
② 페스팅거는 사람들의 내적일관성보다는 외적으로 표현되는 일관성에 초점을 맞췄다.
③ 개인이 인지부조화를 겪을 때 공격적, 합리화, 퇴행, 고착, 체념과 같은 증상을 보인다고 알려져 있다.
④ 불일치를 겪고 있는 개인은 심리적으로 불편해질 것이며, 이런 불일치를 줄이거나 불일치를 증가시키는 행동을 피할 것이다.
⑤ 인지부조화란 두 가지 이상의 반대되는 믿음, 생각, 가치를 동시에 지니거나 기존에 가지고 있던 것과 반대되는 새로운 정보를 접했을 때 개인이 받는 정신적 스트레스나 불편한 경험 등을 말한다.

대표개념 키워드 페스팅거의 인지부조화 이론

| 해설 |
페스팅거(Festinger)의 인지부조화 이론은 사람은 자신의 신념, 태도와 실제 행동이 일치하지 않거나 서로 모순될 때 심리적인 불편함과 긴장을 느끼게 되며, 이 불쾌한 긴장을 해소하기 위해 둘 중 바꾸기 쉬운 쪽(주로 태도나 신념을 바꿔서라도 일관성을 회복하려 한다는 이론이다. 따라서 인지부조화는 내적 불일치와 그로 인한 심리적 긴장감을 설명하는 것이 핵심이다.

정답 | ②

04

다음 중 홉스테드(Hofstede)의 문화 차원 이론에 대한 설명으로 적절하지 않은 것은?

① 불확실성 회피 지수가 높은 문화의 사람들은 실용적이며 변화에 개방적인 경향을 보인다.
② 권력 거리 지수가 높은 문화일수록 구성원들은 상하관계를 자연스럽게 받아들이는 경향이 있다.
③ 장기지향적 문화에서는 인내, 절약, 적응능력 등을 중시하며 단기성과보다 지속적 성장을 강조한다.
④ 불확실성 회피 지수가 높은 문화에서는 구성원이 규칙과 절차를 중시하며, 새로운 시도를 꺼리는 경향이 있다.
⑤ 불확실성 회피 지수가 낮은 문화의 구성원은 비체계적이거나 예측 불가능한 상황에서도 비교적 편안함을 느낀다.

대표개념 키워드 홉스테드의 문화 차원 이론

| 해설 |
불확실성 회피 지수(UAI)는 사회 구성원이 불확실하거나 예측 불가능한 상황을 얼마나 불안하게 느끼는지를 나타내는 지표이다. 지수가 높을수록 위험 회피 성향이 강하고, 규칙·규범·안정을 중시하며, 지수가 낮을수록 변화나 새로운 시도를 비교적 수용하고, 상황에 유연하게 대응한다.

정답 | ①

핵심테마 49 | 동기부여 이론

1 동기부여의 내용이론과 과정이론

내용이론	과정이론
• 매슬로우의 욕구단계이론 • 앨더퍼의 ERG이론 • 맥그리거의 XY 이론 • 허즈버그의 2요인 이론 • 맥클리랜드의 성취동기이론	• 아담스의 공정성 이론 • 로크의 목표설정이론 • 브룸의 기대이론 • 데시의 자기결정이론

2 동기부여의 내용이론

(1) 매슬로우(Maslow)의 욕구단계이론(Hierarchy of Needs)
① 매슬로우는 인간의 욕구를 다섯 단계로 구분하였다.

자아실현의 욕구 (Self-Actualization Needs)	매슬로우의 욕구단계 중 최고 수준의 욕구로, 자기완성과 잠재력 발휘에 대한 갈망을 의미한다.
자존 및 존경 욕구 (Ego and Esteem Needs)	자신을 존중하며, 타인으로부터 인정받고자 하는 욕구로, 신뢰, 독립, 자유, 존중에 대한 욕망이 해당된다.
사회적 욕구 (Social Needs)	정서적 애정, 우정 등 타인과의 관계욕구로, 소속 욕구라고도 한다.
안전 및 안정 욕구 (Safety and Security Needs)	육체적 안전과 심리적 안정을 추구하는 욕구이다.
생리적 욕구 (Physiological Needs)	가장 최하위 단계의 욕구로, 의식주 등 기본적 생존 욕구를 의미한다.

② 매슬로우 욕구단계론의 특징
㉠ 5가지 욕구는 위계적 단계를 이루고 있으며, 하위 욕구가 충족되어야 상위 욕구로 이동한다.
㉡ 인간은 욕구가 충족되면 만족을 경험하지만, 충족된 욕구는 더 이상 동기요인이 되지 않는다.

(2) 앨더퍼(Alderfer)의 ERG 이론
① 앨더퍼는 매슬로우의 욕구단계이론에 대한 실증연구를 바탕으로 ERG 이론을 제시하였다.
② ERG 이론은 매슬로우의 욕구단계이론을 단순화하여 세 수준의 욕구로 설명한다.
㉠ 존재 욕구(Existence Needs) : 인간이 존재하기 위하여 필요한 다양한 형태의 물질적·생리적 요소를 포함한다. 매슬로우의 생리적 욕구와 신체적 안전욕구에 해당한다.
㉡ 관계 욕구(Relatedness Needs) : 모든 사회 지향적인 욕구를 통합한 것으로 이해할 수 있다. 매슬로우의 안정욕구, 사회적 욕구와 존경의 욕구에 해당한다.
㉢ 성장 욕구(Growth Needs) : 자신의 잠재력 개발과 자기실현을 추구하는 욕구로, 매슬로우의 자아실현욕구 및 자기존중욕구에 해당한다.

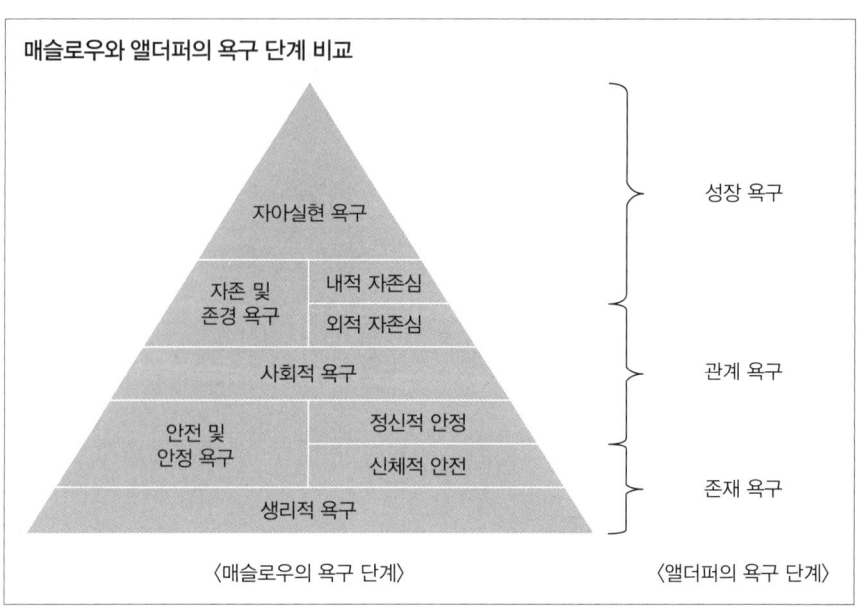

매슬로우의 욕구 단계 이론과 허즈버그의 2요인 이론의 관계

생리적 욕구와 안전 및 안정 욕구는 허즈버그의 2요인 이론 중 위생요인에 해당하고, 자아실현 욕구는 동기요인에 해당한다.

(3) 허즈버그(Herzberg)의 2요인 이론(Two-Factor Theory)
① 허즈버그는 만족과 불만족이 서로 대립적인 개념이 아니라고 주장하였다. 즉, 만족과 불만족을 동시에 하나의 연속선상에 두는 것은 적절하지 않다고 보았다.
② 불만족을 감소시켜주는 요인과 만족을 증가시켜주는 요인을 구분해야 한다고 주장하였으며, 불만족을 감소시켜주는 요인을 위생요인(Hygiene Factor), 만족을 증가시켜주는 요인을 동기요인(Motivator)이라 하였다.
 ㉠ 위생요인 : 작업장의 안전, 신분의 안정, 급여, 직무환경 등 외적 요인
 ㉡ 동기요인 : 승진, 개인의 발전, 책임감, 직무 내용, 인정 등 내적 요인

3 동기부여의 과정이론

(1) 아담스(Adams)의 공정성 이론(Equity Theory)
① 개인에게 주어진 보상이 집단의 성과물을 산출하는데 기여한 정도에 비례하여 공정하게 분배가 될 때 공정한 상태로 본다. 즉, 자신의 투입(Input) 대비 산출(Outcome) 비율이 타인과 같을 때 공정하다고 느끼며, 그 비율이 어긋나면 불공정 상태로 인식한다.
② 불공정성 해소방안

환경의 변화	불공정을 해소하기 위해 직무 이동·이직 등으로 환경에 변화를 준다.
비교대상의 변화	비교대상이 되는 인물, 집단과 같은 준거 대상을 자신과 비슷한 수준의 대상으로 변경하여 공정성 지각을 회복한다.
투입의 변화	직무에 투입되는 시간·노력·창의성 등 자신의 투입 수준을 조정하거나 축소한다.
산출의 변화	임금이나 작업조건의 개선 등을 통해 개인의 산출을 증대시켜 불공정을 해소한다.
태도의 변화	자신 또는 타인의 투입이나 산출에 대한 인지 자체를 변화시킴으로써 불공정을 합리화한다.

(2) 브룸의 기대이론(Expectancy Theory)
① 개인의 동기는 노력에 따른 성과 기대(기대감)와 성과가 보상으로 이어질 것이라는 믿음(수단성) 및 보상에 대한 가치(유의성)의 복합적 함수에 의해 결정된다는 이론이다.

브룸의 기대이론 전개

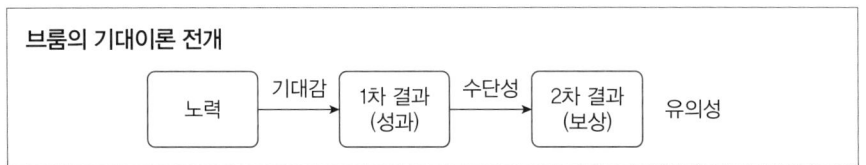

② 브룸은 동기부여의 강도를 다음과 같은 식으로 설명하였다. 브룸의 기대이론에 따르면 동기부여의 강도는 0이 될 수도 있으며 때로는 음(−)의 값을 가질 수 있다.

$$동기부여의 강도 = 기대감(E) \times 수단성(I) \times 유의성(V)$$

㉠ 기대감(Expectancy) : 개인이 특정 노력을 기울였을 때 원하는 성과를 달성할 수 있다고 믿는 정도이다. 즉, 기대감은 노력 대 성과의 관계이며 이는 확률로 표현한다($0 \leq E \leq 1$).
㉡ 수단성(Instrumentality) : 1차 결과물이 2차 결과물로 이어질 것이라는 믿음의 정도를 의미한다. 즉, 1차 결과인 성과와 2차 결과인 보상에 대한 상관관계를 의미한다($-1 \leq i \leq 1$).
㉢ 유의성(Valence) : 2차 결과물에 대해 개인이 느끼는 중요성이나 가치의 정도를 의미한다. 즉, 결과물에 대한 개인의 선호도 또는 만족도라고 할 수 있다.

> **카페테리아(Cafeteria)식 보상**
> 현금 보너스, 유급휴가, 주식구매권, 보험 혜택의 증가 등과 같은 여러 종류의 보상 중에서 개인이 가장 선호하는 것을 직접 선택하도록 하는 방법이다.

01 다음 설명이 맞으면 ○, 틀리면 ×표 하세요.

(1) 동기부여 이론은 크게 내용이론과 과정이론으로 구분할 수 있다. ( )

(2) 매슬로우는 인간은 다섯 가지 보편적 욕구를 가지고 있다고 주장하였으며, 생리적 욕구, 안전 및 안정 욕구, 사회적 욕구, 자존 및 존경의 욕구, 자아실현의 욕구로 구분하였다. ( )

(3) 허즈버그(Herzberg)는 만족과 불만족이 대립적 관계임을 강조하면서 2요인 이론을 제시하였다. ( )

(4) 브룸의 기대이론에서 동기부여의 강도는 0이 될 수 있으나 음(-)값을 가질 수는 없다. ( )

(5) 위생요인에는 작업장의 안전, 신분의 안정, 급여, 직무환경 등이 있으며, 동기요인에는 승진, 개인의 발전, 책임감, 직무내용, 인정 등이 있다. ( )

02 다음 빈칸에 알맞은 말을 고르거나 적으세요.

(6) 브룸의 기대이론에서 (   )이란 개인에게 있어서 2차 결과물의 중요성이나 가치의 정도를 말한다.

(7) 브룸의 기대이론에서 (   )이란 목적달성을 위해 자기 능력과 가능성에 대해 자신이 가지고 있는 인지정도를 말한다.

(8) 허즈버그의 2요인 이론에 의하면 불만족 요인을 감소시켜주는 요인을 (   )요인이라고 한다.

(9) 매슬로우의 욕구단계이론을 단순화하여 세 수준의 욕구를 제시하는 이론을 (   ) 이론이라 한다.

| 정답 |
(1) ○ (2) ○ (3) × (4) × (5) ○ (6) 유의성 (7) 기대감 (8) 위생 (9) ERG

| × 해설 |
(3) 허즈버그(Herzberg)는 만족과 불만족이 대립적 성격이 아님을 주장하면서 불만족 요인을 없앤다고 만족이 증가하는 것은 아니며, 반대로 만족요인을 감소시킨다고 불만족이 증가하는 것은 아니라고 주장하였다.
(4) 브룸의 기대이론에서 동기부여의 강도는 0뿐만 아니라 음(-)의 값을 가질 수 있다.

01

맥그리거의 XY이론은 인간에 대한 근본 가정에 따라 동기부여 방식이 달라져야 한다고 본다. 다음 중 Y이론에 해당하는 가정 또는 동기부여 방식으로 적절하지 않은 것은?

① 문제해결을 위한 창의적인 능력을 지닌다.
② 스스로 목표 설정 및 달성을 위해 노력한다.
③ 성취감과 자아실현을 적극적으로 추구한다.
④ 직무수행에는 명확한 지시와 감독이 필요하다.
⑤ 효과적인 조직목표 달성을 위한 자기 통제가 필요하다.

대표개념 키워드 맥그리거의 XY이론

| 해설 |
맥그리거가 주장한 XY이론에 따르면 X이론은 인간이 타율적 존재이기 때문에 외부통제가 필요하다고 보는 관점이다. 반면 Y이론은 인간이 자율적 존재이기 때문에 스스로 목표를 세우고 이를 달성하려는 노력을 할 수 있다고 보는 관점이다. 따라서 직무수행에는 명확한 지시와 감독이 필요하다는 가정은 인간을 타율적인 존재로 보는 X이론에 해당하는 내용이다.

정답 | ④

02

허즈버그의 2요인 이론에 따라 아래 사례를 올바르게 고른 것은?

A. 급여수준
B. 업무 책임감
C. 프로젝트 성취감
D. 직무 환경의 안전

	위생요인	동기요인
①	A, B	C, D
②	A, C	B, D
③	A, D	B, C
④	B, C	A, D
⑤	C, D	A, B

대표개념 키워드 허즈버그 2요인 이론

| 해설 |
허즈버그(Herzberg)의 위생요인에는 작업장의 안전, 신분의 안정, 급여, 직무환경 등이 있으며, 동기요인에는 승진, 개인의 발전, 책임감, 직무내용, 인정, 성취감 등이 있다.

정답 | ③

핵심테마 49 | 동기부여 이론

03

㈜한강은 직원 만족도를 높이기 위해 여러 복지 제도를 도입하였다. 이에 대한 사례 중 매슬로우(Maslow)의 욕구 단계 이론 관점에서 하위 욕구에서 상위 욕구로 나열한 순서가 올바른 것은?

A	퇴근 후 학원이나 대학원 수강료를 지원하여 자기 계발이 가능하도록 한다.
B	매년 무료 건강검진으로 직원의 신체적·경제적 안정감을 제공한다.
C	사내 동호회와 팀워크 프로그램을 통해 소속감을 강화한다.

① A → B → C
② A → C → B
③ B → A → C
④ B → C → A
⑤ C → A → B

대표개념 키워드 매슬로우의 욕구 단계 이론

| 해설 |

매슬로우(Maslow)는 인간의 욕구를 하위 욕구에서 상위 욕구로 발전하는 5단계 욕구 체계로 설명하였다.
- 생리적 욕구 : 음식, 수면, 생존 등 기본적 욕구
- 안전 및 안정 욕구 : 신체적·경제적 안정, 고용 보장
- 사회적 욕구 : 소속감, 동료 관계, 친밀감
- 자존(존경) 욕구 : 인정받고 존중받고 싶은 욕구
- 자아실현 욕구 : 잠재력 발휘, 자기계발, 성취 추구

제시된 A, B, C의 욕구 단계는 다음과 같다.
- A : 자아실현 욕구
- B : 안전 및 안정 욕구
- C : 사회적 욕구

이를 하위 욕구에서 상위 욕구로 나열하면 B → C → A 순서가 된다.

정답 | ④

04

다음 사례를 브룸(Vroom)의 기대이론 관점에서 해석했을 때, A씨의 동기부여가 약화된 요인에 해당하는 것은?

> E사 입사를 목표로 오랫동안 준비해 온 A씨는 2023년 채용 과정에서 연이어 불합격한 뒤 큰 상실감을 느꼈다. A씨는 해당 기업이 'AI 인재 선발'을 강조하며 AI 자격증과 코딩 역량을 중점 평가한다는 소식을 듣고 야간 강의를 수강하며 열심히 준비했지만, 결과는 또 다시 탈락이었다. A씨는 '열심히 하면 좋은 결과가 있을 것'이라는 믿음으로 노력했지만, 최근 인공지능 면접과 자율평가 시스템 도입으로 노력과 성과의 연계가 점점 약해진다고 느끼고 있다. 이에 '아무리 준비해도 결과가 달라지지 않는다'는 생각이 들면서 다시 시험을 준비할 의욕이 사라지고 있다.

① 기대감
② 유의성
③ 수단성
④ 효율성
⑤ 의미성

대표개념 키워드 브룸의 기대이론

| 해설 |

브룸의 기대이론(Expectancy Theory)은 다음의 식으로 설명한다.

| 동기부여의 강도 = 기대감 × 수단성 × 유의성 |

구성요소	의미	사례 적용
기대감 (Expectancy)	노력하면 성과를 얻을 수 있을 것이라는 믿음	"열심히 하면 성적이 오를 거야"
수단성 (Instrumentality)	성과가 보상으로 이어질 것이라는 믿음	"좋은 성적을 받으면 입사할 수 있을 거야"
유의성 (Valence)	보상에 대한 개인의 가치 인식	"그 회사는 내가 꼭 들어가고 싶은 곳이야"

A씨는 여전히 성과(시험 점수)를 얻을 수 있다고 생각하지만 그것이 보상(채용 합격)으로 연결되지 않는다고 느끼고 있다. 즉, '아무리 해도 결과가 바뀌지 않는다'는 인식은 수단성(Instrumentality)의 결여를 의미한다.

정답 | ③

핵심테마 50 | 리더십 이론과 유형

1 리더십의 이해

프렌치(French)와 레이븐(Raven)은 권력의 유형을 크게 조직의 공식적 지위에서 발생하는 강압적·보상적·합법적 권력과 리더 개인의 특성에 기반한 준거적·전문적 권력으로 구분하였다.

① 준거적 권력(Reference Power) : 개인의 힘 또는 능력이 다른 사람에게 영향을 주고 충성심을 형성하게 하는 것을 의미한다. 즉, 리더와 동일시할 때 준거적 권력이 형성된다.
② **전문적 권력**(Expert Power) : 전문지식이나 기술적 역량에서 비롯되는 권력이다.
③ 강압적 권력(Coercive Power) : 위협이나 처벌을 통해 복종을 유도하는 부정적 권력을 의미한다.
④ 보상적 권력(Reward Power) : 권력 행사자의 가치 있는 보상을 제공하거나 부여할 수 있는 능력에 기반한 권력을 의미한다.
⑤ 합법적 권력(Legitimate Power) : 조직 내 공식적 지위나 직책에서 발생하는 권력을 의미한다.

전문적 권력

다른 권력들과 달리 지식·기술·전문성에 기반하며, 주로 특정 분야에서 훈련받고 자격을 인정받은 개인에게서 발휘된다. 이러한 권력은 조직의 모든 계층에서 나타날 수 있으며, 리더의 경험과 역량이 구성원들의 신뢰의 원천이 된다.

2 리더십 유형

(1) 블레이크(Blake)와 머튼(Mouton)의 관리격자 모형

블레이크와 머튼의 관리격자 모형은 생산(과업)에 대한 관심과 인간에 대한 관심을 두 축으로 하여 제시한 것이다. 각 축은 1~9의 값을 가지며, 이를 조합하여 다섯 가지 대표적 리더십 유형으로 구분하였다.

유형	설명
무관심형 (Impoverished : 1,1형)	생산(과업)과 인간에 대한 관심이 모두 낮은 유형으로, 리더는 자기 자신의 직분 유지에 필요한 최소한의 노력만을 투입한다.
인기형 또는 컨트리클럽형 (Country Club : 1,9형)	인간에 대한 관심은 매우 높으나 생산(과업)에 대한 관심이 극히 낮은 유형이다. 리더는 구성원 간의 원만한 관계 및 친밀한 분위기 조성에 주력한다.
과업형 (Yask Authority- Obedience : 9,1형)	생산(과업)에 대한 관심은 매우 높으나, 인간에 대한 관심이 극히 낮은 유형이다. 리더는 업무 효율을 높이기 위해 작업조건을 정비하는 등 과업상의 능력을 우선으로 생각한다.
이상형 또는 팀형 (Team : 9,9형)	인간과 생산(과업)에 대한 관심이 모두 매우 높은 유형이다. 리더는 상호의존 관계와 조직의 공동목표를 강조하고 상호신뢰적 관계에서 구성원들의 몰입을 통하여 과업을 달성한다.
타협형 또는 중도형 (Middle of the Road or Organization man : 5,5형)	인간과 생산(과업)에 적당한 관심을 갖는 유형이다. 리더는 과업능률과 인간적 요소를 절충하여 적절한 수준의 성과를 지향한다.

핵심테마 50 | 리더십 이론과 유형

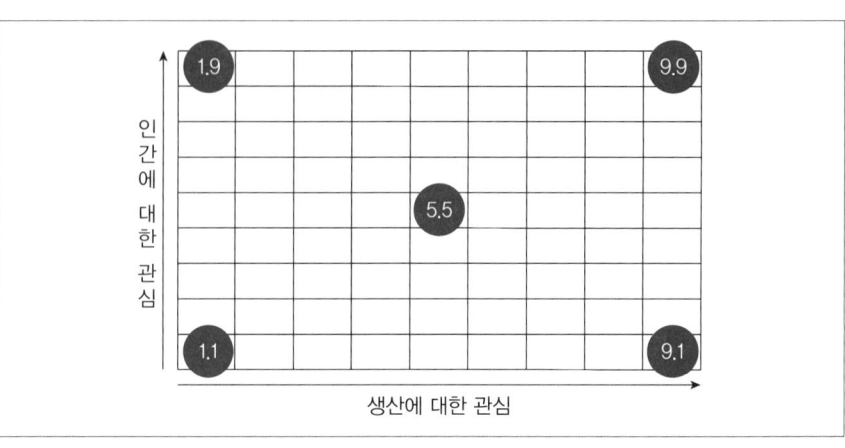

(2) 허쉬(Hersey)와 블랜차드(Blanchard)의 상황이론
① 허쉬와 블랜차드는 리더의 가장 중요한 임무로서 부하의 성숙도를 높여 성과를 향상시키는 것이라고 보았다.
② 리더의 스타일은 부하들의 준비(성숙도)에 따라 달라지며, 과업지향적 행동과 관계지향적 행동의 정도에 따라 네 가지 유형으로 구분하였다.

리더십 유형	과업 지향	관계 지향	적용 상황
S1 지시형 (Telling)	높음	낮음	부하의 의욕과 능력이 모두 낮을 때, 리더는 과업을 명확히 지시하고 지속적으로 감독해야 한다.
S2 설득형 (Selling)	높음	높음	부하가 의욕은 있으나 능력이 부족할 때, 리더는 부하직원에게 원하는 요인을 충분히 설명하고 이를 숙련할 수 있는 교육 기회를 보장해야 한다.
S3 참여형 (Participating)	낮음	높음	부하가 능력은 있으나 의욕이 낮은 경우 적합하다. 리더는 업무에 관련된 지시를 내리기보다는 부하직원과 적극적인 소통을 통하여 정보를 공유하고 직원이 동기를 높이는 데 초점을 맞춘다.
S4 위임형 (Delegating)	낮음	낮음	부하가 의욕과 능력이 모두 높은 경우 리더는 직원에게 **권한을 위임**하고 직접적 관여를 하지 않는 것이 중요하다.

임파워링(Empowering)
리더가 조직 구성원에게 권한과 책임을 함께 위임함으로써 그들이 맡은 직무에 대해 주인의식과 자기통제감을 경험하도록 하는 리더십을 의미한다.

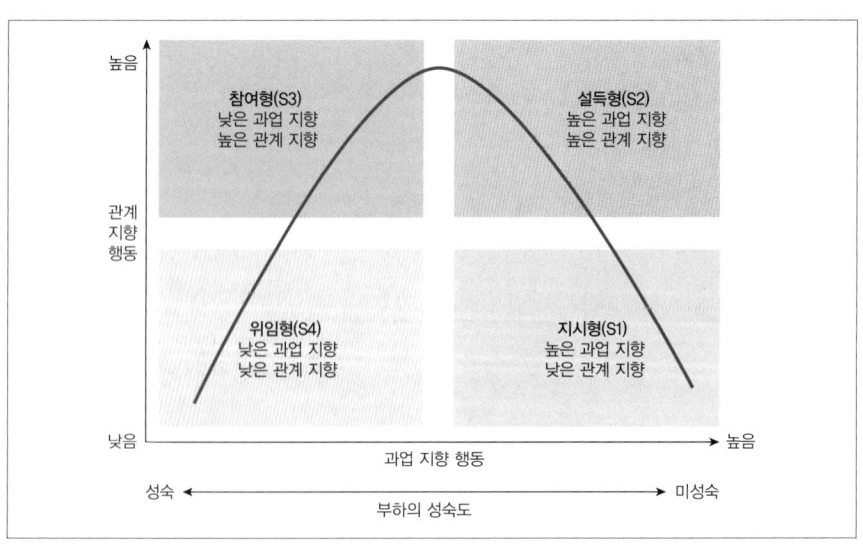

부하의 성숙도가 미성숙에서 발전함에 따라 리더의 유형은 지시형 → 설득형 → 참여형 → 위임형으로 변화하는 것이 적절하다고 주장했다.

01 다음 설명이 맞으면 ○, 틀리면 ×표 하세요.

(1) 리더와 구성원의 관계는 쌍방성, 상대성, 가변성의 속성을 가진다. ( )

(2) 프렌치와 레이븐은 권력의 유형을 조직의 공식적 지위에서 발생하는 강압적 권력, 보상적 권력, 합법적 권력과 리더 개인의 특성에 기반을 두고 있는 준거적 권력, 전문적 권력으로 구분하였다. ( )

(3) 블레이크와 머튼의 관리격자 모형은 생산(과업)에 대한 관심과 인간에 대한 관심을 두 축으로 하고 있다. ( )

(4) 블레이크와 머튼의 관리격자 모형에서 인기형 또는 컨트리클럽형은 인간에 대한 관심은 대단히 높으나 생산(과업)에 대한 관심이 극히 낮은 유형으로 격자에서 9.1에 해당한다. ( )

(5) 허쉬와 블랜차드의 상황이론에서 참여형 리더십은 부하의 능력은 높지만 의욕이 낮은 경우 적합하며, 리더는 과업지향 보다는 관계지향 행동을 한다. ( )

02 다음 빈칸에 알맞은 말을 고르거나 적으세요.

(6) 허쉬와 블랜차드는 리더의 가장 중요한 임무로서 부하의 (　　　　)를 향상시키는 것이라고 하였다.

(7) 리더십의 권력 유형 중 (　　　　) 권력은 개인의 힘 또는 능력이 다른 사람들에게 영향을 주고 충성심을 형성하게 하는 것을 말한다.

(8) 리더십의 권력 유형 중 기술 또는 전문지식으로부터 나오는 권력을 (　　　　) 권력이라 한다.

(9) 블레이크와 머튼의 관리격자 이론은 각 축은 1에서 (　　　　)까지의 값을 가진다.

| 정답 |
(1) ○　(2) ○　(3) ○　(4) ×　(5) ○　(6) 성숙도　(7) 준거적　(8) 전문적　(9) 9

| × 해설 |
(4) 인기형 또는 컨트리클럽형은 인간에 대한 관심은 대단히 높으나 생산(과업)에 대한 관심이 극히 낮은 유형으로, 격자에서 1.9의 위치에 해당한다. 9.1은 과업형에 해당한다.

01

프렌치와 레이븐의 권력 유형 중 [보기]에서 설명하는 유형으로 가장 적절한 것은?

| 보기 |
- 개인의 힘 또는 능력이 다른 사람들에게 영향을 주고 충성심을 갖도록 하는 특징이 있다.
- 권력자의 카리스마와 대인관계 능력이 기반이 된다. 개인은 특정한 개인적 성향 때문에 존경 받을 수 있는데, 그 존경은 대인관계의 영향을 주는 기회를 만들어 내기도 한다.
- 권력을 받아들이는 사람이 권력을 가지고 있는 사람과 동일화가 조성될 때 영향력은 더욱 커진다.

① 전문적 권력(expert power)
② 보상적 권력(reward power)
③ 강압적 권력(coercive power)
④ 준거적 권력(reference power)
⑤ 합법적 권력(legitimate power)

대표개념 키워드 프렌치와 레이븐의 권력 유형

| 해설 |

프렌치(French)와 레이븐(Raven)의 권력 유형은 보상적 권력, 강압적 권력, 합법적 권력 등과 같이 조직의 공식적 지위에서 유래하는 권력과 전문적 권력, 준거적 권력처럼 리더 개인의 특성에서 유래하는 권력으로 구분된다. 문항에서 제시된 내용은 개인의 매력, 인품, 가치관 등에 대한 동일시로 인해 영향력이 강화되고 리더와 동일해지려는 욕구가 중심적 영향 요인으로 작용하며 공식적 권한보다 개인의 특성이 더 크게 작용한다는 점을 강조한다. 이러한 특징은 준거적 권력의 대표적 설명에 해당한다.

정답 | ④

02

다음 관리격자 모형에서 A팀장의 리더십 유형에 가장 적합한 행동으로 적절한 것은?

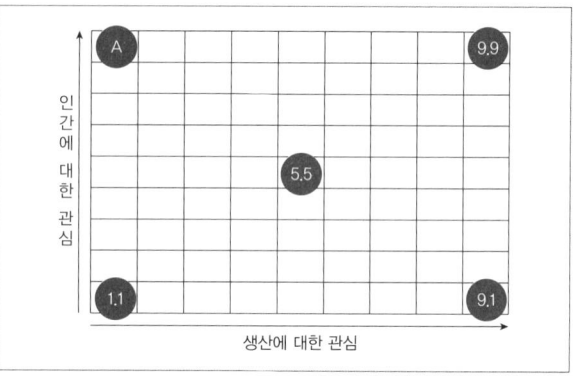

① 직원 복지나 근무환경 개선과 관련된 의견을 먼저 듣고 반영하려고 한다.
② 생산량을 높이기 위해 작업 절차를 표준화하고 규칙 준수 여부를 감독한다.
③ 매일 아침 주요 과업의 목표치 달성 여부를 중심으로 점검 회의를 진행한다.
④ 부하직원의 성과가 평균 이하일 경우 즉시 개선 계획을 제출하도록 요구한다.
⑤ 회의에서는 불필요한 대화를 자제시키고, 업무 진행 상황만 간단히 보고하게 한다.

대표개념 키워드 블레이크와 머튼의 리더십 관리격자 모형

| 해설 |

관리격자 모형에서 A팀장의 리더십은 (1,9) 컨트리클럽형에 해당한다. 이 유형은 생산(과업)에 대한 관심은 낮고, 인간관계에 대한 관심은 매우 높은 리더십 특성을 지닌다. 따라서 업무 성과보다는 직원 만족·복지·편안한 분위기를 중시하며, 갈등을 피하고 관계 유지에 더 많은 노력을 기울인다. 따라서 직원 복지나 근무환경 개선과 관련해 의견을 듣고 반영하려 한다는 행동은 컨트리클럽형 리더의 특징을 잘 반영한다.

정답 | ①

핵심테마 50 | 리더십 이론과 유형

03

다음 중 허쉬와 블랜차드(Hersey & Blanchard)의 리더십 유형 중 낮은 지시행동과 지원행동을 보이는 유형으로 가장 적절한 것은?

① 지시형 리더
② 설득형 리더
③ 참여형 리더
④ 위임형 리더
⑤ 방임형 리더

대표개념 키워드 허쉬와 블랜차드의 상황이론

| 해설 |
허쉬와 블랜차드의 상황적 리더십 이론은 리더 행동을 과업 지향 행동과 관계지향 행동의 두 축으로 구분하고, 이 두 행동의 높고 낮음에 따라 네 가지 리더십 유형을 제시한다.
- 지시형 : 과업 ↑, 관계 ↓
- 설득형 : 과업 ↑, 관계 ↑
- 참여형 : 과업 ↓, 관계 ↑
- 위임형 : 과업 ↓, 관계 ↓

문항에서 제시한 지시행동과 지원행동이 모두 낮은 유형은 위임형 리더십에 해당한다. 위임형은 구성원의 능력과 의욕이 모두 충분할 때, 리더가 권한을 넘기고 직접적 관여를 최소화하는 방식이다.

정답 | ④

04

아래 사례를 읽고 '허쉬-블랜차드'의 상황이론 모델에 따라 다음 물음에 답하시오.

> 최근 A팀장은 팀원들과의 갈등의 골이 깊어져서 머리가 아프다. B직원이 업무에 대한 능력은 충분한 것 같은데 스스로 해결하려는 의지가 없기 때문이다.

위의 상황에서 가장 적합한 리더십의 위치는?

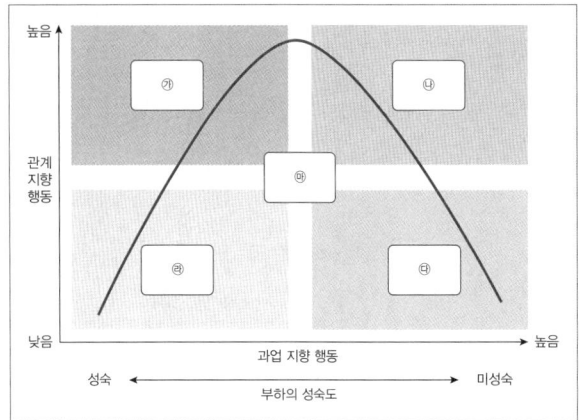

① ㉮
② ㉯
③ ㉰
④ ㉱
⑤ ㉲

대표개념 키워드 허쉬와 블랜차드의 상황이론

| 해설 |
사례에서 B직원은 능력이 우수하나 의지가 부족한 경우에 해당하므로 팀장은 참여형 리더십을 발휘하는 것이 효과적이다. 즉, 과업에 대해 직접적으로 지시하기보다는 B직원과 의사결정 권한을 공유하면서 직접적으로 동기를 유발할 수 있는 역할을 수행하는 것이 중요하다.

정답 | ①

핵심테마 **51** 경영전략

핵심테마 **52** 경영환경 분석

핵심테마 **53** 기업의 결합

핵심테마 **54** 기업·사업부 수준의 전략

핵심테마 **55** 다국적 기업과 글로벌 경영

경영전략과 국제경영

출제 비율

10%

출제경향 및 교수님의 고득점 전략 TIP

"거시적 안목으로 기업의 생존 방식을 탐구하라. 분석 프레임워크와 글로벌 트렌드의 결합이 고득점의 열쇠다."

이 파트는 기업이 경쟁 우위를 확보하기 위한 큰 그림을 그리는 영역이다. SWOT 분석, 포터의 산업구조분석(5 Forces Model), 가치사슬(Value Chain) 등 전략적 분석 도구를 실제 기업 사례에 대입해 해석하는 능력이 무엇보다 중요하다. 최근 매경테스트에서는 ESG 경영과 플랫폼 비즈니스 전략 등 시사적인 키워드가 전략 이론과 결합되어 출제되는 경향이 뚜렷하다. 국제경영 파트에서는 환율 변동에 따른 재무적 위험 관리와 다양한 해외 시장 진입 방식(M&A 등)의 장단점을 명확히 구분해 두는 것이 고득점 전략이다.

핵심테마 51 | 경영전략

1 경영전략의 이해

(1) 개념
① 경영전략이란 기업의 내·외부 환경을 종합적으로 분석하여 기업의 경쟁 우위를 확보하고 이를 지속적으로 유지하기 위한 일련의 경영 의사결정이다.
② 조직의 방향성과 목표 달성을 위해 내·외부 환경을 고려하여 전사적 차원의 의사결정을 수행하는 경영학적 프로세스이다.

경영전략 프로세스의 실행 순서

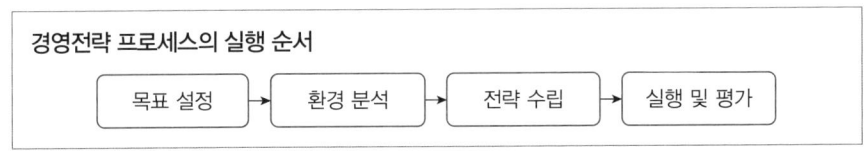

목표 설정 → 환경 분석 → 전략 수립 → 실행 및 평가

> **기업의 목표**
> 기업의 목표를 설정하는 단계는 미션, 비전, 가치로 구성된다.
> - 미션: 'Why'에 대한 답으로, 기업이 왜 존재하는지에 대한 행동 기준을 마련해야 한다.
> - 비전: 'What'에 대한 대답으로, 기업이 지속적으로 성장하기 위해 무엇을 성취해야 하는지를 나타낸다.
> - 가치: 'How'에 대한 답으로, 조직이 어떠한 신조를 가지고 행동할 것인지를 나타낸다.

(2) 경영전략의 수립

구분	내용
기업전략 (Corporate Strategy)	• 기업 전체의 목표를 달성하기 위해 기업이 나아가야 할 방향을 설정하는 포괄적 전략을 의미한다. • 어떤 사업 분야에 진출하여 경쟁을 할 것인지를 결정하고 기업 전체의 자원 배분과 관련된 전반적 지침을 결정한다.
사업부(또는 사업)전략 (Business Strategy)	• 기업전략에 따라 결정된 사업 분야에서 어떻게 이익을 낼 것인지를 결정하는 전략이다. • 특정 시장이나 산업에서 경쟁하기 위한 재화와 서비스의 차별화, 원가 우위, 생산능력 입지 선정, 신기술 도입 등의 방안을 다룬다.
기능전략 (Functional Strategy)	• 개별 사업부 내의 인사, 마케팅, 생산 등 기능별 부문이 수립하는 실행지침 수준의 전략이다. • 기업전략과 사업전략이 수립된 이후 각각의 영업활동, 제품기획 등 기능별 분야에서 세부적인 수행방법을 결정한다.

2 전략통제: 균형성과표(BSC)

(1) 개념
카플란(Kaplan)이 제시한 개념으로, 과거 재무적인 관점에만 의존했던 기업의 성과평가를 재무적·비재무적 관점에서 균형있게 측정하는 것을 말한다.

(2) 구성요소

재무적 관점	재무적 성과	• 주주의 입장에서 성장, 수익성, 위험 등과 관련된 전략을 수행한 결과를 측정한다. • 기업의 영업이익이나 순이익 같은 재무성과의 개선 정도를 평가한다.
비재무적 관점	고객성과	• 고객의 입장에서 고객가치 창출과 차별화를 위한 전략과 관련된 성과를 측정한다. • 고객만족도, 시장 점유율 등이 대표적인 성과지표이다.

> **재무적 성과 측정지표**
> 영업이익, 투자수익률, 잔여이익, 경제적 부가가치 등을 측정지표로 활용하며, 경우에 따라 판매성장 또는 현금흐름 등을 활용할 수 있다.

	내부프로세스 혁신성과	• 고객과 주주를 만족시키는 다양한 내부프로세스 개발을 위한 전략적 우선순위를 결정하는 것과 관련있다. • 고객과 주주를 만족시키기 위해 어떤 내부프로세스를 갖추어야 하는지, 기업 내에서 가치 창출을 위한 프로세스가 얼마나 개선되었는지를 측정한다.
	학습성과	조직변화와 성장을 지원하는 인적자원 역량, 정보시스템, 조직문화 등의 개선 정도를 측정한다.

3 기타 경영전략 기법

(1) 지식경영(Knowledge Management)

① 개념
　㉠ 지식경영이란 지식의 창출 및 공유를 통하여 조직 내 개인과 조직이 보유한 지식을 활용하여 가치를 창출하는 경영기업이라고 할 수 있다.
　㉡ 노나카(Nonaka)는 SECI 모형을 제시하고 형식지(Explicit Knowledge)와 암묵지(Tacit Knowledge)의 상호작용을 통한 지식창출 과정을 설명하였다.
　㉢ 조직 내 지식은 사회화(Socialization) → 표출화(Externalization) → 연결화(Combination) → 내재화(Internalization)의 과정을 통해 지식의 창출과 공유 과정이 일어난다고 주장하였다. 이때 지식의 창출과 공유는 각각 발생하는 독립된 현상이 아닌 동시에 발생하는 순환적 과정임을 강조하였다.

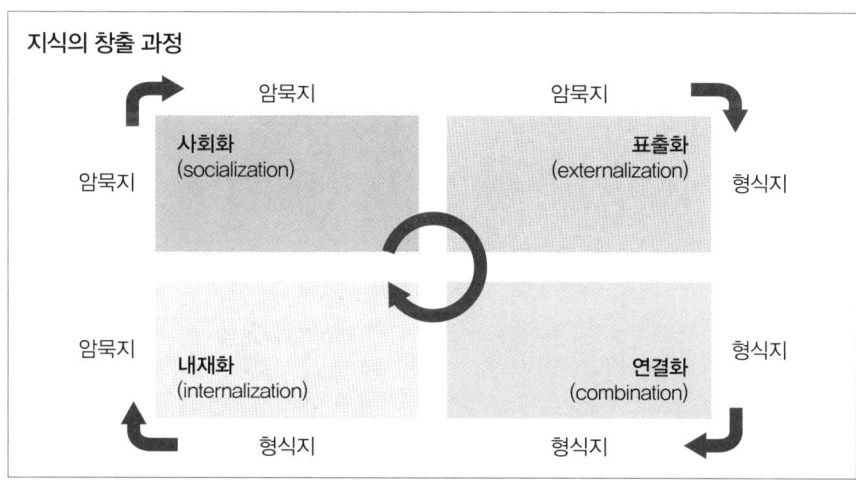

지식경영의 구성요소
- 사회화 : 조직 내 구성원들 간 경험 공유 등을 통해 한 사람의 암묵지가 새로운 암묵지로 전환되는 것을 의미한다.
- 표출화 : 암묵지를 구체적 개념과 언어로 표현하여 형식지로 전환하는 과정이다.
- 연결화 : 여러 형식지의 단편을 결합·재구성하여 새로운 형식지를 창출하는 과정이다.
- 내재화 : 형식지를 사회화·표출화·연결화 등을 통해 개인의 암묵지로 전환하는 과정이다.

(2) 시간 기반 경쟁 전략(Time Based Competition Strategy)

① 시장에 제품을 빠르게 출시하여 경쟁자보다 우위를 점하기 위한 전략을 의미한다.
② 제품의 기획·개발단계에서부터 최종소비자에 대한 서비스에 이르기까지 전 비즈니스 과정에서 시간을 핵심 경쟁자원으로 활용하여 고객의 요구에 신속하게 대응하는 것을 중요한 경영목표로 삼는다.

(3) 리엔지니어링, 구조조정, 그리고 다운사이징
① 리엔지니어링(Business Process Re-engineering : BPR)
　㉠ 업무 방식을 근본적으로 개선하여 업무 프로세스 자체를 새롭게 설계함으로써 경영 효율성을 높이는 전략을 의미한다.
　㉡ 기존의 관행을 고려하지 않고 제로 베이스(Zero Base)에서 모든 과정을 재검토하며, 단순한 업무방식의 개선과는 성격이 다른 접근방법이라고 할 수 있다.
② 구조조정(Restructuring)
　기업이 경쟁적 우위를 확보하기 위하여 제품이나 사업부 등을 재편하고, 생산 및 판매시스템을 구조적으로 변화시켜 사업구조를 재구성하는 것을 의미한다.
③ 다운사이징(Downsizing)
　㉠ 기업의 효율적 운영을 위하여 인력이나 경비를 줄여 낭비요소를 제거하는 일련의 활동을 의미한다. 낭비를 줄여 효율성을 높이기 때문에 감량경영기법과 비슷하다.
　㉡ 조직이 쇠퇴하면서 규모가 자연스럽게 줄어드는 것과는 달리 다운사이징은 의도적이고 적극적으로 실시한다는 특징이 있다.
　㉢ 다운사이징은 위기에서 벗어나는 방어적 전략으로서도 사용되지만, 효율성 향상을 통한 성과창출의 공격적 전략으로도 활용될 수 있다.

01 다음 설명이 맞으면 ○, 틀리면 ×표 하세요.

(1) 경영전략이란 제한된 경영자원을 배분하여 기업이 경쟁적우위를 확보하는 일련의 의사결정이다. ( )

(2) 경영전략은 기업의 다른 계획을 세우는 기초가 되며 준거틀의 역할을 수행한다. ( )

(3) 경영전략 프로세스는 '환경 분석 → 목표 설정 → 전략 수립 → 실행 및 평가' 순으로 진행된다. ( )

(4) 기업의 목표는 일반적으로 미션, 비전, 가치로 구성된다. ( )

(5) 기업전략에서는 생산능력 입지 선정, 신기술 도입 등의 문제를 다룬다. ( )

02 다음 빈칸에 알맞은 말을 고르거나 적으세요.

(6) 기업전략에서 결정된 사업 분야에서 어떻게 이익을 낼 것인지를 결정하는 전략을 ( )전략이라고 한다.

(7) 재무적 관점 외에 고객, 내부 프로세스, 학습과 성장 관점을 추가하여 기업의 성과를 균형 있게 측정하는 성과표를 ( )성과표라고 한다.

(8) 개인이나 집단의 경험, 노하우 등 표현하기 어려운 암묵지가 언어나 문서 등 구체적인 형식지로 변환되는 과정을 ( )라고 한다.

(9) 시장에 제품을 빠르게 출시하여 경쟁 우위를 점하려는 전략을 ( )기반 경쟁 전략이라고 한다.

(10) 기업의 효율성을 높이기 위해 의도적으로 잉여 인력이나 경비를 줄이는 활동을 ( )사이징이라고 한다.

| 정답 |
(1) ○ (2) ○ (3) × (4) ○ (5) × (6) 사업부 (7) 균형 (8) 표출화 (9) 시간 (10) 다운

| × 해설 |
(3) 경영전략 프로세스는 '목표 설정 → 환경 분석 → 전략 수립 → 실행 및 평가' 순으로 진행된다.
(5) 사업부(또는 사업)전략은 특정 시장이나 산업에서 경쟁하기 위한 재화와 서비스의 차별화, 원가 우위, 생산능력 입지 선정, 신기술 도입 등의 방안을 다룬다.

01

균형성과표(Balanced Score Card, BSC)와 비교하여 전통적 성과관리시스템의 한계에 대한 설명으로 적절하지 않은 것은?

① 성과에 대한 재무적 관심이 부족하다.
② 자원 할당과 전략의 연계가 부족하다.
③ 비재무적 관점에 대한 보완이 필요하다.
④ 인센티브와 목표달성의 연계가 부족하다.
⑤ 구성원의 경영전략에 대한 이해도가 높지 않다.

대표개념 키워드 균형성과표(BSC)

| 해설 |
균형성과표는 재무적 성과만을 강조한 전통적 성과관리시스템의 한계인 구성원과 경영전략에 대한 이해 부족, 자원할당과 전략의 연계 부족, 인센티브와 목표달성의 연계 부족, 재무적 관점의 의존성 등을 극복하기 위해 카플란에 의해 제시되었다.

정답 | ①

02

경영전략에 관한 설명으로 적절하지 않은 것은?

① 운영전략은 기업 내 사업단위가 그 사업과 관련된 시장에서 가지는 경쟁에 대한 전략이다.
② 기업이 어떤 사업을 수행할 것인지 혹은 사업포트폴리오를 어떻게 구성할 것인지 등에 관한 결정은 전사적 전략에 속한다.
③ 경영전략은 기업이 활동하는 경영환경의 위협, 위험, 기회에 대하여 기업이 보유한 경영자원으로 대응하고자 하는 노력이다.
④ 전략은 그 대상이 되는 기업 활동이나 관련된 조직의 범위와 수준에 따라 흔히 전사적 전략, 사업전략, 운영전략으로 나누어진다.
⑤ 경영전략은 비교적 장기적 관점에서 접근한다. 따라서 경영전략을 기반으로 계획한 기업의 행동과 의사결정은 일관성을 유지할 수 있다.

대표개념 키워드 경영전략, 사업부전략

| 해설 |
기업 내 사업단위가 그 사업과 관련된 시장에서 가지는 경쟁에 대한 전략은 사업(부)전략에 해당한다. 운영전략은 사업부 내의 기능부서, 즉 마케팅, 인사, 재무, 생산 등에서 수립하는 전략을 의미한다.

정답 | ①

핵심테마 51 | 경영전략

03

경영전략의 수준에 관한 설명으로 적절하지 <u>않은</u> 것은?

① 기능별 전략은 사업단위들 간의 시너지 효과를 높이는 데 초점을 둔다.
② 성장, 유지, 축소, 철수, 매각, 새로운 사업에의 진출 등에 관한 전략적 의사결정은 기업차원의 전략 영역에 포함된다.
③ 사업부 전략은 각 사업영역과 제품분야에서 어떻게 경쟁 우위를 획득하고 유지해 나갈 것인지를 결정하는 전략을 말한다.
④ 경영전략은 조직규모에 따라 차이가 있으나 일반적으로 기업차원의 전략, 사업부 단위 전략, 기능별 전략으로 구분된다.
⑤ 수립된 전략과 초기 목표수립 단계에서 설정했던 미션, 비전, 가치와 비교하여 조직의 성과를 측정하여 전략 프로세스를 평가한다.

대표개념 키워드 경영전략, 기능별 전략

| 해설 |
기능별 전략은 사업단위 내에서 수행되는 기능 부서의 전략을 의미한다. 따라서 각 기능부서의 효과적 목표달성에 초점을 맞추게 되며 상위 개념인 사업단위들 간의 시너지 효과를 높이는 데 초점을 둔다는 설명은 적절하지 않다.

정답 | ①

04

다음은 노나카(Nonaka)의 지식경영 중 무엇에 관한 설명인가?

- 개인 간의 직접적인 상호작용을 통해 암묵지가 암묵지 그대로 전달되는 경우를 말한다.
- 장인들이 관찰, 모방, 지도와 같은 도제관계를 통해 장기적으로 지식을 전수하는 경우를 말한다.

① 연결화(Combination)
② 조직화(Organization)
③ 사회화(Socialization)
④ 내재화(Internalization)
⑤ 표출화(Externalization)

대표개념 키워드 노나카, 지식경영, SECI 모형

| 해설 |
암묵지가 암묵지 그대로 전달되는 경우는 사회화에 해당한다.

| 오답 피하기 |
① 연결화는 형식지가 다른 형식지로 전환되는 경우이다.
④ 내재화는 형식지가 암묵지로 전환되는 경우이다.
⑤ 표출화는 암묵지가 형식지로 전환되는 경우이다.

정답 | ③

핵심테마 52 경영환경 분석

기업의 외부 환경
기업은 외부 환경을 정확히 분석해야 자사에 적합한 시장을 선택할 수 있고, 생존과 성장 가능성을 높일 수 있다.

1 산업구조 분석 모형

(1) 개념
① 마이클 포터(Micheal Porter)는 기업의 외부 환경을 분석하기 위해 산업구조분석 모형(Five Forces Model)을 제안하였다.
② 산업구조 모형에 의하면, 사업의 수익률은 5가지 경쟁적인 세력에 의해 결정된다.

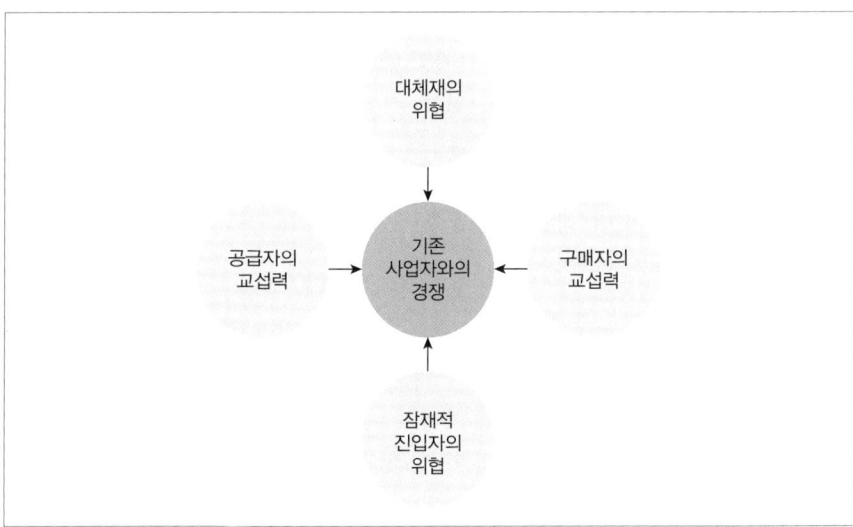

산업구조 분석의 구성요소에 영향을 주는 요인

기존 사업자와의 경쟁
산업의 집중도, 제품 차별화, 초과생산능력, 비용구조, 퇴거(철수)장벽 등

잠재적 진입자의 위협
자본소요량, 규모의 경제, 절대적 비용우위, 제품의 차별화, 정부규제 등

대체재의 위협
대체제의 가격과 품질, 소비자의 대체재 선호도 등

공급자의 교섭력
공급자의 수, 거래 전환에 따른 비용, 정보 우위 정도, 공급자의 전방통합능력 등

구매자의 교섭력
구매 규모의 크기, 구매자의 후방 통합능력, 거래 전환비용, 제품의 차별화 수준 등

(2) 산업구조 분석의 구성요소
① 기존 사업자와의 경쟁
  기존 사업자와의 경쟁은 기존 산업 내 경쟁을 의미하며 산업 내 경쟁도가 높을수록 산업수익률은 낮아진다.
② 잠재적(신규) 진입자의 위협(진입장벽)
  ㉠ 진입장벽(Entry Barrier)이란 신규 기업이 시장에 진입할 때 기존 기업들이 가지는 상대적 우위를 의미한다.
  ㉡ 진입장벽이 높을수록 잠재적 진입자의 위협은 낮아지고, 산업수익률은 높아진다. 대표적인 진입장벽으로는 자본소요량, 규모의 경제, 절대적 비용우위, 제품의 차별화, 정부규제 등이 있다.
③ 대체재의 위협
  ㉠ 대체재의 존재는 가격민감도에 큰 영향을 미친다. 대체재가 많은 경우 기업은 자신의 제품이나 서비스에 높은 가격을 받을 수 없다.
  ㉡ 대체재가 있는 산업의 경우에 산업수익률은 낮아진다.
④ 공급자의 교섭력
  ㉠ 공급자의 수가 적거나 대체 공급원이 부족한 경우 교섭력은 커지고 산업수익률은 낮아진다.
  ㉡ 독점적으로 제품을 공급하는 공급자와 거래할 수밖에 없는 산업의 경우에는 공급자의 교섭력이 강할 수밖에 없다.
⑤ 구매자의 교섭력

㉠ 구매자의 교섭력이 클수록 산업수익률이 낮다. 구매자의 의존률이 높은 경우에는 구매자의 요구에 따라갈 수 밖에 없다.
㉡ 구매자가 제품에 대한 정보를 많이 가진 경우에도 수익률은 낮아진다. 예를 들어 가격구조에 대한 정보를 구매자가 잘 알고 있다면 가격 협상에서 불리하다.

2 기업의 내부 환경 분석

(1) 가치사슬(Value Chain) 분석

① 개념
  ㉠ 가치사슬(Value Chain)이란 기업의 부가가치 창출에 관련된 활동들이 체계적으로 연계된 구조를 의미한다.
  ㉡ 기업의 전반적인 생산 활동을 본원적 활동과 지원적 활동으로 구분하여 기업의 가치 창출 과정을 파악할 수 있다.
  ㉢ 가치 창출을 기준으로 경쟁 우위를 가져오는 핵심 역량(Core Competency)을 파악할 수 있다.

> **기업의 내부 환경**
> 기업 외부 환경만으로는 기업의 경쟁 우위를 설명하는 것이 어렵기 때문에 기업 내부 자원에 대한 연구에 관심을 가지게 되었다.

② 구성요소

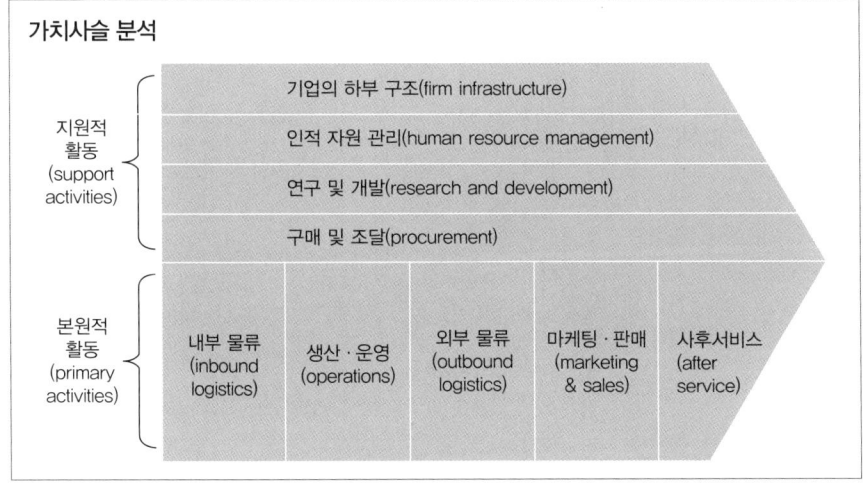

㉠ 본원적 활동(Primary Activities) : 기업의 제품·서비스의 생산과 분배에 직접적으로 관련된 활동을 의미한다.
  • 내부 물류(Inbound Logistics) : 생산활동에 필요한 투입요소를 공급자로부터 받아 저장·운반하는 것과 관련된 활동이다.
  • 생산 및 운영(Operations) : 투입요소를 최종 제품으로 만드는 활동으로, 기계 작업, 조립, 설비유지, 검사 등과 같은 활동이다.
  • 외부 물류(Outbound Logistics) : 제품을 구매자에게 전달하기 위한 수집·저장과 관련된 활동을 의미한다.
  • 마케팅 및 판매(Marketing and Sales) : 구매자가 제품을 구매하도록 하기 위한 활동으로, 광고, 판매촉진 등과 같은 활동이다.
  • 사후서비스(After Service) : 제품 가치를 유지 및 증진시키기 위한 활동으로, 제품 설치, 수리 등과 같은 활동이다.

ⓒ 지원적 활동(Support Activities) : 본원적 활동을 지원하는 활동을 의미한다.
- 기업의 하부 구조(Firm Infrastructure) : 일반관리 및 기획업무, 재무관리, 회계, 법률지원 등이 있다.
- 인적 자원 관리(Human Resource Management) : 인력의 채용, 훈련, 교육, 보상 등 인사관리의 제반 활동이 포함된다.
- 연구 및 기술 개발(Research and Development) : 제품개발 및 제반 가치 활동을 개선하기 위한 활동이 포함된다.
- 구매 및 조달(Procurement) : 원재료, 서비스, 기계 등의 전체적인 구매 및 조달 활동을 의미한다.

(2) SWOT 분석
① 기업의 내부환경 요인인 강점(Strength)과 약점(Weakness), 그리고 외부환경 요인인 기회(Opportunity)와 위협(Threat)을 체계적으로 분석하여 기업의 자원과 역량을 분석하는 방법이다.
② 기업은 경쟁기업과 비교하여 **핵심역량(Core Competence)**을 발견할 수 있다.

핵심역량(Core Competence)
경쟁기업보다 우위에 있을 수 있는 경쟁력과 고객에게 가치를 제공할 수 있는 능력을 의미한다.

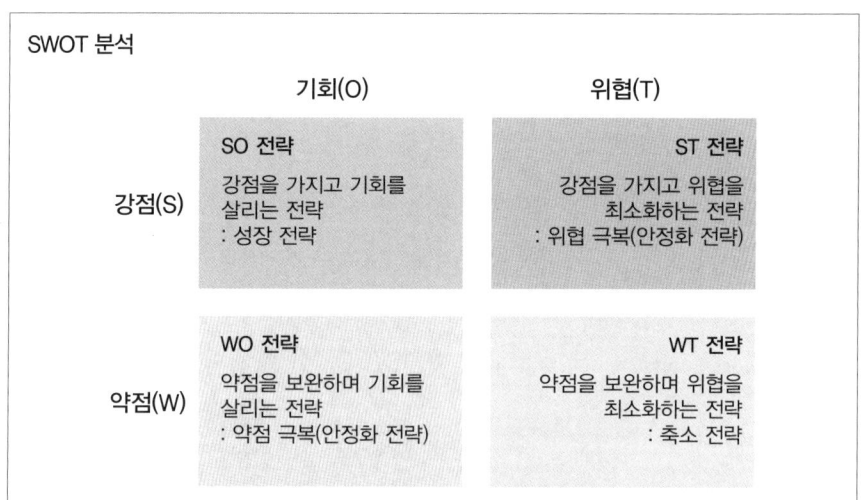

3 바니(Barney)의 VRIO 분석

① VRIO 분석은 자원기반이론(Resource Based View)에서 주장하는 분석 방법이다.
② 바니(Barney)는 자원기반이론에서 기업이 시장에서 경쟁적 우위를 확보하고 유지하는 것이 중요함을 강조하면서 특별한 자원(Resource)의 보유 여부에 따라 기업의 경쟁적 우위가 결정된다고 주장하였다.
③ 이와 같이 경쟁적 우위에 영향을 미치는 자원의 특징은 가치가 있어야 하고(Value), 드물어야 하며(Rare), 모방이 불가능해야 하고(Inimitable), 대체가 어려워야 한다(Non-Substitution)고 강조하였다.
④ VRIO 분석은 기업이 가지고 있는 내부자원의 경쟁력을 분석하는 틀로서 내부 보유 가치(Value), 보유한 자원의 희소성(Rarity), 모방가능성(Imitability), 그리고 조직에서 해당 자원의 활용가능성(Organization)을 확인한다.

개념반복! 약점체크! 쪽지시험

01 다음 설명이 맞으면 ○, 틀리면 ×표 하세요.

(1) 가치사슬 분석은 기업의 전반적인 생산활동을 본원적 활동과 지원적 활동으로 구분하여 기업의 가치창출 과정을 파악할 수 있다. (　　)

(2) 가치사슬 분석에서 본원적 활동이란 기업의 제품과 서비스의 생산과 분배에 직접적으로 관련된 활동을 의미한다. (　　)

(3) SWOT 분석을 통해 기업과 경쟁기업을 비교하여 해당 기업의 핵심역량을 발견하는 것은 불가능하다. (　　)

(4) 바니(Barney)는 특별한 자원의 보유 여부보다는 기업이 속한 환경에 따라 기업의 경쟁적 우위가 결정된다고 주장하였다. (　　)

(5) SWOT 분석은 기업의 내부 환경만을 파악하여 적용한다는 한계가 있다. (　　)

02 다음 빈칸에 알맞은 말을 고르거나 적으세요.

(6) 마이클 포터는 기업의 외부 환경을 분석하기 위해 (　　　　) 분석 모형을 제안하였다.

(7) 기업의 부가가치창출에 관련된 활동들의 연계를 (　　　　)이라고 할 수 있다.

(8) 기업 내부환경으로 강점(Strength)과 약점(Weakness)을 외부환경으로는 기회(Opportunity)와 위협(Threat)을 분석하는 방법을 (　　　　) 분석이라고 한다.

(9) (　　　　) 분석은 자원기반이론(Resource Based View)에서 주장하는 분석 방법이다.

(10) (　　　　) 활동이란 기업의 제품과 서비스의 생산과 분배에 직접적으로 관련된 활동을 의미한다.

| 정답 |
(1) ○　(2) ○　(3) ×　(4) ×　(5) ×　(6) 산업구조　(7) 가치사슬　(8) SWOT　(9) VRIO　(10) 본원적

| × 해설 |
(3) SWOT 분석은 기업 내부의 강점과 약점, 그리고 외부 환경의 기회와 위협을 분석하여 경쟁기업과의 비교를 통해 기업의 핵심역량(Core Competence)을 발견할 수 있도록 한다.
(4) 바니(Barney)는 자원기반이론에서 기업이 시장에서 경쟁 우위를 확보하고 유지하는 것이 중요하다고 강조하면서 특별한 자원의 보유 여부가 기업의 경쟁 우위를 결정한다고 주장하였다.
(5) SWOT 분석은 기업의 내부·외부환경을 종합적으로 파악할 수 있을 뿐만 아니라 이해와 적용이 용이한 분석기법이다.

출제 0순위 공략! 꼭 풀어야 할 대표문제

01

마이클 포터(M. Porter)의 산업구조 분석기법에 관한 설명으로 적절하지 않은 것은?

① 각 개별기업의 구체적인 경쟁 전략을 다루지 못한다.
② 기업 간 경쟁 전략에 의한 상호 영향을 고려하지 못한다.
③ 변화하는 산업구조를 고려하는 동태적 모형에 해당한다.
④ 산업구조의 이해를 통하여 산업 전체의 수익률이 높고 낮음을 효과적으로 설명할 수 있다.
⑤ 산업의 구조적 특성을 자사에게 유리한 방향으로 바꾸는 것도 기업의 노력으로 가능하게 할 수 있다.

대표개념 키워드 산업구조 분석, 환경 분석

| 해설 |
산업구조 분석의 가장 큰 단점은 변화하는 산업의 동태성을 반영하지 못하는 정태적 분석이라는 것이다. 따라서 산업이 지속적으로 변화하는 현실을 제대로 설명하기 어렵고, 기업 간 경쟁 전략에 의한 상호 영향 등을 고려하지 못한다.

정답 | ③

02

마이클 포터(M. Porter)가 산업구조 분석을 위해 사용한 5가지 경쟁요인에 해당하지 않는 것은?

① 대체재의 위협
② 신규진입의 위협
③ 소비자의 교섭력
④ 노조와의 교섭력
⑤ 공급자의 교섭력

대표개념 키워드 산업구조 분석, 5가지 세력

| 해설 |
포터는 산업구조 분석에서 산업을 구성하는 다섯 가지의 힘을 주장하였다. 수평적 힘으로는 산업 내 경쟁, 신규진입의 위협, 대체재의 위협이 있고, 수직적 힘으로는 소비자의 교섭력과 공급자의 교섭력을 제시하였다. 하지만 노조와의 교섭력은 5가지 경쟁요인에 해당되지 않는다.

정답 | ④

03

마이클 포터(M. Porter)가 기업의 가치 분석 틀로 제시한 가치사슬(Value Chain) 중 본원적 활동(Primary Activities)에 해당하지 않는 것은?

① 사후서비스(After Service)
② 물류투입활동(Inbound Logistics)
③ 마케팅 및 판매(Marketing & Sales)
④ 인적 자원 관리(Human Resource Management)
⑤ 생산 및 운영 활동(Production and Operations Management)

대표개념 키워드 가치사슬분석, 본원적 활동

| 해설 |
가치사슬 중 본원적 활동은 내부 물류(물류투입활동), 생산 및 운영, 외부 물류, 마케팅 및 판매, 사후서비스로 구성되어 있으며, 지원적 활동은 기업의 하부구조, 인적 자원 관리, 연구 및 개발, 구매 및 조달로 구성되어 있다.

정답 | ④

04

다음은 마이클 포터(M. Porter)의 산업구조 분석모형을 나타낸 그림이다. (가)에 해당하는 설명으로 가장 적절하지 않은 것은?

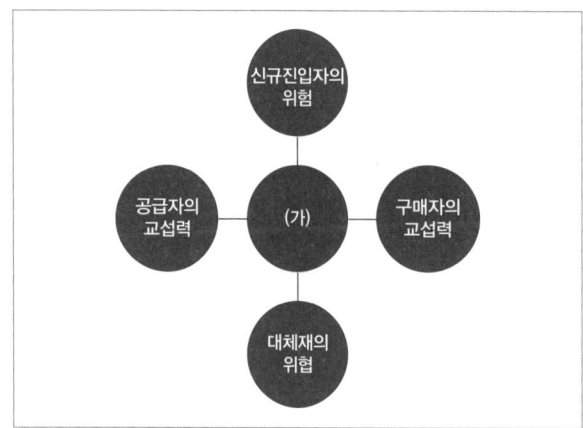

① 초과생산능력이 많을수록 산업수익률은 낮아진다.
② 제품의 차별화 정도가 높으면 산업수익률은 높아진다.
③ 퇴거 장벽이 높을수록 산업수익률이 높아진다.
④ 산업의 집중도가 낮을수록 산업의 수익률은 낮아진다.
⑤ 일반적으로 고정비의 비중이 높을수록 생산량을 늘리게 되어 산업 내 수익률은 낮아진다.

대표개념 키워드 산업구조 분석, 5가지 세력

| 해설 |
(가)는 기존 사업자와의 경쟁을 의미한다. 퇴거 장벽이 높을수록 다른 산업으로 이동하기가 어려우므로 산업수익률은 낮아진다.

정답 | ③

핵심테마 52 | 경영환경 분석

05

마이클 포터의 가치사슬 분석에 대한 설명 중 가장 적절한 것은?

① 인적 자원 관리는 지원적 활동에 포함된다.
② 마케팅·판매 활동은 지원적 활동에 포함된다.
③ 사후 서비스(A/S) 제공은 지원적 활동에 포함된다.
④ 연구 및 개발(R&D) 활동은 본원적 활동에 포함된다.
⑤ 지원적 활동은 기업의 주요 활동 영역으로, 기업의 이윤에 직접적인 영향을 준다.

대표개념 키워드 가치사슬 분석

| 해설 |
마이클 포터(M. Porter)의 가치사슬(Value Chain) 분석은 기업의 활동을 본원적(주요) 활동과 지원적(보조) 활동으로 구분한다.
- 본원적 활동(Primary Activities) : 내부 물류, 생산·운영, 외부 물류, 마케팅·판매, 서비스(A/S) → 제품 생산과 고객가치 창출에 직접적으로 기여하는 활동
- 지원적 활동(Support Activities) : 기업 인프라(하부구조), 인적 자원 관리, 기술개발(R&D), 구매조달 → 본원적 활동을 뒷받침하는 활동

따라서 인적자원관리는 지원적 활동에 해당하므로 ①번이 올바른 설명이다.

정답 | ①

06

아래는 E식품회사에 대한 SWOT 분석이다. 다음 중 E식품회사가 시행할 SO 전략으로 가장 적절한 것은?

강점(S)	약점(W)
• 다양한 건강식 제품 라인 보유 • 친환경 이미지 구축	• 높은 원재료 의존도로 인한 원가 부담 • 신제품 개발 인력 부족
기회(O)	위협(T)
웰니스(Wellness) 식품 수요 증가	해외 식품 브랜드의 국내 진입 확대

① 신제품 개발 전담 조직 신설
② 가격 인하를 통한 단기 매출 확대
③ 원재료 수입처 다변화로 비용 절감
④ 해외 식품 브랜드와의 공동 프로모션
⑤ 웰니스 식품 트렌드에 맞춘 신제품 라인 확대

대표개념 키워드 SWOT 분석

| 해설 |
SO 전략은 기업의 내부 강점(Strength)을 활용하여 외부의 기회(Opportunity)를 극대화하는 전략이다.
E식품회사는 건강식 제품 라인과 친환경 이미지를 강점으로 가지고 있으며, 웰니스(Wellness) 식품 수요 증가라는 시장 기회를 활용하여 신제품 라인을 확대함으로써 경쟁 우위를 강화할 수 있다.

정답 | ⑤

핵심테마 53 | 기업의 결합

1 기업결합의 분류

(1) 시장형태에 따른 분류

① 수평적 결합(Horizontal Merger)
  ㉠ 동일 시장 내 경쟁 관계에 있는 기업 간의 결합을 의미한다.
  ㉡ 동일 업종의 기업들이 합병 또는 제휴를 통해 기술적·자원적 우위를 확보하고 시장점유율과 시장지배력을 강화하는 전략이다.

② 수직적 결합(Vertical Merger)
  ㉠ 수직적 거래 관계에 있는 기업들이 하나의 기업으로 결합하는 형태이다.
  ㉡ 제품과 서비스를 생산하고 공급하는 과정의 자사 전·후 단계를 통합하여 비용절감과 효율성을 높이려는 전략이다.
    • 전방 통합 : 자사의 다음 단계인 유통·판매를 통합하는 형태이다.
      예 자동차 부품회사가 자동자 조립·생산회사를 결합
    • 후방 통합 : 자사의 이전 단계인 부품·원자재 공급을 통합하는 형태이다.
      예 자동차 조립·생산회사가 자동차 부품회사를 결합

(2) 독립성에 따른 분류

기업결합 시 기업의 독립성은 법적 독립성과 경제적 독립성으로 구분하며, 크게 3가지 유형이 있다.

① 카르텔(Kartel or Cartel)
  ㉠ 담합 형태로서 동종 또는 유사업종 기업 간 협정을 통해 이루어지는 수평적 결합이다.
  ㉡ 각 기업은 법적 독립성과 경제적 독립성을 유지하며 시장의 통제 및 지배, 가격 및 기업의 안정을 목적으로 한다.

② 콘체른(Konzern or Concern)
  ㉠ 다수의 개별 기업이 법적 독립성은 유지하지만 경제적 독립성을 상실한 기업결합이다.
  ㉡ 일반적으로 대기업에서 여러 산업의 기업을 지배하는 경우에 나타나며, 수평적 또는 수직적 결합의 모든 형태가 나타난다.

③ 트러스트(Trust)
  ㉠ 법적·경제적으로 모두 독립성을 상실한 채 하나의 기업처럼 자본적으로 결합하는 기업결합이다.
  ㉡ 카르텔보다 강력하게 시장을 지배할 목적 또는 시장 독점을 목적으로 실시한다.

독립성에 따른 기업결합의 분류

구분	카르텔	콘체른	트러스트
법적 독립성	유지	유지	상실
경제적 독립성	유지	상실	상실
결합 방법	수평적 결합	수평·수직적 결합	수평·수직적 결합
구속 정도	제한적	경영활동 구속	내부 간섭

핵심테마 53 | 기업의 결합

2 전략적 제휴와 인수합병

(1) 전략적 제휴
① 기업 간 상호협력관계를 형성하여 공동의 목표를 달성하고 경쟁 우위를 강화하는 전략적 협력 형태를 말한다.
② 다양한 전략적 방향성을 추구하면서 수직적 또는 수평적 결합을 실행할 때 주로 활용하는 방법이다.

(2) 인수합병(Mergers & Acquisitions : M&A)
① '인수'는 하나의 기업이 다른 기업의 경영권을 얻는 것을 의미하고, '합병'은 둘 이상의 기업들이 하나의 기업으로 합쳐지는 것을 의미한다.
② 적대적 인수합병 : 인수 기업이 인수대상 기업의 의사에 반하여 인수 및 합병을 시도하는 것을 의미한다.

• 적대적 인수합병 공격방법

주식공개매수 (Tender Offer, Take Over Bid : TOB)	인수 기업이 공개매수기간 동안 인수대상 기업의 주주들에게 특정한 공개매수가격(일반적으로 주식시장의 가격보다 높은 가격)을 제시하여 공개적으로 주식을 매입하는 방법이다.
차입매수 (Leverage Buy-Out : LBO)	자금이 부족한 인수 기업이 인수대상 기업의 자산과 수익을 담보로 금융기관으로부터 자금을 차입하여 인수합병하는 방법이다.
백지위임장투쟁 (Proxy Contest)	인수 기업이 인수대상 기업의 주주총회에서 현재 경영진에 반대하는 주주들의 의결권을 위임받아 지배력을 획득하는 방법이다.

• 적대적 인수합병 방어방법

백기사	우호적 제3자와 인수대상 기업이 협력하여 인수 기업의 적대적 인수합병을 방어하는 방법이다.
독소조항	적대적 인수합병이 성사될 경우 인수 기업이 매우 불리한 상황에 처할 수 있는 규정이나 계약을 의미한다.
황금낙하산	적대적 인수로 임기 만료 전 강제적으로 해임되는 경우 거액의 보상금을 받을 수 있는 계약을 의미한다.
의결정족수특약	합병 승인에 필요한 의결정족수를 매우 높게 설정하여 인수 성공을 어렵게 하는 조항을 의미한다.
불가침협정	인수 기업이 인수대상 기업의 주식을 대량으로 매입한 경우, 인수대상 기업은 해당 주식을 매우 높은 가격으로 다시 매입하는 대신 인수 기업이 인수를 포기하는 계약을 맺는 방법이다.
왕관의 보석	적대적 인수합병의 시도가 있을 경우 인수대상 기업은 자신의 핵심사업부를 매각하여 인수합병 효과를 낮추는 방법이다.
자사주 매입	인수대상 기업이 자사주를 매입하여 인수 기업으로 하여금 주식확보를 어렵게 하여 적대적 인수합병을 방어하는 방법이다.
역공개 매수	인수 기업이 주식공개매수로서 적대적 인수합병을 시도하면 인수대상 기업이 인수 기업의 주식을 공개매수하는 방법이다.
이사임기제 교체	이사들의 임기를 시차를 두어 분산하여 인수 기업이 단기간 내 경영권을 확보하기 어렵게 하는 방법이다.

기업 간 상호협력관계
규모나 시장 영향력에 따라 기업 간 주도권이 달라질 수 있지만, 기본적으로 신뢰를 기반으로 한 대등한 협력관계를 지향한다.

우호적 인수합병
인수 기업이 인수대상 기업의 경영진 및 주요 주주와의 합의를 통해 협력적으로 진행하는 것을 말한다.

그린메일(Green Mail)
인수 기업이 경영권을 위협하기 위해 인수대상 기업의 주식을 대량으로 매입한 뒤, 기존 대주주에게 프리미엄을 받고 되팔도록 요구하는 행위를 말한다.

개념반복! 약점체크! 쪽지시험

01 다음 설명이 맞으면 ○, 틀리면 ×표 하세요.

(1) 수평적 결합은 동일 산업 내 경쟁 관계에 있는 기업들이 제휴하거나 합병하는 형태를 의미한다. (　)

(2) 다양한 전략적 방향성을 추구하면서 수직적 또는 수평적 통합을 실행하면서 주로 사용하는 방법은 전략적 제휴이다. (　)

(3) 트러스트는 법적·경제적으로 모두 독립성을 유지하면서 시장지배를 목적으로 하는 결합 형태이다. (　)

(4) 적대적 인수합병은 피인수 기업의 의사에 반하여 인수 기업이 합병을 시도하는 형태를 말한다. (　)

(5) '백기사'는 인수 기업이 적대적으로 인수를 시도할 때, 피인수 기업이 우호적 제3자와 협력하여 인수를 추진하는 공격 전략이다. (　)

02 다음 빈칸에 알맞은 말을 고르거나 적으세요.

(6) (　　)적 결합은 생산 및 공급 과정의 상·하 단계를 통합하여 비용 절감과 효율성 향상을 추구하는 전략이다.

(7) 카르텔은 담합으로서 동종 또는 유사업종의 기업 간 협정을 통해 이루어지는 (　　)적 결합의 유형이다.

(8) 차입매수는 자금이 부족한 인수 기업이 인수대상 기업의 (　　)과 수익을 담보로 금융기관으로부터 자금을 차입하여 인수합병을 하는 것을 의미한다.

(9) (　　) 매수는 인수 기업이 주식공개매수로서 적대적 인수합병을 시도하게 되면 인수대상 기업이 인수 기업의 주식을 공개매수하는 방법이다.

(10) 원가 우위 전략은 기업은 규모의 경제, 학습효과 및 효율적인 프로세스 등을 통하여 낮은 원가를 달성할 수 있고, 낮은 원가를 통해 경쟁자보다 낮은 가격으로 (　　)우위를 달성하는 전략이다.

| 정답 |
(1) ○ (2) ○ (3) × (4) ○ (5) × (6) 수직 (7) 수평 (8) 자산 (9) 역공개 (10) 경쟁

| × 해설 |
(3) 트러스트는 법적·경제적으로 모두 독립성을 상실한 채 하나의 기업처럼 결합하는 형태이다. 법적·경제적 독립성을 유지하는 것은 카르텔에 해당한다.
(5) '백기사(White Knight)'는 공격 전략이 아니라 방어 전략이다. 피인수 기업이 적대적 인수를 방어하기 위해 우호적인 제3자(백기사)와 협력하여 적대적 인수를 저지하는 전략이다.

출제 0순위 공략! 꼭 풀어야 할 대표문제

01

다음 중 기업 간에 특정 사업이나 업무 분야에서 소유권 이전 없이 공동의 목표를 달성하기 위해 협력 관계를 형성하는 것으로, 기업 간에 제품·시설·기능·기술 등을 상호 보완적으로 공유하는 전략은 무엇인가?

① 아웃소싱
② 기업 집중
③ 전략적 제휴
④ 기업 계열화
⑤ 인수 및 합병

대표개념 키워드 전략적 제휴

| 해설 |
전략적 제휴는 경쟁 관계에 있는 기업들이 기술, 자원, 기능 등을 상호 보완적으로 공유하며 공동의 이익을 추구하는 협력 전략이다. 또한, 전략적 제휴는 기업의 독립성을 유지하면서도 경쟁 우위를 강화할 수 있다는 점에서 인수·합병(M&A)과 구분된다.

정답 | ③

02

다음 중 후방 통합 전략에 해당하는 사례로 가장 적절한 것은?

① 휴대폰 제조기업 A사가 경쟁사인 B사를 인수하는 전략
② 의류 브랜드 C사가 자사 제품을 판매하는 유통기업 D사를 인수하는 전략
③ 식품회사 E사가 원재료를 공급하던 농산물 가공업체 F사를 인수하는 전략
④ 물류회사 H사가 운송 효율을 높이기 위해 해외 운송 대리점을 인수하는 전략
⑤ 전자제품 유통기업 G사가 새로운 브랜드를 만들어 자체 제품을 생산하는 전략

대표개념 키워드 수직적 통합

| 해설 |
후방 통합은 기업이 생산 이전 단계(공급자 단계)로 통합하여 원재료나 부품 공급망을 내부화하는 전략이다. 즉, 완성품을 제조하는 기업이 원자재나 부품을 생산하는 회사를 인수할 때 후방 통합 전략에 해당한다. 따라서 식품회사인 E가 농산물 가공업체 F사를 인수하는 것은 후방 통합 전략에 속한다.

| 오답 피하기 |
② 유통·판매 단계를 결합하는 것은 전방 통합 전략이다.

정답 | ③

03

다음 기사를 읽고 A기업이 실시한 전략에 대한 설명으로 가장 적절하지 않은 것은?

> **NEWS**
> A기업은 스마트폰 제조기업을 인수한 데 이어, 핵심 부품인 반도체와 디스플레이를 직접 생산하는 계열사를 설립하였다. 이로써 부품 공급에서 완제품 생산까지 일괄적으로 하는 수직계열화를 완성하였다. A기업은 이 전략을 통해 원자재 수급의 불확실성을 줄이고, 공정 효율화와 품질 통제를 강화하였다. 또한, 부품 내재화를 통해 비용을 절감하고 수익성이 개선된 것으로 분석되었다.

① 공급단계의 통합으로 생산 효율이 높아진다.
② 가치사슬의 통합을 통해 사업의 유연성이 향상된다.
③ 핵심 부품을 자체 생산함으로써 품질 관리가 용이해진다.
④ 반도체와 완제품 생산의 연계를 통해 원가 절감이 가능하다.
⑤ 상·하위 산업 간 기술 내재화를 통해 경쟁 우위를 확보할 수 있다.

대표개념 키워드 수직적 결합

| 해설 |
해당 기사는 부품 조달 단계부터 완제품 생산까지 통합한 수직적 결합(후방 통합) 전략에 해당한다. 이 전략은 거래비용을 절감하고, 품질 관리와 생산 효율을 높이는 데 초점을 둔다. 하지만 가치사슬의 통합은 유연성 향상보다는 효율성과 통제력 강화에 목적이 있다.

정답 | ②

04

다음 사례를 읽고 빈칸 (ㄱ)에 들어갈 내용으로 가장 적절한 것은?

> 최근 전자부품 제조기업 N사가 적대적 M&A 위협에 대응하기 위해 기존 경영진 보호 장치를 강화한다고 공시했다. N사는 대표이사와 주요 임원이 인수합병으로 인해 강제 해임될 경우 고액의 퇴직보상금을 지급하는 조건을 신설했다. 또한 일정 기간 동안 급여와 복리후생을 보장하는 계약 조항을 추가해, 경영권 방어를 위한 수단으로 활용하고 있다. 이러한 전략은 적대적 인수합병으로부터 기존 경영진의 신분과 보상을 보호하기 위한 대표적인 방어 전략으로 (ㄱ)에 해당한다.

① 백기사
② 그린메일
③ 불가침협정
④ 황금낙하산
⑤ 왕관의 보석

대표개념 키워드 적대적 인수 합병

| 해설 |
황금낙하산(Golden Parachute)은 경영진이 적대적 M&A로 인해 해임될 경우, 막대한 퇴직금이나 보상금을 지급하는 제도를 말한다. 이는 인수 기업이 경영권을 확보하는 데 드는 비용을 높여 인수 의욕을 약화시키는 방어 전략으로 활용된다. 즉, 기존 경영진의 신분 안정과 경영권 방어를 동시에 목적으로 한다.

정답 | ④

핵심테마 53 | 기업의 결합

05

다음 기사를 읽고 글로벌 전기차 기업 C사의 전략적 선택인 수직적 통합에 대한 평가로 가장 적절하지 <u>않은</u> 것은?

> **NEWS**
> 글로벌 전기차 1위 기업인 C사는 그동안 외부 벤더사에 의존했던 '배터리 셀' 생산을 직접 수행하기 위해 대규모 기가 팩토리를 증설했다. 나아가 배터리 원가 비중이 높은 리튬, 니켈 등 핵심 광물 확보를 위해 광산 채굴 기업까지 직접 인수하며 '광물 채굴 - 배터리 제조 - 완성차 조립' 단계로 이어지는 완벽한 수직 계열화를 완성했다. C사는 이를 통해 외부 공급망 충격에 흔들리지 않는 생산 체계를 구축했다고 발표했다.

① 전체 공정의 최적화를 통해 생산 리드타임을 단축하고, 원재료부터 완제품까지의 품질을 엄격하게 통제할 수 있다.
② 거래 특유성이 높은 핵심 부품을 내부화함으로써 공급 업체의 기회주의적 행동을 차단하고 거래 비용을 절감할 수 있다.
③ 진입 장벽을 구축하여 경쟁사가 핵심 원자재나 유통 채널에 접근하는 것을 어렵게 만듦으로써 시장 지배력을 강화할 수 있다.
④ 막대한 고정비 투자로 인해 영업 레버리지가 높아져, 경기 불황으로 수요가 감소할 경우 기업의 수익성이 급격히 악화될 위험이 있다.
⑤ 기술 변화의 속도가 매우 빠르고 불확실한 환경에서, 새로운 혁신 기술이 등장할 경우 기존 설비를 신속하게 교체하거나 외부 업체를 활용하는 등 전략적 유연성이 강화된다.

대표개념 키워드 수직적 통합

| 해설 |

수직적 통합의 양날의 검을 정확히 파악하고 있는지 묻는 고난도 문제이다. 이 문제의 핵심은 수직적 통합은 통제력을 높여주지만, 필연적으로 '유연'을 희생시킨다는 것이다. 구체적으로 설명하면 기업이 막대한 자본을 들여 특정 기술(예: 리튬이온 배터리) 설비를 내부화(내재화)하게 되면, 기술 패러다임이 바뀌었을 때(예: 전고체 배터리 등 새로운 기술의 등장) 이에 대응하기가 매우 어려워진다. 이미 투자된 매몰 비용과 내부 조직의 저항 때문에, 더 우수한 외부 기술이 있어도 쉽게 공급처를 바꾸지 못하는 잠금 효과(Lock-in Effect)가 발생하기도 한다. 따라서 수직적 통합은 환경 변화에 대한 민첩한 대응력(유연성)을 약화시키는 요인이 된다.

정답 | ⑤

핵심테마 54 | 기업·사업부 수준의 전략

1 기업수준의 전략

(1) 집약적 성장 전략
집약적 성장(집중적 성장)은 현재의 사업 영역 내에서 가능한 성장기회를 추구하는 전략으로, 기존 제품과 시장에서 관련된 기회를 충분히 활용하지 못하고 있을 때 유용하다.

(2) 앤소프(Ansoff) 매트릭스(제품-시장 매트릭스)의 4가지 성장 전략
기업의 지속 가능한 성장 방향을 기존 시장 혹은 신시장에 기존 제품 혹은 신제품으로 진출하는지를 기준으로 나누어 분석하는 방법이다.

① 시장 개발 전략(Market Development)
　㉠ 기존 제품을 새로운 시장에 판매하여 성장을 추구하는 전략이다.
　㉡ 국내 시장이 포화되었을 때 지리적 확장 또는 새로운 고객층 발굴을 통해 수요를 창출한다.

② 시장 침투 전략(Market Penetration)
　㉠ 기존 제품을 기존 시장에 판매하여 시장 점유율을 높이는 전략이다.
　㉡ 기존 제품의 품질 개선, 가격 인하, 유통 확대, 광고 강화 등을 통해 고객 충성도를 높이는 방식이다.

③ 다각화 전략(Differentiation)
　㉠ 새로운 제품을 새로운 시장에 제공하여 성장을 유도하는 전략이다.
　㉡ 새로운 기술이나 자원을 활용하여 기존 산업과 전혀 다른 분야로 진출하거나, 기존 사업과 연관된 산업으로 확장할 수도 있다.

④ 제품 개발 전략(Product Development)
　㉠ 기존 시장을 대상으로 새로운 제품을 만들어 출시하는 전략이다.
　㉡ 기존 시장에 대한 고객 데이터와 판매망을 활용하여 새로운 제품으로 시장의 추가 수요를 창출한다.

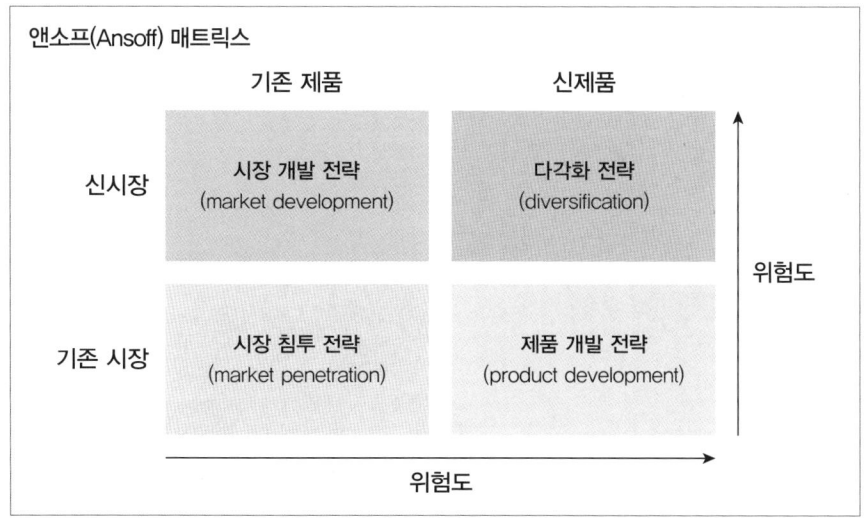

2 사업부 수준의 전략

(1) **마이클 포터(Michael Porter)의 본원적 전략**
   ① 원가 우위 전략(Cost Leadership Strategy) : 규모의 경제, 학습효과, 효율적 프로세스 등을 통해 낮은 원가를 실현하여 경쟁자보다 낮은 가격으로 경쟁 우위를 확보하는 전략이다.
   ② 차별화 전략(Differentiation Strategy)
      ㉠ 경쟁사와 차별화된 재화·서비스를 제공하여 경쟁 우위를 확보하는 전략을 의미한다.
      ㉡ 시장 평균 가격보다 높은 가격을 받을 수 있기 때문에 프리미엄 전략(Premium Strategy)이라고도 한다.
   ③ 집중화 전략(Focus Strategy)
      ㉠ 경쟁 범위를 좁혀 특정 지역 또는 특정 제품군에서만 경쟁하는 전략이다. 즉, 아주 작은 세분시장(Niche Market)에 집중하는 전략이라고 할 수 있다.
      ㉡ 원가 우위에 기반한 저가 시장에서도 가능하고 차별화 우위에 기초한 시장에서도 적용 가능하다.

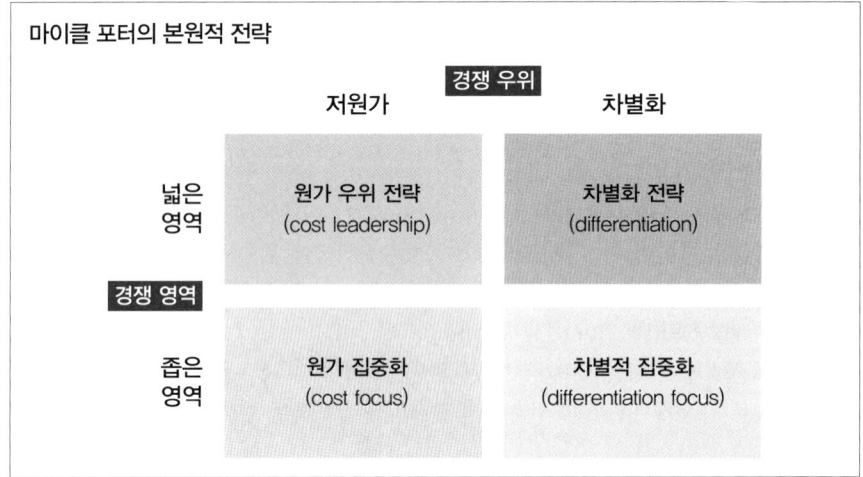

(2) BCG 매트릭스
① 개념 : 보스톤 컨설팅 그룹에서 고안한 사업 포트폴리오 분석 방법으로, 사업의 상대적 시장 점유율과 사업단위가 속한 시장 성장률을 두 축으로 하여 2×2 매트릭스로 표현하면서 사업추진에 따른 현금흐름도 고려하고 있다.

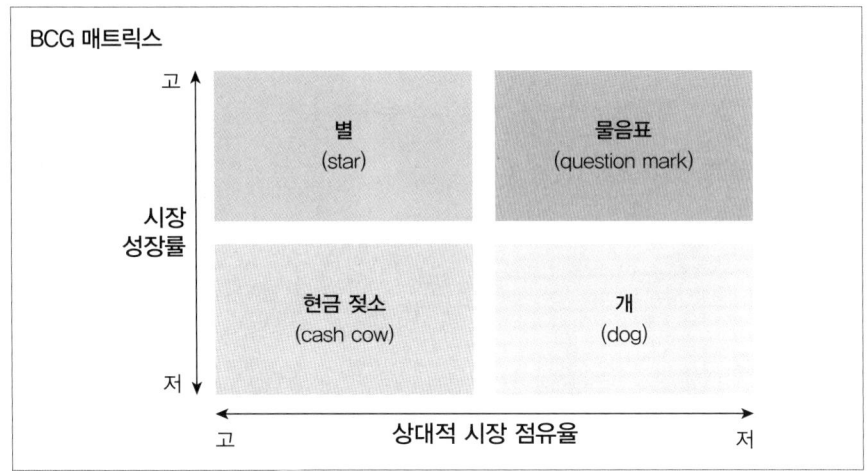

② BCG 매트릭스 영역
  ㉠ 물음표(Question Mark)
   • 시장 성장률은 높으나 해당 시장 내 점유율은 낮은 경우이다.
   • 성장하는 산업에서 열등한 경쟁적 지위를 가지는 경우이며, 제품수명 주기상 도입기에 해당한다. 해당 위치가 물음표인 이유는 무엇보다도 가능성이 높기 때문이다.
  ㉡ 별(Star)
   • 시장 성장률이 높으면서 동시에 시장 점유율이 높은 경우이다.
   • 제품수명주기에서 성장기에 해당하며, 시장예측에 기반하여 사업을 확대하고 추가적인 지원을 하는 것이 적절하다.
  ㉢ 현금 젖소(Cash Cow)
   • 시장 성장률은 낮으나 시장 점유율은 높은 경우이다.
   • 제품수명 주기상 성숙기에 해당하며, 저성장시장에서 상대적으로 높은 시장 점유율을 가진 사업부는 현금의 흐름이 좋고 수익을 발생시키기 때문에 현금 젖소 또는 캐시 카우라고 한다.
  ㉣ 개(Dog)
   • 시장 성장률이 낮으면서 시장 점유율도 낮은 경우이다. 즉, 사업부가 수익을 많이 창출하지 못하면서 장래에 개선될 가능성이 없는 경우라고 할 수 있다.
   • 제품의 수명 주기상 쇠퇴기에 해당하며, 철수 전략을 선택하는 것이 일반적이다.

01 다음 설명이 맞으면 ○, 틀리면 ×표 하세요.

(1) 앤소프 매트릭스에서 기존 제품을 통해 신시장에 진출하는 전략은 다각화 전략이다. ( )

(2) BCG 매트릭스는 시장 성장률과 상대적 시장 점유율 두 축으로 이루어져 있다. ( )

(3) BCG 매트릭스의 사분면 중 물음표는 시장 성장률과 상대적 시장 점유율이 낮은 사업을 의미한다. ( )

(4) BCG 매트릭스의 사분면 중 캐쉬 카우는 저성장, 고점유율 사업으로 현금 창출력이 높다. ( )

(5) 본원적 전략에서 원가 우위 전략은 규모의 경제, 학습효과 및 효율적인 프로세스 등을 통하여 낮은 원가를 달성할 수 있다. ( )

02 다음 빈칸에 알맞은 말을 고르거나 적으세요.

(6) 시장 침투 전략은 기존 제품을 기존 시장에 판매하여 시장의 지배력과 (　　　)을 높이기 위한 전략이다.

(7) 포터의 본원적 경쟁 전략 중 독특한 가치 제공으로 평균보다 높은 가격을 받는 전략은 (　　　) 전략이다.

(8) BCG 매트릭스의 두 축은 상대적 시장 점유율과 시장 성장률이며, 사분면 중 (　　　)는 고성장·고점유율 사업이다.

(9) BCG 매트릭스의 사분면 중 (　　　)는 저성장·저점유율로 일반적으로 철수·축소가 권장된다.

| 정답 |

(1) × (2) ○ (3) × (4) ○ (5) ○ (6) 점유율 (7) 차별화 (8) 스타(Star) (9) 개(Dog)

| × 해설 |

(1) 기존 제품을 통해 신시장에 진출하는 전략은 시장개발 전략이다.
(3) BCG 매트릭스의 사분면 중 물음표(Question Mark)는 높은 시장 성장률과 낮은 상대적 시장 점유율을 가진 사업이다. 시장 성장률과 시장 점유율이 낮은 사업은 개(Dog)에 해당한다.

출제 0순위 공략! 꼭 풀어야 할 대표문제

01

다음 사례를 앤소프 매트릭스 관점에서 분석할 경우, A사가 추진한 기업 수준의 전략으로 옳은 것은?

> 국제 물류 전문기업 A사는 지난달 암호 화폐 사업에 새롭게 진출한다고 밝혔다. 이 기업은 싱가포르에 본사를 두고 있으며, 미국, 한국, 일본 등지에서 해상운송 서비스를 제공하고 있다. A사는 최근 IT 분야 전문가를 최고운영책임자(COO)로 영입하고, 블록체인 기반 물류 관리 시스템과 가상자산 플랫폼 개발을 추진 중이다. 시장에서는 이 같은 신사업 진출 소식에 주가가 큰 폭으로 상승했으며, 경영진은 향후 NFT(Non-Fungible Token) 플랫폼 사업에도 진출할 계획을 시사하기도 하였다.

① 시장 침투 전략
② 시장 개발 전략
③ 제품 개발 전략
④ 관련 다각화 전략
⑤ 비관련 다각화 전략

대표개념 키워드 앤소프 매트릭스

| 해설 |
다각화 전략에는 시장이나 제품이 기존 제품과 유사한 사업을 전개하는 관련 다각화와 기존 제품과 시장과는 전혀 상관없는 비관련 다각화가 있다. A사는 해운 물류 기업이지만 그동안 추진했던 사업과 전혀 상관이 없는 암호 화폐 사업으로의 다각화 전략을 추진하고 있기 때문에 비관련 다각화 전략에 해당한다.

정답 | ⑤

02

다음 중 기업이 고객에게 제품이나 서비스에 독특한 가치를 더하여 제공하여 가격 프리미엄을 얻는 마이클 포터(M. Porter)의 본원적 경쟁 전략에 해당하는 것은?

① 모방 전략
② 수확 전략
③ 유지 전략
④ 차별화 전략
⑤ 다각화 전략

대표개념 키워드 본원적 경쟁 전략

| 해설 |
포터는 기업의 경쟁 우위 확보를 위해 원가 우위 전략, 차별화 전략, 집중 전략의 세 가지 본원적 전략을 제시하였다. 그 중 차별화 전략은 제품이나 서비스의 독특한 가치로 높은 가격 프리미엄을 얻는 전략이다.

정답 | ④

03

다음은 BCG(Boston Consulting Group) 매트릭스를 활용하여 H마트의 신사업을 분석한 기사이다. 이에 대한 설명으로 가장 올바른 것은?

> **NEWS**
> H마트는 최근 건강식품 브랜드 '리바이브 플랜트(Revive Plant)'를 출시하며, 국내 프리미엄 비건 식품 시장에 본격 진출하였다. 이 제품은 식물성 단백질과 천연 유래 원료를 사용해 건강과 친환경을 동시에 추구하는 신제품으로, 출시 직후 10~20대 소비자층을 중심으로 빠르게 확산되며 현재 시장 점유율 1위를 기록하고 있다. 전문가들은 향후 건강식품 시장의 성장률이 높고, 소비 트렌드 변화에 따라 H마트의 브랜드 가치가 더욱 확대될 것으로 전망하고 있다.

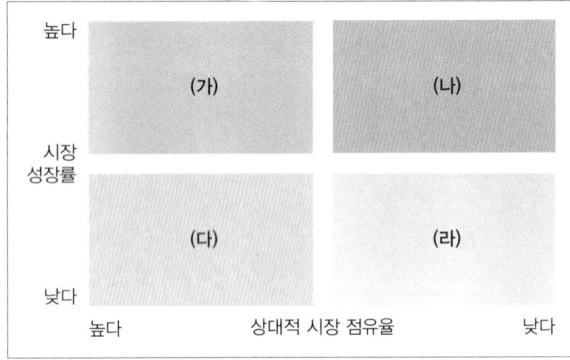

① (다) 영역에 해당하며, 시장 점유율은 낮으나 성장 잠재력이 높다.
② (가) 영역에 해당하며, 추가 투자보다 철수 전략을 추진하는 것이 바람직하다.
③ (라) 영역에 해당하며, 적극적인 자금 지원을 통해 시장 진입률을 높여야 한다.
④ (가) 영역에 해당하며, 시장 성장세가 둔화될 경우 (라) 영역으로 이동할 수 있다.
⑤ (가) 영역에 해당하며, 시장 성장률과 시장 점유율이 모두 높아 스타(Star) 사업으로 분류된다.

대표개념 키워드 | BCG 매트릭스

| 해설 |
H마트의 신제품 '리바이브 플랜트'는 성장률이 높은 비건 식품 시장에서 점유율 1위를 기록하고 있으므로, 시장 성장률과 상대적 시장 점유율이 모두 높은 스타(Star) 영역에 해당한다. 스타 사업은 향후 시장이 성숙하면 현금 젖소(Cash Cow) 영역인 (다)로 이동할 가능성이 크다.

정답 | ⑤

04

BCG 매트릭스의 제품 포트폴리오 전략 중에서 철수, 청산, 매각 등의 시장철수 전략이 요구되는 것은?

① 개(Dog)
② 별(Star)
③ 현금 젖소(Cash Cow)
④ 야생 고양이(Wild Cat)
⑤ 물음표(Question Mark)

대표개념 키워드 | BCG 매트릭스

| 해설 |
BCG 매트릭스의 포트폴리오 전략 중에서 철수, 청산, 매각 등의 시장철수 전략이 요구되는 전략적 사업단위는 시장 성장률과 상대적 시장 점유율이 모두 낮은 개(Dog) 영역이다.

정답 | ①

핵심테마 54 | 기업·사업부 수준의 전략

05

다음 기사를 읽고 글로벌 자동차 제조사 H사의 (A)~(C) 사업과 관련된 전략적 의사결정을 경제·경영학적 관점에서 가장 적절하게 짝지은 것은?

NEWS

글로벌 자동차 제조사 H사는 내연기관 중심의 포트폴리오에서 벗어나 '스마트 모빌리티 솔루션 기업'으로의 전환을 선포했다. H사는 기존의 대중적인 세단 라인업을 축소하는 대신, 고소득층 및 레이싱 마니아를 타깃으로 한 (A) 초고성능 수제 슈퍼카 브랜드 'N'을 런칭하여 압도적인 브랜드 충성도와 높은 마진을 확보한다는 방침이다. 또한 전기차 생산의 핵심 경쟁력을 확보하기 위해 (B) 배터리 핵심 광물인 리튬을 채굴·가공하는 해외 광산 기업의 지분을 인수하여 원자재 공급망을 내재화하기로 결정했다. 마지막으로 단순한 차량 판매를 넘어 (C) 자율주행 기술을 기반으로 한 '로보택시(RoboTaxi)' 호출 플랫폼 서비스를 직접 출시하여, 제조에서 서비스 영역으로 사업을 확장하고 고객과의 접점을 넓힐 계획이다.

| 보기 |
㉠ 원가 우위 전략(Cost Leadership)
㉡ 차별화 집중 전략(Differentiation Focus)
㉢ 비관련 다각화(Conglomerate Diversification)
㉣ 전방 수직적 통합(Forward Vertical Integration)
㉤ 후방 수직적 통합(Backward Vertical Integration)

	(A)	(B)	(C)		(A)	(B)	(C)
①	㉠	㉢	㉣	②	㉠	㉣	㉢
③	㉡	㉢	㉤	④	㉡	㉣	㉢
⑤	㉡	㉤	㉣				

대표개념 키워드 전략적 의사결정

| 해설 |
- (A) 사업은 차별화 집중 전략으로 마이클 포터의 본원적 경쟁 전략 중 하나이다. 대중적인 세단을 포기하고 고소득층 및 마니아를 타깃으로 하였으며, 동시에 '독특한 가치(초고성능, 수제)'를 통해 경쟁하므로 차별화된 집중(Focus) 전략에 해당한다.
- (B) 사업은 후방 수직적 통합을 통해 자동차 제조사가 생산에 필요한 원재료(배터리 광물) 공급 단계로 거슬러 올라가 통제력을 확보하는 것이다. 가치사슬 상에서 공급자 방향으로 통합하는 것이므로 후방 수직적 통합에 해당한다.
- (C) 사업은 전방 수직적 통합을 통해 제조사가 만든 차량을 이용해 최종 소비자에게 서비스를 제공하는 유통·서비스 단계로 나아가는 것이다. 가치사슬 상에서 고객방향으로 확장하는 것이므로 전방 수직적 통합에 해당한다.

정답 | ⑤

핵심테마 55 | 다국적 기업과 글로벌 경영

1 해외시장 진출 방식

해외시장 진출은 활동 규모와 해외시장에 대한 몰입도의 크기를 기준으로 다음과 같이 진행된다.

> 간접수출 → 직접수출 → 라이선싱 → 판매법인 → 합작투자 → 직접 투자

① 수출
  ㉠ 해외시장 진출 방식 중 가장 단순한 형태로 리스크가 가장 적다.
  ㉡ 수출은 국내에서 해외로 연결되는 과정에서 제조업체가 해외 수출입자 등과 직접 의사소통을 하는지 여부에 따라 간접수출과 직접수출로 나눌 수 있다.

유형	개념	장점	단점
간접수출	국내외 전문 무역업체나 해외 바이어를 통한 수출	• 전문 무역업체의 경험과 지식 활용 • 인력과 자본 부담 경감	• 경험 축적 기회 상실 • 해외시장 정보 습득 기회 제한 • 통제력 약화
직접수출	자사 수출 관련 부서를 통한 수출	• 국제 시장 경험 및 지식 축적 • 유통 경로 직접조절 가능 • 통제력 강화	• 자금 및 인력 부담 • 시장정보 수집 및 적극적 마케팅 노력 필요

② 계약 방식 형태
  ㉠ 라이선싱(Licensing) : 라이선스 공여자가 해외 기업으로부터 일정한 로열티를 받고 기술, 특허, 상표권 등 무형자산과 인력자원을 이전하는 계약관계를 통해 시장에 진입하는 방식이다.
  ㉡ 프랜차이징(Franchising)
    • 넓은 의미에서 라이선스의 한 형태로, 본사(Franchiser)가 상호, 상표, 기술 등의 사용권을 특정 기업이나 개인에게 허락하고, 가맹점(Franchisee)에 대해 조직, 마케팅, 운영과 관련한 지원을 지속적으로 제공하는 해외 진출 방식이다.
    • 브랜드, 활용 자재, 사업 형태 등에 대한 가맹점의 재량권이 제한적이므로 시장 변화나 외부 환경에 능동적으로 대응하기 어렵다.
  ㉢ 계약생산(Contract Manufacturing) : 라이선싱과 해외 직접 투자의 중간적 성격을 띤 계약으로, 주문자가 제품에 자사 상표를 붙여 판매하되 생산은 제3국에서 다른 기업이 담당하는 주문자 상표부착방식(OEM)이 대표적이다.
  ㉣ 턴키방식(Turnkey Operation) : 해외의 시설이나 프로젝트, 산업시스템을 수입하는 현지에서 정상적으로 가동할 수 있도록 설비, 노동력, 기술 등을 총체적으로 수출하는 방식이다. 대표적으로 턴키 프로젝트와 턴키 플랜트가 있다.

계약 방식

해외 기업과 계약을 통해 경영 자원과 단계를 공유하는 방식으로, 수출보다 현지 업체의 운영 통제가 문서상으로 보장되어 대리인 문제 등을 줄일 수 있다.

③ 해외 직접 투자
  ㉠ 기업이 직접 해외에 진출하여 경영에 참여하는 방식으로, 수출이나 계약방식과는 다른 형태이다.
  ㉡ 해외에 직접 투자하여 강력한 경영권과 통제권을 확보할 수 있으나, 그만큼 리스크도 증가한다.
  ㉢ 해외 직접 투자의 종류
    • 그린필드(Greenfield) 투자 : 해외 투자 시 토지를 매입하여 공장이나 사업장을 새로 건설하는 방식이다. 비용이 크고 생산하기까지 시간이 오래 걸리지만, 투자를 받는 국가에서는 고용창출 효과가 크다는 장점이 있다.
    • 브라운필드(Brownfield) 투자 : 투자국 내 기존 기업이나 시설을 인수하여 진출하는 방식이다. 초기 설립비용이 적고 피인수 기업의 현지 경영 노하우, 인력, 생산 라인 등을 활용할 수 있다는 장점이 있다.

2 국가경쟁 우위 다이아몬드 모델

(1) 개요
① 마이클 포터(Michael Porter)는 1990년 국가경쟁력을 설명하는 다이아몬드(Diamond) 모델을 제시하였다.
② 포터는 국가경쟁력이 높은 국가란 국내 산업의 생산성을 높이고 이를 지속적으로 향상시킬 수 있도록 환경을 조성하는 능력을 가진 국가라고 보았다.
③ 포터는 국가경쟁력을 결정하는 네 가지 근본 요소로 요소 조건, 수요 조건, 관련 산업 및 지원 산업, 기업 전략·구조·경쟁관계를 제시하였다. 아울러 정부(Government)와 기회(Chance)를 국가경쟁력에 간접적으로 영향을 미치는 외생변수로 보았다.

> 마이클 포터는 다이아몬드 모델을 제시하여 200여 년간 지속되던 전통 경제학의 패러다임을 뒤집는 새로운 개념의 국가경쟁력 분석 방법을 제시하였다.

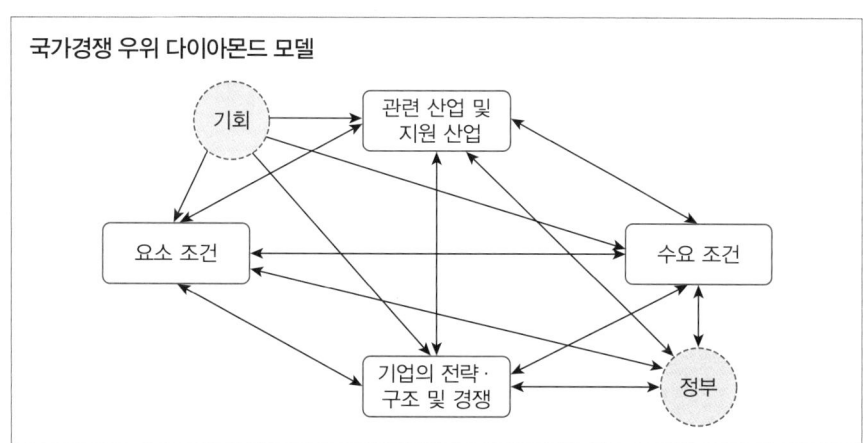

국가경쟁 우위 다이아몬드 모델

(2) 구성요소
　① 요소 조건(Factor Conditions)
　　㉠ 국가가 보유한 자본과 노동의 단순한 양보다 질적 수준을 중시하였다.
　　㉡ 국가가 경쟁력을 갖기 위해서는 다른 국가가 쉽게 모방할 수 없는 선진적이고 전문적인 생산 요소를 갖추어야 한다고 주장하였다. 특히 질적 우위의 생산 요소를 확보하기 위해서 연구개발(R&D)에 대한 투자가 중요하다고 주장하였다.
　② 수요 조건(Demand Conditions)
　　㉠ 내수시장의 확장 및 성장 속도가 빠르고 포화상태의 정도가 높을수록 기업의 혁신이 활발해진다고 보았다.
　　㉡ 소비자의 민감도와 높은 요구 수준이 기업 혁신과 경쟁력 제고의 주요 요인이 된다고 보았다.
　③ 관련 및 지원산업(Related and Supporting Industries)
　　㉠ 관련 및 지원산업의 경쟁력이 높을수록 해당 산업의 경쟁력도 함께 강화된다고 주장하였다.
　　㉡ 경쟁력 있는 국내 지원산업의 존재가 국가경쟁력 강화에 핵심적이라고 판단하였다.
　④ 기업의 전략·구조 및 경쟁관계(Firm Strategy·Structure and Rivalry)
　　㉠ 국내 기업 간의 경쟁이 치열할수록 국제경쟁력이 강화된다고 주장하였다.
　　㉡ 국내에 세계적 경쟁력을 가진 기업이 존재할 경우 후발 기업도 국제경쟁력을 갖출 가능성이 높아진다.

(3) 특징
　① 포터는 국가경쟁력을 동적인 관점에서 설명하였다.
　② 전통 경제학이 제시한 생산요소 중심의 변수뿐만 아니라, 기업 전략·경쟁구조·정부·기회 등 새로운 변수를 포함한 다이아몬드 모형을 제시함으로써, 국가경쟁력을 보다 포괄적으로 평가할 수 있는 틀을 마련하였다.

(4) 한계점
포터의 다이아몬드 모델은 국내시장 중심의 분석에 치중되어 있으며, 정부의 역할이 과소평가되었다는 한계가 있다.

01 다음 설명이 맞으면 ○, 틀리면 ×표 하세요.

(1) 해외 시장 진출은 '간접수출 → 라이선싱 → 판매법인 → 합작투자 → 직접수출 → 직접 투자' 순으로 활동 규모와 해외 시장 몰입도가 커진다. ( )

(2) 라이선싱과 프랜차이징 등은 해외 진출 방법 중 간접수출에 해당한다. ( )

(3) 포터의 다이아몬드 모델 중 요소 조건은 자본과 노동의 질을 단순한 양보다 중요시하였다. ( )

(4) 포터의 다이아몬드 모델은 국내시장 중심의 분석에 치중되어 있고 정부의 역할이 과소평가되었다는 한계가 있다. ( )

(5) 포터의 다이아몬드 모델에서 정부와 기회는 국가경쟁력에 간접적으로 영향을 미치는 외생변수로 보았다. ( )

02 다음 빈칸에 알맞은 말을 고르거나 적으세요.

(6) 해외 시장 진출 방식 중에 가장 단순하며 일반적으로 리스크가 가장 낮은 방식은 (　　　)이다.

(7) 라이선스 공여자가 목표 시장 내의 기업에게 일정한 (　　　)를 받고 기술이나 무형자산 등을 이전해 주는 계약관계를 라이선싱이라고 한다.

(8) 해외 투자 시 토지를 직접 매입하고 공장이나 사업장을 새로 짓는 방식의 투자를 (　　　) 투자라고 한다.

(9) 1990년에 마이클 포터 교수는 국가경쟁력을 설명하는 (　　　) 모델을 통해 새로운 개념의 국가경쟁력 분석 방법을 제시하였다.

(10) 포터의 다이아몬드 모델에 따르면, 국내 기업 간의 시장경쟁이 (　　　)경쟁력의 원천이 된다.

| 정답 |
(1) × (2) × (3) ○ (4) ○ (5) ○ (6) 수출 (7) 로열티 (8) 그린필드 (9) 다이아몬드 (10) 국제

| × 해설 |
(1) 해외 시장 진출은 '간접수출 → 직접수출 → 라이선싱 → 판매법인 → 합작투자 → 직접 투자' 순으로 활동 규모와 해외 시장 몰입도가 커진다.
(2) 라이선싱과 프랜차이징 등은 해외 진출 방법 중 간접수출이 아닌 계약 방식에 속한다.

출제 0순위 공략! 꼭 풀어야 할 대표문제

01

다음 사례에서 설명하는 국가경쟁 우위 다이아몬드 모델 구성요소로서 가장 적절한 것은?

> 국내 화장품 산업은 K-뷰티 열풍을 계기로 세계 시장에서 빠르게 성장하고 있다. 이러한 성장의 배경에는 새로운 제품에 대한 기대 수준이 높고 반응이 빠른 국내 소비자들의 특성이 있었다. 한국 소비자들은 기능성·친환경·디자인 등 다양한 기준으로 제품을 평가하며, 기업들은 이를 충족하기 위해 신제품 개발과 품질 혁신을 지속해 왔다. 높은 소비자 요구 수준은 기업 혁신을 촉진하는 요인으로 작용하였으며, 이에 따라 기업들은 경쟁력 있는 제품을 개발하기 위해 끊임없이 노력해야 했다.

① 요소 조건
② 수요 조건
③ 법적 규제 조건
④ 기업전략구조 및 경쟁 조건
⑤ 관련 산업 및 지원 산업 조건

대표개념 키워드 국가경쟁, 다이아몬드 모델

| 해설 |
포터의 다이아몬드 모형에서 수요 조건(Demand Conditions)은 한 국가의 내수시장 규모, 성장 속도, 그리고 소비자의 요구 수준이 산업 경쟁력에 미치는 영향을 설명하는 요소이다. 국내 화장품 산업의 발전은 소비자들의 높은 기대와 까다로운 평가 기준이 기업으로 하여금 지속적인 제품 혁신과 품질 향상을 추진하도록 만든 결과이다. 즉, 수준 높은 내수시장 요구가 산업의 혁신과 경쟁력 강화를 촉진한 대표적인 사례로, 포터의 다이아몬드 모형 중 수요 조건에 해당한다.

정답 | ②

02

아래 그림은 (주)한강과 사업자 A가 체결한 계약을 그림으로 표현한 것이다. 다음 중 (주)한강과 사업자 A가 체결한 계약의 형태로 가장 적절한 것은?

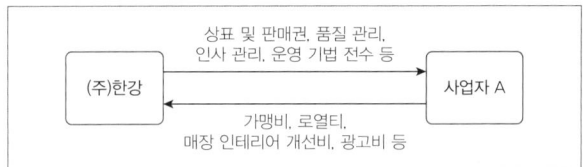

① 라이선싱
② 아웃소싱
③ 프랜차이징
④ 브라운필드
⑤ 전략적 제휴

대표개념 키워드 계약형태, 프랜차이징

| 해설 |
(주)한강은 가맹 본사이며 사업자 A는 가맹 사업자에 해당한다. 프랜차이징 가맹 본사는 가맹 사업자에게 일정 기간 일정한 지역에서 정해진 방법에 따라 사업을 할 수 있도록 권리를 부여한다. 가맹 사업자는 가맹 본사의 상표, 상호, 영업 방식 등을 사용하여 제품과 서비스를 판매하며 그 대가로 가맹 본사에 가맹비나 로열티 등을 지급한다.

정답 | ③

03

다음 해외시장 진출 종류를 활동 규모와 해외시장 몰입도 크기를 기준으로 분류하고자 한다. 빈칸에 들어갈 내용으로 가장 적절한 것은?

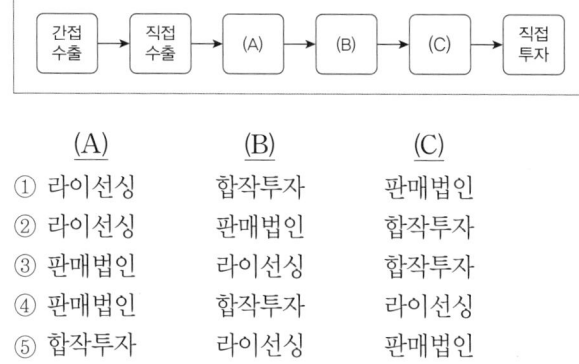

	(A)	(B)	(C)
①	라이선싱	합작투자	판매법인
②	라이선싱	판매법인	합작투자
③	판매법인	라이선싱	합작투자
④	판매법인	합작투자	라이선싱
⑤	합작투자	라이선싱	판매법인

대표개념 키워드 해외시장 진출 종류 및 형태

| 해설 |
활동 규모와 해외시장 몰입도 크기를 기준으로 분류하면 '간접수출 → 직접수출 → 라이선싱 → 판매법인 → 합작투자 → 직접 투자'가 된다.

정답 | ②

04

다음 중 해외시장 진출 방식 가운데 자원 투입 위험이 가장 낮고, 통제의 필요성이 가장 적은 방식은?

① 턴키생산
② 라이선싱
③ 합작투자
④ 간접수출
⑤ 프랜차이징

대표개념 키워드 간접수출

| 해설 |
간접수출(Indirect Exporting)은 기업이 직접 해외 거래에 참여하지 않고, 국내의 무역상·수출중개인 등을 통해 해외시장과 연결되는 방식이다. 기업이 해외시장 운영을 직접 관리하지 않기 때문에 자원 투입에 따른 위험이 가장 낮고, 시장 활동에 대한 통제력 또한 제한적이다.

정답 | ④

핵심테마	56 마케팅의 이해
핵심테마	57 소비자 행동
핵심테마	58 STP 전략
핵심테마	59 마케팅믹스 구성요소-제품(Product)
핵심테마	60 브랜드전략
핵심테마	61 마케팅믹스 구성요소-가격(Price)
핵심테마	62 마케팅믹스 구성요소-유통(Place)
핵심테마	63 마케팅믹스 구성요소-촉진(Promotion)

마케팅의 이해

출제 비율

20%

출제경향 및 교수님의 고득점 전략 TIP

"고객의 마음을 읽는 논리를 완성하라, 전통적 이론과 최신 디지털 트렌드의 조화를 묻는다."

마케팅은 수험생들에게 가장 친숙하면서도 막상 문제로 접하면 용어의 혼동으로 인해 실수가 잦은 영역이다. 마케팅의 기본인 STP(시장세분화, 타겟팅, 포지셔닝) 전략과 4P 믹스의 유기적인 연결을 확실히 이해하는 것이 기본이다. 최근 출제 경향은 빅데이터, AI 등을 활용한 디지털 마케팅과 소비자 행동론의 심리적 기제를 묻는 문제들이 강화되고 있다. 브랜드 자산의 개념과 더불어, 변화하는 소비 트렌드 용어들을 명확히 정리해두어야 하며, 제시된 지문을 통해 마케팅 전략의 적절성을 판단하는 응용력 배양에 집중해야 한다.

핵심테마 56 | 마케팅의 이해

1 마케팅의 이해

(1) 마케팅의 개념
① 생산자가 소비자의 욕구를 파악하고 이를 충족시킬 수 있는 제품이나 서비스를 개발하여 창출된 가치를 소비자에게 알리고 구매를 유도하는 전반적인 활동을 의미한다.
② 소비자와 기업은 마케팅을 통해 가치 교환을 이루고 각각의 목적을 달성할 수 있다. 소비자는 자신의 욕구를 충족하고, 기업은 수익 창출을 통해 성장하며 존속할 수 있다.

(2) 마케팅관리 개념의 발전
① 생산개념
  ㉠ 생산 효율성을 높여 저렴하고 손쉽게 제품을 제공하려는 경영 중심의 마케팅이다.
  ㉡ 대량생산과 원가 절감, 폭넓은 유통망 확보를 통해 공급 확대에 초점을 두었다.
② 제품개념
  ㉠ 제품을 차별화하여 소비자에게 접근하는 마케팅이다.
  ㉡ 제품의 완성도 향상, 기술개발 및 신제품 출시를 중시한다.
③ 판매개념
  ㉠ 시장의 경쟁 심화로 인해 공급이 초과된 상황에서 적극적인 판매활동과 촉진 전략이 강조된 마케팅이다.
  ㉡ 소비자 설득과 광고·홍보를 통한 구매 유도 중심으로 이루어진다.
④ 마케팅개념
  ㉠ 소비자의 욕구와 필요를 파악하고 이를 충족시키는 것을 목표로 한 고객지향적 마케팅이다.
  ㉡ 경쟁사보다 높은 가치 제공을 통해 고객 만족과 기업 목표 동시 달성을 중시한다.
⑤ 사회적개념
  ㉠ 고객 만족을 넘어 사회 전체의 복지와 공익을 함께 고려하는 마케팅이다.
  ㉡ 장기적 관점에서 사회적 책임과 지속 가능한 발전을 추구한다.

2 마케팅 유형

(1) 소비재 마케팅과 산업재 마케팅
① 소비재와 산업재의 분류
  ㉠ 소비재(Commercial Goods)
    최종소비자가 자신의 소비를 위하여 구매하는 제품으로, 다음과 같이 3가지로 구분한다.

마케팅 근시안
기업이 생산·제품·판매 중심의 시각에 머물러 소비자 변화와 미래 시장을 예측하지 못하는 현상을 말한다. 생산·제품·판매개념을 중심으로 한 마케팅 활동은 마케팅 근시안을 낳을 수 있다.
예 일본의 코닥은 디지털 보급이 확대되는 시점에도 기존 필름 사업에 집중하면서 파산 보호 신청을 냈다.

미탐색품(Unsought Goods)
소비재 중 하나로 소비자들이 제품에 대한 정보가 전혀 없거나 관심이 없는 제품을 의미한다.

구분	소비재 유형		
	편의품	선매품	전문품
구매 전 지식	많음	적음	많음
구매노력	적음	보통	많음
대체품 수용도	높음	보통	없음
구매빈도	높음	보통	다양
정보 탐색정도	낮음	높음	낮음
구매경향	손쉽게 구할 수 있는 제품을 구매	구매시점에서 비교를 통한 최적구매	특정상표의 높은 충성도에 의한 구매
사례	편의점 제품	TV, 냉장고 등	스포츠카, 고급시계 등

    ⓒ 산업재(Industrial Goods)

        기업이 추가가공을 목적으로 하거나 혹은 사업 활동을 영위하기 위하여 구매하는 제품으로, 다음과 같이 3가지로 구분한다.

- 자재와 부품(Materials and Parts) : 제조업자가 완제품을 생산하기 위하여 제품의 한 부품으로 투입되는 제품이다.
- 자본재(Capital Item) : 제품의 일부를 구성하지는 않지만 제품생산을 원활히 하기 위해 투입되는 제품이다.
- 소모품(Supplies) : 완제품 제조에 투입되지 않고 기업운영에 사용되는 제품이다.

② 소비재 시장과 산업재 시장의 상대적 특성 비교

구분	소비재 시장	산업재 시장
시장개수	많음	적음
시장규모	작음	큼
지리적 측면 고객 집중도	낮음	높음
수요	최종소비자 수요	최종소비자 수요로부터 도출
가격 탄력성	탄력적	비탄력적
의사결정 참여자	적음	많음
전문성	비전문적 노력	전문적 노력
의사결정 과정	단순	복잡
구매절차 공식화	비공식	공식
판매자와의 관계	단기적	장기적

③ 소비재와 산업재 마케팅

    ㉠ 소비재 마케팅 : 소비자의 욕구를 충족시키기 위한 최종소비용 제품, 즉 소비재를 대상으로 하는 마케팅 활동이다.

    ㉡ 산업재 마케팅 : 다른 제품의 생산을 목적으로 하는 산업재를 대상으로 하는 마케팅 활동이다. 일반적으로 기업 간 거래(B2B) 마케팅으로 분류된다.

핵심테마 56 | 마케팅의 이해

(2) **고압적 마케팅과 저압적 마케팅**
  ① 고압적 마케팅(Push Marketing)
    ㉠ 소비자의 욕구보다 기업의 생산능력에 따라 표준화·규격화된 제품을 생산하고, 판촉 활동을 통해 판매하는 마케팅이다.
    ㉡ 판매개념에 근거한 마케팅으로 볼 수 있다.
  ② 저압적 마케팅(Pull Marketing)
    ㉠ 소비자의 욕구를 파악하여 제품 기획 단계부터 고객의 참여를 유도하는 마케팅이다.
    ㉡ 소비자가 원하는 제품을 생산하여 판매하는 것이기 때문에 선행적 마케팅을 중요하게 생각한다.
  ③ 고압적 마케팅과 저압적 마케팅의 비교

구분	고압적 마케팅	저압적 마케팅
전략	판매개념	마케팅개념
유형	선형적 마케팅	순환적 마케팅
중점 활동	후행적 마케팅 (가격, 판촉, 유통 활동)	선행적 마케팅 (마케팅 조사, 마케팅 계획활동)

> **선행적 마케팅**
> 생산 전에 이루어지는 마케팅 활동으로서 마케팅 조사활동, 마케팅 계획활동 등이 포함된다.

3 마케팅 구성요소

(1) **마케팅 구성요소 개념**
  ① 소비자 측면
    ㉠ 니즈(Needs) : 소비자의 본원적 욕구로 기본적 만족이 결핍된 상태이다.
    ㉡ 원츠(Wants) : 니즈를 충족할 수 있는 수단적 욕구이다.
    ㉢ 수요(Demands) : 소비자의 구매능력과 의지를 반영한 욕구이다.
  ② 기업 측면
    ㉠ 시장 제공물 : 기업이 생존과 성장을 위해 소비자에게 제공하는 제품·서비스·경험 등을 의미한다.
    ㉡ 교환 : 기업과 소비자가 가치 있는 것을 주고받는 행위를 의미한다.
    ㉢ 시장 : 가치 교환이 이루어지는 장이다.

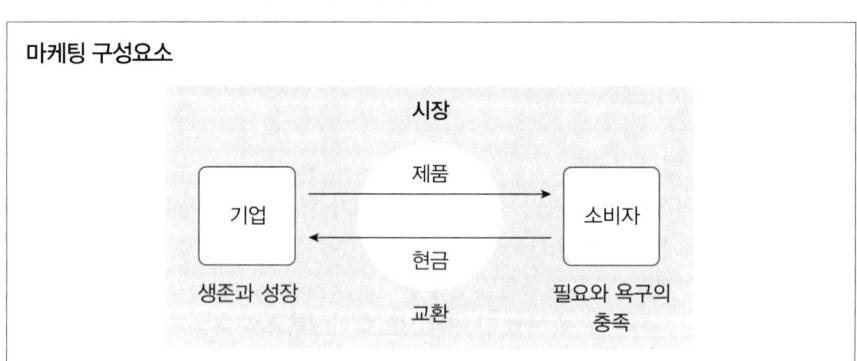

개념반복! 약점체크! 쪽지시험

01 다음 설명이 맞으면 O, 틀리면 ×표 하세요.

(1) 마케팅의 개념은 시간의 흐름에 따라 생산개념의 마케팅에서 사회적 개념의 마케팅으로 변화되었다. ( )

(2) 소비재 마케팅은 구매자의 욕구 충족을 위한 최종 소비를 위해 구매하는 제품, 즉 소비재를 대상으로 하는 마케팅 활동이다. ( )

(3) 고압적 마케팅은 선형적 마케팅이 아닌 순환적 마케팅의 성격을 가진다. ( )

(4) 소비자 측면에서 마케팅 구성요소는 니즈(Needs), 원츠(Wants), 그리고 수요(Demands)이다. ( )

(5) 소비자의 원츠 중에서 시장에 출시되어 있는 제품이나 서비스를 수요라고 한다. ( )

02 다음 빈칸에 알맞은 말을 고르거나 적으세요.

(6) 소비자가 많은 노력을 기울이지 않고 쉽게 구매하는 제품을 (　　　)이라고 한다.

(7) 소비자의 욕구보다는 기업의 생산능력에 따라 표준화, 규격화된 제품을 생산하고 판촉 활동을 통해 판매하는 마케팅 활동을 (　　　) 마케팅이라고 한다.

(8) 판매개념은 (수요/공급)이/가 (수요/공급)을/를 초과한 상황에서 등장한 마케팅이다.

| 정답 |
(1) O (2) O (3) × (4) O (5) × (6) 편의품 (7) 고압적 (8) 공급, 수요

| × 해설 |
(3) 저압적 마케팅은 고객의 반응을 살피고 그것이 다음 제품에 반영되기 때문에 선형적 마케팅이 아닌 순환적 마케팅의 성격을 가진다.
(5) 시장에 출시되어 있는 제품이나 서비스 중에서 자신의 구매의지와 구매능력이 뒷받침되는 수단이 있어야 원츠를 충족할 수 있으며, 이러한 조건을 만족해야 수요라고 할 수 있다.

출제 0순위 공략! 꼭 풀어야 할 대표문제

01

다음 사례에서 설명하는 제품의 시장에 대한 특성으로 적절하지 <u>않은</u> 것은?

> 정보통신 기술의 발달로 산업 환경이 빠르게 변화하면서, 일부 B2B 기업은 최종 소비자에게도 자사의 존재를 알리려는 시도를 하게 되었다. 예를 들어, 개인용 컴퓨터의 핵심 부품인 CPU는 과거 전문가용 제품으로 일반 소비자는 그 존재를 인식하지 못했다. 그러나 1991년 미국의 반도체 기업 인텔(Intel)은 'Intel Inside' 캠페인을 통해 자사 CPU의 브랜드를 소비자에게 직접 알리기 시작하였다. 이 광고는 CPU라는 산업재를 소비자에게 친숙하게 인식시켜 브랜드 신뢰도와 인지도를 크게 높인 사례로 평가된다.

① 시장 규모는 작은 편이다.
② 고객 집중도는 높은 편이다.
③ 구매 시 의사 결정 참여자가 많다.
④ 구매 시 전문적인 노력이 필요한 경우가 많다.
⑤ 가격에 민감하게 반응하지 않아 비탄력적이라고 할 수 있다.

대표개념 키워드 소비재와 산업재 시장

| 해설 |
사례의 내용은 산업재 시장에 대한 설명이다. 산업재 시장은 거래 금액과 기업 간 거래 규모가 매우 크기 때문에 일반적인 소비재(B2C) 시장 규모에 비해 큰 편이다.

정답 | ①

02

다음은 반도체 전공정 장비를 제조하는 S사의 사업 현황이다. 이 기사를 통해 유추할 수 있는 B2B(산업재) 시장의 특성으로 가장 적절하지 <u>않은</u> 것은?

> **NEWS**
> S사의 시장 진입 전략
>
> S사는 그동안 일본 기업이 독점해오던 '초미세 공정용 코팅 장비'를 국산화하는 데 성공했다. S사의 주요 타깃 고객은 글로벌 반도체 제조사인 H사와 S전자다. S사의 영업팀은 단순히 구매팀을 만나는 것에 그치지 않고, 실제 생산 라인의 엔지니어와 기술 임원을 대상으로 기술 세미나를 개최하여 자사 장비의 수율 개선 효과를 입증하는 데 주력하고 있다. 또한, 반도체 시장의 특성상 고객사가 새로운 공장을 지을 때 장비 발주가 몰리고, 불황기에는 발주가 뚝 끊기는 현상에 대비해 장기 공급 계약(LTA) 체결을 추진 중이다.

① S사 장비에 대한 수요는 최종 소비재인 스마트폰, PC, AI 서버의 시장 수요가 증가해야 비로소 증가한다.
② 장비 도입 결정은 구매 부서 단독으로 이루어지지 않으며 엔지니어, 임원 등 다수의 조직 구성원이 의사결정 과정에 참여한다.
③ 불특정 다수를 향한 TV 광고보다는 기술적 전문 지식을 갖춘 영업 사원이 고객사 관계자와 장기적인 신뢰 관계를 형성하고 문제를 해결해 주는 방식이 효과적이다.
④ S사는 생산 효율성을 극대화하고 단위당 원가를 절감하기 위해, 고객사의 개별적인 요구사항을 배제하고 규격화된 표준 모델만을 대량 생산하여 공급해야 한다.
⑤ 산업재는 완제품의 원가에서 차지하는 비중이 정해져 있고 필수적인 설비이므로, S사가 장비 가격을 소폭 인하한다고 해서 H사의 장비 구매량이 즉각적으로 급증하지는 않는다.

대표개념 키워드 산업재 시장

| 해설 |
B2B 마케팅의 핵심 속성들을 복합적으로 묻고 있다. B2B 시장, 특히 '첨단 장비' 시장은 고객사(반도체 제조사)의 공정 라인, 생산 환경, 요구 스펙에 따라 고도로 맞춤화된 제품을 요구한다. 따라서 소비재(예: 라면, 음료수)처럼 표준화를 통해 원가를 낮추는 전략보다는 고객의 까다로운 기술적 요구를 충족시키는 문제 해결 능력이 경쟁 우위의 핵심이다. 그러므로 '개별 요구사항을 배제하고 표준 모델만 공급한다'는 설명은 적절하지 않다.

정답 | ④

03

다음 중 고압적 마케팅(Push Marketing)에 해당하는 사례로 가장 적절한 것은?

① 시장 세분화를 통해 연령별 맞춤 광고를 기획하는 활동
② 소비자 의견을 반영하여 신제품 개발 단계에서부터 참여를 유도하는 활동
③ 고객 만족을 위해 애프터서비스 품질을 강화하고 고객 피드백을 분석하는 활동
④ 소비자 수요를 조사하여 맞춤형 제품을 설계하고 온라인으로 사전예약을 받는 활동
⑤ 소비자의 욕구보다는 생산자의 재고 해소를 위해 표준화된 제품을 대량 생산·판매하는 활동

대표개념 키워드 고압적 마케팅

| 해설 |
고압적 마케팅(Push Marketing)은 생산자 중심의 판매 활동으로, 기업의 생산능력에 따라 표준화된 제품을 대량 생산하고, 광고·판촉 등의 수단을 통해 소비자에게 수요를 '밀어넣는(Push)' 전략을 말한다. 즉, 판매가 주도되는 후행적 마케팅(판매개념 중심)이다.

정답 | ⑤

핵심테마 57 | 소비자 행동

1 구매 의사 결정

(1) 구매 의사 결정 과정

문제 인식	소비자가 원하는 상태와 자신의 실제 소비상태 간의 차이를 인식할 때 발생한다.
정보 탐색	소비자의 욕구를 충족시킬 수 있는 상품 대안을 찾기 위해 내적·외적 정보를 탐색한다.
대안 평가	수집한 정보를 바탕으로 여러 대안을 비교·검토하여 가장 적합한 제품을 선택하기 위한 단계이다.
구매	대안을 결정한 후 실제 구매 행동으로 이어지는 단계이다.
구매 후 행동	제품 사용 후 평가에 따라 태도를 조정하거나, 다른 사람에게 피드백을 제공하는 단계이다.

(2) 구매 의사 결정 과정에 영향을 주는 요인

사회 문화적 요인	개인적 요인
• 문화 및 하위 문화 • 준거 집단 • 가족 • 사회 계층	• 연령 • 가족생애주기 • 라이프 스타일 • 소득과 직업

> **가족생애주기**
> 미혼 단계, 신혼 부부, 젊은 부부, 중년 부부, 장년 부부, 노년 부부, 배우자 사별 후 독신기 등으로 나눌 수 있다.

2 관여도

(1) **개념** : 제품이나 구매에 대하여 소비자가 느끼는 관심이나 중요성의 정도를 의미한다.

(2) 관여도에 영향을 미치는 요인
① 가격 : 제품 가격이 높을수록 관여도는 높게 나타난다. 예 자동차, 스마트폰
② 타인의 의식 : 사회적으로 타인의 시선을 의식할수록 관여도는 높아질 수 있다. 예 패션
③ 지각된 위험 : 소비자가 느끼는 위험이 클수록 관여도는 높게 나타난다. 예 성형
④ 특정한 상황 : 특정 상황에 따라 관여도가 높아질 수 있다. 예 소중한 사람에게 선물

(3) 관여도의 유형
① 제품에 따른 분류
㉠ 고관여도(High Involvement) 제품 : 중요성이 높고 구매빈도가 낮으며, 오랜 기간 사용하는 제품이다. 예 자동차, 고가의 가구 등
㉡ 저관여도(Low Involvement) 제품 : 중요성이 낮고 가격이 저렴하며, 자주 구매하고 반복적으로 사용하는 제품이다. 예 치약, 세제 등
② 지속성에 따른 분류
㉠ 지속적 관여도(Enduring Involvement)
• 개인이 특정 제품군에 대해 오랜 기간 지속적으로 갖는 관심을 의미하며, 제품에 대해 인식적·정서적 태도가 형성되어 있다.
• 제품이 자신을 표현한다고 느낄수록 지속적 관여도가 높아진다.
㉡ 상황적 관여도 : 상황에 따라 일시적으로 높아지는 관여도를 의미한다.
예 발렌타인데이 때 선물을 구매하는 경우 등

(4) 제품 및 상표의 관여도에 따른 소비자 행동과 유형

구분		제품에 대한 관여도	
		저관여	고관여
상표에 대한 관여도	저관여	상표 전환형 소비자 • 제품과 상표에 무관심함 • 특정 브랜드 선호가 약함 • 가격 변화에 민감하게 반응함	정보 탐색형 소비자 • 제품 자체에 관심이 큼 • 상표에는 큰 의미를 두지 않음 • 필요할 때 정보를 찾아봄
	고관여	일상적 구매형 소비자 • 상표에만 관심을 보임 • 익숙한 브랜드를 선호함 • 감정적 몰입은 낮음	상표 충성형 소비자 • 제품과 상표에 높은 관심을 가짐 • 선호하는 브랜드가 뚜렷함 • 타 브랜드로의 전환이 거의 없음

(5) 소비자의 의사 결정과 구매도

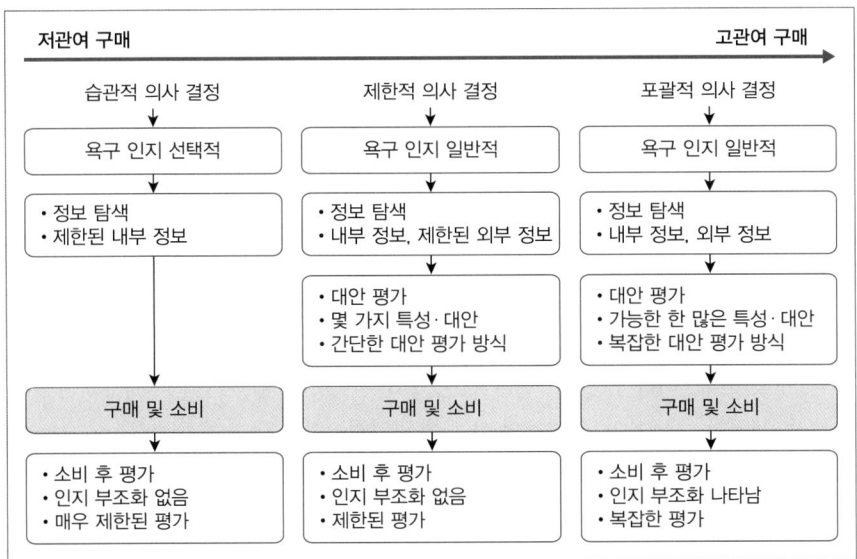

3 로열티(Loyalty)

(1) 개념
  ① 소비자가 특정 기업의 제품이나 서비스를 선호하고 재구매하려는 심리적 애착과 행동적 충성도의 수준을 말한다.
  ② 경쟁사의 적극적인 판촉이나 유인 활동에도 불구하고, 특정 브랜드를 신뢰하거나 익숙함 때문에 반복적으로 구매하려는 고객의 깊은 몰입의 정도를 의미한다.
  ③ 단순히 전환비용이나 익숙함으로 인해 관계가 유지되는 '고착(Lock-In)'과는 구별되는 개념이다.

(2) 유형
  소비자의 정서적 애착 정도와 반복 구매 수준에 따라 로열티를 다음과 같이 4가지 유형으로 구분할 수 있다.

전환비용(Switching Cost)
다른 제품이나 서비스로 바꿀 때 새 사용법을 익히거나 데이터를 이전하는 데 드는 시간·노력·비용을 말한다.
예 아이폰 → 갤럭시, MS 워드 → 한글

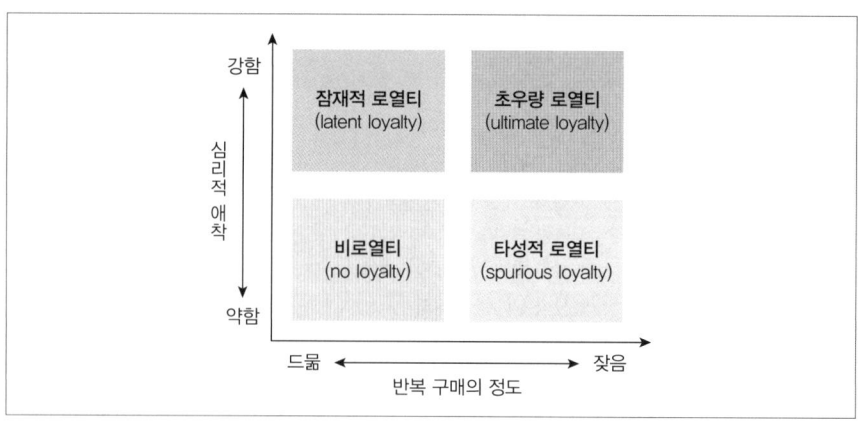

① 비로열티(No Loyalty)
  ㉠ 상대적 애착이 낮으며 반복 구매가 드문 유형이다.
  ㉡ 반복구매율과 애착을 올리는 방법이 있을 수 있지만 효율적인 면에서 바람직하지 않다.
② 타성적 로열티(Inertia Loyalty)
  ㉠ 습관적으로 구매하지만 다른 기업에게 빼앗기기 쉬운 유형이다.
  ㉡ 기업은 고객이 자사나 제품에 애착을 갖도록하는 노력이 필요하다.
③ 잠재적 로열티(Latent Loyalty)
  ㉠ 브랜드에 대한 태도나 선호는 높지만, 실제 구매 빈도는 낮은 유형이다.
  ㉡ 가격, 거리 등 외부 요인으로 구매가 제한될 수 있다.
④ 초우량 로열티(Premium Loyalty)
  ㉠ 특정 제품이나 브랜드를 심리적으로 깊이 신뢰하며 지속적으로 구매하는 유형이다.
  ㉡ 기업이 가장 유지·확보해야 하는 핵심 고객층이다.

4 고객생애가치(Customer Lifetime Value : CLV)

(1) 개념
한 명의 고객이 기업과 관계를 유지하는 기간 동안 지속적으로 창출하는 이익의 총합을 현재가치로 환산한 금액을 말한다. 즉, 충성고객이 평생 동안 기업에 가져다주는 이익의 총합이다.

(2) 중요성
① 현재 브랜드나 기업의 고객 관여를 파악하여 미래에 형성될 브랜드 또는 기업과 고객 관계의 가치를 예측할 수 있다.
② 상대적으로 가치가 높은 고객을 정의할 수 있어, 마케팅 비용을 고객별로 차별적으로 사용하는 가이드라인을 마련할 수 있다.
③ 기업이 보유한 모든 고객의 생애가치를 합하면 고객자산(Customer Equity)이 된다.

(3) 추정 방법
① 고객생애가치를 추정하는 여러 방법이 있지만, LTV(Life Time Value)를 통한 방법이 많이 쓰인다.
② 고객생애가치는 아래 식으로 계산하여 추정할 수 있다.

CLV＝(1회 거래당 순이익)×(연간 또는 월 거래 빈도)×(거래 유지 기간)

고객생애가치 사례

A 씨는 10년간 매주 3회, 한 번에 3,000원씩 행복편의점을 이용한다면, 고객생애가치는 다음과 같다.

3,000원×3회×52주×10년
＝4,680,000원

만약 그가 다른 편의점으로 이동하면, 해당 점포는 약 468만 원의 손실을 보게 된다.

개념반복! 약점체크! 쪽지시험

01 다음 설명이 맞으면 ○, 틀리면 ×표 하세요.

(1) 소비자의 구매의사결정 과정은 '문제 인식 → 정보 탐색 → 대안 평가 → 구매 → 구매 후 행동'의 순서로 이루어진다. ( )

(2) 소비자의 관여도는 제품의 가격이 낮고 위험이 적을수록 높게 나타난다. ( )

(3) 고관여도 제품의 경우 소비자는 정보를 적극적으로 탐색하고 신중히 의사결정을 내리는 경향이 있다. ( )

(4) 상표 전환형 소비자는 제품과 상표 모두에 관심이 높고 충성도가 강한 유형이다. ( )

(5) 기업이 보유한 모든 고객의 생애가치를 합한 것이 고객자산이다. ( )

02 다음 빈칸에 알맞은 말을 고르거나 적으세요.

(6) 제품에는 관심이 높지만 상표에는 큰 의미를 두지 않으며, 필요할 때 정보를 찾아보는 소비자를 (정보 탐색형/상표 전환형) 소비자라고 한다.

(7) 소비자가 특정 브랜드를 지속적으로 선호하고 재구매하려는 심리적 애착을 ( )라고 한다.

(8) 제품이나 구매에 대하여 소비자가 부여하는 관심이나 중요성의 정도를 ( )라고 한다.

(9) 다른 제품으로 변경할 때 새 사용법을 익히거나 데이터를 옮기는 데 드는 시간·비용을 ( )비용이라고 한다.

(10) 기업은 고객( )를 통해 가치가 높은 고객을 정의하고, 마케팅 비용을 차별적으로 사용할 수 있다.

| 정답 |
(1) ○ (2) × (3) ○ (4) × (5) ○ (6) 정보 탐색형 (7) 로열티 (8) 관여도 (9) 전환 (10) 생애가치

| × 해설 |
(2) 제품의 가격이 높고, 소비자가 느끼는 위험이 클수록 소비자의 관여도는 높게 나타난다.
(4) 상표 전환형 소비자는 제품과 상표 모두에 대한 관심과 애착이 낮아 상황·가격에 따라 쉽게 브랜드를 바꾸는 유형이다.

출제 0순위 공략! 꼭 풀어야 할 대표문제

01

다음은 한 소비자의 구매 의사결정 과정을 간략히 정리한 것이다. 소비자의 문제해결 유형으로 가장 적절한 것은?

의사결정 단계	행동 내용
문제 인식	구체적인 욕구를 자각하고 해결 방안을 탐색함
정보 탐색	내부 기억뿐 아니라 외부 자료, 지인 추천 등 다양한 정보원을 활용함
대안 평가	여러 제품을 비교·검토하여 객관적인 판단을 내림
구매	합리적인 기준에 따라 선택적으로 구매함
구매 후 행동	구매 후 만족도와 문제점을 평가하고 다음 구매에 반영함

① 포괄적 문제해결
② 일상적 문제해결
③ 인과적 문제해결
④ 제한적 문제해결
⑤ 직관적 문제해결

대표개념 키워드 구매 의사결정 과정과 구매도

| 해설 |

소비자가 대상에 대하여 고관여도를 가지게 되는 경우 포괄적 문제해결을 하게 된다. 일반적으로 소비자는 관여도가 높을수록 의사결정 과정에 더 많은 시간과 노력을 투입하며, 다양한 정보를 탐색하고 신중하게 대안을 평가한다. 이러한 고관여 제품은 보통 구매빈도가 낮고, 가격이 높으며, 기능·디자인이 차별화되어 있고, 구매 위험이 큰 제품에서 나타난다.

정답 | ①

02

다음 기사를 읽고, A사 제품의 특성과 해당 기업이 실시하고 있는 전략을 가장 적절하게 추론한 것은?

> NEWS
> A사는 최근 고가의 스마트워치를 출시하면서 "30일 이내 만족하지 않을 경우 100% 환불" 제도를 시행한다고 밝혔다. A사 관계자는 "소비자들이 제품의 기능과 성능을 직접 체험할 수 있도록 충분한 시간을 제공하기 위한 것"이라며, "이는 구매 후 불만족과 후회를 최소화하려는 고객 신뢰 프로그램의 일환"이라고 설명했다.

① 구매 후 인지부조화를 줄이기 위한 전략이다.
② 충동구매를 유도하기 위한 단기적 판매 촉진 전략이다.
③ 소비자의 구매 후 태도 변화를 강화하기 위한 판촉 활동이다.
④ 경쟁사의 판촉활동에 대응하기 위한 방어적 마케팅 전략이다.
⑤ 가격 민감도가 높은 소비자를 대상으로 한 저관여 제품 전략이다.

대표개념 키워드 고관여도, 구매의사 결정

| 해설 |

A사의 '만족하지 않으면 전액 환불' 정책은 구매 후 인지부조화(Cognitive Dissonance)를 줄이기 위한 전략이다. 고가의 스마트워치는 고관여 제품으로, 소비자는 구매 후 기능이나 만족도에 대해 불안감을 느낄 수 있다. 이때 환불 보장은 구매 후 불안이나 후회를 완화하고, 소비자의 만족과 신뢰를 높이는 후속 관리 전략으로 작용한다.

정답 | ①

03

최근 많은 기업들은 고객과의 관계를 강화하기 위한 마케팅을 강조하고 있다. 다음 중 고객생애가치를 높이기 위한 마케팅의 사례로 가장 적절하지 않은 것은?

① 장기 우수 고객에게 추가 마일리지 혜택을 제공하는 항공사
② 기기 변경보다 번호 이동에 더 많은 보조금을 책정한 이동통신사
③ 전국 어디서나 당일 배송 보장 서비스를 실시하는 온라인 쇼핑몰
④ 고객 개인에게 주행 패턴에 맞춘 차량 점검 서비스를 제공하는 자동차 회사
⑤ 고객 불만 처리 과정을 홈페이지를 통해 공지하고 개선 과정을 투명하게 공개하는 제과회사

대표개념 키워드 고객생애가치, 충성도

| 해설 |
고객생애가치란 고객 한 명이 특정 제품이나 서비스를 이용하면서 기업에 제공하는 이익의 합을 의미한다. 새로운 고객을 발굴하기 위해서는 많은 비용이 발생하기 때문에 기존 고객을 관리하여 충성도를 높이는 것이 고객 유치비용을 줄이면서 고객 1인당 기여액을 높일 수 있다. 따라서 고객생애가치를 높이기 위해서는 일회성 관계가 아닌 장기적인 관계를 유지하는 것이 중요하다. ②는 기존 고객과의 장기적인 관계 유지보다 신규 고객 유치에 중점을 두고 있는 전략이다.

정답 | ②

04

고객생애가치(Customer Lifetime Value : CLV)란 한 소비자가 일생 동안 특정 기업에 어느 정도의 이익을 제공하는지를 나타내는 개념이다. 다음 중 고객생애가치를 높이는 방법으로 가장 적절하지 않은 것은?

① 전환장벽을 낮춰 신규 고객 유입을 늘린다.
② 장기 고객을 대상으로 멤버십 혜택을 확대한다.
③ 고객의 구매 이력을 분석해 맞춤형 서비스를 제공한다.
④ 브랜드 충성도를 강화하기 위한 관계마케팅을 실시한다.
⑤ 고객상담센터 기능을 강화하여 불만을 신속히 해결한다.

대표개념 키워드 고객생애가치, 전환장벽

| 해설 |
고객생애가치는 고객 한 명이 특정 제품이나 서비스에 대해 충성고객으로서 존재하는 기간에 기업에 지불하는 이익의 합을 의미한다. 고객생애가치를 높이기 위해서는 고객이 경쟁사로 옮겨가지 못하도록 전환장벽을 높이는 전략이 바람직하다. 전환장벽이란 고객이 경쟁사 제품으로 쉽게 전환하지 못하게 하는 유·무형의 장벽이다. 대표적으로 강력한 브랜드, 고유한 기술 등이 해당한다.

정답 | ①

핵심테마 58 | STP 전략

1 STP(Segmentation, Targeting, Position Strategy) 이해

(1) 개념
① STP란 시장세분화(Segmentation), 표적시장 선정(Targeting), 포지셔닝(Positioning)의 첫 글자를 딴 마케팅 전략 중 하나이다.
② 기업은 전체 시장을 특정 기준으로 세분화하고, 선택한 타깃 시장에 맞는 마케팅 활동을 통해 고객에게 자사 제품의 이미지를 각인시키는 포지셔닝 활동을 수행한다.

STP의 흐름

시장 세분화	타기팅	포지셔닝
▶▶▶ **시장 세분화의 기준** 1. 인구 통계학적 기준 2. 사회 경제적 기준 3. 심리학적 기준 4. 지리적 기준 5. 소비자 행위 기준 6. 소비자 편익 기준	▶▶▶ **목표 시장 평가 요인** 1. 목표 시장의 규모 및 크기 2. 목표 시장의 접근 가능성 3. 목표 시장의 측정 가능성 ▶▶▶ **시장 리커버리 전략** 1. 비차별화 전략 2. 차별화 전략 3. 집중화 전략	▶▶▶ **포지셔닝 방법** 1. 상품 및 서비스의 속성 2. 상품 및 서비스의 용도 3. 가격 대 품질 4. 경쟁자 5. 포지셔닝 맵

(2) STP 전략의 핵심 고려사항 : 3C
① 고객(Customer) : 시장규모와 시장성을 파악하고, 고객이 최대로 지불하고자 하는 가격은 어느 정도인지 고려해야 한다.
② 경쟁(Competition) : 경쟁의 강도와 경쟁 우위 요인을 파악해야 한다.
③ 기업(Company) : 기업의 가용 자원과 현재 사업의 시너지 효과를 함께 고려해야 한다.

2 시장세분화(Segmentation)

(1) 개념
다양한 욕구를 가진 전체 시장을 특정 제품에 대한 태도나 구매행동 등이 비슷한 성향의 소비자 집단으로 나누는 과정을 의미한다.

(2) 변수
① 지리적 변수 : 지역, 인구 규모, 인구밀도, 지형적 특징 등
② 인구통계학적 변수 : 연령, 성별, 가족 형태, 소득, 직업, 교육, 종교, 세대, 사회계층 등
③ 심리적 변수 : 사회계층, 라이프 스타일, 개성 등
④ 행동적 변수 : 사용량, 구매빈도, 충성도, 구매시점 등

(3) 효과적인 시장세분화 조건
  ① **차별성(Differentiable)** : 각 세분시장 간 유의미한 차이가 있어야 한다.
  ② **접근성(Accessible)** : 기업이 세분시장에 효과적으로 접근할 수 있어야 한다.
  ③ **규모(Substantial Size)** : 사업 영위가 가능할 만큼 수익성이 있거나 규모가 커야 한다.
  ④ **실행가능성(Actionable)** : 기업이 세분시장에 대한 마케팅 프로그램을 수립하고 시행할 수 있어야 한다.
  ⑤ **측정가능성(Measurable)** : 세분시장의 규모나 특성이 측정 가능해야 한다.

3 타겟팅(Targeting)

(1) 개념
  구분된 세분 시장 중 한 개 또는 다수의 세분시장을 선정하고 마케팅 자원을 집중하고 실행 전략을 수립하는 과정을 의미한다.

(2) 유형
  ① 비차별화 마케팅(Undifferentiated Marketing)
    ㉠ 전체 세분 시장에 하나의 마케팅 프로그램을 적용하는 방법이다.
    ㉡ 세분 시장 간 동질성이 높고 제품 차별성이 낮을 때 효과적이다.
    ㉢ 대량 생산을 통해 규모의 경제를 실현할 수 있다.

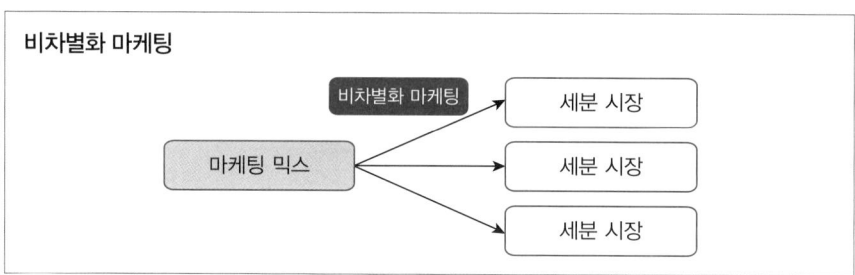

  ② 차별화 마케팅(Differentiated Marketing)
    ㉠ 각 세분시장별로 서로 다른 제품과 마케팅 프로그램을 적용하는 방법이다.
    ㉡ 여러 세분 시장에 다른 마케팅 믹스를 수행하기 위해서는 많은 자원과 역량이 필요하므로 규모가 큰 기업에 효과적이다.

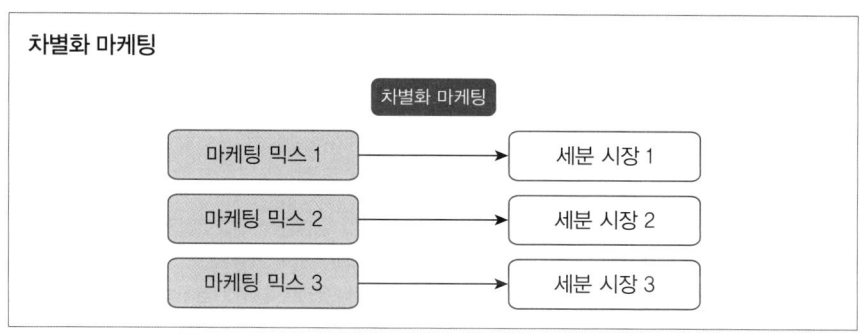

> **타겟팅 유형별 한계점**
>
> **비차별화 마케팅**
> • 전체 세분 시장을 대상으로 하므로 소규모 기업에는 효과적이지 않다.
> • 시장 다양성이 높을수록 고객 만족도가 낮아질 수 있다.
>
> **차별화 마케팅**
> 각 세분시장별로 다른 마케팅 믹스를 운영하므로 비용 부담이 크다.
>
> **집중화 마케팅**
> 타겟 시장에서의 고객 욕구가 변화하는 경우나 대기업 진입 시 위험이 크다.

③ 집중화 마케팅
  ㉠ 자원이 제한된 기업이 하나의 세분시장에 집중하는 전략이다.
  ㉡ 특정 시장에서 전문성·명성을 높이는 데 효과적이다.
  ㉢ 마케팅 믹스를 수행하는 비용을 절감할 수 있어 자원이나 역량이 적은 기업에 효과적이다.

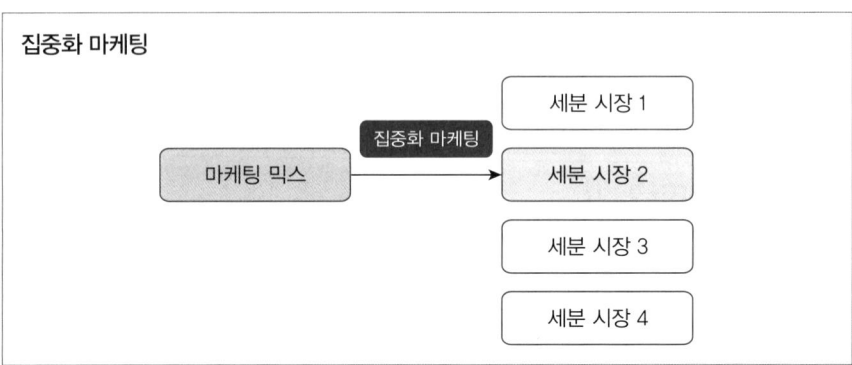

4 포지셔닝(Positioning)

(1) 개념
  ① 표적시장 내에서 특정 상품이나 브랜드가 경쟁 제품에 비해 유리하고 차별적인 위치를 차지하도록 소비자의 인식 속에 자리 잡게 하는 전략적 절차를 의미한다.
  ② 고객에게 경쟁자와 비교했을 때 어떤 차별성을 어떤 방식으로 전달할 것인지를 결정하는 것이 핵심이다.

(2) 포지셔닝 차별화 유형
포지셔닝 차별화의 유형은 다양하지만, 대표적으로 다음과 같은 5가지 유형이 있다.

유형	의미
제품 속성	자사 브랜드나 제품의 중요한 속성을 소비자의 욕구·편익과 연결시키는 방법이다. 예 벤츠에서 생산하는 승용차는 '고급스러움과 품격'을 강조한다면, 볼보에서 생산되는 자동차는 주로 '안전성'을 강조한다.
이미지	• 추상적인 편익으로 구매 동기를 유발하는 방법을 의미한다. • 제품속성이 경쟁사와 유사하거나 차이가 적은 경우 상징적 이미지를 만들어 포지셔닝을 전개할 수 있다.
사용 상황	자사 제품이 특정 상황에서 사용되고 있는 것과 연관지어 포지셔닝 하는 방법이다. 예 파워에이드나 게토레이는 운동을 하는 상황에서 음용하는 음료수로 포지셔닝을 하고 있다.
제품 사용자	• 제품속성과는 직접 관련이 없으며, 소비자 집단이나 계층과 연관지어 포지셔닝 하는 방법이다. • 유명인을 연결하여 포지셔닝 하는 경우가 많은데 광고모델의 이미지가 자사 브랜드의 이미지와 일치하는 경우 매우 효과적일 수 있다.
재포지셔닝	트렌드 변화나 소비자 인식 변화, 경쟁 제품의 등장 등으로 기존 포지셔닝이 더이상 유효하지 않을 때, 기업이 자사 브랜드의 이미지를 새롭게 바꾸는 전략이다.

(3) **포지셔닝 맵(Positioning Map)**
   ① 정량적 방법인 포지셔닝 맵을 사용하면 현재 자사의 위치, 자사의 강점이나 약점, 경쟁 제품의 위치나 시장의 경쟁 강도와 경쟁기업이나 경쟁 제품과의 유사 정도를 파악할 수 있다.
   ② 새로운 시장 기회와 차별화 가능 포인트를 발견하고, 경쟁 우위를 확보할 수 있는 위치를 파악할 수 있다.
   ③ 기업의 마케팅 믹스 전략이 시장 내에서 얼마나 효과적으로 작용하고 있는지 평가할 수 있다.

(4) **포지셔닝 전략 수행 과정**
   ① **고객 분석** : 타깃 시장의 소비자가 상품에서 어떤 가치를 추구하는지 이해하고, 기존 상품에 대한 소비자의 불만족 요인과 미충족 욕구를 파악한다.
   ② **포지셔닝 맵 작성** : 포지셔닝 맵을 활용하여 경쟁 제품이 소비자의 인식 속 어디에 위치하는지 분석한다.
   ③ **자사 제품의 포지셔닝 개발** : 경쟁 제품과 소비자 욕구를 기반으로 자사 제품의 차별적 포지션을 설계한다.
   ④ **마케팅믹스 기획 및 실행** : 개발한 포지션이 소비자의 인식 속에 자리 잡도록 제품·가격·유통·촉진 전략(4P)을 통합적으로 실행한다.
   ⑤ **포지셔닝 파악** : 계획한 포지션이 시장에 제대로 구축되었는지 파악한다. 미흡한 경우 마케팅 믹스를 수정하여 목표 포지션을 확보하고, 지속적인 포지셔닝 맵 분석을 통해 시장 변화에 맞춰 재포지셔닝을 수행한다.

개념반복! 약점체크! 쪽지시험

01 다음 설명이 맞으면 ○, 틀리면 ×표 하세요.

(1) 소비자의 구매행동, 충성도, 사용량 등과 같이 실제 행동에 근거하여 시장을 세분화하는 것을 시장세분화 행동적 변수라고 한다. ( )

(2) 포지셔닝이란 다양한 욕구를 가진 전체 시장을 특정 제품에 대한 태도나 구매행동 등이 비슷한 성향의 소비자 집단으로 나누는 과정을 의미한다. ( )

(3) 타겟팅은 구분된 세분시장 중 한 개 또는 다수의 세분시장을 선정하고 마케팅 역량을 집중하는 것을 의미한다. ( )

(4) 제품속성에 의한 포지셔닝이란 자사 브랜드/제품의 중요한 속성을 소비자가 원하는 욕구, 편익과 연결시키는 것이다. ( )

(5) 시장세분화를 통해 현재 자사의 위치, 자사의 강점이나 약점 등을 파악할 수 있다. ( )

02 다음 빈칸에 알맞은 말을 고르거나 적으세요.

(6) 다양한 욕구를 가진 전체 시장을 특정 제품에 대한 태도나 구매행동 등이 비슷한 성향의 소비자 집단으로 나누는 과정을 시장( )라고 한다.

(7) 구분된 세분시장 중 한 개 또는 다수의 세분시장을 선정하고 마케팅 역량을 집중하는 것을 ( )이라고 한다.

(8) ( )이란 세분시장 내에서 특정 상품이나 브랜드가 특별하고도 가치 있는 것으로 자리 잡을 수 있도록 하는 전략적 절차를 의미한다.

(9) STP 전략의 핵심 고려사항 3C는 고객, 경쟁, 그리고 ( )이다.

(10) ( ) 맵을 사용하면 현재 자사의 위치, 자사의 강점이나 약점, 경쟁 제품의 위치나 시장의 경쟁 강도와 경쟁기업이나 경쟁 제품과의 유사정도를 파악할 수 있다.

| 정답 |
(1) ○ (2) × (3) ○ (4) ○ (5) × (6) 세분화 (7) 타겟팅 (8) 포지셔닝 (9) 기업 (10) 포지셔닝

| × 해설 |
(2) 다양한 욕구를 가진 전체 시장을 특정 제품에 대한 태도나 구매행동 등이 비슷한 성향의 소비자 집단으로 나누는 과정을 시장세분화라고 한다.
(5) 현재 자사의 위치, 자사의 강점이나 약점, 경쟁 제품의 위치나 시장의 경쟁 강도와 경쟁기업이나 경쟁 제품과의 유사 정도를 파악하기 위해서는 포지셔닝 맵을 사용해야 한다.

01

효과적인 시장세분화(Market Segmentation)에 대한 다음 설명 중 가장 적절하지 않은 것은?

① 시장을 세분화하는 것이 실현가능해야 한다.
② 세분된 시장은 어느 정도 규모가 있어야 한다.
③ 시장세분화를 위해서는 보편성이 있어야 한다.
④ 세분된 시장에 실질적으로 접근이 가능해야 한다.
⑤ 세분된 시장의 규모나 특성이 측정이 가능해야 한다.

대표개념 키워드 시장세분화, STP, 차별성

| 해설 |
효과적인 시장세분화를 위해 가장 먼저 고려해야 할 것은 각 세분시장 간의 유의미한 차이가 있어야 한다. 즉, 보편성 보다는 차별성이 있어야 한다.

정답 | ③

02

다음 [보기]에서 설명하는 목표시장 선정 전략 유형으로 가장 적절한 것은?

| 보기 |
- 서로 연관성이 낮은 여러 세분시장을 동시에 공략하는 전략을 의미한다.
- 기업의 자원이 분산되는 단점이 있다.
- 예상되는 위험을 분산시킬 수 있는 장점이 있다.

① 집중 마케팅
② 시장 전문화
③ 차별화 마케팅
④ 선택적 전문화
⑤ 비차별화 마케팅

대표개념 키워드 목표시장 선정 전략

| 해설 |
[보기]에서 설명하고 있는 목표시장 선정 전략은 선택적 전문화 전략이다. 선택적 전문화 전략은 여러 시장 또는 제품 영역 중에서 기업이 유리하다고 판단되는 일부만 골라서 집중적으로 공략하는 전략이다.

정답 | ④

58 | STP 전략

03

A사는 커피 시장에 진출하기 위하여 시장 조사를 실시하였다. 조사 결과 아래의 (ㄴ)영역을 표적시장으로 선정하였다. 다음 중 A사에서 수행할 마케팅 전략에 대한 설명으로 적절한 것은?

(ㄱ) 콜드브루 기법을 사용한 고카페인 커피	(ㄴ) 콜드브루 원액에 우유를 첨가한 저카페인 커피
(ㄷ) 강하게 로스팅한 원두로 만든 아메리카노 고카페인 커피	(ㄹ) 아메리카노에 우유와 시럽을 첨가한 저카페인 커피

① 다양한 계층의 소비자를 모두 만족할 수 있다.
② 급변하는 시장 환경에 적절하게 대응할 수 있다.
③ 범위의 경제 효과를 볼 수 있기 때문에 원가를 절감할 수 있다.
④ 규모의 경제 효과를 볼 수 있기 때문에 원가를 절감할 수 있다.
⑤ 단일 마케팅 믹스를 수행할 수 있기 때문에 마케팅 비용이 절감된다.

대표개념 키워드 목표시장 선정 전략

| 해설 |
제시된 사례 속 A사는 전체 커피 시장을 제품의 속성(커피 상태)과 편익(카페인)을 기준으로 세분화하였다. (ㄴ)영역에만 집중하는 마케팅 전략을 수행하는 경우, 표적시장에 맞는 단일한 마케팅 믹스를 수행하기 때문에 비용의 효율성이 높아져 마케팅 비용이 절감된다.

정답 | ⑤

04

STP 전략에 대한 다음 설명 중 가장 적절하지 않은 것은?

① 차별화 마케팅은 니치 마케팅과 유사한 개념이다.
② STP 전략 핵심 고려사항으로는 고객, 경쟁, 기업이 있다.
③ 시장세분화를 통하여 한정된 자원을 효과적으로 활용할 수 있다.
④ 시장세분화는 기존 시장뿐만 아니라 비어있는 시장이나 잠재시장을 대상으로 할 수도 있다.
⑤ STP의 주요 내용은 제품 범주와 소비자 욕구에 근거하여 동질적인 여러 고객집단을 나누고 경쟁 상황과 여러 자원을 고려하여 가장 자신 있는 시장을 선정한다는 것이다.

대표개념 키워드 STP 전략

| 해설 |
니치 마케팅과 유사한 개념의 마케팅은 차별화 마케팅이 아닌 집중화 마케팅이다. 집중화 마케팅은 자원이 제한된 기업이 하나의 세분시장에 집중하는 전략이다.

정답 | ①

05

다음 중 표적시장의 소비자 인식 속에서 자사 제품이 경쟁 제품보다 특별하고 가치 있게 인식되도록 하는 전략적 절차를 의미하는 마케팅 용어는?

① 타겟팅(Targeting)
② 포지셔닝(Positioning)
③ 교차판매(Cross Selling)
④ 시장세분화(Segmentation)
⑤ 마케팅믹스(Marketing Mix)

대표개념 키워드 STP 마케팅

| 해설 |
포지셔닝은 표적시장 내에서 자사 제품의 차별적 위치(이미지·가치)를 형성하는 과정이다.

| 오답 피하기 |
① 타겟팅은 세분화된 여러 시장 중 기업이 공략할 대상을 선택하는 과정이다.
③ 교차판매는 기존 고객에게 관련 상품을 함께 제안·판매하는 기법이다.
④ 시장세분화는 유사한 욕구나 특성을 지닌 소비자 집단으로 시장을 나누는 과정을 말한다.
⑤ 마케팅믹스는 기업의 목표 달성을 위해 수행하는 제품·가격·유통·촉진 전략의 조합을 말한다.

정답 | ②

06

다음 사례에 해당하는 포지셔닝의 종류로 적절한 것은?

> 안전의 대명사, 볼보
> • 스웨덴의 대표적인 자동차 회사 볼보는 안전한 자동차로 명성이 높다.
> • 볼보는 전복 사고에도 자동차의 지붕이 안전하다는 것을 강조하기 위해 볼보 자동차 위에 트럭을 올려놓은 사진을 이용한 광고를 시행하였다.

① 재포지셔닝
② 이미지에 의한 포지셔닝
③ 사용 상황에 따른 포지셔닝
④ 제품 속성에 의한 포지셔닝
⑤ 제품 사용자에 의한 포지셔닝

대표개념 키워드 STP 전략

| 해설 |
볼보는 광고를 통해 자사 자동차의 안전성을 강조하고 있다. 이는 자사의 브랜드·제품의 중요한 속성을 소비자가 원하는 욕구와 연결시키는 전략으로, 제품 속성에 의한 포지셔닝에 해당한다.

정답 | ④

핵심테마 59 | 마케팅믹스 구성요소-제품(Product)

1 마케팅믹스 이해

① 미시간주립대학의 제롬 맥카시(Jerome McCarthy) 교수는 1960년 '마케팅 믹스'라는 개념을 제시하였다. 그는 기업이 목표 고객을 만족시키기 위해 제품(Product), 가격(Price), 유통(Place), 촉진(Promotion)의 4P를 적절히 조합하여 기획, 실행해야 한다고 주장하였다.

② 일반적으로 기업은 시장 환경을 분석하고 STP 전략을 세운 뒤, 마케팅 믹스를 통해 구체적인 마케팅 전략을 실행한다.

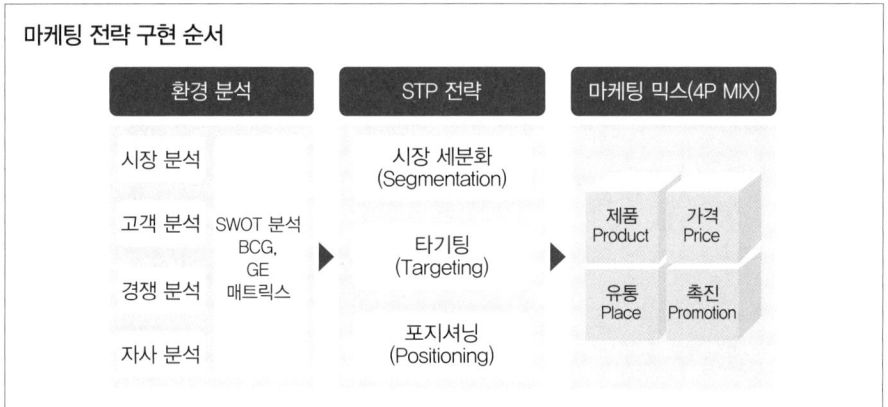

2 제품(Product)

(1) 개념

① 필립 코틀러(Phillip Kotler)는 제품이란 소비자의 필요나 욕구를 충족시킬 수 있는 모든 것이라고 정의하였다.

② 제품은 물리적인 재화뿐만 아니라 서비스까지 포함하는 포괄적 개념이다.

(2) 제품의 개념 수준

일반적으로 제품은 다음과 같이 3가지 수준으로 구분할 수 있다.

① 핵심제품(Core Product)
  ㉠ 고객이 실제로 제품을 구매하여 얻는 근본적 편익(Core Benefit)을 의미한다.
  ㉡ 예를 들어 자동차의 경우 이동수단으로서의 편익이 핵심제품이 된다.

② 실제제품(Tangible Product)
  ㉠ 구매자가 실물적 차원에서 인식하는 제품으로, 핵심제품에 포장, 상표 등이 추가된 제품의 형태이다.
  ㉡ 예를 들어 자동차 경우 스포츠카로서 포르쉐, 람보르기니 등의 제품이 실제제품의 개념으로 이해할 수 있다.

필립 코틀러가 구분한 제품의 5가지 수준
- 핵심혜택(Core Benefit)
- 일반제품(Basic Benefit)
- 기대제품(Expected Product)
- 확장제품(Augmented Product)
- 잠재적제품(Potential Product)

③ 확장제품(Augmented Product)
  ㉠ 실제제품에 추가되는 혜택을 포함하는 개념으로, 사후서비스, 보증, 설치 등이 해당한다.
  ㉡ 예를 들어 자동차 구매 시 제공되는 무상보증기간은 확장제품의 사례이다.

(3) 제품의 유형

구분 기준	세부 유형	내용 및 예시
소비자가 추구하는 효익	기능적 제품	기능적 욕구를 충족시켜주는 제품 예 냉장고, TV
	상징적 제품	상징적 욕구를 충족시켜주는 제품 예 고급 자동차
	경험적 제품	사용 과정에서 즐거움과 만족을 제공하는 제품 예 게임기, 놀이공원
사용 기간	내구재	장기간 반복 사용 가능한 제품 예 가전제품
	비내구재	한 번의 소비로 소모되는 제품 예 생수, 식료품
품질 평가 시점	탐색재	구매 전에 정보를 통해 품질을 평가할 수 있는 제품 예 컴퓨터, 스마트폰
	경험재	직접 사용해 본 후에야 품질을 알 수 있는 제품 예 음식, 영화
	신뢰재	사용 후에도 품질을 정확히 판단하기 어려운 제품 예 의료·법률 서비스
구매 목적	소비재	최종 소비자가 직접 사용하기 위해 구매하는 제품 → 편의품, 선매품, 전문품으로 구분
	산업재	기업이 생산·관리에 활용하기 위해 구매하는 제품 → 원자재, 부품, 자본재, 소모품으로 구분
물질적 형태	유형재	물리적 형태가 존재하는 제품 예 냉장고, 컴퓨터
	무형재(서비스)	물리적 형태가 없는 제품 예 통신 서비스

무형재(서비스)의 특징
- 무형성 : 구매 전 직접 파악이 어려움
- 변동성(비표준화성) : 서비스 제공자나 시간·장소에 따라 품질이 달라짐
- 소멸성 : 생산과 동시에 소비되지 않으면 저장이 불가능
- 동시성 : 생산과 소비가 동시에 발생함

(4) 제품믹스(Product Mix)
  ① 기업이 생산·판매하는 모든 제품의 배열(배합) 전략을 의미한다.
  ② 일반적으로 제품믹스는 제품의 폭(넓이), 길이, 깊이로 구성되어 있다.
    ㉠ 제품믹스의 폭(넓이) : 기업이 취급하는 모든 제품 계열 수
    ㉡ 제품믹스의 길이 : 각 제품 계열 내의 제품의 개수
    ㉢ 제품믹스의 깊이 : 특정 제품 계열 내의 제품의 개수

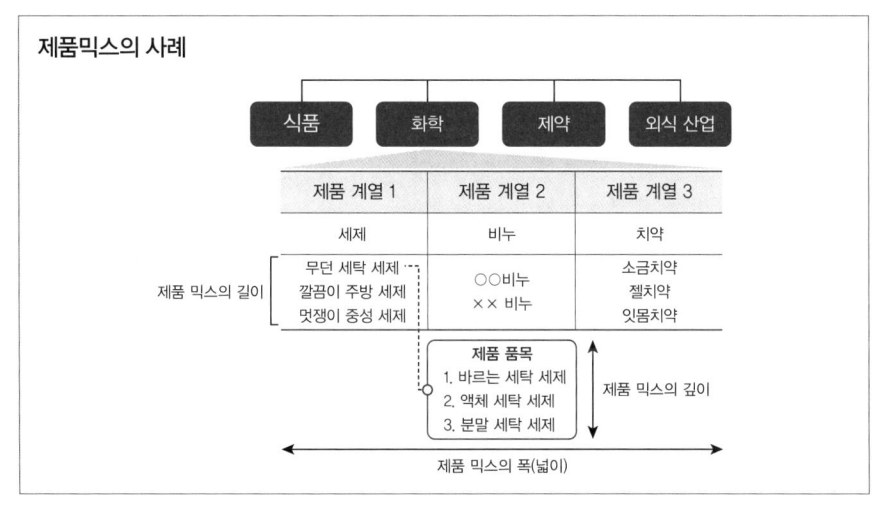

제품믹스의 사례

핵심테마 59 | 마케팅믹스 구성요소-제품(Product)

(5) 제품의 수명주기

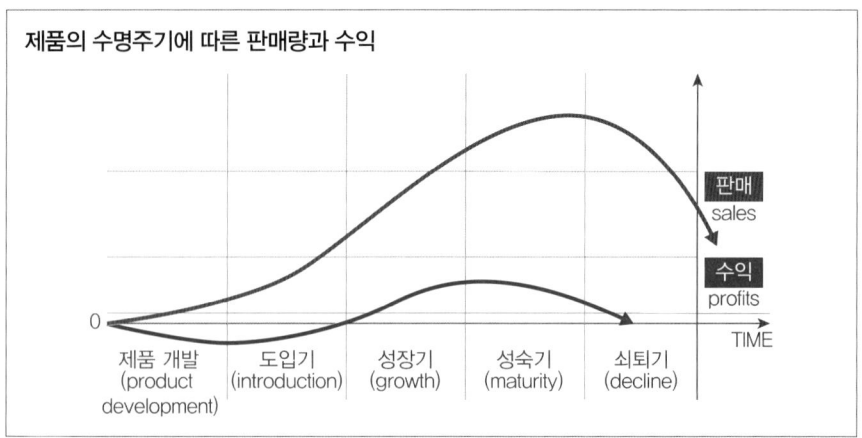

구분		도입기	성장기	성숙기	쇠퇴기
특징	매출	낮음	급속 성장	최대 판매	감소
	비용	고객당 비용 높음	평균	고객당 비용 낮음	고객당 비용 낮음
	이익	적음	점차 증가	높음	감소
	고객	혁신층	조기 수용층	조기 다수층, 후기 다수층	최후 수용층
	경쟁자	소수	점차 증대	많음	감소

(6) 제품 수명주기별 마케팅 전략

구분		도입기	성장기	성숙기	쇠퇴기
마케팅 목적		제품 인지, 비용 창출	시장 점유율의 극대화	이익 극대화, 시장 점유율 방어	비용 절감, 상표 가치 증진
마케팅 전략	제품	기초 제품 제공	제품 확장, 서비스 및 보증의 제공	상표와 모델의 다양화	취약 제품 폐기
	가격	원가 가산 가격, 스키밍 가격 전략	시장 침투 가격	경쟁 대등 가격	가격 인하
	유통	선택적 유통	개방적 유통	개방적인 유통 강화	선택적 유통
	광고	조기 수용층과 유통 상태에 대한 제품 인지 형성	시장에서의 제품 인지, 관심의 형성	상표 차이, 편익의 강조	핵심 고객 유지를 위한 최소 수준
	판매촉진	사용을 강조하는 판촉 강화	수요 확대에 따른 판촉 감소	상표 전환을 유도하기 위한 판촉 증대	최저 수준으로 축소

도입기 가격전략
도입기에는 일반적으로 기업은 원가 가산법으로 가격 책정을 한다. 단, 신제품이 높은 기술이나 차별성을 가진 경우에는 스키밍 가격전략(초기 고가 전략)을 활용할 수 있다.

(7) 신제품 수용

로저스(Rogers)는 신제품 수용시점에 따라 소비자를 5단계로 구분하였다.

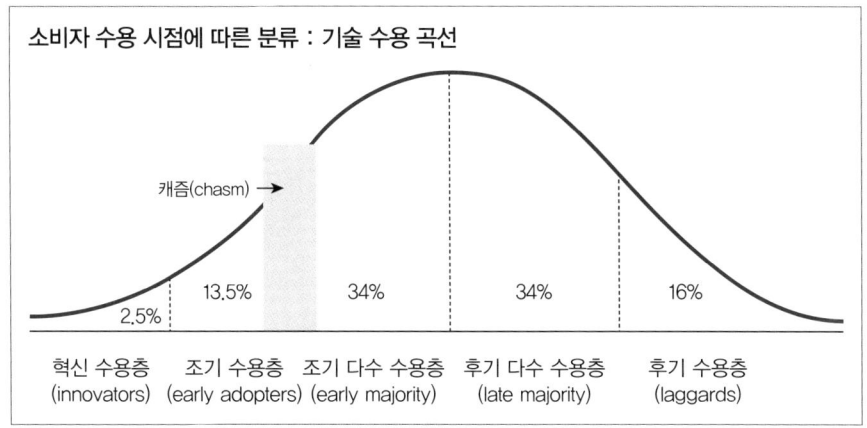

① **혁신 수용층(Innovators)** : 신제품 출시에 맞추어 바로 구매하는 소비자계층으로, 모험심이 강하고 위험을 감수하는 성향이 높다.
② **조기 수용층(Early Adopters)** : 혁신 수용층 다음으로 제품을 구입하며 제품의 정보나 자신의 의견 등을 타인에게 전파하고 전달하는 데 적극적이다.
③ **조기 다수 수용층(Early Majority)**
　㉠ 조기 수용층의 반응 및 평가를 참고하여 제품을 구매하는 신중한 소비자 계층이다.
　㉡ 조기 수용층에서 반응이 좋았지만 조기 다수 수용층에서 신제품을 수용하지 않아 신제품이 실패하는 경우가 있는데, 이를 캐즘(Chasm)이라고 한다. 캐즘의 극복 여부에 신제품 개발의 성공이 달려있다.
④ **후기 다수 수용층(Late Majority)** : 제품이 충분히 검증을 받은 이후에 구매하는 소비자 계층이다.
⑤ **후기 수용층(Laggards)** : 마지막으로 제품을 구입하는 소비자 계층으로, 전통적 가치관에 충실하고 보수적인 성향을 가진 계층이다.

캐즘(Chasm)
제프리 무어는 지질학적 대단절 현상을 마케팅에 적용하였다. 캐즘(Chasm)은 신제품이 시장 진입 초기에서 대중화되기 전까지 주류 소비자층에게 선택받지 못해 일시적으로 수요가 정체되는 현상을 의미한다.

(8) 시장수요를 고려한 마케팅

수요 형태	해결 방향	마케팅 전략
부정적 수요	수요 전환	전환마케팅
무수요	수요 창출	자극마케팅
잠재적 수요	수요 개발	개발마케팅
감퇴적 수요	수요 부활	재마케팅
불규칙적 수요	수요-공급시기 일치	동시마케팅
완전 수요	수요 유지	유지마케팅
초과 수요	수요 감소	역(디)마케팅
불건전 수요	수요 소멸	대항마케팅

01 다음 설명이 맞으면 ○, 틀리면 ×표 하세요.

(1) 마케팅 믹스 4P는 제품, 가격, 유통, 촉진에 관한 전략을 의미한다. ( )

(2) 서비스의 대표적인 특징으로는 무형성, 소멸성, 변동성, 동시성이 있다. ( )

(3) 제품의 수명주기는 도입기, 성장기, 성숙기, 쇠퇴기의 과정을 거친다. ( )

(4) 조기 다수 수용층은 가장 먼저 신제품을 구매하며 위험 감수 성향이 높고, 제품 확산의 초기 단계에서 중요한 역할을 한다. ( )

02 다음 빈칸에 알맞은 말을 고르거나 적으세요.

(5) 소비자가 추구하는 효익에 따라 제품은 기능적 제품, 상징적 제품, 경험적 제품으로 구분되며, 이 중 (　　　) 제품은 사용 과정에서 즐거움과 만족감을 제공하는 제품을 의미한다.

(6) 제품은 일반적으로 핵심제품, 실제제품, (　　)제품의 세 가지 수준으로 구분된다

(7) 신제품이 대중화에 실패하는 단계인 (　　)을 넘어서면 급격한 성장기에 접어든다.

(8) 제품수명주기에서 성숙기는 매출이 최대 수준에 이르고, 경쟁자가 가장 (적은/많은) 단계이다. 이 시기에는 시장이 포화상태에 가까워 제품 차별화와 브랜드 충성도 제고가 중요하다.

| 정답 |

(1) ○　(2) ○　(3) ○　(4) ×　(5) 경험적　(6) 확장　(7) 캐즘　(8) 많은

| × 해설 |

(4) 가장 먼저 신제품을 구매하며 위험 감수 성향이 높은 집단은 혁신 수용층이다. 조기 다수 수용층은 신중한 소비자층으로, 이전 수용자들의 평가를 참고한 뒤 신제품을 채택하는 경향이 있다.

출제 0순위 공략! 꼭 풀어야 할 대표문제

01

아래 그림의 제품수명주기에서 C단계의 특징으로 가장 적절한 것은?

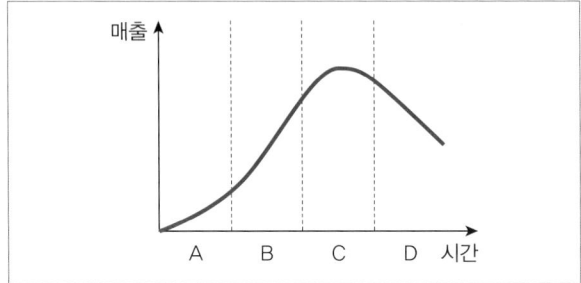

① 적극적 마케팅 활동으로 제품 인지도를 높인다.
② 경쟁자가 급격하게 증가하는 구간이므로 시장 점유율 확대에 힘쓴다.
③ 브랜드 및 부가서비스 다양화를 통해 대체 구매 수요를 확보해야 한다.
④ 선택적 유통 경로를 활용하여 가장 강력한 시장에만 집중하는 것이 중요하다.
⑤ 판매 감소에 따른 이익의 감소를 막기 위해 비용을 최소화하는 것이 중요한 단계이다.

대표개념 키워드 제품수명주기

| 해설 |
C단계는 제품수명주기 중 성숙기에 해당한다. 성숙기에는 시장이 포화 상태에 이르러 경쟁이 심화되며, 소비자 대부분이 이미 제품을 인지하고 있는 상태이다. 이 시기에는 제품의 기능적 차별화를 달성하기 어려워지므로 기업은 브랜드 이미지 제고, 부가서비스 제공, 제품 라인 확장 등을 통해 대체 구매 수요를 확보하는 것이 효과적이다.

정답 | ③

02

다음 기사를 읽고 A기업의 제품수명주기 단계로 가장 적절한 것은?

> NEWS
> 국내 대표 스마트폰 제조업체 A사는 최근 'A폰 10' 시리즈의 매출 성장세가 둔화되자, 제품의 기능 개선보다 소비자 만족을 높이는 서비스 차별화 전략에 집중하고 있다.
> A사는 자사 고객을 세분화하여 프리미엄 고객에게는 보증기간 연장 서비스, 일반 고객에게는 중고 보상 프로그램을 제공하는 등 다양한 부가 혜택을 강화했다. A사 관계자는 '신규 고객 유입보다 기존 고객 유지가 더 중요해진 시점'이라며 '시장 내 과잉 경쟁을 피하기 위해 브랜드 충성도를 높이는 데 주력하고 있다'고 밝혔다.

① 성장기(Growth Stage)
② 쇠퇴기(Decline Stage)
③ 성숙기(Maturity Stage)
④ 도입기(Introductory Stage)
⑤ 재도입기(Reintroduction Stage)

대표개념 키워드 제품수명주기

| 해설 |
기사의 핵심은 매출 성장 둔화, 기능 차별화 한계, 부가서비스 강화, 기존 고객 유지 중점에 있다. 이러한 특징은 제품수명주기의 성숙기(Maturity Stage)에 해당한다. 성숙기에는 시장이 포화 상태에 이르고 경쟁이 심화되며, 기업은 가격 경쟁 대신 시장 세분화(Segmentation) 및 차별화(Differentiation) 전략을 통해 기존 고객의 충성도 제고와 점유율 유지에 초점을 맞춘다. 도입기와 성장기는 인지도 확산과 신규 고객 확보 중심, 쇠퇴기는 수요 축소와 비용 절감이 핵심이라는 점에서 구분된다.

정답 | ③

59 | 마케팅믹스 구성요소-제품(Product)

03

다음은 스타트업 K사가 개발한 신제품 출시 전략 회의록의 일부이다. 이 제품이 처한 제품 수명 주기 단계의 특징과 이에 적합한 마케팅 전략으로 가장 적절한 것은?

> 'AI 기반 홀로그램 글래스' 런칭 전략
>
> CMO(마케팅 이사): "이번에 출시할 홀로그램 글래스는 세상에 없던 혁신적인 제품입니다. 하지만 아직 소비자들이 이 제품을 '왜' 써야 하는지, 기존 스마트 안경과 '무엇'이 다른지 전혀 모르고 있습니다. 초기 인지도를 높이기 위해 막대한 광고비를 집행해야 하므로 당분간 적자가 지속될 것으로 예상됩니다."
>
> CEO(대표): "경쟁사가 아직 없는 독점적인 상황이니, 초기 R&D 비용을 빠르게 회수하기 위해 고가 정책을 유지하면서, 기술에 민감한 소수의 얼리어답터 층을 우선 공략합시다."

① 시장의 성장성을 보고 진입하는 경쟁사들이 급증하므로 시장 점유율 방어가 마케팅의 최우선 목표가 된다.
② 편의점, 대형마트 등 가능한 모든 유통 채널에 제품을 입점시키는 개방형 유통 전략이 필수적이다.
③ 다양한 소비자의 기호를 충족시키기 위해 색상, 디자인, 기능을 다양화한 제품 라인업을 동시에 출시하여 시장을 세분화해야 한다.
④ 경쟁사 브랜드와의 차이점을 강조하여 자사 제품을 선택하도록 유도하는 선택적 수요 자극 광고에 집중해야 한다.
⑤ 단위당 생산 원가가 높고 마케팅 비용 지출이 크므로 기업의 순이익은 0이거나 음(-)의 상태일 가능성이 높으며, 규모의 경제 효과를 기대하기 어렵다.

대표개념 키워드 제품수명주기

| 해설 |
도입기는 매출이 서서히 발생하지만, 촉진(Promotion)과 유통망 구축에 막대한 비용이 들기 때문에 이익이 거의 없거나 적자인 경우가 대부분이다.

| 오답 피하기 |
① 도입기는 경쟁자가 거의 없는 독점적 상황이며, 경쟁사 진입과 점유율 방어는 성장기 이후의 상황으로 보는 것이 적절하다.
② 도입기는 대량 생산 체계가 아직 갖춰지지 않아 단위당 생산 원가가 가장 높은 시기이므로 제품을 취급해 줄 유통업체를 찾기가 어렵다. 따라서 제품의 이미지 관리를 위해 소수의 채널을 이용하는 '선택적·전속적 유통' 전략이 일반적이다.
③ 아직 시장성이 검증되지 않은 시기이므로 가장 기본적인 단일 모델에 집중하여 기술적 완결성을 높이는 것이 우선이다.
④ 소비자가 제품 자체를 모르는 시기이기 때문에 '이런 제품이 세상에 나왔습니다'고 알리는 '본원적 수요' 자극 광고가 적절하다.

정답 | ⑤

04

다음 그래프는 제품 수명 주기를 나타낸 것이다. A구간에 진입한 사업부의 상황과 이에 대응하는 기업의 전략으로 가장 적절하지 않은 것은?

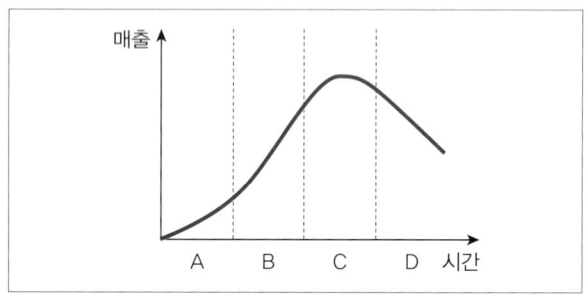

① 더 이상의 기능 개선이나 R&D 투자는 중단하고, 잘 팔리지 않는 모델을 제거하여 제품 라인업을 단순화하는 '가지치기'를 단행해야 한다.
② 수익성이 낮은 유통 채널은 과감히 폐쇄하고, 핵심 고객에게 접근 가능한 소수의 유통망에 집중하는 선택적 유통 전략으로 전환해야 한다.
③ A시기에 제품을 구매하는 고객층은 기술 수용 곡선상 주로 '후기 수용층(Laggards)'에 해당하며, 이들은 가격에 민감하고 변화를 거부하는 성향이 있다.
④ 시장 점유율을 방어하고 신규 경쟁자의 진입을 막기 위해 '시장 침투 가격(Market Penetration Pricing)' 전략을 활용하여 가격을 공격적으로 인하해야 한다.
⑤ 매출 감소로 인해 규모의 경제 효과가 사라지지만, 경쟁사들이 시장에서 철수함에 따라 남아있는 기업은 마케팅 비용 절감 등을 통해 일시적으로 수익성을 유지하거나 현금 흐름을 극대화할 수 있다.

대표개념 키워드 제품 수명 주기, 기술 수용 곡선

| 해설 |
A구간은 대체재의 등장으로 시장 매력도가 떨어지는 쇠퇴기이다. 시장 침투 가격(Market Penetration Pricing) 전략은 주로 도입기나 성장기 초반에 빠르게 시장 점유율을 확보하기 위해 사용한다. 이미 시장 자체가 죽어가고 있는 쇠퇴기에 가격을 공격적으로 인하하는 것은 남은 이익(Margin)마저 깎아먹는 '제 살 깎아 먹기'가 되며, 이미 떠나간 고객을 되돌리기 어려운 상황이 된다. 따라서 쇠퇴기에는 충성 고객을 대상으로 가격을 유지하는 것이 바람직하다.

정답 | ④

핵심테마 60 | 브랜드전략

1 브랜드(Brand : 상표)의 이해

(1) 개념
① 브랜드란 자사의 제품이나 서비스를 소비자에게 인식시키고 경쟁자와 차별화하기 위해 사용하는 이름, 기호, 디자인 또는 이들의 조합을 의미한다.
② 브랜드는 무형의 자산이 되며, 이를 브랜드 자산(Brand Equity)이라고 한다.

(2) 브랜드 자산의 구성
데이비드 아커(D. Aaker)는 브랜드 자산이 다음과 같이 구성되어 있다고 주장하였다.
① **브랜드 충성도(Loyalty)** : 특정 브랜드에 대한 소비자의 지속적인 재구매 성향을 의미한다.
② **브랜드 인지도(Awareness)** : 잠재 고객이 특정 브랜드를 얼마나 쉽게 떠올리고 기억할 수 있는지를 의미한다.
③ **지각된 품질(Perceived Quality)** : 해당 브랜드 제품의 품질에 대한 고객의 인식 수준을 의미한다.
④ **브랜드 연상 이미지(Association)** : 소비자가 특정 브랜드를 통해 연상하는 감각적·정서적 이미지를 의미한다.
⑤ **기타 독점적인 브랜드 자산(Brand Asset)** : 브랜드의 독점적 권리 자산을 의미하며, 특허, 상표권 등이 있다.

> **기타 독점적인 브랜드 자산**
> 경쟁사가 고객을 빼앗거나 브랜드 충성도를 약화시키지 못하도록 보호할 때 가장 높은 가치를 가진다.

(3) 브랜드의 중요성

기업 측면	• 제품 자체의 차별화가 어려울 때 브랜드를 통해 차별화가 가능하다. • 강력한 브랜드는 유통업자·공급업자와의 협상에서 우위 확보에 유리하다. • 소비자가 브랜드에 대한 신뢰와 선호를 가지면 상대적으로 높은 가격을 유지할 수 있다.
소비자 측면	• 익숙하고 신뢰할 수 있는 브랜드는 구매 실패 위험을 줄여줄 수 있다. • 브랜드를 통해 제품의 품질 수준이나 기능적 특징을 쉽게 파악할 수 있다. • 브랜드는 소비자에게 지위, 자아표현, 소속감 등 비경제적 가치를 부여한다.

2 브랜드 구성요소

(1) 브랜드 세부 구성요소
① **브랜드명(Brand Name)** : 모든 브랜드 요소 중 가장 중요하며 브랜드를 인지하는 가장 대표적인 수단이다.
② **로고(Logo)와 심벌(Symbol)** : 대상물을 시각적으로 디자인하여 나타낸 것으로, 브랜드명의 연상을 보조하기 위하여 사용한다.
  ㉠ 로고 : 브랜드명을 디자인하여 표현한 것이다.
  ㉡ 심벌 : 도형, 문양과 같은 대상을 시각적으로 표현한 것이다.
③ **캐릭터** : 소비자에게 친근감을 주어 제품 구매 의욕을 불러일으키기 위하여 의인화된 만화 형태로 표현한 그림을 말한다.
④ **슬로건(Slogan)** : 브랜드를 설명하고 구매를 설득하는 정보를 나타내는 짧은 문구를 의미한다.

브랜드 구성요소 예시

브랜드명
에듀윌 EDUWILL
로고, 심벌

캐릭터
슬로건
에듀윌은 합격이다

(2) 브랜드 구성요소에 대한 평가요소
① 기억 용이성 : 좋은 브랜드의 최우선 조건으로, 소비자가 브랜드를 쉽게 기억하고 다시 인식할 수 있는 정도를 의미한다.
② 적용 가능성 : 시간이 지나도 소비자의 가치와 트렌드 변화에 대응할 수 있는지를 의미한다.
③ 의미 전달력 : 브랜드가 고유한 특성과 의미를 명확히 전달할 수 있는지를 의미한다.
④ 전환 가능성 : 브랜드가 다른 제품군이나 시장으로 확장될 경우에도 활용 가능한지를 의미한다.
⑤ 법적보호 가능성 : 브랜드가 법적으로 등록되어 경쟁사의 모방으로부터 보호받을 수 있는지를 의미한다.

3 브랜드 계층

(1) 기업 브랜드(Corporate Brand)
① 기업 전체를 대표하는 상호명으로, 기업의 이미지를 구축하고 통합하는 역할을 한다.
② 소비자는 기업의 이미지를 통해 개별 제품 브랜드에 대한 신뢰를 형성한다.

(2) 패밀리 브랜드(Family Brand)
① 여러 제품군에 공통적으로 사용되는 브랜드로, 신뢰 형성과 비용 절감에 효과적이다.
② 제품 간 연관성을 높여 기업의 브랜드 구조를 효율적으로 관리할 수 있다.

(3) 개별 브랜드(Individual Brand)
① 각 제품에 독립적인 브랜드명을 부여하여 특정 소비자층의 욕구에 대응한다.
② 브랜드 간 차별성을 강화하여 독자적인 마케팅 전략을 수행할 수 있다.

(4) 브랜드 수식어(Brand Modifier)
① 제품의 성능이나 속성을 구체적으로 구분하기 위한 명칭을 의미한다.
② 소비자가 제품 차이를 쉽게 이해하도록 돕고, 브랜드 이미지를 강화한다.

4 브랜드 확장 전략

브랜드 확장 전략의 장·단점

장점	• 신제품 위험 부담과 마케팅 비용을 줄일 수 있음 • 기존 브랜드 인지도 활용으로 시장 진입 용이성 높음 • 브랜드 자산을 공유하여 소비자 수용도와 경제적 효과 증대
단점	• 브랜드 이미지 희석 및 기존 제품과의 혼동 가능성 • 부적절한 확장 시 전체 브랜드 평판에 부정적 영향 • 신제품 개발 기회와 독립 브랜드 구축 기회 상실 우려

브랜드 확장 전략은 제품과 브랜드에 따라 다음과 같이 구분할 수 있다.

구분		제품	
		기존 제품	새로운 제품
브랜드	기존 브랜드	계열(라인) 확장	브랜드 확장
	신규 브랜드	복수 브랜드	신규 브랜드(신상표)

① 계열(라인) 확장(Line Extension) : 기존 제품 범주 내에서 새로운 형태, 색상, 추가성분 등과 같은 새로운 특성을 가진 제품을 기존의 브랜드로 출시하는 전략이다.
② 브랜드 확장(Brand Extension) : 새로운 범주에 전혀 다른 상품, 즉 신상품을 출시하면서 기존의 브랜드를 사용하여 확장하는 전략이다.
　예 샘표 간장/샘표 커피타임/샘표 오렌지 주스, 식물나라 화장품/샴푸 등
③ 복수 브랜드(Multi-Brand) : 동일 제품 범주 내 다수의 브랜드를 운영하는 전략이다.
　예 마일드 세븐, 마일드 세븐 라이트 등
④ 신규 브랜드(New Brand) : 새로운 제품 범주에 새로운 브랜드를 활용하는 전략이다.

개념반복! 약점체크! 쪽지시험

01 다음 설명이 맞으면 ○, 틀리면 ×표 하세요.

(1) 브랜드 구성요소에 대한 평가요소 중 소비자가 브랜드를 쉽게 기억하고 재인식할 수 있는 정도를 '적용 가능성'이라고 한다. ( )

(2) 브랜드 확장전략은 신제품 개발 비용을 절감하고, 기존 브랜드 인지도를 활용할 수 있는 장점이 있다. ( )

(3) 기업 브랜드는 개별 제품의 특징이나 속성을 구체적으로 표현하는 하위 브랜드를 의미한다. ( )

(4) 패밀리 브랜드는 여러 제품군에 동일한 브랜드명을 사용하여 신뢰 형성과 비용 절감 효과를 얻을 수 있다. ( )

(5) 브랜드의 법적보호 가능성이란 브랜드가 소비자의 신뢰와 충성도를 높이는 정도를 의미한다. ( )

02 다음 빈칸에 알맞은 말을 고르거나 적으세요.

(6) 소비자가 브랜드를 얼마나 잘 기억하고 쉽게 떠올릴 수 있는지를 의미하는 것은 ( ) 용이성이다.

(7) 브랜드가 다른 제품군이나 시장으로 확장될 경우에도 활용 가능한지를 평가하는 요소를 ( ) 가능성이라고 한다.

(8) 기업의 상호명을 그대로 사용하여 기업 전체 이미지를 대표하는 브랜드를 ( ) 브랜드라고 한다.

(9) 여러 제품군에 공통적으로 사용되는 브랜드로, 신뢰 형성과 마케팅 효율성을 높이는 브랜드 형태를 ( ) 브랜드라고 한다.

| 정답 |
(1) × (2) ○ (3) × (4) ○ (5) × (6) 기억 (7) 전환 (8) 기업 (9) 패밀리

| × 해설 |
(1) 소비자가 브랜드를 쉽게 기억하고 재인식할 수 있는 정도는 기억 용이성(Memorability)이다. 적용 가능성(Adaptability)은 브랜드가 시간의 변화나 트렌드에 맞게 조정될 수 있는 능력을 의미한다.
(3) 기업 브랜드(Corporate Brand)는 기업 전체를 대표하는 상호명을 말하며, 개별 제품의 속성을 구분하는 것은 브랜드 수식어(Brand Modifier)이다.
(5) 법적보호 가능성(Legal Protectibility)은 브랜드가 상표로 등록되어 경쟁사로부터 법적보호를 받을 수 있는 정도를 의미한다. 소비자의 신뢰와 충성도는 브랜드 자산(Brand Equity)의 구성요소이다.

출제 0순위 공략! 꼭 풀어야 할 대표문제

01

다음 중 브랜드 개발전략에 대한 설명으로 적절하지 <u>않은</u> 것은?

① 새로운 제품 범주에 새로운 브랜드를 사용하는 전략은 신규 브랜드 전략에 해당한다.
② 복수 브랜드는 동일 제품의 범주에서 여러 개의 브랜드를 동시에 운영하는 전략이다.
③ 새로운 범주의 다른 신상품을 출시하면서 기존 브랜드를 사용하는 것은 브랜드 확장 전략이다.
④ 펩시콜라의 형태나 크기, 맛이 다른 다양한 제품을 출시하는 것은 계열(라인) 확장에 해당한다.
⑤ 계열(라인) 확장은 제품 범주 내에서 새로운 형태, 색상, 추가 성분 등과 같은 새로운 특성을 가진 제품을 출시할 때 새로운 브랜드를 사용하는 전략이다.

대표개념 키워드 브랜드 확장 전략

| 해설 |
계열(라인) 확장(Line Extension)은 새로운 브랜드를 사용하는 것이 아니라 기존 브랜드를 유지한 채 제품 속성만 변형하는 전략이다. 예를 들어 '코카콜라 제로', '포카리 스웨트 이온워터'처럼 기존 브랜드 이름을 그대로 사용하면서 색상·성분·형태 등을 바꾸는 것이 이에 해당한다.

정답 | ⑤

02

다음 중 라인 확장(Line Extension)에 대한 설명으로 적절하지 <u>않은</u> 것은?

① 라인 확장은 신제품에 대한 소비자의 지각된 위험을 줄이는 효과가 있다.
② 라인 확장은 새로운 브랜드를 구축하는 데 드는 마케팅 비용을 절감시켜 준다.
③ 라인 확장이 시장에서 실패할 경우 모브랜드의 이미지에 부정적인 영향을 줄 수 있다.
④ 라인 확장은 동일 브랜드로 기존 제품 범주 내에서 제품을 추가 도입하는 전략을 의미한다.
⑤ 하향적 라인 확장의 경우 모브랜드(Parent Brand)의 자기잠식(Cannibalization) 위험성이 낮다.

대표개념 키워드 라인 확장, 자기잠식

| 해설 |
하향적 라인 확장(Downward Line Extension)은 기존 브랜드가 더 낮은 가격대나 품질 수준의 제품을 추가로 출시하는 전략으로, 이 경우 모브랜드의 기존 시장을 잠식(Cannibalization)할 위험이 높다.

정답 | ⑤

핵심테마 61 | 마케팅믹스 구성요소-가격(Price)

1 가격(Price)

(1) 개념
① 가격이란 제품이나 서비스의 가치를 나타내는 것으로, 소비자가 상품을 구매하거나 사용하기 위해 지불하는 대가를 의미한다.
② 거래에서 상품의 교환가치를 보여주는 지표로, 수요, 제품, 시장 상황, 기업의 가격 목표 등에 따라 민감도가 달라진다.

(2) 종류
① 준거 가격(Reference Price)
  ㉠ 소비자가 제품을 비교할 때 기준으로 삼는 가격을 말한다.
  ㉡ 소비자의 특정 준거 가격을 중심으로 최고 및 최저 수용가격 범위를 설정하게 된다.
  ㉢ 소비자는 실제 가격이 준거 가격보다 높을수록 소비자는 비싸다고 지각하게 되고, 낮을수록 저렴하다고 느낀다.
② 유보 가격(Reservation Price)
  판매자 입장에서 판매를 포기하지 않는 가장 낮은 가격이자, 동시에 구매자가 구매를 포기하지 않을 가장 높은 가격을 의미한다.

2 가격전략

(1) 원가 중심 가격전략
① 원가가산 가격결정(Cost-Plus Pricing) : 단위당 원가에 일정 비율의 이윤(Margin)을 더해 판매가격을 결정하는 방법이다.
② 손익분기점 가격결정(Break-Even-Point Pricing) : 고정비를 회수하고 목표 이익률을 달성할 수 있도록 가격을 책정하는 방법이다.

(2) 경쟁환경 중심 가격전략
① 상대적 고가전략 : 자사 브랜드 인지도나 품질 우위가 높을 때 경쟁자보다 높은 가격의 전략을 활용한다.
② 상대적 저가전략 : 경쟁사보다 낮은 가격으로 시장 점유율을 확대하려는 전략이다.
③ 대등가격전략 : 가격선도자(Price Leader)의 가격과 비슷한 가격을 따라가는 가격전략이다. 모방가격(Going-Rate Pricing)이라고도 한다.

(3) 심리를 활용한 가격전략
① 단수 가격(Odd Pricing)전략 : 가격 차이는 별로 나지 않지만 소비자들이 심리적으로 느껴지는 가격의 차이로 인해 판매량에 변화가 발생하도록 하는 가격전략이다.
  예 9,900원 등
② 명성 가격(Prestige Pricing)전략 : 높은 가격이 품질이 좋다는 인식(가격-품질 연상 효과)에 근거한 고가격 전략을 의미한다.

가격 결정 시 고려 요인
- 소비자 가치
- 기업 목표 방향
- 시장 경쟁 상황
- 제품 유형
- 경쟁사 및 자사 품질 수준
- 외부 환경 요인

차이식역
(Just Noticeable Difference)
소비자가 가격이나 품질의 변화를 알아차릴 수 있는 최소한의 차이를 말한다. 가격을 인상할 때에는 차이식역보다 작게, 인하할 때에는 차이식역보다 크게 해야 효과가 있다(웨버의 법칙).

핵심테마 61 | 마케팅믹스 구성요소-가격(Price)

③ 촉진 가격(Promotion Pricing)전략 : 몇몇 품목에 대하여 일시적으로 가격을 인하해 판매를 촉진하는 전략으로, 대표적으로 유인 가격이 있다.
④ 관습 가격(Customary Pricing)전략 : 사회적 관습으로 가격이 어느정도 확정되어 있는 경우 원가가 증가하더라도 가격인상은 거의 불가능하므로, 함량이나 품질수준으로 가격을 조정하게 되는 방법을 의미한다.
  - 예 구매빈도가 잦은 일용품

> **유인 가격(Leader Pricing)**
> 손님들을 가게로 끌어들이기 위한 목적으로 하나 또는 몇 개의 특정 품목을 매우 싸게 값을 매겨 다른 상품들도 추가로 구매하도록 이끄는 전략이다.

(4) 제품결합을 활용한 가격전략
① 상품 라인별 가격(Product Line Pricing)전략 : 기업이 여러 제품 라인의 품질·기능·이미지 차이에 따라 가격을 설정하여 이윤을 극대화하기 위한 전략 중 하나이다.
  - 예 스마트폰의 제품 라인 다양화 등
② 선택 사양 가격(Optional Feature Pricing)전략 : 제품 가격을 결정할 때 기본 제품에 덧붙여서 선택상품이나 부가서비스를 제공하여 가격을 다소 높게 책정하는 전략이다.
  - 예 자동차 풀옵션 등
③ 캡티브 프로덕트 가격(Captive-Product Pricing)전략 : 주요 상품의 가격을 낮게 책정하고 높은 마진율로 종속상품의 가격을 높게 책정하는 전략이다.
  - 예 프린터와 토너, 면도기와 면도날 등
④ 이분가격(Two-Part Pricing)전략 : 기본 가격에 변동 사용 수수료를 추가하는 전략이다.
  - 예 놀이공원 입장료+이용료 등
⑤ 묶음제품 가격(Product Bundle Pricing)전략 : 둘 이상의 상품이나 서비스를 묶어 개별 가격의 합보다 낮은 총가격으로 판매하는 전략이다.
  - 예 학원 수강과목 패키지 등

> **묶음제품 가격전략의 유형**
> - 순수 묶음전략 : 개별 상품은 별도 판매하지 않고, 묶음 형태로만 판매하는 방식이다.
> - 혼합 묶음전략 : 개별 상품도 판매하면서, 묶음으로 구입 시 할인 혜택을 제공하는 방식이다.

(5) 신제품 출시에 따른 가격전략
① 스키밍 전략(Market-Skimming Strategy) : 초기고가전략
  ㉠ 신제품 가격을 처음에는 높게 설정했다가 시간이 지나면서 점차 낮추는 전략으로, 단기간에 투자비를 회수하고 이익을 실현하는 것이 목적이다.
  ㉡ 비교적 가격에 둔감한 혁신층과 조기 수용층에서는 높은 가격으로 판매하고 후기 다수 수용층 및 후발 수용층에는 할인된 가격으로 공략하는 전략이다.
  ㉢ 초기투자비를 빨리 회수하기에 적합하고, 경쟁자가 없거나 수요의 가격탄력성이 낮은 경우에 적합한 전략이다.
② 시장침투 가격전략(Market-Penetration Pricing) : 초기저가전략
  ㉠ 낮은 가격으로 제품을 출시하여 짧은 기간 안에 시장 점유율을 확보하는 전략이다.
  ㉡ 단기 이익은 조금 희생하더라도 장기적으로 이익을 더 많이 올리려는 데 주안점을 두고 있다.
  ㉢ 시장 점유율을 높이는 데 효과적이며, 경쟁기업의 시장진입을 지연시키거나 수요의 가격탄력성이 낮을 경우에 적합한 전략이다.
③ 가격차별전략(Price Discrimination Strategy) : 세분화된 시장별 수요의 가격탄력성이 다를 때, 소비자 집단별로 서로 다른 가격을 적용하는 전략이다.

개념반복! 약점체크! 쪽지시험

01 다음 설명이 맞으면 O, 틀리면 ×표 하세요.

(1) 소비자가 제품을 비교할 때 기준으로 삼는 가격을 준거 가격이라고 한다. ( )

(2) 명성 가격전략은 가격이 높을수록 품질이 좋다고 인식하는 소비자 심리를 이용하는 전략이다. ( )

(3) 제품 라인별 가격전략은 동일한 제품 라인 내에서 단일 가격으로 통일하는 전략이다. ( )

(4) 유보 가격은 소비자가 구매를 포기하지 않을 가장 높은 가격을 의미한다. ( )

(5) 묶음제품 가격전략은 두 개 이상의 상품이나 서비스를 개별 가격의 합보다 낮은 총가격으로 판매하는 전략이다. ( )

(6) 스키밍 가격전략은 초기에 낮은 가격을 책정하여 시장에 진출하는 방법이다. ( )

02 다음 빈칸에 알맞은 말을 고르거나 적으세요.

(7) 높은 가격이 품질이 좋다는 인식이 형성되는 현상을 ( ) 연상효과라고 하며, 명성가격전략의 근거가 된다.

(8) 주요 상품은 (높은/낮은) 가격으로 판매하고, 필수 소모품을 높은 가격에 책정하는 전략은 종속상품 가격전략이다.

(9) 시장별 수요의 가격탄력성에 따라 서로 다른 가격을 적용하는 전략을 ( )전략이라고 한다.

(10) 소비자가 가격이나 품질의 변화를 인식할 수 있는 최소한의 차이를 ( )식역이라고 한다.

| 정답 |
(1) O (2) O (3) × (4) O (5) O (6) × (7) 가격-품질 (8) 낮은 (9) 가격차별 (10) 차이

| × 해설 |
(3) 제품 라인별 가격전략은 제품의 품질·기능·이미지 차이에 따라 라인별로 차별화된 가격을 설정하는 전략이다.
(6) 신제품 가격전략 중 스키밍 가격전략은 초기에 낮은 가격이 아닌 높은 가격을 책정하여 시장에 진출하는 방법이다.

출제 0순위 공략! 꼭 풀어야 할 대표문제

01

다음의 (재)오페라하우스의 멤버십 정책에 대한 설명으로 적절하지 않은 것은?

> **알 림**
> 2026년 새해를 맞아 멤버십 회원을 모집합니다.
> 멤버십 회원은 교향악단 정기 연주회 지정석을 비롯한 다양한 혜택을 누리실 수 있습니다.
> 단, 기존 단일 등급제(10만 원)에서 연회비에 따라 세분화한 멤버십 등급제를 시행하오니 참고 바랍니다. 개편된 멤버십 등급제에 관한 내용은 다음과 같습니다.
>
> | 등급 | 연회비 |
> |---|---|
> | 플래티넘 등급 | 40만 원 |
> | 골드 등급 | 25만 원 |
> | 실버 등급 | 10만 원 |

① 소비자의 유보 가격이 높을수록 효과는 커진다.
② 기존 회원이 지불할 수 있는 연회비가 클수록 효과적이다.
③ 소비자들이 멤버십에 대한 가격 민감도가 다를수록 효과는 커진다.
④ 최대의 효과를 내기 위해서는 소비자의 등급별 수요가 동일해야 한다.
⑤ 각 등급별 혜택이 소비자가 느낄 수 있을 정도로 차이가 있어야 효과를 볼 수 있다.

대표개념 키워드 가격차별전략

| 해설 |
멤버십 등급제는 가격차별(Price Differentiation) 전략의 일종으로, 소비자의 지불의사(Willingness to Pay) 차이를 활용하여 수익을 극대화하려는 방법이다. 소비자마다 가격 민감도나 유보 가격(Reservation Price)이 다르기 때문에 등급별 혜택 수준에 차이를 두는 것이 효과적이다. 하지만 모든 소비자의 등급별 수요가 동일하다면 차별적 등급제의 의미가 사라지므로 ④의 설명은 옳지 않다.

정답 | ④

02

다음 중 기업의 가격전략 사례로 볼 때 유인 가격전략(Loss Leader Pricing)에 해당하는 것은?

① 제과회사가 고급 한정판 초콜릿을 프리미엄 가격으로 출시하는 전략
② 인터넷·모바일 서비스를 결합해 묶음 할인(Bundling)을 제공하는 전략
③ 대형마트가 생필품 일부를 원가 이하로 판매하여 고객 방문을 유도하는 전략
④ 항공사가 성수기와 비수기에 따라 항공권 가격을 탄력적으로 조정하는 전략
⑤ 온라인 쇼핑몰이 전 품목을 9,900원 균일가로 판매하여 가격 인식을 단순화하는 전략

대표개념 키워드 가격전략

| 해설 |
유인 가격전략(Loss Leader Pricing)은 기업이 일부 상품의 가격을 원가 이하 또는 매우 낮게 책정하여 고객을 매장으로 유도하고, 다른 상품의 추가 구매를 통해 전체 매출을 높이는 전략이다. 대표적인 예로 대형마트가 세제, 화장지, 계란 등의 생필품을 낮은 가격으로 판매해 고객 유입을 늘리고, 다른 고마진 제품을 함께 구매하도록 유도하는 방식이 있다.

| 오답 피하기 |
① 명성 가격전략의 사례이다.
② 묶음 가격(Bundling)전략의 사례이다.
④ 심리적 가격(Psychological Pricing)전략의 사례이다.
⑤ 단수 가격전략의 사례이다.

정답 | ③

핵심테마 61 | 마케팅믹스 구성요소-가격(Price)

03

다음 중 소비자에게 제품의 품질과 고급스러움을 강조하기 위해 일반적인 수준보다 높은 가격을 설정하는 전략으로, 주로 명품 브랜드나 프리미엄 제품에 활용되는 것은?

① 단수 가격
② 명성 가격
③ 관습 가격
④ 유보 가격
⑤ 준거 가격

대표개념 키워드 가격전략

| 해설 |
명성 가격(Prestige Pricing)은 가격이 곧 품질을 상징한다고 인식하는 소비자 심리를 이용하는 전략이다. 즉, 높은 가격 자체가 제품의 우수성과 희소성을 전달하며, 소비자가 '값이 비쌀수록 품질이 좋다'고 판단하도록 유도한다. 주로 명품 브랜드, 고급 주얼리, 프리미엄 자동차, 고가 화장품 등에서 활용된다.

| 오답 피하기 |
③ 관습 가격(Customary Pricing)은 오랜 기간 유지된 가격 수준을 그대로 적용하는 전략이다.

정답 | ②

04

다음 중 신제품 가격전략에 대한 설명으로 적절하지 <u>않은</u> 것은?

① 경쟁자가 적고 수요의 가격탄력성이 낮을 때에는 스키밍 가격전략을 적용하는 것이 일반적이다.
② 목표 소비자의 가격 민감도가 높을수록 시장 침투 가격(Penetration Pricing)전략이 유리하다.
③ 제품이 특허나 기술적 차별성으로 보호받는 경우에는 스키밍 가격(Skimming Pricing)전략이 적합하다.
④ 시장 진입 장벽이 높고 경쟁자의 진입이 어려운 경우, 시장 침투 가격전략을 사용하는 것이 바람직하다.
⑤ 신제품 출시 초기에 높은 가격에도 불구하고 일정 수준 이상의 수요가 존재할 경우에는 스키밍 가격전략이 효과적이다.

대표개념 키워드 신제품 가격전략

| 해설 |
신제품 가격전략은 시장 환경과 소비자 반응에 따라 두 가지로 구분된다.
- 스키밍 가격전략은 신제품을 고가로 출시하여 초기 투자비를 회수하고 프리미엄 이미지를 구축하는 전략이다.
  → 가격 탄력성이 낮고 경쟁자 진입이 어려운 시장에 적합하다.
- 시장 침투 가격전략은 신제품을 저가로 출시하여 빠르게 시장 점유율을 확대하는 전략이다.
  → 가격 민감도가 높은 소비자층이 존재하고 경쟁 진입이 쉬운 시장에서 효과적이다.

④는 '경쟁자의 진입이 어려운 경우'임에도 시장 침투 가격전략을 제시했기 때문에 틀린 설명이다.

정답 | ④

핵심테마 61 | 마케팅믹스 구성요소-가격(Price)

05

다음은 영화관 C사가 도입한 '좌석별 차등 요금제'에 관한 전략 회의 내용이다. 마케팅 관리 및 소비자 행동론 관점에서 가장 적절하지 <u>않은</u> 주장을 한 임원은?

> C사는 상영관 좌석을 이코노미(앞쪽), 스탠다드(중간), 프라임(명당)으로 나누어 가격을 차별화했다.

이코노미	10,000원
스탠다드	12,000원
프라임	14,000원

① 김 이사 : 14,000원짜리 프라임석을 노출시키는 것만으로도 전략적 효과가 있습니다. 소비자들이 12,000원짜리 스탠다드석을 상대적으로 저렴하게 느끼도록 만드는 '유인 효과'를 통해 스탠다드석 판매를 촉진할 수 있기 때문입니다.
② 이 상무 : 이번 요금제 개편의 핵심은 철저한 '원가 가산' 원칙입니다. 프라임석이 스탠다드석보다 비싼 주된 이유는 운영 원가가 2,000원 더 비싸기 때문이라는 점을 고객들에게 강조해야 합니다.
③ 박 팀장 : 아닙니다. 우리는 '가치 기반 가격 결정'을 따르고 있습니다. 스크린이 가장 잘 보이고 사운드가 최적화된 위치라는 '경험적 가치'가 더 높기 때문에 더 높은 가격을 책정했다는 점을 강조해야 합니다.
④ 최 본부장 : 고객들이 마음속에 품고 있는 '내적 준거 가격'이 무너지지 않도록, 스탠다드석의 가격은 기존 가격과 유사하게 유지하여 심리적 저항감을 낮춰야 합니다.
⑤ 정 대표 : 맞습니다. 가격 차별이 성공하려면 고객이 이를 '불공정'하다고 느끼지 않아야 합니다. 단순히 가격만 올리는 것이 아니라, 프라임석에는 슬리퍼 제공이나 별도 입장 통로 같은 부가 서비스를 더해 '지각된 공정성'을 확보해야 합니다.

대표개념 키워드 | 가격전략

| 해설 |

마케팅에서 가격을 결정하는 두 가지 큰 축인 '원가 기반(Cost-based)'과 '가치 기반(Value-based)'의 차이를 명확히 구분하는지 묻고 있다. 영화관의 좌석은 위치가 다르다고 해서 청소비나 유지비(원가)가 유의미하게 차이나지 않고, 거의 동일한 원가가 든다. 따라서 좌석별 차등 요금제는 '원가가 비싸서'가 아니라, '고객이 느끼는 가치(명당자리)'가 다르기 때문에 가격을 달리 받는 것이다. 이를 '원가 가산 원칙'이라고 설명하는 것은 마케팅적으로 틀린 논리이다.

정답 | ②

핵심테마 62 | 마케팅믹스 구성요소-유통(Place)

1 유통(Place)

(1) 개념
① 유통이란 제품을 생산자에서 소비자에게 전달하는 모든 과정과 경로, 즉 공급자로부터 소비자로 이전되는 과정을 의미한다.
② 공급자와 소비자 간에 분리되어 있는 공간과 시간을 채우는 역할을 수행하는 것으로 이해할 수 있다.

(2) 기능
① 상적유통 기능(Trade Function) : 제품의 소유권이 이전되는 기능을 의미한다.
② 물적유통 기능(Physical Distribution Function) : 제품 운송·보관기능으로, 재고의 이전과 관련된 기능이다.
③ 조성기능(Make-Up Function) : 제품의 상적·물적유통이 원활하게 진행될 수 있도록 지원하는 보조기능을 의미한다.

2 유통기관

(1) 특징
① 유통 경로에는 일반적으로 1개 이상의 유통기관 또는 도매상·소매상 등 중간상이 포함된다.
② 대부분의 생산자는 최종소비자에게 직접 제품을 전달하기 어렵기 때문에 유통기관이 중간에서 유통 경로에 존재하면서 거래·운송·보관 등의 기능을 수행한다.

(2) 역할
① 고객들이 원하는 시간과 장소에서 쉽게 제품을 구매할 수 있도록 하여 소비자뿐만 아니라 제조업자에게도 시간·장소·소유의 효용성을 제공한다.
② 생산자가 만든 다양한 제품을 소비자가 원하는 구색으로 전환한다.
  예 마트는 여러 제조사의 상품을 진열하여 소비자가 한눈에 선택할 수 있게 함
③ 거래의 집중화를 통해 거래 접촉의 효율성을 달성할 수 있게 해준다. 즉, 유통기관을 통하여 총거래 수 최소의 법칙을 실현할 수 있다.

유통기관과 총거래 수 최소의 법칙

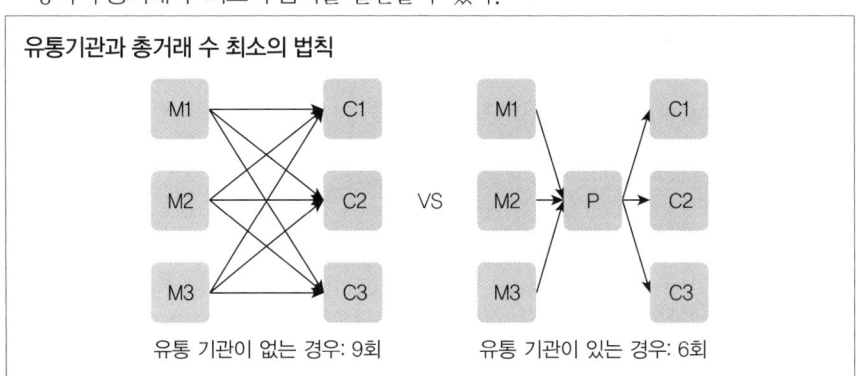

유통 기관이 없는 경우: 9회   VS   유통 기관이 있는 경우: 6회

3 유통의 종류

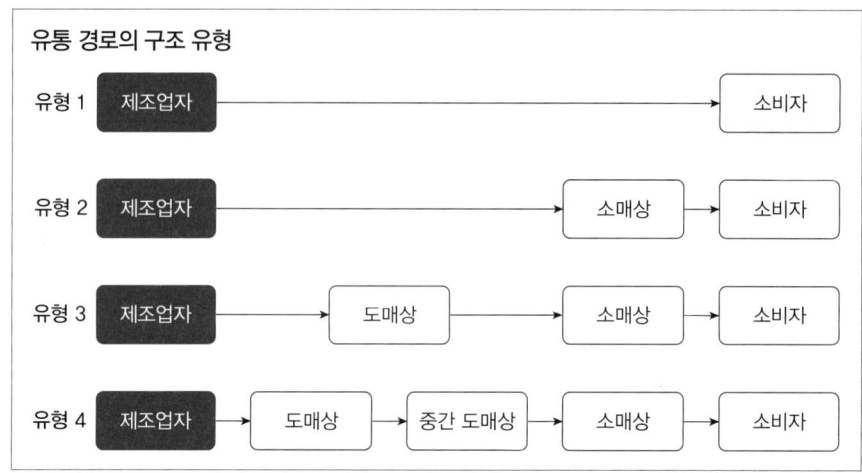

(1) 직접 유통(유형 1)
① 제조업자(생산자)와 소비자가 직접 거래하는 유형이다.
② 중간상이 존재하지 않고, 기업이 소비자에게 직접 제품이나 서비스를 제공한다.

(2) 간접 유통(유형 2, 3, 4)
① 제조업자와 소비자 사이에 유통기관(도매상·소매상 등)이 존재하는 유형을 말한다.
② 간접 유통의 유형
　㉠ 유형 2 : 제조업자가 소매상을 통해 소비자에게 판매하는 구조이다.
　　　예 식품 제조업체가 대형마트를 통해 소비자에게 제품을 판매하는 경우
　㉡ 유형 3 : 제조업자가 도매상을 통해 소매상에 상품을 전달하고, 소매상이 다시 소비자에게 판매하는 구조이다.
　　　예 음료 제조업체가 도매 유통업체를 통해 편의점·식당 등에 납품하는 경우
　㉢ 유형 4 : 제조업자가 도매상과 소매상 사이에 중간 도매상을 두는 구조로, 소매상 수가 많은 경우 제조업자가 직접 관리하기 어려워 도매상과 중도매상을 통해 공급하는 구조이다.
　　　예 농산물 생산자가 산지 도매상 → 지역 중도매상 → 소매시장(전통시장)으로 공급하는 경우

4 유통 범위에 따른 마케팅 유통 경로 전략

(1) 집약적(집중적) 유통 경로
① 일정 지역 내 최대한 많은 중간상을 확보하여 유통 커버리지를 넓히는 전략이다.
② 소비자들이 원하는 시간과 장소에서 손쉽게 제품을 구매할 수 있도록 하여 판매를 증대시킬 수 있다.
③ 생활필수품·편의품의 경우 수요가 둔화되는 성장기·성숙기에도 시장 점유율 유지를 위해서 집약적 유통전략을 활용하기도 한다.

(2) 전속적 유통 경로
① 일정 상권 내에서 한 개 또는 소수의 중간상에게 자사 제품만을 독점적으로 취급하는 독점권을 부여하는 전략이다.
② 중간상에 대한 통제가 용이하며, 브랜드 이미지를 강화할 수 있다.
③ 전문품, 고가의 상품, 명품 의류 등 브랜드 관리가 중요한 상품에 효과적이다.

유통 커버리지
(Distribution Coverage)
제품이 소비자에게 도달할 수 있는 시장 내 유통망의 범위나 도달 정도를 의미한다. 일반적으로 커버리지가 넓을수록 제품 노출과 판매 기회가 많아진다.

(3) 선택적 유통 경로
  ① 전속적 유통 경로와 집약적 유통 경로의 중간 수준으로, 일정 지역 내 일부 중간상을 선별하여 확보하는 전략이다.
  ② 가구, 의류, 가전제품 등 선매품에 주로 활용되며, 수요가 적고 비용의 부담을 줄이기 위한 도입기나 쇠퇴기에 효과적이다.

5 유통 경로 구조

(1) **전통적 유통 경로**(Conventional Distribution Channel System)
  ① 각 유통기관이 독립적으로 운영되며 각 경로 구성원은 다른 구성원의 마케팅 기능보다 자신의 기능 수행에만 집중한다.
  ② 경로 구성원간의 결속력이 약하고 공통의 목표를 거의 가지고 있지 않으며, 구성원들의 유통 경로로의 진입과 철수가 비교적 용이하기 때문에 유연성이 높다.

(2) **수직적 마케팅 시스템**(Vertical Marketing System : VMS)
  ① 중앙(본부)에서 계획된 프로그램에 따라 경로 구성원을 전문적으로 관리·통제하는 네트워크형태의 유통 경로이다.
  ② 수직적 마케팅 시스템의 종류
    ㉠ 계약형 : 수직적 마케팅 시스템의 가장 일반적인 형태로, 독립된 생산자·도매상·소매상이 계약에 의해 수직적으로 통합된 형태이다. 예 프랜차이즈(Franchise)
    ㉡ 기업형 : 한 경로 구성원이 다른 경로 구성원들을 법적으로 소유·관리하는 형태이다.
      • 기업형 후방 통합 : 공급사슬상 상류에 있는 기관 통합
      • 기업형 전방통합 : 공급사슬상 하류에 있는 기관 통합
    ㉢ 관리형 : 경로 구성원들의 마케팅 활동이 소유권이나 계약에 의하지 않으면서 어느 한 경로 구성원의 규모, 파워, 또는 경영지원에 의해 조정되는 경로 유형이다. 핵심 성공요인은 경로 리더의 효과적 머천다이징 프로그램의 제공 여부에 있다.

수직적 마케팅 시스템의 장점
• 경로 내 유통기관에 대한 통제력을 활용하여 시장 영향력을 확대할 수 있다.
• 물적유통비용을 절감하고, 기업 간 거래과정에서 발생하는 거래비용을 줄일 수 있다.

(3) **수평적 마케팅 시스템**(Horizontal Marketing System : HMS)
  ① 동일 수준의 유통 경로 단계에 있는 두 개 이상의 유통기관이 자원과 마케팅 프로그램을 결합하여 수행하는 마케팅 시스템을 의미한다.
  ② 기업이 단독으로 감당하기 어려운 자본·기술·유통 위험을 분담하기 위해 형성된다.
  ③ 여러 기관이 협력하여 시너지 효과를 창출하는 공생적 마케팅(Symbiotic Marketing) 형태로 발전하기도 한다.

6 소비자의 쇼핑 행동 유형

쇼루밍	오프라인 매장에서 제품을 파악하고 구매는 온라인 쇼핑몰을 이용하는 형태
역쇼루밍	온라인 쇼핑몰에서 상품을 살펴보고 구매는 오프라인 매장에서 하는 형태
옴니채널	온라인, 오프라인, 모바일 등 다양한 쇼핑 채널별 특성을 결합하여 소비자가 어떤 채널에서 쇼핑을 하더라도 하나의 매장을 이용하는 것과 같은 느낌을 주는 형태

모루밍
쇼루밍과 모바일이 합쳐진 개념으로, 제품 구매를 모바일 구매로 한정한 형태이다. 모바일 결제가 더욱 쉬워지면서 모루밍이 활성화되고 있다.

01 다음 설명이 맞으면 ○, 틀리면 ×표 하세요.

(1) 유통기관은 생산자와 소비자 사이에서 거래·운송·보관 등의 기능을 수행하며, 시간과 장소의 효율성을 높이는 역할을 한다. ( )

(2) 상적유통 기능은 운송과 보관처럼 재고 이동과 관련된 기능을 의미한다. ( )

(3) 선택적 유통 경로는 전속적 유통과 집약적 유통의 중간 형태로, 일정 지역 내 일정 수의 중간상을 확보하는 전략이다. ( )

(4) 수평적 마케팅 시스템(HMS)은 동일 단계의 두 유통기관이 자원과 마케팅 프로그램을 결합하여 공동으로 운영하는 형태이다. ( )

(5) 수직적 마케팅 시스템(VMS)은 각 유통기관이 독립적으로 운영되어 결속이 약한 구조이다. ( )

02 다음 빈칸에 알맞은 말을 고르거나 적으세요.

(6) 유통의 기능 중 (　　　)유통기능은 제품의 운송과 보관 기능으로, 재고의 이전과 관련된 기능이다.

(7) 집약적 유통 경로는 가능한 많은 중간상을 확보하여 높은 유통 (　　　)를 달성하는 전략이다.

(8) 수직적 마케팅 시스템(VMS)은 계약형, 관리형, (　　　)으로 구분된다.

(9) 동일 단계의 유통기관이 자원과 마케팅 프로그램을 결합하여 운영하는 시스템을 (　　　) 마케팅 시스템이라고 하며, 시너지 효과를 기대한다.

(10) 소비자가 온라인과 오프라인 등 다양한 구매 경로를 연계하여 보다 편리하게 상품을 탐색하고 구매할 수 있도록 하는 일련의 체계를 (　　　)이라고 한다.

| 정답 |
(1) ○ (2) × (3) ○ (4) ○ (5) × (6) 물적 (7) 커버리지 (8) 기업형 (9) 수평적 (10) 옴니채널

| × 해설 |
(2) 상적유통은 소유권의 이전과 거래를 의미한다. 운송·보관은 물적유통의 기능이다.
(5) 전통적 유통 경로에 대한 설명이다. 수직적 마케팅 시스템(VMS)은 중앙 통제하에 통합·관리되는 구조이다.

01

다음 중 제조업자나 최종 소비자들이 중간상 또는 유통망을 통해 거래할 경우 가질 수 있는 이점으로 가장 적절하지 않은 것은?

① 제조업자는 내부역량을 핵심 업무에 더 집중할 수 있다.
② 제조업자는 최종 소비자들과 거래하는 수를 줄이는 효과가 있다.
③ 최종 소비자들은 구매 과정에서 시간이나 장소, 소유의 효용을 누릴 수 있다.
④ 제조업자는 최종 소비자들에게 일관된 정보와 커뮤니케이션 제공이 가능하다.
⑤ 제조업자는 최종 소비자들이나 경쟁자들에 대한 자세한 정보를 획득할 수 있다.

대표개념 키워드 유통의 개념과 역할

| 해설 |
유통은 고객들이 원하는 시간과 장소에서 쉽게 제품을 구매할 수 있도록 한다. 아울러 거래의 집중화에 따른 거래접촉의 효율성을 달성할 수 있게 해준다. 다만, 유통업자가 있을 경우 제조업자가 직접 최종 소비자와 커뮤니케이션을 할 수 없기 때문에 중간상의 성격이나 역할에 따라 최종 소비자에게 전달되는 정보가 왜곡될 가능성이 있다.

정답 | ④

02

다음 중 유통 경로 전략에 대한 설명으로 적절하지 않은 것은?

① 선택적 유통 전략은 저관여 제품보다는 고관여 제품에 적합한 전략이다.
② 집약적 유통 전략은 고가의 프리미엄 제품 유통 시에 가장 효과적인 전략이다.
③ 전속적 유통 전략은 특정 지역 내 단 한 곳의 판매업체에만 판매권을 부여하는 전략이다.
④ 선택적 유통 전략은 유통업체를 일부만 선정하여 품질 관리나 이미지 유지를 중시하는 전략이다.
⑤ 집약적 유통 전략은 가능한 많은 중간상과 소매점을 통해 제품을 광범위하게 유통하는 전략이다.

대표개념 키워드 유통의 개념과 역할

| 해설 |
고가 프리미엄 제품 유통 시에 가장 효과적인 전략은 전속적 유통 전략(Exclusive Distribution)이다. 전속적 유통 전략은 특정 지역 내 한 곳의 판매점에만 독점적으로 판매권을 부여하는 전략으로, 고가 명품·보석·프리미엄 자동차 등에 적합하다.

정답 | ②

핵심테마 63 | 마케팅믹스 구성요소-촉진(Promotion)

1 촉진 전략

(1) 촉진(Promotion)의 개념
① 고객에게 제품이나 서비스에 대한 정보를 제공하고 호감을 형성하도록 유도하여 구매로 이어지게 하는 일련의 활동을 의미한다.
② 기본적으로 정보를 전달하는 개념을 바탕으로 하고 있기 때문에 마케팅 커뮤니케이션(Marketing Communication)이라고도 한다.

(2) 촉진 전략의 종류
① 광고(Advertising)
  ㉠ 광고는 기업이 비용을 지불하고 목표 고객에게 제품이나 기업 이미지를 알리는 유료 커뮤니케이션 활동이다.
  ㉡ TV, 신문, 온라인, 라디오 등 여러 매체를 통해 다수의 소비자에게 동시에 노출되며, 인지도 제고와 브랜드 이미지 형성을 목적으로 한다.

② 홍보(Public Relation : PR)
  ㉠ 기업이 대중 및 이해관계자와 신뢰 관계를 구축하기 위한 활동이다.
  ㉡ 광고가 "Buy me!"라면, 홍보는 "Love me!"의 성격이라고 할 수 있다. 즉, 대중과 상호 간 호의를 형성하고 수요를 자극하기 위한 전략이라고 할 수 있다.
  ㉢ 언론보도, 사회공헌활동, 스폰서십, 이벤트, 기업광고 등 다양한 형태로 이루어지며, 대부분은 상품의 직접 홍보가 아닌 간접적인 이미지 제고 수단에 해당한다.

③ 판매 촉진(Sales Promotion)
  ㉠ 재화나 서비스의 판매를 촉진하기 위해 비교적 단기간 동안 구매를 유도하기 위한 보조적 마케팅 활동이다.
  ㉡ 즉각적인 소비자의 구매 행동을 유발하기 때문에 한시적이지만 강력한 효과를 낸다.
  ㉢ 촉진 대상에 따라 소비자 판매촉진과 유통기관 판매촉진으로 구분할 수 있다.
    • 소비자 판매촉진 : 쿠폰, 가격 할인, 사은품, 샘플 제공, 포인트 적립 등
    • 유통기관 판매촉진 : 진열 보조금, 콘테스트, 교육 지원 등

④ 인적 판매(Personal Selling)
  ㉠ 영업사원이 고객과 직접 만나 제품을 설명하고 구매를 설득하는 활동이다.
  ㉡ 쌍방향 의사소통이 이루어지며, 고객의 반응을 바로 확인할 수 있다는 장점이 있다.
  ㉢ 인건비 등 비용이 높고, 영업사원의 역량에 따라 성과가 달라지는 특성이 있다.

광고의 특징
- 공중제시성(Public Presentation)
- 보급성(Pervasiveness)
- 증폭표현성(Amplified Expression)
- 비인성(Impersonality)

⑤ 다이렉트 마케팅
  ㉠ 중간상을 거치지 않고 기업이 소비자와 직접 커뮤니케이션하는 활동이다.
  ㉡ 전화, 우편, 온라인 플랫폼 등 매체를 활용하여 제품 정보를 전달하고 구매를 유도한다.
  ㉢ 다이렉트 마케팅의 유형

다이렉트 메일 (Direct Mail)	소비자에게 판매하고자 하는 상품 정보를 제공한다. 예 우편으로 보내는 편지, 소책자, 팸플릿 등
카탈로그 마케팅 (Catalog Marketing)	소비자에게 제공하여 인쇄된 카탈로그나 디지털 카탈로그를 구매를 유도한다.
텔레마케팅 (Telemarketing)	타깃 소비자에게 상품에 관한 정보를 전화로 제공하여 상품에 대한 구매를 유도한다.
텔레비전 마케팅 (Television Marketing)	TV 광고나 홈쇼핑 등을 이용하여 소비자의 구매를 유도하는 방법이다.
온라인 마케팅 (Online Marketing)	웹을 이용하는 방법으로, 이메일 등을 통해 소비자에게 자세하고 다양한 상품 정보를 제공한다.
방문 판매 (Door Sales)	영업 사원이 직접 소비자를 만나 상품을 판매하는 방법이다.

(3) 푸시(Push) 전략과 풀(Pull) 전략
  ① 풀 전략은 제조업체가 직접 소비자에게 광고나 프로모션을 통해 수요를 유도하는 방식이다. 브랜드 인지도가 높을수록 효과적이며, 소비자가 유통업자에게 제품을 요청하도록 만든다.
  ② 푸시 전략은 제조업체가 유통 경로(도매상·소매상)를 통해 제품을 밀어내는 방식으로, 인지도가 낮거나 유통 의존도가 높은 제품에 효과적이다. 주로 판매촉진 활동이나 거래 조건을 통해 유통업자의 협조를 얻는다.

2 촉진 전략의 결정 요인

(1) 제품 유형
  ① 소비재는 구매 전 정보 탐색이 많지 않으므로 대중매체 광고와 홍보를 통해 인지도를 높이는 것이 효과적이다.
  ② 산업재는 구매자가 전문적인 정보를 요구하므로 인적판매나 전문 잡지를 활용한 광고가 적절하다.

(2) 구매 의사결정 과정
  ① 소비자의 정보 탐색 단계에서는 광고나 홍보가 주로 활용된다. 이 단계에서는 제품의 존재와 이미지를 인식시키는 것이 중요하다.
  ② 구매 행동 단계에서는 인적 판매나 판매촉진 수단을 병행하는 것이 바람직하다.

(3) 제품수명주기(Product Life Cycle)
  ① **도입기·성장기** : 신규 고객 확보를 위해 광고와 홍보가 효과적이다.
  ② **성숙기** : 기존 고객의 재구매를 유도하기 위해 판매촉진이 유리하다.
  ③ **쇠퇴기** : 소비자 인식을 유지하기 위한 최소한의 광고와 판매촉진만 실시한다.

촉진 전략의 결정 수준
① 예산 수준
  • 예산이 충분한 경우 : 다양한 촉진 수단을 복합적으로 활용
  • 예산이 제한적인 경우 : 지역 타겟 광고나 판매촉진 등
② 가격 수준
  • 고가 제품 : 전문적 설명이 가능한 인적판매 활용
  • 저가 제품 : 반복 노출을 통한 인식 제고가 중요하므로 광고나 판매촉진 활용

3 광고의 소구방식

(1) 이성적 소구(Rational Appeal)
소비자의 반응단계를 '인지 → 감정 → 행동'으로 보고 인지단계에서 태도의 변화를 주고자 하는 방법으로, 정보광고(Informational Advertisement)라고도 부른다.

(2) 감성적 소구(Emotional Appeal)
이성적인 판단보다는 광고를 통하여 긍정적인 느낌이나 감정을 경험하도록 광고컨셉을 표현하는 것을 의미한다.

(3) 광고매체 선택 기준
① 접촉범위(도달범위, Reach or Coverage) : 일정 기간 동안 한 번 이상 해당 광고를 본 사람의 수를 의미한다.
② 접촉빈도(Frequency) : 일정 기간 동안 개인이 해당 광고에 평균적으로 노출된 횟수를 의미한다.
③ 총접촉량(Impression) : 특정 매체를 통하여 전달되는 광고 노출의 총합을 의미한다.
  ㉠ 총접촉량 = 접촉범위 × 접촉빈도
  ㉡ 총접촉비율 = 접촉비율 × 접촉빈도
④ 예산(Budget) : CPM(Cost Per Mille)의 개념을 활용하는데 1,000명의 소비자에게 도달하는 비용 개념을 활용한다.

> **CPM 계산식**
> 매체비용 ÷ (도달범위/1,000)
> 예 잡지 광고비가 200만 원이고 잡지가 100,000명의 고객에게 읽힌다면 CPM은 2만 원이다.

4 고객관계관리(Customer Relationship Management : CRM)와 빅데이터

(1) 고객관계관리 개념
① 기업이 보유하고 있는 고객 데이터를 수집·통합·가공·분석하여 개별 고객의 특징에 맞게 마케팅 활동을 계획, 수행, 평가, 수정하는 일련의 과정이다.
② 고객 정보를 활용하여 고객에게 차별적인 재화와 서비스를 제공함으로써 고객과의 관계를 지속적으로 유지하는 경영활동이다.

(2) 고객관계관리의 목적 : 고객들의 정보를 활용하여 장기적인 관계를 형성하고 이를 바탕으로 고객 충성도를 향상시켜 앞에서 살펴본 고객생애가치(Customer Lifetime Value)를 극대화하는 것이다.

> **고객생애가치(CLV)**
> 고객이 특정 기업의 물건을 최초 구매한 시점부터 더 이상 구매하지 않을 때까지의 총 누적구매금액

(3) 빅데이터(Big Data)의 개념과 특징
① 기존 데이터베이스 관리도구의 능력을 넘어서는 대량의 정형·비정형의 데이터로부터 가치를 추출하고 결과를 분석하는 기술을 의미한다.
② 빅데이터의 특징(3V)
  ㉠ 데이터의 양(Volume)
  ㉡ 데이터 생성 속도(Velocity)
  ㉢ 형태의 다양성(Variety)

> 최근에는 가치(Value), 정확성(Veracity), 가변성(Variability), 시각화(Visualization) 등을 덧붙이기도 한다.

5 기타 마케팅

(1) **바이럴 마케팅(Viral Marketing)**
   ① 블로그, 온라인 커뮤니티, SNS 등을 통해 소비자에게 자연스럽게 정보를 제공하여 소비자가 자발적으로 자발적으로 이를 공유하며 확산시키는 마케팅이다.
   ② '바이러스처럼 퍼진다.'는 의미로, 소비자들 사이에 입소문을 통해 제품이나 브랜드에 대한 홍보성 정보가 확산되도록 유도하는 기법이다.

(2) **버즈 마케팅(Buzz Marketing)**
   ① 인적 네트워크를 통하여 소비자 간에 상품정보를 전달하는 마케팅 기법이다.
   ② '벌(Buzz)의 윙윙거림'처럼, 소비자들이 상품에 대해 말하는 것을 마케팅으로 삼는 것으로, 입소문 마케팅 또는 구전(Word of Mouth) 마케팅이라고도 한다.

(3) **엠부시 마케팅(Ambush Marketing)**
   '매복 마케팅'이라고도 하며, 공식 후원사가 아님에도 마치 공식 스폰서처럼 보이게 하는 비공식 홍보 전략이다.

(4) **뉴로 마케팅(신경 마케팅, Neuro Marketing)**
   뇌 속에서 정보를 전달하는 신경과 마케팅을 결합한 단어로, 소비자의 무의식적 반응과 같은 두뇌자극 활동을 분석하여 마케팅에 접목시키는 새로운 마케팅 전략이다.

(5) **캐즘 마케팅(Chasm Marketing)**
   기술 수용 주기에서 조기 수용층(Early Adopters)과 조기 다수층(Early Majority) 사이의 '단절 현상'을 의미하며, 이 시기의 수요 정체를 극복하기 위한 마케팅이다.

(6) **계몽 마케팅(Enlightening Marketing)**
   사회적 책임을 강조하고 사회적 가치창조를 추구하는 마케팅을 의미한다.

(7) **내부 마케팅(Internal Marketing)**
   ① 조직 내의 인적자원, 즉 내부 고객(종업원)을 대상으로 한 마케팅 활동을 의미한다.
   ② 종래의 마케팅에서는 외부 고객에게 초점을 맞추어 마케팅 연구나 계획 등이 실천되어 왔으나, 내부 고객인 종업원을 대상으로 동기를 부여하여 외부 고객에게 더욱 높은 품질의 제품이나 서비스를 제공하기 위한 마케팅 방법이다.

01 다음 설명이 맞으면 ○, 틀리면 ×표 하세요.

(1) 촉진은 제품이나 서비스에 대한 정보를 고객에게 전달하고, 구매로 유도하기 위한 활동을 말한다. ( )

(2) 인적판매는 구매자와 직접 대면하여 설득하는 활동으로, 쌍방향 의사소통이 이루어진다. ( )

(3) 푸시(Push) 전략은 소비자를 중심으로 광고를 통해 수요를 창출하는 전략이다. ( )

(4) 제품수명주기에서 도입기에는 광고와 홍보의 비중이 높고, 성숙기에는 판매촉진의 효과가 크다. ( )

(5) CRM의 핵심 목적은 고객생애가치(CLV)를 극대화하여 장기적 관계를 구축하는 것이다. ( )

02 다음 빈칸에 알맞은 말을 고르거나 적으세요.

(6) 광고의 ( ) 소구는 감정이나 정서적 경험을 자극해 브랜드 호감을 높이는 전략이다.

(7) 일정 기간 동안 한 번 이상 광고를 본 사람의 수를 나타내는 지표는 ( ) 이다.

(8) 제조업체가 유통업자 중심으로 제품을 밀어내는 전략은 (풀/푸시) 전략이며, 소비자 중심으로 수요를 끌어올리는 전략은 (풀/푸시) 전략이다.

(9) 고객관계관리의 주요 목적은 고객들의 정보를 활용하여 장기적인 관계를 형성하고 이를 바탕으로 고객 충성도를 향상시켜 고객( )를 극대화하는 것이다.

(10) ( ) 마케팅은 블로그나 SNS 등을 통해 소비자에게 자연스럽게 정보를 전달하고, 소비자가 자발적으로 이를 공유하며 확산시키는 마케팅이다.

| 정답 |
(1) ○ (2) ○ (3) × (4) ○ (5) ○ (6) 감성적 (7) 접촉범위 (8) 푸시, 풀 (9) 생애가치 (10) 바이럴

| × 해설 |
(3) 푸시(Push) 전략은 유통업자를 중심으로 제품을 '밀어내는' 방식이다. 소비자를 중심으로 수요를 끌어올리는 전략은 풀(Pull) 전략에 해당한다.

01

다음 중 기업이 고객, 정부, 지역사회, 언론 등 다양한 이해관계자와의 커뮤니케이션을 통해 기업 이미지와 신뢰를 높이고 호의적인 관계를 유지하려는 활동은 무엇인가?

① 광고
② PR(홍보)
③ 인적 판매
④ 판매 촉진
⑤ 다이렉트 마케팅

대표개념 키워드 촉진 전략

| 해설 |

PR(Public Relations, 홍보)은 기업이 고객뿐만 아니라 정부, 시민단체, 지역사회, 언론 등 외부 이해관계자와 긍정적인 관계를 구축하고 유지하기 위해 수행하는 비상업적 커뮤니케이션 활동이다. 기업의 신뢰도 향상, 이미지 제고, 사회적 책임 활동(CSR) 홍보 등이 이에 해당한다.

| 오답 피하기 |

① 광고란 불특정 다수의 소비자에게 유료 매체를 이용하여 제품이나 서비스를 알리는 활동이다.
③ 인적 판매란 판매원이 소비자와 직접 대면하여 설득과 상담을 통해 제품을 판매하는 활동이다.
④ 판매 촉진이란 단기적인 매출 증대를 위해 쿠폰, 할인, 경품 등의 판촉 수단을 활용하는 활동이다.
⑤ 다이렉트 마케팅이란 기업이 중간 유통단계를 거치지 않고, 소비자에게 직접 커뮤니케이션을 통해 구매를 유도하는 활동이다.

정답 | ②

02

소비자가 자발적으로 제품이나 브랜드에 대해 이야기하고 공유하도록 유도함으로써 짧은 시간 안에 입소문을 통해 인지도를 확산시키는 마케팅 전략은 무엇인가?

① 텔레마케팅
② 버즈 마케팅
③ 집중화 마케팅
④ 차별화 마케팅
⑤ 비차별화 마케팅

대표개념 키워드 마케팅

| 해설 |

버즈 마케팅(Buzz Marketing)이란 소비자 간의 구전(입소문)을 활용하여 브랜드나 제품에 대한 인지도를 확산시키는 전략이다. 기업이 직접적으로 광고하기보다, 소비자들이 자발적으로 콘텐츠를 생성하고 공유하도록 유도함으로써 자연스럽게 긍정적인 여론을 형성한다. 대표적인 예로는 신제품 체험단 후기, SNS 해시태그 이벤트, 인플루언서 리뷰 등이 있다.

| 오답 피하기 |

① 텔레마케팅이란 전화나 문자로 직접 구매를 유도하는 전략이다.
③ 집중화 마케팅이란 한 세분시장을 표적으로 삼는 전략이다.
④ 차별화 마케팅이란 세분시장별로 차별화된 마케팅을 수행하는 전략이다.
⑤ 비차별화 마케팅란 시장을 세분화하지 않고 전체 시장을 대상으로 동일한 전략을 사용하는 전략이다.

정답 | ②

핵심테마 63 | 마케팅믹스 구성요소-촉진(Promotion)

03

다음은 기업 A가 진행한 마케팅 커뮤니케이션 사례이다. (가)와 (나)에 대한 설명으로 적절한 것은?

> (가) 기업 A는 신제품 건강기능식품 '바이오핏'을 출시하면서 전국 주요 일간지와 온라인 배너 광고를 통해 "하루 한 알로 몸의 균형을 잡다."라는 문구로 제품을 홍보하였다.
> (나) 같은 시기, 기업 A는 청소년 비만 예방 캠페인을 후원하며 '건강한 습관 만들기 챌린지' 이벤트를 열고 참여자에게 소정의 기부금을 건강단체에 전달하였다.

① (가)는 대중의 반응에 즉각적인 대응이 가능한 방식이다.
② (나)는 단기간 판매 증진 효과를 유발할 수 있는 방식이다.
③ (가)는 지역적으로 소비자들이 밀집된 경우 전달력이 높은 방식이다.
④ (가)와 (나)는 모두 소비자의 반응을 측정하기 어려운 비대면 마케팅의 사례이다.
⑤ (나)는 기업이 아닌 제3의 매체나 활동을 통해 간접적으로 메시지를 전달하는 PR 사례이다.

대표개념 키워드 촉진 전략

| 해설 |
마케팅 커뮤니케이션의 주요 형태에는 광고(Advertising)와 홍보(PR, Public Relations)가 있다.
(가)는 신문과 온라인을 활용하여 소비자에게 직접 메시지를 전달하는 광고 사례로, 유상 커뮤니케이션(유료 홍보) 활동에 해당한다. 기업이 비용을 지불하고 의도적으로 소비자에게 정보를 제공하며, 구매를 유도하는 단기적 설득 목적이 강하다.
(나)는 사회공헌(CSR) 활동과 결합된 PR 사례로, 직접적인 판매보다 기업 이미지 제고 및 우호적 관계 형성을 목적으로 한다. 언론 보도나 사회적 이슈를 매개로 간접적 메시지를 전달하기 때문에 비유상 커뮤니케이션(무상 홍보)의 대표적인 형태이다.

정답 | ⑤

04

야구장은 관객들에게 좋은 경기를 보여주는 서비스 제공뿐만 아니라 관객에게 훌륭한 경험을 제공하는 것이 고객만족을 통한 기업의 수익창출에 중요하다. 다음 중 이러한 서비스에서 고객에게 긍정적 경험을 제공하는 핵심 요인의 사례로 적절하지 않은 것은?

① 고객 참여를 유도하는 파도타기와 같은 집단 응원
② 고객의 오감을 만족시킬 수 있는 음향설비와 조명 시설
③ 고객을 지속적으로 유인하기 위한 마일리지 적립 프로그램
④ 고객의 기억을 지속하기 위한 기념 티셔츠와 같은 증정 이벤트
⑤ 경기 시작 전 어린이들이 선수들과 함께 포지션별로 기념사진을 촬영하는 프로그램

대표개념 키워드 고객경험관리, 고객만족 수익창출

| 해설 |
고객만족을 통한 수익창출 서비스란 기업의 모든 고객 접점에서 고객이 긍정적 경험(Good Experience)을 느끼도록 관리하는 것을 의미한다. 고객을 지속적으로 유인하기 위한 마일리지 적립 프로그램은 고객경험관리와는 거리가 멀고, 고객활성화전략으로 보는 것이 적절하다.

| 오답 피하기 |
①②④⑤는 모두 고객이 직접 참여하거나 감각적·정서적 만족을 얻는 고객경험관리(Customer Experience Management, CEM) 사례에 해당한다.

정답 | ③

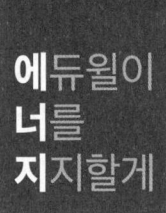

10분 뒤와
10년 후의
자신의 모습을
동시에 생각하라.

– 피터 드러커(Peter Ferdinand Drucker)

핵심테마	64 회계의 의의 및 국제회계기준과 재무회계 개념
핵심테마	65 재무제표의 이해
핵심테마	66 원가·관리회계
핵심테마	67 재무관리의 주요원리
핵심테마	68 재무관리와 투자의사결정
핵심테마	69 파생상품
핵심테마	70 재무비율 분석
핵심테마	71 시장가치비율 분석

회계와 재무관리

출제 비율

20%

출제경향 및 교수님의 고득점 전략 TIP

"숫자 뒤에 숨겨진 경영의 언어를 해석하라. 복잡한 계산보다는 재무제표의 이해와 의사결정 논리에 집중하라."

많은 비전공자 수험생들이 가장 어려워하는 파트이지만, 반대로 기본 원리만 잡으면 확실한 득점원이 되는 전략 과목이다. 매경테스트는 공인회계사 시험처럼 복잡한 계산을 요구하기보다는 재무제표(재무상태표, 손익계산서)의 계정과목에 대한 이해와 이를 통한 재무비율 분석 능력을 중점적으로 평가한다. 회계 파트에서는 재무제표의 상호 연관성을, 재무관리 파트에서는 화폐의 시간가치와 위험-수익의 상충 관계(Risk-Return Trade-off)를 명확히 이해해야 한다. 계산 문제에 대한 막연한 두려움을 버리고, 기업의 성과를 측정하고 투자를 결정하는 '논리'를 익히는 데 집중해야 한다.

핵심테마 64 | 회계의 의의 및 국제회계기준과 재무회계 개념

1 회계의 이해

(1) 개념
① 회계란 회계정보이용자의 경제적 의사결정에 유용한 기업의 재무정보를 생산·제공하는 일련의 활동을 의미한다.
② 회계정보이용자는 크게 외부 이해관계자(투자자, 대여자, 기타 채권자 등)와 내부 이해관계자(경영자)로 구분된다.

> **이해관계자(Stakeholder)**
> 기업의 회계정보는 다양한 이해관계자의 의사결정에 활용된다. 내부 이해관계자인 경영자는 성과관리와 미래계획 수립을 위해 정보를 활용하며, 외부 이해관계자인 주주, 채권자, 정부 등은 투자, 대출, 과세 등의 의사결정에 활용한다.

(2) 분류

구분	재무회계	관리회계	세무회계
목적	외부보고용 정보 제공	내부 의사결정 및 성과 평가	과세소득 계산 및 세무신고
보고대상	외부 정보이용자 (주주, 채권자, 정부 등)	내부 의사결정자 (경영자, 관리자)	과세당국(국세청 등)
작성근거	K-IFRS	일반적 기준 없음	세법
정보 성격	객관적·과거지향적 ·화폐 중심적 정보	주관적·미래지향적 ·정성정보 포함	법적 형식 중심 ·과거지향적
보고서	재무제표 (재무상태표, 포괄손익계산서, 자본변동표, 현금흐름표, 주석)	내부용 보고서	세무조정계산서 및 각종 신고서
회계기간	정기적(회계기간 기준)	기간 규정 없음	세법상 규정된 시기
법적 구속력	구속력 있음	구속력 없음	구속력 강함

2 기업회계기준과 회계원칙

(1) 기업회계기준의 체계
① 한국채택국제회계기준(K-IFRS)는 국제회계기준위원회가 제정한 국제회계기준(IFRS)을 근거로 하여, 한국회계기준위원회가 국내 실정에 맞게 채택·공표한 회계기준이다.
② 상장법인 및 K-IFRS의 적용을 선택한 기업의 회계처리에 적용한다.

(2) 재무제표 작성에 필요한 기본가정 : 계속기업(Going Concern)
재무제표는 일반적으로 보고기업이 계속기업이며, 예측 가능한 미래에 영업을 계속할 것이라는 가정하에 작성된다. 따라서 기업이 청산을 하거나 거래를 중단하려는 의도가 없으며 그럴 필요도 없다고 가정한다. 만약 그러한 의도나 필요가 있다면 재무제표는 계속기업과는 다른 기준에 따라 작성되어야 한다.

> 과거에는 재무제표 작성을 위한 여러 가지 가정을 들었으나, 현재 K-IFRS 개념체계에서는 '계속기업의 가정'만을 기본 가정으로 명시하고 있다. 나머지 가정은 당연한 것으로 간주되거나 일반 원칙으로 흡수되었다.

(3) 유용한 재무제표가 되기 위한 질적 특성

구분	질적 특성		세부항목
한국채택 국제회계기준	근본적 질적 특성	목적적 합성	예측가치, 확인가치, 중요성
		충실한 표현	완전성, 중립성, 오류없음
	보강적 질적 특성		비교가능성, 검증가능성, 적시성, 이해가능성

3 재무제표 요소의 정의, 인식 및 측정

(1) 재무제표 요소의 정의
① 재무제표는 거래나 그 밖의 사건의 재무적 영향을 경제적 특성에 따라 대분류하여 나타낸다. 이러한 대분류를 재무제표의 요소라고 하며, 재무상태표에는 자산, 부채, 자본이 포함된다.
② 재무제표는 재무상태표, 포괄손익계산서, 자본변동표, 현금흐름표와 이와 관련된 보충정보를 제공하는 주석으로 구성되어 있다.

(2) 재무상태표 요소
① 자산(Asset)
 ㉠ 과거 사건의 결과로 기업이 통제하고 있으며, 미래 경제적 효익이 기업에 유입될 것으로 기대되는 자원을 의미한다.
 ㉡ 자산은 유동자산과 비유동자산으로 구분한다. 1년 이내에 현금화하거나 사용할 수 있는 자산은 유동자산, 그 외에는 비유동자산으로 구분한다.
② 자본(Capital)
 ㉠ 기업의 자산에서 모든 부채를 차감한 후의 잔여지분을 의미한다.
 ㉡ 자본은 크게 납입자본(자본금, 주식발행초과금, 자기주식 등), 기타자본항목(자본유지조정, 기타포괄손익누계액 등), 이익잉여금으로 구분한다.
③ 부채(Liabilities)
 ㉠ 과거 사건으로 인해 발생한 경제적 의무로, 향후 경제적 효익을 갖는 자원이 기업으로부터 유출될 것으로 기대되는 현재의 의무를 의미한다.
 ㉡ 1년 이내에 결재해야 하는 유동부채와 그 외의 비유동부채로 구분할 수 있다.

(3) 손익계산서 요소
① 수익(Revenue)
 ㉠ 자산의 유입 또는 증가, 부채의 감소에 따라 자본이 증가하는 항목을 의미한다. 단, 지분참여자에 의한 출연(자본금)과 관련된 것은 제외한다.
 ㉡ 손익계산서에서 수익의 개념은 영업수익(매출액)과 영업외수익의 합이다.
② 비용(Expense)
 ㉠ 자산의 유출 또는 소멸, 부채의 증가에 따라 자본이 감소하는 항목을 의미한다. 지분참여자에 대한 분배와 관련된 것은 제외한다.
 ㉡ 제품 제조와 서비스 제공에 들어간 매출원가, 판매비와 일반관리비 등이 이에 포함된다.
③ 이익(Income) : 수익에서 비용을 차감한 결과로 계산되는 최종적 이윤을 의미한다.

회계의 기본 등식
(The Accounting Equation)
모든 회계의 기초가 되는 가장 중요한 공식으로, 재무상태표의 기본 구조를 나타낸다. '자산＝부채＋자본'의 관계가 항상 성립하며, 이는 기업이 보유한 자원(자산)이 누구의 자금으로 조달되었는지(채권자의 몫인 부채와 주주의 몫인 자본)를 보여준다.

이익잉여금
기업이 벌어들인 이익 중 배당금이나 기타자본요소로 처분되지 않고 남아있는 이익을 말한다.

4 회계정보의 신뢰성 제고 수단 - 회계감사

(1) 개념
① 회계감사는 타인이 작성한 회계기록에 대해여 독립적 제3자가 분석적으로 검토하여 그 적정 여부에 대한 의견을 표명하는 절차를 말한다.
② 외부감사법에 따라 **외부감사인의 독립성** 유지하기 위해 외부감사인은 기업의 재무제표를 작성하거나 재무제표 작성에 자문을 제공할 수 없다.

(2) 한계
① 감사인의 의견이 회사의 재무상태나 경영성과의 양호 여부를 평가하거나 장래를 보장하는 것은 아니다.
② 회계감사의 의견은 회사가 작성한 재무제표가 회계기준을 준수하였는지를 감사기준에 따라 검증한 결과를 나타낼 뿐이다.

(3) 회계감사의견의 종류
① **적정의견** : 회사가 회계기준에 맞게 재무제표를 작성하고, 감사에 필요한 자료를 회사로부터 충분히 제공받았다는 뜻이다. 단, 적정의견이 나왔다고 해서 반드시 회사의 재무상태가 건전함을 의미하는 것은 아니다.
② **한정의견** : 감사 범위가 일부 제한되었거나, 경미한 위반 사항이 있었지만 전체적으로는 재무제표가 신뢰할 만한 수준임을 의미한다.
③ **부적정의견** : 중요한 사안에 대해 회계기준을 준수하지 않고 재무제표를 작성한 경우에 제시된다.
④ **의견거절** : 감사인이 필요한 증거를 얻지 못하거나, 회사의 존립에 중대한 의문이 있는 등 감사 수행 자체가 불가능한 경우에 표명된다.

외부감사인의 독립성
회계감사의 신뢰성을 확보하기 위한 핵심 원칙이다. 감사인이 감사 대상 기업의 재무제표 작성에 관여하거나 자문을 제공할 경우, 감사의 객관성이 훼손될 수 있다. 따라서 외부감사법은 감사인의 독립성 유지를 위해 이를 엄격히 금지하고 있다.

'적정의견'에 대한 오해
감사의견 '적정'은 회사가 기업회계기준에 맞게 재무제표를 작성했다는 의미일 뿐, 그 회사의 재무 상태가 건전하거나 미래 성장 가능성이 높다는 것을 보증하는 것은 아니다. 즉, '적정' 의견을 받은 기업이라도 재무적 어려움을 겪을 수 있다.

01 다음 설명이 맞으면 ○, 틀리면 ×표 하세요.

(1) 재무회계는 기업 외부의 정보이용자가 필요로 하는 정보를 재무제표를 통해 제공하는 회계이다. ( )

(2) 재무제표를 작성하기 위한 기본 가정으로 계속기업을 전제하고 있다. ( )

(3) 재무제표는 재무상태표, 포괄손익계산서, 자본변동표, 현금흐름표, 주석으로 구성되어 있다. ( )

(4) 감사의견은 '적정', '한정', '부적정', '불한정', '의견거절'이 있다. ( )

(5) 기업의 경영활동이 객관적 화폐금액으로 측정할 수 없더라도 회계 거래로 인식된다. ( )

02 다음 빈칸에 알맞은 말을 고르거나 적으세요.

(6) 회계란 회계정보이용자의 경제적 의사결정에 유용한 기업의 (　　　)정보를 생산 및 제공하는 일련의 활동을 의미한다.

(7) 과거 사건의 결과로 기업이 통제하고 있고 미래 경제적 효익이 기업에 유입될 것으로 기대되는 자원을 (　　　)이라고 한다.

(8) 기업의 자산에서 모든 부채를 차감한 후의 (　　　)지분을 자본이라고 한다.

(9) 타인이 작성한 회계기록에 대하여 독립적 제3자가 분석적으로 검토하여 그의 적정 여부에 관한 의견을 표명하는 절차를 (　　　)감사라고 한다.

(10) 재무제표는 일반적으로 보고기업이 (　　　)기업이며 예측가능한 미래에 영업을 계속할 것이라는 가정하에 작성된다.

| 정답 |
(1) ○ (2) ○ (3) ○ (4) × (5) × (6) 재무 (7) 자산 (8) 잔여 (9) 회계 (10) 계속

| × 해설 |
(4) 감사보고서에서 표명하는 의견 중 '불한정'은 없으며, '적정', '한정', '부적정', '의견거절'이 있다.
(5) 기업의 경영활동이라도 객관적 화폐금액으로 측정할 수 없으면 회계 거래로 인식되지 않는다.

출제 0순위 공략! 꼭 풀어야 할 대표문제

01

다음 중 복식부기 분개에 대하여 설명한 것으로 가장 적절한 것은?

① 부채의 감소는 대변에 표시한다.
② 자산의 증가는 대변에 표시한다.
③ 비용의 발생은 대변에 표시한다.
④ 자본의 증가는 차변에 표시한다.
⑤ 수익의 발생은 대변에 표시한다.

대표개념 키워드 복식부기 분개

| 해설 |
수익의 발생은 대변에 표시해야 한다.
복식부기의 분개는 다음과 같다.

차변	대변
자산의 증가	자산의 감소
부채의 감소	부채의 증가
자본의 감소	자본의 증가
비용의 발생	수익의 발생

정답 | ⑤

02

재무정보의 질적 특성에 대한 내용 중 성격이 다른 하나는?

① 중요성
② 확인가치
③ 예측가치
④ 검증가능성
⑤ 완전한 서술

대표개념 키워드 재무정보의 질적 특성

| 해설 |
재무정보의 질적 특성은 근본적 질적 특성과 보강적 질적 특성으로 구분할 수 있다. 근본적 질적 특성의 세부항목에는 예측가치, 확인가치, 중요성, 완전한 서술, 중립적 서술, 오류없는 서술이 해당된다. 보강적 질적 특성의 세부항목에는 비교가능성, 검증가능성, 적시성 및 이해가능성이 해당된다.

정답 | ④

03

회계정보에 대한 다음 설명 중 가장 적절하지 않은 것은?

① 표현의 충실성은 모든 면에서 정확하다는 것을 의미한다.
② 정보를 정확하고 간결하게 분류하고, 표시하는 것은 정보를 이해하기 쉽도록 한다.
③ 이해가능성은 정보를 명확하고 간결하게 분류하고 특징지으며 표시해야 함을 의미한다.
④ 적시성은 의사결정자가 의사결정을 내릴 때 필요한 정보를 이용할 수 있도록 하는 것을 의미한다.
⑤ 검증가능성은 정보가 나타내고자 하는 경제적 현상이 충실히 표현되었는지를 정보이용자가 확인하는 데 도움을 준다.

대표개념 키워드 회계정보의 특징

| 해설 |
표현의 충실성이란 재무정보가 실제 경제적 실질을 왜곡 없이 표현해야 함을 의미한다. 따라서 모든 면에서 정확하다는 것을 의미하는 것이 아니다.

정답 | ①

04

회계감사에 대한 다음 설명 중 가장 적절하지 않은 것은?

① 재무제표에 대한 감사인의 의견은 회사의 재무상태 또는 경영성과의 양호 여부를 평가하거나 장래를 보장하는 것은 아니다.
② 정확하고 전문적인 재무제표 작성을 위해 외부감사인이 기업의 재무제표를 작성하거나 재무제표 작성에 자문을 줄 수 있다.
③ 임직원에 의한 내부공모, 위조 또는 변조 등 문서의 허위성 여부에 대한 조사판단은 재무제표 감사의 범위에 속하지 않는다.
④ 회계기록이라 함은 회계장표만을 의미하는 것이 아니고, 회계장표의 객관적 사실을 뒷받침해주는 각종 증빙서류와 회계기록의 내용을 명백히 하는 사실 모두를 포괄하는 개념이다.
⑤ 회계감사는 타인이 작성한 회계기록에 대하여 독립적 제3자가 분석적으로 검토하여 그의 적정 여부에 관한 의견을 표명하는 절차를 말한다.

대표개념 키워드 회계감사, 독립성

| 해설 |
외부감사법에 따르면 외부감사인의 독립성 유지를 위해 외부감사인이 기업의 재무제표를 작성하거나 재무제표 작성에 자문을 줄 수 없다.

정답 | ②

핵심테마 65 재무제표의 이해

1 재무제표(Financial Statement)

(1) 개념
① 재무제표는 기업의 재무상태와 경영성과 등 재무정보를 일정한 형식으로 요약·보고한 표이다.
② 이익잉여금처분계산서는 국제회계기준(IFRS) 도입 이후 재무제표에 포함되지 않는다.

(2) 종류
재무제표의 종류에는 재무상태표, 현금흐름표, (포괄)손익계산서, 자본변동표, 주석이 있다.
① **재무상태표** : 특정 시점 현재 기업의 재무상태를 나타내며, 보유 자산과 부채의 규모를 한눈에 파악할 수 있다.
② **포괄손익계산서** : 일정 기간 동안의 수익과 비용을 집계하여 기업의 경영성과를 보여준다.
③ **자본변동표** : 회사를 실제로 소유하는 주주의 지분구성 내역 변동을 나타내는 표이다. 배당, 증자 등 일정 기간 자본의 각 항목(자본금, 이익잉여금 등)의 변동 내역을 확인할 수 있다.
④ **현금흐름표** : 일정 기간 현금의 유입과 유출을 보여주며, 영업·투자·재무활동별 현금흐름을 구분하여 제시한다.
⑤ **주석** : 기업의 회계정책, 재무제표 작성근거, 본문에 표시되지 않는 질적 정보 등 재무제표 이해에 필요한 보충 정보를 상세히 제공한다.

> **IFRS 도입에 따른 변화 : 주석의 중요성 증대**
> 과거 기업회계기준에 비해 한국채택국제회계기준(K-IFRS)에서는 원칙 중심의 회계를 강조함에 따라 기업의 회계정책, 추정치, 경영 판단 등 추가 정보에 대한 상세한 설명이 담긴 '주석'의 중요성이 크게 증대되었다.

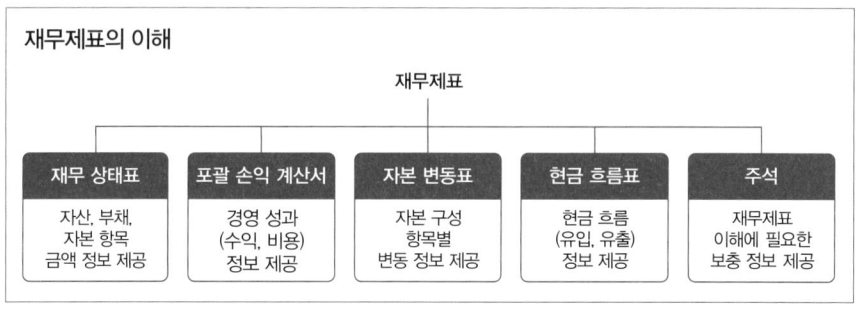

2 재무상태표(Balanced Sheet)

(1) 개념
① 재무상태표란 일정 시점에서 기업의 자산, 부채, 자본을 일정한 기준에 따라 구분·배열하여 기업의 재무상태를 총괄적으로 보여주는 재무제표를 의미한다.
② 기업의 재산상태는 매일 변하지만, 이를 투자자에게 매일 보고하는 것은 현실적으로 불가능하므로 상장회사는 일반적으로 3개월마다 재무상태를 보고한다.
③ 재무상태표는 자산, 부채, 자본으로 구성되어 있으며, 이들 간에는 '자산=부채+자본'의 관계가 성립한다.

(2) 구성항목

① 자산(Asset)

㉠ 과거 사건의 결과로 기업이 통제하고 있으며, 미래 경제적 효익이 기업에 유입될 것으로 기대되는 자원을 의미한다.

㉡ 1년 내 현금화 가능성에 따라 유동자산과 비유동자산으로 구분한다.

- 유동자산(Current Asset)

현금 및 현금성 자산	현금성 자산은 즉시 현금으로 전환 가능한 금융상품을 포함한다. 예 만기 3개월 이내의 단기예금, 양도성예금증서(CD) 등
매출채권	기업이 고객에게 제품을 외상으로 판매할 때 발생하는 채권을 의미한다.
유가증권	주식이나 채권 등과 같이 유가증권 형태의 금융상품을 의미한다.
선급금	상품의 인도가 발생하기 전에 전체 대금의 일부를 선지급한 금액을 의미한다.
재고자산	기업의 정상 영업활동 과정에서 생산 또는 판매를 목적으로 보유하고 있는 자산을 의미한다.

현금성 자산(Cash Equivalents)
기업이 보유한 현금뿐만 아니라, 큰 거래비용 없이 현금으로 전환이 용이하고, 이자율 변동에 따른 가치변동의 위험이 적은 단기 금융상품을 포함한다.

- 비유동자산(Fixed Asset)

투자자산	시세차익이나 이자·배당수익을 얻기 위해 장기 보유하는 유가증권 및 부동산 등이 있다.
유형자산	영업활동에 장기간 사용되는 물리적 형태의 자산으로, 토지, 건물, 차량 및 운반구, 기계장치 등이 있다.
무형자산	물리적 실체는 없으나 장기간 경제적 효익이 기대되는 자산으로, 특허권, 저작권, 영업권 등이 있다.
개발비	연구단계에서 발생한 지출은 미래 경제적 효익을 입증할 수 없으므로 비용으로 인식한다. 단, 6가지 요건이 모두 충족되면 미래 경제적 효익이 확실한 개발단계의 지출은 무형자산으로 인식할 수 있다.

개발비의 무형자산 인식 요건
- 무형자산을 완성할 수 있는 기술적 실현 가능성
- 완성 후 사용 또는 판매하려는 의도
- 무형자산을 사용하거나 판매할 수 있는 능력
- 미래 경제적 효익을 창출할 수 있는 방법 제시
- 개발 완료 및 사용·판매에 필요한 기술적·재정적 자원의 확보 가능성
- 개발 과정에서 발생한 지출을 신뢰성 있게 측정할 수 있음

② 부채(Liabilities)

㉠ 과거 거래나 사건이 결과로서 현재 기업이 법적 또는 사실상의 의무를 부담하고, 그로 인해 자원의 유출이 예상되는 의무를 말한다.

㉡ 부채의 상환 시점 기준에 따라 유동부채와 비유동부채로 구분할 수 있다.

- 유동부채(Current Liabilities)

매입채무	상품이나 원재료를 외상으로 구입할 때 발생하는 채무로, 일반적인 상거래에서 발생하는 채무이다.
단기차입금	상환기한이 1년 이내인 차입금을 의미한다. 기업이 금융기관 등으로부터 단기간 자금을 차입하여 사용하는 경우 단기차입금으로 분류한다.
미지급금	기업의 영업활동과 직접 관련되지 않은 거래에서 발생하는 단기 채무이다. 예를 들어 토지나 건물, 차량 등을 외상으로 매입하는 경우 미지급금으로 분류한다.
선수금	상품이나 용역을 인도하기 전에 계약에 따라 결제대금 총액 일부를 미리 받은 금액으로, 해당 상품이 기업에 인도되기 전까지는 매출이 아닌 부채로 인식한다.

- 비유동부채(Non-current Liabilities)

사채	다수의 일반 투자자로부터 장기자금을 조달하기 위해 발행하는 채권으로, 기업의 장기 부채를 의미한다.
장기차입금	금융기관으로부터 차입한 자금으로, 상환 기간이 1년 이상인 채무를 말한다.
충당부채	당기 수익에 대응한 비용으로 장래에 지출될 것이 확실하지만 그 금액이나 지출 시기 혹은 지출 대상이 확정되어 있지 않은 성격을 가진 부채를 의미한다.

충당부채(Provisions)
과거 사건의 결과로 발생한 현재의무이지만, 지출 시기나 금액이 불확실한 부채를 말한다. 지출의 시기나 금액이 불확실하다는 점에서 일반적인 미지급금과 구분된다.
예 제품 보증에 따른 미래 수리비용(판매보증충당부채) 등

③ 자본(Equity)
  ㉠ 자본은 기업이 소유하고 있는 자산에서 부채를 차감한 잔여액 또는 순자산을 의미하며, 재무상태표상의 자본총액은 자산에서 부채를 뺀 금액이다.
  ㉡ 자본은 기업의 순자산을 구성하는 항목으로, 납입자본(자본금, 주식발행초과금), 자본잉여금, 이익잉여금 등으로 구성된다.
    • 자본금 : 주주가 회사에 현금이나 현물자산으로 출자한 자본 중 주식의 액면금액을 의미한다.
    • 자본잉여금 : 자본거래인 증자활동이나 감자활동 등의 거래에서 발생하는 잉여금으로, 주식발행초과금 등을 포함한다.

3 포괄손익계산서(Statement of Comprehensive Income)

(1) 개념
포괄손익계산서란 일정 기간 동안 기업의 성과와 수익, 비용에 관한 정보를 제공하는 재무보고서이다.

(2) 기본 요소
① 수익(Profit)
  ㉠ 특정 회계기간 동안 발생한 경제적 효익의 증가를 의미하며, 일반적으로 매출액(영업수익)과 기타수익(영업외수익)으로 구분한다.
  ㉡ 매출액은 기업의 정상 영업활동에서 발생한 제품, 상품, 용역 등을 제공하고 벌어들인 수익으로 총매출액에서 매출할인, 매출에누리와 환입을 차감한 순매출액으로 기록된다.
  ㉢ 기타수익은 정상영업활동 이외의 활동, 즉 재무 및 투자 활동과 관련되어 발생한 수익을 의미한다.
② 비용(Expense) : 특정 회계기간 동안 발생한 경제적 효익의 감소를 의미하며, 매출원가, 판매비와 관리비, 금융비용, 법인세비용 등이 이에 포함된다.
③ 이익(Income) : 이익의 종류는 매출총이익(=매출-매출원가), 영업이익(=매출총이익-영업비용), 영업외손익을 반영한 법인세차감전이익, 법인세비용을 차감한 당기순이익이 있다.

(3) 구성항목
① 매출액(Sales) : 총매출액에서 매출환입, 매출에누리와 할인을 차감한 순매출액을 의미한다.
  ㉠ 매출환입(Sales Returns) : 제품의 결함으로 매입자로부터 반품을 받은 제품을 의미한다.
  ㉡ 매출에누리(Sales Allowances) : 제품의 결함이나 불량으로 매입자에게 가격을 깎아주는 것을 의미한다.
  ㉢ 매출할인(Sales Discount) : 외상으로 판매한 매출채권을 조기에 결제하는 경우 대금 일부를 면제해주는 것을 의미한다.
② 매출원가(Cost of Sales) : '기초재고+당기매입액-기말재고'로 계산되며, 판매된 제품의 원가만 포함한다. 주의할 점은 당기에 생산한 제품에 들어간 원가가 아니라 판매된 제품에 들어간 원가라는 것이 중요하다.

왜 '포괄'손익계산서인가?
IFRS에서 사용하는 포괄손익계산서는 단순히 기업의 영업활동 성과인 당기순이익뿐만 아니라 기타포괄손익(예 일부 유가증권 평가손익 등)까지 포함하여 기업의 총체적인 성과를 보고하기 때문에 '포괄'이라는 명칭을 사용한다.

제조원가 vs. 매출원가
'제조원가'는 특정 기간에 생산한 모든 제품에 투입된 원가를 의미하고, 반면, '매출원가'는 그중에서 실제 '판매된' 제품에 해당하는 원가만을 의미한다. 예를 들어 양초 100개를 만들고(제조원가 : 100개분) 그중 70개만 팔았다면(매출원가 : 70개분), 손익계산서에는 매출원가만 비용으로 기록된다.

③ 매출총이익(Gross Margin) : '매출액 – 매출원가'로 계산된다.
④ 판매비와 관리비(Selling & Administration Expenses) : 영업활동과 관련된 지출된 비용으로 광고비, 복리후생비, 인건비, 감가상각비 등이 포함된다.
⑤ 영업이익(Operating Income) : '매출총이익 – 판매비와 관리비(영업비용)'로 계산된다.
⑥ 법인세비용 차감 전 순이익 : '영업이익 + 영업외수익 – 영업외비용'으로 계산된다.
⑦ 당기순이익(Net Income) : '법인세차감전이익 – 법인세'로 계산된다.
⑧ 총포괄이익 : '당기순손익 + 기타포괄손익'으로 계산된다.

> **감가상각**
> 유형자산의 가치가 시간의 경과나 사용에 따라 감소하는 것을 비용으로 인식하는 방법으로, 정액법, 정률법, 생산량비례법, 연수합계법 등이 있다. 일반적으로 정액법이 가장 많이 사용되며, 건물 등은 세법상 정액법을 원칙으로 한다.

4 자본변동표(Statement of Changes in Equity)

① 자본변동표란 일정 기간 동안 발생한 자본의 증감 내역을 보여주는 재무제표를 의미한다.
② 자본금, 자본조정, 자본잉여금, 이익잉여금, 기타포괄손익누계액의 변동에 대해 알 수 있으며, 주주 출자·배당·평가손익 변동 등을 확인할 수 있다.

5 현금흐름표(Cash Flow Statement)

(1) 개념
현금흐름표란 영업활동, 투자활동, 재무활동으로 구분하여 일정 기간 동안 기업의 현금성 자산의 변동에 관한 정보를 제공하는 재무제표를 말한다.

> **포괄손익계산서 vs 현금흐름표**
> '포괄손익계산서'가 이익을 중심으로 만들어진다면, '현금흐름표'는 현금을 중심으로 만들어진다고 볼 수 있다.

(2) 중요성
① 포괄손익계산서에 표시되지 않는 영업성과를 파악할 수 있다.
  ㉠ 포괄손익계산서는 발생기준으로 작성되므로 기업의 현금 유입과 유출이 실제로 재무성과에 어떤 영향을 미치는지는 알기 어렵다.
  ㉡ 현금흐름표는 이러한 한계를 보완하여, 현금의 변동을 중심으로 기업의 실질적인 성과를 파악할 수 있도록 한다.
② 이익의 질을 평가할 수 있다.
  ㉠ 이익의 질이란 기업의 회계상 이익이 실제 현금창출력과 얼마나 잘 반영하는지를 나타낸다.
  ㉡ 손익계산서상의 이익과 현금흐름표상의 현금흐름을 비교하면, 기업의 수익의 지속성 및 신뢰성을 평가할 수 있다.
③ 채무상환능력과 미래현금흐름에 대한 정보를 제공한다.
  ㉠ 채무상환능력이란 부채의 만기일이 다가왔을 때 부채를 상환할 수 있는 기업의 재무적 능력을 의미한다.
  ㉡ 영업활동으로부터 창출된 현금을 포함한 현금흐름 정보를 통해 기업의 유동성과 지급능력의 건전성을 판단할 수 있다.

**비현금거래
(Non-cash Transactions)**
건물을 기계장치와 맞바꾸는 '자산의 교환'이나, 빚을 갚는 대신 주식을 발행해주는 '출자전환' 등의 비현금거래는 현금흐름표 본문에는 표시되지 않지만, 주석 등을 통해 그 내용이 반드시 공시되어야 한다.

(3) 활동의 구분에 따른 현금흐름

구분	현금유입(Cash Inflow)	현금유출(Cash Outflow)
영업활동으로 인한 현금흐름	• 상품 및 서비스 제공에 따른 현금유입 • 매출채권 회수 • 이자수익·배당금 수취 • 로열티, 수수료 등 수취	• 원료·부품·상품 구입 • 매입채무 상환 • 인건비, 세금·공과금 지급 • 이자·법인세 지급
투자활동으로 인한 현금흐름	• 대여금 회수 • 유가증권 처분 • 단기금융상품 감소 • 유형자산 처분	• 대여금 지급 • 유가증권 취득 • 단기금융상품 증가 • 유형자산 취득
재무활동으로 인한 현금흐름	• 차입금 조달 • 회사채 발행 • 주식 발행(유상증자)	• 차입금 상환 • 사채 상환 • 배당금 지급 • 자기주식 취득 및 소각

(4) 현금흐름에 따른 기업 상태 분석

구분	영업활동	투자활동	재무활동	기업 상태 해석
유동성 풍부 기업	+	−	−	영업활동에서 현금이 꾸준히 유입되어 부채 상환과 투자에 여유가 있는 안정적 기업
성장형 기업	+	−	+	영업활동에서 창출된 현금을 고정자산 투자에 사용하고, 추가로 재무활동(차입·증자)으로 성장 자금을 조달하는 기업
부채상환형 기업	+	+	−	영업활동에서 창출한 현금 외에도 자산 매각 등으로 확보한 현금으로 부채를 상환 중인 기업
위기 기업	−	+	+	영업활동 현금이 부족하여 자산 매각과 차입으로 운영자금을 충당하는 재무구조 취약 기업

6 주기와 주석

① 주기와 주석은 독립된 재무제표는 아니지만 재무제표를 보완하는 필수 요소이다.
② 주기(Parenthetical Disclosure) : 재무제표상의 계정과목 다음에 회계사실을 괄호로 간단히 표기한 것이다.
③ 주석(Notes) : 재무제표상의 해당 과목이나 금액에 대한 호 또는 별도 표시를 통해 그 내용을 간결하고 명료하게 기재한 것이다.

01 다음 설명이 맞으면 ○, 틀리면 ×표 하세요.

(1) 재무제표의 종류에는 재무상태표, 현금흐름표, (포괄)손익계산서, 자본변동표, 주석이 있다. ( )

(2) 재무상태표는 자산, 부채, 자본으로 구성되어 있으며 '자산+부채=자본'의 관계가 있다. ( )

(3) 당좌자산은 판매 과정 없이 1년 이내에 현금화가 가능한 자산을 의미한다. ( )

(4) 감가상각이란 유형자산의 취득가액을 자산으로 회계처리한 후 내용연수에 따라 비용을 배분하여 인식하는 회계처리이다. ( )

(5) 매출원가란 당기에 생산한 제품에 들어간 원가를 의미한다. ( )

02 다음 빈칸에 알맞은 말을 고르거나 적으세요.

(6) 재무상태표는 자산, 부채, 자본으로 구성되어 있으며, '자산=(　　)+자본'의 관계가 있다.

(7) 과거 사건의 결과로, 기업이 통제하고 있고 미래 경제적 효익이 기업에 유입될 것으로 기대되는 자원을 (　　)이라고 한다.

(8) 특정 회계기간 동안 발생한 경제적 효익의 감소를 (　　)이라고 한다.

(9) 매출액에서 매출원가를 차감한 것을 매출(　　)이라고 한다.

(10) 현금흐름표는 영업활동, 투자활동, 그리고 (　　)활동별로 기업의 현금성 자산 변동에 관한 정보를 제공하는 재무제표이다.

| 정답 |
(1) ○ (2) × (3) ○ (4) ○ (5) × (6) 부채 (7) 자산 (8) 비용 (9) 총이익 (10) 재무

| × 해설 |
(2) '자산=부채+자본'의 관계가 있다.
(5) 매출원가란 당기에 생산한 제품에 들어간 원가가 아니라 판매된 제품에 들어간 원가를 의미한다.

출제 0순위 공략! 꼭 풀어야 할 대표문제

01

다음 [보기]에서 설명하는 재무상태표의 요소로서 가장 적절한 것을 고르시오.

| 보기 |
과거 사건의 결과로 기업이 통제하고 있고 미래 경제적 효익이 기업에 유입될 것으로 기대되는 자원을 의미한다.

① 자본
② 비용
③ 수익
④ 자산
⑤ 부채

대표개념 키워드 재무상태표

| 해설 |
[보기]의 내용은 자산에 관련된 설명이다. 자산은 크게 유동자산과 비유동자산으로 구분하는데 유동자산은 1년 이내에 현금화할 수 있는 자산이며 그 외에는 비유동자산으로 구분한다.

정답 | ④

02

유상증자 활동의 결과로 예상되는 것으로 적절하지 않은 것은? (단, 이외의 수익, 주가 흐름은 고려하지 않는 것으로 한다.)

① 현금이 유입된다.
② 자본금이 증가한다.
③ 주당순이익이 증가한다.
④ 발행주식 수가 증가한다.
⑤ 기존 주주의 지분이 희석된다.

대표개념 키워드 유상증자, 주당순이익

| 해설 |
유상증자란 기업이 신주를 발행하여 자금을 조달하는 행위를 의미한다. 유상증자는 자본금이 증가할 뿐만 아니라 자본총계도 증가한다. 현금 유입으로 차입금의 상환 또는 설비투자를 위한 자금확보가 가능해진다는 장점이 있다. 그러나 신주 발행을 하게 되면 발행주식 수가 증가하여 기존 주주들의 지분이 희석되어 주당순이익은 감소하게 된다.

정답 | ③

03

다음 중 감가상각에 대한 설명으로 가장 적절한 것은?

① 연수합계법은 시간이 지날수록 감가상각비가 증가하는 특징이 있다.
② 생산량비례법은 일반적인 유형자산보다 광산 또는 유전 등의 자연자원의 감모상각 방법에 적절하다.
③ 각 기간마다 일정액을 감가상각하는 방법인 정률법은 간단하다는 장점 때문에 가장 많이 쓰이고 있다.
④ 감가상각이란 경제학의 관점으로 볼 때에 취득한 자산의 원가(취득원가)를 자산의 사용기간에 걸쳐 비용으로 배분하는 과정(Allocation)을 의미한다.
⑤ 정액법은 감가상각 첫 해에 가장 많은 상각비가 계산되지만, 점차 상각비가 감소하여 감가상각 마지막 해에는 가장 적은 감가상각비가 계산되는 특징이 있다.

대표개념 키워드 감가상각

| 해설 |
생산량비례법은 자산의 생산·채굴에 비례하여 감가상각을 배분하는 방법으로, 주로 광업권·광업용 유형고정자산에 적용된다.

| 오답 피하기 |
① 연수합계법은 기간이 지날수록 감가상각비가 감소하는 특징이 있다.
③ 정액법에 대한 설명이다. 정액법은 각 기간마다 일정액을 감가상각하는 방법으로, 간단하다는 장점 때문에 가장 많이 쓰이고 있다.
④ 감가상각의 개념을 취득한 자산의 원가(취득원가)를 자산의 사용기간에 걸쳐 비용으로 배분하는 과정(Allocation)으로 이해하는 것은 경제학의 관점이 아닌 회계학의 관점이다.
⑤ 감가상각 첫 해에 가장 많은 상각비가 계산되지만, 점차 상각비가 감소하여 감가상각 마지막 해에는 가장 적은 감가상각비가 계산되는 특징이 있는 감가상각법은 정률법이다.

정답 | ②

04

㈜한강의 202×년 초 재고자산은 30,000원이고, 당기매입액은 90,000원이다. ㈜한강의 202×년 말 유동비율은 150%, 당좌비율은 60%, 유동부채는 90,000원일 때, 202×년 매출원가는 얼마인가? (단, 재고자산은 상품으로만 구성되어 있다.)

① 30,000원
② 36,000원
③ 39,000원
④ 43,000원
⑤ 45,000원

대표개념 키워드 유동비율, 당좌비율, 매출원가

| 해설 |
- 유동자산 = 유동비율 × 유동부채 = 1.5 × 90,000 = 135,000원
- 당좌자산 = 당좌비율 × 유동부채 = 0.6 × 90,000 = 54,000원
- 기말재고자산 = 유동자산 − 당좌자산 = 135,000 − 54,000 = 81,000원
- 매출원가 = 기초재고 + 당기매입 − 기말재고
  = 30,000 + 90,000 − 81,000 = 39,000원

정답 | ③

핵심테마 66 | 원가·관리회계

1 원가·관리회계의 개념

① 원가회계는 원가의 종류를 측정하고 배분한 후 원가를 계산하는 회계이며, 관리회계는 계산된 원가를 경영자의 의사결정 및 내부 성과평가에 활용하는 회계이다.
② 원가·관리회계는 원가회계, 관리회계를 포함하는 개념이며 외부보고용 재무제표의 작성을 위한 제품원가계산과 경영자가 기업의 목표를 달성하기 위한 계획수립 및 통제에 유용한 경제적 정보를 제공하려는 것을 목적으로 하는 회계를 의미한다.

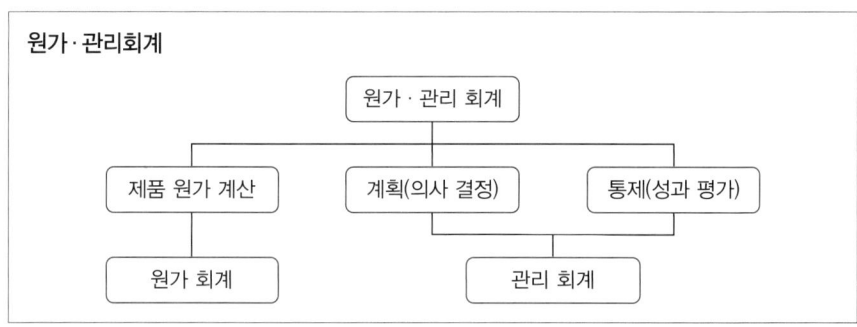

2 원가(Cost)

(1) 개념과 특징
① 원가란 특정 목적을 달성하기 위하여 정상적인 상태에서 소비된 재화나 용역과 같은 경제적 가치를 의미한다.
② 비정상적인 사유로 소비된 금액은 원가가 아닌 손실(Loss)에 해당한다.
③ 원가는 반드시 특정 목적과 관련되어 측정되어야 하며, 제품의 생산, 서비스의 제공, 활동의 수행 등을 위한 재화와 용역의 소비가 모두 원가의 대상이 된다.

(2) 분류

원가회계	재료비	판매비와 관리비	관리회계
	노무비	제품제조원가	
	제조간접비		

① 제조활동과의 관련성에 따른 분류 : 일반적으로 원가의 3요소라고 하며, 제품 제조과정에서 소비된 모든 원가로 재료비(직접재료비), 노무비(직접노무비), 제조간접비가 있다.
② 발생시점에 따른 분류
  ㉠ 실제원가 : 현재 시점에서 이미 발생한 원가를 의미한다.
  ㉡ 예정원가 : 미래에 발생될 것이라고 예측되는 원가를 의미한다.

③ 추적 가능성에 따른 분류
  ㉠ 직접원가 : 특정 원가집적대상에 직접 관련시킬 수 있는 원가를 의미한다.
  ㉡ 간접원가 : 여러 대상에 공통적으로 발생한 원가로, 특정 원가집적대상으로 추적이 어렵다.
④ 원가 형태에 따른 분류
  ㉠ 변동원가 : 조업도 수준(생산량)의 변동에 따라 비례하여 발생하는 원가를 의미한다.
  ㉡ 고정원가 : 조업도 수준의 변동과 관계없이 일정하게 발생하는 원가를 의미한다.
⑤ 발생형태에 따른 분류
  ㉠ 재료비 : 원재료의 소비에 따른 발생 원가를 의미한다.
  ㉡ 노무비 : 노동력의 소비에 따른 발생 원가를 의미한다.
  ㉢ 경비 : 재료비와 노무비를 제외한 원가의 소비에 따른 발생 원가를 의미한다.
⑥ 제조활동에 따른 분류 : 제조원가와 비제조원가(총원가＝제조원가＋비제조원가)
  ㉠ 제조활동에 발생하는 원가 또는 제품제조에 소비되거나 공헌하는 원가를 제조원가라고 한다.
  ㉡ 제조원가의 3요소로 직접재료원가, 직접노무원가, 제조간접원가를 들 수 있다.
  ㉢ 비제조원가는 기업의 제조활동과 관계없이 발생되는 원가로, 판매 및 관리비가 있다.
⑦ 의사결정에 따른 분류
  ㉠ 매몰원가 : 이미 발생하여 회수할 수 없는 원가로, 의사결정 시 고려해서는 안 되는 원가를 의미한다.
  ㉡ 기회원가 : 어떤 대안을 선택함으로써 포기하게 되는 대안 중 가장 큰 편익 또는 가치를 의미하며, 의사결정 시 반드시 고려해야 하는 원가이다.

3 CVP(원가 - 조업도-이익) 분석

(1) 개념
① 원가－조업도－이익 분석은 CVP(Cost, Volume, Profit) 분석 또는 손익분기분석이라고도 하는데 원가, 조업도 및 이익의 상호관계를 분석하며, 원가, 조업도, 이익 중 어느 하나가 변화하면 다른 요인은 어떠한 영향을 받는지 알아보는 것이다.
② 원가－조업도－이익 분석은 이익회계, 원가관리뿐만 아니라 제품의 선정, 가격결정, 설비투자결정 등 여러 가지 의사결정에 널리 활용되고 있다.
③ 원가－조업도－이익 분석은 회사가 설정한 이익 목표를 달성하기 위해 제품을 얼마나 생산하고 판매해야 하는지 알 수 있는 정보를 제공한다.

(2) 가정
① 조업도만이 수익과 원가에 영향을 미치는 유일한 요인이다.
② 모든 원가는 조업도의 변동에 정비례하여 총원가가 변동하는 변동원가와 조업도의 변동에 관계없이 총원가가 일정한 고정원가로 분리될 수 있다.
③ 수익과 원가의 행태는 확실하게 결정되어 있고 관련범위 내에서는 선형이다. 즉, 관련범위 내에서는 판매가격, 단위당 변동원가, 고정원가가 일정하다.
④ 단일제품을 생산/판매한다. 다만, 복수제품을 생산/판매할 경우 매출배합은 일정하다.

관련범위 (Relevant Range)
CVP 분석에서 '원가는 선형'이라는 가정은 무한한 범위에서 적용되지 않고, 기업이 통상적으로 생산 및 판매 활동을 하는 특정 조업도 구간, 즉 '관련범위' 내에서만 유효하다는 것을 전제로 한다. 이 범위를 벗어나면 고정원가가 변하거나 단위당 변동원가가 달라질 수 있다.

핵심테마 66 | 원가·관리회계

⑤ 분석대상기간 중 생산된 것은 모두 판매된다(생산량=판매량). 즉, 기초재고자산과 기말재고자산은 없거나 동일하다고 가정한다.
⑥ 조업도의 변화가 수익, 원가, 이익에 미치는 영향을 주로 분석한다. 즉, 발생주의에 의한 분석이다.
⑦ 대상기간이 단기이므로 화폐의 시간가치를 고려하지 않아도 된다.

(3) 기본개념

① **총수익**(Total Revenue : TR) 또는 **매출액**(Sales : S) : 제품 한 단위를 추가로 판매하면 총수익은 단위당 판매가격만큼 증가한다.

> 총수익(매출액)=단위당 판매가격×판매량

② **총비용**(Total Cost : TC)
  ㉠ 제품 한 단위를 추가로 판매하면 변동원가는 단위당 변동원가만큼 증가하고 이로 인하여 총비용도 단위당 변동원가만큼 증가한다.
  ㉡ 아래의 식에서 주의할 점은 변동원가는 원칙적으로 단위당 변동원가와 생산량을 곱한 값이지만, 기본가정에 따라 생산량과 판매량이 같으므로 판매량으로 표시하였다.

> 총비용=변동원가+고정원가
>   =단위당 변동원가×판매량+고정원가

③ **영업이익**(Operating Income) : 총수익에서 총비용을 차감한 금액으로 정의하며, 법인세가 없을 경우의 영업이익 또는 세전영업이익은 다음과 같이 표현할 수 있다.

> 영업이익=총수익-총비용
>   =(판매가격×판매량)-(단위당 변동원가×판매량)-고정원가
>   =판매량×(판매가격-단위당 변동원가)-고정원가
>   =판매량×단위당 공헌이익-고정원가
>   =공헌이익-고정원가

④ **공헌이익**(Contribution Income)과 **공헌이익률**(Contribution Margin Ratio)
  ㉠ 매출액에서 변동원가를 차감한 금액으로, 이 금액이 증가함에 따라 점차 고정원가가 회수되어 이익이 증가한다.
  ㉡ 공헌이익이 고정원가보다 클 경우에는 이익이 발생하고, 반대로 고정원가보다 작을 경우에는 손실이 발생한다.

> 공헌이익=매출액-변동원가
>   =단위당 판매가격×판매량-단위당 변동원가×판매량
>   =판매량×(단위당 판매가격-단위당 변동원가)
>   =고정원가+영업(이익)

발생주의 vs. 현금주의
포괄손익계산서는 수익과 비용이 실제 발생했을 때 기록하는 '발생주의' 원칙에 따라 작성되어 기업의 재무성과를 보여준다. 반면 현금흐름표는 실제 현금이 들어오고 나간 것을 기록하는 '현금주의'를 따르므로, 이익이 많아도 현금이 부족한 '흑자도산'의 위험 등을 파악하게 해준다.

공헌이익(Contribution Margin)
매출액에서 변동원가를 차감한 금액으로, '고정원가를 회수하고 이익 창출에 공헌하는 이익'이라는 의미를 가진다. 공헌이익이 고정원가보다 크면 이익이 발생하고, 작으면 손실이 발생하며, 정확히 같아지는 지점이 바로 손익분기점이다.

ⓒ 공헌이익률은 공헌이익을 매출액으로 나누어 계산한 비율로, 매출액 중 공헌이익이 몇 % 차지하는지를 나타낸다.

$$공헌이익률 = \frac{공헌이익}{매출액} = \frac{(단위당\ 공헌이익 \times 판매량)}{(단위당\ 판매가격 \times 판매량)} = \frac{단위당\ 공헌이익}{단위당\ 판매가격}$$

4 손익분기점(BEP) 분석

(1) 개념
① 손익분기점이란 총수익과 총비용이 일치하여 이익도 손실도 발생하지 않는 판매량 또는 매출액을 의미한다.
② 손익분기점에서는 '총수익=총비용'이므로 '영업이익=0'이 된다.
③ 손익의 발생
　㉠ 손익분기점 이하(공헌이익 < 고정원가) : 손실 발생
　㉡ 손익분기점 이상(공헌이익 > 고정원가) : 이익 발생

(2) 비용과 수익
① **총비용** : 총비용은 생산량에 관계없이 일정하게 발생하는 고정비와 조업도의 증감에 비례하여 증감하는 변동비로 나눌 수 있다.
② **총수익** : 총수익은 기업이 고객에게 재화나 용역을 제공하고 그 대가로 받은 것으로, 경영활동의 결과이며 자본의 증가를 가져오는 원인이다.

(3) 공식

- 손익분기점(판매량) = $\dfrac{총고정비}{단위당\ 가격 - 단위당\ 변동비}$
- 손익분기점(매출액) = $\dfrac{총고정비용}{1 - 변동비율}$
- 손익분기점 목표판매량 = $\dfrac{고정비 + 목표이익}{가격 - 단위당\ 변동비}$

5 레버리지

(1) 개념
① 어느 기업에서 마스크 판매량이 10% 증가하여 총 660만 개를 판매하면 영업이익의 증가는 10%보다 더 증가하게 된다.
② 판매량이 10% 증가함에 따라 변동원가도 10% 증가하지만, 고정원가는 판매량과 상관없이 일정하기 때문에 변하지 않으므로 영업이익은 10% 이상 증가하게 된다.
③ 판매량이 감소할 때에는 영업이익의 감소비율이 더 커지게 된다.
④ 10% 판매량의 증가는 영업이익의 12%의 증가를 가져온다. 이와 같은 현상을 레버리지 효과라고 한다.
⑤ 레버리지 효과란 고정원가의 특성으로 인해 판매량의 변화율보다 영업이익의 변화율이 높아지는 현상을 의미한다.

> **영업레버리지 효과 (Operating Leverage Effect)**
> 고정원가(고정영업비)의 존재로 인해 매출액의 변화율보다 영업이익의 변화율이 더 크게 나타나는 현상을 의미한다. 고정비 비중이 높은 사업(예 통신, 장치 산업)은 경기가 좋을 때 이익이 폭발적으로 증가하지만, 불황기에는 이익 감소폭도 커지는 높은 영업위험을 갖게 된다.

(2) 레버리지 효과의 특성
① 판매량이 변화할 때 고정원가의 특성으로 인해 영업이익이 더 큰 비율로 변화하게 되므로 레버리지 효과는 사업의 위험을 증대시킬 수 있다. 특히, 초기투자 비용이 큰 사업일 경우 더욱 심하다.
② 레버리지 효과로 인한 사업의 리스크를 줄이기 위해서는 고정원가를 줄이고 변동원가를 늘려야 한다. 예를 들어 구매보다 임대를 하거나 상근직원보다는 임시직원 또는 아웃소싱을 하는 것이 효과적이다.
③ 레버리지 효과는 고정원가가 클수록, 판매량 수준이 손익분기점에 가까울수록 크다.

(3) 레버리지도
레버리지 효과 정도를 '레버리지도'라도 하는데, 레버리지도는 영업이익의 변화율을 판매량의 변화율로 나누어주면 된다.

$$레버리지도 = \frac{영업이익의 \ 변화율}{판매량의 \ 변화율} = \frac{공헌이익}{영업이익}$$

6 전략적 원가관리 : 품질원가

① 불확실한 경영환경과 소비자의 다양한 요구에 직면한 기업들은 전략적 경영의 중요성을 인식하고 품질을 계량화하기 위한 품질원가의 측정과 관리를 강조하기 시작했다.
② 전략적 원가관리를 위한 원가의 종류는 다음과 같다.
　㉠ 예방원가(Prevention Cost)
　　• 결함이 발생하기 전에 이를 방지하는 것과 관련된 원가를 말한다.
　　• 불량 원인을 제거하기 위한 업무프로세스의 재설계비용, 생산이 용이하게 제품을 설계하는 비용, 지속적인 개선활동을 위해 종업원을 교육시키는 비용 및 품질향상을 위해 공급자와 협력하는 비용 등을 포함한다.
　㉡ 평가원가(Appraisal Cost)
　　• 생산시스템에서 얻은 품질수준을 평가하는데 필요한 원가를 의미한다.
　　• 품질예방활동을 통해 품질이 향상되면 평가비용이 감소한다.
　㉢ 실패원가(Failure Cost)
　　• 실제로 불량이 발견됨으로써 발생하는 원가를 의미한다.
　　• 실패원가는 불량의 발견시점에 따라 내부 실패원가(Internal Failure Cost)와 외부 실패원가(External Failure Cost)로 구분할 수 있다.
　　• 내부 실패원가는 재화나 서비스의 생산과정 중에서 발생하는 결함에 기인하는 비용으로, 결함 있는 제품을 폐기함으로써 발생하는 수율손실과 결함 있는 제품을 보완하기 위한 재작업비용 등이 포함한다.
　　• 외부 실패원가는 제품이 고객에게 전달된 후에 결함이 발견되었을 때 발생하는 비용으로, 보증서비스와 소송비용까지 포함한다.

품질원가의 상충관계

일반적으로 불량이 발생하기 전에 투입되는 예방원가(교육, 설계 개선 등)와 평가원가(검사 등)를 늘리면, 불량 발생 후에 치러야 하는 실패원가(재작업, 반품, 고객 신뢰 하락 등)는 더 큰 폭으로 감소한다. 따라서 초기의 품질관리에 대한 투자는 전체적인 비용절감으로 이어질 수 있다.

01 다음 설명이 맞으면 ○, 틀리면 ×표 하세요.

(1) 원가란 넓은 의미에서 비정상적인 원인에 의하여 소비된 것도 포함한다. ( )

(2) 직접원가와 간접원가의 분류 기준은 추적 가능성이다. ( )

(3) 영업이익은 총수익에서 총비용을 차감한 금액으로, 공헌이익에서 고정원가를 차감한 것과 같다. ( )

(4) 레버리지 효과란 변동원가의 특성으로 인해 판매량의 변화율보다 영업이익의 변화율이 높아지는 현상이다. ( )

(5) 전략적 원가관리를 위한 원가의 종류에는 예방원가, 평가원가, 내부 실패원가 및 외부 실패원가가 있다. ( )

02 다음 빈칸에 알맞은 말을 고르거나 적으세요.

(6) 특정 목적을 달성하기 위해 정상적인 상태에서 소비된 재화나 용역과 같은 경제적 자원을 ( )라고 한다.

(7) 조업도 수준의 변동에 관계없이 총원가가 일정하게 발생하는 원가를 ( )원가라고 한다.

(8) 매출액에서 변동원가를 차감한 금액으로, 고정원가를 회수하고 이익 창출에 공헌하는 이익을 ( )이익이라고 한다.

(9) 총수익과 총비용이 일치하여 이익과 손실이 모두 발생하지 않는 지점을 손익( )이라고 한다.

(10) 고정원가로 인해 판매량의 변화율보다 영업이익의 변화율이 더 높아지는 현상을 ( ) 효과라고 한다.

| 정답 |
(1) × (2) ○ (3) ○ (4) × (5) ○ (6) 원가 (7) 고정 (8) 공헌 (9) 분기점 (10) 레버리지

| × 해설 |
(1) 원가란 특정 목적을 달성하기 위하여 정상적인 상태에서 소비된 재화나 용역과 같은 경제적 자원을 화폐 단위로 측정한 것을 의미한다. 따라서 비정상적인 원인에 의하여 소비된 것은 원가가 아닌 손실에 해당한다.
(4) 레버리지 효과란 변동원가가 아닌 고정원가의 특성으로 인해 판매량의 변화율보다 영업이익 변화율이 높아지는 현상을 의미한다.

출제 0순위 공략! 꼭 풀어야 할 대표문제

01

아래는 단일 제품을 제조하고 판매하는 A사의 원가 자료이다. A사의 고정원가는 400만 원이며 현재 1,000단위 판매를 실시하고 있다. A사가 변동원가 1,200원을 증가시키는 부품을 제품에 추가하면 현재보다 450단위의 판매량 증가가 예상된다. 이때 영업이익은 1,000단위 판매 시보다 얼마나 증가하는가? (단, 판매가격과 고정원가는 변동이 없으며, 기초재고와 기말재고는 동일하다고 가정한다.)

구분	단위당 가격	매출액 비율
판매원가	8,000원	100%
변동원가	2,400원	30%
공헌이익	5,600원	70%

① 28만 원
② 58만 원
③ 78만 원
④ 168만 원
⑤ 238만 원

대표개념 키워드 영업이익

| 해설 |
영업이익(OI)은 단위당 판매가격(P), 단위당 변동원가(VC), 판매량(Q), 고정원가(FC)의 관계식을 통하여 구할 수 있다.
OI=(P−VC)×Q−FC
기존 변동원가를 적용할 경우의 영업이익은 (8,000−2,400)×1,000−4,000,000=1,600,000원이다. 변동원가가 1,200원 증가할 경우의 영업이익은 (8,000−3,600)×1,450−4,000,000=2,380,000원이다. 따라서 영업이익 증가는 78만 원(238만 원−160만 원)이다.

정답 | ③

02

다음 [보기]는 A기업의 신상품에 대한 정보이다. A기업의 손익분기점 매출액으로 가장 적절한 것은?

┤ 보기 ├
• 매출액 : 5억 원
• 고정비 : 6천만 원
• 변동비 : 2억 원

① 1억 원
② 1억 5천만 원
③ 2억 원
④ 2억 5천만 원
⑤ 3억 원

대표개념 키워드 손익분기점, 공헌이익률

| 해설 |
손익분기점 매출액은 매출액에서 변동비를 뺀 값(=공헌이익)과 고정비가 같아지는 지점의 매출액을 의미한다. 이때 공헌이익은 고정비를 회수하고 순이익을 증가시키는 데 역할을 하는 이익을 의미한다. 공헌이익률은 공헌이익을 매출액으로 나눈 값이다. 따라서 공헌이익률은 3억 원/5억 원. 즉 0.6이 된다. A기업의 손익분기점 매출액은 고정비를 공헌이익률로 나누면 된다. 따라서 A기업의 손익분기점 매출액은 1억 원(6천만 원/0.6)이 된다.

정답 | ①

핵심테마 67 재무관리의 주요원리

1 재무관리의 이해

(1) 정의

재무관리란 기업의 자금흐름과 관련된 활동을 효율적으로 수행하여 기업의 목표를 달성할 수 있도록 한정된 재무적 자원에 대한 의사결정을 수행하는 활동을 의미한다.

(2) 기능

재무관리의 가장 중요한 기능은 투자 의사결정과 자본조달 의사결정이며, 배당 의사결정은 투자 의사결정과 자본조달 의사결정에 따른 사후적인 의사결정의 성격을 지닌다.

투자 의사결정	• 자본을 어떤 자산에 얼마나 배분할지를 결정하는 과정 • 재무상태표의 자산 항목으로 표시됨
자본조달 의사결정	• 필요한 자금을 어떤 방법으로 조달할지를 결정하는 과정 • 재무상태표의 부채 및 자본 항목으로 표시
배당 의사결정	• 경영성과로 얻은 이익을 배당과 유보 중 어떻게 배분할지를 결정하는 과정 • 주주가치와 기업가치에 모두 영향을 미침

(3) 특성

① 기업의 가치는 자금조달 측면에서는 자기자본 가치와 타인자본 가치의 합계로 표시된다.
② 자기자본의 가치는 증권의 시장가격에 발행증권수를 곱해 구할 수 있고, 타인자본의 가치는 사채나 장기차입금의 시장가치로 산정한다.
③ 기업가치는 기업에 유입되는 미래 현금흐름의 현재가치의 합이다.
④ 기업가치 극대화는 결국 자기자본가치 극대화로 귀결된다(자기자본가치＝주가×발행주식 수).
⑤ 주식가격 극대화는 곧 기업가치의 극대화를 의미한다.
⑥ 주식가격 극대화는 피셔(Fisher)의 분리정리에 의해 NPV(순현재가치)를 극대화하는 의사결정과 동일한 개념으로 볼 수 있다.

> **재무관리의 목표 : 기업가치 극대화**
> 재무관리의 목표는 단순한 이익의 극대화가 아니라 기업가치의 극대화이다. 이는 미래 현금흐름의 규모뿐만 아니라 타이밍과 위험까지 고려한 종합적 판단 기준이다.

2 미래가치와 현재가치

(1) 개념

① 현금의 가치는 시간에 따라 달라진다.
② 일반적으로 기업의 재무의사결정은 현재 시점에서 이루어지는 반면, 이에 따른 대가(현금흐름)는 미래의 여러 기간에 걸쳐 실현된다.
③ 동일한 금액이라도 발생시점에 따라 화폐의 가치가 달라지므로, 서로 다른 시점의 현금흐름은 동일한 시점의 가치로 환산하여 비교해야 한다.

> **화폐의 시간가치**
> **(Time Value of Money)**
> 현재의 1원은 미래의 1원보다 가치가 크다는 개념이다. 현재의 1원은 투자를 통해 이자를 얻을 수 있기 때문이다. 따라서 서로 다른 시점의 현금흐름을 비교하기 위해서는 이자율(할인율)을 이용하여 '현재가치'나 '미래가치' 등 동일한 시점의 가치로 환산해야 한다.

핵심테마 67 | 재무관리의 주요원리

(2) 단일현금의 미래가치와 현재가치

① 단일현금의 미래가치(Future Value) : 현재의 일정 금액을 미래의 특정 시점에서 계산한 가치로, 이자율이 높아지고 기간이 길어질수록 미래가치는 증가한다.

$$P_n = P_0(1+R)^n$$
(P_n : n년 후의 종가, P_0 : 원금, R : 이자율)

② 단일현금흐름의 현재가치(Present Value) : 특정 미래의 일정 금액을 현재시점에서 평가한 가치로, 이자율이 높아지고 기간이 길어질수록 현재가치는 감소한다.

$$P_0 = P_n \frac{1}{(1+R)^n}$$
(P_n : n년 후의 종가, P_0 : 원금, R : 이자율)

(3) 연금의 현재가치(Present Value of Annuity)

① 동일한 금액의 수입이 일정 기간 지속적으로 발생하는 경우, 그 금액을 현재시점에서 가치로 산정하는 것을 의미한다.

$$P_0 = P_n \frac{C}{(1+r)} + \frac{C}{(1+r)^2} + \cdots + \frac{C}{(1+r)^{n-1}} = C \times \frac{\left\{\frac{1}{(1+r)^n}\right\}}{r}$$

② 다음은 3년 동안 1,000원씩 지속적으로 수입이 발생한 경우를 현재시점의 가치로 환산하는 과정을 나타낸다.

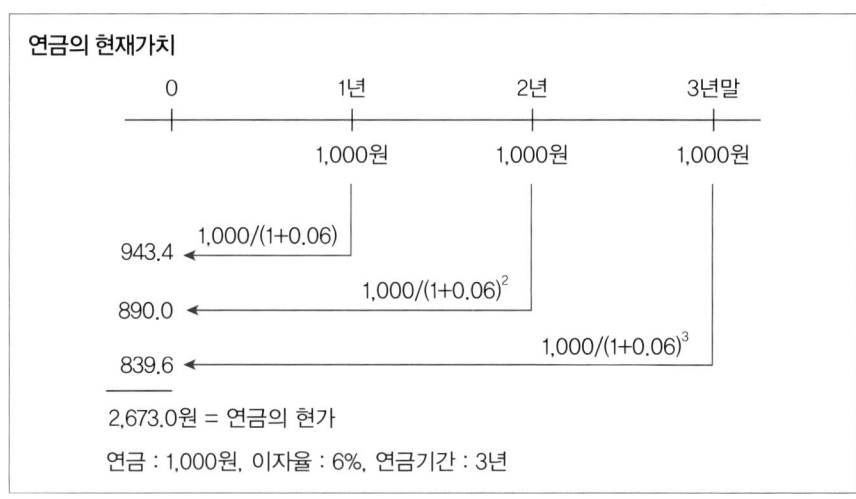

카페라떼 효과(Caffe Latte Effect)
작은 지출을 아껴 장기적으로 투자하면 큰 자산을 만들 수 있다는 개념이다. 경제전문가 데이비드 바흐는 하루 커피값(5,000원)을 저축하여 연 5% 수익률로 30년 투자할 경우 약 1억 2,500만 원이 된다고 설명했다. 작은 습관이 장기적 투자로 이어질 수 있음을 보여주는 사례이다.

3 자본조달

(1) 직접금융을 통한 자본조달

① 회사채(Corporate Bond)
 ㉠ 발행기관이 계약기간 동안 일정 이자를 지급하고 만기에 원금을 상환하기로 한 증서이다.
 ㉡ 기업이 일반 대중으로부터 대규모 자금을 장기간으로 조달하기 위해 발행한다.

② 보통주(Common Stock)
 ㉠ 주식회사가 보통주주에게 발행한 주권을 의미한다.
 ㉡ 주주는 소유하고 있는 지분에 대한 권리(배당, 지분권)를 행사할 수 있으며, 회사를 정리할 때 잔여재산처분의 최종적 참여자가 된다.

③ 우선주(Preferred Stock)
 ㉠ 보통주보다 배당금을 지급받는 순위에서 우선권을 가지지만 의결권은 제한적이다.
 ㉡ 보통주보다 투자의 안전성이 크기 때문에 보수적 투자자에게 인기가 높다.

(2) 간접금융을 통한 자본조달

기업이 자금을 조달할 때 일반투자자로부터 직접 투자받지 않고, 금융기관을 중개로 활용하는 방식이다. 즉, 은행차입, 매입채권, 팩토링 등의 방법으로 자금을 확보한다.

(3) EBITDA

이자, 법인세, 감가상각비 차감 전 영업이익으로, 기업이 영업활동을 통해 벌어들인 현금창출능력을 나타내는 수익성지표를 말한다.

> EBITDA = 당기순이익 + 이자비용(I) + 법인세(T) + 감가상각비(D : 무형자산상각비 포함)
>   = 영업이익(EBIT) + 감가상각비(D)

보통주 vs. 우선주
보통주는 의결권을 통해 회사 경영에 참여할 수 있는 권리를 갖는다. 반면, 우선주는 의결권이 없는 대신 보통주보다 먼저 배당을 받을 수 있는 우선적 권리가 부여된 주식이다. 따라서 안정적인 배당 수익을 선호하는 투자자에게 적합하다.

01 다음 설명이 맞으면 ○, 틀리면 ×표 하세요.

(1) 투자 결정은 미래현금흐름과 영업위험에 영향을 미치며 재무상태표상 차변 항목을 구성한다. ( )

(2) 자본조달 결정이란 기업이 부담해야 할 자본비용을 최소화하는 자본구조를 구성하기 위해 타인자본과 자기자본의 구성 비율을 결정하는 것이다. ( )

(3) 일반적으로 현재의 1억 원은 미래의 1억 원보다 가치가 작다. ( )

(4) 일반적으로 보유한 개별자산의 위험은 평균으로 측정한다. ( )

02 다음 빈칸에 알맞은 말을 고르거나 적으세요.

(5) 기업의 목표를 달성하기 위해 한정된 재무적 자원에 대한 의사결정과 관련된 활동을 ( )관리라고 한다.

(7) 재무관리의 목표는 미래 현금흐름의 현재가치 합인 ( )가치를 극대화하는 것이다.

(7) 특정 미래의 일정 금액을 현재 시점에서 평가한 가치를 ( )가치라고 한다.

(8) 기업이 자본을 조달하는 과정에서 자본제공자에게 지급하는 이자나 배당과 같은 반대급부를 ( )비용이라고 한다.

(9) 이자와 법인세, 감가상각비를 차감하기 전의 이익으로, 기업의 현금창출 능력을 나타내는 수익성 지표를 ( )라고 한다.

| 정답 |
(1) ○ (2) ○ (3) × (4) × (5) 재무 (6) 기업 (7) 현재 (8) 자본 (9) EBITDA

| × 해설 |
(3) 일반적으로 현재의 1억 원은 미래의 1억 원보다 가치가 크다.
(4) 일반적으로 보유한 개별자산의 위험은 표준편차(분산)로 측정한다.

출제 0순위 공략! 꼭 풀어야 할 대표문제

01

202×년 3월 20일에 발행된 액면가 1,000만 원의 국채가 있다고 하자. 1년 후에 60만 원, 2년 후에 60만 원, 3년 후에 1,060만 원을 지급하기로 되어 있다. 이에 대한 설명으로 적절하지 <u>않은</u> 것을 모두 고르면?

> A. 이 채권의 이표이자율은 6%다.
> B. 이 채권은 만기가 3년인 이표채다.
> C. 1년 후 이 채권의 가격은 1,000만 원보다 낮아질 수 없다.
> D. 2년 후 1년 만기 이자율이 6%라면 2년 후 채권의 가격은 1,000만 원이다.

① A ② B ③ C
④ D ⑤ A, C

대표개념 키워드 채권, 이표이자율

| 해설 |

문제의 국채는 액면가 1,000만 원에 대해 매년 60만 원을 지급하므로 이표이자율은 6%며, 3년 후에 액면가를 지급하는 국채이므로 3년 만기 이표채라고 할 수 있다. 채권이 발행된 후 시장 이자율이 6%보다 높아진다면 이 채권의 가격은 액면가보다 낮아지며, 시장이자율이 6%보다 낮아진다면 채권의 가격은 액면가보다 높아지고, 시장이자율이 6%라면 채권의 가격은 액면가와 동일하게 된다. 즉, 채권도 액면가보다 낮아질 수 있다.

정답 | ③

02

일반적으로 주식 투자를 할 때 분산투자를 하는 이유는 위험을 줄이기 위해서이다. 분산투자에 대한 다음 설명 중 적절한 것을 모두 고르면?

> A. 투자위험은 포트폴리오 수익률의 분산으로 알 수 있다.
> B. 분산투자할 때 위험을 최소화할 수 있는 자산의 투자 비율이 존재한다.
> C. 아무리 분산투자를 하더라도 개별 기업이 보유하고 있는 고유위험은 사라지지 않는다.
> D. 공매와 차입이 허용되면 자산 간 상관계수가 낮을수록 위험감소 효과는 더 크게 나타난다.
> E. 헤지펀드 같은 대체투자상품을 포트폴리오에 포함시키는 이유는 다른 상품과 상관계수가 낮기 때문이다.

① A, B, C ② A, B, E
③ B, C, D ④ B, C, E
⑤ C, D, E

대표개념 키워드 포트폴리오, 분산투자

| 해설 |

A. 포트폴리오를 구성하는 가장 큰 목적은 위험을 축소시키기 위함이다. 이때 위험은 구성 자산 수익률의 분산(표준편차)을 통해 산출된다.
B. 자산 간 상관계수가 낮을수록 위험감소 효과는 높아지므로, 분산투자 시 위험을 최소화하는 비율이 존재한다.
E. 최근 헤지펀드와 같은 대체투자상품이 포트폴리오의 한 방편으로 각광받는 이유도 다른 투자자산과 상관계수가 낮기 때문이다.

| 오답 피하기 |

C. 분산투자를 하면 기업 고유의 위험이 제거되는 반면 모든 기업에 공통적으로 적용되는 요인(체계적 요인)에 대한 위험은 제거되지 않는다.
D. 자산의 공매와 차입이 허용될 때는 상관계수가 낮을수록 위험이 오히려 증대된다.

정답 | ②

핵심테마 67 | 재무관리의 주요원리

03

주식 투자 위험은 분산투자로 위험을 피할 수 있는 여부에 따라 체계적 위험과 비체계적 위험으로 구분한다. 다음 중 비체계적 위험과 관련이 높은 것을 모두 고르면?

| 보기 |
A. "노르웨이 발 악재…. 환율 8.1원 급등"
B. "고객 돈 유용 M 보험 설계사 등록 취소"
C. "치솟는 국제 유가…. 경기 둔화 부담 가중"
D. "K사 5일간 셧다운…. 노조 파업에 초강수"

① A, B
② A, C
③ A, D
④ B, C
⑤ B, D

대표개념 키워드 분산투자, 체계적 위험, 비체계적 위험

| 해설 |
포트폴리오(분산투자)를 통해 감소하는 위험을 비체계적 위험이라고 하고, 감소되지 않는 위험을 체계적 위험이라고 한다. 체계적 위험의 대표적인 예로는 경기변동, 환율, 국제유가, 정부 정책 등이 있으며, 비체계적 위험의 대표적인 예로는 기업의 경영성과, 노조 문제, 재무 구조 등이 있다.
B와 D는 특정 기업과 특정 개인의 개별적 문제이므로 비체계적 위험에 해당한다. 반면, A와 C는 시장과 산업 등 전체에 영향을 미치는 문제로 체계적 위험에 해당한다.

정답 | ⑤

04

다음은 물류기업 L사의 20X5년 손익 관련 자료이다. 이 자료를 바탕으로 L사의 (A) EBITDA(상각 전 영업이익)와 (B) 당기순이익을 올바르게 산출한 것은?

(단위 : 억 원)

- 매출액 : 3,000
- 매출원가 : 1,800 (단, 물류 센터 설비에 대한 감가상각비 200 포함)
- 판매비와 관리비 : 700 (단, 브랜드 사용권에 대한 무형자산상각비 50 포함)
- 이자비용 : 100
- 법인세율 : 20%
  (제시되지 않은 기타 영업외수익 및 비용은 없다고 가정한다.)

	(A) EBITDA	(B) 당기순이익
①	500	320
②	500	400
③	750	320
④	750	400
⑤	850	320

대표개념 키워드 EBITDA, 당기순이익

| 해설 |
- 영업이익＝매출액(3,000)－매출원가(1,800)－판관비(700)＝500(억 원)
  손익계산서의 기본 구조에 따라 계산한다. 감가상각비는 이미 원가와 판관비에 포함되어 있으므로(차감된 상태), 영업이익 계산 시에는 별도로 조정하지 않는다.
- (A) EBITDA＝영업이익(500)＋감가상각비(200)＋무형자산상각비(50)＝750(억 원)
  EBITDA는 영업이익에 비현금성 비용인 감가상각비와 무형자산상각비를 다시 더해주는(Add－back) 개념이다. 즉, 기업의 실질적인 현금 창출력을 보기 위한 것으로 이해해야 한다.
- (B) 당기순이익은 영업이익에서 영업외비용(이자비용)을 빼고, 세금을 납부한 후의 최종 이익이다.
  － 법인세차감전순이익＝영업이익(500)－이자비용(100)＝400(억 원)
  － 법인세 비용＝법인세차감전순이익(400)×세율(20%)＝80(억 원)
  － 당기순이익＝법인세차감전순이익(400)－법인세 비용(80)＝320(억 원)

정답 | ③

핵심테마 68 재무관리와 투자의사결정

1 투자의사결정

(1) 투자안의 성격에 따른 분류
① 독립적 투자안 : 하나의 투자안에 대한 의사결정이 다른 투자안의 의사결정에 영향을 미치지 않는 투자안을 의미한다.
② 상호배타적 투자안 : 여러 투자안 중 하나의 투자안에 대한 의사결정이 다른 투자안의 의사결정에 영향을 미치는 투자안을 의미한다.

(2) 투자안의 경제성 평가방법
① 순현재가치법(Net Present Value : NPV)
  ㉠ 투자안으로부터 예상되는 현금유입의 현재가치에서 현금유출의 현재가치를 차감한 값을 의미한다.

$$NPV = \sum_{t=1}^{n} \frac{CF_t}{(1+r)^t} - I_0$$

(CF_t=투자수명 기간별 현금 흐름, r=할인율(자본비용), I_0=초기투자금액)

  ㉡ 순현재가치를 기준으로 투자 여부를 판단할 경우, 순현재가치가 양(+)이면 투자안을 채택하고, 순현재가치가 음(-)이면 투자안을 기각한다. 즉, NPV의 기준은 0이다.

② 내부수익률법(Internal Rate of Return : IRR)
  ㉠ 투자안의 미래 현금유입의 현재가치를 현금유출의 현재가치와 같게 만드는 할인율로, 다음과 같이 구한다. 즉, NPV가 0이 되는 r를 구하는 것과 같다.

$$\sum_{t=i}^{n} \frac{CF_t}{(1+r)^t} = I_0, \ r = IRR$$

  ㉡ 내부수익률법에 의하면, 내부수익률이 자본비용보다 크면 즉, 초과이익이 발생하면 투자안을 채택하고 자본비용보다 작으면 기각한다.

③ 수익성 지수법(Profitability Index Method : PI)
  ㉠ 순현가의 유사한 개념으로 다음과 같이 현금 유입의 현재가치를 현금유출의 현재가치로 나누어 구할 수 있다.

$$PI = \frac{\sum_{t=i}^{n} \frac{CF_t}{(1+r)^t}}{I_0}$$

  ㉡ 수익성 지수(PI)는 단위 투자액당 투자가치를 의미하며 PI가 1보다 크면 NPV가 양(+)이므로 투자안을 채택한다. 즉, 수익성 지수(PI)의 기준은 1이다.

순현재가치법(NPV)의 의사결정 기준
NPV는 투자로 인해 기업가치가 얼마나 증가하는지를 보여주는 절대 금액 지표이다.
- NPV>0 : 투자안의 수익률이 자본비용(요구수익률)보다 높으므로 투자안을 채택한다.
- NPV<0 : 투자안의 수익률이 자본비용보다 낮으므로 투자안을 기각한다.

2 자본비용과 자본구조

(1) 자본비용(Cost of Capital)의 개념
① 기업이 자본사용(자기자본 및 타인자본)의 대가로 부담하는 비용으로, 자본 제공자의 입장에서는 요구수익률 또는 기대수익률(Expected Rate of Return)로 볼 수 있다.
② 이자율 또는 할인율로 측정이 되고 자본을 조달한 기업의 입장에서는 최소한의 수익률의 의미가 된다.

(2) 자본비용의 구분
① 자기자본비용(Cost of Equity)
  ㉠ 자기자본을 조달할 경우 부담해야 하는 비용이다.
  ㉡ 주주가 특정기업의 주식에 투자할 때 기대하는 요구수익률로, 이자처럼 명시적 비용이 아닌 기회비용이므로 측정이 어렵다.
  ㉢ 이론적으로는 자본자산가격결정모형(CAPM)에 의해 구한 주식의 기대수익률을 자기자본비용으로 간주한다.
② 타인자본비용(Cost of Debt)
  ㉠ 타인자본비용은 부채로 자금을 조달할 경우 기업이 부담해야 하는 비용으로 명시적 이자 외에 조달에 수반된 각종 비용을 포함한다.
  ㉡ 기업의 이자비용은 법인세 계산 시 비용으로 처리되어 세금부담을 줄이기 때문에 세후 기준으로 타인자본비용을 측정한다. 즉, '이자비용 × 법인세율' 만큼 세금을 절약할 수 있다.
  ㉢ 기업은 타인자본을 이용하는 대가로 '이자율 × (1 − 법인세율)' 만큼의 비용을 부담한다.

(3) 자본구조의 개념
① 자본구조란 자기자본과 타인자본의 구성비율을 의미한다.
② 일반적으로 부채사용기업의 자본비용은 가중평균자본비용(Weighted Average Cost of Capital : WACC)이라는 개념을 활용한다.
③ 가중평균자본비용이란 기업의 자본구조를 반영한 기업 전체의 자본비용이며, 우선적으로 측정된 원천별 자본비용을 각 비중별로 가중평균하여 계산한다.
④ 이것이 바로 기업 전체의 총자본비용이라 할 수 있다. 일반적으로 가중평균자본비용은 다음과 같다.

$$WACC = K_d \times (1-t) \frac{타인자본}{타인자본 + 자기자본} + K_e \times \frac{자기자본}{타인자본 + 자기자본}$$

(K_d : 타인자본비용, K_e : 자기자본비용, t : 법인세율)

자기자본비용 > 타인자본비용
일반적으로 자기자본비용이 타인자본비용보다 높다. 그 이유는 첫째, 회사가 파산할 경우 채권자(타인자본 제공자)가 주주(자기자본 제공자)보다 먼저 변제받으므로 주주가 더 높은 위험을 부담하기 때문이다. 둘째, 타인자본에 대한 대가(이자)는 세금 절감 효과가 있기 때문이다.

부채의 법인세 절감 효과 (Tax Shield Effect of Debt)
기업이 자본을 조달할 때 부채(타인자본)를 사용하면 지급하는 이자비용이 법인세 계산 시 비용으로 인정되어 세금을 줄여주는 효과가 있다. 이 때문에 가중평균자본비용(WACC) 계산 시 타인자본비용에는 반드시 법인세율을 고려한 (1−t)를 곱해주어야 한다.

(4) **타인자본(부채)과 가중평균자본비용(WACC)**
   ① 일반적으로 타인자본비용이 자기자본비용보다 낮다.
   ② 타인자본의 비중을 늘리면 가중평균자본비용을 낮출 수 있고 기업가치는 상승한다.
   ③ 타인자본, 즉 부채의 비중을 계속해서 늘려나가면 재무위험이 증가한다.

(5) **기타 자본조달 방법**
   ① 기업어음(Commercial Paper : CP) : 기업이 자금 조달을 목적으로 발행하는 어음 형식의 단기채권을 의미한다.
   ② 전환사채(Convertible Bond : CB) : 일반적 사채와 달리 주식전환권이 포함되어 있는 사채를 의미한다.
   ③ 신주인수권부사채(Bond with Warrant : BW) : 사채에 신주를 배정받을 수 있는 권리가 부여된 사채를 의미한다.
   ④ 교환사채(Exchange Bond : EB) : 일정 기간 경과 후 발행사가 보유하고 있는 다른 회사 주식으로 교환할 수 있는 권리가 부여된 사채를 의미한다.
   ⑤ 영구채(Perpetual Bond : PB) : 영구채는 일반 사채와 달리 만기가 매우 길다는 것이다.

메자닌 금융 (Mezzanine Financing)
건물의 1층과 2층 사이에 있는 라운지 공간을 의미하는 '메자닌'에서 유래한 용어로, 채권과 주식의 성격을 모두 가진 금융상품을 말한다. 주식으로 전환할 수 있는 전환사채(CB)나 신주를 인수할 권리가 부여된 신주인수권부사채(BW)가 대표적인 예이다.

01 다음 설명이 맞으면 ○, 틀리면 ×표 하세요.

(1) 순현재가치법(NPV)은 투자를 통해 기업가치가 얼마만큼 변화하는지를 금액으로 보여준다. ( )

(2) IRR은 투자안의 미래 현금유입의 현재가치를 현금유출의 현재가치와 같게 만드는 할인율이다. ( )

(3) 수익성 지수법은 순현가의 유사한 개념으로 현금 유입의 현재가치를 현금유출의 현재가치로 나누어 구할 수 있다. ( )

(4) 가중평균자본비용이란 기업의 자본구조를 반영한 기업 전체의 자본비용이며, 우선적으로 측정된 원천별 자본비용을 각 비중별로 가중평균하여 계산한다. ( )

(5) 일반적으로 자기자본비용이 타인자본비용보다 낮다. ( )

(6) 순현재가치가 '1'보다 크면 투자가치가 있다는 것을 의미하고, '1'보다 작으면 투자가치가 없다는 것을 나타낸다. ( )

02 다음 빈칸에 알맞은 말을 고르거나 적으세요.

(7) 투자안으로부터 예상되는 현금유입의 현재가치에서 현금유출의 현재가치를 차감한 값을 (　　　)가치(NPV)라고 한다.

(8) 내부수익률이 (　　)비용보다 크면 투자안을 채택하고 작으면 기각한다.

(9) 기업이 자본사용의 대가로 부담하는 비용으로서 자본 제공자의 입장에서는 요구수익률 또는 기대수익률로 볼 수 있는 것을 (　　)비용이라고 한다.

(10) 기업의 이자비용은 법인세 계산 시 비용으로 처리되어 세금부담을 줄이기 때문에 (　　) 기준으로 타인자본비용을 측정한다.

(11) 기업이 자금 조달을 목적으로 발행하는 어음 형식의 단기채권을 (　　)어음(CP)이라고 한다.

| 정답 |
(1) ○　(2) ○　(3) ○　(4) ○　(5) ×　(6) ×　(7) 순현재　(8) 자본　(9) 자본　(10) 세후　(11) 기업

| × 해설 |
(5) 일반적으로 자기자본비용이 타인자본비용보다 높다.
(6) 순현재가치로 투자가치를 판단하는 기준은 '1'이 아닌 '0'이다.

01

다음 중 주식에 대한 다음 설명으로 가장 적절하지 않은 것은?

① 주식배당, 무상증자, 주식분할은 모두 거래량이 증대된다는 점에서 공통점이 있다.
② 자기주식을 취득하게 되면 주식 유통 물량이 감소하여 기업의 주가가 상승하는 효과가 있다.
③ 주식배당은 배당지급에 소요되는 자금의 외부 유출을 막을 수 있지만 이익배당을 한 것과 동일한 효과는 기대할 수 없다.
④ 주식병합은 기업의 자본금이나 자산에는 변화가 없지만, 발행된 주식수가 줄어들어 주가의 조정이나 주주관리비의 절감 효과 등이 발생할 수 있다.
⑤ 원칙적으로 주식 분할로는 아무런 이득이 생기지 않지만, 주가가 오르는 효과도 얻을 수 있는데, 이러한 현상은 주식 거래자들이 주가가 저렴해졌다고 느끼는데에서 기인하는 현상이다.

대표개념 키워드 주식배당, 주식분할

| 해설 |
주식배당은 현금 대신 신주를 발행하여 주주에게 배당하므로 배당지급에 소요되는 자금의 외부 유출을 막을 수 있으며 이익잉여금을 자본금으로 전환하는 것이므로 이익배당을 한 것과 동일한 효과가 발생할 수 있다.

정답 | ③

02

자본비용에 대한 다음 설명 중 적절한 것은?

① 우선주는 채권과 주식의 중간 형태라 할 수 있기 때문에 자기자본비용보다 높다.
② 배당수익률은 일반적으로 시장이자율에 비해 낮기 때문에 자기자본 비용이 더 낮다.
③ 부채에 대한 자본비용은 이자율의 개념이고 자기자본비용은 배당수익률을 의미한다.
④ 자기자본비용과 타인자본비용의 평균개념인 가중평균자본비용(WACC)은 항상 자기자본비용보다 높다.
⑤ 여러 사업부가 존재하는 기업에서 WACC를 기준으로 투자 결정을 할 경우에는 위험이 높은 사업부가 자금을 더 많이 사용할 가능성이 높다.

대표개념 키워드 자본비용, WACC

| 해설 |
여러 사업부가 존재하는 기업에서 WACC를 기준으로 투자 결정을 하는 경우에 위험이 높은 사업부는 상대적으로 더 낮은 WACC를 사용하여 투자안의 순현재가치(NPV)가 커지는 효과를 가지게 되므로 자금을 더 많이 사용할 가능성이 있어 유리해질 수 있다.

| 오답 피하기 |
① 우선주는 채권과 주식의 중간 형태라 할 수 있기 때문에 일반적으로 자기자본비용보다 낮고 부채비율보다 높다.
②③ 부채의 자본비용은 이자율이다. 그러나 자기자본에 대한 비용은 배당수익률에 향후 기업의 성장 가능성까지 포함해야 한다. 따라서 자기자본비용이 부채에 대한 비용보다 더 크다고 할 수 있다.
④ 일반적으로 자기자본비용은 타인자본비용보다 크고, WACC는 이들의 비중 평균인 만큼 자기자본비용보다 높지 않을 수 있다.

정답 | ⑤

68 | 재무관리와 투자의사결정

03

다음은 A사와 B사의 주식 정보를 정리한 내용이다. CAPM(자본자산가격결정모형)이 성립한다고 가정할 때, A사와 B사의 요구수익률 차이를 구하면?

<A사, B사의 주식 정보>

구분	값
A사 주식 베타(β)	1.5
B사 주식 베타(β)	0.9
시장포트폴리오 기대수익률	11%
무위험수익률	5%

① 2.4%
② 3.0%
③ 3.6%
④ 4.2%
⑤ 4.8%

대표개념 키워드 CAPM

| 해설 |
CAPM 공식을 이용하여 요구수익률을 계산한다.

$$E(R_i) = R_f + \beta \times [E(R_m) - R_f]$$

- 시장위험프리미엄 = $E(R_m) - R_f$ = 11% - 5% = 6%
- A사의 요구수익률 = 5% + 1.5 × 6% = 14%
- B사의 요구수익률 = 5% + 0.9 × 6% = 10.4%

따라서 A사와 B사의 요구수익률의 차이는 14% - 10.4% = 3.6%이다.

정답 | ③

핵심테마 69 | 파생상품

1 파생상품의 이해

(1) 개념
① 파생상품이란 농산물·비철금속·귀금속·에너지 등의 실물자산 및 통화·주식·채권 등의 금융자산과 같은 기초자산의 가격 또는 그 지수 등으로부터 경제적 가치가 파생되어 만들어진 상품 또는 계약을 말한다.
② 기초자산의 가격 변동에 따라 가치가 변하는 금융상품이다.

(2) 성격
① 파생상품은 위험 회피(Risk Hedge) 기회를 제공한다.
② 투자자는 자신의 위험 선호도에 따라 다양한 파생상품을 이용하여 자산을 구성할 수 있다.

(3) 종류
① 옵션(Option)
  ㉠ 특정 시점에 미리 정해진 가격으로 해당 자산을 매입하거나 매도할 수 있는 권리를 거래하는 계약이다.
  ㉡ 매입할 수 있는 권리는 콜옵션(Call Option)이라고 하며, 매도할 수 있는 권리를 풋옵션(Put Option)이라고 한다.
  ㉢ 옵션은 기초자산의 시장가격과 권리행사가격의 관계에 따라 내가격(In the Money), 등가격(At the Money), 외가격(Out of the Money)으로 구분된다.

구분	콜옵션	풋옵션
내가격(ITM)	SP>AP*	SP<AP
등가격(ATM)	SP=AP	SP=AP
외가격(OTM)	SP<AP	SP>AP

*SP : 시장가격(Spot Price), AP : 권리행사가격(Exercise Price)

② 선도(Forward)거래
  ㉠ 미래의 일정 시점에 정해진 가격으로 자산을 매매하기로 약정하는 장외거래이다.
  ㉡ 계약 조건이 개별적으로 협의되며, 거래 상대방의 신용위험이 존재한다.
③ 선물(Future)거래
  ㉠ 거래소에서 표준화된 계약조건으로 이루어지는 선도거래의 한 형태이다.
  ㉡ 거래소가 개입하여 결제이행을 보증하므로 신용위험이 상대적으로 낮다.
  ㉢ 가격변동 위험을 관리하고 미래 가격을 예측하여 새로운 투자기회를 제공한다.
  ㉣ 선물거래의 특징은 일일정산제도와 증거금제도이다.

일일정산제도	· 거래소는 매일 시장가격 변동에 따라 선물계약의 손익을 일일 단위로 결제한다. · 계약 불이행 위험을 없애고 선물시장의 유동성을 높이는 데 크게 기여한다.
증거금제도	선물거래의 이행을 보장하기 위해 거래소가 요구하는 예치금 제도로, 개시증거금, 유지증거금, 추가증거금으로 구분된다.

선도거래	선물거래
비표준화된 장외거래	표준화된 거래소 거래
신용위험 존재	신용위험 거의 없음

증거금제도
· 개시증거금 : 계약 체결 시 최초로 납부하는 증거금
· 유지증거금 : 선물 포지션을 유지하기 위한 최소한의 증거금 수준
· 추가증거금 : 일일정산 결과 손실로 인해 증거금이 유지 수준보다 낮아졌을 때 거래소가 마진콜(Margin Call)을 통해 추가 납부를 요구하는 금액

④ 스톡옵션(주식매수선택권, Stock Option)
  ㉠ 회사가 임직원 등에게 부여하는 권리로서, 일정 기간이 지난 후에 미리 정해진 가격으로 회사 신주를 인수하거나 자기주식을 매수할 수 있는 권리를 말한다.
  ㉡ 콜옵션의 한 형태로, 기업의 인센티브 제도로 활용된다.
  ㉢ 장점
    • 근로자의 근로의욕을 상승시키고 기업의 생산성을 향상시킬 수 있다.
    • 고급 인력 채용 및 이탈 방지에 도움이 된다.
    • 상여금을 현금으로 지급하는 것에 대한 부담을 감소시킨다.
  ㉣ 단점
    • 불황 등으로 경영 노력이 주가에 반영되지 않거나, 스톡옵션 부여 기준이 불명확한 경우 직원의 사기가 저하될 수 있다.
    • 주식 가치가 희석되어 기존 주주의 경제적 손실 가능성이 있다.
    • 주가 급등 후 핵심 인력의 퇴사 가능성 등 부작용이 발생할 수 있다.

개념반복! 약점체크! 쪽지시험

01 다음 설명이 맞으면 ○, 틀리면 ×표 하세요.

(1) 파생상품은 기초자산의 가격으로부터 경제적 가치가 파생되도록 만들어진 상품으로, 금융자산은 취급하지 않는다.
(　　)

(2) 파생상품시장은 미래의 일정 시점 또는 일정 요건이 충족되면 행사할 수 있는 권리를 매매하는 시장이다. (　　)

(3) 매입할 수 있는 권리는 풋옵션(Put Option), 매도할 수 있는 권리는 콜옵션(Call Option)이라고 한다. (　　)

(4) 스톡옵션은 일정 기간이 지난 후에 회사의 주식을 미리 정해둔 가격으로 인수하거나 회사의 자기 주식을 매수할 수 있는 권리를 의미한다. (　　)

(5) 작은 스타트업이나 벤처기업의 경우 스톡옵션 제도를 통해 고급인력을 원활하게 채용할 수 있다. (　　)

02 다음 빈칸에 알맞은 말을 고르거나 적으세요.

(6) 기초자산의 가격변화에 따라 변하는 금융상품으로 이해할 수 있는 것을 (　　)상품이라고 한다.

(7) 특정일에 미리 정한 가격으로 해당 대상을 매입할 수 있는 권리를 (　　)이라 한다.

(8) 미래에 있을 재화와 화폐의 거래를 현 시점에서 하는 것을 (　　)거래라고 한다.

(9) 회사가 임직원에게 일정 기간이 지난 후에 회사의 주식을 미리 정해둔 가격으로 매수할 수 있는 권리를 부여하는 것을 (　　)이라고 한다.

| 정답 |
(1) × (2) ○ (3) × (4) ○ (5) ○ (6) 파생 (7) 콜옵션 (8) 선도 (9) 스톡옵션

| × 해설 |
(1) 파생상품이란 농산물·비철금속·귀금속·에너지 등의 실물자산 및 통화·주식·채권 등의 금융자산과 같은 기초자산의 가격 또는 그 지수 등으로부터 경제적 가치가 파생되도록 만들어진 상품 또는 계약을 말한다.
(3) 매입할 수 있는 권리는 콜옵션(Call Option)이라 하며 매도할 수 있는 권리를 풋옵션(Put Option)이라고 한다.

출제 0순위 공략! 꼭 풀어야 할 대표문제

01

다음 사례에서 A씨가 선물거래에서 얻는 손익은 얼마인가?

> 햄버거 가게를 하고 있는 A씨는 감자를 재배하고 있는 B씨에게 감자 100kg을 구매하려고 한다. 202×년 3월 현재 감자는 100kg당 10만 원에 거래되고 있고, A씨는 감자수확이 끝나는 9월 1일에 감자 100kg을 B씨에게 10만 원에 구매하기고 하는 선물계약을 맺었다. 이후 9월 1일 현물시장에서 감자는 100kg당 12만 원에 거래가 되고 있다.

① 손익없음
② 2만 원 손실
③ 2만 원 이익
④ 4만 원 손실
⑤ 4만 원 이익

대표개념 키워드 선물거래

| 해설 |
선물거래에서 매입(Long Position)은 만기일에 기초자산을 선물가격으로 매입할 것을 계약한 것이며, 선물거래에서 매도(Short Position)는 만기일에 기초자산을 선물가격으로 매도할 것을 계약한 것이다. 선물거래를 매입한 투자자는 기초자산 가격이 오를수록 이익을 보며, 선물거래를 매도한 투자자는 기초자산 가격이 떨어질수록 이익을 본다. 따라서 현물가가 선물가보다 올라갔으므로 A씨는 2만 원 이익을 보는 것이고 B씨는 2만 원 손해를 본다.

정답 | ③

02

다음은 선물거래와 선도거래를 비교한 표이다. 빈칸에 들어갈 단어를 바르게 연결한 것은?

구분	선물거래	선도거래
표준화 여부	A	B
거래 장소	거래소	장외 시장
결제 시점	C	D
유동성	높음	낮음

	A	B	C	D
①	표준화	표준화	일일 정산	일일 정산
②	표준화	비표준화	일일 정산	만기일 정산
③	표준화	비표준화	만기일 정산	일일 정산
④	비표준화	표준화	일일 정산	만기일 정산
⑤	비표준화	비표준화	만기일 정산	만기일 정산

대표개념 키워드 선물거래, 선도거래

| 해설 |
- 선물거래는 거래소에서 표준화된 계약조건으로 이루어지는 거래 형태로, 거래소는 매일 시장가격 변동에 따라 선물계약의 손익을 일일 단위로 결제한다. 이러한 일일정산제도는 계약 불이행 위험을 완화하고 선물시장의 유동성을 높이는 데 기여한다.
- 선도거래는 미래 일정 시점에 정해진 가격으로 자산을 매매하기로 약정하는 장외거래이다. 계약 조건이 당사자 간 개별 협의로 이루어져 비표준화되어 있으며, 거래상대방 위험이 상대적으로 크다. 또한, 선물거래와는 달리 일일정산제도가 없고, 만기일에 손익을 일괄적으로 정산하는 만기일 정산 방식을 택하고 있다.

정답 | ②

핵심테마 70 | 재무비율 분석

1 재무비율의 개념

① 한국산업은행의 기업재무분석에서는 기업의 재무상태를 평가하기 위해 활용할 수 있는 재무비율을 총 68개로 제시하고 있다.

> 안전성 비율 14개, 수익성 비율 25개, 활동성 비율 9개, 성장성 비율, 5개, 생산성 비율 15개

② 재무비율분석은 기업의 현재 재무상태와 손익구조를 파악하여 향후 의사결정 및 경영계획 수립에 도움을 준다.

2 재무비율 분석의 종류

종류	의미	대표적 예	
안정성 분석	기업의 장·단기 채무의 상환능력을 평가하는 비율	유동성 비율	유동비율, 당좌비율
		레버리지 비율	부채비율, 이자보상비율, 자기자본 비율
효율성 분석	자산이 얼마나 효율적으로 이용되고 있는지를 나타내는 비율	총자산회전율, 재고자산회전율, 매출채권회전율	
수익성 분석	기업의 이익창출능력을 측정하는 비율	자기자본이익률, 총자산이익률, 매출총이익률 등	
성장성 분석	매출, 자산, 이익 등의 성장 정도를 나타내는 비율	매출액증가율, 총자산증가율, 자기자본증가율 등	
시장가치 분석	기업의 주가와 재무제표 항목 간의 관계를 나타내는 비율	주가이익비율, 주가순자산비율	

재무비율 분석의 한계
재무비율은 기업을 이해하는 유용한 도구이지만, 과거 데이터를 기반으로 하기 때문에 미래를 직접 예측하지는 못한다. 또한, 산업의 특성이나 회계 처리 방법의 차이를 고려하지 않고 절대적인 수치만으로 기업을 판단하는 것은 위험하며, 분식회계 등으로 인해 비율이 왜곡될 수도 있다는 점을 유의해야 한다.

(1) 안정성 분석

① **유동성 비율**: 기업의 단기적 지급능력을 평가하는 지표로, 유동비율과 당좌비율이 대표적이다.

㉠ 유동비율

$$유동비율 = \frac{유동자산}{유동부채} \times 100$$

- 유동비율이 높다는 것은 자산을 쉽게 현금화할 수 있음을 의미한다.
- 쉽게 현금화될 수 있는 자산은 단기채무변제에도 용이하며, 이는 갑작스러운 재무위험에 유기적으로 대응할 수 있다는 점을 시사한다.
- 일반적으로 유동부채의 약 2배 정도의 유동자산(200%)이 있으면 적당하다고 판단한다.
- 과도하게 높은 유동비율은 자산이 비효율적으로 운용되고 있음을 의미할 수 있다.

유동비율과 당좌비율
유동비율과 당좌비율이 일치할수록 재고자산이나 선급비용이 없음을 의미한다. 외부환경변수에 많은 영향을 받는 제조업체의 경우 유동비율과 당좌비율의 차이가 크다.

핵심테마 70 | 재무비율 분석

ⓒ 당좌비율

$$당좌비율 = \frac{당좌자산}{유동부채} \times 100 = \frac{(유동자산 - 재고자산)}{유동부채} \times 100$$

- 유동자산에서 재고자산을 제외한 금액을 유동부채와 비교한 비율을 의미한다.
- 당좌비율은 재고자산에 의존하지 않고 단기 채무를 변제할 수 있는 능력을 측정하는 지표로 일반적으로 100%이면 적정한 수준으로 판단한다.
- 당좌비율이 낮다는 것은 재고자산 비중이 높아 유동성이 부족할 수 있음을 의미한다.

② 레버리지 비율 : 타인자본 의존도와 부채의 원리금 지급능력을 평가하는 지표로, 부채비율, 이자보상비율, 자기자본비율이 대표적이다.

㉠ 부채비율

$$부채비율 = \frac{부채}{자기자본} \times 100$$

- 자기자본 대비 타인자본의 비율을 나타내는 지표이다.
- 부채비율은 기업의 재무구조 안정성을 판단하는 데 활용되며, 비율이 높을수록 채권자 보호 가능성이 낮아지고 재무위험이 커질 수 있다.
- 일반적으로 부채비율이 100% 이하인 경우, 자기자본이 부채보다 상대적으로 더 많음을 의미하므로 타인자본 의존도가 낮고 재무적으로 안정적인 구조를 갖는다.

ⓒ 이자보상비율

$$이자보상비율 = \frac{영업이익}{이자비용}$$

- 기업이 영업이익으로 이자비용을 지급할 수 있는지를 나타내는 지표이다.
- 이자보상비율이 1 미만이면 영업이익으로 이자조차 지급하지 못함을 의미하며, 3년 연속 1 미만일 경우에는 **한계기업**으로 분류된다.

ⓒ 자기자본비율

$$자기자본비율 = \frac{자기자본}{총자산} \times 100$$

- 총자산 중 자기자본이 차지하는 비율을 의미한다.
- 자기자본비율이 높을수록 자본의 건전성이 우수하고 재무구조가 안정적임을 나타낸다.

(2) 효율성 분석

① 총자산회전율

$$총자산회전율 = \frac{매출원가}{평균총자산}$$

㉠ 기업이 이익을 창출하기 위해 자산을 얼마나 효율적으로 활용했는지를 평가하는 지표이다.
㉡ 회전율이 높을수록 적은 자산으로 더 많은 매출을 창출하고 있음을 의미한다.

한계기업(Marginal Enterprise)
영업활동을 통해 벌어들인 이익(영업이익)으로 금융비용(이자비용)조차 감당하지 못하는 상태가 3년 이상 지속되는 기업을 의미한다. 이는 기업의 재무적 안정성이 크게 훼손된 상태로, 부채상환능력에 심각한 문제가 있음을 시사한다.

총자산회전율의 예시
총자산회전율이 1.5라면, 1년 동안 보유 자산의 1.5배에 해당하는 매출을 올렸다는 것을 의미한다.

② 재고자산회전율

$$재고자산회전율 = \frac{매출원가}{평균재고자산}$$

㉠ 당기 중에 재고자산이 몇 번 판매되었는지를 나타내는 지표이다.
㉡ 재고자산회전율이 높을수록 재고가 빠르게 판매되어 자산 운용 효율이 높음을 의미한다.

③ 매출채권회전율

$$매출채권회전율 = \frac{매출액}{평균\ 매출채권}, \quad 매출채권회전기간 = \frac{365}{매출채권회전율}$$

㉠ 매출채권이 현금화되는 속도를 나타내는 지표이다. 즉, 매출채권인 외상매출금과 받을 어음의 현금화되는 속도를 측정하는 것이다.
㉡ 매출채권회전기간은 매출채권 회수에 걸리는 평균 일수를 의미한다.

(3) **수익성 분석**

① 매출액이익률 : 기업경영활동의 전반적인 효율을 측정한다.

- $매출액이익률 = \dfrac{매출액순이익률}{매출액총순이익률}$

- 매출액순이익률 $= \dfrac{당기순이익}{매출액} \times 100$

- 매출액총순이익률 $= \dfrac{매출총이익}{매출액} \times 100$

② 총자산이익률(ROA)

$$총자산이익률 = \frac{순이익}{평균총자산} \times 100$$
$$= 매출순이익률 \times 총자산회전율$$
$$= \frac{순이익}{매출액} \times \frac{매출액}{총자산}$$

㉠ 경영자가 기업의 영업활동을 수행하기 위해 보유하고 있는 총자산을 얼마나 효율적으로 운영하였는지를 나타내는 수익성 비율이다.
㉡ 이 비율의 변동요인을 분석하기 위해서 매출액순이익률과 총자산회전율의 곱으로 표현할 수도 있다.

③ 자기자본이익률(ROE)

$$자기자본이익률 = \frac{순이익}{평균자기자본} \times 100$$

㉠ 자기자본에 대한 경영성과를 나타내는 비율이다.
㉡ 경영자가 주주자본을 얼마나 효율적으로 운용했는지를 보여주며, 배당정책 수립에도 활용된다.

듀퐁분석(DuPont Analysis)
자기자본이익률(ROE)을 단순히 '순이익/자기자본'으로만 보지 않고, 이를 매출액순이익률(수익성)×총자산회전율(효율성)×재무레버리지(안정성)의 세 가지 요소로 분해하여 기업의 수익성 원천을 다각도로 분석하는 기법이다. 이를 통해 ROE가 높은 원인이 수익성, 효율성, 안정성 중 어디에서 기인하는지를 구체적으로 파악할 수 있다.

핵심테마 70 | 재무비율 분석

성장률 해석 시 유의점
매출액이나 이익의 성장률을 볼 때에는 '기저효과(Base Effect)'를 함께 고려해야 한다. 전년도 실적이 매우 낮았을 경우, 올해 실적이 조금만 좋아져도 성장률은 매우 높게 나타날 수 있다. 따라서 절대적인 금액의 변화와 함께 비율을 해석하는 것이 중요하다.

(4) 성장성 분석

① 총자산증가율(Asset Growth Rate)

$$총자산증가율 = \frac{(당기말총자산 - 전기말총자산)}{전기말총자산} \times 100$$

㉠ 기업이 보유한 총자산이 전기말에 비해 얼마나 증가했는지를 나타내는 비율이다.
㉡ 기업의 전체적인 성장 규모를 측정하는 대표적 지표이다.

② 매출액증가율(Sales Growth Rate)

$$매출액증가율 = \frac{(당기매출액 - 전기매출액)}{전기매출액} \times 100$$

㉠ 기업의 매출액이 전기 대비 얼마나 증감하였는지를 나타내는 비율이다.
㉡ 기업의 시장 확대 및 영업활동 성과를 판단하는 대표적 지표로 활용된다.

③ 영업이익증가율(Operating Profit Growth Rate) : 기업의 본업에서 발생한 영업성과가 얼마나 성장했는지를 나타내는 지표이다.

$$영업이익증가율 = \frac{(당기영업이익 - 전년영업이익)}{전년영업이익} \times 100$$

④ 당기순이익증가율(Net Profit Growth Rate) : 기업의 순이익이 전년 대비 얼마나 증가했는지를 나타내는 비율이다.

$$당기순이익증가율 = \frac{(당기순이익 - 전년순이익)}{전년순이익} \times 100$$

01 다음 설명이 맞으면 ○, 틀리면 ×표 하세요.

(1) 재무비율의 종류는 크게 안정성 분석, 효율성 분석, 수익성 분석, 성장성 분석으로 구분할 수 있다. ( )

(2) 재무비율은 기업의 과거나 현재상태를 분석하는데 용이하지만 미래에 대한 관리의 자료로 활용하기에는 어렵다. ( )

(3) 안정성 분석 중 유동성 비율의 종류에는 유동비율, 당좌비율이 있다. ( )

(4) 총자산회전율이란 기업이 이익을 획득하는 데 자산을 얼마나 효과적으로 이용하고 있는지를 평가하는 것이다. ( )

(5) 자기자본이익률(ROE)은 순이익을 자기자본으로 나눈 값으로, 타인자본의 활용과 배당정책에도 활용한다. ( )

02 다음 빈칸에 알맞은 말을 고르거나 적으세요.

(6) 이자보상배율이 3년 연속으로 1 미만이면 ( ) 기업으로 분류한다.

(7) 당좌비율은 ( ) 자산에 의존하지 않고서도 단기 채무를 변제할 수 있는 능력을 측정하는 것이다.

(8) ( ) 회전율은 당기 중에 재고자산이 몇 번 판매 되었는지를 나타내는 것이다.

(9) 총자산순이익률(ROA)은 보유하고 있는 ( )을 얼마나 효율적으로 운영하였는지 나타내는 수익성 비율이다.

| 정답 |
(1) ○ (2) × (3) ○ (4) × (5) ○ (6) 한계 (7) 재고 (8) 재고자산 (9) 총자산

| × 해설 |
(2) 재무비율은 대차 계정과목을 상호비교하여 기업의 안정성과 자산 및 자본의 이용도나 수익성을 파악하는 것으로 기업의 과거나 현재상태뿐만 아니라 미래에 대한 관리의 자료로 삼는 데 도움이 된다.
(4) 총자산회전율이란 기업이 이익을 획득하는 데 자산을 얼마나 효율적으로 이용하고 있는지 평가하는 것이다. 효과적이라는 것은 목표의 달성 여부를 의미하고, 효율적이라는 것은 투입 대비 산출을 의미한다.

출제 0순위 공략! 꼭 풀어야 할 대표문제

01

다음 중 유동비율을 상승시키는 활동이 아닌 것은?

① 미수금 증가
② 선급금 증가
③ 선수금 증가
④ 매출채권 증가
⑤ 현금성 자산 증가

대표개념 키워드 유동비율

| 해설 |
유동비율은 유동자산을 유동부채로 나눈 값이다. 유동비율이 증가하기 위해서는 유동자산이 증가하거나 유동부채가 감소하면 된다. 선수금은 유동부채 항목이므로, 선수금이 증가하면 유동비율은 감소한다.

| 오답 피하기 |
①②④⑤는 모두 유동자산에 해당하므로, 증가 시 유동비율이 상승한다.

정답 | ③

02

다음 기업의 재무정보를 이용하여 부채비율과 자기자본이익률(ROE)를 구하면?

- 부채총계 40억 원
- 자본총계 80억 원
- 자산총계 120억 원
- 매출총액 100억 원
- 영업이익 20억 원
- 순이익 10억 원

	부채비율(%)	ROE(%)
①	30	12.5
②	30	12.5
③	40	15
④	50	12.5
⑤	50	15

대표개념 키워드 부채비율, 자기자본이익율

| 해설 |
- 부채비율 = $\frac{\text{부채총계}}{\text{자본총계}} = \frac{40}{80} \times 100 = 50\%$
- ROE = $\frac{\text{순이익}}{\text{자본총계}} = \frac{10}{80} \times 100 = 12.5\%$

정답 | ④

핵심테마 71 | 시장가치비율 분석

1 시장가치비율

(1) 개념
① 시장가치비율이란 기업이 시장에서 어떠한 평가를 받고 있는지를 파악하기 위해 주가와 기업가치의 창출요인을 고려하여 산출하는 재무비율이다.
② 대표적인 시장가치비율에는 주가수익비율(PER), 주가순자산비율(PBR), 주가매출액비율(PSR), 주가현금흐름비율(PCR) 등이 있다.

(2) 종류
① 주가이익비율(PER, Price-Earning Ratio : PER)

- 주가이익비율(PER) = $\dfrac{주식가격}{주당이익(EPS)}$
- 주당이익(EPS) = $\dfrac{(당기순이익 - 우선주배당금)}{보통주식수}$

㉠ 주가이익비율은 현재의 주식가격을 주당이익(Earing Per Share : EPS)으로 나눈 비율로, 현재 주식가격이 주당이익의 몇 배로 형성되는지를 나타낸다.
㉡ PER은 재무분석가들이 주식의 저평가 여부를 판단하는 기준으로 활용되기도 한다.

② 주가순자산비율(Price-to-Book Ratio : PBR)

- 주가순자산비율(PBR) = $\dfrac{주식가격}{주당순자산(BPS)}$
- 주당순자산(BPS) = $\dfrac{보통주자기자본}{보통주식수}$

㉠ 주가순자산비율은 현재의 주식가격을 주당순자산(Bookvalue Per Share : BPS)으로 나눈 비율로, 현재 주식가격이 순자산(자기자본) 장부가치의 몇 배로 형성되는지를 나타낸다.
㉡ PBR이 1 이상이면 장부상 가치보다 더 높게 주가가 형성되었다는 의미이고, 1 이하이면 장부상 가치보다 낮게 주가가 형성되었다고 이해할 수 있다.

> **PER이 높은 경우의 해석**
> 주가이익비율(PER)이 높다는 것은 두 가지로 해석될 수 있다. 첫째, 현재 이익에 비해 주가가 상대적으로 고평가되어 있을 가능성이 있다. 둘째, 시장이 해당 기업의 미래 이익 성장 가능성을 높이 평가하고 있음을 의미한다. 따라서 무조건 PER이 낮다고 좋은 것은 아니며, 산업 평균이나 성장 전망과 함께 판단해야 한다.

2 기업의 가치평가

(1) 경제적 부가가치(Economic Value Added : EVA)
① 개념
㉠ 기업의 영업활동을 통해 일정 회계기간 동안 얼마만큼의 부가가치를 창출했는지를 살펴보는 것으로, 법인세를 차감한 후의 영업이익에서 기업활동에 사용된 총자본에 대한 자본비용을 차감한 지표이다.
㉡ 영업활동으로부터 창출된 세후영업이익과 영업활동에 사용된 투하자본의 비용을 비교하여 순경제적 이익을 측정하는 지표라고 할 수 있다.

> **EVA의 활용과 의의**
> 많은 기업은 EVA를 임원 평가 및 보상, 성과관리 지표로 활용한다. 이는 EVA가 투자자본으로부터 기대수익을 초과하는 이익만이 기업가치를 창출한다고 보는 개념에 기반하기 때문이다.

핵심테마 71 | 시장가치비율 분석

회계적 이익 vs 경제적 이익

손익계산서에 나타나는 당기순이익은 '회계적 이익'으로, 자본을 사용한 대가(기회비용)인 '자본비용'을 고려하지 않는다. 반면 EVA(경제적 부가가치)는 세후영업이익에서 자본비용까지 차감한 '경제적 이익'의 개념으로, 진정한 의미에서 기업이 가치를 창출했는지를 측정하는 지표라고 할 수 있다.

② EVA 공식과 이해

$$\begin{aligned} EVA &= 당기순이익(또는\ 세후영업이익) - 자본비용(타인자본비용 + 자기자본비용) \\ &= 세후영업이익 - (가중평균자본비용 \times 투자금액) \\ &= \left(\frac{세후영업이익}{투자금액} - 가중평균자본비용\right) \times 투자금액 \\ &= (투자대비순이익률 - 가중평균자본비용) \times 투자금액 \end{aligned}$$

(2) EV/EBITDA

- EV(기업의 시장가치, Enterprise Value) = 시가총액 + (총 차입금 - 현금성 자산)
- EBITDA(Earnings Before Interest, Taxes, Depreciation and Amortization)
  = 영업이익 + 감가상각비

  세금·이자지급전이익. 계산 방식은 세금과 이자를 내지 않고 감가상각도 하지 않은 상태에서의 이익. 현금흐름대용치로 많이 쓰인다.

① EV를 EBITDA로 나눈 값으로, 해당 기업의 내재가치(수익가치)와 기업가치를 비교하는 투자지표로 활용된다.
② EV/EBITDA가 2배라면 그 기업을 시장가격(EV)으로 매수했을 때 그 기업이 벌어들인 이익(EBITDA)을 2년간 합하면 투자원금을 회수할 수 있다는 의미가 된다.
③ EV/EBITDA가 낮다는 것은 투자 자금의 회수 기간이 짧다는 의미가 된다.

01 다음 설명이 맞으면 O, 틀리면 ×표 하세요.

(1) PER은 일반적으로 보통주와 우선주를 합한 시장가격에 주당이익을 대비시켜 산정한다. ( )

(2) 기업의 미래 이익이 크게 증가할 것으로 예상되면 PER이 낮게 형성된다. ( )

(3) PER은 재무분석가들이 주식의 저평가 여부를 판단하는 기준으로 사용되기도 한다. ( )

(4) EV/EBITDA가 2배라면 그 기업을 시장가격(EV)으로 매수했을 때 그 기업이 벌어들인 이익(EBITDA)을 2년간 합하면 투자원금을 회수할 수 있다는 의미이다. ( )

(5) PER은 기업을 주주자본과 당기순이익을 비교하여 기업의 가치를 판단하는 반면, EV/EBITDA는 채권자 자본도 고려한 총자산과 현금흐름을 비교하여 기업의 가치를 평가하고 있다. ( )

02 다음 빈칸에 알맞은 말을 고르거나 적으세요.

(6) 현재 주식가격이 (　　　　)(EPS)의 몇 배로 형성되는지를 나타내는 비율을 주가수익비율(PER)이라고 한다.

(7) PBR이 1 이하인 경우에는 (　　)상 가치보다 낮게 주가가 형성되었다고 볼 수 있다.

(8) EVA는 법인세를 차감한 후의 영업이익에서 기업활동에 사용된 총자본에 대한 (　　)비용을 모두 차감한 개념이다.

(9) EBITDA는 영업이익에 (　　)상각비를 더한 값으로, 현금흐름의 대용치로 많이 쓰인다.

| 정답 |
(1) × (2) × (3) ○ (4) ○ (5) ○ (6) 주당이익 (7) 장부 (8) 자본 (9) 감가

| × 해설 |
(1) PER은 일반적으로 보통주의 시장가격에 보통주 주당이익을 대비시켜 산정한다.
(2) 주가는 기업의 미래 수익성과 위험에 대한 시장의 평가가 반영되어 있기 때문에 기업의 미래 이익이 크게 증가할 것으로 전망하면 PER이 높게 형성된다.

출제 0순위 공략! 꼭 풀어야 할 대표문제

01

주식의 가격인 주가에 대한 다음 설명 중 옳은 것을 모두 고르면?

> A. 주가수익비율이 가급적 높은 것이 좋다.
> B. 영업이익이 높을수록 대체로 주가가 강하다.
> C. 고가주는 보통 인기가 많기 때문에 더 오를 가능성이 크다.
> D. 경영 실적이 좋은 기업의 주식은 실적 발표 전부터 주가가 오르는 경우가 많다.

① A, B
② A, C
③ A, D
④ B, D
⑤ C, D

대표개념 키워드 | 주가

| 해설 |
B. 영업이익이 매출액의 얼마만큼의 비율인지를 나타낸 것을 매출액영업이익률 또는 영업이익률이라고 한다. 영업이익은 해당 기업의 주된 업무, 즉 기업 영업활동 자체를 평가하는 수익성 지표로 많이 활용되며 영업이익이 높을수록 대체로 주가는 높다.
D. 주가에는 기업의 미래에 대한 전망이 반영되어 있다. 따라서 실적 전망이 좋은 기업은 실적을 발표하기 전부터 투자자들에게 인기가 많기 때문에 주가가 오르는 경우가 많다.

| 오답 피하기 |
A. 일반적으로 PER가 높으면 주가가 상대적으로 고평가되었다고 판단하고 낮은 PER의 주식이 향후 주가 상승의 가능성이 높다고 본다. 그러나 PER는 그 자체만으로 고평가나 저평가를 판단하는 절대 수치는 아니다.
C. 주가의 절대금액은 의미가 없으며, 기업의 본질가치나 성장성 등에 따라 주가의 방향이 결정된다.

정답 | ④

02

다음 [보기]에서 설명하는 개념으로 가장 적절한 것은?

> ─ 보기 ─
> 현재의 주식가격을 주당순자산(BPS)에 대비시킨 것으로서 현재 주식가격이 순자산(자기자본) 장부가치의 몇 배로 형성되어 있는지를 나타내는 비율이다.

① PER
② PBR
③ EPS
④ PCR
⑤ PSR

대표개념 키워드 | PBR, 주가순자산비율

| 해설 |
보기에서 설명하는 개념은 PBR, 즉 주가순자산비율이다. PBR은 현재의 주식가격을 주당순자산(BPS)으로 나누어 산정한다. 우선주를 발행한 기업의 경우에는 보통주에 대한 주당순자산 금액을 산정하기 어렵기 때문에 보통주와 우선주의 시가총액을 순자산 장부가치 총액으로 나누어 PBR을 산정하거나 순자산 장부가치 총액을 보통주 및 우선주 총수로 나누기도 한다. 일반적으로 PBR이 1 이상이면 장부상 가치보다 더 크게 주가가 형성되었다는 것을 의미하고, 1 이하이면 장부상 가치보다 낮게 주가가 형성되었다는 것을 의미한다.

정답 | ②

에듀윌이
너를
지지할게
ENERGY

꿈을 계속 간직하고 있으면
반드시 실현할 때가 온다.

– 괴테(Johann Wolfgang von Goethe)

**여러분의 작은 소리
에듀윌은 크게 듣겠습니다.**

본 교재에 대한 여러분의 목소리를 들려주세요.
공부하시면서 어려웠던 점, 궁금한 점,
칭찬하고 싶은 점, 개선할 점, 어떤 것이라도 좋습니다.

에듀윌은 여러분께서 나누어 주신 의견을
통해 끊임없이 발전하고 있습니다.

에듀윌 도서몰 book.eduwill.net
- 부가학습자료 및 정오표: 에듀윌 도서몰 → 도서자료실
- 교재 문의: 에듀윌 도서몰 → 문의하기 → 교재(내용, 출간) / 주문 및 배송

2026 에듀윌 매경TEST 2주끝장 + 무료특강

발 행 일	2026년 1월 5일 초판
편 저 자	신경수, 황선일
펴 낸 이	양형남
개 발	정상욱, 김진우, 최하영
펴 낸 곳	(주)에듀윌
등록번호	제25100-2002-000052호
주 소	08378 서울특별시 구로구 디지털로34길 55 코오롱싸이언스밸리 2차 3층
I S B N	979-11-360-3986-6(13320)

* 이 책의 무단 인용 · 전재 · 복제를 금합니다.

www.eduwill.net
대표전화 1600-6700